Filmtheorie

Jens Bonnemann

Filmtheorie
Eine Einführung

Jens Bonnemann
Institut für Philosophie
Universität Jena
Jena, Deutschland

ISBN 978-3-476-04633-8   ISBN 978-3-476-04634-5 (eBook)
https://doi.org/10.1007/978-3-476-04634-5

Die Deutsche Nationalbibliothek verzeichnet diese Publikation in der Deutschen Nationalbibliografie; detaillierte bibliografische Daten sind im Internet über http://dnb.d-nb.de abrufbar.

J.B. Metzler
© Springer-Verlag GmbH Deutschland, ein Teil von Springer Nature 2019
Das Werk einschließlich aller seiner Teile ist urheberrechtlich geschützt. Jede Verwertung, die nicht ausdrücklich vom Urheberrechtsgesetz zugelassen ist, bedarf der vorherigen Zustimmung des Verlags. Das gilt insbesondere für Vervielfältigungen, Bearbeitungen, Übersetzungen, Mikroverfilmungen und die Einspeicherung und Verarbeitung in elektronischen Systemen.
Die Wiedergabe von allgemein beschreibenden Bezeichnungen, Marken, Unternehmensnamen etc. in diesem Werk bedeutet nicht, dass diese frei durch jedermann benutzt werden dürfen. Die Berechtigung zur Benutzung unterliegt, auch ohne gesonderten Hinweis hierzu, den Regeln des Markenrechts. Die Rechte des jeweiligen Zeicheninhabers sind zu beachten.
Der Verlag, die Autoren und die Herausgeber gehen davon aus, dass die Angaben und Informationen in diesem Werk zum Zeitpunkt der Veröffentlichung vollständig und korrekt sind. Weder der Verlag, noch die Autoren oder die Herausgeber übernehmen, ausdrücklich oder implizit, Gewähr für den Inhalt des Werkes, etwaige Fehler oder Äußerungen. Der Verlag bleibt im Hinblick auf geografische Zuordnungen und Gebietsbezeichnungen in veröffentlichten Karten und Institutionsadressen neutral.

Einbandgestaltung: Finken & Bumiller, Stuttgart (Foto: Woody Allen, Manhattan Murder Mystery, 1993)

J.B. Metzler ist ein Imprint der eingetragenen Gesellschaft Springer-Verlag GmbH, DE und ist ein Teil von Springer Nature.
Die Anschrift der Gesellschaft ist: Heidelberger Platz 3, 14197 Berlin, Germany

Inhaltsverzeichnis

1	Einleitung.	1
	Literatur.	11
2	Hugo Münsterberg (1863–1916) – filmische Bewusstseinsströme.	13
	2.1 Von der Angewandten Psychologie zur Filmkunsttheorie	15
	2.2 Jenseits von Theater und Natur	19
	2.3 Aufmerksamkeitskonzentration und Großaufnahme	21
	2.4 Erinnerung und Rückblende	22
	2.5 Die Inszenierung einer emotionalen Welt	23
	2.6 Die zweitfreiste Kunst	27
	Literatur.	31
3	Béla Balázs (1884–1949) – die Physiognomie des Bildes	35
	3.1 Filmschauspiel und Theaterschauspiel.	37
	3.2 Leiblicher oder sprachlicher Ausdruck	37
	3.3 Das Gesicht in der Großaufnahme.	39
	3.4 Physiognomische Lyrik	42
	3.5 Hörbarer leiblicher Ausdruck.	44
	3.6 Die Physiognomie der Welt	45
	3.7 Expressionismus	47
	3.8 Produktive Kamera	50
	3.9 Physiognomie und Atmosphäre	51
	Literatur.	54
4	Sergej Eisenstein (1898–1948) – die ‚Kinofizierbarkeit' des Denkens.	57
	4.1 Eisensteins Balázs-Kritik.	58
	4.2 Montage und japanische Hieroglyphen	60
	4.3 Amerikanische und sowjetische Montage	63
	4.4 Die Geburt der sowjetischen Montage.	65
	4.5 Attraktionsmontage	67
	4.6 Konditionierte Rezeption.	68
	4.7 Kreative Rezeption.	72

	4.8	Intellektuelle Montage	73
	4.9	Ton- und Farbmontage	74
	4.10	Kritiker des Montageprinzips – Béla Balázs und Andrej Tarkowskij	75
	Literatur.		78
5	**Rudolf Arnheim (1904–2007) – das künstlerische Potenzial der technischen Mängel**		**81**
	5.1	Die Differenz zwischen Darstellung und Dargestelltem	82
	5.2	Das Ende der Filmkunst – der „Komplettfilm"	98
	5.3	Ikonische Differenz und starke bewegte Bilder – Gottfried Boehm	100
	5.4	Von der geistigen Formgebung zur Kooperation zwischen Geist und Natur – der späte Arnheim.	103
	Literatur.		107
6	**André Bazin (1918–1958) – die Rehabilitierung des Realismus**		**111**
	6.1	Der Film und die Unsterblichkeit oder: Was schnappt der Schnappschuss?	114
	6.2	Neue Technik, alter Traum	118
	6.3	Zwei gegensätzliche Strömungen der Filmkunst	120
	6.4	Montage oder Tiefenschärfe?	124
	6.5	Der Film im Verhältnis zu Literatur und Theater	127
	6.6	Das Tatsachen-Bild – Physikalismus oder Phänomenologie?	130
	Literatur.		134
7	**Siegfried Kracauer (1889–1966) – die Kamera ‚im Dickicht des materiellen Lebens'**		**137**
	7.1	Die Realität um ihrer selbst willen.	140
	7.2	Formgebung und Realismus im Film.	143
	7.3	Formgebung als Beitrag zur Realitätswiedergabe	145
	7.4	Der prekäre Status der Filmkunst	147
	7.5	Filmische Objekte	148
	7.6	Vieldeutigkeit der Realität, Eindeutigkeit der Formgebung	152
	7.7	Die kulturkritische Mission des Films	155
	7.8	Ist Kracauer ein wunderlicher Realist (Adorno)?	159
	7.9	Kein Realismus ohne Formgebung – Ablehnung des naiven Realismus	163
	7.10	Unkonventionelle Wahrnehmung in Malerei und Film	164
	Literatur.		167
8	**Christian Metz (1931–1993) – die Semiotik des Films**		**171**
	8.1	Filmsemiotik *avant la lettre*	173
	8.2	Der Realitätseffekt des Films.	176
	8.3	Eine Sprache *(langage)* ohne Sprache *(langue)*	180

8.4	Kommunikation ohne Regeln?.	183
8.5	Konventionelle Bedeutung und natürliche/ästhetische Expressivität.	184
8.6	Von der Expressivität zur Syntagmatik	188
8.7	Möglichkeiten der Denotation im Spielfilm – acht Haupttypen der kinematografischen Syntagmatik	192
8.8	Kinematografische und außerkinematografische Codes	197
	Literatur.	201

9 Gilles Deleuze (1925–1995) – das Kino à la Bergson 205

9.1	Die kinematografische Illusion in Philosophie und Kinematografie	207
9.2	Das reine Bewegungs-Bild und die Metaphysik des Films	208
9.3	Von den Bewegungs-Bildern zu den Wahrnehmungs-, Aktions- und Affekt-Bildern	213
9.4	Das Bewegungs-Bild innerhalb eines sensomotorischen Schemas	215
9.5	Die Äquivokation des Begriffs des Bewegungs-Bildes	218
9.6	Die kulturelle Krise der menschlichen Handlungsfähigkeit und die filmische Krise des Bewegungs-Bildes	219
9.7	Jenseits des sensomotorischen Schemas – die Äquivokation der Zeit-Bilder.	223
9.8	Filme als (Medien-)Philosophen?	225
9.9	Die beiden Hälften des Zeit-Bildes und die Romankonzeption bei Walter Benjamin und Michail Bachtin	227
9.10	Spielarten des Zeit-Bildes	231
9.11	Deleuze in der aktuellen Filmwissenschaft – Thomas Elsaesser und Oliver Fahle.	235
	Literatur.	240

10 David Bordwell (*1947) und Kristin Thompson (*1950) – eine Frage des Stils 243

10.1	Von der Ästhetik über die Taxonomie zur Poetik	244
10.2	Das neoformalistische Programm	246
10.3	Die vierfache Motivation der Verfahren.	249
10.4	Ablehnung der deduktiven *Grand Theories*: Psychoanalyse, (Post-)Strukturalismus und marxistische Ideologiekritik.	252
10.5	Der implizite Zuschauer – die neoformalistische Wirkungsästhetik	254
10.6	Von der Rezeption zur Interpretation.	258
10.7	Vom Sehen des Plots über *cues* zum Verstehen der Story	261
10.8	Historische Poetik des Films – die Evolution stilistischer Verfahren	263

	10.9	Das abstrakte Erkenntnissubjekt der neoformalistischen Filmrezeption	266
	Literatur		269
11	**Vivian Sobchack (*1940) – das leibliche Widerfahrnis der Filmrezeption**		**273**
	11.1	Medien- und Kulturkritik – der Verlust der Leiblichkeit	275
	11.2	Film und Fotografie – Gesehenes oder gesehenes Sehen	279
	11.3	Film und Computersimulation – Virtualisierung oder Spüren des Leibes	280
	11.4	Die Antiquiertheit des Leibes?	281
	11.5	Körpertheorien des Kinos	284
	11.6	Bewusster Sinn, objektiver Zwang, leiblicher Dialog	287
	11.7	Der Leib des Films	290
	11.8	Das Sehen eines Sehens	292
	11.9	Der ganze Leib geht ins Kino	294
	11.10	Kluge Finger	296
	Literatur		300
12	**Schlussbemerkungen – Perspektiven einer Phänomenologie des Films**		**303**
	12.1	Von der Werkästhetik zur Wirkungsästhetik	303
	12.2	Perspektiven der Wirkungsästhetik als Phänomenologie des Films	310
	Literatur		317

Literatur ... 319

Personenregister ... 321

Einleitung 1

Um gleich zu Beginn einem Missverständnis vorzubeugen: Eine Einführung in die Filmtheorie ist nicht dasselbe wie eine Einführung in die Filmwissenschaft. Die Film*theorie* stellt Fragen, die sich von denen der Film*wissenschaft* oder der Film*geschichte* deutlich unterscheiden. Allerdings geht man wohl nicht zu weit mit der Vermutung, dass viele – vielleicht die meisten? – Filmwissenschaftler und -kritiker der Meinung sind, eigentlich ganz gut ohne die Beiträge der Filmtheorie auskommen zu können. Während die Filmkritikerin auf der Grundlage ihrer filmgeschichtlichen Bildung ein letztlich doch subjektives Geschmacksurteil über die – narrativen, ästhetischen oder inhaltlichen – Qualitäten von einzelnen Filmen oder Gruppen von Filmen fällt und die Filmwissenschaftlerin sich um eine intersubjektiv überprüfbare wissenschaftliche Analyse jener – narrativen, ästhetischen oder inhaltlichen – Qualitäten dieser einzelnen Filme oder Gruppen von Filmen bemüht, ist die Filmtheoretikerin auf der Suche nach Erkenntnissen über den *Film im Allgemeinen*. Auch wenn es aus der Mode gekommen zu sein scheint: Es geht um den Film als Film. Was hier im Mittelpunkt steht, sind also Einsichten, die nicht nur für einen einzelnen Film, für Genres, Strömungen oder Epochen, sondern ausnahmslos für *jeden* Film gültig sein sollen. Wer nicht vor alten Worten zurückschreckt, würde hier sagen, dass es um nicht weniger als das *Wesen* des Films und seine grundsätzlichen Entwicklungsgesetze geht.

Zu einem genuin filmtheoretischen Nachdenken über Filme gehören Fragen wie: Was ist überhaupt der Film, und wodurch unterscheidet er sich von anderen Medien? Auf welche Weise wird ein einzelner Film dem allgemeinen Charakter des Mediums Film als solchem gerecht? In welchem Verhältnis steht Bild und Ton, Narration und Sichtbarkeit? Gibt es eine Kunst des Films, und wenn ja, wie unterscheidet sie sich dann von derjenigen der Literatur, des Theaters, der Musik und der Malerei? Das sind die Fragen, mit denen Filmtheoretiker das Potenzial des Films, aber auch die Maßstäbe einer mediengerechten Produktionsweise bestimmen. Aufgrund ihrer allgemeinen Fragestellung ist die Filmtheorie im Unterschied zur Filmwissenschaft häufig mit zwei grundlegenden Vorwürfen konfrontiert. Erstens gerät sie in den Verdacht des „Überintellektuellen" (Tudor 1977 [1974], 9), wie Andrew Tudor in den 1970er Jahren – also nach über einem halben Jahrhundert Filmtheoriegeschichte – bilanziert. Der zweite Vorwurf hängt eng damit zusammen, verdient es jedoch, gesondert betrachtet zu werden. Gemeint ist der Einwand, dass jegliche Theorie die Intensität der Filmrezeption schwächt. Zunächst jedoch zum Vorwurf der Überintellektualität, der im Wesentlichen auf der Unterstellung beruht, die Frage nach dem Wesen des Films würde die einzelnen realen Filme mit ihren besonderen Qualitäten ignorieren und sich im Abstrakten und Spekulativen verirren. Man interessiert sich also mehr für den Begriff und verliert die Sache, auf die er sich bezieht, aus dem Blick. So wie im Verlauf des 20. Jahrhunderts auch in der Philosophie Wesensfragen mehr und mehr in Verruf kommen, wird, wie Tudor fortfährt, die Filmtheorie im Vergleich mit den ‚geerdeten' und ‚seriöseren' filmwissenschaftlichen Fragestellungen als „eine wenig geübte und angesehene Beschäftigung" (ebd., 9) beurteilt.

Dass dieser Befund aus den 1970er Jahren auch heutzutage immer noch gültig ist, bestätigt ein Blick in die filmwissenschaftliche Standardeinführung von James Monaco, *Film verstehen,* die erstmals 1977 auf Englisch veröffentlicht wird und 2009 in einer überarbeiteten und erweiterten Neuausgabe erscheint, deren deutsche Übersetzung 2012 bereits eine zweite Auflage erhält. Dort bezeichnet Monaco die Filmtheorie eher abschätzig als „eine intellektuelle Anstrengung, die hauptsächlich zum Selbstzweck existiert und oft ihre eigenen Verdienste, aber nicht unbedingt viel Bezug zur wirklichen Welt hat" (Monaco 2012 [2009], 463). Immerhin räumt Monaco ein, dass seit den 1970er Jahren Theorie und Praxis selbst in den Hollywood-Studios näher zusammengerückt sind: „Sogar die Büros in Hollywood sind heute voll von promovierten Filmschul-Absolventen; seit der Generation von Coppola, Scorsese und Lucas – allesamt aus Filmschulen hervorgegangen – sind qualifizierte Abschlüsse wichtig für eine Anstellung in den Studios" (ebd., 464).

Wie die zitierte Passage deutlich macht, wirft Monaco in jenem Kapitel seines Buchs, das sich eigens der Filmtheorie widmen soll, hin und wieder die Bereiche Filmwissenschaft und Filmtheorie völlig durcheinander, denn jene Filmschul-Absolventen sind sicher Filmwissenschaftler, ob sie aber auch Filmtheoretiker sind, ist eine ganz andere Frage. Abgesehen von diesen Begriffsverwirrungen ist Monaco der Überzeugung, dass sich eine solche Kooperation von Theorie und Praxis für die Filmproduktion nicht unbedingt als vorteilhaft erweist. Denn obwohl die Kunst hierdurch reflektierter wird, führt schließlich ein Übermaß an Theorie doch dazu, die freie Entfaltung der Kreativität zu unterdrücken.

Offenbar hat Monaco ein sehr widersprüchliches Verständnis von Filmtheorie, die für ihn einerseits nur eine realitätsferne und abstrakte Gedankenspielerei, ja ein bloßer „Selbstzweck" ist, andererseits aber dennoch ein strenges normatives Regelwerk entwickelt, das die reale Filmpraxis in Fesseln legt. Demgegenüber insistiert Monaco nun darauf, dass die beste Kunst von Renegaten hervorgebracht wird, die gegen alle Regeln verstoßen (vgl. Monaco 2012 [2009], 464). Die Frage stellt sich aber, ob nicht gerade eine Filmtheorie Aspekte filmischer Darstellbarkeit zu beleuchten vermag, die bisher zu wenig oder gar nicht beachtet worden sind.

Genau anders herum als Monaco glaubt, würde sie dann vielmehr dazu beitragen, einen repressiven Regelkanon zu überwinden und einem zur Routine erstarrten Filmschaffen neue Wege zu erschließen. Diese Möglichkeit scheint Monaco jedoch nicht einmal annäherungsweise in den Sinn zu kommen.

Entscheidender als dieses verkürzte Verständnis von Filmtheorie ist jedoch: Selbst wer die Film*theorie* ablehnt, um die Film*praxis* zu verteidigen, begibt sich nichtsdestotrotz auf das Feld allgemeiner filmtheoretischer Fragen. So ist es z. B. für Monaco eine allgemeingültige Einsicht, dass Filmkunst wie jede andere immer eine Kunst von Renegaten ist, die gezielt gegen die bisher geläufige Praxis der Filmproduktion verstoßen. Wie sich an dieser Stelle zeigt, entkommt ein Filmwissenschaftler wie Monaco der ungeliebten Filmtheorie nicht, weil sein Versuch, ihr argumentativ jegliche Legitimität abzusprechen, selbst nur auf dem Boden der Filmtheorie erfolgen kann. Was durch die Vordertür hinausgeworfen wird, kommt – und zwar gerade in dem Maße, in dem das Hinauswerfen stichhaltig begründet wird – durch die Hintertür wieder herein.

So sind sich auch Andrew Tudor und Peter Wuss in ihren jeweiligen Einführungen in die Filmtheoriegeschichte dahingehend einig (vgl. Tudor 1977 [1974], 12; Wuss 1990, 10 f.), dass jeder, der sich kritisch, historisch und wissenschaftlich mit Filmen auseinandersetzt, unvermeidlich und zumeist klammheimlich selbst ein Filmtheoretiker ist. Wenn nicht *explizit,* so ist er dies also *implizit* – ohne und selbst gegen seinen Willen –, denn das filmwissenschaftliche wie auch -kritische Denken schließt immer Überzeugungen darüber ein, was ein Film überhaupt ist und was ein guter Film sein sollte. Und diese Überzeugungen wollen in der Regel Allgemeingültigkeit beanspruchen und nicht einfach nur subjektive Marotten sein. Daher hat Tudor recht, wenn er schreibt: „Letztlich liegt jeder unserer Einzelbeobachtungen unbewußt ein Bezugsrahmen zugrunde. Theoretisieren heißt, diesen Bezugsrahmen bewußt machen, so daß man ihn auf Mängel hin untersuchen kann" (Tudor 1977 [1974], 12).

Wenn die Filmwissenschaftlerin oder -kritikerin explizit zur Filmtheorie übergeht, dann legt sie also nur diejenigen Karten offen auf den Tisch, mit denen sie ohnehin die ganze Zeit schon gespielt hat. Sobald der Filmwissenschaftler forscht und der Filmkritiker wertet, nehmen beide Maßstäbe in Anspruch, welche es ohne ein zumindest implizites theoretisches Verständnis nicht geben würde. Deshalb ist es nur konsequent, dass eine kritische Überprüfung und Rechtfertigung dieses Verständnisses und seiner Maßstäbe auch erst auf der Ebene der expliziten Theoriediskussion möglich ist, die Monaco als kunstfeindlich ablehnt. So wird also die Film*kritikerin* genau dann zur Film*theoretikerin,* wenn sie die allgemeinen Gesetzmäßigkeiten des filmischen Mediums zum Thema macht, um von hier aus begründen zu können, warum für sie ein Film besser oder schlechter ist, warum er beispielsweise dem allgemeinen Medium des Films besser oder schlechter gerecht wird usw.

Insgesamt lässt sich darum über Verächter der Filmtheorie wohl sagen, was Terry Eagleton bereits über die Verächter der Literaturtheorie gesagt hat: „Eine feindselige Einstellung der Theorie gegenüber bedeutet normalerweise eine Ablehnung der Theorien anderer und ein Übersehen der eigenen" (Eagleton 1994 [1983], VI). So scheint es, dass diejenigen, die jede Theorie pauschal ablehnen, einfach nur einer älteren Theorie verpflichtet sind, von der sie schon gar nicht mehr wissen, dass es sich um eine theoretische Einschätzung der Realität und nicht um die Realität selbst handelt. Deswegen ist Tudors Forderung zuzustimmen: „Wir müssen *ganz offen* Theorie treiben, sonst enden unsere Bemühungen in einer Reihe weitverbreiteter Vorurteile" (Tudor 1977 [1974], 107).

Neben dem Bedenken, die Filmtheorie sei zu abstrakt und realitätsfern, wäre jedoch noch der zweite, eingangs erwähnte und nicht weniger fundamentale Einwand zu überprüfen, der die unmittelbare Freude der Filmrezeption gegenüber filmtheoretischen Ansprüchen in Schutz nehmen will: So wird häufig die Befürchtung geäußert, Theorie würde die konkrete Filmwahrnehmung entstellen und sozusagen mit ‚des Gedankens Blässe ankränkeln'. Eine solche Kritik geht zumeist von einem eher illusionistischen Verständnis der Filmrezeption aus, nach dem ich als Zuschauer im Idealfall ganz selbstvergessen von der Darstellung des Geschehens absorbiert werde, wobei im Gegenzug jegliche Aufmerksamkeit für die Darstellungs*weise* bereits zu einer Trübung des ursprünglichen Rezeptionsvergnügens führen soll. Die Voraussetzung, dass nur eine *naive* Filmrezeption eine *intensive* Filmrezeption ist, ist jedoch alles andere als selbstverständlich. Vielmehr führen ganz im Gegenteil gerade filmtheoretische Kenntnisse zu einer Intensivierung der Filmwahrnehmung, weil sie die Aufmerksamkeit für bestimmte Inszenierungsstrategien schärfen und uns daher schlichtweg mehr an einem Film sehen lassen als die naive Rezeption. In diesem Sinn schreibt bereits Dudley Andrew: „I believe that those who study film are able to experience more kinds of films than those who do not study and that students of the art see the simple films, the films of their youth, in a fuller and more intense way" (Andrew 1976, 4).

Jede Theorie mag nur eine mögliche Perspektive auf die ganze Bandbreite filmischer Darstellung sein, durch die einige Aspekte sichtbar werden, andere unsichtbar bleiben und vielleicht manche sogar verdeckt werden. Dennoch lässt sich prinzipiell nicht in Abrede stellen, dass Theorien dem Zuschauer die Augen öffnen können und eine ‚theoriegestützte' Rezeption daher gehaltvoller als eine ‚theoriefreie' Rezeption sein kann. Aber nicht nur die Zuschauer, sondern auch die Filmschaffenden haben keinerlei Grund, sich vor der Filmtheorie zu fürchten – und im Übrigen haben sie das auch schon immer gewusst.

Denn anders als Monaco annimmt, gibt es jene für die Kreativität angeblich so gefährliche Allianz zwischen Theorie und Praxis nicht erst seit den 1970er Jahren. Um Beispiele hierfür zu finden, muss man in der Filmgeschichte gar nicht lange suchen: So begleiten in Frankreich theoretische Überlegungen der Kreativen selbst – zu nennen sind hier etwa Louis Delluc, Germaine Dulac, Jean Epstein oder Fernand Léger – die Filmproduktion der 1920er Jahre, während in Russland die wichtigsten Regisseure – Sergej M. Eisenstein, Wsewolod Pudovkin und Dziga Vertov – zugleich auch die bedeutendsten Filmtheoretiker dieser Zeit sind. Ferner beeinflussen in Italien die Filmtheoretiker und -kritiker Umberto Barbaro und Luigi Chiarini vom römischen ‚Centro Sperimentale de Cinematografia' unbestreitbar den *Neorealismus* von Roberto Rossellini und Vittorio de Sica, und in Frankreich verschriftlichen die Hauptvertreter der *Nouvelle Vague* – Jean-Luc Godard, François Truffaut, Eric Rohmer, Claude Chabrol – ihre ästhetischen Überzeugungen zunächst in den *Cahiers du*

Cinéma, deren Mentor der Filmtheoretiker André Bazin ist. All diese Beispiele sprechen insgesamt dafür, dass die Theorie doch nicht ganz so grau ist: Wie bereits Béla Balázs erklärt hat, kann sie zwar nicht das „Steuerruder", aber immerhin „der Kompaß einer Kunstentwicklung" (Balázs 2001 [1924], 12) sein.

Selbst wenn die Leserin und der Leser nun überzeugt sein mögen, dass die Beschäftigung mit Filmtheorie sich lohnen könnte und es daher hilfreich wäre, eine Einführung in diese Thematik zurate zu ziehen, bleibt natürlich die Frage noch offen, warum es ausgerechnet die vorliegende Einführung sein sollte. Gibt es nicht schon genug Einführungen in die Filmtheorie? Werden hier vielleicht Türen eingerannt, die längst offenstehen? Sieht man sich angesichts dieser Bedenken die Forschungsliteratur an, die hierzu eine Einführung und einen Überblick geben will, so ist zunächst Folgendes festzustellen: Überblicksdarstellungen gibt es etwa seit den 1950er Jahren, wobei von den frühsten Veröffentlichungen jene von Guido Aristarco, *Storia delle teoriche del film* (1951), Henri Agel, *Esthétique du cinéma* (1957), Andrew Tudor, *Film-Theorien* (1977/1974) und Dudley Andrew, *The Major Film Theories* (1976) wohl die wichtigsten und meistgelesenen sind. Gerade die letzten beiden sind immer noch lesenswert, auch wenn sie natürlich die Entwicklungen ab den 1980er Jahren nicht mehr berücksichtigen.

Andrew stellt ausführlich die Positionen von Münsterberg bis Metz dar und unterzieht sie einem kritischen Vergleich. Insgesamt hinterlässt seine Einführung, für die der Ansatz von Bazin den gelungensten Theorieentwurf darstellt, allerdings einen eher zwiespältigen Eindruck: Einmal ist sie zwar ausgesprochen erhellend – z. B. das Eisenstein-Kapitel –, das andere Mal bietet sie aber nur eine verkürzte Sichtweise, wenn sie sich z. B. unverständlicherweise auf das Spätwerk von Balázs aus den 1940er Jahren beschränkt, das unter der Zensur Stalins erschienen ist, während die originelle Position aus dem Frühwerk *Der sichtbare Mensch* (1924) nur beiläufig gestreift wird. Über den Eisenstein-Apologeten Tudor lässt sich immerhin sagen: Was er macht, macht er äußerst gründlich, indem er teilweise geradezu akribisch den Argumentationsgang der jeweiligen Position rekonstruiert. Man versteht nur nicht, warum er so vieles nicht macht, denn er konzentriert sich vor allem auf das Verhältnis zwischen der Montage-Theorie von Eisenstein und dem filmtheoretischen Realismus von Bazin und Kracauer. Als Begründung für die Einseitigkeit seines Buchs, das so vielen Positionen keinerlei Aufmerksamkeit schenkt, gibt Tudor schlichtweg und immerhin mit erfrischender Offenheit zu, dass er sich eben für weite Teile der Filmtheorie einfach nicht interessiert (vgl. Tudor 1977 [1974], 19).

Die deutsche Übersetzung dieses Buchs ist allerdings seit längerer Zeit vergriffen, und das gilt ebenso für die umfangreiche Einführung von Peter Wuss: *Kunstwert des Films und Massencharakter des Mediums* (1990). Wuss' Monografie besteht aus einer Aufeinanderfolge von zahlreichen Kurzdarstellungen bekannter wie auch unbekannter Positionen, die sich insgesamt doch zu wenig um einen roten Faden innerhalb der Gesamtkonzeption bemüht und genau wie Andrew – und erst recht Tudor – die filmtheoretischen Entwicklungen nach der Semiotik von Christian Metz nicht mehr berücksichtigt. Kurz, das Denken von

Gilles Deleuze kommt hier ebenso wenig vor wie der sogenannte Neoformalismus von David Bordwell und Kristin Thompson oder die Phänomenologie von Vivian Sobchack.

Eine ebenso umfassende wie detaillierte Übersicht über die früheste Phase der *deutschen* Filmtheorie von 1909–1914 bietet der von Jörg Schweinitz herausgebende Band *Prolog vor dem Film* (1992), der zahlreiche und teilweise ausgesprochen entlegene historische Texte zugänglich macht. Ganz ähnlich konzipiert ist die von Margrit Tröhler und Jörg Schweinitz herausgegebene Sammlung *Die Zeit des Bildes ist angebrochen!* (2016), welche wiederum Texte aus der Frühgeschichte der *französischen* Filmtheorie vorlegt. So bietet auch Helmut H. Diederichs *Geschichte der Filmtheorie* (2004) eine ebenso lesenswerte, allerdings diesmal länderübergreifend angelegte Anthologie mit Studien von George Méliès bis Rudolf Arnheim, in der die Fragen, ob und wie der Film Kunst sein kann, im Mittelpunkt stehen. Schriften aus den 1920er bis in die 1990er Jahre hinein finden sich wiederum in Franz-Josef Albersmeiers Sammelband *Texte zur Theorie des Films* (2001), welcher mit seiner Auswahl an Primärliteratur Klassiker wie Balázs, Eisenstein, Arnheim, Bazin und Kracauer ebenso zu Wort kommen lässt wie auch Laura Mulvey, Joachim Paech oder Kristin Thompson, die repräsentativ für neuere Entwicklungen sind. Um sich einen Überblick über die historischen Phasen der Theoriebildung zu verschaffen, ist dieses Buch darum unbedingt empfehlenswert.

Ebenso empfehlenswert ist auch Jürgen Felix' Textsammlung *Moderne Film Theorie* (2007), in der namhafte Filmwissenschaftler der Gegenwart jeweils eine maßgebliche Position aus der nachklassischen Phase der Filmtheorie vorstellen und sie an einem konkreten Filmbeispiel veranschaulichen, wobei der Bogen großzügig über die Semiotik vor allem von Metz, die Autorentheorie und den Feminismus bis hin zu Deleuzes Filmphilosophie, Bordwells Neoformalismus und Sobchacks Leibtheorie des Films gespannt wird. Genannt werden sollte an dieser Stelle auch die von Dimitri Liebsch herausgegebene Anthologie *Philosophie des Films* (2010) mit Texten von Philosophen aus ganz unterschiedlichen Traditionen, welche sich zum Thema des Films geäußert haben. Denker wie Noël Carroll oder Gilles Deleuze, die in dieser Textsammlung auftauchen, wären allerdings auch fester Bestandteil einer nicht an ausschließlich philosophischen Autoren orientierten Einführung in die Filmtheorie. Erwähnenswert ist schließlich weiterhin der von Marc Furstenau edierte Sammelband *The Film Theory Reader* (2010). Das Buch zeichnet sich durch eine einfallsreiche und didaktisch vielversprechende Konzeption aus, die Auszüge von klassischen Texten aus dem Kanon der Filmtheorie mit Aufsätzen von zeitgenössischen Theoretikern und -Wissenschaftlern zusammenstellt, in denen diese Positionen diskutiert werden. Die Auswahl ist jedoch teilweise schwer nachvollziehbar, denn maßgebliche Autoren wie Rudolf Arnheim oder Siegfried Kracauer werden allenfalls hier und da erwähnt, aber keinesfalls selbst einer Diskussion für würdig befunden.

Während man nicht lange nach Sammelbänden und Anthologien suchen muss, sind Monografien eher selten, die sich als Einführung und Überblick verstehen. Abgesehen von den genannten Arbeiten von Andrew, Tudor und Wuss ist aus der neueren Zeit zunächst die Monografie von Robert Stam mit dem Titel *Film*

Theory. An Introduction aus dem Jahr 2000 aufzuführen. Was die Konzeption dieses Buchs betrifft, so erklärt Stam, einen „user's guide" (Stam 2000, 1) anbieten zu wollen, wobei er hauptsächlich ein historisches und weniger ein systematisches Interesse verfolgt. Dementsprechend deckt er lieber Einflüsse und Filiationen auf und sieht weitgehend davon ab, die vorgestellten Positionen zu diskutieren, um ihre jeweilige Überzeugungskraft zu überprüfen: „My goal is not to discuss any single theory or theorist in exhaustive detail, but rather to show overall shifts and movements in terms of the questions asked, the concerns expressed, the problematics explored" (Stam 2000, 4).

Stams Vorgehensweise entspricht der Totalen als filmischer Einstellungsgröße: Wir sehen in seiner primär historischen Darstellung die Entwicklungen der Filmtheoriegeschichte vorwiegend aus einer Vogelperspektive, welche das gesamte Panorama mit all seinen Querverbindungen und Seitenwegen sehen lassen will, wobei die Kehrseite darin besteht, dass sich Stam kaum Zeit für Detailaufnahmen nimmt, die den umfassenden Überblick auch einmal mit einem genaueren Einblick vertiefen würden. Die Konzeption dieses Buchs ist wohl Stams Bekenntnis zu einer prinzipiellen Multiperspektivität geschuldet, welche er auch als ‚theoretischen Kubismus' bezeichnet – eine Einstellung, die wiederum für Tudor nur eine Sackgasse des Denkens bedeuten würde (vgl. Tudor 1977 [1974], 14 f.). Stam selbst versucht diese Einstellung auf die folgende Weise zu begründen: „I have learned from many theoretical schools, but non of them has a monopoly of truth" (Stam 2000, 1).

Wenn er jedoch im Rahmen seiner filmtheoretischen Einführung die gendertheoretischen und postkolonialistischen Positionen genauso ausführlich wie diejenigen von Eisenstein oder Deleuze darstellt (vgl. ebd., 7), liegt die Frage auf der Hand, ob es in den erstgenannten Forschungen denn nicht eher um eine *Ideologiekritik* und weniger um eine *Theorie* des Films geht. Werden hier überhaupt filmspezifische Einsichten zutage gefördert, oder können vergleichbare ideologische Konzepte von kultureller, sexueller, ethnischer oder religiöser Identität nicht auch in der Literatur, der Pop-Musik oder in Computerspielen aufgedeckt werden? Wie ausführlich die jeweiligen Positionen präsentiert werden, scheint bei Stam im Übrigen nicht zuletzt vom Diskursgeschehen seiner Zeit abhängig zu sein, das in den Jahren der Arbeit an seinem Buch vorherrschend gewesen ist. Dies ist wohl auch der Grund dafür, warum die Positionen von Münsterberg, Balázs, Bazin und Arnheim nur notdürftig und geradezu hastig abgewickelt werden.

Was die Frage nach einer vergleichbaren Monografie in Deutschland betrifft, so kommt Jürgen Felix in der Einleitung zu seinem Sammelband *Moderne Film Theorie* aus dem Jahr 2002 zu dem Befund: „[E]ine deutschsprachige Einführung in die Filmtheorie gibt es nicht" (Felix 2007, 7). In den folgenden Jahren bleibt es zunächst auch dabei, sodass Felix sich veranlasst sieht, diese Feststellung im Vorwort zur dritten Auflage aus dem Jahre 2007 zu wiederholen (vgl. ebd., 11). Allerdings ändert sich diese Situation noch in demselben Jahr mit dem Erscheinen des von Thomas Elsaesser gemeinsam mit Malte Hagener verfassten Buchs *Filmtheorie zur Einführung*. Diesem Buch kommt das unbestreitbare Verdienst zu, eine geradezu lückenlose Zusammenfassung des gesamten Forschungsfeldes der Filmtheorie seit ihren Anfängen bis in die Gegenwart zu bieten. Etwas Besseres können sich Leserin und Leser überhaupt nicht wünschen – vorausgesetzt sie suchen genau das: einen Überblick. Wer hier nachschlägt, bekommt zumindest einen pointierten Abriss von nahezu allen filmtheoretischen Positionen, wobei sich eine so synoptische Vorgehensweise verständlicherweise darauf beschränken muss, immer nur die jeweiligen Hauptthesen zu skizzieren.

Während bei Stam und Wuss allerdings kaum ein Klassifizierungsversuch der vorgestellten Theorieentwürfe erfolgt, greifen hingegen Elsaesser und Hagener hierfür auf einen einheitlichen Bezugsrahmen zurück. Dieser wird jedoch keineswegs von der häufig bemühten – inzwischen aber auch überholten – Grundunterscheidung zwischen formalistischen und realistischen Ansätzen und ebenso wenig von geografischen Einteilungen bereitgestellt, die Theorien etwa nach ihrer angelsächsischen oder kontinentalen Herkunft differenzieren würden. Vielmehr sollen sich alle klassischen oder aktuellen Konzeptionen, die in der Zusammenstellung dieser Einführung vorkommen, als Antworten auf ein und dieselbe zentrale Frage lesen lassen – nämlich auf diejenige, wie sich der Film zum (Zuschauer-) Körper verhält (Elsaesser/Hagener 2007, 13). Durch die Orientierung an diesem Paradigma der Körperlichkeit, das seit einigen Jahren in der Filmwissenschaft *en vogue* ist, lässt sich nach Elsaesser und Hagener die bunte Vielfalt der Filmtheorien in ein übersichtliches Koordinatensystem eintragen, wobei die einzelnen Positionen bestimmten Körperorganen zugewiesen werden, denen sich dann jeweils ein Buchkapitel widmet. So findet sich etwa Béla Balázs im 3. Kapitel über „Spiegel und Gesicht", Vivian Sobchack im 5. Kapitel über „Haut und Kontakt" und Gilles Deleuze im 7. Kapitel über „Geist und Gehirn".

So hilfreich eine solche erste Orientierung auch ist, es wäre doch ein Versuch wert, die wichtigsten Positionen auch einmal in ihrem jeweiligen Argumentationsgang zu erläutern. Mit der vorliegenden Einführung soll dem Leser – und gerade auch dem Anfänger ohne Vorkenntnisse – ein immer noch verständlicher, aber zugleich auch kritischer Einstieg geboten werden, der nicht nur die jeweils wichtigsten Thesen klar und deutlich zusammenfasst, sondern auch die Argumentation überprüft, mit denen diese Thesen gestützt werden sollen. Mit einer solchen einführenden Diskussion, die zwischen einer bloßen Skizze der Grundgedanken und einer weiterführenden Diskussion angesiedelt ist, wagt das vorliegende Buch den Spagat, gleichzeitig populär und wissenschaftlich, ohne populärwissenschaftlich zu sein.

Eine solche Konzeption geht natürlich im Vergleich zu derjenigen von Stam oder Elsaesser und Hagener unvermeidlich auf Kosten der Breite. So beschränkt sich das vorliegende Buch auf eine überschaubare Auswahl der einflussreichsten und charakteristischen Ansätze innerhalb der Filmtheoriegeschichte. Vorgestellt werden in chronologischer Reihenfolge Hugo Münsterberg, Béla Balázs, Sergej M. Eisenstein, Rudolf Arnheim, André Bazin, Siegfried Kracauer, Christian Metz, Gilles Deleuze, David Bordwell und Vivian Sobchack. Die hier vorgestellte Auswahl erhebt den Anspruch, repräsentativ für die Vielfalt der in der Filmtheoriegeschichte diskutierten Ansätze zu sein. Denn mit guten Gründen lässt sich sagen, dass jedes weitere Nachdenken über den Film im Allgemeinen sich zumindest zu einer dieser Positionen in Beziehung setzen muss, weil sie gewissermaßen den Bausatz für jede neue Filmtheorie bereitstellen. Der Einwand liegt nahe, dass Jean Mitry und Stanley Cavell in einer solchen Auswahl an Basis-Theorien eigentlich nicht fehlen dürften, und der Autor dieses Buchs hat sich die Entscheidung nicht leicht gemacht. Cavells Überlegungen in *The World Viewed* (1979) laufen auf eine neue Variante des filmtheoretischen Realismus hinaus, der in dem vorliegenden Buch mit den Klassikern André Bazin und Siegfried Kracauer bereits ausreichend zu Wort gekommen ist. Jean Mitrys zweibändiges Hauptwerk *Esthétique et psychologie du cinéma* (1963/1965) ist wiederum eher eklektizistisch angelegt, denn im Unterschied zu den ausgewählten Positionen konzentriert er sich nicht mehr direkt auf Filme, sondern er arbeitet sich an bereits entwickelten Filmtheorien ab. So versucht er etwa eine Synthese, die die gegensätzlichen Ansätze von Eisenstein und Bazin versöhnen will.

Nicht berücksichtigt ist ferner auch Rudolf Harms, der mit seiner *Philosophie des Films* von 1926 zwar sicher zu den Pionieren der Filmtheorie zählt. Aber im Großen und Ganzen begnügt sich dieses Buch mit vagen Andeutungen, die nirgends systematisch ausgeführt werden. Zudem liest sich Harms Position in weiten Teilen nur wie eine Ergänzung zu der viel schärfer konturierten Position von Béla Balázs. Immerhin ist hervorzuheben, dass er mit seiner Rede von „Bewegungsgefühle[n]" (Harms 2009 [1926], 126) bereits eine Qualität der Filmbilder anspricht, die über den Bereich der Narration und der Zeichenbedeutung hinausweist. Allerdings verbleibt auch dieser Gedanke, der später im Mittelpunkt der Phänomenologie von Vivian Sobchack steht, in einer Reihe von Hinweisen, die Harms selbst gedanklich nicht weiterentwickelt.

Die vorgestellten Positionen von Münsterberg bis Sobchack werden im Folgenden in ihren geistesgeschichtlichen Kontext eingeordnet und vor allem auch in ihrem Argumentationsaufbau rekonstruiert, wobei die Konzentration auf eine übersichtliche Anzahl von Theorien den zusätzlichen Vorteil mit sich bringt, dass die Diskussion hier und da auch zu einer Neuinterpretation führt: So wird z. B. für eine Lesart argumentiert, die Balázs' Ansatz nicht – wie üblich – dem Formalismus, sondern ganz im Gegenteil dem Realismus zuordnet. Abgesehen von einer solchen theoretischen Auseinandersetzung, die die jeweilige Theorie auf ihre Schlüssigkeit hin überprüft, erfolgt zudem auch eine fortwährende Konfrontation ‚mit der Sache selbst': Der Rekurs auf konkrete Filmbeispiele aus allen Zeiten der Filmgeschichte stellt sich hierbei die Aufgabe, die Frage nach den Grenzen der Anwendbarkeit und Aktualität einer Theorie zu klären.

Wo immer es sich daher aus sachlichen Gründen anbietet, schlägt das jeweilige Kapitel nicht nur Brücken zur aktuellen Filmtheorie, sondern auch zur Philosophie bzw. zur philosophischen Ästhetik und ebenfalls zur Kunst- und Bildtheorie. Um die Relevanz dieser Filmtheorien auch für allgemeinere bildtheoretische und ästhetische Fragestellungen aufzuweisen, werden die vorzustellenden Positionen darum ins Gespräch gebracht mit Denkern wie u. a. Theodor W. Adorno und Jean-Paul Sartre oder – aus neuerer Zeit – Gernot Böhme, Gottfried Boehm und Lambert Wiesing. Hierbei kommen mitunter überraschende Facetten zum Vorschein, die bislang zu wenig oder gar nicht beachtet worden sind, und die eine oder andere Theorie lässt sich auf diesem Weg für einen bestimmten Themenkomplex wiederentdecken – wenn nicht überhaupt erst einmal entdecken.

Niemand schreibt im luftleeren Raum, sondern immer von irgendwo aus. Dort, wo man vorgibt, selbst jenseits aller Theorie zu stehen, fällt man wohl am ehesten auf die eigenen zumeist ungeklärten Alltagsevidenzen herein, die keineswegs besser als irgendeine offen formulierte Theorie sein müssen. Wie eingangs in der Diskussion der Theoriefeindlichkeit bereits der Wunsch geäußert wurde, mit offenen Karten zu spielen, also seinen impliziten oder expliziten Theoriehintergrund zu thematisieren, so will der Autor der vorliegenden Monografie mit gutem Beispiel vorangehen und zugeben, was ohnehin wohl ziemlich schnell klar wird, dass er sich nämlich selbst der phänomenologischen Tradition, insbesondere von Edmund Husserl, Jean-Paul Sartre und Maurice Merleau-Ponty verbunden sieht.

Es gibt letzte Worte, und es gibt allerletzte Worte: Von allen aufgeführten Positionen, die in diesem Buch diskutiert werden, lässt sich sagen, dass sie immer auch den Blick für bestimmte Aspekte der Filme schärfen und uns mehr als zuvor sehen lassen. Eines gilt aber ebenfalls: Letzten Endes wird keine dieser theoretischen Perspektiven ihrem universellen Anspruch gerecht, weil sie alle Einseitigkeiten und blinde Flecken aufweisen. Denn auf alle trifft der Vorwurf zu, dass sie partikulare filmische Qualitäten verallgemeinern und deshalb für manche Filme schlichtweg besser ‚passen' als für andere. So stößt man mit Kracauer an Grenzen bei jenen Filmen, die keine Realitäten aufdecken wollen; man kommt mit Bordwell nicht besonders weit, wenn Filme keine Geschichten erzählen; und Sobchack hat nicht allzu viel zu sagen bei Filmen, die darauf verzichten, unser leibliches Erleben zu stimulieren.

Wenn die Lektüre dieser Theorien aber zweifellos trotzdem dazu führt, dass einem künftig in der Filmrezeption mehr als zuvor in den Blick fällt, stellt sich die Frage, ob es nicht gerade die Not ist, die hier zu einer Tugend wird: Sicher deckt nicht jeder Film Realitäten auf, aber erst von Bazin und Kracauer lässt sich lernen, welches Gewicht die Aufdeckung von Realitäten in Filmen haben kann. Sicher gibt es Filme, deren Qualität gerade nicht in der Montage liegt, aber es ist wohl erst Eisensteins Übertreibung – in theoretischer, wie in praktischer Hinsicht – nötig gewesen, um die beeindruckenden Möglichkeiten der Montage in ihrer ganzen Bandbreite zu erschließen. Was wäre, wenn eine Filmtheorie nun tatsächlich einmal ihrem Allgemeinheitsanspruch gerecht würde und ausschließlich Aussagen formulierte, die für alle Filme gültig sind? Liegt dann nicht umgekehrt der Verdacht auf der Hand, dass ihr das allein deswegen gelingt, weil sie immer nur banale, nichtssagende und uninteressante Einsichten zutage fördert, die außerstande sind, unsere Filmrezeption zu bereichern? Wenn wir der Wahrheit, was ein Film ist, auf die Spur kommen wollen, dann müssen wir wohl oder übel weiterhin nach der einen richtigen Theorie suchen, die von keinem filmischen Gegenbeispiel widerlegt werden kann. Doch wenn wir mehr in Filmen sehen wollen als bisher, dann benötigen wir vielleicht keine wahrhaft universelle Theorie, sondern mehr einseitige Theorien, die gerade aufgrund ihrer Einseitigkeit wie ein

Vergrößerungsglas wirken, das an Filmen bisher Übersehenes entdecken lässt. Es waren und sind gerade solche Vorschläge, die Perspektiven für die individuelle Filmwahrnehmung eröffnen.

Mein Dank gilt an denen, die mich während der Arbeit an diesem Buch mit Anregungen, Hinweisen, kritischen Einwänden, Vorschlägen für schönere Formulierungen und vor allem auch mit Korrekturlesen mehr oder weniger fertiger Texte begleitet und unterstützt haben. In alphabetischer Reihenfolge möchte ich mich ganz herzlich bedanken bei: Zoubeida Ben Salah, Bernhard Groß, Ute Hechtfischer, Paul Helfritzsch, Silke Müller, Jörg Müller Hipper, Andreas Schmidt, Dirk Vanderbeke, Lambert Wiesing, Sophie Witsch, Mario Ziegler und Thomas Zingelmann.

Literatur

Agel, Henri (1957), *Ésthetique du cinéma*, Paris.
Albersmeier, Franz-Josef (2001) (Hg.), *Texte zur Theorie des Films* (1998), Stuttgart.
Andrew, J. Dudley (1976), *The Major Film Theories*, London/Oxford/New York.
Aristarco, Guido (1951), *Storia delle teoriche del film*, Turin.
Balázs, Béla (2001), *Der sichtbare Mensch oder die Kultur des Films* (1924), Frankfurt am Main.
Eagleton, Terry (1994), *Einführung in die Literaturtheorie* (1983), Stuttgart/Weimar.
Diederichs, Helmut H. (2004) (Hg.), *Geschichte der Filmtheorie. Kunsttheoretische Texte von Méliès bis Arnheim*, Frankfurt am Main.
Elsaesser, Thomas/Hagener, Malte (2007), *Filmtheorie zur Einführung*, Hamburg.
Felix, Jürgen (2007) (Hg.), *Moderne Film Theorie* (2002), Mainz.
Furstenau, Marc (2010) (ed.), *The Film Theory Reader. Debates and Arguments*, London/New York.
Harms, Rudolf (2009), *Philosophie des Films. Seine ästhetischen und metaphysischen Grundlagen* (1926), Hamburg.
Liebsch, Dimitri (2010), *Philosophie des Films. Grundlagentexte* (2005), Paderborn.
Monaco, James (2012), *Film verstehen. Kunst, Technik, Sprache, Geschichte und Theorie des Films und der Neuen Medien* (2009), Reinbek bei Hamburg.
Schweinitz, Jörg (1992) (Hg.), *Prolog vor dem Film. Nachdenken über ein neues Medium 1909–1914*, Leipzig.
Stam, Robert (2000), *Film Theory. An Introduction*, Malden/Oxford/Calden.
Tröhler, Margrit/Jörg Schweinitz (2016) (Hg.), *Die Zeit des Bildes ist angebrochen! Französische Intellektuelle, Künstler und Filmkritiker über das Kino. Eine historische Anthologie 1906–1929*, Berlin.
Tudor, Andrew (1977), *Film-Theorien* (1974), Frankfurt am Main.
Wuss, Peter (1990), *Kunstwert des Films und Massencharakter des Mediums. Konspekte zur Geschichte der Theorie des Spielfilms*, Berlin.

Hugo Münsterberg (1863–1916) – filmische Bewusstseinsströme

2

Als der ebenso brutale wie mitfühlende Held in Lynne Ramsays Thriller *A Beautiful Day* (2017) mit seiner toten Mutter in den Armen in selbstmörderischer Absicht Schritt für Schritt auf den Grund eines Sees herabsteigt, hat er plötzlich unter Wasser die Vision eines vor ihm in den Fluten dahingleitenden Mädchens. Es handelt sich um dasselbe Mädchen, das kurz zuvor direkt vor seinen Augen entführt worden ist. Daraufhin lässt er den Körper seiner Mutter los, entfernt die schweren Steine aus seinen Manteltaschen und schwimmt zurück ans Ufer, um auf eigene Faust eine äußerst blutrünstige Befreiungsmission durchzuführen.

Hauptsächlich aus der subjektiven Kameraperspektive erlebt das Publikum den einsamen Weg dieses desillusionierten Mannes mit. Wir, die Filmzuschauer, sehen, was dieser Protagonist sieht. Aber wie dieses Beispiel bereits zeigt, sind es nicht nur seine Wahrnehmungen, die wir distanzlos miterleben. Denn abgesehen von der Vision unter Wasser flackern hier und da auch immer wieder Erinnerungen an panische Kriegsszenen und an eine ebenfalls von Angst beherrschte Kindheit auf. Die Filmkritikerin Katja Nicodemus stellt fest, Ramsay verwende Bilder und Erinnerungen, wie unser Bewusstsein es tue: „Plötzlich in die Wahrnehmung gerückte Details, ungewöhnlich angeschnittene Einstellungen und wie Gedankenblitze wirkende Einschübe ergeben bei Ramsay so etwas wie eine visuelle Signatur" (Nicodemus 2018).

Bereits frühere Filmemacher haben das Ziel verfolgt, Geschichten konsequent aus einer extrem subjektiven Sichtweise zu erzählen. Das bekannteste Beispiel ist wohl *Die Dame im See* (1947), eine Verfilmung des gleichnamigen Romans von Raymond Chandler von und mit Robert Montgomery. Unter Filmwissenschaftlern und -kritikern ist man sich jedoch weitgehend einig, dass dieses Experiment alles in allem misslungen ist (vgl. z. B. Koebner 2006, 320). Bestenfalls spricht man von einem „cineastischen Kuriosum" (Schleicher 2011, 527), allgemein gilt die Verfilmung aber schlichtweg als „manieriert" (Grob 2011, 137).

Abgesehen von der Rahmenhandlung am Anfang und am Ende sieht die Zuschauerin das gesamte Geschehen ununterbrochen aus der Perspektive des

Detektivs Philipp Marlowe, der folglich nur dann selbst zu sehen ist, wenn er vor einem Spiegel steht. Insofern der Zuschauer nur in diesen Spiegel-Szenen mit Marlowes Emotionen vertraut wird, bleibt ihm ausgerechnet die Hauptfigur des Films völlig fremd, und zwar obwohl – oder vielmehr: gerade weil – die filmische Welt vollständig aus ihrer Sicht geschildert wird, sodass die weibliche Hauptfigur schließlich sogar inbrünstig die Kameralinse küsst. Dass der Film insgesamt sehr hölzern und schwerfällig wirkt, liegt vor allem auch daran, dass sich erstens die Kameras in den 1940er Jahren nicht einmal annähernd so schnell und gleitend wie Augen bewegen und zweitens Marlowes Gesprächspartner ständig frontal und manchmal sogar minutenlang in die Kamera starren müssen.

Nimmt man zum Vergleich die ersten zehn Minuten aus Gaspar Noés *Enter The Void* (2009), so wird deutlich, in welchem Ausmaß sich die Aufnahmetechnik seitdem verbessert hat. Ebenso wie bei Montgomery wird auch bei Noé das Geschehen mithilfe der subjektiven Kamera präsentiert, die in diesem Fall der Sichtweise der Hauptfigur Oscar entspricht. Kamerabewegungen geben überzeugend Kopfbewegungen wieder und immer wieder wird das Bild für einen kurzen Moment schwarz, nämlich dann, wenn Oscar blinzelt. Zwar ‚blinzelt' die Kamera nicht so schnell wie Augen, aber das lässt sich noch glaubhaft mit Oscars geistiger Verfassung entschuldigen.

Die Hände ragen vom unteren Rand in das Bild hinein, wenn Oscar nach einem Buch greift, eine Tür schließt oder schließlich eine Pfeife mit der Droge DMT in Brand setzt. Nachdem unser Held ein paar tiefe Züge genommen hat – wir befinden uns immer noch in der Subjektiven und sehen mit seinen Augen in die Welt – zeigt sich die Wirkung: Die Decke über ihm verwandelt sich in zuckendes organisches Gewebe, das wie ein Feuerwerk Funken sprüht, sich ineinander verschlingt und sich um sich selbst zu drehen beginnt.

Etwa 20 min später liegt Oscar tot auf dem Boden einer öffentlichen Toilette, und die Kamera fährt von seinem Körper weg. Mit anderen Worten, seine Seele verlässt den Körper, und er betrachtet dann in einer späteren – unfreiwillig komischen – Szene die sexuellen Aktivitäten seiner Schwester von der Zimmerdecke aus. Offenbar sind Seelen – dieser Schluss liegt der Zuschauerin nahe – zu immateriell, um in Bodennähe zu bleiben, aber doch nicht immateriell genug, um durch die Zimmerdecke zu schweben. Allerdings wird der Zuschauer schnell eines Besseren belehrt: Im Verlauf des Films fliegt Oscar schließlich als körperlose Seele in Windeseile durch Wände, durchquert Räume und saust durch die Luft schließlich in andere Häuser. Und diese Rasereien einer vom Körper befreiten Seele erleben wir fortwährend aus der Subjektiven mit. Trotz aller Kamera-Virtuosität – gelegentlich mag der eine oder andere Computertrick mitgeholfen haben – bleibt allerdings dasselbe Problem wie in *Die Dame im See*: Auf die Dauer ist ein Film mit einer subjektiven Kamera, die vorgibt, immer exakt mit dem Blickwinkel einer bestimmten Person übereinzustimmen, schlichtweg nicht durchzuhalten, ohne gekünstelt und maniriert zu wirken.

In den beiden Filmbeispielen – *A Beautiful Day* und *Enter The Void* – erleben wir verschiedene Bewusstseinsweisen aus der ersten Perspektive mit, so als wäre die Kamera selbst ein fremdes Bewusstsein, das uns, den Zuschauenden, zugänglich ist. Unabhängig von schauspielerischen Leistungen gibt der Film Wahrnehmungen wieder – aber eben nicht nur Wahrnehmungen: Er erinnert sich, antizipiert, halluziniert im Drogenrausch. Um solche Inszenierungen eines Bewusstseinsstroms in seiner ganzen Vielfalt, Geschwindigkeit und Sprunghaftigkeit überzeugend durchführen zu können, muss die Aufnahmetechnik verständlicherweise ein entsprechendes Niveau erreicht haben oder alternativ die Möglichkeit bestehen, auf entsprechend glaubhaft wirkende *Computer Generated Images* (CGI) zurückzugreifen. Es kommt daher nicht von ungefähr, wenn z. B. die Darstellung diskontinuierlicher und hektischer Wahrnehmung ein beliebtes Thema vor allem des gegenwärtigen Kinos ist (vgl. z. B. auch Cameron Crowe, *Vanilla Sky* [2001]; Christopher Nolan, *Inception* [2010]; Alejandro González Iñárritu, *The Revenant* [2015]).

Vor dem Hintergrund dieser neuen Tendenzen im Kino der letzten Jahre ist es bemerkenswert, dass ausgerechnet die älteste systematisch ausgearbeitete Filmtheorie genau diese Thematik in den Mittelpunkt rückt und sich in dieser Hinsicht mehr als hundert Jahre später immer noch als aktuell erweist. Für Hugo Münsterberg – so lautet die zentrale These seiner Filmtheorie – ist allein der Film und keine andere Kunst dazu imstande, die unterschiedlichen Formen des Bewusstseins zu veranschaulichen. Hierin sieht Münsterberg, mit dem die Geschichte der Filmtheorie beginnt, die eigentliche Originalität der Filmkunst.

2.1 Von der Angewandten Psychologie zur Filmkunsttheorie

Die erste filmtheoretische Monografie, die einen systematischen Anspruch verfolgt, erscheint 1916 in New York unter dem Titel *The Photoplay. A Psychological Study* (dt. Übersetzung *Das Lichtspiel. Eine psychologische Studie*), und ihr Autor ist der deutschstämmige Psychologieprofessor Hugo Münsterberg. Was hierbei überrascht, ist, dass ein weithin angesehener Repräsentant der amerikanischen Wissenschaft, der an der Harvard-Universität lehrt, über eine Sache schreibt, die in den gebildeten Kreisen dieser Zeit als trivial und niveaulos gilt (vgl. Schweinitz 1996, 9). Der Film wird zumeist als Unterhaltung für die unteren Bevölkerungsschichten angesehen; und ernst zu nehmen, ist er für viele allenfalls unter kommerziellen oder sozialpsychologischen, keineswegs jedoch unter künstlerischen Gesichtspunkten.

Was veranlasst also ausgerechnet Münsterberg, der mit seinen experimentalpsychologischen Studien über visuelle Wahrnehmung und Emotion, über Aufmerksamkeit und Gedächtnis zur wissenschaftlichen Prominenz geworden ist, jener neuen Unterhaltungsform ein ganzes Buch zu widmen, von der seine Fachkollegen eher den Untergang der abendländischen Kultur erwarten (vgl. Schweinitz 1996, 11)? Hierfür sind vor allem zwei Gründe ausschlaggebend: der eine beruht auf filmgeschichtlichen Fortschritten, der andere hängt mit Münsterbergs Selbstverständnis als Vertreter einer Angewandten Psychologie zusammen, der weit über die Grenzen seiner Fachwissenschaft wirken und die Kultur seiner Gegenwart mitgestalten will.

Was den ersten Grund betrifft: Als das kleine Buch *Das Lichtspiel* 1916 erscheint, begleitet es einen Wendepunkt, der sich etwa ab 1913/1914 in der internationalen Kinowelt abzeichnet. In den USA sind bis dahin die sogenannten Nickelodeon-Produktionen an der Tagesordnung. Die ersten amerikanischen Kinos werden *nickel odeons,* genannt, weil als Eintrittspreis fünf Cent, also ein Nickel, verlangt werden. ‚odeon' ist wiederum vom griechischen Wort ‚odeion' abgeleitet, womit ein ‚überdachtes Theater' gemeint ist. Bei den Filmen, die dort üblicherweise auf dem Programm stehen, handelt es sich um ebenso triviale wie standardisierte Genrefilme mit sehr kurzer Länge, von denen mehrere bei einer Kinovorführung gezeigt werden.

Mit der Produktion der ersten längeren Spielfilme findet jedoch eine gravierende Veränderung innerhalb der Filmlandschaft statt: In Deutschland erscheint zunächst 1913 Hanns Heinz Ewers' *Der Student von Prag,* in Italien 1914 Giovanni Pastrones *Cabiria;* und als schließlich in den USA 1915 David Wark Griffiths *Die Geburt einer Nation* für Furore sorgt, wird in der gebildeten Welt zum ersten Mal ernsthaft über die Frage diskutiert, ob *filmische* Kunstwerke möglich sind und unter welchen Bedingungen sie möglich sind. In Frankreich, dem offiziellen Geburtsland des Kinos, geht es allerdings schneller: Dort ruft bereits der 1908 veröffentlichte, nur fünfzehnminütige Film *Die Ermordung des Herzogs von Guise* (Regie: André Calmettes und Charles le Bargy) den Beginn des Diskurses über die künstlerischen Potentiale des neuen Mediums hervor (vgl. Tröhler/ Schweinitz 2016, 18).

Abendfüllende Spielfilme sind in der Lage, komplexere Geschichten zu erzählen und erkämpfen sich damit auch in Akademikerkreisen eine kulturelle Wertschätzung. Rezeptionssoziologisch lässt sich das daran erkennen, dass von nun an auch das bürgerliche Publikum vermehrt ins Kino geht (vgl. hierzu bereits die erste soziologische – und überhaupt die erste wissenschaftliche – Monografie zum Kino: Altenloh 2012 [1914]). Es ist daher nicht verwunderlich, wenn viele, die in dieser frühen Orientierungsphase über den Film nachdenken, der Ansicht sind, dass er zur Kunstform aufsteigen kann, wenn er sich an der traditionellen Kunst des Theaters orientiert. Dieser Gedanke wird außerdem durch die Tatsache nahegelegt, dass man in der Filmbranche beginnt, für die zunehmend anspruchsvoller werdenden Rollen prominente Theaterschauspieler anzuwerben.

Im Zuge der Diskussionen, ob sich der Kunstkanon durch die Fortentwicklung des Films erweitert, veröffentlicht der Dichter Vachel Lindsay mit *The Art Of The Moving Picture* (1915), wenige Monate bevor Münsterbergs Studie erscheint, ein Buch, in dem die Verbindung zwischen dem Film und den übrigen Künsten untersucht wird. Nachdem bereits zuvor Ricciotto Canudo, ein in Frankreich lebender früher Filmessayist italienischer Herkunft, den Film als „*bildende Kunst in Bewegung*" (Canudo 2016 [1911], 72) bezeichnet hat, entwickelt Lindsay nun im Grunde denselben Gedanken – ob in Kenntnis oder in Unkenntnis seines Vorläufers – im Buchumfang weiter, wenn er über ‚Painting-in-Motion' (Lindsay 2000 [1915], Ch. 9), ‚Sculpture-in-Motion' (ebd., Ch. 8), ‚Architecture-in-Motion'

2.1 Von der Angewandten Psychologie zur Filmkunsttheorie

(ebd., Ch. 11) und sogar von ‚Furniture, Tappings, and Inventions in Motion' (ebd., Ch. 10) spricht. Lindsay rückt den Film einerseits in die Nähe zur bildenden Kunst und grenzt ihn andererseits aber dafür umso stärker vom Theater ab (ebd., Ch. 12).

Im Unterschied zu Lindsays Position betont jedoch die klassische Filmtheorie von Münsterberg bis Kracauer allerdings weniger die Verwandtschaft zwischen den Künsten, weil sie vielmehr auf der Suche nach einer film*spezifischen* Gattungsästhetik ist und sich deshalb vor allem für dasjenige interessiert, was den Film von allen anderen Künsten unterscheidet. Münsterberg selbst schätzt den Film zunächst sehr gering ein, bis er sich zu einem Kinobesuch durchringt, bei dem der US-amerikanische Film *Neptune's Daughter* (Regie: Herbert Brenon, 1914) schließlich zu einer, wie es heißt, „Bekehrung" (Münsterberg 1996 [1915], 107) führt:

> „Ich gebe offen zu, daß ich selbst zu diesen snobistischen Nachzüglern gehörte. Bis vor einem Jahr habe ich niemals ein wirkliches Lichtspiel gesehen" (ebd.).

Nach wie vor findet sich auch 1916, wie Münsterberg schätzt, bei neun Zehntel aller produzierten Filme überhaupt keinerlei künstlerisches Niveau (vgl. Münsterberg 1996a [1916], 91; Münsterberg 1996b [1917], 118). Selbst wenn es also *faktisch* bisher kaum so etwas wie Filmkunst gibt und die Leinwand immer noch auf ihren Shakespeare wartet, kann zumindest am künstlerischen *Potenzial* des Films nicht mehr gezweifelt werden (vgl. Münsterberg 1996a [1916], 91). In welche Höhen sich das Kino fortan entwickeln wird, ist noch gar nicht abzusehen: „Ein neuer ästhetischer Kokon ist aufgebrochen, wohin werden die Flügel den Schmetterling tragen?" (ebd., 40).

Sicher kann der Film eine pädagogische Aufgabe erfüllen, das Klassenzimmer bereichern und seinen Beitrag zur kulturellen Bildung der Heranwachsenden leisten (vgl. Münsterberg 1996b [1917], 119 f.). Allerdings besteht „seine Hauptaufgabe [darin], den Massen Unterhaltung, Genuß und Freude zu bringen" (Münsterberg 1996 [1915], 107). Anders als die schmallippigen Kinoreformer in Deutschland, die auf den Bildungsauftrag der Künste pochen, hält Münsterberg Unterhaltung und Vergnügen als solche keineswegs für legitimationsbedürftig.

Während der erste Grund für das Filmbuch der künstlerische Fortschritt des Films ist, hängt der zweite Grund mit Münsterbergs bisherigen Forschungsinteressen und -zielen zusammen. Seiner Ansicht nach soll nämlich die Angewandte Psychologie, für die er selbst 1908 an der Harvard-Universität erstmals einen Arbeitsbereich einrichtet, gesellschaftliche Aufgaben im Bereich der Erziehung, der Betriebspsychologie oder der Psychotherapie übernehmen (vgl. Schweinitz 1996, 11). So entwickelt Münsterberg zum Beispiel Eignungstests für Telefongesellschaften, filmische Testverfahren für Autofahrer und geht tiefgründig der Frage nach, wie viel Bierkonsum die Arbeitsmoral verbessern kann und wie hoch daher der ‚psychotechnische' Nutzen des Alkohols zu veranschlagen ist (vgl. Schweinitz 1996, 22). In enger Kooperation mit der Industrie widmet Münsterberg sich ferner geschäftspsychologischen Fragen, die man heute dem Bereich des Marketings zuordnen würde. Was ihm schlussendlich mit seinen hochfliegenden

Ambitionen vorschwebt, ist eine Psychotechnik, die das Menschenbild des Deutschen Idealismus, wie Münsterberg es vor allem aus der Philosophie von Johann Gottlieb Fichte kennt, mit den technologisch-industriellen Herausforderungen in der Gegenwartskultur vermittelt.

In diesem Sinne versteht Münsterberg seine Angewandte Psychologie als eine theoretische Weggefährtin, die den Film bei seinem steinigen Weg zur gesellschaftlichen Anerkennung begleitet und unterstützt (vgl. Münsterberg 1996 [1915], 114). Während in Deutschland – anders als etwa in Frankreich (vgl. die mediengeschichtliche Anthologie von Tröhler/Schweinitz 2016) – anlässlich des Films häufig kulturpessimistische Bedrohungsszenarien ausgemalt werden, verwendet Münsterberg nun seine bisherigen psychologischen Forschungen als Rüstzeug für den ersten systematisch angelegten Versuch, das neue Phänomen des Kinematografen theoretisch zu ergründen. Maßgeblich entscheidend für die filmtheoretische Position, die in *Das Lichtspiel* entwickelt wird, sind seine umfangreichen Studien zu Wahrnehmung, Gedächtnis und Aufmerksamkeit. Die Filmindustrie selbst, welche mit Münsterberg bereits anlässlich eines Films – *The Third Degree* (Regie: Barry O'Neil, 1913) – kooperiert hat, der auf seine kriminalpsychologischen Untersuchungen zurückgreift, erhofft sich ihrerseits von dem Urteil eines renommierten Wissenschaftlers eine zusätzliche Nobilitierung für ihre Produktionen.

Es kommt jedoch anders: Münsterbergs *Das Lichtspiel* wird in der Öffentlichkeit kaum beachtet, geschweige denn, dass es überhaupt in den wichtigsten Presseorganen dieser Zeit besprochen wird. Inzwischen ist nämlich aus dem angesehenen Harvard-Professor eine *persona non grata* geworden. Der Grund liegt darin, dass der deutschstämmige Wissenschaftler zu Beginn des Ersten Weltkriegs in der amerikanischen Öffentlichkeit um Verständnis für die deutsche Position wirbt und sich gegen den amerikanischen Kriegseintritt ausspricht. Hierdurch gerät er ins gesellschaftliche Abseits, und nur wenige Monate nach dem Erscheinen von *Das Lichtspiel* stirbt Münsterberg schließlich (vgl. Schweinitz 1996, 15; Carroll 2010, 58).

Damit entfällt für ihn auch die Möglichkeit, sein Filmbuch nach dem Kriegsende – wenn die Wogen sich etwas geglättet haben – wieder in Erinnerung zu rufen und die teilweise noch unausgereiften Hauptgedanken in weiterführenden Studien zu vertiefen. All dies trägt dazu bei, dass Münsterberg innerhalb der Filmtheoriegeschichte den Status eines Solitärs einnimmt und sein Filmbuch bis in die 1960er Jahre schlichtweg unbekannt bleibt. Weder Béla Balázs noch Rudolf Arnheim oder Sergej Eisenstein, der sich ansonsten auf alles stürzt, was nur entfernt nach Kunsttheorie aussieht, haben Münsterberg gekannt. Die Filmbranche selbst, die sich anfänglich um ihren akademischen Fürsprecher bemüht, hat es ihrerseits unterlassen, ihn wiederzuentdecken bzw. überhaupt erst einmal zu entdecken. So bringt es die Klage des Filmkritikers Welford Beaton von 1930 wohl auf den Punkt:

> „In Hollywood sind zwanzigtausend Leute beschäftigt [...]. Weder in der Hauptbibliothek von Hollywood noch in einer ihrer Zweigestellen kann man ein Exemplar des Buchs finden. In keiner Buchhandlung Hollywoods wird es angeboten. Ich habe kein Dutzend Menschen getroffen, die es gelesen haben und keine zwei Dutzend, die je davon hörten" (Welford Beaton, zit. nach Schweinitz 1996, 16; vgl. Keller 1979, 116).

2.2 Jenseits von Theater und Natur

Wenn in dieser frühen Epoche über die formästhetischen Qualitäten des Films diskutiert wird, so findet sich nicht selten die Auffassung, dass von Kunst keine Rede sein könne, da der Film nur mechanisch die Wirklichkeit abbilde. Für diese Ansicht steht wie kaum ein anderer der Tübinger Kunsthistoriker Konrad Lange, der rundweg erklärt:

> „Die Vorgänge werden einfach registriert. Es sind auch stets nur die äußeren Ereignisse, das leere fleischlose Gerippe, was man da von der Handlung zu sehen bekommt. Jede feinere psychologische Entwicklung, alle tieferen Gedanken und Gefühle der Personen verschwinden in der Versenkung" (Lange 1992 [1913/1914], 115).

So kommt Lange zu dem Schluss: „Mit einem Worte, das, was wir im Kino sehen, ist gar nicht Kunst, sondern Wirklichkeit" (Lange 2004 [1913], 83). Ganz genauso erklärt auch der Theaterjournalist Heinrich Stümcke: „[W]eil der Lichtbildapparat nicht seelische Vorgänge, sondern nur Äußerlichkeiten reproduzieren kann, erstickt alles in Äußerlichkeiten" (Stümcke 1992 [1912], 243). Konsequent spricht sich darum Konrad Lange (vgl. Lange 1992 [1913], 267) ebenso wie z. B. der Philosoph Alfred Baeumler (vgl. Baeumler 1992 [1912], 264) oder Erich Oesterheld, ein Herausgeber mehrerer Theaterzeitschriften (vgl. Oesterheld 1992 [1913], 259–264), vehement gegen einen Vertrag zwischen dem Verein deutscher Bühnenschriftsteller und der Filmzentrale aus, der es Dramatikern erstmals erlaubt, ihre Stücke für eine Verfilmung freizugeben oder direkt für den Film zu schreiben (vgl. hierzu auch Schweinitz 2016, 638).

Während für Lange und Stümcke der filmische Realismus jeglichem Kunstanspruch ein für alle Mal im Wege steht, bietet für andere der Film gerade aufgrund seiner Wirklichkeitsnähe wie kein anderes Medium die Möglichkeit, schöne, bewegte Natur abzubilden. Kinokunst in Vollendung ist z. B. für Herman Häfker „die *künstlerische Kino-Naturaufnahme*": „Daß sie die eigentliche, die echte kinematographische Kunst ist, geht aus der einfachen Erwägung hervor, daß sie die eigentliche Höchstleistung ist, deren Kinematograph und Filmband fähig sind, und daß sie die eigentliche Leistung ist, deren *nur* Kinematograph und Filmband fähig sind" (Häfker 1992 [1912/1913], 307).

Es lässt sich zwar sagen, dass insgesamt der *kultur*kritischen Dimension der frühen Debatten über den Film im Nachbarland Frankreich nicht halb so viel Gewicht wie in Deutschland zukommt (vgl. Schweinitz 2016, 636 f.), aber dennoch finden sich auch hier Stimmen, die sich vehement gegen eine Orientierung des Films an Literatur und Theater aussprechen. So bezeichnet etwa Paul Souday, einer der wichtigsten französischen Literaturkritiker, eine Verfilmung von Gustave Flauberts Roman *Salammbô* als „ärgerlichste Scheußlichkeit", ja sogar als „Massaker" (Souday 2016 [1916], 147) und fordert – wie Häfker – im Gegenzug, den Film stattdessen auf seinen dokumentarischen Charakter zu verpflichten: „Das eigentliche Interesse des Kinos sollte sich auf genaue Ansichten und dokumentarische Aufnahmen richten: die Niagarafälle, die Quellen des Nils, tropische Meere, fernöstliche Häfen, die Jagd auf Eisbären am Nordpol oder die Löwenjagd im Inneren Afrikas etc. etc." (Souday 2016 [1916], 148).

Eine dritte – sehr populäre – Position fordert wiederum, dass der Film zur Kunst wird, indem er sich die bereits bestehende Kunst des Theaters zum Vorbild nimmt. So ist für den literarischen Kinofreund Alexander Elster „die dramatische Technik im Kern ihres Wesens für Bühnen- und Kinodramen die gleiche" (Elster 2004 [1913], 108); und der expressionistische Dichter Oskar Kanehl fügt hinzu: „Theater und Kino sind aus demselben Schoß zu Leben erwacht. Sie spielen zur Schau" (Kanehl 2004 [1913], 112). Mit anderen Worten, der Film ist eine Variante der Theaterkunst, aber keineswegs eine eigenständige Kunst, die nur ihren eigenen ästhetischen Prinzipien folgen würde. Obwohl die beiden ersten Ansätze von Lange einerseits, Häfker und Souday andererseits, hinsichtlich des Kunstcharakters des Films zu völlig entgegengesetzten Schlüssen kommen, stimmen sie doch zumindest darin überein, dass der Film ein sehr realitätsnahes Medium sei.

Von allen diesen drei genannten Optionen grenzt sich Münsterberg aber nun ganz entschieden ab: Erstens würde er dem Filmverächter Konrad Lange seine Überzeugung vom künstlerischen Potential des Films entgegenhalten und ihm zudem mit der These widersprechen, dass der Film sogar außerordentlich gut dafür geeignet ist, seelische Vorgänge wiederzugeben. Zweitens würde er gegenüber Elster und Kanehl, für die allein das Theater dem Film den Weg zur Kunst weist, wiederum insistieren, dass das Kino eine völlig neue eigenständige Kunst ist: „Das Lichtspiel hat seine eigenen Gesetze und seine eigenen Lebensbedingungen, und es unterscheidet sich vom Bühnendrama geradeso, wie sich Musik von der Literatur oder Malerei von Bildhauerei unterscheidet" (Münsterberg 1996c [1916], 115). Drittens liegt, wie sich im Folgenden herausstellen wird, in der Gegenposition zu Häfker und Souday, für die der Film nur als Nachahmung der Natur zur Kunst wird, sogar der Hauptgedanke von Münsterbergs Filmtheorie.

Um die Originalität der Filmkunst nachzuweisen, schlägt der Psychologe in seinem Argumentationsgang erstmals einen Weg ein, den im Nachhinein die klassische Filmtheorie stets von Neuem – und völlig unabhängig von diesem ungelesenen Erstling – immer wieder beschreiten wird: Ausgehend von der Frage, wodurch der Film zur Kunst wird und was ihn von anderen Künsten unterscheidet, entwickelt Münsterberg filmkünstlerische Kriterien aus der besonderen Beschaffenheit des Mediums und kommt am Ende zu einem normativen Filmverständnis. Das Ziel ist eine filmspezifische Gattungsästhetik.

Einerseits findet sich bei ihm also ein Grundmuster, dem die Filmtheorie von Balázs bis Kracauer immer wieder folgen wird, andererseits überrascht Münsterberg mit einer These, die man wohl kaum in der gesamten Filmtheoriegeschichte so noch ein zweites Mal findet: Ob die Theoretiker eher wie Arnheim dem Formalismus oder wie Kracauer dem Realismus zuneigen, sie stimmen zumindest darin überein, dass sie dem Film eine bisher niemals erreichte Wirklichkeitsnähe zusprechen. Genau diese Auffassung stellt Münsterberg jedoch in Abrede: Für ihn ist die Filmkunst ganz im Gegenteil sogar – nach der Musik – die am wenigsten realistische Kunst überhaupt. Und wozu der Film aufgrund seiner spezifischen Gestaltungsmöglichkeiten berufen ist, das ist nach Münsterberg nicht – wie Häfker und Souday meinen – die Nachahmung der *Natur,* sondern ganz im Gegenteil die Nachahmung des menschlichen *Bewusstseins* mit seinen unterschiedlichen Vermögen: „Film is the medium not of the world, but of the mind" (Andrew 1976, 20). Trotz dieses unübersehbaren Subjektivismus erweist sich Münsterberg – bei einer ausreichend vergröbernden Lesart – als anschlussfähig für ein entschieden antisubjektivistisches Medienverständnis: Friedrich Kittler liest z. B. *Das Lichtspiel* so, als würde dort der Nachweis erbracht, dass geistige Vermögen – von Kittler ohnehin nur als „unbewußte Mechanismen" (Kittler 1986, 241) interpretiert – dem Geist enteignet und zum Produkt technischer Apparate wie etwa dem Kino werden können. Daran erfreut sich verständlicherweise ein Medienwissenschaftler, der davon träumt, den Geisteswissenschaften jeglichen Geist auszutreiben (vgl. ebd., 237–243).

Wie Münsterberg in einem zusammenfassenden Rückblick erläutert, begeistert man sich in der Anfangsphase des Kinos hauptsächlich an der Perfektion, mit der dem Apparat die Reproduktion realer Ereignisse vor der Kamera gelingt (vgl. Münsterberg 1996a [1916], 37). In Übereinstimmung mit Häfker und Souday auf der anderen Seite des Atlantiks erklärt Münsterberg, dass der Film wie nie zuvor das gigantische und exotische – z. B. die Niagarafälle –, aber auch das unscheinbare Naturleben – z. B. „die im Wind zitternden Blumen" (ebd., 36) – abzubilden vermag. Da das Publikumsinteresse an solchen Realitätsabbildungen jedoch sehr schnell nachlässt, geht die Filmindustrie vermehrt dazu über, abendfüllende Spielfilme mit komplexen Handlungen zu drehen. Deshalb orientiert sich das Kino nun am Theater – und nach Münsterberg handelt es sich dabei um eine naheliegende und überaus verständliche Zwischenphase. Allerdings bleiben, wie er sogleich hinzufügt, die eigentlichen künstlerischen Möglichkeiten des Films solange unentdeckt, wie man der Auffassung vom Vorbildcharakter des Theaters anhängt. Für Münsterberg steht jedenfalls fest: Erst wenn man sich von diesem Vorbild befreit, wird man erkennen, welche Wunder die Filmkamera vollbringen kann, die dem Theater ganz und gar verschlossen sind (vgl. ebd., 39).

2.3 Aufmerksamkeitskonzentration und Großaufnahme

Nachdem der Film erstens die Phase einer bloßen Wirklichkeitsreproduktion überwunden hat, soll er sich also nun zweitens vom Einfluss des Theaters emanzipieren. Allerdings haben die Filmschaffenden genau das bereits getan, auch wenn sie sich – anders als Münsterberg – wohl noch nicht über die Bedeutung dieses Schrittes im Klaren sind. So vollzieht sich nämlich die Emanzipation vom Theater – und damit die Entwicklung zu einer eigenständigen Filmkunst – schlichtweg mit der Erfindung der Großaufnahme. Wie Münsterberg erklärt, kommt der Großaufnahme deshalb eine solche Bedeutung zu, weil sie etwas zu tun vermag, wozu das Theater gar nicht in der Lage ist: Sie zeigt nämlich keine Veränderung der *Außenwelt,* sondern eine Veränderung der *geistigen Aufmerksamkeit* für die Außenwelt.

In der filmischen Großaufnahme geschieht folglich genau dasselbe wie in der alltäglichen Aufmerksamkeitskonzentration: Ein einzelnes Detail steht ganz allein im Fokus der Wahrnehmung, während die übrige Welt vorübergehend ausgeblendet wird. Es handelt sich hierbei, wie Münsterberg hinzufügt, um das erste filmkünstlerische Verfahren, das nicht auf einer Nachahmung des Theaters beruht, sondern ausschließlich dem Film selbst zu eigen ist. Darum lässt sich die Existenz der Großaufnahme auch als ein Beweis für die Originalität und Eigenständigkeit der Filmkunst verstehen: „Die Großaufnahme hat in unserer Wahrnehmungswelt unseren psychischen Akt der Aufmerksamkeit objektiviert und hat die Kunst dadurch mit einem Mittel ausgestattet, das die Macht jeder Theaterbühne weit übersteigt" (ebd., 56). Als Theaterzuschauer können wir uns in jedem Augenblick selbst aussuchen, welchen Bereich der Bühne wir genauer in Augenschein nehmen. Mit anderen Worten, der Raum bleibt unverändert und *objektiv,* wohingegen die Aufmerksamkeit des Zuschauers *subjektiv* ist. Im Unterschied dazu lässt die filmische Inszenierung den Raum selbst subjektiv werden, denn sie präsentiert nicht allein die Dinge, sondern auch das jeweilige geistige Vermögen, das sich auf diese Dinge richtet – in diesem Fall die Aufmerksamkeitskonzentration (vgl. ebd., 58).

Münsterbergs Vorgehensweise wird an diesem Beispiel bereits deutlich: Um den Beweis zu erbringen, dass es sich bei der Filmkunst um „eine unabhängige, von eigenen ästhetischen Gesetzen beherrschte Kunst" (ebd., 41) handelt, versucht er nachzuweisen, dass im Kino geistige Vermögen des Bewusstseins zu formästhetischen Gestaltungsformen der Realität werden. Genauer gesagt: Der Film zeigt zwar Dinge, aber er zeigt sie so, wie sie aus der Perspektive von bestimmten geistigen Vermögen wie der Aufmerksamkeitskonzentration, der Fantasie, der Erinnerung oder einer Emotion zur Erscheinung kommen. Insgesamt ist jedoch festzustellen: Häufig wirken die Gedanken Münsterbergs schlichtweg unausgereift, weil das Ziel der Abgrenzung vom Theater dominiert und die filmspezifischen Gestaltungsweisen deshalb auch nur soweit einer genaueren Analyse unterzogen werden, bis deutlich wird, dass der Film eben andere Wege als das Theater einschlägt. Die filmästhetische Konzeption steht in ihrem systematischen Anspruch jedenfalls ganz und gar im Schatten der Kritik des Theaterideals und dem Ziel, die Autonomie der filmischen Kunst zu beweisen: „Das Schauspiel und das Lichtspiel sind zwei gleichrangige Künste, jede für sich vollkommen eigenwertig" (ebd., 73).

2.4 Erinnerung und Rückblende

Was für die Großaufnahme gezeigt worden ist, wird von Münsterberg nun auch für andere speziell filmische Darstellungsweisen durchdekliniert: Während sich die *Großaufnahme* als eine filmische Objektivierung des geistigen Aktes der Aufmerksamkeitskonzentration begreifen lässt, so kann nun auch die *Rückblende* als eine filmische Objektivierung des geistigen Aktes der Erinnerung verstanden werden:

> „In beiden Fällen ist der Akt, der sich im gewöhnlichen Theater allein in unserem Bewußtsein vollziehen würde, in das Lichtspiel projiziert, in die Bilder selbst. Es ist, als hätte die Realität ihre eigene kontinuierliche Bindung verloren und wäre entsprechend den Ansprüchen unserer Seele geformt worden" (ebd., 59).

Der Film selbst scheint nun imstande zu sein, die Aufmerksamkeit zu konzentrieren, sich zu erinnern und zu träumen, künftige Ereignisse zu antizipieren und Gefühle zu artikulieren. So wie der Film in Rückblenden Erinnerungen präsentiert, so kann er auch Fantasien oder Halluzinationen von Filmfiguren zur Darstellung bringen. In der Filmgeschichte wimmelt es geradezu von pittoresken Beispielen hierfür: Bei dem Besuch eines Gottesdiensts wird in Luis Buñuels *Er* (Mexiko, 1953) der eifersüchtige Francisco plötzlich von allen Anwesenden ausgelacht und in Roman Polanskis *Der Mieter* (FR, 1976) der ängstliche Trelkovsky von der Kanzel herab aufs Gemeinste persönlich beschimpft. In beiden Fällen handelt es sich um Angstträume bzw. Angsthalluzinationen, während die Hinrichtung des geschwätzigen Filmkritikers in Federico Fellinis *Achteinhalb* (I, 1963) wohl eher als ein sehnlicher Wunschtraum des verkrachten Filmregisseurs Guido zu verstehen ist.

Die jeweilige Einstellung oder Sequenz unterbricht die Kontinuität des filmischen Geschehens. Ob es sich dabei nun um eine Erinnerung, eine Fantasie oder eine Antizipation handelt, lässt sich natürlich immer nur – mehr oder weniger zuverlässig – aus dem Gesamtkontext des jeweiligen Films erschließen. Münsterberg selbst kommt es allerdings weniger auf eine solche genauere Differenzierung zwischen Erinnerung, Fantasie und Antizipation an, weil ihm in erster Linie die Abgrenzung zum Theater am Herzen liegt: Während das Theater nämlich den realen Abläufen folgen muss, springt der Film zwischen Vergangenheit, Gegenwart und Zukunft hin und her.

2.5 Die Inszenierung einer emotionalen Welt

Wie sich im nächsten Kapitel zeigen wird, hält Béla Balázs das ausdrucksvolle Gesicht des Schauspielers in der Großaufnahme für die Keimzelle der Filmkunst. Selbst wenn man nicht so weit gehen will, ist es zumindest bei der Frage der filmischen Darstellung von Emotionen naheliegend, zuerst an den Filmschauspieler zu denken. Münsterberg gibt an dieser Stelle jedoch zu bedenken, dass der Stummfilmschauspieler auf die Sprache verzichten muss und daher leicht in die Gefahr gerät, zum Ausgleich auf grelle Effekte zu setzen und die Mimik seines Gesichts wie auch die Gestik seines Körpers maßlos zu übertreiben (vgl. ebd., 66). Während sich Balázs zufolge der Filmschauspieler schon dadurch zuverlässig vom Theaterschauspieler unterscheidet, weil er Emotionen nicht *sprachlich*, sondern *mimisch* artikuliert, bleibt für Münsterberg eine jegliche schauspielerische Darstellung, die sich mit ausufernden Körpergesten zu artikulieren versucht, immer noch „dem Geist des Theaters" (Münsterberg 1996 [1915], 113) verpflichtet.

Darum empfiehlt er, Emotionen weniger durch das Schauspiel als vielmehr durch die Kamera zum Ausdruck zu bringen: „Dem Geist des Lichtspiels würde es entsprechen, die Welt um die geängstigte Person sich auf grauenerregende gespenstische Weise verändern zu lassen" (ebd.). Im Grunde wird bei Münsterberg der Filmschauspieler auf diese Weise zu einem bloßen Fremdkörper bzw. zu einem Relikt des Theaters innerhalb der Filmkunst. Denn gleichgültig, wie gut es ihm gelingt, mit seinem *Körper* Emotionen zum Ausdruck zu bringen, der eigentliche Schritt zur Filmkunst ist erst dann getan, wenn die *ganze Welt* im Licht einer Emotion präsentiert wird:

> „Ein Mädchen in seiner glücklichen ersten Liebe sieht die ganze Welt in neuem Glanz und in neuer strahlender Schönheit. Der Dichter kann sie das sagen lassen, nur das Lichtspiel kann sie aber in dieser neuen jubilierenden Welt zeigen" (ebd., 111).

Um Gefühle mit genuin filmischen Mitteln zu artikulieren, die möglichst deutlich von denen des Theaters abweichen, wird empfohlen, die Kamera z. B. in Kreisen zu bewegen oder die Bilder pulsieren zu lassen (vgl. ebd., 113). Obwohl die Darstellung von Gefühlen für Münsterberg „das Hauptanliegen des Lichtspiels" (Münsterberg 1996a [1916], 65) ist, bleiben seine Überlegungen hierzu äußerst skizzenhaft, wenn man sie vergleicht mit dem, was ihm ansonsten etwa zur Großaufnahme einfällt. Von Relevanz sind diese Ausführungen eher, wenn man sie als vorwegnehmende Kritik an jenen filmtheoretischen Positionen nimmt, die den Filmschauspieler in den Mittelpunkt rücken. So bestätigt sich einmal mehr: Die Stärke von Münsterbergs Ausführungen liegt insgesamt vor allem im Negativen, also in der Abgrenzung von Darstellungsweisen des Theaters, während umgekehrt die Darstellungsweisen des Films nicht systematisch weiterverfolgt werden, sondern eher vage umrissen bleiben. Im Blick auf den damaligen künstlerischen Entwicklungsstand des Films ist das natürlich nur allzu verständlich. Wie die erste Film*kunst* weist also auch die erste Film*theorie* einen vorwiegend tentativen Charakter auf.

Insgesamt zeichnet sich Münsterbergs Filmtheorie dadurch aus, dass sie Erwartungen weckt und Versprechungen macht, die sie selbst nicht erfüllt und wohl auch noch nicht erfüllen kann. So erklärt Münsterberg zwar ganz beiläufig, dass unser ganzer Körper an der Wahrnehmung beteiligt ist (vgl. ebd., 55), aber die Körperlichkeit der Wahrnehmung spielt in seiner Filmtheorie selbst überhaupt noch keine Rolle. Münsterbergs Gedankengang lässt sich jedoch als Impetus aufnehmen und weiterführen: Wie erscheint die Welt einem rennenden, taumelnden, stürzenden, panischen, betrunkenen Wahrnehmenden? Wie viele Aufgaben, die man üblicherweise dem Schauspieler zuweist, kann die Filmkamera übernehmen? Im Anschluss an Münsterberg wäre also zu fragen, ob und inwiefern der Film insbesondere körperlich vermittelte Formen der Wahrnehmung wie z. B. das Stolpern, den Schwindel, die Trunkenheit oder den Schmerz anders als durch ‚theaterhafte', schauspielerische Darstellungen zum Ausdruck bringen kann. Hier lässt sich nun ein Bogen schlagen von der ältesten zu einer der neuesten filmtheoretischen Positionen, nämlich zum leibphänomenologischen Ansatz von Vivian Sobchack (s. Kap. 11). Sobchack zufolge präsentiert der Film nicht nur

2.5 Die Inszenierung einer emotionalen Welt

Wahrgenommenes, sondern vor allem auch die *Wahrnehmung* selbst – und anders als Münsterberg rückt sie in ihren Analysen von Filmbeispielen insbesondere den leiblichen Charakter der Rezeption in den Mittelpunkt.

Wie sich in aller Deutlichkeit herausgestellt hat, steht die Position der ersten Filmtheorie konträr zur vorherrschenden Meinung, dass vor allem die *äußere Welt* im Kino wiedergegeben wird. Vielmehr artikuliert der Film Münsterberg zufolge das *Bewusstsein selbst,* indem er Aufmerksamkeit, Gedächtnis, Fantasie und Emotionen in die äußere Welt hineinträgt: Darum entspricht die „Ordnung der Bilder auf der Leinwand [...] nicht mehr der Ereignisordnung in der Natur, sondern folgt eher unserem eigenen seelischen Spiel" (Münsterberg 1996 [1915], 111). So springt auch die Montage zwischen den verschiedenen Zeitdimensionen hin und her und verknüpft auf diese Weise Wahrnehmungen mit Erinnerungen und Antizipationen. All jene genannten Veranschaulichungen geistiger Vermögen machen den Film schließlich, wie Münsterberg folgert, zu der „einzige[n] visuelle[n] Kunst, in der der gesamte Reichtum unseres inneren Lebens, unsere Wahrnehmungen, unser Gedächtnis und unsere Phantasie, unsere Erwartung und unsere Aufmerksamkeit, in den äußeren Eindrücken selbst lebendig gemacht werden kann" (ebd.).

Von hier aus stellt sich die Frage, ob diese älteste Filmtheorie nicht gleichzeitig sogar eine der aktuellsten ist, weil sie eigentlich problemlos auch für die virtuelle Realität zur Anwendung gebracht werden kann. Während einerseits der ‚realistische' Kracauer den digitalen Bildern ihren Mangel an Realitätsbezug zum Vorwurf macht und andererseits wiederum der ‚formalistische' Arnheim ihren illusionistischen Charakter moniert, gibt es aus Münsterbergs Perspektive eigentlich kaum etwas zu beanstanden. Dass die VR-Brille anders als der traditionelle Film z. B. keinen Bildrahmen mehr kennt, wäre für Münsterberg – anders als für Arnheim – kein Manko, sondern ganz im Gegenteil ein Vorzug, weil der durch die VR-Brille gesehene Film sich damit noch mehr dem Bewusstseinsstrom angleicht. Bedenken hätte Münsterberg eher dahin gehend, dass die Montage in der virtuellen Realität wohl zu kurz käme. Denn auf diese Weise würde sich das filmische Geschehen wieder der theaterhaft-linearen Einheit von Raum und Zeit annähern.

Insofern das Lichtspiel mehr den Gesetzen des Bewusstseins als denen der Außenwelt folgt, bedeutet die Geburt der Filmkunst, wie es weiter heißt, in letzter Konsequenz sogar den künstlerischen Triumph des Geistes über die Materie (vgl. Münsterberg 1996a [1916], 59, 99). Wenn Münsterberg hinzufügt, dass ein solcher „Wechsel von divergierenden Erfahrungen in der Seele [...] sich nirgends darstellen [kann] außer im Kino" (ebd., 63), so unterschlägt er allerdings die Existenz des Romans, der mit seinen vielfältigen Erzähltechniken auf ganz ähnliche Weise wie der Film mit der Realität umspringen kann.

Wenn man sich einen Überblick über die Publikationen zum Film in den ersten 20 Jahren des 20. Jahrhunderts – so weit sie erhalten und zugänglich sind – verschafft, dann wundert es nicht, wenn der Filmwissenschaftler Jürgen Schweinitz zu dem Urteil kommt, Münsterbergs „Konzept filmischen Erzählens" sei „das Avancierteste, was bis dahin zur Gestaltungstheorie des Films geschrieben wurde" (Schweinitz 1996, 20). Allerdings besagt dieses Lob nicht allzu viel, denn was bis dahin zur Gestaltungstheorie des Films geschrieben wurde, ist eben auch nicht besonders avanciert. Mit der These, dass der Film reale Objekte und Ereignisse auf dieselbe Weise verbindet wie die verschiedenen geistigen Vermögen des Bewusstseins, nimmt Münsterberg ferner zu einem nicht unerheblichen Teil bereits jene Poetik des Kinos vorweg, die David Bordwell, einer der einflussreichsten Filmtheoretiker der Gegenwart, schließlich als die letztlich überlebensfähigere Alternative zur klassischen Filmtheorie begreifen wird (s. Kap. 10). Für Bordwell geht es nicht mehr um jene traditionellen Fragen, wie der Film zur Kunst wird und was ihn von anderen Künsten unterscheidet. Stattdessen steht die Analyse jener vielfältigen Verfahrensweisen im Mittelpunkt seiner Forschung, mit denen Filme Geschichten erzählen und Bedeutungen hervorbringen.

Zweifellos sind die Parallelen überzeugend, die Münsterberg zwischen geistigen Vermögen und filmischen Darstellungsweisen aufspürt. Dennoch sind Zweifel angebracht, ob er mit seiner zentralen These, das Kino sei Nachahmung des Bewusstseins, nicht doch über das Ziel hinausschießt. Es mag fragwürdig sein, ob das Kino so *realistisch* ist, wie Bazin und Kracauer versichern, aber ist es umgekehrt so *idealistisch,* wie Münsterberg glaubt? So hat er zwar die richtige Intuition, aber er scheint sie nicht ausreichend zu durchdringen, was daran liegen mag, dass er von Anfang an das Bewusstsein als eine Innerlichkeit und nicht als einen Weltbezug versteht. Denn bei Münsterberg erscheint das Bewusstsein wie ein innerer Raum mit bestimmten Vermögen wie Wahrnehmen, Erinnern, Fantasieren usw. Im Unterschied zu einer solchen eher substanzialistischen Konzeption wird innerhalb der Phänomenologie von Edmund Husserl, Jean-Paul Sartre, Maurice Merleau-Ponty oder der bereits erwähnten Filmtheoretikerin Vivian Sobchack insbesondere die *Intentionalität,* d. h. der *Gegenstandsbezug* des Bewusstseins hervorgehoben. Gemeint ist damit: Alles Bewusstsein ist Bewusstsein *von* etwas; die Wahrnehmung hat ihr Wahrgenommenes, die Erinnerung ihr Erinnertes usw. (vgl. zur Intentionalität des Bewusstseins: Husserl 1980 [1913], 64–67).

Während Noël Carroll in seiner Münsterberg-Kritik die Analogie zwischen Film und Bewusstsein von Grund auf für verfehlt hält (vgl. Carroll 2010, 66 f.), lässt sich hingegen auf der Grundlage eines solchen phänomenologisch inspirierten Bewusstseinsbegriffs für eine Korrektur argumentieren, mit der sich die überzeugenden Aspekte von Münsterbergs idealistischem Ansatz retten lassen: Grundsätzlich ist gar nicht in Abrede zu stellen, dass der Film imstande ist, geistige Vermögen nachzuahmen. Aber dabei bleibt es nicht: Denn was der Film präsentiert, sind nicht nur geistige Vermögen, sondern zudem auch *Gegenstände,* so wie sie relativ zu diesen geistigen Vermögen erscheinen. Was wir sehen, ist keine in sich verschlossene Subjektivität, sondern eine Subjektivität, die die Welt auf eine bestimmte Weise erlebt. Mit Husserl, der sich selbst keinerlei Gedanken über das Kino gemacht hat, lässt sich das so formulieren: Im Film sehen wir nicht nur die *Akte des Bewusstseins,* in denen Gegenstände gegeben sind, sondern eben auch die *Gegenstände,* die in diesen Akten des Bewusstseins gegeben sind. Kurz, auf der Leinwand erscheint – in Husserls Worten – nicht nur der Bewusstseinsakt bzw. die *Noesis,* sondern auch der Bewusstseinsgegenstand bzw. das *Noema* (zum Verhältnis von Noesis und Noema vgl. ebd., 179–201).

Während realistische Filmtheoretiker wie Häfker oder später Kracauer sich häufig – ob zu Recht oder Unrecht (s. Kap. 7) – den Vorwurf einhandeln, sie würden übersehen, dass die Realität aus einer subjektiven Perspektive erlebt wird, übersieht umgekehrt ein idealistischer Filmtheoretiker wie Münsterberg, dass die Subjektivität eben immer auch einen Gegenstandsbezug besitzt. Zweifellos kann nun jeder Film den Fokus einmal auf die Realität richten, die subjektiv erlebt wird, und ein anderes Mal auf die Subjektivität, welche die Realität erlebt. Aber die realistische sowie die idealistische Filmtheorie tendieren jeweils zu spiegelbildlich entgegengesetzten Verkürzungen, wenn sie den Film pauschal entweder als Darstellung von Realität oder umgekehrt als Darstellung von Subjektivität begreifen.

2.6 Die zweitfreiste Kunst

Mitten im Sturm der Avantgardebewegungen von Dadaismus und Futurismus, Expressionismus und Kubismus, die das bisherige Kunstverständnis – insbesondere die herkömmliche Trennung von Kunst und Leben – in den 1910er Jahren mit ihrer Radikalität erschüttern wollen, hält Münsterberg, ohne auch nur ein Wort über diese neueren Entwicklungen zu verlieren, unerschütterlich an den Grundüberzeugungen einer idealistischen Ästhetik fest. Und diese Ästhetik soll nun auch für den Film gültig sein: „It never crossed Munsterberg's mind that the purpose of the highest cinema could be other than the traditional purpose of art or that its form might not follow the established percepts of all successful art" (Andrew 1976, 20). Münsterbergs Position, die ihre Wurzeln vor allem im kunstphilosophischen Denken von Karl Philipp Moritz über Immanuel Kant bis Georg W. F. Hegel und Arthur Schopenhauer hat, hebt die Autonomie des Kunstwerks hervor und trennt es daher von den praktischen Interessen der realen Welt. Eine solche *Autonomie*ästhetik grenzt sich damit von der *Wirkungs*ästhetik ab, die sich in der Tradition von Aristoteles vor allem für die Wirkungen des Kunstwerks auf den Rezipienten interessiert. Münsterberg knüpft ebenso unverkennbar wie unbeirrbar an diese autonomieästhetische Tradition an, insofern sich für ihn die Kunst im Allgemeinen durch zwei Hauptmerkmale auszeichnet, die notwendig auseinander folgen: Das Kunstwerk ist erstens eine harmonische und in sich geschlossene Totalität und zweitens ist es von der alltäglichen Realität isoliert.

Insofern das Werk eine innere harmonische Totalität darstellt, ist es vollendet, weil jedes einzelne Moment – jeder Pinselstrich, jedes Wort, jeder Ton – als solches notwendig und darum unveränderlich für das Ganze ist. Wenn man nur ein einziges Detail verändern würde, würde man also das Kunstwerk zerstören oder zumindest seine Qualität verringern. Da das Werk nur solche Erwartungen und Interessen beim Rezipienten hervorruft, die es auch selbst erfüllt, verweist es nicht über sich selbst hinaus. Dies nennt Münsterberg den ästhetischen Genuss, und Kunstwerke können einen solchen ästhetischen Genuss nur insofern hervorrufen, als sie eben in sich geschlossen sind (vgl. Münsterberg 1996a [1916], 78).

Aufgrund dieser Geschlossenheit ist das Werk „in sich ruhend" (ebd., 76) und darum völlig isoliert von der Realität und allen praktischen Interessen des

Rezipienten. Diese Abgehobenheit des Kunstwerks von der Realität manifestiert sich in aller Deutlichkeit in der Verssprache, im Rahmen, dem Postament oder der Bühne (vgl. ebd., 80). Nach Münsterberg lässt sich jedenfalls das vollendete Kunstwerk daran erkennen, dass es ihm gelingt, „einen bedeutsamen Ausschnitt unserer Erfahrung auf solche Weise zu isolieren, daß es von unserem praktischen Leben abgelöst wird und zu einem in sich selbst vollendeten Einklang gelangt" (ebd., 83). Es soll nun die Musik sein, die mehr als jede andere Kunst alle diese Bedingungen erfüllt. Denn Münsterberg zufolge hat sie die reale Welt völlig überwunden und führt ein in sich ruhendes vollendetes Leben, das nur aus Emotionen, Erinnerungen und Fantasien besteht. Da sich die Musik fast ausschließlich den seelischen Gehalten überlässt, ist sie schließlich die freieste Kunst (vgl. ebd., 82, 88).

Während einiges für Münsterbergs Überzeugung spricht, dass die Musik in sich ruht, weil sie keinerlei Weltbezug besitzt, so scheint es jedoch fraglich, ob sich das auch über den Film sagen lässt. Dennoch soll es nun ausgerechnet der Film unter allen anderen Künsten sein, der der Freiheit der Musik noch am nächsten kommt, weil er, wie es weiter heißt, fast genauso unabhängig von materiellen Formen ist und durch die Mimesis von Bewusstseinsformen eine völlig autonome Erlebnissphäre konstituiert (vgl. ebd., 88). Es ist Münsterberg zufolge vor allem das Fehlen von Ton und Farbe, das die ästhetische Autonomie des Films fördert, indem es ein „Bewußtsein der Unwirklichkeit" hervorbringt (ebd., 96; vgl. hierzu auch Andrew 1976, 20). Hiermit wird bereits ein zentraler Gedanke Arnheims vorweggenommen, für den ebenfalls die technischen Schwächen des Films zugleich auch seine künstlerischen Stärken sind (s. Kap. 5). Wenn der Soziologe Georg Simmel ferner erklärt, allein die Musik sei eine der menschlichen Seele angemessene künstlerische Form, weil die Seele ausschließlich in einer beweglichen Form artikuliert werden könne (Simmel 2001 [1909], 29–37, 35), so würde Münsterberg hinzufügen, dass die Musik seit einigen Jahren nicht mehr die einzige bewegliche Form sei: Die Bewegungen der Seele können von jetzt an nicht nur in der Musik *hörbar*, sondern auch im Film *sichtbar* gemacht werden.

Münsterberg ahnt an dieser Stelle wohl die Gefahr, dass der Film ausgerechnet aufgrund seiner weltentrückten Autonomie die „emotionale Anteilnahme" (Münsterberg 1996a [1916], 96) der Zuschauerin verlieren könnte und dadurch zu einem letztlich unverbindlichen Spiel werden würde. Gerade bei den Künsten, die wie die Musik und der Film freier als alle anderen sind, kommt es seiner Auffassung nach daher ganz entscheidend darauf an, die ästhetische Einheit zu wahren. Was den Film betrifft, so ist damit gemeint: Die filmische Handlung soll sich mit derselben Notwendigkeit wie die Melodie in der Musik abspielen und entsprechend sollen auch die Charaktere auf der Leinwand schlüssig und konstant sein und vor allem zur jeweiligen Handlung passen (vgl. ebd., 88 f.).

Die verschiedenen Linien seiner Überlegungen zum Film zusammenführend, formuliert Münsterberg schließlich den folgenden Grundsatz: „Das Lichtspiel zeigt uns einen bedeutsamen Konflikt menschlichen Handelns in bewegten Bildern, die, befreit von den typischen Formen des Raumes, der Zeit und der Kausalität, an das freie Spiel unseres seelischen Erlebens angepaßt sind und

2.6 Die zweitfreiste Kunst

durch die vollendete Einheit von Handlung und bildhafter Erscheinung eine vollkommene Isolierung von der praktischen Welt erreichen" (ebd., 89). Wenn der Film also ein Bewusstseinsstrom ist, dann kommt es darauf an, ihn so zu organisieren, dass er „einen bedeutsamen Konflikt menschlichen Handelns" (ebd., 89) wiedergibt.

Bei Münsterberg selbst findet sich allerdings nirgends der Begriff des Bewusstseinsstroms, obwohl er der Sache nach genau hierüber spricht. Ursprünglich geht dieser Begriff auf den Psychologen und Philosophen William James zurück, der damit die Abfolge geistiger Prozesse charakterisiert:

> „Such words as ‚chain' or ‚train' do not describe it [the consciousness] fitly as it presents itself in the first instance. It is nothing jointed; it flows. A ‚river' or a ‚stream' are the metaphors by which it is most naturally described. In talking of it hereafter let us call it the stream of thought, of consciousness or of subjective life" (W. James 1890. Bd. 1, 336).

Es kommt wohl nicht von ungefähr, dass William James ein Bruder des berühmten Romanautors Henry James ist. Denn beim Bewusstseinsstrom – oder bei seiner weniger radikalen Vorstufe, dem ‚Inneren Monolog' – handelt es sich nämlich gleichzeitig auch um ein wesentliches Erkennungsmerkmal modernen Erzählens, das erstmals zentral in Eduard Dujardins Roman *Geschnittener Lorbeer* (1887) und – hiervon inspiriert – schließlich in den Erzählungen *Leutnant Gustl* (1900) und *Fräulein Else* (1924) von Arthur Schnitzler, einem Hauptvertreter der Wiener Moderne, zur Anwendung kommt.

Im Blick auf Dujardin springt übrigens ins Auge, dass ununterbrochenes subjektives Erzählen offenbar in Literatur und Film dieselben Probleme aufwirft: Da Dujardin ausschließlich aus der Perspektive des Bewusstseins seiner Hauptfigur erzählt, wirkt sein Roman an manchen Stellen ähnlich unbeholfen und monoton wie der am Anfang dieses Kapitels erwähnte Film *Die Dame im See* von Montgomery, der das gesamte Geschehen aus der Perspektive der subjektiven Kamera schildert (siehe zur Kritik an Dujardin auch Vogt 2014, 191 f.). Weltweite Anerkennung erfährt die Erzählweise des *stream of consciousness* schließlich durch eine Reihe von äußerst komplexen Bewusstseinsromanen wie James Joyce' *Ulysses* (1922), Virginia Woolfs *Mrs. Dalloway* (1925), John Dos Passos' *Manhattan Transfer* (1925) und William Faulkners *Schall und Wahn* (1929). In Deutschland findet jene literarische Umwälzung erstmals in Hans Henny Jahnns *Perrudja* und – wirkungsgeschichtlich bedeutsamer – Alfred Döblins *Berlin Alexanderplatz* (beide 1929) ihren Widerhall. Festhalten lässt sich jedenfalls: „William James is identified as the creator of the term ‚stream of consciousness' and thus as an important influence on […] Dorothy Richardson, Virginia Woolf, and James Joyce" (Ryan 1991, 1).

Es ist wohl kein Zufall, dass diese literarische Technik etwa um dieselbe Zeit entsteht wie die Psychoanalyse Sigmund Freuds und die Bewusstseinsphänomenologie Edmund Husserls. Diese drei so einflussreichen Strömungen sprechen wohl für ein äußerst lebhaftes Interesse, das in der Zeit um 1900 an der psychischen Dynamik und ihrer möglichst adäquaten Wiedergabe besteht (siehe z. B. zum

Verhältnis zwischen Husserl und Joyce: Hanaway-Oakley 2017, 55; O'Sullivan 2008, 67). Dass auch die Geburt des Kinos in diese Jahre fällt, scheint Münsterbergs Interpretation des Films als Nachahmung des Bewusstseins zu stützen: „It is the mind which is the quarry for the filmmaker and the stuff of movies" (Andrew 1976, 19). Auf die Gemeinsamkeit zwischen der Montage des Films und der Erzählweise von Joyce – nebenbei 1909/1910 der Inhaber des ersten Kinos in Dublin –, aber auch von Dos Passos und Woolf ist wiederholt hingewiesen worden. So versteht etwa der Literaturwissenschaftler Joachim Paech das literarische Verfahren des Bewusstseinsstroms, das kontinuierliches, aber auch diskontinuierliches Fließen von Erfahrung artikulieren will, einerseits als eine Mimesis der selbst montageförmig strukturierten Großstadtwahrnehmung, andererseits der Rezeptionsweise, die das Kino seinem Publikum auferlegt (vgl. Paech 1997, 126, 140 f.). Ebenso wie das Kino nach Münsterberg verfolgt auch der ‚Innere Monolog' das Ziel, das Figurenbewusstsein selbst ‚sprechen' zu lassen: „Wahrnehmungen, Empfindungen, Assoziationen aller Art, Erinnerungen, Überlegungen, auch bloße Lautfolgen ohne ausdrückliche Ankündigung oder Eingriff einer Erzählinstanz ‚aufzuzeichnen'" (Vogt 2014, 185). Als eine Extremform des ‚Inneren Monologs', die nur noch dem Prinzip der freien Assoziation folgt, gilt die *stream-of-consciousness*-Erzähltechnik, deren herausragendes Beispiel sich auf den letzten Seiten in Joyce' *Ulysses* – dem sogenannten Penelope-Kapitel – findet. Als typische Merkmale des literarischen Bewusstseinsstroms sind „verkürzte Syntax, persönliches Idiom, willkürliche Wortbildungen, Lautmalerei und Sprachspiele, assoziative Verbindung" zu nennen (ebd., 188; vgl. hierzu auch Martínez/Scheffel 2012, 64–66).

Das Ziel besteht in einer möglichst authentischen Wiedergabe aller Gegebenheiten des Bewusstseins – und zwar genau so, wie sie erlebt werden. Es wundert nicht, wenn ein solches Vorhaben konsequent zu einer mehr oder weniger radikalen Abkehr von traditionellen Formen des Erzählens führt, in denen eine linear ablaufende Handlung und ein deutlich identifizierbarer Handlungskonflikt im Mittelpunkt stehen. So wenden sich schließlich die modernen Bewusstseinsromane vom Aufbau des narrativen Romans ab, weil sie glauben, nur so den Bewusstseinsstrom selbst zum Thema ihrer erzählenden Prosa machen zu können. Diese Entwicklung erweist sich als notwendig, weil der Alltag nicht so *erlebt* wird, wie der traditionelle Roman z. B. von Honoré de Balzac oder Charles Dickens üblicherweise *erzählt*.

Wenn aus dieser Perspektive nun noch einmal ein abschließender Blick auf Münsterbergs Filmtheorie geworfen wird, so zeigt sich, dass Münsterberg im Vergleich mit der literarischen Prosa der Moderne den entgegengesetzten Weg einschlägt. Denn er begreift der Sache nach den Film zwar als die Wiedergabe eines Bewusstseinsstroms, stellt jedoch zugleich die Forderung auf, dass dieser filmische Bewusstseinsstrom sich den Notwendigkeiten einer stringent erzählten Handlung unterwerfen soll – gefordert wird schließlich sogar eine „vollendete Einheit von Handlung und bildhafter Erscheinung" (Münsterberg 1996a [1916], 89). Insofern der Film nämlich als bloße Wiedergabe geistiger Vermögen in Gefahr gerät, zu einem unverbindlichen Spiel zu werden, wird der filmischen

Darstellung geistiger Vermögen empfohlen, sich an einem „bedeutsamen Konflikt menschlichen Handelns" (ebd., 89) zu orientieren. Hanaway-Oakley übersieht also schlichtweg Münsterbergs Forderung, die Handlung in den Mittelpunkt zu rücken, wenn sie eilfertig die große Nähe zwischen ihm und Joyce betont: „Joyce produces Hugo Münsterberg's hypothesized future cinema" (Hanaway-Oakley 2017, 103).

Es ist daher nicht übertrieben zu sagen, dass die Gedankenführung in *Das Lichtspiel* letztlich auf den gattungsästhetischen Imperativ hinausläuft, der Film möge mit dem bebilderten Bewusstseinsstrom genauso verfahren wie der traditionelle Roman mit der Sprache. Wenn der Film sich nach Münsterberg auf seine gattungsspezifischen ästhetischen Möglichkeiten besinnt, dann wird jedenfalls klar, dass er wie ein Bewusstseinsstrom zu konstituieren ist. Aber dabei bleibt es nicht: Denn im Idealfall bringt er genauso wie der traditionelle Roman Geschichten zur Darstellung, indem er die Erlebnisweisen, aus denen er besteht – Wahrnehmungen, Erinnerungen, Fantasien, Aufmerksamkeitsfokussierungen –, in eine für den Leser gut nachvollziehbare, um einen Handlungskonflikt herum aufgebaute narrative Ordnung bringt.

Es ist bemerkenswert, dass nun zu derselben Zeit der moderne Roman – z. B. bei James Joyce – ganz im Gegenteil den Versuch unternimmt, das traditionelle Erzählen dem Strom des Bewusstseins der gewöhnlichen Alltagserlebnisse unterzuordnen. Für den Film der 1910er Jahre ist Münsterberg zufolge der Bewusstseinsstrom *terminus a quo* und das traditionelle Erzählen *terminus ad quem*; für den modernen Roman ist dagegen das traditionelle Erzählen *terminus a quo* und der Bewusstseinsstrom *terminus ad quem*. Mit anderen Worten, der moderne Roman bei Joyce oder Dos Passos will so sprechen, wie der Film wahrnimmt, während gleichzeitig der Film – zumindest nach Münsterberg – so wahrnehmen will, wie der traditionelle Roman spricht. Es scheint, als würden der Film und der moderne Roman jeweils dahin wollen, wo der andere schon ist. Wie André Bazin später erklärt (s. Kap. 6), gibt der moderne Roman dem Film schließlich zurück, was er von ihm gelernt hat. Denn es sind jene – vom Film inspirierten – modernen Romane, die in den 1940er Jahren einem bis dahin vorwiegend narrativ orientierten Kino vor Augen führen, was Filme sein können, wenn sie sich auf ihre eigenen filmischen Möglichkeiten besinnen.

Literatur

Altenloh, Emilie (2012), Zur Soziologie des Kinos. Die Kino-Unternehmung und die sozialen Schichten ihrer Besucher (1914), Frankfurt am Main/Basel.
Andrew, J. Dudley (1976), *The Major Film Theories. An Introduction*, London/Oxford/New York.
Baeumler, Alfred (1992), „Filmdramatik?" (1912), in: Jörg Schweinitz (Hg.), *Prolog vor dem Film. Nachdenken über ein neues Medium 1909–1914*, Leipzig, 264–267.
Canudo, Riccicotto (2016), „Die Geburt einer sechsten Kunst. Versuch über den Kinematographen" (1911), in: Margrit Tröhler/Jörg Schweinitz (Hg.) (2016), *Die Zeit des Bildes ist angebrochen! Französische Intellektuelle, Künstler und Filmkritiker über das Kino. Eine historische Anthologie 1906–1929*, Berlin, 71–86.

Carroll, Noël (2010), „Film/Mind Analogies: The Case Of Hugo Münsterberg", in: Marc Furstenau (ed.), *The Film Theory Reader. Debates and Arguments*, London/New York, 57–68.
Elster, Alexander (2004), „Kinodramatik" (1913), in: Helmut H. Diederichsen (Hg.), *Geschichte der Filmtheorie. Kunsttheoretische Texte von Méliès bis Arnheim*, Frankfurt am Main, 105–108.
Grob, Norbert (2011), „Detektivfilm", in: Thomas Koebner (Hg.), *Reclams Sachlexikon des Films* (2002), Stuttgart, 133–137.
Häfker, Hermann (1992), „Kinematographie und echte Kunst" (1912/1913), in: Jörg Schweinitz (Hg.), *Prolog vor dem Film. Nachdenken über ein neues Medium 1909–1914*, Leipzig, 306–311.
Hanaway-Oakley, Cleo (2017), *James Joyce and the Phenomenology of Film*, Oxford.
Husserl, Edmund (1980), *Ideen zu einer reinen Phänomenologie und phänomenologischen Philosophie. Allgemeine Einführung in die reine Phänomenologie* (1913), Tübingen.
James, William (1890), *The Principles of Psychology*, New York/London.
Kanehl, Oskar (2004), „Kinokunst" (1913), in: Helmut H. Diederichsen (Hg.), *Geschichte der Filmtheorie. Kunsttheoretische Texte von Méliès bis Arnheim*, Frankfurt am Main, 109–112.
Keller, Phyllis (1979), *States of Belonging. German-American Intellectuals and the First World War*, Cambridge, Mass.
Kittler, Friedrich (1986), *Grammophon. Film. Typewriter*, Berlin.
Koebner, Thomas (2006), „Was stimmt denn jetzt? ‚Unzuverlässiges Erzählen' im Film", in: ders., *Verwandlungen. Schriften zum Film. Vierte Folge*, Remscheid, 308–330.
Lange, Konrad (1992), „Die Zukunft des Kinos" (1913/1914), in: Jörg Schweinitz (Hg.), *Prolog vor dem Film. Nachdenken über ein neues Medium 1909–1914*, Leipzig, 109–120.
Lange, Konrad (2004), „Die ‚Kunst' des Lichtspieltheaters" (1913), in: Helmut H. Diederichsen (Hg.), *Geschichte der Filmtheorie. Kunsttheoretische Texte von Méliès bis Arnheim*, Frankfurt am Main, 75–88.
Martínez, Matias/Scheffel, Michael (2012), *Einführung in die Erzähltheorie* (1999), München.
Münsterberg, Hugo (1996), „Warum wir ins Kino gehen [1915]", in: ders., *Das Lichtspiel. Eine psychologische Studie* [1916], herausgegeben von Jörg Schweinitz, Wien, 107–114.
Münsterberg, Hugo (1996a), *Das Lichtspiel. Eine psychologische Studie* (1916), in: ders., *Das Lichtspiel. Eine psychologische Studie* [1916], herausgegeben von Jörg Schweinitz, Wien, 27–103.
Münsterberg, Hugo (1996b), „Gefahren für die Kindheit im Kino" (1917), in: ders., *Das Lichtspiel. Eine psychologische Studie* [1916], herausgegeben von Jörg Schweinitz, Wien, 117–122.
Münsterberg, Hugo (1996c), „Interview für Paramount Co." (1916), in: ders., *Das Lichtspiel. Eine psychologische Studie* [1916], herausgegeben von Jörg Schweinitz, Wien, 115 f.
Nicodemus, Katja: „A Beautiful Day": Mann mit Hammer. In: Zeit Online, 25. April 2018 (https://de.wikipedia.org/wiki/A_Beautiful_Day#cite_note-ZeitOnlineNicodemus-19).
O'Sullivan, Michael (2008), *The Incarnation of Language: Joyce, Proust and a Philosophy of the Flesh*, London/New York.
Oesterheld, Erich (1992), „Wie die deutschen Dramatiker Barbaren wurden" (1913), in: Jörg Schweinitz (Hg.), *Prolog vor dem Film. Nachdenken über ein neues Medium 1909–1914*, Leipzig, 259–264.
Paech, Joachim (1997), *Literatur und Film* (1988), Stuttgart/Weimar.
Ryan, Judith (1991), *The Vanishing Subject: Early Psychology and Literary Modernism*, Chicago/London.
Schleicher, Harald (2011), „Point of View", in: Thomas Koebner (Hg.), *Reclams Sachlexikon des Films* (2002), Stuttgart, 526 f.
Schweinitz, Jörg (1996), „Vorwort", in: Hugo Münsterberg, *Das Lichtspiel. Eine psychologische Studie* [1916], Wien.
Schweinitz, Jörg (2016), „Berührungen paralleler Welten. Filmtheoretische Diskurse in Frankreich und Deutschland", in: Margrit Tröhler/Jörg Schweinitz (Hg.), *Die Zeit des Bildes ist angebrochen! Französische Intellektuelle, Künstler und Filmkritiker über das Kino. Eine historische Anthologie 1906–1929*, Berlin, 620–666.

Simmel, Georg (2001), „Die Kunst Rodins und das Bewegungsmotiv in der Plastik" (1909), in: ders., *Aufsätze und Abhandlungen 1909–1918. Band 1. Gesamtausgabe Band 12*, Frankfurt am Main, 28–36.

Souday, Paul (2016), „Im Kino" (1916), in: Margrit Tröhler/Jörg Schweinitz (Hg.), *Die Zeit des Bildes ist angebrochen! Französische Intellektuelle, Künstler und Filmkritiker über das Kino. Eine historische Anthologie 1906–1929*, Berlin, 146–148.

Stümcke, Heinrich (1992), „Kinematograph und Theater" (1912), in: Jörg Schweinitz (Hg.), *Prolog vor dem Film. Nachdenken über ein neues Medium 1909–1914*, Leipzig, 239–248.

Tröhler, Margrit/Schweinitz, Jörg (Hg.) (2016), *Die Zeit des Bildes ist angebrochen! Französische Intellektuelle, Künstler und Filmkritiker über das Kino. Eine historische Anthologie 1906–1929*, Berlin.

Vogt, Jochen (2014), *Aspekte erzählender Prosa. Eine Einführung in Erzähltechnik und Romantheorie* (1990), München.

Béla Balázs (1884–1949) – die Physiognomie des Bildes

3

In Tom Fords Film A Single Man (2009) wird den Zuschauenden ein Mann gezeigt, dem in einem Telefonanruf mitgeteilt wird, dass sein Lebenspartner bei einem Autounfall ums Leben gekommen ist. Während die Kamera sich langsam seinem anfangs sehr ruhig und gelassen wirkenden Gesicht nähert – ein Gesicht, das gewohnt zu sein scheint, Gefühle und Geheimnisse für sich zu behalten –, erfasst der Mann mehr und mehr das Ausmaß der Katastrophe, während er ruhig und höflich, wenn auch mit zitternder Stimme, sehr sachliche und umsichtige Nachfragen stellt. Als der Anrufer ihm zu Beginn des Gesprächs eine schlechte Nachricht ankündigt, zeigt sich in seiner Mimik zunächst eine wachsende Beunruhigung, die im weiteren Gesprächsverlauf dem Schreck weicht, dann der Fassungslosigkeit, bis sich schließlich mehr und mehr die Verzweiflung in seinem Gesicht ausbreitet. Hin und wieder scheint der Mann kurz davor, endgültig die Beherrschung zu verlieren und in Tränen auszubrechen, was jedoch nicht geschieht, solange das Gespräch fortgesetzt wird.

Nachdem er den Hörer aufgelegt hat, zeigt uns die Kamera seine verstört umherblickenden Augen, die sich mit Tränen füllen, und dann entsetzt in einen Abgrund zu blicken scheinen. Wir sehen, wie er schluchzt, wie abwechselnd sein Mund nach Luft schnappt und sich die Lippen bitter zusammenpressen, während sich bei dem Unglücklichen Schritt für Schritt die Einsicht durchsetzt, dass er die Liebe seines Lebens für immer verloren hat. In dieser traurigen Filmszene nehmen wir die Ausdrucksbewegung eines Gesichts wahr, einen voranschreitenden Prozess, in dem sich der Schmerz immer tiefer in das anfangs so gleichmütige Gesicht dieses Mannes hinein gräbt. Zumindest in der ersten Hälfte dieser Szene wird unentwegt gesprochen, aber es sind nicht die Worte, die uns Auskunft über seinen Schmerz geben. Wenn wir nur auf sie achten würden, dann könnten wir sogar glauben, dass ihn diese Nachricht nicht allzu sehr aus der Bahn wirft. Anders als in einem Roman werden uns die Gefühle also nicht durch Worte vermittelt. Eine solche Ausdrucksbewegung könnte uns aber auch kein Einzelbild, kein Gemälde und kein Foto vermitteln.

Wenn wir Béla Balázs hierzu befragen würden, der als der erste bedeutende Theoretiker des Films gilt, dann würde er uns antworten, dass in dieser Szene sogar das Wesen der Filmkunst selbst in aller Deutlichkeit zum Vorschein kommt. Das Mienenspiel eines Filmschauspielers, möglichst wie hier in der Großaufnahme, ist für Balázs eine ästhetische Ausdrucksmöglichkeit, die von keinem anderen künstlerischen Medium beansprucht werden kann und deshalb dem Film den Status einer autonomen Kunst garantiert. Wenn er damit recht haben sollte und diese These nicht nur für die frühen Stummfilme zutreffen würde – die einzigen, die Balázs damals kennen konnte –, dann wäre diese Theorie, die bereits 1924 unter dem Titel *Der sichtbare Mensch oder die Kultur des Films* erschienen ist, trotz ihres Alters so aktuell wie eh und je. In der Einleitung ist bereits darauf hingewiesen worden, dass sich die frühe Filmtheorie – von Münsterberg und Balázs bis über Arnheim zu Kracauer – nahezu einhellig dadurch auszeichnet, dass sie die Frage in den Mittelpunkt rückt, ob der Film überhaupt eine Kunst ist bzw. sein kann. Wie sich jetzt schon abzeichnet, ist es für Balázs die Filmschauspielerei, die die Originalität der Filmkunst ausmacht. Inwieweit diese Auffassung überzeugend ist und inwieweit sie wirklich die Eigenart des filmischen Bildes erschließt, diesen Fragen will das folgende Kapitel nachgehen.

Balázs ist ein Autor ungarischer Herkunft mit einer beachtlichen schriftstellerischen Bandbreite, die sowohl Gedichte, Märchen, Dramen, ein Libretto, Romane wie auch Drehbücher, politische Essays und – worauf es hier natürlich ankommt – filmtheoretische Texte einschließt. Neben dem bereits erwähnten Buch ist vor allem *Der Geist des Films* (1930) zu nennen. Als *Der sichtbare Mensch* erscheint, hat es zwar seit etwa fünfzehn Jahren schon eine lebhafte Diskussion über das Für und Wider des neuen Mediums gegeben: „Das Buch des ungarischen Emigranten in Wien aber war die erste deutschsprachige Monografie zu diesem Streit und seinem Gegenstand, die bis heute Gültigkeit beanspruchen kann" (Loewy 2003, 9). Jedenfalls erweist sich auch im Rückblick Balázs' erstes Filmbuch „als die einflussreichste filmtheoretische Überlegung der Zwanziger Jahre" (Locatelli 1999, 73).

Die Diskussion der Position von Balázs wird sich im Folgenden vor allem auf *Der sichtbare Mensch* konzentrieren, da hier die Hauptgedanken seiner Filmtheorie entwickelt werden, während *Der Geist des Films* vor allem Ergänzungen und Korrekturen bietet, mit denen auf damalige filmische Neuentwicklungen wie den russischen Montagefilm und den Tonfilm geantwortet werden soll. Hier finden sich die originellen Grundgedanken, während Dudley Andrew in seiner Einführung in die Filmtheorie unverständlicherweise hauptsächlich Balázs' Spätwerk berücksichtigt und damit dasjenige, was in der Zensur der Sowjetunion von seiner Theorie übrigbleibt (vgl. Andrew 1976, 76–101). Insgesamt ist Balázs' Gedankenführung eher assoziativ-sprunghaft als argumentativ-systematisch, weswegen seine Bücher zwar häufig inspirierend, bisweilen aber auch schlichtweg überspannt und längst nicht immer überzeugend sind. Mitunter kommt es darauf an, das, was Balázs meint, präziser zu formulieren und konsequenter zu durchdenken, als er selbst es tut. Dass er ein äußerst scharfsinniger Beobachter von filmspezifischen Möglichkeiten ist, wird man dagegen kaum in Abrede stellen können.

3.1 Filmschauspiel und Theaterschauspiel

Balázs sieht im nuancierten Mienenspiel eines Schauspielers das eigentliche Terrain und die Vollendung der Filmkunst. Mehr noch: Der Film ist für ihn sogar die einzige Kunst, die solche Erfahrungen möglich macht. Warum soll aber der Theaterschauspieler dazu nicht in der Lage sein? Niemand wird wohl ernsthaft in Abrede stellen, dass sich Mienen und Gebärden auch auf der Theaterbühne finden. Kann es sich dann aber noch um film*spezifische* Ausdrucksformen handeln? Warum soll es nicht möglich sein, die eingangs beschriebene Szene aus *A Single Man* auf der Bühne darzustellen?

Dieser Punkt ist für Balázs' Argumentationsaufbau äußerst brisant, denn seiner Ansicht nach beruht die ästhetische Autonomie einer jeden Kunstform – und damit auch des Films – auf einer „unersetzbare[n] Ausdrucksmöglichkeit" (Balázs 2001 [1924], 29). „Wenn der Film eine eigene Kunst mit eigener Ästhetik sein soll, dann hat er sich von allen anderen Künsten zu unterscheiden" (ebd., 24). Sollte sich also herausstellen, dass der Filmschauspieler nichts tun kann, wozu nicht auch der Theaterschauspieler in der Lage wäre, dann könnte von einer ästhetischen Eigengesetzlichkeit keine Rede sein, und der Anspruch des Films auf den Status einer autonomen Kunstform wäre haltlos – zumindest käme dann hierfür die Filmschauspielerei als Kriterium nicht mehr infrage.

Für einige Zeitgenossen Balázs', nämlich literatur- und theaterbegeisterte Kinokritiker der 1910er Jahre, die in der Kamera nur ein rein mechanisches Reproduktionsinstrument sehen, wäre in der Tat die Orientierung am Bühnendrama der einzige Weg, den Film aus der Schmuddelecke einer vulgären Jahrmarktsensation zu holen. Damit wäre er zwar keine autonome Kunst, aber er könnte immerhin die kleinere Schwester der Theaterkunst werden, wenn er sich deren Darstellungsweisen zu eigen macht: „Rettung wird und kann allein vom Drama und Dramatiker kommen", verkündet Oskar Kanehl (Kanehl 2004 [1913], 112), und für Alexander Elster ist zweifellos „die *dramatische* Technik im Kern ihres Wesens für Bühnen- und Kinodramen die gleiche" (Elster 2004 [1913], 108).

Ganz im Gegenteil will Balázs aber den Nachweis erbringen, dass der Film eine eigene Ausdrucksform besitzt und darum eine eigenständige Kunstform darstellt, die sich von allen anderen unterscheidet. Und da seiner Ansicht nach der Film die meiste Ähnlichkeit mit dem Theater aufweist, muss sich gerade in der Grenzziehung zu dieser verwandten Kunst die Unersetzbarkeit des Films bewähren. Nicht zuletzt liegt diese Zuspitzung auf die Frage der Unterscheidbarkeit von Film und Theater allerdings auch daran, dass Balázs von Anfang an auf die Schauspielerei setzt, von der nun alles abhängig sein soll.

3.2 Leiblicher oder sprachlicher Ausdruck

Was ist nun der wesentliche Unterschied zwischen den Ausdrucksmöglichkeiten in Film und Theater? Balázs' Antwort lautet: Während das zentrale Darstellungsmedium des Theaters die deklamierte Sprache ist, nimmt beim Film das sichtbare

„Gebärdenspiel" (Balázs 2001 [1924], 25) diese Rolle ein. „[D]er Urstoff, die poetische Substanz des Films ist die sichtbare Gebärde" (ebd., 26). Mit anderen Worten, beim Film verstehen wir die Handlung und die Personen auf der Grundlage der Mienen und Gebärden, beim Theater dank der gesprochenen, hörbaren Worte. Der zentrale Ausdruck ist demnach im Theater *hörbar* und im Film *sichtbar*. Die ästhetische Autonomie des Films steht und fällt bei Balázs mit dieser Differenz zwischen Gebärdensprache und Sprachgebärde: „Die *Gebärdensprache* des Films ist von den *Sprachgebärden* des Theaters geradeso prinzipiell verschieden wie vom Tanz" (ebd., 34).

Nichtsdestotrotz bleibt der Einwand, dass sich leiblicher Ausdruck aber auch auf der Theaterbühne findet. Hierauf antwortet Balázs nun auf die folgende Weise: Beim Theater mögen Gebärden vorkommen, aber hier erscheint alles im Horizont der Sprache, und deswegen handelt es sich selbst bei Mienen und Gesten immer noch um *Sprach*gebärden. Eine *Sprachgebärde* zu verstehen, heißt aber zu verstehen, was jemand mit Worten sagen will. Wer eine *Gebärdensprache* versteht, der erfasst die Gefühle und Gedanken eines Menschen. Natürlich verweist gerade im Theater die Sprachgebärde ebenfalls auf Gedanken und Gefühle, aber sie tut dies Balázs zufolge niemals unmittelbar, sondern indem sie einen Umweg über die Vermittlungsinstanz der Sprache nimmt. Mienen und Gebärden beziehen sich auf der Bühne, wie es genauer heißt, nur auf dasjenige, „[w]*as gesagt werden soll*, aber in die Worte nicht mehr hineingeht" (ebd., 33). Der Theaterzuschauer fasst alles phänomenal Gegebene auf der Bühne – ob es sich um Mimik, Gestik oder die gesprochenen Worte handelt – nur als ein Zeichen auf. Und das bedeutet für Balázs: Er *nimmt* nicht *wahr* wie der Filmzuschauer, sondern er *liest*: Der Theaterzuschauer ist ein Leser.

Dieselbe Geste – z. B. eine Handbewegung – ist auf der Bühne eine *Sprachgebärde*, die Worte *sagt*, und im Film eine *Gebärdensprache*, die einen Ausdruck *zeigt*. Selbst wenn wir im Theater eine gestikulierende Hand sehen, dann artikuliert dieser leibliche Ausdruck ein zu sagendes, noch ungesagtes Wort. Er ist ein Ringen um Worte, eine Begleitung der Sprache, aber keine von den Worten tatsächlich unterschiedene Ausdrucksdimension. Denn ein solcher Ausdruck stammt, wie Balázs meint, nicht aus einer anderen, sondern aus derselben Seelenschicht wie die Sprache (vgl. ebd., 33).

Während das Theater also selbst den leiblichen noch in sprachlichen Ausdruck verwandelt, wird im Stummfilm umgekehrt jeder sprachliche zu einem leiblichen Ausdruck. Der Filmschauspieler ist grundsätzlich „nicht auf das Wort eingestellt" (ebd., 34); er bringt etwas „von einer Schichte der Seele" zum Ausdruck, „die Worte niemals ans Licht fördern können" (ebd., 16). Das lässt sich an folgendem Beispiel illustrieren: Wenn wir im Stummfilm einen sprechenden Mund sehen, dann erscheint er als ein Mienenspiel: Wir achten auf die zusammengepressten Lippen, den schnippisch gespitzten, wütend verzerrten oder lächelnden Mund. Sobald wir aber zu entziffern versuchen, welche Worte der sprechende Mund wohl sagen mag, verlieren wir den Mund als ein *Mienenspiel* aus dem Blick und betrachten ihn als ein *Zeichen:* Aus dem *zeigenden* Sprechen ist nun – stummes – *sagendes* Sprechen geworden. Die sichtbare Sprache des Mundes artikuliert nun nicht mehr unmittelbar Gefühle, sondern unhörbare Worte – diese unhörbaren Worte können natürlich ihrerseits wieder Gefühle ausdrücken. Aus Balázs' Perspektive nehmen wir in diesem Fall jedoch die Rezeptionshaltung eines Theaterpublikums ein: Der Mund ist kein leiblicher Ausdruck, der etwas *zeigt,* sondern ein sprachlicher Ausdruck, der etwas *sagt.* Das Theaterpublikum sieht also keinen Ausdruck auf der Bühne, sondern es *liest* ihn.

Es kommt demzufolge darauf an, Ausdruck und Zeichen – die Mundbewegungen als Mienenspiel oder als unhörbare Vermittlung sprachlicher Zeichen – strikt auseinanderzuhalten. Der Mund als ein – im Stummfilm unhörbares – Zeichen kann öde Banalitäten von sich geben, während gleichzeitig der Mund als Ausdruck ergreifend zu sein vermag (vgl. ebd., 35). Der Mund *zeigt* in dem Fall etwas, was die Worte nicht *sagen* (vgl. ebd., 34) – so wie es auch im Filmbeispiel des Mannes am Telefon in *A Single Man* weniger auf die Worte ankommt, die er *sagt,* als auf das, was sein Gesicht *zeigt.* Im Unterschied zum Pantomimen, der auf das Sprechen verzichtet, um sich ausschließlich über Gesten und Mienen zu verständigen, sieht man den Stummfilmschauspieler aber dennoch sprechen. Aber genau darauf kommt es an: Man *sieht* ihn sprechen.

Eine dreifache Unterscheidung wird von Balázs vorgenommen: Der Pantomime spricht *gar nicht,* der Theaterschauspieler spricht fürs *Ohr* und der Filmschauspieler fürs *Auge* (vgl. ebd., 35). Der Film ist daher keineswegs – wie frühe Kommentatoren meinen – eine „Lichtpantomime" (vgl. Rath 2004 [1913], 121–131; Hamburger 2004 [1913/1914], 134). Im Unterschied zum Pantomimen verzichtet der Stummfilmschauspieler demzufolge nicht auf den sprachlichen Ausdruck, aber er verwandelt ihn in leiblichen Ausdruck (vgl. Locatelli 1999, 82). So paradox es klingt, ist das Sprechen im Film für Balázs sogar das vorherrschende, mimische Ausdrucksmittel, aber es tritt als „Anblick" (Balázs 2001 [1924], 36) in Erscheinung.

Von hier aus wird nun ein Monopol des Filmschauspielers auf den leiblichen Ausdruck behauptet und im Gegenzug die Relevanz von Mimik und Gestik für das Theaterschauspiel marginalisiert. Auf diese Weise verschärft Balázs die Differenz zwischen Theater und Film und verteidigt die ästhetische Autonomie des Films: „[E]s ist nicht derselbe Geist, der sich einmal hier in Worten, ein andermal dort in Gebärden ausdrückt" (ebd., 19). Balázs' strikt „antilinguistische[s] Konzept" des Films (Wuss 1990, 144) ist also das Ergebnis einer konsequenten Entmischung von leiblichem und sprachlichem Ausdruck (vgl. Grampp 2009, 345 f.).

3.3 Das Gesicht in der Großaufnahme

Am überzeugendsten sind die Ausführungen in *Der sichtbare Mensch* jedenfalls dort, wo der Unterschied zwischen Theater und Film am Beispiel der Großaufnahme erläutert wird. Wie Balázs zu Recht bemerkt, können wir niemals ein Gesicht auf der Bühne so lange und genau studieren wie ein Gesicht in der Großaufnahme, welches monströs den ganzen Raum der Kinoleinwand ausfüllt: „Denn in der Großaufnahme wird jedes Fältchen des Gesichtes zum entscheidenden

Charakterzug und jedes flüchtige Zucken eines Muskels hat ein frappantes Pathos, das große innere Ereignisse anzeigt" (Balázs 2001 [1924], 48 f.). Um Balázs an dieser Stelle mit einem Beispiel zur Hilfe zu kommen: Als in Rob Reiners *A Few Good Men* (1992) der machtbesessene Colonel Jessup, gespielt von Jack Nicholson, vor Gericht im Kreuzverhör sitzt und anlässlich einer unliebsamen Frage des jungen, noch unerfahrenen Anwalts ein leichtes Zucken durch sein Gesicht läuft, gewinnt zumindest ein furchtsamer Zuschauer den Eindruck, dass dieser Anwalt nun lieber in Deckung gehen sollte. Die Großaufnahme vor allem – aber nicht nur die des menschlichen Gesichts – ist jedenfalls für Balázs die eigentliche „Poesie des Films" (ebd., 53): Von einigen frühen Filmhistorikern (vgl. Aristarco 1951, 48 f.; Toeplitz 1979 [1955/1956], 492) wird er darum auch als der eigentliche Entdecker der Bedeutung der Großaufnahme für den Film gewürdigt.

Da das Theaterschauspiel wiederum keinerlei Großaufnahme kennt, ist der Gesichtsausdruck auf der Bühne im Allgemeinen auch nur für die ersten Reihen im Zuschauerraum erkennbar. Um überhaupt noch für entfernt sitzende Zuschauerinnen – für die hinteren Reihen bleibt auch das wohl vergebliche Liebesmüh' – einen identifizierbaren Ausdruck zu haben, ist die Miene des Theaterschauspielers, wie Balázs hervorhebt, notwendig grob und übertrieben. Es gibt daher nur wenig Raum für ‚leisere Töne' und Ambivalenzen (vgl. Balázs 2001 [1924], 48; ebenfalls Arnheim 2002 [1932], 91). Umgekehrt können bei einem Gesicht in der filmischen Großaufnahme winzige Nuancen schon eine gewaltige Veränderung des Ausdrucks hervorrufen: Wenn der Film also eine „unersetzbare Ausdrucksmöglichkeit" (Balázs 2001 [1924], 29) besitzt, dann sprechen gewichtige Gründe für das Mienenspiel in der Großaufnahme. Die Antwort lautet daher, dass eine solche Szene, wie sie sich in *A Single Man* findet, niemals auf der Theaterbühne auf vergleichbare Weise zur Darstellung gebraucht werden kann.

Wahrscheinlich ist Balázs' Privilegierung des Gesichts dem Einfluss Georg Simmels zu verdanken, bei dem er in Berlin studiert hat (vgl. Grampp 2009, 349 f.; Loewy 2003, 312). Es ist jedenfalls davon auszugehen, dass Balázs Simmels kleine, 1901 erschienene Studie „Die ästhetische Bedeutung des Gesichts" (Simmel 1995 [1901], 36–42) gekannt hat. Wie Simmel dort bemerkt, ist das menschliche Gesicht über die Jahrhunderte hinweg zu einem bevorzugten Gegenstand der bildenden Kunst geworden, und dies beruht seiner Ansicht nach auf dem fortwährenden Einfluss des ästhetischen Prinzips von der Einheit in der Mannigfaltigkeit. Insofern es nichts in der realen Welt gibt, dass „eine so große Mannigfaltigkeit an Formen und Flächen in eine so unbedingte Einheit des Sinnes zusammenfließen ließe als das menschliche Gesicht" (Simmel 1995 [1901], 37), findet die Einheit in der Mannigfaltigkeit gerade hier „das äußerste Maß" (ebd., 36). Aus diesem Grund führen bereits geringfügige mimische Veränderungen – z. B. ein leichtes Stirnrunzeln – zu einer völligen Verwandlung des Gesamtausdrucks (vgl. ebd., 36).

Um auf Balázs' These von Einzigartigkeit der filmischen Ausdrucksform zurückzukommen: Kann der Film tatsächlich den Anspruch erheben, wie keine andere Kunstform das Mienenspiel des Gesichts zu berücksichtigen? Gegen die These, dass hierin das Spezifische der Filmschauspielerei liegt, hat z. B. schon

3.3 Das Gesicht in der Großaufnahme

der Literaturhistoriker Boris Kazanskij in den 1920er Jahren eingewendet, der Theaterzuschauer könne ja auch ein Opernglas verwenden (Kazanskij 2005 [1927], 105). Mehr als dieser haarspalterische Hinweis fällt jedoch ein Einwand ins Gewicht, der sich nach der Lektüre von Simmels Aufsatz über das Gesicht geradezu aufdrängt. Denn zweifellos hat die Kunst doch nicht auf den Film warten müssen, um das menschliche Gesicht in all seinen Facetten eindrucksvoll zum Thema machen zu können.

So würdigt bereits Johann Gottfried Herder die stumme Sprache der Plastik im Vergleich mit der „Büchersprache" und nimmt ebenso wie Balázs den Ausdruck des tonlosen Mundes als Beispiel: „Und wie bewunderungswürdig verschieden die stumme Sprache desselben sein kann! Ein kleines Blähen, oder Verziehen der Lippe; ein kleiner Zug oder Abhang derselben kann sie zum Sitz der Grazie, und des Zorns, der Wollust und der Verachtung machen" (zit. n. Braungart 1995, 101). Anders als beim Theater besteht auch hier die Möglichkeit, die Miene in aller Ruhe und aus nächster Nähe zu studieren. Wird dem Film damit nicht erneut der Anspruch auf eine unersetzbare Ausdrucksmöglichkeit – diesmal vonseiten der Malerei und der Bildhauerei – streitig gemacht? Gehört das Beste, was der Film bieten kann, seit Jahrhunderten zum Repertoire der bildenden Kunst?

Im Unterschied zur Malerei und Bildhauerei – so lässt sich auf diesen möglichen Einwurf von Balázs aus entgegnen – präsentiert der Film allerdings nicht nur eine statische Miene, sondern die *Dynamik* eines sich verändernden Mienenspiels. Ein solcher Wandel einer emotionalen Entwicklung in ihrer ganzen Dramatik liegt jenseits der Darstellungsmöglichkeiten der Malerei oder der Skulptur, wohingegen der Film nicht nur Ausdruck, sondern auch Ausdrucks*veränderung* präsentieren kann. Zwar lässt sich eine solche Dynamik auch auf der Bühne zur Erscheinung bringen, aber hier fehlt wiederum die Deutlichkeit, die die filmische Großaufnahme möglich macht. Wie sich an dieser Stelle zeigt, sind die Grenzen der Malerei, nämlich die bildliche Darstellbarkeit von Bewegung und Veränderung, keineswegs auch die Grenzen des Films.

Dies übersieht etwa Gernot Böhme, wenn er darauf aufmerksam macht, dass die Literatur ein Wahrnehmungsgeschehen wie die Abenddämmerung zum Ausdruck bringen kann, während ein solcher Prozess sich jedoch der bildlichen Darstellbarkeit entzieht (vgl. Böhme 2004 [1999], 97–101). Es ist zwar richtig, dass diese Einschränkung für das Bild und das Foto gilt, aber Böhme vergisst, das die Bilder längst zu laufen gelernt haben: Er denkt nicht an den Film, der visuelle Prozesse, Entwicklungen und Bewegungen und deshalb beispielsweise auch die Dämmerung als ein Geschehen erscheinen lässt, so wie er nicht nur „eine einmalige, starre Physiognomie, sondern ihr geheimnisvoll-geheimes Mienenspiel zeigen kann" (Balázs 2001 [1924], 59). Einige Jahrzehnte zuvor wählt Balázs dasselbe Beispiel wie Böhme und antwortet damit vorwegnehmend auf den blinden Fleck in dessen Argumentation:

> „Denn Sonnenuntergang, das ist nicht Bild, sondern Ereignis […]. Wenn dann lila und rotgoldene Physiognomien wechseln in unaufhörlich aufgeregter Bewegung. Das ist eine Farbenballade, die uns nur der Film, der Farbenfilm, wiedergeben kann" (Balázs 2001a [1930], 108).

3.4 Physiognomische Lyrik

Das Wesen der Filmkunst liegt Balázs zufolge nicht in der Montage wie bei Eisenstein, nicht in der Bildkomposition wie bei Arnheim und auch nicht in der Entdeckung von Realitäten wie bei Kracauer. Im Zentrum seiner Filmästhetik steht vielmehr das Mienenspiel in der Großaufnahme, und deswegen ist der Verdacht zunächst einmal nicht von der Hand zu weisen, dass nach Balázs die Filmkunst hauptsächlich *vor* der Kamera und weniger *durch* die Kamera entsteht. So begeistert er sich für „das erschütternde Mienenspiel der Lilian Gish" in *The Birth Of A Nation* (1915) und *Intolerance* (1916) und lobt „die meisterhafte Bildführung" des Regisseurs David Wark Griffiths, „der jede Szene auf dieses Gesicht hinspielen und auslaufen läßt" (Balázs 2001 [1924], 26 f.). Dabei scheint der Regisseur nicht viel mehr als ein bloßer Zuarbeiter zu sein, der dem Ausdruck des Schauspielers ein Höchstmaß an emotionaler „Bildwirkung" (ebd., 26) zu verleihen versucht.

Schon die Auswahl eines Schauspielers stellt nach Balázs einen kreativen Akt dar, weil damit vorab bereits über eine bestimmte Ausdrucksgestalt entschieden wird (vgl. ebd., 37). Unter expliziter Berufung auf Johann Caspar Lavater und Johann Wolfgang von Goethe (ebd., 39) bezeichnet Balázs diese Ausdrucksgestalt als „Physiognomie" (ebd., 40) im Unterschied zur Anatomie: Während mit der *Physiognomie* die expressive Gestalt des Körpers gemeint ist, bezeichnet die *Anatomie* seine physische Gestalt, die sich eben auch wiegen und vermessen lässt. Weil das Mienenspiel der Königsweg der Filmkunst ist, muss, wie Balázs hinzufügt, der Filmschauspieler schlichtweg schön sein, wobei ‚schön' im Sinne von ‚ausdrucksvoll' zu verstehen ist. Es handelt sich also um eine *physiognomische* Schönheit, die nicht unbedingt auch mit einer *anatomischen* Schönheit einhergehen muss. Ganz im Gegenteil können sich beide Schönheiten sogar im Wege stehen, wenn etwa die Ebenmäßigkeit und Wohlgeformtheit des physischen Gesichts den Ausdruck maskenhaft starr erscheinen lässt (vgl. ebd., 40).

Hier ist allerdings eine Zwischenbemerkung erforderlich, weil die Berufung auf Lavater in diesem Zusammenhang eher missverständlich ist. Denn der Sache nach versteht Balázs unter Physiognomie genau dasjenige, was die Lavater-Kritiker Georg Christoph Lichtenberg und Carl Gustav Carus unter *Pathognomik* – gerade im Unterschied zur Physiognomie bei Lavater – begreifen (vgl. Böhme 1995, 121). Worum es nach Lichtenberg in der Pathognomik geht, ist die „Kenntnis der natürlichen Zeichen der Gemütsbewegungen nach allen ihren Gradationen und Mischungen" (zit. n. Kirchhoff 1989, 182).

Diese Disziplin interessiert sich also für die *veränderlichen* Strukturen des Körpers, d. h. erstens für den spontanen mimischen Ausdruck, aber zweitens auch für die Spuren, die habituell gewordene Gefühle und Lebensweisen auf dem Körper hinterlassen. Hingegen rückt die Physiognomie im Sinne Lavaters ebenso wie die Phrenologie Franz Joseph Galls die *unveränderlichen* Strukturen des Körpers in den Mittelpunkt (vgl. Braungart 1995, 149–172). Worauf es hier ankommt: Balázs

3.4 Physiognomische Lyrik

Physiognomiebegriff entspricht dem Pathognomikbegriff Lichtenbergs und Carus' und fällt also nicht mit dem zusammen, was Lavater mit ‚Physiognomie' meint.

Dass Balázs seinen Blick vor allem auf das dynamische Spiel der Mienen und Gebärden richtet, zeigt sich auch, wenn er der *literarischen* Lyrik eine *physiognomische* Lyrik gegenüberstellt, welche ebenso wie das Gedicht ein Ausdruck von Gefühlen ist, wenn auch ein leiblicher und kein sprachlicher (vgl. Balázs 2001 [1924], 44). Ohnehin hört, wie Balázs meint, mit dem Entstehen der Filmkunst der Begriff des Sprachdichters auf, eine bloße Tautologie zu sein, weil es von nun an auch den *Gebärden*dichter, nämlich den Filmschauspieler gibt. Balázs geht allerdings noch einen Schritt weiter und erklärt, dass die physiognomische Lyrik, wie sie sich z. B. auch bei dem Anfangsbeispiel, dem Mann am Telefon, findet, der älteren literarischen Lyrik haushoch überlegen sei.

Insgesamt nennt er vier Gründe für diese Überlegenheit: Die physiognomische Lyrik ist erstens reichhaltiger, weil es schlichtweg mehr Mienen als Worte gibt, zweitens ist sie persönlicher und individueller als die Sprache, die auf allgemeine Begriffe angewiesen ist (vgl. ebd., 21). Drittens können wir im Unterschied zu unbekannten Worten ein Mienenspiel, das wir niemals zuvor gesehen haben, dennoch verstehen (ebd., 42). Als vierten und letzten Grund macht Balázs schließlich geltend, dass Worte immer voneinander getrennt sind und daher sukzessiv aufeinander folgen, während mimische Ausdrücke simultan erscheinen können, daher ineinander spielen und sich wechselseitig färben:

> „Ein Wort muß eben zu Ende gesprochen werden, bis das neue anfängt. Eine Miene muß aber noch nicht zu Ende gesprochen sein, wenn die andere schon in sie hineindringt, sie ganz allmählich aufsaugt. In dem Legato der visuellen Kontinuität spielt die vergangene und die kommende Miene noch und schon in die gegenwärtige hinein und zeigt uns nicht nur die einzelnen Seelenzustände, sondern den geheimnisvollen Proceß der Entwicklung selbst" (ebd., 45).

Wenn einander sogar widersprechende Gefühle in ein und demselben Moment in einem Gesicht auftauchen können wie die Töne eines Akkords, dann entsteht sozusagen eine physiognomische Polyfonie ein Gefühlsakkord. Diese Über-legung veranschaulicht Balázs am Beispiel von Pola Negri in der Rolle der Carmen:

> „Doch im Moment, da José ihr zu Füßen fällt und sie die hilflose Schwäche des Verliebten sieht, wird ihr Gesicht *überlegen* und *traurig* zugleich, und zwar in einer einzigen Miene, in der diese verschiedenen Elemente nicht auseinanderzuhalten sind und sozusagen aufeinander abfärben. Es ist ihre schmerzliche Enttäuschung, die stärkere zu sein" (ebd., 45).

Warum sollen aber solche Ambivalenzen nicht auch literarisch zum Ausdruck gebracht werden können? Warum soll ein Wort in einem Gedicht völlig unbeeinflusst von seiner Umgebung nur für sich stehen? Diese Behauptung ist kaum einleuchtend, und sie ist auch eher unverständlich bei jemandem, der wie Balázs selbst Gedichte geschrieben hat.

3.5 Hörbarer leiblicher Ausdruck

Insgesamt kann die allzu holzschnittartige Unterscheidung, die Balázs zwischen Theater und Film vornimmt, kaum überzeugen. Da das Wesentliche der stummen Filmkunst ausschließlich im Bereich des Sichtbaren liegen kann, verfolgt Balázs zur Verteidigung ihrer ästhetischen Autonomie die Strategie, im Gegenzug das Wesentliche der Theaterkunst ganz und gar auf den Bereich des Hörbaren zu beschränken. Weil die Filmschauspielerin nur zu sehen ist, soll entsprechend die Theaterschauspielerin nur zu hören sein. Spielt aber der Theaterschauspieler tatsächlich nur fürs Ohr und nicht auch fürs Auge? Dann wäre er wohl kaum von einem Vorleser oder einem Sprecher in einem Hörspiel zu unterscheiden.

Selbst wenn man Balázs zugestehen wollte, dass die Theaterschauspielerin immerhin doch hauptsächlich fürs *Ohr* spielt, wird sein Theaterverständnis doch nicht einmal dem Sachverhalt gerecht, dass sie eben fürs Ohr *spielt* – und nicht einfach nur *spricht*. Mit der größten Selbstverständlichkeit wird in *Der sichtbare Mensch* unentwegt vorausgesetzt, dass leiblicher Ausdruck ausschließlich sichtbar ist. Sicher trifft das auf Mienen und Gebärden zu, an die Balázs hauptsächlich denkt. Aber wie verhält es sich mit der Stimme? Ist sie nichts weiter als die Vermittlung eines sprachlichen Ausdrucks? Verschwindet sie in ihrer sinnlichen Präsenz ganz und gar hinter dem, was sie sprachlich äußert? Das zentrale Ausdrucksmittel des Theaters ist jedenfalls nicht einfach nur die Wortsprache, sondern – sogar ein Begriffsphilosoph wie Hegel hat das sehr gut gewusst (vgl. Hegel 1993 [1835–38], 510–514) – die *deklamierte* Wortsprache, und deswegen sind die Worte auf der Bühne mehr als nur sprachlicher Ausdruck. Selbst wenn die Stimme nicht gesehen werden kann, so wird sie doch nicht einfach nur *gelesen*.

Balázs eigene Unterscheidung von Zeigen und Sagen lässt sich an dieser Stelle gegen ihn selbst wenden: Gefühle wie Freude, Angst, Traurigkeit, Ausgelassenheit *zeigen* sich in der Stimme, auch wenn sie etwas ganz anderes mit Worten *sagt*. Der Theaterschauspieler *spricht* nicht nur fürs Ohr, er *spielt* vor allem auch fürs Ohr – und dies tut er vor allem mit seiner Stimme, die zwar kein sichtbarer, aber doch ein *hörbarer* leiblicher Ausdruck ist. Balázs' Vergleich zwischen Theater und Film läuft insgesamt auf eine übertriebene Intellektualisierung des Theaters hinaus, die im Gegenzug den Film zum Refugium des Gefühlslebens erklärt.

Die Auffassung, die Balázs in *Der sichtbare Mensch* vertritt, bleibt jedoch nicht sein letztes Wort in dieser Angelegenheit. Denn in seinem zweiten Kino-Buch *Der Geist des Films* (1930) setzt er sich ausführlich mit der neuen technischen Erfindung des Tonfilms auseinander. In der Forschungsliteratur ist gelegentlich zu lesen, dass Balázs „den Tonfilm schroff zurückwies" und in ihm nichts weiter als eine „Katastrophe" zu sehen vermochte (Mersch 2006, 64). Diese Lesart lässt sich aber, wie sich im Folgenden herausstellt, überhaupt nicht halten. Immerhin ist daran so viel richtig, dass Balázs die Erfindung des Tonfilms tatsächlich als eine Katastrophe für den hohen Entwicklungsstand des Stummfilms am Ende der 1920er Jahre bezeichnet (vgl. Balázs 2001a [1930], 113). Zweifellos werden, wie Balázs bemerkt, zu Beginn des Tonfilms Filme produziert, die das bisher erreichte Niveau deutlich unterbieten (vgl. ebd., 140 f.) – aber hier würde wohl kaum ein Filmwissenschaftler widersprechen. Hinzu kommt, dass der Fantasie für den Bereich der Akustik engere Grenzen gezogen sind: Wir können uns Märchengestalten vorstellen, die wir in der Wirklichkeit nicht sehen können. Aber können wir uns Märchentöne und Märchenstimmen vorstellen, die wir in der Wirklichkeit nicht hören können? (vgl. ebd., 142).

Dennoch begreift Balázs anders als Arnheim den Tonfilm als eine vielversprechende Zukunftsmusik und keineswegs schon als das Ende der Filmkunst. Sobald es dem Tonfilm gelingt, die einzelnen Töne einer Szenerie zu einer künstlerischen Gesamtwirkung zu komponieren, spricht nach Balázs nichts dagegen, dass er sich langfristig als eine selbstständige Filmkunst gegenüber dem Stummfilm etabliert (vgl. ebd., 115). So können künftig z. B. „Tonmontage und Bildmontage […] kontrapunktisch wie zwei Melodien einander zugeordnet" (ebd., 130) werden. Und im Unterschied zur Theaterbühne, in der ein leiser flüchtiger Seufzer untergehen wird, kann eine „Tongroßaufnahme" (ebd., 125) diesen Seufzer deutlich hervorheben, ohne dass er aufhörte, leise zu sein (vgl. ebd., 126).

In *Der Geist des Films* reagiert Balázs darauf, dass seit der Erfindung des Tonfilms auch der Filmschauspieler nicht mehr ohne sprachlichen Ausdruck auskommt. Insoweit auch Fragen der ästhetischen Autonomie und der unersetzbaren Ausdrucksmöglichkeit für den späteren Balázs keine entscheidende Rolle mehr spielen, mildert sich nun der rigorose Dualismus zwischen dem leiblichen Ausdruck des Films und dem sprachlichen Ausdruck des Theaters zu einer Akzentverschiebung herab. Aus einer Hauptthese des ersten Buchs ist im zweiten Buch ein Einschub in Klammern geworden:

> „Der Ton des Menschen ist uns im Film interessanter als das, was er sagt. Auch beim Dialog wird der akustisch-sinnliche Eindruck ausschlaggebend sein, nicht das Inhaltliche. (Ein wesentlicher Unterschied zum Theater!)" (ebd., 127).

3.6 Die Physiognomie der Welt

Im Mittelpunkt von Balázs' Kunstphilosophie des Films steht ohne Zweifel die Physiognomie. Es wäre jedoch ein Irrtum, wenn man daraus – wie es gelegentlich geschieht (vgl. z. B. Diederichs 2001, 127; Diederichs 2004, 21; Kazanskij 2005 [1927], 105) – den Schluss ziehen würde, dass seine Filmtheorie im Grunde nichts anderes als eine bloße Schauspielertheorie sei. Was der Film uns zu sehen gibt, sind nach Balázs zwar tatsächlich Physiognomien, aber damit meint er nicht nur menschliches Mienen- und Gebärdenspiel, denn für ihn besitzt die gesamte sinnliche Welt eine solche Physiognomie (vgl. Locatelli 1999, 87 f.). Im Alltagsleben wird diese Ausdrucksdimension jedoch zumeist übersehen, was Balázs zum einen der begrifflichen Sprache und zum anderen dem vorherrschenden pragmatisch-instrumentellen Weltverhältnis zur Last legt. So sehen wir alles „im Nebel einer gewohnheitsmäßigen Verallgemeinerung und einer schematischen Begriffsbildung", wobei wir hauptsächlich auf „den möglichen Nutzen und Schaden der Dinge für uns" (Balázs 2001 [1924], 76) achten.

Als Gegenbild beschwört Balázs die kindliche Wahrnehmung, die sich angeblich nur wenig um Fragen der Nützlichkeit oder der begrifflichen Kategorisierung schert und gerade deswegen eine Nähe zum Film und eine Distanz zur Theaterbühne besitzen soll. Während die Bühne immer nur den Überblick einer Totalen präsentiert, in der die Details verschwinden (vgl. ebd., 50), sehen Kinder „*die Welt in Großaufnahmen*" (ebd., 78). Sie verweilen wie die Filmkamera „sinnend bei Einzelheiten", wo Erwachsene blind „über die Intimitäten der Winkelerlebnisse" hinwegschreiten (ebd., 78 f.). Vollends unempfindlich für die Physiognomie der Dinge soll Balázs zufolge allerdings auch der Erwachsene noch nicht sein: „Die unheimlich-deutlichen Gebärden der schwarzen Bäume im nächtlichen Wald machen auch dem nüchternsten Philister bange" (ebd., 59).

Der Film ist nun nach Balázs in der Lage, uns die Augen nicht nur für die Physiognomie der Menschen, sondern auch für die der Dinge, Milieus und Landschaften wieder neu zu öffnen. Bemerkenswert ist dabei, dass Balázs nicht von einer *Erschaffung*, sondern vielmehr von einer *Wiederentdeckung* der Physiognomie durch den Film spricht: Die Kamera zeigt uns eine ursprüngliche Wahrnehmungswelt, die üblicherweise hinter dem „Schleier unserer konventionellen und abstrakten Betrachtungsweise" (ebd., 59) verborgen bleibt. Insofern es hier um die Wiederentdeckung einer verlorenen affektiven Dimension der Realität geht, stellt es zumindest eine Vergröberung dar, wenn man – wie es häufig geschieht – Balázs Ansatz als eine bloß formalistische bzw. konstruktivistische Filmtheorie charakterisiert, der es primär um die Konstruktion einer fiktiven Filmwelt zu tun sei (vgl. z. B. Elsaesser/Hagener 2007, 26).

Man könnte aus heutiger Sicht den Verdacht hegen, dass Balázs mit seiner These einer weltlichen Physiognomie weitgehend allein dasteht. Aber das ist keineswegs der Fall. Der Gedanke einer solchen Priorität der Ausdruckswahrnehmung erfreut sich in den 1920er Jahren vielmehr einer unübersehbaren Konjunktur. Als Beispiele seien die beiden Philosophen Max Scheler und Ernst Cassirer genannt: „Primär", so erklärt Scheler, „ist alles überhaupt Gegebene ‚Ausdruck'" (Scheler 1985 [1912/1922], 233): „Daß jemand mir freundlich oder feindlich gesinnt ist, erfasse ich in der Ausdruckseinheit des ‚Blickes', lange bevor ich etwa die Farbe, die Größe der ‚Augen' anzugeben vermag" (ebd., 238). Cassirer schlägt in dieselbe Kerbe, wenn er feststellt, dass sich in unserem primären mythisch-physiognomischen Weltverhältnis das Wahrgenommene immer durch einen „Charakter des Lockenden oder Drohenden, des Vertrauten oder Unheimlichen, des Besänftigenden oder Furchterregenden" (Cassirer 1997 [1929], 78) auszeichnet.

Solche Erwägungen sind nicht so versponnen und spekulativ, wie es scheinen mag. Balázs, Scheler und Cassirer können sich hierbei immerhin auf den damaligen Stand der empirischen Forschungen zur Kinderpsychologie (vgl. Koffka 1966 [1925]; Stern 1993 [1914]) wie auch zur Ethnologie (Lévy-Bruhl 1959 [1927]). Die Studien von Lévy-Bruhl finden damals nicht nur beim wissenschaftlichen Fachpublikum großen Anklang: Als Eisenstein nach Mexiko reist, hat er, wie in seiner Autobiografie steht, die „Bücher Lévy-Brühls (sic!) über das primitive Denken" (Eisenstein 1988, 256) im Gepäck. Balázs wiederum ist eng befreundet mit dem Kinderpsychologen René Spitz, der eine ganz ähnliche Konzeption der frühkindlichen Wahrnehmung vertritt (vgl. Spitz 1992). Daher liegt es nahe, von einem direkten Einfluss auszugehen (vgl. Loewy 2003, 346).

Von einem „Animismus" des Filmbildes spricht auch der Regisseur Jean Epstein (vgl. Epstein 2008 [1926], 45) sowie – noch ausführlicher – Edgar Morin, ein französischer Filmtheoretiker der 1950er Jahre, für den das Kino „eine Art von Auferstehung der archaischen Weltschau" (Morin 1958 [1956], 174) bedeutet. Dabei weist Morin allerdings auch auf den wesentlichen Unterschied zwischen filmischer und mythischer Wahrnehmung hin, der gegen eine eilfertige Identifikation spricht: Beide Wahrnehmungsweisen sind zwar magisch, aber die mythische Einstellung bezieht sich auf die reale Welt mit ihren konkreten Handlungsinteressen, wohingegen die Filmzuschauerin genau weiß, dass das Filmbild etwas Imaginäres ist (vgl. ebd., 175).

Der Unterschied zwischen Morin und Balázs lässt sich somit folgendermaßen auf den Punkt bringen: Die Physiognomie bzw. das Animistische ist für Morin etwas *Imaginäres* und für Balázs etwas *Reales*, das der Regisseur zunächst findet und nicht erfindet. Wie Balázs behauptet, handelt es sich beim Physiognomischen sogar um eine „notwendige Kategorie unserer Wahrnehmung" (Balázs 2001 [1924], 70), und folglich sind die Dinge auch ohne die filmische Inszenierung bereits „symbolisch" (ebd., 71). Aus diesem Grund kann der Filmregisseur auch nicht wählen „zwischen einer sachlich-objektiven und einer physiognomisch-bedeutsamen Darstellung der Dinge", sondern nur zwischen zwei Versionen der Physiognomie, nämlich einer natürlichen und einer solchen, die er nach seinen eigenen Vorstellungen gestaltet (vgl. ebd., 70). Dass z. B. in Rouben Mamoulians *Dr. Jekyll und Mr. Hyde* (USA, 1931) im Labor ein Skelett steht, hat wohl wenig Nutzen für die abseitigen Forschungen des Dr. Jekyll, vielmehr leistet die Physiognomie eines solchen Skeletts einen Beitrag für die morbide Gesamtstimmung dieses Films. Die Physiognomie ist daher schon der Baustoff und nicht erst – wie bei Morin – das Erzeugnis der Traumfabrik. Bevor die Kamera bei Balázs zum *Produzenten* der Physiognomie wird, ist sie erst einmal ihr *Detektor*.

3.7 Expressionismus

Die Physiognomie ist nach Balázs eine außerfilmische Wahrnehmungsqualität, die wir jedoch unter dem Einfluss der Schriftkultur – und damit des Übergewichts des sprachlichen über den leiblichen Ausdruck – aus den Augen verloren haben. Wie keine andere Kunst kann der Film jedoch der Aufgabe gerecht werden, diese vergessene Qualität unserer Welt wieder neu zu entdecken – und genau dieses künstlerische Vermögen bezeichnet Balázs als Expressionismus:

> „Diese latente Physiognomie der Dinge herauszustreichen, zu betonen und für alle deutlich zu machen, nennt man in der Malerei und in anderen darstellenden Künsten ‚Expressionismus' […]. Es gibt keine Kunst, die so berufen wäre, dieses ‚Gesicht der Dinge' darzustellen, wie der Film" (Balázs 2001 [1924], 59, 64 f.).

Darum ist der Film schließlich auch „der legitime und privilegierte Ort des Expressionismus" (Locatelli 1999, 89). Der Expressionismus macht also *explizit*, was *implizit* bereits in der Realität vorhanden ist. Unter diesem Blickwinkel ist er weniger eine Kunst der Konstruktion oder Neugestaltung, sondern vielmehr eine Kunst, die sich an der Realität – nämlich an der latenten Physiognomie der Dinge – orientiert. In dieser ausgesprochen eigenwilligen Deutung wird der Expressionismus als ein *Realismus* verstanden, der die Mauern einer begrifflich-pragmatischen Kultur durchbricht, um die sinnliche Welt – Menschen, Tiere Pflanzen, Dinge, Landschaften und Milieus –, die so lange nur *lesbar* gewesen ist, endlich wieder *sichtbar* zu machen. Ganz ähnlich wartet auch in der deutschen Romantik im Klingsohr-Märchen im Roman *Heinrich von Ofterdingen* (1802) von Novalis (vgl. Novalis 1982 [1802], 121–149) oder auch in Joseph von Eichendorffs Gedicht *Wünschelrute* (1835) die ganze Welt auf ihre Erlösung: „Schläft ein Lied in allen Dingen,/Die da träumen fort und fort,/und die Welt fängt an zu singen/Triffst Du nur das Zauberwort" (Eichendorff 1993, 129). Jenes Zauberwort, das die Welt zum Singen bringt, erhofft sich Balázs im Unterschied zu Novalis und Eichendorff jedoch nicht mehr von der Literatur, sondern vom Film.

Es soll nicht unterschlagen werden, dass namhafte Zeitgenossen von Balázs ein geradezu diametral entgegen gesetztes Kinokonzept vertreten haben. Für Bertolt Brecht und Walter Benjamin ist beispielsweise der Film keineswegs eine Rückkehr zu einer vormodern-animistischen Wahrnehmungsweise, sondern ganz im Gegenteil der vollendete Ausdruck der modernen Zivilisation. So wie Benjamin zufolge das Kino dem Zuschauer eine nicht-auratische, ebenso schockartige wie kritische Rezeptionsweise zumutet (Benjamin 1991 [1936], 496–503), plädiert auch Brecht für ein konsequent technologisches Filmverständnis: „Diese Apparate können wie sonst kaum etwas zur Überwindung der alten untechnischen, antitechnischen, mit dem Religiösen verknüpften, ‚ausstrahlenden' Kunst verwendet werden" (Brecht 1967 [1933], 158).

Dass die Identifikation von Ausdruck und Expressionismus im Übrigen keineswegs so selbstverständlich ist, wie es Balázs' Ausdrucksästhetik des Films nahelegt, lässt sich durch einen Vergleich mit dem wenig später erschienenen Buch *Expressionismus und Film* (1926) von Rudolf Kurtz deutlich hervorheben. Kurtz tritt hier geradezu als Antipode des Romantikers Balázs auf, wenn er den Expressionismus als einen artifiziellen Formalismus und als Paradebeispiel einer Kunst begreift, die der Suche nach dem Gefühlsausdruck eine strikte Absage erteilt:

„Im expressionistischen Film ist der Darsteller vor eine entscheidende Forderung gestellt. Er [...] soll statt der künstlerisch behandelten Sprache des Alltags, statt gesteigerter Ausdrucksform allgemeinen Erlebens eine Konstruktion hergeben, in der Sprache, Ton, Gebärde Elemente seines Gestaltungswillens sind" (Kurtz 2007 [1926], 118).

Konstruktion und Abstraktion statt Gefühlsaufwallung lautet hier die Parole, die nichtsdestotrotz das Etikett des Expressionismus für sich in Anspruch nimmt. Ganz andere Wege beschreitet natürlich Balázs, wenn er bereits die Auswahl von

3.7 Expressionismus

Physiognomien aus der realen Welt, von Schauspielern, Dingen und Milieus, die zum Thema des Films passen, als einen diskreten Expressionismus charakterisiert (vgl. Balázs 2001 [1924], 60). Dass für Balázs damit eigentlich jeder Film unvermeidlich expressionistisch ist, zeigt sich schon darin, dass er sogar den Dokumentarfilm noch als Variante eines naturalistischen Expressionismus betrachtet (vgl. ebd., 60). Zum Kunstwerk wird ein Film dann, wenn die aufgesammelten Ausdrucksgehalte durch filmische Mittel wie Kameraperspektive, Beleuchtung, Montage usw. eine bewusste Stilisierung und Umgestaltung erfahren (vgl. ebd., 67).

Wie bereits dargelegt, besteht eine solche filmische Inszenierung nicht darin, einer völlig rohen und ausdruckslosen Materie eine Physiognomie zu verleihen. Da es Balázs zufolge eine solche Materie ohne Physiognomie gar nicht gibt, kann die Filmkunst nur das Ziel verfolgen, die natürliche Physiognomie in eine künstlerische umzugestalten, um „die Welt im Kolorit eines Temperaments, in der Beleuchtung eines Gefühls zu zeigen: eine projizierte, eine objektivierte Lyrik" (ebd., 58). Im Grunde gilt damit für jeden künstlerischen Regisseur, was Balázs über den von ihm bewunderten Charlie Chaplin geschrieben hat: „Er ist kein Bildhauer der toten Materie, sondern ein Kunstgärtner des lebendigen Lebens" (ebd., 107).

Ein filmischer Expressionismus im engeren Sinne, wie er in Robert Wienes wegweisendem Film *Das Cabinet des Dr. Caligari* (D, 1920) konsequent durchgeführt ist, wäre für Balázs dann die letzte Konsequenz einer weitestgehenden Verzerrung der natürlichen Physiognomie der Dinge: „Je leidenschaftlicher der Ausdruck", so heißt es, „um so verzerrter wird das Gesicht der Menschen – und der Dinge" (ebd., 59). Trotz vieler Ähnlichkeiten unterscheidet sich Balázs' Auffassung des caligaristischen Filmstils allerdings von derjenigen, die später Lotte Eisner in ihrem Standardwerk *Die dämonische Leinwand* (1955) vertreten hat. Nach Eisner besteht das expressionistische Verfahren darin, in einem ersten Schritt nach dem Wesen von etwas zu fragen und in einem zweiten Schritt die ‚expressivste Expression' dieses Wesens zur Darstellung zu bringen. Ein expressionistischer Kerker wäre deshalb ‚kerkerhafter' als jeder reale Kerker (vgl. Eisner 1975 [1955], 27).

Balázs würde dahin gehend widersprechen, dass der Expressionismus selbst im caligaristischen Sinne nicht unbedingt den expressivsten Ausdruck wählen sollte, sondern vielmehr den, der am besten zur Gesamtstimmung der Handlung passt. Insofern es bei der filmischen Komposition darauf ankommt, die Stimmung von einem Bild ins nächste hineinleuchten zu lassen, ist nicht allein die maximale Wirkung des jeweiligen Einzelbildes ausschlaggebend (vgl. Balázs 2001 [1924], 66 f., 86). Woran sich die Inszenierung orientieren sollte, ist jene Stimmung, die den gesamten Film trägt, und darum ist der ausdrucksvollste Ausdruck nicht in jedem Fall auch der beste. Wenn man Eisner beim Wort nimmt, dann gibt es eigentlich immer nur eine einzige richtige Darstellung – nämlich die expressivste. Eine solche Richtlinie wäre nach Balázs jedoch eher für expressionistische Fotos als für expressionistische Filme angemessen.

3.8 Produktive Kamera

Es besteht kein Zweifel daran, dass der eigentliche Filmkünstler in *Der sichtbare Mensch* der Schauspieler ist, und wie sich aus Balázs' wenigen, eher beiläufigen Bemerkungen hierzu entnehmen lässt, beschränkt sich der Beitrag von Regisseur und Kameramann eigentlich darauf, der Schauspielkunst die gewünschte Bildwirkung zu geben. Allerdings schlägt Balázs zwei Jahre nach seinem ersten Filmbuch wieder einen völlig neuen Weg ein, indem er in einem kurzen Aufsatz mit dem Titel „Produktive und reproduktive Filmkunst" (1926) erstmals die Arbeit des Kameramanns in den Mittelpunkt der Filmkunst rückt. Damit verlagert sich der Schwerpunkt von der Schauspieler- zur Kameratheorie (vgl. Balázs 2004 [1926], 242–245).

Balázs will den Sachverhalt würdigen, dass die Kamera nicht nur *reproduktiv*, sondern auch *produktiv* und damit kreativ sein kann. Gemeint ist damit: Sie entdeckt nicht nur bereits vorhandene Physiognomien vor der Kamera, die sie dann nach Maßgabe von Handlung und Gesamtstimmung arrangiert. Vielmehr entstehen bestimmte Physiognomien *„erst durch die Aufnahme in den Filmbildern selbst"* (ebd., 243). Da sich diese Physiognomien also der Aufnahme und nicht dem aufgenommenen Motiv verdanken, wird folglich Filmkunst nicht allein *vor* der Kamera, sondern auch *mit* der Kamera gemacht.

Ein frühes Filmbeispiel, das Balázs wohl auch selbst gekannt haben dürfte, ist an dieser Stelle sehr aufschlussreich, um zu verstehen, was es mit der produktiven Kamera auf sich hat: In Friedrich Wilhelm Murnaus *Der letzte Mann* (D, 1924) macht die hin und her schwankende Kamera die Wahrnehmungsweise des betrunkenen Portiers für die Zuschauerin erfahrbar. Die Kamerainszenierung erschafft mit ihren eigenen Mitteln zuallererst die Trunkenheit und verleiht auf diese Weise dem gefilmten Menschen jene Physiognomie, auf die es in dieser Szene ankommt. Wie sich damit gezeigt hat, wird der Physiognomiebegriff von Balázs nun wesentlich weiter als zuvor gefasst. Grundsätzlich lässt sich wohl festhalten: Die Physiognomie ist in den Schriften, die er nach *Der sichtbare Mensch* verfasst hat, nicht länger nur *sichtbar*, sondern auch *hörbar* und nicht länger nur eine *Entdeckung*, sondern auch eine *Schöpfung*.

Dass der Kameramann zum Filmkünstler wird, hat natürlich auch mit einer technischen Verbesserung der Aufnahmegeräte zu tun, die der Kameraführung eine größere Beweglichkeit und Geschwindigkeit ermöglichen. Das bleibt, wie Balázs erläutert, nicht ohne Folgen für das Verhältnis des Zuschauers zum Leinwandgeschehen. Denn die zwischen den Dingen der filmischen Welt dynamisch herumfahrende Kamera lädt das Publikum zur Identifikation mit ihrer permanent wechselnden Perspektive ein. Und obwohl es nach wie vor unbeweglich in seinem Kinosessel verharrt, zieht es die Kamera auf diese Weise mehr und mehr in die filmische Welt hinein: „Ich gehe in der Menge mit, ich fliege, ich tauche, ich reite mit" (Balázs 2001a [1930], 15).

Es ist nicht übertrieben, aus diesen Beschreibungen zu schließen, dass auch die Kamerabewegung eine Ausdrucksbewegung sein kann. Produktiv ist die Kamera also nicht nur deswegen, weil sie eine bestimmte Physiognomie der Objekte im

Filmbild konstituiert. Es gibt noch eine weitere Physiognomie, die ebenfalls erst durch die Kamera ins Spiel kommt, denn nicht nur das *Sichtbare* – die Personen, Dinge und Milieus im Filmbild –, sondern auch das *Sehen,* also die Kameraführung selbst, zeichnet sich durch einen bestimmten Ausdruck aus. Kurz, die Kameraperspektive gibt den Objekten nicht nur einen Ausdruck, sie ist *auch selbst ein Ausdruck.*

So lassen sich gemächliche, verweilende, tanzende, schwankende, schwindelnde – Letzteres in Hitchcocks *Vertigo* (USA, 1959) – und schließlich sogar – wie im Horror-Film *Blair Witch Project* (USA, 1999) von Myrick und Sánchez – panische Kamerafahrten identifizieren. Balázs trifft diesen Punkt sehr gut, wenn er die Kamera „[e]ine Persönlichkeit" nennt, „die nur durch ihre Art zu sehen sichtbar wird" (ebd., 78). Dieselbe Richtung schlägt er auch ein, wenn er über Dziga Vertovs *Der Mann mit der Kamera* (UdSSR, 1929) schreibt: „Ein Mann mit seiner Kamera und seiner Sensibilität. Er selber ist nicht zu sehen. Aber alles, was er sieht, zeigt ihn" (ebd., 78). Folglich erhält das menschliche Bewusstsein dank der Kamera eine völlig neuartige Ausdrucksform, die sich mit keiner bisherigen vergleichen lässt (vgl. ebd., 83).

Die Erkenntnis, dass der Film nicht nur *Sichtbares,* sondern auch ein *Sehen* zur Erscheinung bringt, nimmt bereits eine zentrale These von Vivian Sobchack vorweg, deren leibphänomenologische Perspektive von großem Einfluss auf die aktuellen filmtheoretischen Debatten ist. Dass der Film nicht nur Wahrgenommenes, sondern auch ein Wahrnehmen präsentieren kann, markiert für Sobchack geradezu die entscheidende Differenz zwischen Film und Fotografie. Das Kapitel in dem vorliegenden Buch, welches sich dieser Filmtheoretikerin widmet, wird nicht zuletzt auch der Frage nachgehen, inwiefern überhaupt erst eine solche leibphänomenologische Filmtheorie den Hinweis von Balázs auf die Physiognomie der Kamerafahrt, der bei ihm selbst nur eine vage Andeutung bleibt, weiterverfolgen und in seiner ganzen Tragweite ausbuchstabieren kann.

3.9 Physiognomie und Atmosphäre

Gernot Böhme ist ein zeitgenössischer Philosoph, bei dem sich erstaunlich viele Parallelen zu Balázs finden, wobei er sich allerdings selbst nicht explizit auf diesen Filmtheoretiker der ersten Stunde bezieht. Beide Denker, der eine zu Beginn des 20. Jahrhunderts, der andere bis in die Gegenwart hinein, warnen vor einer zweifachen Entfremdung von der sinnlichen Präsenz der Dinge. Diese Gefahr droht einerseits von der Vorherrschaft einer pragmatisch-instrumentellen Haltung zur Welt, andererseits von den Abstraktionen der begrifflichen Sprache. So wie wir Balázs zufolge alles „im Nebel einer gewohnheitsmäßigen Verallgemeinerung und einer schematischen Begriffsbildung" sehen und uns nur noch für „den möglichen Nutzen und Schaden der Dinge für uns" (Balázs 2001 [1924], 76) interessieren, gibt auch Böhme zu bedenken, dass den Wahrnehmungsgegebenheiten zumeist nur ein „Verweisungscharakter auf mögliche Handhabung und Dienlichkeit" (Böhme 1989, 183) zukommt. Was wir wahrnehmen, – darin sind sich Böhme und

Balázs jedenfalls einig –, wird übersprungen in Richtung auf etwas, „das nicht im Bereich des Sinnlichen, sondern der Bedeutungen liegt" (Böhme 1994 [1984], 205). Auf diese Weise wird die Wahrnehmung reduziert „auf Informationsverarbeitung, Datenbeschaffung oder Situationserkennung" (Böhme 1995a, 47).

Als Gegenpol – auch in dieser Hinsicht besteht Übereinstimmung – wird nun die kindliche Wahrnehmung beschworen: Das Kind verweilt, wie Balázs mahnt, noch „sinnend bei Einzelheiten" (Balázs 2001 [1924], 79); es „kennt diese Physiognomien gut, weil es die Dinge noch nicht ausschließlich als Gebrauchsgegenstände, Werkzeuge, Mittel zum Zweck ansieht" (ebd., 59). Und Böhme schlägt gleichfalls als Therapie vor: „Einübung in kindliches Schauen, das wäre also die erste Empfehlung" (Böhme 1989, 185). Die Frage, was wir denn unter dem Einfluss von pragmatischem Funktionalismus und begrifflicher Sprache verloren haben, wird von beiden Autoren wiederum auf dieselbe Weise beantwortet: Worauf wir uns wieder besinnen sollten, ist nämlich eine ursprüngliche affektive Dimension der Wahrnehmung, die Balázs als *Physiognomie* und Böhme als *Atmosphäre* bezeichnet: „Ein Tal wird also nicht heiter genannt, weil es in irgendeiner Weise einem heiteren Menschen ähnelte, sondern weil die Atmosphäre, die es ausstrahlt, heiter ist und diese einen Menschen in eine heitere Stimmung versetzen kann" (Böhme 1995a, 34). Die Gemeinsamkeit springt ins Auge: Wenn man in diesem Böhme-Zitat das Wort ‚Atmosphäre' durch das Wort ‚Physiognomie' austauschen würde, dann könnte diese Passage genauso auch in einem Text von Balázs stehen.

Die Reihe der Gemeinsamkeiten setzt sich noch weiter fort, denn beide Autoren überantworten nun dem Bild die kulturtherapeutische Mission einer Schule des Sehens, in der die verloren gegangene Sensibilität für einerseits Physiognomien, andererseits Atmosphären wieder eingeübt werden kann. So sollen bei Balázs die Bewegtbilder des Films zur Wiederentdeckung der Sichtbarkeit von Mensch und Welt führen, während bei Böhme die bildende Kunst „die Aufgabe [übernimmt], den Menschen diese Sinnlichkeit zurückzugeben" (Böhme 1995b, 17). Es ist darum nur konsequent, wenn Böhme gegenüber der Semiotik, die heutzutage die bildtheoretischen Diskussionen dominiert, den Vorwurf erhebt, die Atmosphäre des Bildes zugunsten seiner Zeichenfunktion zu vernachlässigen.

Wenn ein Bild gesehen wird, – und darauf kommt es Böhme entscheidend an – dann steht beim Rezipienten eine affektive Betroffenheit und nicht das Entziffern von Zeichen im Vordergrund (vgl. Böhme 2004 [1999], 90): Wir sind von der Atmosphäre eines Bildes „unmittelbar angerührt" (ebd., 79). Gemessen an dieser affektiven Betroffenheit soll das Bild eines Objekts sogar *wirklicher* als das reale Objekt sein, von dem es ein Bild ist – ‚wirklicher' „im Sinne von Prägnanz, Bestimmtheit und atmosphärischer Wirksamkeit" (ebd., 95): „Das Bild ist eindeutiger, bestimmter, entschiedener als die Realität. Es kann deshalb die Realität an emotionaler Wirkung bedeutend übertreffen" (ebd., 92). Hier würde wohl auch Balázs zustimmen, denn immer wieder betont er, wie ergreifend die Mimik des Schauspielers auf der Leinwand ist und dass sie der Zuschauerin sogar Seelenlandschaften erschließt, denen er außerhalb des Kinos noch niemals begegnet ist (vgl. z. B. Balázs 2001 [1924], 107–111).

3.9 Physiognomie und Atmosphäre

Balázs' Physiognomiebegriff und Böhmes Atmosphärenbegriff scheinen auf den ersten Blick Synonyme zu sein. Allerdings vermeidet Böhme im Unterschied zu Balázs den Begriff des Ausdrucks, weil seiner Ansicht nach hierdurch ein Verhältnis von Innen und Außen unterstellt wird. So präsentiert sich z. B. die Natur in Atmosphären – die Heiterkeit einer Sommerlandschaft, die Melancholie eines Herbstabends –, aber wenn man hier von einem Ausdruck spricht, so wird damit implizit ein verborgenes Inneres vorausgesetzt, das sich in einem sinnlichen Äußeren artikuliert (vgl. Böhme 1995c, 135). Welches Innere sollte aber im Fall der Landschaft zum Ausdruck kommen? Unvermeidlich wird mit einer solchen Begrifflichkeit – wie Böhme befürchtet – wieder unter der Hand ein Zeichenverhältnis eingeführt, das die Aufmerksamkeit von der sinnlichen Präsenz ablenkt (vgl. ebd.). Ein Ausdruck kann also nicht wahrgenommen, er kann nur *„gelesen"* (ebd. – Hervorh. J. B.) werden. Und damit bleibt nach Böhme, wer vom Ausdruck spricht, innerhalb der Grenzen der Semiotik.

Diese Überlegungen bieten eine Gelegenheit, die Konturen von Balázs' Ausdrucksbegriff noch einmal schärfer zu ziehen, um einen Versuch zu unternehmen, ihn gegen Böhmes Kritik zu verteidigen. Das Wort des Ausdrucks hat tatsächlich eine solche irreführende Tendenz, insofern es die Frage nach dem nahe legt, was ‚hinter' dem Ausdruck ist – das sei Böhme zugestanden. Allerdings stellt sich die Frage, ob sich auch *der Sache nach* in Balázs' Rede vom leiblichen Ausdruck ein implizites Zeichenverhältnis versteckt.

Entscheidend ist hierbei die Abgrenzung vom sprachlichen Ausdruck. Denn der leibliche Ausdruck zeichnet sich dadurch aus, dass er noch keinerlei Differenz zwischen Bedeutendem und Bedeutetem und darum auch noch kein Verhältnis zwischen Innen und Außen kennt: „Hier wird der Geist unmittelbar zum Körper, wortlos, sichtbar" (Balázs 2001 [1924], 16). Der Sinn liegt nicht *hinter* dem Phänomen, sondern *in* dem Phänomen selbst; und darum gibt es auch kein verstecktes Inneres, auf das die Sinnlichkeit verweisen würde. Ganz ähnlich bemerkt auch Jean-Paul Sartre über den Himmel bei Tintoretto:

> „Jenen gelben Riß am Himmel über Golgatha hat Tintoretto nicht gewählt, um die Angst zu *bedeuten* noch um sie *hervorzurufen*; er *ist* Angst und gelber Himmel zugleich. Nicht Angsthimmel noch verängstigter Himmel; es ist eine Ding gewordene Angst" (Sartre 1990 [1948], 14).

Es gibt Sartre zufolge in diesem Beispiel kein *Zeichen* der Angst, keinen anwesenden Gegenstand, der Stellvertreter für einen abwesenden Gegenstand – nämlich die Angst – wäre, sondern die Angst ist zu einer *Qualität der anwesenden Dinge selbst* geworden (vgl. Sartre 1982 [1952], 476): Sie wird als solche wahrgenommen. Hans-Georg Gadamer, ein Hauptvertreter der philosophischen Hermeneutik, meint im Grunde denselben Sachverhalt, wenn er über die Gebärde schreibt:

> „In der Gebärde ist das, was sie ausdrückt, wie wir zu sagen pflegen, da. Gebärden sind etwas völlig Leibliches – und sie sind etwas völlig Seelisches" (Gadamer 1999 [1967], 327).

Genauso ist auch für Balázs das Lächeln kein Ausdruck eines Inneren, der gelesen werden müsste, weil nämlich, wie er betont, die Seele darin unmittelbar zur Anschauung kommt (vgl. Balázs 2001 [1924], 16). Deshalb verweist das Sinnliche nicht auf etwas von ihm Verschiedenes, so wie etwa das *Wort* ‚Rot' auf die *Farbe* Rot verweist. Kurz, im leiblichen Ausdruck ist das, worum es geht, selbst *präsent,* im sprachlichen Ausdruck dagegen zeichenvermittelt *repräsentiert*. Erst wenn das *Gesehene* oder *Gehörte* nicht zugleich das *Gemeinte* ist, findet eine Trennung des phänomenalen Gegenstands von seiner Bedeutung statt, und es vollzieht sich, wie Balázs sagen würde, ein Übergang vom Phänomen zum Begriff, vom Wahrnehmen zum Lesen. Balázs' Antwort auf Böhmes Einwand lautet also kurz und bündig: Der leibliche Ausdruck wird im Unterschied zum sprachlichen Ausdruck nicht gelesen, sondern wahrgenommen – und deshalb sprengt er die Grenzen der Bildsemiotik.

Wäre Balázs im Übrigen mit den Entwicklungen innerhalb der Bildtheorie der letzten 30 Jahre vertraut gewesen, dann hätte er sich wohl vorbehaltlos Böhmes Kritik angeschlossen, dass die Zeichentheorie des Bildes in ihren verschiedenen Spielarten dazu führt, das Bild auf seine repräsentative Funktion zu reduzieren (vgl. Böhme 2004 [1999], 86). Ein Bild vor allem als Zeichen zu interpretieren, wie es spätestens unter dem weitreichenden Einfluss von Nelson Goodman (vor allem Goodman 1997 [1968]) zum Mainstream der Bildforschung geworden ist, wäre für Balázs ein imperialistischer Übergriff auf das letzte Refugium von Sinnlichkeit und Physiognomie. Die Orientierung am Paradigma des sprachlichen Ausdrucks, die vor allem fragt, was ein Bild bedeutet, führt konsequent zu einer entstellenden Sicht auf Filmbilder, weil sie nach Balázs blind für die Besonderheit des mimischen Ausdrucks – nicht nur der Menschen, sondern auch der Dinge – macht. Aus diesem Grund wäre er wohl als entschiedener Antipode einer Filmsemiotik – *avant la lettre* – anzusehen, wie sie von Christian Metz in den 1960er Jahre unter dem Einfluss des Strukturalismus entwickelt wird.

Literatur

Andrew, J. Dudley (1976), *The Major Film Theories*, London/Oxford/New York.
Aristarco, Guido (1951), *Storia delle teoriche del film*, Turin.
Arnheim, Rudolf (2002), *Film als Kunst* (1932), Frankfurt am Main.
Balázs, Béla (2001), *Der sichtbare Mensch oder die Kultur des Films* (1924), Frankfurt am Main.
Balázs, Béla (2001a), *Der Geist des Films* (1930), Frankfurt am Main.
Balázs, Béla (2004), „Produktive und reproduktive Filmkunst" (1926), in: Helmut H. Diederichs (Hg.), *Geschichte der Filmtheorie. Kunsttheoretische Texte von Méliès bis Arnheim*, Frankfurt am Main, 242–245.
Benjamin, Walter (1991), „Das Kunstwerk im Zeitalter seiner technischen Reproduzierbarkeit. Dritte Fassung" (1936), in: ders., *Abhandlungen. Gesammelte Schriften Band I. 2*, Frankfurt am Main, 471–508.
Böhme, Gernot (1989), „Ästhetik des Ephemeren", in: ders., *Für eine ökologische Naturästhetik*, Frankfurt am Main, 166–189.
Böhme, Gernot (1994), Einführung in die Philosophie. Weltweisheit-Lebensform-Wissenschaft (1984), Frankfurt am Main.
Böhme, Gernot (1995), „Über die Physiognomie des Sokrates und Physiognomik überhaupt", in: ders., *Atmosphäre. Essays zur neuen Ästhetik*, Frankfurt am Main, 101–126.

Böhme, Gernot (1995a), „Atmosphäre als Grundbegriff einer neuen Ästhetik", in: ders., *Atmosphäre. Essays zur neuen Ästhetik*, Frankfurt am Main, 21–48.
Böhme, Gernot (1995b), „Ökologische Naturästhetik und die Ästhetisierung des Realen", in: ders., *Atmosphäre. Essays zur neuen Ästhetik*, Frankfurt am Main, 13–18.
Böhme, Gernot (1995c), „Physiognomik in der Naturästhetik", in: ders., *Atmosphäre. Essays zur neuen Ästhetik*, Frankfurt am Main, 132–152.
Böhme, Gernot (2004), *Theorie des Bildes* (1999), München.
Braungart, Georg (1995), *Leibhafter Sinn. Der andere Diskurs der Moderne*, Berlin.
Brecht, Bertolt (1967), „Der Dreigroschenprozeß" (1933), in: ders., *Gesammelte Werke 18. Schriften zur Literatur und Kunst 1*, Frankfurt am Main, 139–209.
Cassirer, Ernst (1997), *Philosophie der symbolischen Formen. Bd. 3: Phänomenologie der Erkenntnis* (1929), Darmstadt.
Diederichs, Helmut H. (2001), „‚Ihr müßt erst etwas von guter Filmkunst verstehen'. Béla Balázs als Filmtheoretiker und Medienpädagoge", Nachwort in: Béla Balázs, *Der sichtbare Mensch oder die Kultur des Films*, Frankfurt am Main, 115–147.
Diederichs, Helmut H. (2004), „Zur Entwicklung der formästhetischen Theorie des Films", in: ders. (Hg.), *Geschichte der Filmtheorie. Kunsttheoretische Texte von Méliès bis Arnheim*, Frankfurt am Main, 9–27.
Eichendorff, Joseph von (1993), „Wünschelrute", in: *Sämtliche Werke des Freiherrn Joseph von Eichendorff. Historisch-Kritische Ausgabe*, Stuttgart/Berlin/Köln. Bd. 1.2, 129.
Eisenstein, Sergej M. (1988), *Yo – Ich selbst. Memoiren*, Frankfurt am Main.
Eisner, Lotte H. (1975), *Die dämonische Leinwand* (1955), Frankfurt am Main.
Elsaesser, Thomas/Hagener, Malte (2007), *Filmtheorie zur Einführung*, Hamburg.
Elster, Alexander (2004), „Kinodramatik" (1913), in: Helmut H. Diederichs (Hg.), *Geschichte der Filmtheorie. Kunsttheoretische Texte von Méliès bis Arnheim*, Frankfurt am Main, 105–108.
Epstein, Jean (2008), „Der Ätna, vom Kinematographen her betrachtet". Über einige Eigenschaften des Photogénies (1926), in: ders., *Bonjour Cinéma und andere Schriften zum Kino*, Wien, 43–54.
Gadamer, Hans-Georg (1999), „Bild und Gebärde" (1967), in: ders., *Gesammelte Werke Bd. 8. Ästhetik und Poetik 1: Kunst als Aussage*, Tübingen, 323–330.
Goodman, Nelson, *Sprachen der Kunst. Entwurf einer Symboltheorie* (1968), Frankfurt am Main: Suhrkamp 1997.
Grampp, Sven (2009), *Ins Universum technischer Reproduzierbarkeit. Der Buchdruck als historiographische Referenzfigur in der Medientheorie*, Konstanz.
Hamburger, Ludwig (2004), „Kinodichtung" (1913/1914), in: Helmut H. Diederichs (Hg.), *Geschichte der Filmtheorie. Kunsttheoretische Texte von Méliès bis Arnheim*, Frankfurt am Main, 132–135.
Hegel, Georg W. F. (1993), *Vorlesungen über die Ästhetik III* (1835–38), Frankfurt am Main.
Kanehl, Oskar (2004), „Kinokunst" (1913), in: Helmut H. Diederichs (Hg.), *Geschichte der Filmtheorie. Kunsttheoretische Texte von Méliès bis Arnheim*, Frankfurt am Main, 109–112.
Kazanskij, Boris (2005), „Die Natur des Films" (1927), in: Wolfgang Beilenhoff (Hg.), *Poetika Kino. Theorie und Praxis des Films im russischen Formalismus*, Frankfurt am Main, 86–129.
Robert Kirchhoff (1989), „Pathognomik", in: Joachim Ritter/Karlfried Gründer (Hg.), *Historisches Wörterbuch der Philosophie. Bd. 7*, Darmstadt, 182.
Koffka, Kurt (1966), *Die Grundlagen der psychischen Entwicklung* (1925), Hannover.
Kurz, Rudolf (2007), *Expressionismus und Film* (1926), Zürich.
Lévy-Bruhl, Lucien (1959), *Die geistige Welt der Primitiven* (1927), Düsseldorf/Köln.
Locatelli, Massimo (1999), *Béla Balázs. Die Physiognomie des Films*, Berlin.
Loewy, Hanno (2003), *Béla Balázs – Märchen, Ritual und Film*, Berlin.
Mersch, Dieter (2006), *Medientheorien zur Einführung*, Hamburg.
Morin, Edgar (1958), *Der Mensch und das Kino. Eine anthropologische Untersuchung* (1956), Stuttgart.

Novalis (1982), *Heinrich von Ofterdingen* (1802), Frankfurt am Main.

Rath, Willy (2004), „Künstlerische Möglichkeiten des Lichtspiels" (1913), in: Helmut H. Diederichs (Hg.), *Geschichte der Filmtheorie. Kunsttheoretische Texte von Méliès bis Arnheim*, Frankfurt am Main, 121–131.

Sartre, Jean-Paul, *Was ist Literatur?* (1948), Reinbek bei Hamburg: Rowohlt 1990.

Sartre, Jean-Paul, *Saint Genet, Komödiant und Märtyrer* (1982), Reinbek bei Hamburg: Rowohlt 1982.

Scheler, Max (1985), *Wesen und Formen der Sympathie* (1912/1922), Bonn.

Simmel, Georg (1995), „Die ästhetische Bedeutung des Gesichts" (1901), in: ders., *Aufsätze und Abhandlungen 1901–1908. Gesamtausgabe Bd. 7*, Frankfurt am Main, 36–42.

Spitz, René A. (1992), *Die Entstehung der ersten Objektbeziehungen*, Stuttgart.

Stern, William (1993), *Psychologie der frühen Kindheit, bis zum sechsten Lebensjahre. Mit Benutzung ungedruckter Tagebücher von Clara Stern* (1914), Leipzig.

Toeplitz, Jerzy (1979), *Geschichte des Films Bd. 1. 1895–1928* (1955/1956), Berlin.

Wuss, Peter (1990), *Kunstwert des Films und Massencharakter des Mediums. Konspekte zur Geschichte der Theorie des Spielfilms*, Berlin.

Sergej Eisenstein (1898–1948) – die ‚Kinofizierbarkeit' des Denkens

4

In der Magnum-Eis-Werbung, die im Winter 2016/2017 im Kinovorprogramm und im Werbefernsehen läuft, beißt eine schwarzhaarige und schwarz gekleidete Frau genüsslich in ihr Eis, während sie die Straße entlangläuft. Nach dem ersten Biss wird sie von einem schwarzen Panther begleitet. Kurz darauf leckt sich die Frau in einer Großaufnahme über die Lippen, und nach dem Schnitt sieht man in einer darauffolgenden Großaufnahme, wie der Panther dasselbe tut. Im Verlauf des Clips tauchen noch weitere Magnum-Mensch-Tier-Kombinationen auf, darunter eine verwegen dreinblickende blonde Frau, der eine Löwin zur Seite steht, und am Ende schließlich eine ganz in Weiß gekleidete Frau, neben der sich ein überlebensgroßer Eisbär triumphal und brüllend aufrichtet. Am Ende verkündet eine männliche Stimme aus dem Off das Motto: „Release the beast, und folge deinem Instinkt!"

Der Clip will augenscheinlich auf den Gedanken hinaus, dass in all diesen Frauen ein ebenso mächtiges und gefährliches, wie auch elegantes und majestätisches Tier schlummert, das durch den Genuss von Magnum geweckt und freigelassen wird – so als würde das Eis einen individuellen Totemismus sichtbar machen. Eigentlich ist es hauptsächlich die Farbe, welche die jeweilige Beziehung zwischen Frau und Raubtier stiftet: schwarzhaarig und schwarz gekleidet – schwarzer Panther, blond und eher sandfarbene Kleidung – Löwin, vollständig in Weiß gekleidet – Eisbär usw. Das Magnum-Eis verhilft den Frauen also dazu, endlich ganz sie selbst zu sein, nämlich elegante und gefährliche Raubtiere. Zu dieser Schlussfolgerung will die Stimme aus dem Off explizit ihren Beitrag leisten, aber sie wird vorher bereits unabhängig von der Sprache nahegelegt: nämlich auf der reinen Bildebene durch die wiederholte Kombination von zwei Bildelementen mit einer vagen Ähnlichkeitsbeziehung.

Es lässt sich also festhalten, dass der Clip einen bestimmten Gedanken vermittelt, der nicht in einem *einzelnen* Bild bzw. Bildelement steckt, sondern erst durch das *Verhältnis* von Bildern bzw. Bildelementen hervorgebracht wird. Ein weiteres Beispiel, bei dem ebenfalls eine solche metaphorische Ebene allein durch die Bildkombination hervorgebracht wird, findet sich in der politischen Filmbiografie *Vice* (USA 2018, R.: Adam McKay): Dick Cheney versucht hier im Gespräch mit einem etwas naiv wirkenden George W. Bush sehr geschickt und schließlich auch erfolgreich, mehr Machtbefugnisse für die Position des Vizepräsidenten heraus zu handeln. Innerhalb dieser Sequenz taucht dann abrupt und unvermittelt eine kurze Einstellung auf, in der wir eine Angelleine sehen, die ins Wasser ragt und plötzlich straffgezogen wird: Der Fisch hat angebissen und den Köder geschluckt.

Eine solche Produktion von Bedeutung entspricht nun genau dem, was Sergej M. Eisenstein bereits in den 1920er Jahren unter Montage verstanden hat. Und mehr noch: Eisenstein, der nicht nur einer der visionärsten Künstler der Filmgeschichte, sondern zugleich auch einer ihrer wichtigsten Theoretiker gewesen ist, sieht in der Montage sogar die zentrale Darstellungsweise des Films. In seinem eigenen Spielfilm *Streik* (1925) findet sich etwas ganz Ähnliches wie in der Magnum-Werbung: Mehrere Spione, die den Auftrag erhalten, die aufbegehrenden Arbeiter auszukundschaften, werden der Reihe nach vorgestellt und dabei durch Tiere bezeichnet, mit denen sie eine sowohl physische wie auch charakterliche Ähnlichkeit haben. Es gibt den Fuchs, die Eule, den Affen und die Bulldogge, wobei man – anders herum als in der Magnum-Werbung – zuerst das Tier sieht und dann den Menschen, der offenbar nicht ohne Grund, den Namen des Tieres trägt. So wie in der Werbung der schwarze Panther die ebenso starke wie anmutige Frau verkörpert, so stellt in diesem frühen Werk der sowjetischen Montagefilmkunst der Fuchs den ebenso schlauen wie verschlagenen Spion dar.

In beiden Fällen handelt es sich um eine Metapher – und zwar um eine solche, die nicht sprachlich, sondern bildlich gestiftet wird. Die Montage verbindet visuell Dargestelltes und bringt auf diese Weise die Zuschauerin gedanklich auf visuell Nicht-Dargestelltes: Das Ganze ist hier mehr als die Summe seiner Teile, denn es gibt nicht die Frau und *zusätzlich* noch den Panther. Vielmehr *verkörpert* der Panther die Frau. Während das einzelne Bild uns etwas zu *sehen* gibt, lässt die Montage uns etwas erfahren, was in den Bildern selbst *nicht* zu sehen ist. Kurz, die Montage gibt uns etwas zu *denken*. Auf diese Möglichkeit des Films, genauso wie die Sprache Metaphern, Gedanken und Schlussfolgerungen zum Ausdruck zu bringen, richtet Eisenstein in seinem filmischen Schaffen ebenso das Hauptaugenmerk wie in seinen zahlreichen programmatischen Aufsätzen, in denen er dieses Thema theoretisch entwickelt.

4.1 Eisensteins Balázs-Kritik

Nach den vorangegangenen Erläuterungen zu Balázs' Filmkonzeption eignet sich Eisensteins kurzer Aufsatz „Béla vergißt die Schere" (1926) sehr gut als Einstieg in die Theorie der Montagefilmkunst, weil Eisenstein hier auf wenigen Seiten in aller Schärfe herausstellen will, worin der Unterschied zwischen Balázs' Verständnis von Filmkunst und seinem eigenen besteht. Er antwortet damit ausgesprochen polemisch auf den bereits erwähnten Aufsatz „Reproduktive und produktive

4.1 Eisensteins Balázs-Kritik

Kamera" (1926), in dem der ungarische Schriftsteller das Schwergewicht vom Schauspieler zum Kameramann verlagert (vgl. Balázs 2004). In vielerlei Hinsicht ist der Romantiker Balázs, der für das Eigenrecht des leiblichen Ausdrucks gegenüber dem sprachlichen Zeichen kämpft, geradezu ein Antipode von Eisenstein. Denn Eisenstein gilt in der Forschung sogar als ein „Vorläufer der modernen Semiotik" (Schlegel 1974, 7), dessen Inszenierungsweise als „Ausdruck eines rational-technizistischen Kunstbegriffs" (Schlegel 1973, 20) gewertet werden kann.

Anders als Balázs interessiert sich Eisenstein insbesondere für die technischen Dinge, die allerdings – hiermit rückt er nun wieder in die Nähe von Balázs – eine Physiognomie erhalten: Dies gilt für den Milchseparator in *Die Generallinie* (1929), vor allem natürlich für den Panzerkreuzer in *Panzerkreuzer Potemkin* (1925), für seine Kanonenrohre und Kolben und den Rhythmus seiner mechanischen Bewegungen. Mit Walter Benjamin könnte man hier geradezu von einem „sex-appeal des Anorganischen" (Benjamin 1991 [1982], 51) sprechen. Ganz ähnlich wie im italienischen Futurismus von Filippo Tommaso Marinetti, für den das aufbrüllende Auto schöner als die Nike von Samothrake ist (Marinetti 2009 [1909], 77), werden diese Dinge in Eisensteins technisch-rationaler Ästhetik zu Handlungsträgern und ‚Genossen' des Menschen (vgl. Schlegel 1973, 19).

Was hat nun Eisenstein an Balázs' Idee der produktiven Kamera auszusetzen? Aus heutiger Perspektive wirkt es reichlich überspannt, wenn er bei dieser Gelegenheit sogleich den Gegensatz zwischen kapitalistischem Individualismus und sozialistischem Kollektivismus, zwischen bürgerlichem Ich und revolutionärem Wir, ins Feld führt. Eisenstein begreift Balázs' Wertschätzung des Kameramanns schlichtweg als Ausdruck eines rücksichtslosen bourgeoisen Konkurrenzdenkens, das blind für die Idee eines schöpferischen Kollektivs ist, weswegen einer immer auf Kosten aller anderen der Star sein muss: „Jemand muß *der Eine* sein. Gestern der Schauspieler. Diesmal halt der Kameramann. Morgen vielleicht der Beleuchter" (Eisenstein 2006 [1926], 52).

Dieser Individualismus und „‚Starismus'" (ebd.) lässt sich, wie Eisenstein fortfährt, vor allem daran erkennen, dass für Balázs immer die Bildhaftigkeit der *einzelnen* Einstellung im Mittelpunkt steht. In Abgrenzung dazu sieht Eisenstein die einzelne Einstellung vorrangig als Teil eines Ganzen, genauer als ein Sequenzteil. Auch hier lässt sich also von einem schöpferischen Kollektiv sprechen, nämlich von einer Mehrzahl von kooperierenden Einstellungen. So verkündet Eisenstein in einem agitatorischen Ton, der einerseits den postrevolutionären 1920er Jahren der Sowjetunion verpflichtet ist, andererseits nicht von ungefähr an den Stil der Manifeste der künstlerischen Avantgarde erinnert:

„Nieder mit der Personifizierung des Films in der individuellen Einstellung. Das Wesen des Films darf nicht in den Einstellungen gesucht werden, sondern vielmehr in den Wechselbeziehungen der Einstellungen – genauso wie es in der Geschichte nicht auf Einzelpersönlichkeiten ankommt, sondern auf die wechselseitigen Beziehungen zwischen den Einzelpersönlichkeiten, Klassen usw." (ebd., 54).

Bei Eisenstein besteht eine Kongruenz zwischen Inhalt und Form: Inhaltlich verzichtet er auf den individuellen Helden und verfolgt das Ziel, eine Masse von

Menschen als Subjekt revolutionärer Kämpfe zu inszenieren. Zumindest gilt das für die ersten drei Filme – *Streik* (UdSSR, 1925), *Panzerkreuzer Potemkin* (UdSSR, 1925) und *Oktober* (UdSSR, 1927) –, bereits in seinem nächsten Film, *Die Generallinie* (UdSSR, 1929), gibt Eisenstein mit der Bäuerin Marfa dem Einzelschicksal wieder mehr Gewicht, und in seinen letzten beiden Filmen – *Alexander Newski* (UdSSR, 1938) und *Iwan, der Schreckliche I–II* (UdSSR, 1945/1946) – steht dann schließlich, wie die Titel schon ahnen lassen, wieder deutlich ein Individuum im Vordergrund.

Nicht nur inhaltlich, sondern auch formal privilegiert Eisenstein das Kollektiv vor dem Einzelnen bzw. den Bildzusammenhang vor der einzelnen Einstellung. So liegt ihm vornehmlich die filmische Gestaltung des wechselseitigen Verhältnisses zwischen den Einstellungen am Herzen. Nimmt man das schöpferische Kollektiv zum Maßstab, dann lautet der Vorwurf folgerichtig, dass Balázs die Schere vergisst, d. h. die schlichte Tatsache, dass die einzelne Einstellung mit ihrer jeweiligen Physiognomie nicht für sich steht, sondern von anderen Einstellungen umgeben ist, die ihr vorausgehen und ihr folgen. Um Balázs zentralen Begriff aufzunehmen: Die Physiognomie im Film kommt weniger durch den Schauspieler oder den Kameramann als vielmehr durch die Verbindung von unterschiedlichen Einstellungen mit ihren jeweiligen Physiognomien zustande.

Es handelt sich dabei allerdings um eine Forderung, der Balázs selbst gar nicht so fern steht, wenn er erklärt, es komme darauf an, „die Stimmung eines Bildes hinüberleuchten zu lassen in das nächste Bild" (Balázs 2001, 86). Bereits in seinem zweiten Kino-Buch *Der Geist des Films* (1930) berücksichtigt Balázs im Übrigen nicht zuletzt auch unter dem Eindruck, den die Filme von Eisenstein auf ihn gemacht haben, die Möglichkeit einer produktiven Montage (siehe vor allem Balázs 2001a, 42–53): „Produktiv wird die Montage, wenn wir durch sie etwas erfahren, was in den Bildern selbst gar nicht gezeigt wird" (ebd., 44). Insoweit Eisenstein allerdings nicht allein den Beitrag, sondern sogar apodiktisch die *Priorität* der Montage behauptet, wird er damit selbst der Idee von einander gleichberechtigten Mitarbeitern eines künstlerischen Kollektivs untreu, die er Balázs vermeintlichem *Starismus* von Schauspieler oder Kameramann entgegenhält: „*Der Ausdruckseffekt des Filmes ist das Ergebnis von Zusammenstellungen*" (Eisenstein 2006 [1926], 54). Das klingt zunächst einmal so, als käme es auf sonst gar nichts an. Liegt damit aber nicht selbst wieder ein Starismus vor, nämlich diesmal derjenige des Filmeditors? Eine solche Überbewertung der Montage hat später vor allem den Widerspruch von André Bazin und Andrej Tarkowskij hervorgerufen.

4.2 Montage und japanische Hieroglyphen

Dass „Filmkunst […] in erster Linie Montage" (Eisenstein 2006a [1929], 58) ist, erlaubt nach Eisenstein keineswegs den Umkehrschluss, dass das Montageprinzip auf den Film beschränkt sei. Vielmehr soll es sogar wesentlich älter als der Film sein. So kommt Eisenstein etwa zu dem paradoxen Befund: Der japanische Film kennt überhaupt nicht die Montage – womit wohl gemeint ist: Er kennt sie nur als

4.2 Montage und japanische Hieroglyphen

technische Notwendigkeit und nicht als künstlerische Möglichkeit. Nichtsdestotrotz ist aber, wie es weiter heißt, das Montageprinzip „ein Urelement der japanischen bildenden Kunst" (ebd., 58): Die „verschiedensten Zweige der japanischen Kultur" – mit Ausnahme allerdings des Films selbst – sind geradezu „von rein filmischen Elementen und deren Hauptnerv – der Montage – durchdrungen" (ebd., 74; vgl. Andrew 1976, 51).

Schon die Hieroglyphenschrift ist eine Abfolge von bildlichen Darstellungen, die nach Eisenstein analog zur filmischen Montage aufgebaut ist. Die einfachen Hieroglyphen bestehen aus sehr schematischen Bildern von Gegenständen wie z. B. Bäumen, Pferden, Häusern usw. Zudem gibt es aber auch solche Bedeutungen, die aus der Kombination von diesen einfachen Hieroglyphen entstehen; und auf diese Weise kann dann etwas bezeichnet werden, das sich nur sehr schwer oder gar nicht grafisch bzw. bildlich darstellen lässt: „Zum Beispiel bedeutet die Darstellung von Wasser und Auge ‚weinen', Hund und Mund – ‚bellen', Mund und Kind – ‚schreien', Mund und Vogel – ‚singen', Messer und Herz – ‚Trauer' usw." (Eisenstein 2006a [1929], 60). Die Analogie zur filmischen Montage springt an dieser Stelle tatsächlich ins Auge, und Eisenstein ruft im Blick auf die japanische Hieroglyphenschrift dann auch emphatisch aus: „Aber das ist doch Montage!!" (ebd.; siehe hierzu Bulgakowa 2002, 61 f.). Diese Vorgehensweise ist im Übrigen Programm. Denn Eisensteins Nachdenken über den Film zeichnet sich im Unterschied zu demjenigen von Balázs, Arnheim oder Kracauer dadurch aus, dass er nach *Verwandtschaften* und weniger nach *Abgrenzungen* zwischen dem Film und den anderen Künsten sucht. Etwas Vergleichbares wie die Montage soll es auch schon in der Malerei, der Musik und der Literatur geben, aber erst der Film bringt sie zur Vollendung: „Rather than ‚purify' the cinema, Eisenstein preferred to enrich it through synesthetic cross-fertilization with the other arts, whence his citations of artists as diverse as da Vinci, Milton, Diderot, Flaubert, Dickens, Daumier, and Wagner" (Stam 2000, 40).

Während die einfache Hieroglyphe wie die filmische Einstellung eine bildliche Darstellung ist, die sich auf einen Gegenstand bezieht, kann die Kombination von zwei Hieroglyphen also einen Vorgang und sogar einen abstrakten Begriff bezeichnen. Die Gemeinsamkeit zwischen den Einstellungen im Film und den Einzeldarstellungen in der Hieroglyphenschrift besteht, wie man meinen könnte, vor allem auch darin, dass sie in einer festgelegten zeitlichen Reihenfolge zur Kenntnis genommen werden.

Aber darauf kommt es Eisenstein gar nicht unbedingt an, wie sein nächstes Beispiel für das Montageprinzip in der japanischen Kultur verrät. Die Maske aus dem Nō-Theater, die den alten Bonzen Rōsō darstellt, zeichnet sich dadurch aus, dass sie gegen jegliche anatomische Proportionalität verstößt: Denn die einzelnen Teile des Gesichts sind zwar nahezu naturalistisch gestaltet, aber ihre Kombination steht dazu im krassen Widerspruch. Die Augen sind zu weit voneinander entfernt, die Nase ist viel zu lang, der Mund im falschen Verhältnis zur Nase. Die Art und Weise, wie die einzelnen Elemente miteinander verbunden sind, folgt, wie Eisenstein erklärt, eben nicht den realen Gegebenheiten, sondern sie dient der Aufgabe, einen bestimmten Ausdruck wiederzugeben. Ebenso missachtet mitunter auch der

Film die natürlichen Größenverhältnisse, um bestimmte Elemente hervorzuheben, indem er z. B. „‚halbnahe Kämpfe'" mit „‚‚supernahe[n] hervorstehende[n] Augäpfel[n]'" (ebd., 63) montiert.

Was an dem Beispiel der japanischen Maske verwundert: Anders als beim Film oder bei der Hieroglyphenschrift werden die einzelnen Teile der Maske nicht *sukzessiv,* sondern *simultan* erfasst. Obwohl die Maske selbst keine zeitliche Reihenfolge der Rezeption festlegt, hat Eisenstein offenbar keinerlei Bedenken, eine solche rein räumliche Anordnung der Elemente als ein weiteres Beispiel für das Montageprinzip in der japanischen Kultur anzuführen. Mit anderen Worten, die Montagebausteine müssen keineswegs durch ein zeitliches *Nacheinander* verknüpft werden, sie können zueinander auch im Verhältnis des räumlichen *Nebeneinanders* stehen.

Von hier aus bietet es sich an, noch einmal auf das Anfangsbeispiel des Magnum-Clips zurückzukommen. Denn wenn Eisenstein gegen Balázs den Vorwurf erhebt, die Schere vergessen zu haben, dann stellt sich die Frage, ob diese Eiswerbung wirklich eine so glückliche Wahl ist, um das zu veranschaulichen, was Eisenstein unter Montage versteht. Die Kombination zwischen Frau und Panther verdankt sich nämlich keineswegs der Schere, denn man sieht beide zusammen in ein und derselben Einstellung. Wie das Beispiel der japanischen Nō-Theatermaske jedoch zeigt, wäre es für Eisenstein nicht falsch zu sagen, dass es Montage auch innerhalb einer einzigen Einstellung gibt, womit er bereits jene weite Definition vorwegnimmt, die heutzutage zum filmwissenschaftlichen Konsens geworden ist:

> „Die Montage […] meint in ihrer allgemeinsten Bestimmung die Verbindung von Elementen auf der simultanen und sukzessiven Achse. Montage betrifft also sowohl den Faktor Zeit als auch den Faktor Raum. Jede Einstellung weist Merkmale der Montage auf, ohne dass der Schnitt notwendige Voraussetzung hierfür wäre" (Schleicher 2011, 454).

Wenn also an Balázs der Vorwurf ergeht, die Schere zu vergessen, dann müsste es streng genommen eigentlich heißen, er vergisst jene filmischen Möglichkeiten, die sich erst aus der Kombination von Einzelelementen ergeben.

> „Es wäre falsch anzunehmen, daß der Aufbau eines Filmstückes, das das fortlaufende Spiel eines Schauspielers enthält und vom Regisseur nicht zerschnitten wird, ‚frei von Montage' ist! In solchen Fällen muß man die Montage nur woanders suchen, und zwar … *im Spiel des Schauspielers*" (Eisenstein 2006b [1938], 171).

In einem derartig weiten Sinn verstanden, entwirft dann auch Balázs, obwohl er die Schere vergisst, immer noch eine Montagetheorie. Zwar räumt Eisenstein damit die Möglichkeit einer Montage ohne Schnitt ein, aber im Folgenden wird sich zeigen, dass für ihn nichtsdestotrotz der Schnitt die wirkungsvollste Form der Montage ist. So kann man zwar die Schere vergessen und trotzdem montieren, aber auf diese Weise kommt seiner Ansicht nach niemals ein guter Film zustande. Die Überzeugung, dass der Film die größte Wirkung durch den Schnitt hervorruft, führt auch dazu, dass Eisenstein menschliche Gesichter ganz anders inszeniert, als es Balázs gefallen würde.

Während Letzterer in *Der sichtbare Mensch* im ergreifenden Mienenspiel des Schauspielers den Höhepunkt der Filmkunst sieht, zeigt Eisenstein z. B. in der Szene, in der die Bauern in *Die Generallinie* die Arbeit des Milchseparators verfolgen, durch Schnitte voneinander getrennt, verschiedene, unbewegte, aber dennoch äußerst ausdrucksvolle Gesichter, die zunächst ängstlich und argwöhnisch und schließlich erleichtert und glücklich wirken. Der dynamische Prozess entsteht nicht durch die Veränderung in ein und demselben Gesicht, sondern durch die Montage von verschiedenen unveränderten Gesichtern. Was wir also sehen, ist derselbe Ausdruck in verschiedenen Gesichtern und nicht die verschiedenen Ausdrücke in ein und demselben Gesicht. Nach Eisenstein erzeugt eine solche Montage ein Ausmaß an Spannung und Dynamik, das keine schauspielerische Leistung jemals für sich allein erreichen könnte.

4.3 Amerikanische und sowjetische Montage

Eisenstein ist bei weitem nicht der erste Filmregisseur, der das Zusammenkleben des Filmstreifens als einen kreativen und nicht einfach nur mechanischen Vorgang versteht. Beispielsweise finden sich Montagen, die zur Dynamisierung des Geschehens beitragen, auch schon in Edwin S. Porters *Die große Eisenbahnraub* (1903) – ein Film, der als der erste Western der Filmgeschichte gilt. Im Allgemeinen wird jedoch David W. Griffith als derjenige Regisseur anerkannt, der filmische Verfahren wie die Großaufnahme oder die Parallelmontage zwar nicht erfunden, aber immerhin doch erstmals auf ein künstlerisches Niveau gehoben hat. In Griffith' Pionierleistungen *Die Geburt einer Nation* (1915) und *Intoleranz* (1916) dient die Parallelmontage dem Zweck, das Tempo und die Spannung auf die Spitze zu treiben, indem sie abwechselnd zwei gleichzeitig stattfindende Handlungsabläufe – ein klassisches Beispiel: die Verfolger und die Verfolgten – dem Zuschauer zu sehen gibt.

Eisenstein weiß Griffith' Weiterentwicklung der filmischen Möglichkeiten zwar zu würdigen, aber er ist sich sicher, dass der sowjetische Film dem amerikanischen „unerreichbar weit überlegen" (Eisenstein 2006c [1942], 343) ist. Denn Griffith' filmische Erzählweise bleibt, wie Eisenstein moniert, letztlich „beim nur *Darstellenden und Gegenständlichen* stehen", während alle seine Versuche scheitern, „*über die Grenze der Fabel hinaus in das Gebiet der Verallgemeinerung und der Allegorie* vorzustoßen" (ebd., 352). So lässt sich bei Griffith zwar das Bestreben erkennen, die Wiege, die von Lilian Gish in *Intoleranz* geschaukelt wird, als ein Symbol für den ewigen Neuanfang darzustellen. Wie Eisenstein beklagt, versucht Griffith die Metapher jedoch nur in einer einzelnen Einstellung zu verankern, und darum bleibt die Wiege am Ende doch nichts weiter als ein gewöhnlicher Gegenstand.

Griffith' Parallelmontage zeigt außerdem abwechselnd das Leben der Armen und das der Reichen, aber sie läuft schlussendlich doch nur auf einen ausweglosen Antagonismus hinaus, der sich in endlosen Kämpfen erschöpft (vgl. ebd., 345). Reich und Arm existieren für Griffith völlig unabhängig voneinander, während ein sozialistischer Sowjetregisseur wie Eisenstein von der Überzeugung geleitet ist, dass es sich hierbei um „zwei Seiten ein und derselben Erscheinung [handelt]: einer Gesellschaft, die auf Ausbeutung fußt" (ebd., 346). Die Gründe für die Überlegenheit der sowjetischen gegenüber der amerikanischen Filmkunst sind für Eisenstein also in letzter Konsequenz ideologisch-gedanklicher und weniger professionell-technischer Natur (vgl. ebd., 355). Denn erst Karl Marx' Lehre soll es möglich gemacht haben, „die *Gesetzmäßigkeiten des Prozesses* zu begreifen, der sich hinter der Mannigfaltigkeit *einzelner Fakten* vollzieht" (ebd.). Darum wissen wir nun, wie Eisenstein erklärt, dass die Wahrheit des dualistischen Gegensatzes der dialektische Zusammenhang ist: Die Armen sind nur wegen der Reichen arm, so wie die Reichen nur wegen der Armen reich sind.

Die Montage wird hierdurch unübersehbar zu einer „weltanschaulichen Kategorie" (Margolit 1999, 27), denn Eisenstein behauptet schlichtweg die Abhängigkeit formal-ästhetischer Fortschritte von inhaltlich-philosophischen Gehalten: Der Marxismus bringt die Montage zu ihrer künstlerischen Vollendung, weil sie sich auf seiner Grundlage nicht länger nur dualistisch – wie bei Griffith –, sondern dialektisch entfalten kann. Kurz, erst wer dialektisch denkt, denkt auch wahrhaft montagegerecht. Ein dialektisches Verständnis der Montage erlaubt Eisenstein zufolge dann schließlich auch jenen Schritt, an dem Griffith' Filmkunst gescheitert ist: nämlich eine Metapher zu konstituieren und damit den Übergang „aus der Sphäre der *Handlung* in die Sphäre des *Gedanklichen*" (Eisenstein 2006c [1942], 356) zu vollziehen.

Erst jetzt dient die Montage nicht mehr nur der Spannungssteigerung, sondern sie wird „ein Mittel *zu sprechen, ein Mittel, durch die besondere Art der filmischen Sprache* und des filmischen Ausdrucks Gedanken *darzulegen*" (ebd., 357). Unter diesem Gesichtspunkt ist das marxistische Denken also der Geburtshelfer der filmischen Montage-Metapher. Eisensteins und Wsewolod Pudowkins Filme haben so gesehen auch noch den Weg bereitet für die Pointe der Magnum-Eis-Werbung, in der Frau und Panther nicht einfach nur als verschiedene Bildobjekte nebeneinander stehen, sondern dialektische Momente einer Metapher sind. Hier wie da zielt die Montage auf „Zusammenhangseinsicht" (Schlegel 1974, 19) und erlaubt auf diese Weise den Sprung ins Allgemeine: „Im Film zeigen wir das Besondere, und indem wir es in eine Montagephrase einfügen, machen wir aus dem Besonderen das Allgemeine" (Šklovskij 1973, 196).

So wie in Eisensteins *Oktober* Alexander Kerenski, der Anführer der Provisorischen Regierung, von einem sich spreizenden Pfau verkörpert wird, so wird dann heutzutage in der Magnum-Werbung die Frau von einem Panther verkörpert. Anders als Eisenstein es sich vorgestellt hat, ist die Montage jedoch keineswegs das vorherrschende Gestaltungsprinzip des Films geworden. Nichtsdestotrotz haben gerade auch seine eigenen Filme dazu beigetragen, die intellektuelle Montage als eines der wesentlichen Elemente filmischer Erzähltechniken zu etablieren – und insofern ist es vielleicht auch nicht völlig von der Hand zu weisen, dass auf untergründige Weise der Marxismus noch in einem kommerziellen Werbeclip nachwirkt, der sich ganz und gar der kapitalistischen Profitmaximierung verschrieben hat.

4.4 Die Geburt der sowjetischen Montage

Wie sich gezeigt hat, ist die filmische Inszenierung für Eisenstein hauptsächlich Montage, und darum sind seiner Ansicht nach auch alle Fragen der Filmkunst beantwortet, wenn das Wesen der Montage verstanden ist (vgl. Eisenstein 2006d [1929], 91). Als Keimzelle der Montagefilme gelten die Experimente von Lew Kuleschow, bei dem Eisenstein und Pudowkin zu Beginn der 1920er Jahre an der ersten Filmhochschule der Welt in Moskau studieren (vgl. Margolit 1999, 27–30; Mitry 1978, 21–24). Die berühmten Versuche mit dem Filmschnitt sind unter dem Titel Kuleschow-Effekt als Inspirationsquelle in die Geschichte des Films eingegangen, wobei in neuerer Zeit allerdings bezweifelt wird, ob diese Experimente wirklich so abgelaufen sind, wie es von Eisenstein und anderen überliefert wird (vgl. Hülbusch 2011, 391; siehe auch Salt 1983).

Die Pointe liegt im Folgenden: Es handelt sich bei diesem Experiment aus den 1920er Jahren zwar jeweils um ein und dieselbe unveränderte Einstellung eines Gesichts des Schauspieler Iwan Mosjoukine, welche zunächst mit dem Bild eines toten Kindes im Sarg, dann mit dem eines Tellers mit Suppe und schließlich mit dem Bild einer lächelnden Frau auf einem Diwan montiert wird. Dennoch sieht das Testpublikum in Mosjoukines Gesicht je nachdem Trauer, Hunger oder Zuneigung und ist ganz begeistert von seiner schauspielerischen Wandlungsfähigkeit. Die Veränderung eines Teils verändert zugleich die Bedeutung des Ganzen (vgl. Šklovskij 1973, 129 f.). In dem Anfangsbeispiel dieses Kapitels würden wir z. B. die erste Frau mit dem Magnum ganz anders interpretieren, wenn statt des schwarzen Panthers entweder ein Schwan, eine Schlange oder ein Affe zu sehen wäre.

In dem viel gelesenen Gespräch mit François Truffaut, das unter dem Titel *Mr. Hitchcock, wie haben Sie das gemacht?* (1966) erschienen ist, nimmt Alfred Hitchcock auf dieses Experiment Bezug und erläutert, wie er sich bei seinem eigenen Film *Das Fenster zum Hof* (USA, 1954) am Kuleschow-Effekt orientiert hat:

> „Genauso nehmen wir eine Großaufnahme von James Stewart. Er schaut zum Fenster hinaus und sieht zum Beispiel ein Hündchen, das in einem Korb in den Hof hinuntergetragen wird. Wieder Stewart, er lächelt. Jetzt zeigt man anstelle des Hündchens, das im Korb nach unten getragen wird, ein nacktes Mädchen, das sich vor einem offenen Fenster dreht und wendet. Man nimmt wieder dieselbe lächelnde Großaufnahme von James Stewart, und jetzt sieht er aus wie ein alter Lüstling" (Truffaut 2004 [1966], 211).

Der Einfluss der Montage relativiert infolgedessen maßgeblich die Rolle der Schauspielerei, der von Balázs noch die höchste Würde verliehen wird. Nicht der Schauspieler entscheidet letztlich über den Ausdruck seines Gesichts, weil der eben ganz erheblich von der jeweiligen Einstellung abhängig ist, die man im Anschluss zu sehen bekommt:

> „Wenn wir ein lächelndes Gesicht zeigen und darauf die Großaufnahme eines Kindes folgen lassen, so werden Sie in jedem Fall sagen, daß es sich hier um einen warmherzigen Mann oder eine gute Mutter handelt […]. Wenn wir auf dasselbe Gesicht einen Mord folgen lassen, so erhält dieses Gesicht einen sadistischen Zug" (Eisenstein 1973 [1930], 188).

Nach Eisenstein soll sich der Film darum nicht an der Fotografie oder der Malerei (vgl. Eisenstein 2006 [1926], 56; Eisenstein 2006d [1929], 108), sondern an der Literatur orientieren, weil die Montagekunst analog zur „Symbolik der Sprache" (Eisenstein 2006 [1926], 55) aufgebaut ist. Die „Montage", so heißt es, „ist die Syntax des richtigen Aufbaus aller Einzelfragmente eines künstlerischen Films" (Eisenstein 2006e [1934], 134). Für sich allein ist die jeweilige Einstellung ein „Naturfragment" (Eisenstein 1974 [1934], 244), das wie jedes andere *gesehen* wird. Sobald sie jedoch mit anderen Einstellungen verknüpft und damit zum Sequenzteil einer Montage wird, verwandelt sie sich in ein Zeichen und wird infolgedessen von jetzt an *gelesen*. Im Unterschied zu Balázs, der gerade auf der Trennung zwischen Film und Sprache, leiblichem und sprachlichem Ausdruck das Schwergewicht seiner Filmästhetik legt, ist die Zuschauerin bei Eisenstein also jemand, der Zeichen liest.

Die These vom Zeichencharakter des Films beruht im Wesentlichen auf der Überzeugung, dass die Kontextabhängigkeit eine Besonderheit der Sprache ist (vgl. Schlegel 1974, 23) und eine bildliche Darstellung aus diesem Grund zu einem Zeichen wird, sobald sie einen Kontext erhält. Allerdings ist nicht nur das sprachliche Zeichen, sondern, wie man sich in der Wahrnehmungspsychologie und -philosophie heutzutage weitgehend einig ist, bereits die gewöhnliche Alltagswahrnehmung immer in einem Kontext eingebettet. Wenn Eisenstein zufolge die Kontextabhängigkeit des einzelnen Filmbildes einen Sprung von der Wahrnehmung zur Sprache veranlasst, so geht diese Schlussfolgerung jedenfalls von einer allzu simplen Wahrnehmungskonzeption aus: Das einzelne Bild wird *gesehen,* aber eine Montage von Bildern soll dagegen *gelesen* werden. Wenn aber bereits jede außerfilmische Wahrnehmung immer in einem Zusammenhang mit anderen Wahrnehmungen auftaucht, dann stellt sich die Frage, ob nicht schon die Alltagswahrnehmung ein Zeichenlesen ist und daher – anders als Eisenstein meint – Alltags- und Filmwahrnehmung gar nicht mehr so weit auseinander liegen. In diesem Fall würde aber der Gegensatz zwischen Sehen und Lesen keinen Sinn mehr machen, weil es das Sehen als solches eigentlich gar nicht mehr gäbe.

Für Kuleschow, aber auch für Eisenstein ist mit diesen Experimenten jedenfalls bewiesen: Was der einzelnen Einstellung ihre Bedeutung verleiht, ist der Zusammenhang mit anderen Einstellungen. So schreibt auch der Philosoph Helmuth Plessner, dass überhaupt erst der situative Kontext der Vieldeutigkeit des mimischen Ausdrucks einen eindeutigen Sinn verleihen kann: „Jeder weiß aus Erfahrung, wie unsicher die Deutung bleibt, wenn sie nur das Ausdrucksbild zur Verfügung hat. Schmaler Lidspalt kann Lauern, Schläfrigkeit, sinnliche Erregung, Nachdenken, Blasiertheit, Geringschätzung ausdrücken" (Plessner 1982 [1925], 126).

Im Alltag erlaubt die jeweilige Situation, einen Ausdruck zu verstehen, während beim Film diese Aufgabe von der Montage übernommen wird. Die Leistung der Montage besteht bei Eisenstein dementsprechend darin, *vieldeutige Bilder* – Mosjoukines Gesichtsausdruck lässt so gut wie jede Deutung zu – in *eindeutige Zeichen* – der hungrige, traurige oder verliebte Mosjoukine – zu verwandeln. Ohne die Montage – hier erweisen sich Balázs und Eisenstein einmal mehr als Antipoden – wäre das Mienenspiel undurchschaubar und darum auch nur wenig eindrucksvoll für den Zuschauer. Allerdings bleibt das Problem der Vieldeutigkeit trotzdem bestehen, wie sich gerade am berühmtesten Montagebeispiel aus dem *Panzerkreuzer Potemkin* zeigen lässt: Sind jene drei Einstellungen der steinernen Löwen, die in der Montage als drei Phasen des Erwachens und Sich-Erhebens erscheinen, Ausdruck des Zorns der Revolutionäre oder der zaristischen Kosaken?

4.5 Attraktionsmontage

Worauf es Einstein in Theorie und Praxis hauptsächlich ankommt, ist die maximale Einwirkung auf die Zuschauerin. Eisenstein experimentiert mit technischen Verfahren, um filmische Ereignisse schlichtweg so fesselnd wie möglich präsentieren zu können. Darum ist Regieführen für ihn im Grunde nichts anderes als „die Organisation des Zuschauers mithilfe organisierten Materials" (Eisenstein 2006f [1934], 48). Die Montage in ihrer frühen Version als Attraktionsmontage lässt sich im Wesentlichen als eine „‚reflexakkumulierende' […] Emotions-Planung" (Schlegel 1975, 17) verstehen.

Während ein Mord auf der Bühne sehr naturalistisch gezeigt werden muss, empfiehlt Eisenstein, den Mord im Film dagegen in eine Reihe von für sich völlig unbedeutenden Einzelheiten zu zerlegen, sodass das eigentliche Ereignis erst in deren Verknüpfung entsteht, welche die Zuschauerin selbst vornimmt:

> „Die Hand mit einem Messer, schreckerfüllte Augen eine ins Leere greifende Hand. Natürlich besagt jedes Detail für sich allein gar nichts. Aber im Zuschauer ruft es eine Assoziationskette hervor, eine Kette von Bildern, die ihm beim Zuschauen in den Kopf kommen" (Eisenstein 1973 [1930], 192).

Es scheint fast, als hätte Hitchcock genau diese Textpassage bei der Inszenierung der Duschmordszene in *Psycho* (USA, 1960) vor Augen gehabt, die außerordentlich gewalttätig wirkt, obwohl man an keiner Stelle sieht, wie das Messer den Körper durchbohrt. Um ein weiteres Beispiel aus demselben Genre des Psychothrillers anzuführen: Wenn in Jonathan Demmes *Das Schweigen der Lämmer* (USA, 1991) zum ersten Mal der Serienmörder Buffalo Bill von Nahem in Erscheinung tritt, dann sehen wir nicht seinen ganzen Körper auf einmal in einer einzelnen Einstellung, sondern er setzt sich zunächst aus mehreren Montagestücken zusammen. Was wir zu sehen bekommen, ist also eine „Assoziationskette" (Eisenstein 1973 [1930], 192) von kleinen bizarr wirkenden Details in der Großaufnahme: Eine Augenbraue über einem stechend blauen Auge; ein Lippenstift, der die Lippen eines singenden Mundes färbt; eine Hand, die leicht an einem Brustwarzenpiercing zieht usw.

Wenn bei Eisenstein zunächst von Attraktionsmontage und später von intellektueller Montage die Rede ist, liegt das Schwergewicht nun einmal auf der *emotionalen*, ein anderes Mal auf der *intellektuellen* Wirkung. Prinzipiell sind

Attraktionsmontage und intellektuelle Montage für ihn untrennbar – mehr noch: Sein Montageverständnis steht ganz und gar im Zeichen einer „Synthese von Kunst und Wissenschaft" (Eisenstein 2006d [1929], 111). Allerdings befinden sich sinnliche Attraktion und intellektuelle Gedankenführung in seinen eigenen Filmen längst nicht immer in einem ausgewogenen Verhältnis. Denn es kommt nicht von ungefähr, dass z. B. Erwin Piscator dem *Panzerkreuzer Potemkin* vorwirft, er würde bloß an primitive Instinkte appellieren (Piscator 1968, 36; zit. n. Schlegel 1973, 17), während umgekehrt *Oktober* manchen Kritikern als zu abstrakt, intellektuell und emotionslos gilt (vgl. hingegen zur Verteidigung Schlegel 1975, 27). Nach Eisenstein leistet der Film jedenfalls einen wegweisenden Beitrag für das kommende Zeitalter einer sinnlichen Wissenschaft, in dem die Grenzen zwischen Kunst und Wissenschaft fallen würden – allerdings nicht im Sinne der Postmoderne, derzufolge die Wissenschaft selbst zur Kunst wird. Eisenstein ist weit davon entfernt, den Geltungsanspruch der Wissenschaft infrage zu stellen, ganz im Gegenteil dehnt er ihn vielmehr auf die Kunst aus (Eisenstein 2006g [1929], 84).

4.6 Konditionierte Rezeption

Im Verlauf von Eisensteins filmischen wie auch theoretischen Schaffens lässt sich eine deutliche Akzentverschiebung von der Attraktions- zur intellektuellen Montage feststellen (vgl. Schlegel 1975, 17), und im Zuge dessen verändert sich auch grundlegend sein Verständnis der Filmrezeption. Wie nicht zu übersehen ist, liegt der Konzeption der Attraktionsmontage ein behavioristischer Rezeptionsbegriff zugrunde. Eisensteins Terminologie weist jedenfalls unverkennbar den Einfluss von Iwan Pawlows Lehre der Konditionierung auf, wenn es heißt, dass der Psyche des Filmzuschauers „eine neue Kette von bedingten Reflexen" (Eisenstein 2006h [1924], 22) adressiert werden soll. Als Eisenstein 1945 im Nachhinein über seinen Werdegang als Filmkünstler nachdenkt, bekennt er jedenfalls: „Hätte ich damals mehr über Pavlov gewußt, ich glaube, ich hätte die ‚Theorie der Montage der Attraktionen' als ‚Theorie der künstlerischen Reizerreger' bezeichnet" (Eisenstein 1974a [1945], 194; siehe hierzu Bulgakowa 2002, 56). Die behavioristische Deutungsperspektive wird geradezu als ein Heilmittel gegen jegliche Form von Mystik in den künstlerischen Verfahren gefeiert (vgl. Eisenstein 1974b [1933], 50; siehe hierzu auch Andrew 1976, 44, 55–57).

Während Eisenstein die Filmzuschauerin also zunächst als ein manipulierbares Objekt begreift, das mit filmischen Reizen ideologisch geformt werden soll, anerkennt er sie später ganz im Gegenteil als einen ebenso kreativen wie intellektuellen Mitschöpferin des Films, deren Rezeption ein individueller und darum letztlich unkontrollierbarer Vorgang ist. Davon ist allerdings beim frühen Eisenstein noch nichts zu merken: Der Film, so heißt es, ist eine „Agit-Kunst" (Eisenstein 2006h [1924], 15) im Dienst des Klassenkampfes, welche die Psyche des Zuschauers ideologisch bearbeiten soll. Eisenstein zufolge soll der Film sogar wie ein „Schlagbolzen" (ebd.) wirken, mit dem die kommunistische Ideologie „ins Bewußtsein der Rezipienten hineingebohrt" (Eisenstein 1975 [1929], 246) wird.

4.6 Konditionierte Rezeption

Dies geschieht vornehmlich auf dem Wege der Attraktionsmontage, wobei die Attraktion wiederum sehr umständlich und weitschweifig definiert wird: „Eine Attraktion [...] ist jeder zu demonstrierende Fakt (jede Handlung, jeder Gegenstand, jede Erscheinung, jede bewußte Kombination), [...] der, kombiniert mit anderen, dazu geeignet ist, die Emotion des Zuschauers in diese eine oder in eine andere, vom Ziel der Aufführung diktierte Richtung hin zu verdichten" (Eisenstein 2006h [1924], 16). Wenn Sympathie mit einem Helden geweckt werden soll, dann lässt man ihn, wie empfohlen wird, ein Kätzchen streicheln, während weißgardistische Offiziere in hemmungslosen Saufogien auftreten, um möglichst abstoßend zu wirken (vgl. ebd., 22). Dass es allerdings auch sympathische Trinker und Katzen streichelnde Bösewichter gibt, weiß der Filmkenner mittlerweile längst z. B. aus dem Film-Noir oder der James-Bond-Reihe, und auch Eisenstein musste ausgerechnet mit seiner bekanntesten Attraktionsmontage, nämlich der Schlusssequenz aus dem Film *Streik,* die Erfahrung machen, dass die Gefühle des Publikums sich nicht so einfach steuern lassen.

Montiert sind am Ende dieses Films die Einstellungen einer Sequenz, in der streikende Arbeiter von Soldaten niedergeschossen werden, mit solchen Einstellungen, in denen eine Kuh geschlachtet wird. Solche expliziten Anklänge an die Schockeffekte des Pariser Grand-Guignol-Theaters finden sich übrigens auch schon vorher in diesem Film, wenn z. B. in der Siedlung des Lumpenproletariats die zahlreichen Galgen mit erhängten Katzenkadavern für eine morbide Atmosphäre sorgen. Das Ziel der Attraktionsmontage von Erschießungen und Schlachthaus besteht darin, die emotionale Wirkung auf die Spitze zu treiben, indem die Attraktionsmontage die assoziative Verknüpfung suggeriert, dass die Arbeiter wie Vieh abgeschlachtet werden. Wenn die Kamera einfach nur Menschen gezeigt hätte, die von Kugeln getroffen zu Boden stürzen, dann hätte diese Filmsequenz Eisenstein zufolge bei den Zuschauenden weitaus weniger Empörung über das Massaker entfacht. Seine Rechnung ist jedoch nicht aufgegangen: Es ist der unterschiedliche kulturelle Standort der Rezipienten, der die beabsichtigte Konditionierung an ihre Grenze stoßen lässt, insofern Eisenstein feststellen musste,

„daß diese Szene nur in einem städtischen Gebiet Entsetzen auslöste. In einem ländlichen Gebiet, wo das Schlachten von Tieren etwas Alltägliches, sogar positiv Besetztes ist, wurde die Verallgemeinerung des ‚Abschlachtens' nicht verstanden. Dadurch wurde Eisenstein sich der Relativität seiner Ausdrucksform bewusst" (Ast 2002, 49).

Vielfach ist Eisensteins Filmkonzeption der Semiotik zugeordnet worden (vgl. z. B. Wollen 1972; Schlegel 1974; Sorlin/Ropars 1976; Beilenhof 1978; Ivanov 1985; Metz 2000; für eine ausgewogene Einschätzung siehe Bordwell 1993, 114, 125–127, 136, 261 f., 265, 269). Aber ausgerechnet seine Überlegungen zur Attraktionsmontage, mit denen er auf aggressive Weise eine sinnliche Stimulation des Zuschauers provozieren will, sperren sich gegen eine solche theoriegeschichtliche Vereinnahmung. Zugleich stellen sie gerade deshalb aber auch Anknüpfungsmöglichkeiten für aktuelle Entwicklungen innerhalb der Filmwissenschaft bereit. Denn nachdem semiotische Vorgehensweisen jahrzehntelang das

Feld der Filmanalysen beherrscht haben, interessiert man sich in den letzten zehn Jahren zunehmend für Fragen, die die Rolle von Leiblichkeit und Sinnlichkeit in der Rezeption betreffen (Sobchack 1992; Kappelhoff 2004; Brütsch/Hediger 2005; Morsch 2011; Elsaesser 2009). Da Filmbilder nicht einfach nur Bedeutungsgehalte repräsentieren, sondern sich zudem durch eine sinnliche Präsenz auszeichnen, ist die Filmrezeption demzufolge nicht nur ein Entziffern von Zeichen, sondern auch ein leiblich vermitteltes Erleben.

Weil Eisensteins Konzeption der Attraktionsmontage unverkennbar eine Wirkungsästhetik der verkörperten Wahrnehmung einschließt, steht sein Ansatz zwischen diesen Gegenpolen einer Filmsemiotik und einer somatischen Filmwahrnehmungsästhetik. Das bestätigt auch Eisensteins Auffassung, wie Bewegungen von Personen und Dingen im Film auf die Zuschauerin wirken. Hierzu ist aufschlussreich: Sein Lehrer am Theater ist Wsewolod Meyerhold, der in Abgrenzung von Konstantin Stanislawskis psychologisch-einfühlender Theaterkonzeption ein Verständnis des Schauspiels entwickelt, bei dem die rationale Kontrolle der physischen Bewegungen im Mittelpunkt steht (vgl. Lenz 2008, 29).

Nach dieser Auffassung, die Meyerhold als Biomechanik bezeichnet, soll sich der Schauspieler nicht vorab in seine Rolle einfühlen, sondern vielmehr die richtigen Bewegungen, Gesten und Posen zur Darstellung bringen, weil sich die Gefühle dann von selbst einstellen und sich sogar auf den Zuschauer übertragen. Biomechanische Schauspielerei ist im Grunde also eine „expressive Bewegungsingenieurskunst" (Lenz 2008, 32; siehe auch Hutzler 1992, 25). Meyerhold selbst erläutert dazu:

> „Die Schauspieler werden nur nervös, wenn man sie zwingt, sich durch besondere Manipulationen in Trauer zu versetzen. Wir sagen folgendes: Wenn ich Sie die Haltung eines traurigen Menschen einnehmen lasse, dann wird auch ein trauriger Satz dabei herauskommen" (Meyerhold II 1979, 275).

Eisenstein folgt Meyerholds Schauspielkonzeption, wobei er in seiner Überzeugung noch bestärkt wird durch das Studium von William James' Theorie der peripherischen Gefühle, der zufolge nicht die Seele den Körper, sondern umgekehrt der Körper die Seele beeinflusst: Wir lächeln also nicht, weil wir froh sind, sondern wir sind froh, weil wir lächeln (vgl. Eisenstein 1974a [1945], 188). Eisenstein überträgt nun das biomechanische Modell vom Theater auf den Film, wobei eine Beobachtung aus seiner frühen Theaterzeit offenbar von großem Einfluss gewesen ist:

> „Einmal auf einer Probe, blickte ich zufällig in das Gesicht des Jungen, der oft zu uns ins Probenzimmer kam. Mich verblüffte, mit welcher Vollkommenheit sich auf diesem Gesicht, wie in einem Spiegel, alles mimisch widerspiegelte, was auf der Bühne vorging" (Eisenstein 1974a [1945], 188).

Wenn James recht hat und die Emotion dem körperlichen Ausdruck folgt, dann muss der Junge, wie Eisenstein folgert, „bei der mimischen Reproduktion der Verhaltensmerkmale der handelnden Personen gleichzeitig all das uneingeschränkt

4.6 Konditionierte Rezeption

‚erleben', was die Schauspieler auf der Bühne erleben oder doch zumindest überzeugend darstellen" (ebd., 188 f.). Daraus zieht er den Schluss, dass sich unter der Voraussetzung eines vom Schauspieler richtig wiedergegebenen körperlichen Ausdrucks die passende Emotion beim Publikum geradezu reflexartig einstellt. (vgl. ebd.).

Die Wirkung einer körperlichen Darstellung bemisst sich, wie Eisenstein ausführt, allein an dem „Grad des motorischen und assoziativen Ansteckungsvermögens in Bezug auf den Zuschauer" (Eisenstein 2006h [1924], 29). Ein guter Schauspieler wäre also jemand, dem es so weit wie möglich gelingt, „das Nachahmungsvermögen des Zuschauers" (ebd.) zu stimulieren. Die Abgrenzung von Stanislawski ist allerdings nicht so weitgehend, wie es zunächst den Anschein hat. Denn es handelt sich bei der Biomechanik immer noch um Einfühlung, die sich jetzt allerdings *wirkungs*ästhetisch und nicht mehr *produktions*ästhetisch vollzieht: Nicht die Schauspielerin fühlt sich in ihre Rolle ein, sondern vielmehr die Zuschauerin in den körperlichen Ausdruck der Schauspielerin. Die behavioristische Terminologie hat in diesem Zusammenhang vor allem die Aufgabe, allen Anschein einer mysteriösen seelischen Kommunion vorab zu vermeiden.

Der Zuschauer erlebt die Affekte mit – diesen Gedanken übernimmt Eisenstein von Meyerhold (siehe ausführlich zum Verhältnis von Meyerhold und Eisenstein: Law/Gordon 1996) –, weil er mit seinem eigenen Körper den verkörperten Ausdruck des Schauspielers wahrnimmt. Beim Film richtet sich die verkörperte Wahrnehmung des Publikums jedoch nicht nur auf Haltungen und Bewegungen von Menschen. Bereits Heinrich Wölfflin hat am Beispiel der Architektur darauf hingewiesen, dass auch unbelebte körperliche Formen für uns ausdrucksvoll sind, weil wir selbst einen Körper haben: „*Unsre leibliche Organisation ist die Form, unter der wir alles Körperliche auffassen*" (Wölfflin 1946 [1886], 21). Aufgrund der Erfahrungen, die wir mit unserem eigenen Körper gemacht haben, erscheinen Wölfflin zufolge architektonische Werke liegend oder steigend, aufstrebend oder lastend, energisch oder drückend, ausbalanciert, leicht, kraftvoll, heiter, melancholisch usw.

Die verkörperte Wahrnehmung der Filmzuschauerin erfasst allerdings nicht nur den Ausdruck der Körperbewegungen der Schauspielerinnen (Meyerhold) oder der statischen Form der Dinge (Wöfflin). Der Gegenstandsbereich der „somatische[n] Empathie" (Morsch 2011, 218) ist hier noch ausgedehnter: Denn zusätzlich wirken die *Bewegungen der Dinge* im Bild und der Rhythmus der aufeinander folgenden Bilder auf das mimetische Vermögen des Rezipienten ein. Wenn in der neueren Eisenstein-Forschung (vor allem Lenz 2008) nicht mehr die *semantische*, sondern vielmehr die *dynamische* Ebene der Montage betont wird, zeigt sich, dass sein filmisches Werk sich nicht nur für überkommene filmsemiotische Analysen eignet. Vielmehr sind von seinen Filmen – ebenso wie von seinen theoretischen Arbeiten – nach wie vor gewinnbringende Impulse auch für jene neuere filmwissenschaftliche Richtung zu erwarten, die sich vor allem für die sinnlich-körperliche Präsenz der Filmbilder interessiert.

4.7 Kreative Rezeption

Für den frühen Eisenstein ist die Montage – als Attraktionsmontage – vorwiegend ein Verfahren zur Steigerung von emotionalen Effekten, dagegen wird sie später für ihn mehr und mehr zu einem filmischen Mittel, um Gedanken zu formulieren und dem Zuschauer intellektuelle Schlussfolgerungen nahe zulegen. Es wäre allerdings ein Irrtum, wenn man hierbei von einem Gegensatz ausgehen würde. Denn es handelt sich auch schon bei der Schlusssequenz des Films *Streik* ebenso um eine intellektuelle Montage, insofern hier ein Filmsymbol entsteht, das ein bestimmtes Ereignis als einen Menschenschlachthof interpretiert.

Während bei einem amerikanischen Regisseur wie David W. Griffith, wie bereits erwähnt, die Parallelmontage, in der z. B. abwechselnd Verfolger und Verfolgte zu sehen sind, vor allem dazu dient, das Tempo und die Spannung der filmischen Erzählung zu steigern, erhält sie bei Eisenstein die Aufgabe, nicht nur Gefühle hervorzubringen, sondern auch Denkprozesse zu inspirieren. Damit steigt die Montage aus dem Bereich der Handlung in den des Denkens auf. In rezeptionsästhetischer Hinsicht schlägt Eisenstein nun völlig andere Töne an als zuvor im Zusammenhang mit der Attraktionsmontage: Weit entfernt von jedem behavioristischen Vokabular, heißt es nun in dem umfangreichen Aufsatz „Montage 1938", „daß der Zuschauer in einem schöpferischen Akt einbezogen wird, in dem seine eigene Individualität von der Individualität des Autors nicht nur nicht unterdrückt [wird], sondern sich völlig offenbart" (Eisenstein 2006b [1938], 177). Der Rezipient ist nicht mehr der passive, zu bearbeitende Adressat für bedingte Reflexe, sondern ein kreatives Subjekt, das den Sinnzusammenhang der Bilder entsprechend seiner Individualität konstituiert: „das heißt aus seiner Erfahrung, aus dem Schoß seiner Phantasie, aus dem Geflecht seiner Assoziationen, aus den Voraussetzungen seines Charakters, seines Gemüts und seiner sozialen Stellung heraus" (ebd.). Gerade weil es sich bei der Filmrezeption um einen solchen „selbständigen schöpferischen Akt" (ebd.) handelt, ist folglich auch der jeweilige Sinn bei jedem einzelnen Rezipienten trotz identischer Vorgaben völlig verschieden und einzigartig (vgl. ebd., 178).

Innerhalb der filmtheoretischen Arbeiten von Eisenstein lässt sich jedenfalls kaum ein Wandel erkennen, der einschneidender wäre als derjenige, der sein Verständnis der Filmrezeption betrifft: Die Zuschauerin ist nicht länger ein durch Konditionierung zu bearbeitendes Material, sondern eine individuelle Mitschöpferin, durch die das Werk einen einzigartigen Sinn erhält, der sich der Kontrolle des Regisseurs weitgehend entzieht: „Das vom Autor erdachte verallgemeinerte künstlerische Bild ist [...] nicht nur ein Werk des schöpferischen Autors, sondern ebenso ein Werk des schöpferischen Zuschauers, also auch *mein* Werk" (ebd.; vgl. hierzu auch Schlegel 1975, 17).

4.8 Intellektuelle Montage

Die Montagefilme wollen den Zuschauer auch zum Denken anregen und nicht einfach nur emotionale Erschütterungen stimulieren. So sieht Eisenstein die „höchste Entwicklungsform der Möglichkeiten filmischer Technik" (Eisenstein 2006g [1929], 86) darin, intellektuelle Überlegungen ohne jede Vermittlung von Sprache, Erzählung und Schauspielkunst einfach nur durch die Montage von Bildern zur Darstellung zu bringen. Dass eine solche Montage zweier unterschiedlicher Bilder einen gedanklichen Sinn verleiht, findet sich in nuce bereits in der Art und Weise, wie damals die Kuleschow-Experimente interpretiert worden: Zwei beliebige Bilder – das Gesicht Mosjoukines und z. B. die Frau auf dem Diwan – erscheinen nacheinander und vereinigen sich zu einer neuen Vorstellung, die aus dieser Kombination entspringt: nämlich das Gesicht Mosjoukines, das Zuneigung zum Ausdruck bringt. Genauso wäre nach Eisenstein auch die ‚trauernde Witwe' das „verallgemeinerte Bild" (Eisenstein 2006b [1938], 167), das durch die Montage der beiden anschaulichen Einzelbilder ‚Grab' und ‚weinende Frau' gedanklich entsteht (vgl. Bulgakowa 2006, 36 f.).

Eisenstein hält jedoch nicht einfach nur die nachträgliche Visualisierung von bereits vorab bestehenden intellektuellen Gehalten für möglich. Vielmehr soll die Macht der Bilder so weit reichen, dass sie Gedanken, Metaphern und Schlussfolgerungen überhaupt erst entstehen lässt. Das Denken selbst ist für Eisenstein „kinofizierbar" (Eisenstein 1975a [1928], 186) – und so träumt er viele Jahre davon, „die Lehre der marxistischen Dialektik rein bildhaft" (Eisenstein 1975b [1928/1932], 260) darzustellen. Die Verfilmung von Karl Marx' Hauptwerk *Das Kapital* bleibt jedoch nur eines von vielen unrealisierten Projekten Eisensteins – wenn auch sicher das ehrgeizigste (vgl. Eisenstein 1975a [1928], 186). Hätte Eisenstein jedoch sich selbst und seiner Idee einer produktiven Montage damit wirklich einen Gefallen getan? Hätte er damit unter Beweis gestellt, dass der Film neue und bisher nicht sprachlich artikulierte Gedanken initiieren kann? Das ist wohl in Abrede zu stellen, denn die Verfilmung des *Kapitals* wäre bestenfalls nur eine bildförmige Kopie einer bereits schriftlich fixierten Theorie gewesen und niemals ein Beispiel für eine originär *filmische* Bedeutungsbildung.

Beispiele für intellektuelle Montagen finden sich natürlich vor allem in Eisensteins eigenen Filmen – allerdings längst nicht so viele, wie zu erwarten wäre: Wenn in *Oktober* etwa die Menschewiki auf dem zweiten Rätekongress von 1917 ihre Reden halten und im Anschluss Bilder von Harfen und Balalaikas zu sehen sind, dann soll der Gedanke geweckt werden, dass ihre Reden zwar schön klingen, aber völlig unverbindlich und nichtssagend sind. Es handelt sich um opportunistisches und leeres Wortgeklimpere. Das eindrucksvollste Beispiel für eine intellektuelle Montage ist wohl die Göttersequenz in *Oktober*: Hier will Eisenstein eine vernichtende Religionskritik zum Ausdruck bringen, indem er Gottesdarstellungen aus unterschiedlichen Glaubensrichtungen und Kulturen aufeinander folgen lässt. Die Sequenz beginnt zunächst mit Symbolisierungen des christlichen Gottes und in ihrem weiteren Verlauf werden dann sozusagen in einer absteigenden Linie andere Gottesabbilder präsentiert, die immer götzenhafter und grobschlächtiger werden. Ähnlich wie Friedrich Nietzsche in *Zur Genealogie der Moral* (1887) verfolgt Eisenstein das Ziel einer Abwertung von gegenwärtigen und hochehrwürdigen Kulturprodukten, indem er sie auf frühe und primitive Stadien zurückführt, um dem Zuschauer schließlich die Konsequenz nahe zulegen: „Gott ist ein Holzklotz" (Eisenstein 1975c [ca. 1945], 177).

4.9 Ton- und Farbmontage

Die frühen sowjetischen Montagefilme sind zwar Stummfilme, aber Eisenstein sieht neueren technischen Entwicklungen wie dem Ton- und Farbfilm dennoch sehr aufgeschlossen und geradezu hoffnungsvoll entgegen (Eisenstein 2006i, 239). Bisher besteht die Montage, wie es bei ihm heißt, nur darin, Bilder in einer horizontalen Montage aufeinander folgen zu lassen, aber wenn der Ton ‚Huckepack' auf dem Bild reitet, dann ist von jetzt an auch eine Vertikalmontage möglich, weil wir *gleichzeitig* ein Bild sehen und Töne hören können (vgl. ebd., 246). Eine solche Vertikalmontage lässt sich nun auf zweierlei Weise durchführen: Sie kann sich erstens einfach reproduktiv an der Realität orientieren. In diesem Fall liegt dann nach Eisenstein eine äußere Synchronität vor, die lediglich die natürliche Verbindung von Bild und Ton wiederholt: Wir sehen einen auftretenden Stiefel und hören gleichzeitig den Schritt (vgl. ebd., 248).

Im Unterschied zu diesem eher kunstlosen Verfahren der *äußeren* Synchronität zeichnet sich zweitens die *innere* Synchronität dadurch aus, dass die Gleichzeitigkeit von Bild und Ton den „Forderungen des künstlerischen Ausdrucks" (ebd., 249) entsprechen will. Hier wird die natürliche Verbindung von Bild und Ton aufgelöst, um auf künstlerische Weise neu montiert zu werden (siehe hierzu Bulgakowa 2002, 69 f.). Während in Eisensteins *Oktober* nach den Vorträgen der Menschewiki Balalaikas und Harfen zu sehen sind, um diese Reden als pathetisches und hohles Geklingel zu entlarven, bietet bereits Charlie Chaplin in *Lichter der Großstadt* (USA, 1931) dieselbe Metapher in einer Vertikalmontage: Wir sehen die leidenschaftlich ergriffenen Redner und hören *gleichzeitig* lächerliche Quietschtöne. Das wäre also ein gutes Beispiel für eine Vertikalmontage mit innerer Synchronität, das wohl auch Eisenstein noch gekannt haben dürfte.

Im Idealfall, wie Eisenstein ihn beschreibt, folgen Bild und Ton ein und demselben gemeinsamen Rhythmus, der dann auch noch in enger Verbindung zum Inhalt der Szene steht. Um ein besonders gelungenes Beispiel für eine solche innere Synchronität zu nennen, welches Eisenstein zwar nicht mehr kennen konnte, das aber wohl ganz in seinem Sinne gewesen wäre: In Stanley Kubricks *Uhrwerk Orange* (GB/USA, 1971) hat die Hauptfigur Alex mit zwei Frauen gleichzeitig Sex. Wir sehen die Szene im Zeitraffer und hören ebenfalls im Zeitraffer die Ouvertüre von Gioachino Rossinis Oper *Wilhelm Tell*. Dadurch wird der Eindruck unterstrichen, dass das, was Alex dort treibt, ein völlig automatisch ablaufender, ebenso unpersönlicher wie emotionsloser Vorgang ist. Hier liegt dem Bildaufbau der Szene und dem Aufbau der musikalischen Sequenz dasselbe

Kompositionsgesetz zugrunde, mit dem das inhaltliche Geschehen selbst eine Interpretation erfährt (vgl. hierzu Eisenstein 2006i, 256). Was die Filmmusik betrifft, so kann in der Vertikalmontage grundsätzlich „jede musikalische Phase mit jeder Phase der parallel ablaufenden plastischen Bildelemente ‚vertikal', d. h. simultan" kombiniert werden. Und hierbei ist nach Eisenstein dieselbe Stringenz möglich, „mit welcher wir in der Stummfilmmontage Bild für Bild und bei der Entwicklung eines musikalischen Themas eine Phrase *‚horizontal', d. h. konsekutiv,* mit der nächsten verbinden" (ebd., 252).

Der künstlerische Aufbau eines Films geschieht seiner Ansicht nach durch eine dialektische Vermittlung von einander gleichberechtigten Elementen (vgl. Eisenstein 2006j, 420). Von einer stalinistischen Repression oder sogar Reduktion ist hier jedenfalls noch nichts zu bemerken. Vielmehr darf für Eisenstein „der Gesamteindruck eines Filmwerkes nicht auf der Unterdrückung, auf der ‚Neutralisation' einzelner Gebiete zugunsten anderer aufgebaut sein" (ebd., 419). Das gilt selbstverständlich auch für die Farbe: Denn auch sie ist „eine weitere selbstständige Stimme in der dramaturgischen Polyphonie der filmischen Ausdrucksmittel" (ebd., 423). So wie Eisenstein hinsichtlich des Tons fordert, die äußere durch eine innere Synchronität zu ersetzen und z. B. das Knarren vom knarrenden Stiefel zu trennen, so muss etwa auch die orange Farbe von der Mandarine getrennt werden, damit sie zu einem bewusst gesteuerten künstlerischen Ausdruckselement werden kann.

Erst dann wird es möglich, mit Farbleitmotiven ein inneres Drama des Films zu inszenieren (vgl. ebd., 429): „Ehe man es nicht lernt, drei Apfelsinen auf einem Rasenfleck nicht nur als drei im Gras liegende Gegenstände zu sehen, sondern auch als drei orange Flecke auf grünem Hintergrund, ist an eine Farbkomposition auch nicht zu denken" (ebd., 428). Die künstlerische Ausdrucksmöglichkeit einer visuellen oder akustischen Qualität beruht nach Eisenstein also darauf, dass sie zum konstitutiven Moment einer Montage werden kann. Das setzt voraus, dass diese Qualität von den anderen Qualitäten, mit denen sie in der Realität natürlicherweise verbunden ist, isoliert wird – sei es wie beim Ton von den sichtbaren Qualitäten, sei es wie bei der Farbe von den anderen sichtbaren Qualitäten des jeweiligen Dings. Hier zeigt sich eine deutliche Nähe Eisensteins zur Kunsttheorie von Konrad Fiedler, für den die Bildlichkeit ebenfalls auf einem Isolationsvorgang beruht, der die sinnliche Qualität von der Materie abtrennt: In der Produktion eines Bildes „ringt sich das, was an einem sichtbaren Dinge dessen Sichtbarkeit ist, von dem Dinge los und tritt nun als freies selbständiges Gebilde auf" (Fiedler 1991 [1887], 192).

4.10 Kritiker des Montageprinzips – Béla Balázs und Andrej Tarkowskij

Eine der frühesten Kritiken an diesem Montagekonzept ist von Balázs formuliert worden, der in seinem zweiten Filmbuch *Der Geist des Films* (1930) auf die einflussreichen sowjetischen Montagefilme von Eisenstein, Pudowkin und

Vertov reagiert. Balázs würdigt zunächst den Fortschritt, den Montagegleichnisse und Gedankenmontagen für die Filmkunst bedeuten, aber er warnt zugleich vor der „Gefahr der Hieroglyphenfilme" (Balázs 2001a, 49). Wenn die Montage zur „Reproduktion gestellter Bilderrätsel" (ebd.) verkommt, wäre sie nicht mehr produktiv, sondern nur eine Visualisierung von sprachlichen Gemeinplätzen. Siegfried Kracauer will in seiner Kritik wohl auf dasselbe hinaus, wenn er schreibt: „Statt daß die Bilder den Text überflüssig machten, ist ein Text bebildert" (Kracauer 1974 [1928], 77).

Ein passendes Beispiel für diesen Einwand findet sich in der Kerenski-Episode aus *Oktober*, in der der stolzierende Kerenski mit einem sich spreizenden Pfau montiert wird. Dass jemand eitel ist und sich spreizt wie ein Pfau, ist ein sprachliches Bild, das Eisenstein auf der bildlichen Ebene eigentlich nur wiederholt. Und bereits auf der sprachlichen Ebene handelt es sich nur um eine tote Metapher, die durch ihre filmische Darstellung auch nicht mehr zum Leben erweckt werden kann. Ein weiteres Beispiel für eine intellektuelle Montage, die ebenfalls nicht viel mehr ist als ein verfilmter Kalauer, wäre jene Sequenz aus Fritz Langs erstem US-amerikanischem Film *Blinde Wut* (USA, 1936), in der tratschende Frauen mit schnatternden Hühnern montiert sind. Es lässt sich darüber streiten, ob solche Fälle ein unvermeidliches Problem oder eher eine Kinderkrankheit der intellektuellen Montage sind. Wenn in der Filmgeschichte nach Eisenstein der Bilderrätselcharakter vermieden wird, dann geschieht das, indem die einzelnen Bilder der Film-Metapher in die Handlung eingebunden werden und somit das Symbol wie auch das Symbolisierte demselben Wirklichkeitsbereich angehören. Ein Beispiel hierfür findet sich sogar bei Eisenstein selbst, wenn in *Streik* die Tinte des Polizeichefs über die Karte des Arbeiterviertels fließt und auf diese Weise das folgende Massaker ankündigt. Ganz ähnlich lässt sich auch die folgende Situation aus Michael Curtiz' und William Keighleys *Die Abenteuer des Robin Hood* (USA, 1938) verstehen: Nachdem der finstere Prinz John beschlossen hat, die Steuern zu erhöhen, stößt er versehentlich einen Kelch um und zusammen mit dem nicht weniger finsteren Guy von Gisborne betrachtet er fasziniert, wie sich der Rotwein wie Blut auf dem Boden ausbreitet und seine künftige Schreckensherrschaft vorwegnimmt. Ein neueres und sehr makabres Beispiel findet sich in Michael Manns *Heat* (USA, 1995), wo eine Einstellung damit endet, dass der mörderische Psychopath den Kopf seines Opfers packt und nach dem plötzlichen Schnitt in der nächsten Einstellung eine Bierflasche krachend geköpft wird.

Ob die augenblicklich gesehene Einstellung nun ihren Sinn durch die emotionale Erschütterung der Attraktionsmontage oder durch die Denkanstöße der intellektuellen Montage erhält, in beiden Fällen verdankt sie ihre Wirkung der sinnstiftenden Funktion der Montage, also dem Kontext der anderen Einstellungen. Ein solches Filmverständnis, das dem Zusammenhang der Einstellung mehr Gewicht als der einzelnen Einstellung beimisst, ist von einem anderen sowjetischen Filmregisseur, nämlich von Andrej Tarkowskij, als eine Engführung kritisiert worden, durch die entscheidende Möglichkeiten des filmischen Mediums buchstäblich dem Schnitt zum Opfer fallen.

4.10 Kritiker des Montageprinzips – Béla Balázs und Andrej Tarkowskij

In seinen eigenen Filmen – als Beispiele seien hier genannt: *Iwans Kindheit* (UdSSR, 1962), *Solaris* (UdSSR, 1972) und *Stalker* (UdSSR, 1979) –, aber auch in seinen Essays geht es Tarkowskij um jene eigene Zeit der Dinge, die seiner Ansicht nach von den Montagefilmen ignoriert wird. Was den Film gegenüber allen anderen Künsten auszeichnen soll, ist das Vermögen, „das Leben gleichsam ohne sichtliche, grobe Verletzung seines realen Ablaufs zu beobachten" (Tarkowskij 2012a, 276). Vorherrschend bei der Filmkunst ist deshalb für Tarkowskij das Beobachten und Auswählen und weniger die Konstruktion des Geschehens, wie es in den Montagefilmen geschieht. Folglich liegt der Sinn in der jeweiligen einzelnen Einstellung und nicht in ihrem Verhältnis zueinander. Wenn eine solche Orientierung an der Realität gefordert wird, so steht dabei für Tarkowskij genauer „die Zeit" als „eine sichtbare Form des Realen" (Tarkowskij 2012b, 175) im Mittelpunkt der filmischen Inszenierung. Da das einzelne Filmbild sich schon durch einen inneren Zeitfluss auszeichnet, koordiniert die Montage „bereits zeitlich besetzte Einstellungen" (ebd., 169) und führt damit nur konsequent weiter, was in den einzelnen Einstellungen je für sich schon vorweggenommen ist.

Infolgedessen sind es die einzelnen Einstellungen, die der Montage die Richtung vorgeben, und keineswegs zwingt die Montage ihnen umgekehrt erst einen Sinnzusammenhang auf: „Einen Film richtig montieren heißt, dabei nicht die organische Verbindung der einzelnen Szenen und Einstellungen stören, die sich ja gleichsam schon vormontiert haben, da in ihnen ein Gesetz lebendig ist, nach dem sie sich zusammenfügen, das man beim Schnitt und beim Zusammenkleben der einzelnen Teile eben herausspürt" (ebd., 170). Diese Aufmerksamkeit auf die Realität gibt zugleich Raum für die Individualität des Filmkünstlers: Einerseits vermittelt sich demzufolge der Rhythmus des Films durch „das in der Einstellung sichtbare fixierte Leben des Gegenstandes" (ebd., 178), andererseits gibt der Rhythmus zugleich das individuelle Zeitempfinden des Regisseurs wieder: „Im Film kommt der Rhythmus organisch auf, in Entsprechung zu dem seinem Regisseur eigenen Lebensgefühl, zu dessen ‚Zeitsuche'" (ebd.).

Der montierte Zeitfluss *zwischen* den Einstellungen orientiert sich also an dem beobachteten und ausgewählten Zeitfluss *innerhalb* der Einstellungen und bringt auf diese Weise den Rhythmus des gesamten Films hervor. Zu einem „Rhythmusbruch" (ebd., 180) kommt es nach Tarkowskij nun immer dann, wenn Einstellungen montiert werden, welche sich zeitlich nicht ineinanderfügen. Dabei ist es keineswegs ausgeschlossen, dass die Tendenzen innerhalb der koordinierten Einstellungen selbst einen solchen Bruch erforderlich machen (vgl. ebd.). Der Sinn – ganz allgemein sei darunter all dasjenige verstanden, was die verschiedenen Einstellungen zueinander passen lässt – vollzieht sich bei Tarkowskij sozusagen *Bottom-Up* und nicht wie bei Eisenstein *Top-Down*, d. h. er entwickelt sich aus der immanenten Zeit der wahrgenommenen Dinge und nicht nach Maßgabe von Gefühlen oder Gedanken, die der Regisseur inspirieren will. Die Vorwürfe, die Tarkowskij gegenüber den Montage-Filmen erhebt, lauten also erstens, dass Eisensteins konstruiert und nicht beobachtet, und zweitens, dass das Kollektiv die Bedeutung der einzelnen Einstellung erdrückt. Tarkowskij geht es also um das Eigenrecht der zeitlichen Dimension, die innerhalb der *einzelnen* Einstellung selbst liegt, im Unterschied zu derjenigen, die aus ihrem Verhältnis zu *anderen* Einstellungen herrührt. Wenn die Montage den Sinn des Films durch den Schnitt hervorbringt, dann wäre nach Tarkowskij so ein *geschnittener* Sinn eigentlich eher ein *verschnittener* Sinn.

Literatur

Andrew, J. Dudley (1976), *The Major Film Theories*, London/Oxford/New York.
Ast, Michaela S. (2002), *Geschichte der narrativen Filmmontage. Theoretische Grundlagen und ausgewählte Beispiele*, Marburg.
Balázs, Béla (2001), *Der sichtbare Mensch oder die Kultur des Films* (1924), Frankfurt am Main.
Balázs, Béla (2001a), *Der Geist des Films* (1930), Frankfurt am Main.
Balázs, Béla (2004), „Produktive und Reproduktive Kamera" (1926), in: Helmut H. Diederichs (Hg.), Geschichte der Filmtheorie. Kunsttheoretische Texte von Méliès bis Arnheim, Frankfurt am Main, 242–245.
Beilenhoff, Wolfgang (1978), *Der sowjetische Revolutionsfilm als kultureller Text. Semiotische Grundlagen für eine Kulturtypologie der zwanziger Jahre in der Sowjetunion*, Bochum.
Benjamin, Walter (1991), *Das Passagenwerk. Gesammelte Schriften Bd. V.1* (1982), Frankfurt am Main.
Bordwell, David (1993), *The Cinema of Eisenstein*, Cambridge, Mass./London.
Brütsch, Matthias/Hediger, Vinzenz (2005) (Hg.), *Kinogefühle. Emotionalität und Film*, Marburg.
Bulgakowa, Oksana (2002), „Montagebilder bei Sergej Eisenstein", in: Hans Beller (Hg.), *Handbuch der Filmmontage. Praxis und Prinzipien des Filmschnitts*, München, 49–77.
Bulgakowa, Oksana (2006), „Eisensteins Vorstellung vom unsichtbaren Bild oder: Der Film als Materialisierung des Gedächtnisses", in: Thomas Koebner/Thomas Meder (Hg.), *Bildtheorie und Film*, Stuttgart, 36–51.
Eisenstein, Sergej M. (1973), „Antworten zum ‚Panzerkreuzer Potemkin' aus der Hollywooder Diskussion von 1930" (1930), in: ders., *Schriften 2/Panzerkreuzer Potemkin*, München, 187–192.
Eisensein, Sergej M. (1974), „Das Mittlere von Dreien" (1934), in: ders., *Schriften 1/Streik*, München, 238–273.
Eisenstein, Sergej M. (1974a), „Wie ich Regisseur wurde" (1945), in: ders., *Schriften 1/Streik*, München, 185–195.
Eisenstein, Sergej M. (1974b), „Durch Revolution zur Kunst. Durch Kunst zur Revolution" (1933), ders., *Schriften 1/Streik*, München, 49–51.
Eisenstein, Sergej M. (1975), „Die zweite literarische Periode des Films" (1929), in: ders., Schriften 3/Oktober/Mit den Notaten zur Verfilmung von Marx' ‚Kapital', München, 244–248.
Eisenstein, Sergej M. (1975a), „Jenseits von Spiel- und Dokumentarfilm" (1928), in: ders., *Schriften 3/Oktober/Mit den Notaten zur Verfilmung von Marx' ‚Kapital'*, München, 182–186.
Eisenstein, Sergej M. (1975b), „Aus Bruno Freis ‚Gespräch mit Eisenstein'" (1928/1932), in: ders., *Schriften 3/Oktober/Mit den Notaten zur Verfilmung von Marx' ‚Kapital'*, München, 259–261.
Eisenstein, Sergej M. (1975c), „Die Geburt des intellektuellen Films" (ca. 1945), in: ders., *Schriften 3/Oktober/Mit den Notaten zur Verfilmung von Marx' ‚Kapital'*, München, 169–178.
Eisenstein, Sergej M. (2006), „Béla vergißt die Schere" (1926), in: ders., *Jenseits der Einstellung. Schriften zur Filmtheorie*, Frankfurt am Main, 50–57.
Eisenstein, Sergej M. (2006a), „Jenseits der Einstellung" (1929), in: ders., *Jenseits der Einstellung. Schriften zur Filmtheorie*, Frankfurt am Main, 58–74.
Eisenstein, Sergej M. (2006b), „Montage 1938" (1938), in: ders., *Jenseits der Einstellung. Schriften zur Filmtheorie*, Frankfurt am Main, 158–201.

Eisenstein, Sergej M. (2006c), „Dickens, Griffith und wir" (1942), in: ders., *Jenseits der Einstellung. Schriften zur Filmtheorie*, Frankfurt am Main, 301–366.
Eisenstein, Sergej M. (2006d), „Dramaturgie der Filmform" (1929), in: ders., *Jenseits der Einstellung. Schriften zur Filmtheorie*, Frankfurt am Main, 88–111.
Eisenstein, Sergej M. (2006e), „Über die Reinheit der Filmsprache" (1934), in: ders., *Jenseits der Einstellung. Schriften zur Filmtheorie*, Frankfurt am Main, 134–144.
Eisenstein, Sergej M. (2006f), „Zur Frage eines materialistischen Zugangs zur Form" (1925), in: ders., *Jenseits der Einstellung. Schriften zur Filmtheorie*, Frankfurt am Main, 41–49.
Eisenstein, Sergej M. (2006g), „Perspektiven" (1929), in: ders., *Jenseits der Einstellung. Schriften zur Filmtheorie*, Frankfurt am Main, 75–87.
Eisenstein, Sergej M. (2006h), „Montage der Filmattraktionen" (1924), in: ders., *Jenseits der Einstellung. Schriften zur Filmtheorie*, Frankfurt am Main, 15–40.
Eisenstein, Sergej M. (2006i), „Die Vertikalmontage" (1940/1941), in: ders., *Jenseits der Einstellung. Schriften zur Filmtheorie*, Frankfurt am Main, 238–300.
Eisenstein, Sergej M. (2006j), „Der Farbfilm" (1948), in: ders., *Jenseits der Einstellung. Schriften zur Filmtheorie*, Frankfurt am Main, 418–429.
Elsaesser, Thomas (2009), *Hollywood heute. Geschichte, Gender und Nation im postklassischen Kino*, Berlin.
Fiedler, Konrad (1991), „Über den Ursprung der künstlerischen Tätigkeit" (1887), in: ders., *Schriften zur Kunst 1* (1971), München, 111–220.
Hülbusch, Nikolas (2011), „Kuleschow-Effekt", in: Thomas Koebner (Hg.), *Reclams Sachlexikon des Films* (2002), Stuttgart, 391.
Hutzler, Ralf (1992), „Vom Mexikaner zu Gasmasken. Sergej Eisensteins Theaterarbeit 1920 bis 1924", in: Hilmar Hoffmann/Walter Schobert (Hg.), *Sergej Eisenstein im Kontext der russischen Avantgarde 1920–1925*. Schriftenreihe des Deutschen Filmmuseums, Frankfurt am Main. Kinematograph Nr. 8, 8–56
Ivanov, Vjaceslav Vsevolodovic (1985), *Einführung in die allgemeinen Probleme der Semiotik*, Tübingen.
Kappelhoff, Hermann (2004), *Matrix der Gefühle. Das Kino, das Melodrama und das Theater der Empfindsamkeit*, Berlin.
Kracauer, Siegfried (1974), „Oktober" (1928), in: ders., *Kino. Essays, Studien, Glossen zum Film*, Frankfurt am Main, 76–79.
Law, Alma/Gordon, Mel (1996), *Meyerhold, Eisenstein and Biomechanics. Actor Training in Revolutionary Russia*, Jefferson (North Carolina)/London: McFarland and Company.
Lenz, Felix (2008), *Montagezeit. Rhythmus, Formdramaturgie, Pathos*, München: Wilhelm Fink.
Margolit, Evgenij (1999), „Der sowjetische Stummfilm und der frühe Tonfilm", in: Christine Engel (Hg.), *Geschichte des sowjetischen und russischen Films*, Stuttgart/Weimar, 17–67.
Marinetti, Filippo Tomaso (2009), „Manifest des Futurismus" (1909), in: Hansgeorg Schmidt-Bergmann (Hg.), *Futurismus. Geschichte, Ästhetik, Dokumente* (1993), Reinbek, 75–80.
Metz, Christian (2000), *Der imaginäre Signifikant. Psychoanalyse und Kino* (1977), Münster.
Meyerhold, Wsewolod E. (1979), „Das Jubiläum von Witali Lasarenko. (Ideologie und Technologie im Theater). Gespräch mit Zirkelleitern des künstlerischen Laienschaffens. 12. Dezember 1933", in: ders., *Schriften 2*, Ost-Berlin, 260–275.
Mitry, Jean (1978), *Eisenstein*, Paris.
Morsch, Thomas (2011), *Medienästhetik des Films. Verkörperte Wahrnehmung und ästhetische Erfahrung im Kino*, München.
Plessner, Helmuth (1982), „Die Deutung des mimischen Ausdrucks. Ein Beitrag zur Lehre vom Bewußtsein des anderen Ichs" (1925), in: ders., *Gesammelte Schriften VII. Ausdruck und menschliche Natur*, Frankfurt am Main, 67–129.
Salt, Barry (1983), *Film Style and Technology. History and Analysis*, London.
Schlegel, Hans-Joachim (1973), „Eisensteins filmische Konstruktion des revolutionären Pathos. Eine Einführung in den ‚Panzerkreuzer Potemkin'", in: Sergej M. Eisenstein, *Schriften 2/ Panzerkreuzer Potemkin*, München, 7–22.

Schlegel, Hans-Joachim (1974), „Eisensteins Weg von der ‚Revolutionierung des Theater' zum Revolutionsfilm. Eine Einführung in ‚Streik'", in: Sergej M. Eisenstein, *Schriften 1/Streik*, München, 7–30.

Schlegel, Hans-Joachim (1975), „Eisensteins dialektisch-visuelle Demonstration der weltgeschichtlichen Oktoberwende und der ‚Kinematograph der Begriffe'. Eine Einführung in ‚Oktober'", in: Sergej M. Eisenstein, *Schriften 3/Oktober/Mit den Notaten zur Verfilmung von Marx' ‚Kapital'*, Hanser, 7–37.

Schleicher, Hans (2011), „Montage", in: Thomas Koebner (Hg.), *Reclams Sachlexikon des Films* (2002), Stuttgart, 453–457.

Šklovskij, Viktor (1973), *Ejzenštejn*, Reinbek bei Hamburg.

Sobchack, Vivian (1992), *The Address of the Eye. A Phenomenology of Film Experience*, Princeton (NJ).

Sorlin, Pierre/Ropars, Marie-Claire (1976), *Octobre – Écriture et Idéologie*, Paris.

Stam, Robert (2000), *Film Theory. An Introduction*, Malden/Oxford/Carlton.

Tarkowskij, Andrej (2012a), „Das filmische Bild", in: ders., *Die versiegelte Zeit. Gedanken zur Kunst, zur Ästhetik und Poetik des Films* (1984), Berlin, 151–235.

Tarkowskij, Andrej (2012b), „Von der Verantwortung des Künstlers", in: ders., *Die versiegelte Zeit. Gedanken zur Kunst, zur Ästhetik und Poetik des Films* (1984), Berlin, 253–281.

Truffaut, François (2004), *Mr. Hitchcock, wie haben Sie das gemacht?* (1966), München.

Wölfflin, Heinrich (1946), „Prolegomena zu einer Psychologie der Architektur" (1886), in: ders. *Kleine Schriften 1886–1933*, Basel, 13–47.

Wollen, Peter (1972), *Signs and Meaning in the Cinema*, Bloomington.

Rudolf Arnheim (1904–2007) – das künstlerische Potenzial der technischen Mängel

5

Seit den 1990er Jahren gibt es die VR-Brille, aber erst seit den 2010er Jahren ist dieses Gerät kommerziell zu erschwinglichen Preisen erhältlich. Wenn der Benutzer eine VR-Brille aufsetzt, so umgibt ihn die computergenerierte 3D-Welt visuell ganz und gar. Die Brille beansprucht das gesamte Sehfeld, und ihre Head-Tracking-Sensoren stimmen die präsentierten Bilder mit den jeweiligen Kopfbewegungen des Benutzers ab. Auf diese Weise wird er weitestgehend von der gewöhnlichen Wahrnehmung isoliert und taucht – so die einschlägige Metapher – in die imaginäre Welt ein. Die Internetwerbung für die VR-Brillen verkündet stolz, dass hiermit der wegweisende Anspruch endgültig erfüllt wird, „die Realität so realistisch wie möglich nachzubilden" (http://www.vrbrillen.net). Auch ein 4-jähriges Kind versucht, den realen Hund „so realistisch wie möglich" z. B. mit Wachsmalstiften nachzubilden – aber gemeint ist in der Werbung wohl: Realistischer als mit den VR-Brillen geht es nicht mehr; die Illusion ist perfekt.

Die imaginäre dreidimensionale Virtuelle Realität ist, wie es weiter vollmundig tönt, „mit hundertprozentiger Sicherheit das, worin wir und kommende Generationen ihr [sic!] Leben verbringen werden". Anders gesagt: Für das Kino sieht die Zukunftsperspektive alles andere als rosig aus: „Kinos werden weiterhin an Attraktivität verlieren" (http://www.vrbrillen.net). Man muss gar nicht zuspitzen, um aus einer solchen Bewertung der technischen Fortschritte zu schließen: Die Qualität der Bewegtbilder orientiert sich hier an dem alleinigen Maßstab des Realismus. Ein Bild ist umso besser, je realistischer es ist. Der unausgesprochene Gedanke lautet: Wenn ein Medium wie die VR-Brille realistischere Bilder hervorbringt, als es bisher möglich gewesen ist, dann ist folglich die Ära des Kinos zu Ende – und zwar völlig zu Recht. Oder vielleicht nicht? Muss man nicht doch in Betracht ziehen, dass auch der Film, den wir uns auf der Leinwand oder auch auf dem Monitor ansehen, gegenüber den Bildern der VR-Brille einen Vorzug haben könnte? Kaum ein anderer dürfte genau für diese Meinung so einstehen wie Rudolf Arnheim.

Der Filmtheoretiker, der in diesem Kapitel vorgestellt wird, würde nämlich den *technischen* Fortschritt geradezu im Widerspruch zum *künstlerischen* Fortschritt sehen. Rudolf Arnheim vertritt die These: Nicht jeder Film ist Kunst, aber auch ein Film ist prinzipiell dazu imstande, Kunst zu sein. Jedoch muss er dafür die notwendige, wenn auch noch nicht hinreichende Voraussetzung erfüllen, dass sich die *filmische* Wahrnehmung von der *realen* Wahrnehmung strikt unterscheidet. Wenn Martin Seel schreibt, dass „bildliche Darstellungen […] von einer Spannung zwischen dem, was sie jeweils zeigen und dem, wie sie es zeigen" (Seel 2013, 16) leben, dann würde ihm Arnheim zustimmen und hinzufügen, dass diese Spannung umso mehr zusammenschrumpft, je realitätsgetreuer die Darstellung ist. Für Arnheim sind nach diesem ganz anderen Maßstab deshalb Filmbilder umso schlechter, je realistischer sie sind. Weiter kann man sich von der Auffassung nicht entfernen, die in der zitierten VR-Brillen-Internetwerbung vertreten wird – obwohl Arnheim deren düstere Prognose für das Kino sogar teilen würde. Denn auffällig ist der melancholische Ton in seinem Buch *Film als Kunst* von 1932: Während Balázs 1926 überzeugt ist, dass der Film „eine junge Kunst ist, die ihr Bestes noch lange nicht gegeben hat" (Balázs 2004 [1926], 242), erinnern die Töne, die Arnheim sechs Jahre darauf anschlägt, eher an einen Schwanengesang. Nicht nur Balázs, sondern auch Münsterberg und Eisenstein begrüßen die Morgenröte einer neuen Kunst, wohingegen Arnheim sich nur wenig später schon als Zeuge ihrer Abenddämmerung versteht. Begleitet hat er die Entwicklung des Films bis zu diesem Zeitpunkt immerhin bereits mit annähernd hundert Rezensionen und Aufsätzen, die in den Zeitschriften *Das Stachelschwein* von Hans Reimann, vor allem aber *Die Weltbühne* von Carl von Ossietzky erschienen sind (vgl. Koch 1992, 15, 18 f.).

5.1 Die Differenz zwischen Darstellung und Dargestelltem

Als Arnheim sein filmtheoretisches Hauptwerk *Film als Kunst* 1932 veröffentlicht, hat er selbstverständlich noch keine Ahnung von VR-Brillen. Aber er ist sich völlig darüber im Klaren, dass sich die Filmproduktion in die Richtung eines immer größeren Realismus entwickeln wird. Bewegtbilder sind beim Publikum umso beliebter, je realistischer sie sind. Gerade weil sich der Durchschnittszuschauer eine immer größere Annäherung an die Wirklichkeit wünscht, ist er Arnheim zufolge „ein unbewusster Feind" einer jeglichen Kunstentwicklung (Arnheim 2002 [1932], 47), dessen Kaufentscheidungen an der Kinokasse dazu führen, dass sich das Kino schließlich über kurz oder lang in ein effekthascherisches Panoptikum verwandeln wird (vgl. Arnheim 2004 [1930], 82).

Nach Arnheim gilt es aber zweierlei Maß auseinanderzuhalten: Der *technische* Fortschritt der Bewegtbilder bewegt sich immer in Richtung auf das „Naturkopie-Ideal" (Arnheim 2002 [1932], 266) zu – das trifft auch und erst recht dann zu, wenn Filme fantastische Wesen zeigen: Die Trolle und Orks in Peter Jacksons *Der Herr der Ringe* (2001–2003) sollen möglichst ‚echt' und d. h. realistisch aussehen. Hierzu schreibt André Bazin:

5.1 Die Differenz zwischen Darstellung und Dargestelltem

„Die Existenz von Märchenhaftem oder Phantastischem im Kino beeinträchtigt die Behauptung vom Realismus des Bildes keineswegs, sie ist im Gegenteil der überzeugendste Beweis dafür. Im Film basiert die Illusion nicht, wie im Theater, auf vom Publikum stillschweigend akzeptierten Konventionen, sondern auf dem unantastbaren Realismus dessen, was gezeigt wird" (Bazin 2004, 194 f.; zur Mehrdeutigkeit des Realitätsbegriffs in der Filmwissenschaft vgl. Kirsten 2013, bes. Kap. 2).

Demgegenüber ist der *künstlerische* Fortschritt – hierauf legt Arnheim in *Film als Kunst* das Schwergewicht – an der ästhetischen Eigengesetzlichkeit der filmischen Darstellungsmittel orientiert. Darum stehen für Arnheim auch der technische und der künstlerische Fortschritt letztlich immer in einem antagonistischen Verhältnis: Die künstlerische Bildgestaltung setzt unbedingt eine *Distanz zur Realität* voraus, die die Suche nach einer größtmöglichen *Realitätsnähe* des Bildes wiederum fortwährend aufzuheben versucht. Letztlich wird nach Arnheim die Film*kunst* dieses Wettrennen mit dem *realistischen* Film verlieren und zur aussterbenden Spezies. Aus diesem Grund gehört aus seiner Sicht die virtuelle Realität der VR-Brille wohl zusammen mit dem Tonfilm und dem Farbfilm in die Reihe derjenigen technischen Errungenschaften, die eine „bessere Figur im Patentregister machen als in den Annalen der Kunstgeschichte" (Arnheim 2004 [1930], 82; siehe zur Situation des Films im Zeitalter der Computertechnologie: Rodowick 2007).

Der Film, so heißt es in *Film als Kunst*, ist wie die Malerei und die Bildhauerei eine darstellende Kunst, deren Aufgabe sich keineswegs darin erschöpft, dasjenige, was es in der Natur bereits gibt, noch einmal naturgetreu zu erschaffen (vgl. Arnheim 2002 [1932], 47). Aber hier taucht nun ein Problem auf, von dem der Film so wie keine andere Kunst heimgesucht wird. Die Frage stellt sich nämlich schlichtweg, ob es beim Film eine solche Differenz zwischen Darstellung und Dargestelltem überhaupt gibt. Was unterscheidet den Menschen im Film von demjenigen in der Realität?

Während die Materialien des Malers und des Bildhauers – Pinselstrich, Tonklumpen, unbearbeitete Marmorblöcke – überhaupt keinerlei Ähnlichkeit mit dem darzustellenden Objekt haben und die Naturnähe erst mühsam erkämpft werden muss, ist das von der Kamera aufgenommene Objekt dem realen Objekt von Anfang an ähnlicher, als es das gemalte Objekt jemals sein wird (vgl. ebd., 257): Der Kameramann „stellt seine Kamera auf und kurbelt und erhält ohne alles Zutun ein Abbild des Gegenstandes. Die Gefahr, daß er sich damit begnügt, liegt äußerst nahe" (ebd., 49).

Einerseits ist nun das Publikum begeistert, weil „[d]ie Photographie und ihr Kind, der Film" nach dem Maßstab der Realitätsnähe unverkennbar „eine Art Übertrumpfung so altmodischer und unvollkommener Naturkopiertechniken wie Malerei und Zeichnung" (ebd., 266) erreicht haben. Andererseits blicken aus demselben Grund jedoch die Anwälte der Kunst, die sich nicht am Maßstab der Realitätsnähe, sondern vielmehr an dem der ästhetischen Formgebung orientieren, voll Verachtung auf das neue Medium, das nach dem Vergleich mit den übrigen bildenden Künsten nur den vernichtenden Schluss zuzulassen scheint: „Film kann nicht Kunst sein, denn er tut ja nichts als einfach *mechanisch die Wirklichkeit zu reproduzieren*" (ebd., 24).

Vor dem Hintergrund dieser Kritik lässt sich das Hauptziel von Arnheims Buch *Film als Kunst* nun genau bestimmen: Es besteht darin, den Film gegen den Vorwurf, er sei nichts weiter als mechanische Reproduktion, durch eine genaue Analyse des Filmbildes zu verteidigen. Im Übrigen liegt dieser Vorwurf keineswegs so tief vergessen und begraben in der Mottenkiste der Filmtheoriegeschichte, wie man vielleicht meinen könnte: Roger Scruton hat ihm in seinem Buch *The Aesthetic Understanding* (1983) noch einmal eine aktualisierte Fassung gegeben, und neuere filmtheoretische Ansätze halten es immer noch für erforderlich, hierauf ausführlich einzugehen (vgl. Carroll 2008, 12–34; Gaut 2010, 23–34). Eine Filmkunst im eigentlichen Sinne hält Scruton deshalb für ausgeschlossen, weil der Film immer nur konserviert und über keinerlei film*spezifische* Verfahren der ästhetischen Gestaltung verfügt. Mit anderen Worten, der Film ist nichts weiter als ein technisches Aufnahmeverfahren: Er ist die Pralinenschachtel, aber nicht die Praline selbst (vgl. Scruton 1983, 103, 117 f.).

Wenn Arnheim nun eine systematische Apologie des Films unternimmt, so fällt auf, dass er fraglos die Kunstkonzeption seiner filmverachtenden Gegner übernimmt, welche die Kunst mit ästhetischer Formgebung gleichsetzen. Anders als etwa sein theoretischer Antipode Siegfried Kracauer, für den die Filmkunst eine Neubestimmung des Kunstbegriffs und daher auch der Kunstkriterien erforderlich macht (s. Kap. 7), hält Arnheim am traditionellen Kunstverständnis fest, denn seiner Ansicht nach arbeitet die Filmkunst „nach denselben uralten Gesetzen und Prinzipien [...] wie alle anderen Künste auch" (Arnheim 2002 [1932], 16). Wie zu erwarten, ist darum auch von prominenter Seite innerhalb der Filmtheorie – nämlich von Noël Carroll – der Vorwurf eines geschichtsblinden Essentialismus erhoben worden (vgl. z. B. Carroll 1988, 91).

Bemerkenswert ist in diesem Zusammenhang zudem, dass sich Arnheim über den Typus des Filmkritikers lustig macht, der vom Theater oder der Literatur herkommt und seine Kommentare ohne Berücksichtigung „der Eigenart der neuen Kunstform" (Arnheim 2002 [1932], 18) verfasst. Warum sollte jedoch ein Kritiker wie Arnheim selbst, der an Filme zwar nicht den Maßstab von Literatur und Theater, aber immerhin den doch gleichermaßen fremden Maßstab von Malerei und Plastik anlegt, nicht ebenfalls in Gefahr geraten, die Eigenart der neuen Kunstform zu verfehlen? Zweifellos liegt der Grund darin, dass Arnheim zufolge der Film ebenfalls zu den darstellenden Künsten gehört und daher eine größere Verwandtschaft mit der Malerei als mit der Literatur oder der Musik aufweist.

Der Film wie jede andere bildende oder darstellende Kunst beruht Arnheim zufolge auf zwei menschlichen Trieben: Einerseits strebt der „Darstellungstrieb" (ebd., 46) nach einer möglichst genauen Abbildung eines Gegenstandes, während andererseits der „Ornamentiertrieb" (ebd., 49) Gegenstände nach „Symmetrie und Gleichgewicht" (ebd., 46) anordnen will. Mit dem Darstellungstrieb reiht sich Arnheim in die Tradition der Mimesis-Lehre des Aristoteles ein, der zufolge das Vergnügen an Kunstwerken auf einem Wiedererkennen von dargestellten Gegenständen beruht (vgl. Aristoteles 1989 [ca. 335 v. Chr.], Kap. 1–3).

Die Hypothese eines Ornamentiertriebs bringt wiederum Arnheims Bestreben zum Ausdruck, die Gesetze der Gestaltpsychologie als normative Kriterien der

5.1 Die Differenz zwischen Darstellung und Dargestelltem

Filmkunst zu etablieren, wie er dies schließlich später auch in seinem Buch *Kunst und Sehen* (1954) für die Malerei tun wird (vgl. Beiküfner 2003, 251; Liebsch 2004, 73; Bordwell 2011, 20 f., 23). Arnheims Kunstverständnis ist maßgeblich von der Gestaltpsychologie geprägt, die er bei Max Wertheimer, Wolfgang Köhler und Kurt Lewin studiert hat. Am Psychologischen Institut der Universität Berlin – dem damaligen Zentrum der Gestaltpsychologie – ist er schließlich 1928 auch mit einer Arbeit über *Experimentell-psychologische Untersuchungen zum Ausdrucksproblem* promoviert worden (vgl. hierzu ausführlich Andrew 1976, 36 f., aber vor allem Beiküfner 2003, 211–228).

In einem Vorwort zur deutschen Neuausgabe von *Film als Kunst* aus dem Jahr 1978 bringt Arnheim allerdings die anfängliche Orientierung an der bildenden Kunst selbstkritisch zur Sprache und gibt zu, dass seine an unbeweglichen Dingen wie Gemälden und Skulpturen geschulte Perspektive „den Film hauptsächlich als eine Aufreihung von Einzelszenen ansieht, von wesentlich statischen Ausdrucksakzenten, zwischen denen Handlungsverläufe als Übergänge nur eben die Verbindung herstellen". Und er fügt hinzu: „Es würde mir heute wichtig vorkommen, vom, sagen wir, sinfonischen Verlauf des Ganzen auszugehen und alle jene kostbaren Miniaturen als Haltepunkte innerhalb der Teilhandlungen zu betrachten" (Arnheim 2002 [1932], 12). Wie Arnheim später ebenfalls einräumt, kommt neben der Montage im Übrigen auch die Kamerabewegung zu kurz:

> „Ich habe also im Grunde den Film von der Malerei aus angefangen, und das ist natürlich sehr einseitig. Meine Beispiele in dem Buch sind ja alle auf Einzelszenen gestellt, und da bewegt sich gar nichts" (Interview mit Thomas Meder, zit. n. Beiküfner 2003, 261, Fußn. 175).

Der frühe Arnheim sieht also, wie er später selbst eingesteht, das Einzelbild nicht ausreichend in seinem Zusammenhang mit den anderen Einzelbildern – und fällt in dieser Hinsicht hinter die Montagetheorie Eisensteins zurück, der genau diesen Vorwurf gegenüber Balázs in seinem Aufsatz „Béla vergisst die Schere" erhebt (s. Kap. 4). Man könnte also eigentlich auch sagen: Rudolf vergisst die Schere – allerdings hat sich, wie man hinzufügen sollte, dafür auch kaum jemand, der zuvor über Filme geschrieben hat, das Einzelbild so genau angesehen wie er. Arnheim versucht wie zuvor G. E. Lessing im *Laokoon* (1766) die Gesetze einer Kunst aus der genauen Betrachtung der „Charaktereigenschaften ihres Materials" (Arnheim 2002 [1932], 21) zu gewinnen (vgl. Lessing 1998 [1766], 26; siehe zu diesem Vergleich auch Beiküfner 2003, 249 f.). Diese akribische Vorgehensweise würdigt bereits Kracauer in einer frühen Rezension zu *Film als Kunst*: „Wenn mich nicht alles täuscht, sind die ästhetischen Gesetzmäßigkeiten des stummen Films bisher weder so grundsätzlich aus den materiellen Bedingungen abgeleitet, noch so vollständig verzeichnet worden" (Kracauer 2002, 313).

Wenn der Vorwurf also lautet, der Film sei nur ein „mechanischer Abklatsch der Wirklichkeit" (Arnheim 2002 [1932], 45), so besteht die Verteidigungsstrategie darin, den „Unterschied zwischen optischer Wirklichkeit und Filmbild" (ebd., 27) kenntlich zu machen. Arnheim selbst spricht vergröbernd von dem Unterschied zwischen Film und Realität, wobei es genau genommen allerdings nicht um die Frage geht, ob der Film die *Realität*, sondern vielmehr ob er die *natürliche Wahrnehmung* reproduziert. Lässt sich nun ein solcher Unterschied zwischen filmischer und natürlicher Wahrnehmung dingfest machen, dann ergeben sich genau hieraus wiederum filmspezifische „künstlerische Ausdrucksmöglichkeiten" (ebd., 11; vgl. Beiküfner 2003, 250).

Letztlich beruhen diese künstlerischen Ausdrucksmöglichkeiten also auf der technischen Unzulänglichkeit des schwarzweißen Stummfilms, die aufgenommene Realität naturgetreu zu kopieren – „ohne solche ‚Mängel' gegenüber der Wirklichkeit ist Kunst überhaupt nicht möglich" (Arnheim 2002 [1932], 21; vgl. hierzu Bordwell 2011, 25; Turvey 2011, 32). In dieser Hinsicht erweist sich Arnheim als ein Antipode von Dziga Vertov, denn für diesen russischen Filmregisseur ist das Bild, das die Kamera liefert, ganz und gar nicht mangelhaft, sondern vielmehr sogar „vollkommener […] als das menschliche Auge" (Vertov 2001 [1923], 40). Da Vertov den Maßstab der technischen Optimierung anlegt, ist das Filmbild viel realistischer als die von unseren Augen wahrgenommene Realität.

Im Unterschied zu Vertov, der die *künstlerische Leistung des Kameramanns* völlig zugunsten der *technischen Leistung der Kamera* unterschlägt, beruht für Arnheim die ästhetische Qualität des Filmbildes auf seinem Realitäts*mangel*: Je größer die Differenz zwischen Darstellung und Dargestelltem und damit die Distanz des Films zur Realität ist, umso größer sind die künstlerischen Gestaltungsmöglichkeiten – und umgekehrt: Je realistischer das Filmbild wird, umso mehr schrumpfen die künstlerischen Gestaltungsmöglichkeiten auf ein Minimum zusammen. Daher lässt sich Arnheim auch als „Entzauberer des ‚Realitätseindrucks' des Films [verstehen], der nach ihm so viele Theoretiker, gleich welcher Richtung, immer wieder beschäftigt hat" (Koch 1992, 22).

5.1.1 Charakteristische und uncharakteristische Bilder

Auf den Vorwurf, das Filmbild sei nichts weiter als die mechanische Abbildung eines realen Gegenstands, antwortet Arnheim zunächst mit dem Hinweis, dass ich als Filmzuschauer eine Ansicht geboten bekomme, die ein anderer für mich schon ausgesucht hat – und dieser andere, der Filmkünstler, hat nicht nur vorab festgelegt, *was* ich sehe, sondern vor allem auch *wie* ich es sehe. So eine Ansicht kann nun, wie Arnheim fortfährt, eher *charakteristisch* oder eher *uncharakteristisch* sein. In einer charakteristischen Ansicht erscheint der aufgenommene Gegenstand in einer Perspektive, die der Filmzuschauerin ganz deutlich zu erkennen gibt, womit sie es zu tun hat. Uncharakteristisch ist dagegen z. B. das Bild eines Würfels, in dem nur eine seiner sechs Seiten zu sehen ist, weshalb der Betrachter unsicher ist, ob er nun einen Würfel oder die Unterseite einer Pyramide oder vielleicht einfach nur einen Pappdeckel sieht.

Was nun die charakteristische Ansicht eines Gegenstands genau genommen ist, das lässt sich jedoch nach Arnheim weder berechnen noch durch eine Regel festlegen: „Ob ein bestimmter Mensch im Profil ‚mehr er selbst' ist als von vorn, ob

5.1 Die Differenz zwischen Darstellung und Dargestelltem

die Innenseite oder die Außenseite einer Hand wichtiger, ob ein bestimmter Berg besser von Norden oder besser von Westen zu nehmen ist – das alles sind Dinge, die sich nicht errechnen lassen [sic!] sondern erfühlt werden müssen" (Arnheim 2002 [1932], 26). Vorausgesetzt ist also bei demjenigen, der die jeweilige filmische oder fotografische Ansicht eines Motivs auswählt, ein *Gefühl* für dessen gestalthafte Erscheinung (vgl. ebd., 26; Beiküfner 2003, 256).

Unstrittig ist wohl, dass in den Pionierjahren des Films zumeist ein Bildausschnitt gewählt wird, der einen möglichst genauen und vollständigen Überblick über das präsentierte Geschehen bietet. Als man später mit den Möglichkeiten des Mediums besser vertraut geworden ist, kommen die Filmregisseure und Kameramänner schließlich auf die Idee, dass sich bestimmte Wirkungen – z. B. Spannungssteigerung und Überraschungseffekte – erzielen lassen, indem eine charakteristische Ansicht ganz bewusst vermieden wird. Damit ist nach Arnheim ein wesentlicher Schritt in Richtung auf die Filmkunst getan: Man berücksichtigt nun die Differenz zwischen Realität und Filmbild – zwischen den realen Ereignissen vor der Kamera und den „hundert optischen Möglichkeiten" (Arnheim 2002 [1932], 52) ihrer filmischen Darstellung –, um den filmischen Objekten eine bestimmte Form zu geben. Kurz, das Interesse verschiebt sich vom Inhaltlichen auf das Formale.

Als Beispiel nennt Arnheim eine Szene aus dem frühen Charlie-Chaplin-Film *Der Einwanderer* (USA, 1917). In dieser Szene sieht man, wie der Tramp mit dem Rücken zur Kamera bei hohem Seegang über die Reling eines schwankenden Schiffs hängt und sein Körper krampfartige Bewegungen macht. Durch die gewählte Perspektive drängt sich beim Zuschauer die Vermutung auf, der arme Tramp – um es mit Arnheims schönen Worten zu sagen – „zahle dem Ozean Schmerzensgeld" (ebd., 51). Im nächsten Augenblick dreht sich Charlie jedoch um, und jetzt sieht man, dass er mit seinem Spazierstock einen Fisch geangelt hat (zu dieser berühmten Szene vgl. Higgins 2011, 6). Von der Gestalt her könnte Chaplin jemand sein, der sich übergibt, aber eben auch jemand, der angelt – und wie diese Gestalt aufgefasst wird, das ist maßgeblich von der Position der Kamera abhängig (vgl. Beiküfner 2003, 256; Koch 1992, 22). Worauf es Arnheim mit diesem Beispiel vor allem ankommt, ist der Nachweis, dass wir es beim Film eben nicht nur mit mechanischen, sondern mit „geformte[n] Wirklichkeitsabbildungen" (Arnheim 2002 [1932], 55) zu tun haben, die die Situationsdeutung der Zuschauerin gezielt lenken und sie schließlich sogar – wie in diesem Fall – durch die geschickte Auswahl einer uncharakteristischen Ansicht aufs Glatteis führen können.

Im Allgemeinen sieht ein Mensch in einer filmischen Einstellung imposanter und furchteinflößender aus, wenn er aus der *Froschperspektive* – also von unten – aufgenommen wird (vgl. ebd., 56). In Fritz Langs *M* (D, 1931) sieht man, wie ein großer vierschrötiger Schlägertyp einen kleinen, eher zerbrechlichen und ältlichen Mann zur Rede stellt. Während der große Mann aus der Untersicht aufgenommen ist, sehen wir den kleinen Mann aus der Aufsicht, wodurch mit formalen Mitteln der Inszenierung das physische Gefälle zwischen den beiden noch einmal auf die Spitze getrieben wird. Allerdings muss die Froschperspektive nicht unbedingt dazu führen, dass das dargestellte Objekt einschüchternd wirkt. Hierfür findet sich ein Beispiel aus demselben Film: Wenn Kommissar Lohmann beim Telefonieren von unten aufgenommen wird, dann wird ganz im Gegenteil damit sogar eine komische Wirkung erzielt, denn Lohmanns gewaltiger Bauch wölbt sich in dieser Ansicht dem Zuschauer wuchtig entgegen und sein restlicher Körper verschwindet fast dahinter. Arnheims Auffassung müsste also noch einmal präzisiert werden: Die Wirkung des Formalen hängt nämlich immer auch davon ab, ob und wie das Inhaltliche ‚mitspielt'. Zumindest lässt sich festhalten, dass die Untersicht das Dargestellte voluminöser erscheinen lässt, aber hierdurch kann die jeweilige Person auch gemütlich und komisch wirken.

Ein sehr anschauliches Beispiel für die entgegengesetzte Wirkung der *Vogelperspektive* findet sich in Fred Zinnemanns Westernklassiker *High Noon* (USA, 1952): Sheriff Will Kane, von seinen Hilfssheriffs wie von allen wehrhaften Bürgern der Stadt im Stich gelassen, findet sich, einsam und verloren, auf der staubigen leeren Straße in Erwartung der schießwütigen Banditen, die ihm blutige Rache geschworen haben. Wenn die Kamera nun plötzlich an einem Kran weit in die Höhe fährt, zeigt sie ihn aus der Vogelperspektive, die ihn noch ausgelieferter und verlassener aussehen lässt. Insgesamt lässt sich allerdings festhalten, dass die Vogelperspektive Unterlegenheit oder die Froschperspektive Überlegenheit vermitteln *kann*, aber keineswegs *muss* (vgl. hierzu Koebner 2011, 514; siehe hierzu auch die Bedenken gegen eine Verallgemeinerung bei Bordwell/Thompson 2013, 314).

Mit dem Beispiel aus *High Noon* wird noch einmal deutlich, worauf Arnheim hinauswill: Filmkunst beginnt genau dann, wenn die filmische Darstellung den dargestellten Gegenstand nicht nur *reproduziert*, sondern auch *interpretiert* (vgl. Turvey 2011, 35). Daraus ergeben sich für ihn zweierlei Verfehlungen der Filmkunst: Die filmische Reproduktion kann entweder *mechanisch* oder *formalistisch* sein, entweder überwiegt das Inhaltliche oder das Formale. Wie bereits erwähnt, verfolgt die frühe Filmproduktion häufig nicht viel mehr Ambitionen als eine möglichst genaue, d. h. fehlerfreie mechanische Wiedergabe des Geschehens vor der Kamera. Zugunsten des Gegenständlichen wird die Filmkunst aber auch von einer Rezeption verfehlt, die das Gegenständliche so behandelt, *als wäre es nur mechanisch* reproduziert, weil sie sich nur für die Inhalte bzw. die Geschichte interessiert. Eine solche Rezeption achtet ausschließlich auf das, *was* im Bild zu sehen ist und bleibt blind für die Interpretation, die die Darstellungsweise dem Dargestellten hinzufügt. Das Publikum orientiert sich dann allein am „Naturkopie-Ideal" (Arnheim 2002 [1932], 266).

Hingegen beschränkt sich im umgekehrten Fall einer *formalistischen* Reproduktion das Formale nicht länger auf die Stilisierung und Interpretation des Gegenständlichen, sondern verselbständigt sich und übernimmt die Vorherrschaft. Bei den Filmkünstlern, die mit einer bedeutungslosen Formspielerei eine bloße „Vergnügen der Augen" hervorrufen wollen, liegt ein „rein dekoratives, rein formales Interesse" (ebd., 65) vor. An dieser Stelle wird also deutlich, dass eine Gefahr nicht nur von der Vorherrschaft des Darstellungstriebs droht, der sich beim Film nur für Gegenständliches – also für „Handlung und Milieu" (ebd., 50) – interessiert.

Hüten muss sich die Filmkunst – und dies wird in der Forschungsliteratur zu Arnheim häufig übersehen (vgl. z. B. Liebsch 2004, 73–75) – auch vor den Ansprüchen des Ornamentiertriebs, der ohne das Korrektiv des Darstellungstriebs zum bloßen Formalismus des Kunstgewerblichen verführt (vgl. Arnheim 2002 [1932], 53 f., 64). Kurz, das Ornament ohne Darstellung ist *Kunstgewerbe*, die Darstellung ohne Ornament ist *Panoptikum*. Filmkunst setzt also keineswegs die Unterdrückung des Darstellungs- zugunsten des Ornamentiertriebs, sondern vielmehr ein ausgewogenes Verhältnis zwischen diesen beiden Trieben voraus: Das Kino, dem Arnheim den Vorzug gibt, ist eines „that so carefully hid its formal manipulations in order to better narrate" (Higgins 2011, 9; vgl. Alter 2011, 100; Choi 2011, 133).

Selbst wenn man Arnheim wohl zugestehen wird, dass die Wahl der Vogel- oder Froschperspektive eine Interpretation des gefilmten Gegenstands vornimmt, so liegt an dieser Stelle doch der Einwand auf der Hand, dass es sich hierbei keineswegs um einen *filmspezifischen* Sachverhalt handelt. Lässt sich nicht dieselbe Wirkung feststellen, wenn in der gewöhnlichen Wahrnehmung ein Mensch von oben oder von unten gesehen wird? Diesen Einwand will Arnheim widerlegen, wenn er nun auf die Flächigkeit des Filmbildes hinweist.

5.1.2 Die Flächigkeit

Ein wesentlicher Unterschied zur Wahrnehmung besteht darin, dass es dem Filmbild an räumlicher Tiefe mangelt, wofür Arnheim auf sinnesphysiologische Erklärungen zurückgreift: Obwohl das einzelne Auge jeweils für sich nur flächig sieht, ist unsere Gesichtswahrnehmung dennoch räumlich, weil die Augen einige Zentimeter voneinander entfernt liegen und daher immer zwei unterschiedliche Bilder ein und desselben Gegenstandes liefern. Die Erfahrung von räumlicher Tiefe wird also dadurch möglich, dass die binokularen Bilder in einem monokularen Sehen integriert werden (vgl. Arnheim 2002 [1932], 27). Auf der Leinwand oder auf dem Monitor sehen die beiden Augen dagegen nur ein und dasselbe Bild, nämlich dasjenige, das die Kamera aufgenommen hat. Aus diesem Grund ist, wie Arnheim erklärt, „die Raumwirkung des Bildes außerordentlich gering" (ebd.).

Zu einem gewissen Teil wird jene Flächigkeit des Bildes zwar dadurch ausgeglichen, dass die Objekte im Bild teilweise einander verdecken oder sich von vorne nach hinten und umgekehrt bewegen. Aber dennoch bleibt diese entscheidende Differenz zwischen Film und Wahrnehmung bestehen: „*Filmbilder sind zugleich flächig und räumlich*" (ebd.). Diese verringerte Räumlichkeit des Filmbildes hat vor allem Konsequenzen für die *Größenkonstanz* der dargestellten Objekte. Unter der Größenkonstanz verstehen Gestaltpsychologen wie Arnheim den Sachverhalt, dass ein wahrgenommener Gegenstand seine Größe bewahrt, auch wenn er mit zunehmendem Abstand zum Wahrnehmenden immer kleiner wird. Diese Verringerung der Größenkonstanz, die die filmische von der gewöhnlichen Wahrnehmung unterscheidet, ist für Arnheim ein technisches Manko, mit dem sich einmal mehr Wege der künstlerischen Formgebung eröffnen (vgl. ebd., 28 f.). Ein prägnantes Beispiel hierfür findet sich im ersten Teil von Eisensteins

Iwan, der Schreckliche (UdSSR, 1945): Eine schier endlose Truppe von Menschen zieht wie kleine Ameisen am gewaltigen, leicht vorgebeugten Raubvogelprofil Iwans vorbei. Die eingeschränkte Raumwirkung zeigt sich darin, dass es so aussieht, als wären die winzigen Figuren nicht weit *hinter*, sondern direkt *unter* seinem monströsen Gesicht, das infolgedessen bedrohlich auf sie herabblickt.

Der Zuschauerin fällt diese Komposition des Filmbildes auf, d. h. diese optischen Beziehungen erscheinen beabsichtigt und keineswegs „lose und zufällig" (ebd., 77). Aus diesem Grund ist dann auch die Frage sinnvoll, welche symbolische Bedeutung diese Komposition besitzt, auf welche Weise also jener technische Mangel an räumlicher Tiefe und Größenkonstanz in diesem Fall künstlerisch verwertet wird. Wenn die Einstellung nämlich eine unverminderte Räumlichkeit aufweisen würde, dann fixierte Iwan irgendetwas unterhalb des Bildrahmens, das für den Zuschauer unsichtbar bliebe, während zugleich weit hinter ihm eine Armee von Soldaten vorbeiziehen würde. Die Möglichkeiten, dem Dargestellten durch die Komposition eine symbolische Bedeutung zu verleihen, wären damit zumindest deutlich verringert.

Ein letztes Beispiel aus der gegenwärtigen Kinolandschaft soll schließlich noch Erwähnung finden, weil es einen aufschlussreichen Sonderfall darstellt, mit dem sich die Aktualität von Arnheims Einsichten hervorheben lässt. Denn hier dient die Flächigkeit nicht dazu, einem Gegenstand eine bestimmte Bedeutung zu verleihen, sondern um ausnahmsweise einmal ganz ohne *Computer Generated Imagery* (CGI) eine fantastische Welt zu erschaffen: In Peter Jacksons *Die Gefährten* (NZL, 2001), dem ersten Teil seiner Trilogie *Der Herr der Ringe*, sitzt Frodo-Darsteller Elija Wood – ein Schauspieler von zwar kleiner, aber nicht außergewöhnlich kleiner Körpergröße – auf einer Kutsche neben Ian McKellen, der den Zauberer Gandalf spielt. Die Situation ist von vorne aufgenommen, und Frodo wirkt etwa halb so groß wie Gandalf.

Sieht man sich nun das *Making-of* dieses Films an, dann wird dort aufgedeckt, dass es sich bei dieser Kutsche um eine Spezialanfertigung handelt, sodass der Frodo-Darsteller in Wirklichkeit nicht *neben*, sondern viel weiter *hinter* dem Gandalf-Darsteller sitzt. Dass dieser Trick ohne jeden Einsatz von Computereffekten funktioniert, beruht – wie im *Making-of* erklärt wird – eben allein auf der grundsätzlich eingeschränkten räumlichen Tiefe der Filmbilder. Von vorne betrachtet, fällt der Zuschauerin überhaupt nichts auf: Infolge der eingeschränkten Größenkonstanz sitzen nicht zwei ungefähr gleich große Männer *hintereinander*, sondern zwei völlig unterschiedlich große Männer *nebeneinander* – eben ein kleiner Hobbit und ein menschengroßer Zauberer aus J. R. R. Tolkiens Fantasiewelt.

Sobald die Kamera im *Making-of* jedoch *neben* die Kutsche fährt, entlarvt sie den Trick, der ganz im Sinne von Arnheims Filmkunstverständnis die Mängel der technischen Aufnahme kreativ nutzt, um die filmische Welt zu gestalten. Entgegen der Schwarzmalerei aus *Film als Kunst* funktioniert dieser Trick allerdings bestens, auch wenn es sich dabei um einen – wie Arnheim mit verächtlichem Unterton sagen würde – „Komplettfilm" handelt. *Der Herr der Ringe* ist zwar ein Farb- und Tonfilm, aber trotzdem besteht selbst dann immer noch so viel Differenz zur gewöhnlichen Wahrnehmung, dass eine künstlerische Formgebung nach wie vor möglich bleibt.

Anders sieht der Fall jedoch bei der bereits am Anfang dieses Kapitels erwähnten VR-Brille aus: Die VR-Brille ist ein technisches Verfahren der Bildgebung, das eine nahezu perfekte Raumillusion bietet und damit die fehlende Größenkonstanz bisheriger Bewegtbilder korrigiert. Es handelt sich damit, wie Arnheim sagen würde, um eine „täuschend ähnliche Abbildung der Wirklichkeitswelt" (ebd., 77), die genau deshalb die Ausdrucksmöglichkeiten der Filmkunst einschränkt – zumindest diejenigen, deren Voraussetzungen fehlende Räumlichkeit und fehlende Größenkonstanz sind. Wie sich im Folgenden herausstellen wird, aber nicht nur diese.

5.1.3 Die Farblosigkeit

Der auffälligste Unterschied zur Realität ist neben der Stummheit des frühen Films sicher die Tatsache, dass er nur eine Schwarzweißwelt zu sehen gibt. Wenn man den vorherrschenden Maßstab der Naturähnlichkeit anlegt, dann ist diese Farblosigkeit sicher ein noch gravierenderes Manko als der Verlust der räumlichen Tiefe (vgl. Beiküfner 2003, 259). Arnheim verteidigt jedoch die schwarzweiße Welt des Films, indem er zunächst einfach auf den Zauber ihrer Erscheinung hinweist. Bordwell fasst Arnheims Auffassung sehr pointiert zusammen, wenn er schreibt: „Black-and-white film automatically stylizes reality" (Bordwell 2011, 25). Gerade weil die schwarzweiße Welt stilisierter ist, ist sie für Arnheim fremdartiger, intensiver, ja schlichtweg einfach schöner als die bunte Sinnenwelt (vgl. Arnheim 2002 [1932], 79).

Mit dieser Einschätzung steht er in einer ehrwürdigen geistesgeschichtlichen Tradition: Denn die Farben gehören, wie bereits Immanuel Kant erklärt, „zum Reiz; den Gegenstand an sich können sie zwar für die Empfindung beleben, aber nicht anschauungswürdig und schön machen; vielmehr werden sie durch das, was die schöne Form erfordert, mehrenteils gar sehr eingeschränkt und selbst da, wo der Reiz zugelassen wird, durch die erstere allein veredelt" (Kant [1790] 1990, B 42). Farben und Töne sind für Kant bloße Sinnesreize und darum bestenfalls *angenehm* – etwa so wie ein leckeres Essen. Schön sind in der bildenden Kunst also nicht die Farben, sondern die Formen und in der Musik nicht die Töne, sondern die Melodien und Harmonien (vgl. ebd., B 37 f., 42).

Friedrich Nietzsche, der sich ansonsten als Antipode Kants versteht, stimmt in diesem Fall mit ihm überein, wenn er von „der unsäglichen Buntheit [spricht], durch welche nur der oberflächlichste Blick sich beglückt fühlen kann" (Nietzsche [1876] 1988, 456). Im Übrigen handelt es sich bei der Verachtung des Bunten keineswegs nur um eine Philosophenkrankheit, denn auch Johann Wolfgang von Goethe schreibt in seiner Farbenlehre, dass „gebildete Menschen [...] einige Abneigung vor Farben" hätten, während „Naturmenschen, rohe Völker, Kinder [...] große Neigung zu Farben in ihrer höchsten Energie [...] zum Bunten"

(Goethe 1979 [1810], §§ 841, 835) besäßen. Dass diese Aversion gegen Farben auch im 20. Jahrhundert noch nicht an ihr Ende gekommen ist, zeigt sich nicht nur bei Arnheim. Vielmehr beklagt auch Vilém Flusser die Banalität von Farbfotografien, welche die Realität einfach nur reproduzieren, wohingegen seiner Ansicht nach Schwarzweiß-Fotografien intensiver und authentischer seien (vgl. Flusser 1983, 60).

All die genannten Autoren begreifen das Bunte nur als einen Abklatsch der Natur, der allenfalls der Zerstreuung und Unterhaltung dienen kann, und im Gegenzug wird, wie der Kunsthistoriker Wolfgang Ullrich feststellt, „das Schwarz-Weiß zum Ort der Wahrheit und der Kunst stilisiert" (Ullrich 2003, 10). Zwar ist das Weiße selbst etwas Sinnliches, aber als solches wird es zum Ausdruck für etwas Geistiges, nämlich für Reinheit und Wahrheit. Der Begriff des Weißen ist, wie Goethe bemerkt, mit dem „Begriff von Einfalt, Unschuld, Reinigkeit" (Goethe 1979 [1810], 76) verbunden. Arnheim steht also in einer kulturgeschichtlichen Tradition, die das Weiße als etwas betrachtet, das der profanen Weltlichkeit entrückt ist und infolgedessen zu einem „Maßstab für einen hohen – wenn nicht überhöhten – und sakralisierten Kunstbegriff" (Ullrich 2003, 214) wird.

Mit der Privilegierung des Schwarzweißfilms steht Arnheim also ganz und gar in jener Tradition, auf die der kurze kulturgeschichtliche Exkurs soeben einen Seitenblick geworfen hat. Vor allem stellt der Wegfall der Farbe natürlich eine weitere Differenz zwischen Darstellung und Dargestelltem dar – und jene Differenz ist für Arnheim ja gerade die Quelle der filmkünstlerischen Formgebung. Die Schwarzweißwelt lässt nämlich, wie es weiter heißt, Dinge, die in der Realität völlig unterschiedliche Farben besitzen, durch die gemeinsame Nuance in Grau miteinander in Verbindung treten:

„Das Laub eines Baumes ist ebenso schwarz wie ein Frauenmund – das heißt: nicht nur ist eine bunte Welt in eine schwarzweiße transponiert, sondern es sind auch dadurch alle Tonwerte untereinander verschoben, indem Gleichheiten auftauchen, von denen in der bunten Welt keine Rede ist; indem Dinge gleichfarbig sind, die in der Wirklichkeit keine oder nur eine ganz andre farbliche Beziehung zueinander haben" (Arnheim 2002 [1932], 30).

Ein treffendes Beispiel hierfür findet sich am Ende von Eisensteins erstem Film *Streik*: Der Polizeichef schlägt voller Wut mit der Faust auf den Tisch, woraufhin ein Tintenfässchen umfällt, dessen Flüssigkeit sich über jene Straßen einer aufgeschlagenen Stadtkarte ergießt, in denen die streikenden Arbeiter ihre Aktionen durchführen. Wenn in der folgenden Szene schließlich die Streikenden von den anrückenden Kosaken niedergeschossen werden, so lässt sich die Tinte, welche zuvor über die gezeichneten Straßen der Stadtkarte geflossen ist, als eine symbolische Vorwegnahme des Bluts der Arbeiter verstehen, das in den realen Straßen vergossen wird. Diese Symbolisierung des Bluts durch die Tinte beruht natürlich ganz im Sinne Arnheims darauf, dass beide Flüssigkeiten im Schwarzweißfilm – und eben nur dort! – denselben Farbton besitzen. Worauf Arnheim mit seiner Überlegung hinaus will, ist nun nicht mehr überraschend: Wäre der Film bunt, dann würden solche Korrespondenzen verschwinden, und der Film wäre grundsätzlich wieder um eine Ausdrucksmöglichkeit ärmer.

5.1 Die Differenz zwischen Darstellung und Dargestelltem

Arnheims Argumentationsstrategie folgt also demselben Muster, nach dem sich wie bei der Flächigkeit aus dem technischen Mangel eine künstlerische Tugend ergibt.

Allerdings sind doch erhebliche Zweifel angebracht, ob der Wegfall der Farbe tatsächlich in jedem Fall ein filmkünstlerischer Gewinn ist, wenn man z. B. an die komplexe Farbdramaturgie in Hitchcocks *Vertigo* (USA, 1959) denkt: Denn ganz im Gegenteil ist es hier gerade die Farblichkeit, die eine Fülle von Verbindungen der unterschiedlichsten Gegenstände stiftet. So wäre etwa jene Szene zu nennen, in der James Stewart und Kim Novak erstmals miteinander im Gespräch vertieft sind, wobei in jeder Einstellung immer nur jeweils eine der Personen vor ihrem jeweiligen Hintergrund zu sehen ist. In den Einstellungen mit dem Mann überwiegen im Hintergrund kühle, gedeckte und nüchterne Farben, wohingegen unruhige, leidenschaftliche und bisweilen grelle Rot- und Brauntöne – z. B. der flackernde Kamin – beim Hintergrund der Frau vorherrschend sind. Es ist kaum zu übersehen, dass der farbliche Hintergrund dazu dienen soll, die jeweilige Hauptfigur des Films zu charakterisieren.

Die symbolische Bedeutung beruht in diesem Beispiel also nicht auf dem *Wegfall* der Farbe, sondern ganz im Gegenteil auf der *Vielfalt* der farblichen Bezüge. Weitere Beispiele wären die vielschichtigen Kompositionen mit den Farben der Trikolore bei Jean-Luc Godard in *Zwei oder drei Dinge, die ich von ihr weiß* (FR, 1966) und in *Die Chinesin* (FR, 1967) oder Krzysztof Kiéslowskis Drei-Farben-Trilogie (PL, 1993–1994). Farbdramaturgische Beispiele, die sich außerdem anbieten, sind der rote Hintergrund in Ingmar Bergmans *Schreie und Flüstern* (SWE, 1972), welcher die Personen zu verschlucken scheint, und schließlich die Gegenüberstellung von Blau – als Farbe Marias – und Rot – als Farbe der Hexe – in Paul Verhoevens *Der vierte Mann* (NLD, 1983; siehe zur filmischen Farbdramaturgie im Allgemeinen: Marschall 2009).

Konfrontiert mit all diesen Beispielen würde Arnheim wohl erwidern, dass es ihm ja auf den film*spezifischen* Ausdruck ankommt und der Schwarzweißfilm im Unterschied zum Farbfilm solche Bezüge zwischen Gegenständen knüpfen kann, die in der realen bunten Welt gerade *nicht* zu finden sind. Während die farblichen Verbindungen in einem Schwarzweißfilm also filmspezifisch sind, sind es jene in einem Farbfilm ganz und gar nicht. Denn es wäre ja auch in der Realität möglich, Menschen vor einem farblichen Hintergrund zu platzieren, der ihre Persönlichkeit charakterisiert. Nach Arnheim sind jene farblichen Verbindungen, die Hitchcock ins Spiel bringt, also keine wirklich *film*künstlerischen *Gestaltungen*, sondern nur *Reproduktionen*, da sie sich genauso gut in der gewöhnlichen Wahrnehmung finden lassen. Kurz, sie sind bereits *vor* der Filmaufnahme und nicht *durch* sie entstanden.

Aus heutiger Sicht und mit Blick auf zahlreiche Filme, die auf beeindruckende Weise mit den inszenatorischen Möglichkeiten der Farbgebung umgehen, wirken Arnheims Bedenken gegen die Farbe eher idiosynkratisch oder einfach nur schrullig – insgesamt jedenfalls alles andere als überzeugend. So berechtigt die Vorbehalte an dieser Stelle auch sein mögen, so bleibt es doch fraglich, ob sich aber nun im Gegenzug einer prinzipiellen Überlegenheit des Farbfilms das Wort reden lässt. Es ist nicht abzustreiten, dass farblose Bilder mitunter eine größere Prägnanz und Intensität erreichen und Kontraste schärfer hervortreten lassen. Auf die Farbe verzichten häufig etwa Filme, die sich ganz auf den Ausdruck des Gesichts in Großaufnahmen konzentrieren – genannt seien als Beispiele Ingmar Bergmans *Persona* (SWE, 1966), John Cassavetes *Faces* (USA, 1969), Jim Jarmuschs *Dead Man* (USA, 1995), ein völlig anderes, aber gleichwohl passendes ist die Comicverfilmung *Sin City* (USA, 2004). Es mag zwar einiges dafürsprechen, dass das Bunte mehr kann, aber es sollte dabei nicht vergessen werden, dass das Schwarzweiß umgekehrt auch einiges kann, wozu das Bunte nicht imstande ist.

5.1.4 Der Bildrahmen

Ein weiterer Unterschied zwischen Wahrnehmung und Filmwahrnehmung besteht nach Arnheim darin, dass es zwar streng genommen keine *Sehfeld*-, wohl aber eine *Filmbild*begrenzung gibt (vgl. Arnheim 2002 [1932], 31). In der natürlichen Wahrnehmung bewegen wir unentwegt nicht nur unsere Augen und unseren Kopf, sondern laufen außerdem auch noch herum, weswegen uns die Begrenztheit unseres jeweiligen Gesichtsfeldes gar nicht wirklich zu Bewusstsein kommt (vgl. ebd., 31). In der Filmwahrnehmung gibt es jedoch einen festgelegten Bildrahmen, jenseits dessen die Welt des Films endet und jene Welt beginnt, von der wir, das Publikum, selbst ein Teil sind.

Wenn wir also einen Film ansehen, dann trifft zu, was Edmund Husserl, der Begründer der phänomenologischen Methode, ganz allgemein über das Bildbewusstsein sagt, dass es sich nämlich durch einen *Widerstreit* zwischen Bild und Wahrnehmung auszeichnet:

> „Die Erscheinung des Bildobjekts […] trägt in sich den Charakter der *Unwirklichkeit*, des *Widerstreits* mit der aktuellen Gegenwart. Die Umgebungswahrnehmung, die Wahrnehmung, in der sich uns aktuell die Gegenwart konstituiert, setzt sich durch den Rahmen hindurch fort" (Husserl 1980 [1904], 47).

Damit ist gemeint, dass sich die Umgebungswahrnehmung beim *gemalten* Bild auf das Papier oder die Leinwand und beim *gefilmten* Bild auf die Kinoleinwand oder den Monitor richtet. Real ist also nicht nur die Umgebung der gewöhnlichen Wahrnehmung, sondern auch die der Filmwahrnehmung: „[D]as Bild erscheint, aber es streitet mit der wirklichen Gegenwart, es ist also bloß ‚Bild', es ist, wie sehr es erscheint, ein *Nichts*" (ebd., 47, 46). Kurz und bündig erklärt daher Maurice Merleau-Ponty, ein anderer Phänomenologe: „[D]ie Leinwand hat keinen Horizont" (Merleau-Ponty 1966 [1945], 92). Mit anderen Worten, die Filmwelt ist innerhalb des Vierecks der Leinwand oder des Monitors eingesperrt.

Für Arnheim bedeutet der Bildrahmen vor allem, dass die Filmzuschauerin keinen körperlichen Standort in jener filmischen Welt besitzt. Die Folgen dieser *Entkörperlichung* sind paradoxerweise körperlicher Natur: Der Zuschauer kann es mit einer milden Form der Seekrankheit zu tun bekommen, vor allem mit Schwindel-

5.1 Die Differenz zwischen Darstellung und Dargestelltem

gefühlen, weil seine Augen sich in der bewegten Welt des Films orientieren, während hingegen sein Körper selbst völlig bewegungslos im Sessel sitzt (siehe hierzu z. B. die Anfangssequenz von Gaspar Noés *Irreversible* [FR, 2002] mit ihrer hysterisch herumwirbelnden Kamera). So geben die Gesichtswahrnehmungen der Zuschauerin ihr also die Auskunft, dass sie sich bewegt, obwohl sie sich ihren körperlichen Gleichgewichtsgefühlen zufolge in einer Ruhelage befindet (vgl. Arnheim 2002 [1932], 42; Beiküfner 2003, 260).

Die Trennung des körperlichen Standorts des Filmzuschauers von der filmischen Welt ist zwar kein *film*spezifischer, aber doch ein *bild*spezifischer Sachverhalt, der auch in jüngeren Debatten noch Kreise zieht: Denn Arnheim nimmt damit den für Noël Carroll zentralen Gedanken vorweg, dass dasjenige, was wir auf einer Kinoleinwand sehen, ein „entkörperlichter Anblick" (Carroll 2010, 159) ist. Als Zuschauerin kann ich, wie Carroll hervorhebt, keineswegs erkennen, wo sich der dargestellte Raum im Verhältnis zu meinem Körper befindet:

> „Der Raum zwischen der großen Mauer auf der Schädelinsel [Carroll bezieht sich auf den *Film King Kong und die weiße Frau* (M. C. Cooper/E. B. Schoedsack, 1933) – Anm. J. B.], wie sie auf dem Bildschirm erscheint, und meinem Körper besitzt keine Kontinuität. Der Raum, in dem sich die Mauer befindet, ist zwar durch den Film optisch erreichbar, aber phänomenologisch von dem Raum abgetrennt, in dem ich lebe" (ebd.).

Beim Rahmen bzw. der Begrenztheit der filmischen Einstellung handelt es sich also um eine weitere Abweichung der *filmischen* von der *gewöhnlichen* Wahrnehmung – und ebenso wie die bisher beschriebenen stellt auch diese Differenz für Arnheim ein kaum zu überschätzendes „Formierungs- und Stilisierungsmittel" (Arnheim 2002 [1932], 84) dar. Ein sehr elegantes Beispiel für den Gebrauch des Bildrahmens zur Spannungssteigerung findet sich am Ende von Roman Polanskis *The Ghostwriter* (FR/D/GB, 2010): Ewan McGregor – der Darsteller der namenlosen titelgebenden Hauptfigur – überquert eine Straße und geht rechts aus dem Bild, unter dem Arm ein Stapel Papiere, der in der Öffentlichkeit für einen Skandal sorgen wird. Die Kamera folgt ihm nicht, sondern fixiert nach wie vor denselben Bildausschnitt, in dem nun ein Auto zu sehen ist, das dem Ghostwriter mit steigender Geschwindigkeit folgt und dann ebenfalls rechts aus dem Rahmen herausfährt. Plötzlich hört man einen Aufprall, daraufhin blicken alle Leute im Bild entsetzt auf etwas, das jenseits des rechten Bildrahmens zu sehen ist – und schließlich weht der Wind von rechts einzelne Papierseiten ins Bild hinein.

Mit den inszenatorischen Möglichkeiten des Rahmens kann auch so gespielt werden, dass dieselbe Situation abwechselnd in unterschiedlichen Bildausschnitten präsentiert wird, um dieselben Ereignisse nacheinander in einem völlig anderen Licht erscheinen zu lassen (vgl. ebd., 87). In *Ein Fisch namens Wanda* (USA/GB, 1988, R.: Charles Chrichton) sieht man in einer Großaufnahme den Kopf eines Mannes, der sich anscheinend mit dem Rücken an eine Mauer lehnt und sich vehement bei jemandem entschuldigt, der selbst nicht im Bild ist. Wenn sich in der darauffolgenden Einstellung der Bildausschnitt erweitert und die Kamera sich einmal um 180° von unten nach oben dreht, verstehen wir als

Zuschauer, was es wirklich mit der Situation auf sich hat: Der Mann wird nämlich kopfüber an den Beinen aus einem Fenster gehalten und auf diese Weise zur Entschuldigung gezwungen. Hier wird einmal mehr deutlich: Da die Zuschauerin keinen körperlichen Standort in der filmischen Welt hat, kann sie niemals von sich aus feststellen, was wirklich oben oder unten ist. Auch dieser Effekt ist nach Arnheim also nur möglich, weil – mit Carroll gesprochen – die Filmrezeption *entkörperlicht* ist.

Der Rahmen dient, wie Arnheim gravitätisch zusammenfasst, der wesentlichen Aufgabe des Kunstwerks, die Aufmerksamkeit des Rezipienten mit „gesetzmäßiger Strenge" so zu lenken, „wie es dem Sinn des Dargebotenen entspricht" (ebd., 93). Für sein allgegenwärtiges Verdikt gegen den Farb- und Tonfilm kann sich Arnheim diesmal jedoch keineswegs auf die künstlerische Bedeutung der Bildbegrenzung berufen, denn zweifellos besitzt der Farb- und Tonfilm genauso einen Rahmen wie der stumme Schwarzweißfilm. Allerdings sieht der Fall wiederum bei der VR-Brille – und auch schon beim *IMAX-Cinema* – ganz anders aus: Die VR-Brille ist außerstande, die Aufmerksamkeit des Zuschauers auf eine Weise zu lenken, wie es Arnheim zufolge für Kunstwerke erforderlich wäre, weil ihre Bilder schlichtweg überhaupt gar keinen Rahmen besitzen.

5.1.5 Raumzeitliche Diskontinuität

Jene Abschnitte aus *Film als Kunst*, in denen Arnheim auf die Unterbrechungen der raumzeitlichen Kontinuität in der Filmrezeption zu sprechen kommt, rücken die Montage in den Mittelpunkt und setzen sich mit der Privilegierung auseinander, die dieses filmische Gestaltungsmittel in den Filmen von Eisenstein und Pudowkin erfahren hat. Da die gewöhnliche Wahrnehmung „in einem geschlossenen räumlichen und zeitlichen Ablauf" (ebd., 34) stattfindet, muss jede Distanz Schritt für Schritt in einer kontinuierlichen Bewegung durchlaufen werden. Im Film kann jedoch ein zeitlicher Ablauf in jedem beliebigen Moment unterbrochen und eine Szene präsentiert werden, die sich sehr viel später oder sogar früher als die bisher gesehenen Geschehnisse ereignet. Im Unterschied zur Wahrnehmung – aber ebenfalls im Unterschied zu den Bildern der VR-Brille – sind in der filmischen Welt also sogar Umkehrungen der chronologischen Reihenfolge und erst recht Ellipsen möglich (vgl. ebd., 37): So kann eine Person die Tür ihres Hauses in Berlin schließen und in der nächsten Einstellung – eine Sekunde später – in New York aus einem Flugzeug steigen. Dies verdankt der Film der Montage, die mühelos das raumzeitliche Kontinuum durcheinanderwirbelt und Beschränkungen allerhöchstens unterworfen ist, um die Verständlichkeit der Handlung zu gewährleisten (vgl. ebd., 35).

Gerade hinsichtlich dieser Thematik erweisen sich Arnheims Bemerkungen allerdings hier und da doch als filmgeschichtlich überholt: So meint er etwa, dass es kein Nacheinander von zeitlich identischen Vorgängen im Film gebe (vgl. ebd., 35). Richtig ist, dass es sich hierbei um ein Stilmittel handelt, das erst viele Jahre nach der Veröffentlichung von *Film als Kunst* Einzug in die Filmgeschichte gehalten hat. Die Explosion des Schurken in Brian de Palmas *Teufelskreis Alpha* (USA, 1978, R.: Brian de Palma) wird hintereinander aus zwölf *verschiedenen* Kameraperspektiven gezeigt, wobei es sich – anders als es Arnheim zur Gesetzmäßigkeit erhoben hat – aber um ein und denselben zeit*identischen* Vorgang handelt. Ein ganz ähnliches Beispiel wären die Schießereien in Sam Peckinpahs *The Wild Bunch* (USA, 1969). Ebenfalls historisch bereits seit langem überholt, ist Arnheims gutgemeinter Ratschlag, von jeder Szene „nur die für die Handlung wesentlichen Augenblicke" zu zeigen, dabei aber ruckartige Bildsprünge unbedingt zu vermeiden (vgl. ebd., 36): Jean-Luc Godard bringt in *Außer Atem* (FR, 1959), jenem Frühwerk der französischen *Nouvelle Vague*, solche von Arnheim monierten *Jump-Cuts* ebenso vehement wie wohldurchdacht zum Einsatz, um die Aufmerksamkeit der Zuschauerin auf die Medialität des Films selbst zu lenken.

Allerdings kann Arnheim zumindest darin beigepflichtet werden, dass sich der Film gegenüber der Wirklichkeit durch eine raumzeitliche *Diskontinuität* auszeichnet, insofern es die Montage möglich macht, räumlich und zeitlich weit voneinander getrennte Vorgänge direkt aufeinander folgen zu lassen (vgl. ebd., 39). Die Möglichkeiten dieses Stilmittels ausgelotet zu haben, ist natürlich vor allem ein Verdienst der Russenfilme. Eisenstein, Pudowkin und Vertov sind, wie Arnheim kritisiert, jedoch „in ihrer Begeisterung vielfach zu weit gegangen" (ebd., 95), weil sie Filmkunst eben schlichtweg mit der Montage gleichsetzen (vgl. Beiküfner 2003, 262 f.).

Konsequent ist für jene Regisseure darum die einzelne Einstellung nur ein Stück reproduzierter Wirklichkeit und der Film entsprechend „geschnittene Natur" (Arnheim 2002 [1932], 95). Arnheim gibt vorbehaltlos zu, dass es sich bei der Montage für den Filmkünstler um „ein Mittel allererster Klasse" handelt, „um die Wirklichkeitsvorgänge, die er aufnimmt, zu formen, zu deuten, zu vertiefen" (ebd., 97). Was er jedoch moniert, ist die „Verachtung für das Unmontierte" (ebd., 97), die Eisenstein und Co. zumindest in ihrer Theorie an den Tag legen. In dieser Hinsicht versteht er sich selbst geradezu als ein Antipode der Montagekunst: Schließlich geht es ihm in *Film als Kunst* hauptsächlich darum, jenen Vorwurf, der Film sei nur mechanische Reproduktion, mit dem Nachweis zu entkräften, dass bereits die einzelne Einstellung weitaus mehr als nur „ungeformte Natur" (ebd., 95) sei.

5.1.6 Tonlosigkeit

Keineswegs ist der Stummfilm Arnheim zufolge auf eine akustische Ergänzung angewiesen, denn im künstlerischen Sinne ist er ganz und gar vollständig, weil es ihm gelingt, Geräusche, Gerüche und Tastempfindungen allein über das Gesehene zu vermitteln. So genügt es, den Revolverschuss in Verbindung mit auffliegenden Vögeln *sehen* zu lassen (vgl. ebd., 44; siehe hierzu auch Beiküfner 2003, 256). Es handelt sich dabei um eine indirekte Darstellung von Wirklichkeitsvorgängen mit dem besonderen Reiz, dass das Plötzliche und Explosive des Auffliegens der Vögel auf optischer Ebene auch denselben expressiven Charakter wie ein Revolverschuss besitzt (vgl. Dhir 2011, 90).

Und auf dieselbe Weise macht der Stummfilm auch die hörbare Sprache der Schauspieler überflüssig: Ohne Balázs an dieser Stelle auch nur ein einziges Mal zu erwähnen, lenkt Arnheim nun die Aufmerksamkeit auf den stummen leiblichen Ausdruck der Mimik und Gestik der Filmschauspieler: Sprechen im Stummfilm ist genau das, eine *Mimik*, d. h. kein akustisches, sondern ein *visuelles* Ausdrucksmittel (vgl. Arnheim 2002 [1932], 112 f.). Auch in diesem Fall ist eine Formgebung möglich, welche dadurch geschieht, dass der leibliche Ausdruck das stumm Gesprochene „indirekt deutlich [macht] und damit künstlerisch interpretiert" (ebd., 112). Es ist hierbei gerade die Abwesenheit des Tons, die die expressive Wirkung der *Gebärde* des Sprechens in den Vordergrund treten lässt:

> „Das beunruhigend Klaffende des aufgesperrten Mundes gibt eine sehr lebendige, sehr künstlerische Interpretation des Phänomens Lachen. Hört man die Laute dazu, so wirkt diese Mundöffnung selbstverständlich und ihr Ausdruckswert tritt fast ganz zurück" (ebd., 113).

Wie bei Balázs macht also auch bei Arnheim das visuelle Ausdrucksvermögen der Gebärden im Stummfilm jedes *akustische* Sprechen überflüssig.

5.2 Das Ende der Filmkunst – der „Komplettfilm"

Nach den bisherigen Ausführungen wundert es den Leser nicht mehr, wenn Arnheim zu dem äußerst pessimistischen Schluss kommt, dass die Erfindung des Ton- und Farbfilms zum Niedergang der Filmkunst führt. Durch diese technische Errungenschaft wird die Filmkunst schlichtweg inmitten ihres vielversprechenden Wachstums unterbrochen, da sie eben ausschließlich auf dem Boden des stummen und schwarzweißen Films und durch eine immer bewusstere und bessere Gestaltung seiner Möglichkeiten gedeihen kann (vgl. ebd., 261). Insofern der Komplettfilm ein *„Maximum an Naturähnlichkeit"* (ebd., 261) erreicht, macht er nämlich unter filmkünstlerischen Gesichtspunkten nichts anderes, als gerade jene Differenz zwischen Darstellung und Dargestelltem einzuuebnen, die notwendig für die Filmkunst ist:

> „Der Komplettfilm ist die Krönung des jahrtausendlangen Strebens, die Kunst zu Panoptikumszwecken zu mißbrauchen. Der Versuch, die Flächendarstellung dem als Vorbild dienenden Natur-Raum maximal ähnlich zu machen, glückt, Vorbild und Abbild werden nahezu eins; damit entfallen alle Formungsmöglichkeiten, die auf diesem Unterschied zwischen Vorbild und Abbild basierten" (Arnheim 2002 [1932], 266; vgl. Beiküfner 2003, 274).

Bestenfalls ist darum das *Dargestellte* oder *Abgebildete* noch künstlerisch, aber keineswegs mehr die *Darstellung* oder *Abbildung* – und entsprechend macht der Film auch keine Kunst mehr, sondern reproduziert und konserviert sie allenfalls noch (vgl. Choi 2011, 134). Sieht man sich Arnheims Ausführungen genauer an, so zeigt sich, dass der Komplettfilm keineswegs alle Differenzen zwischen

Darstellung und Dargestelltem aufhebt – und darum lässt sich sein Unkenruf vom Ende der Filmkunst zumindest etwas abschwächen. Denn *erstens* weist auch der Komplettfilm – im Unterschied zur VR-Brille – einen Bildrahmen auf. Und trotz Arnheims Bedenken kann ein solcher Komplettfilm *zweitens* dank der Montage nach wie vor Ereignisse in einer raumzeitlichen Diskontinuität schildern. Am Beispiel der Kutschfahrt von Frodo und Gandalf in *Der Herr der Ringe* hat sich zudem *drittens* gezeigt (s. Abschn. 5.1.2), dass das bunte Filmbild immer noch flächig ist, weswegen also auch dieses künstlerische Potential mit dem Komplettfilm noch nicht verlorengegangen auseinander ist. Zwar kann Arnheim immer noch daran festhalten, dass beim Komplettfilm die Möglichkeiten der Filmkunst im Vergleich zum stummen Schwarzweißfilm erheblich eingeschränkt sind, aber das pauschale Urteil vom *Ende* der Filmkunst stellt sich selbst auf der Grundlage seiner eigenen Argumentation als übertrieben heraus.

5.2.1 Parallelismus und Kontrapunktik beim Tonfilm

Denkt man an die frühen Anfänge des Films, in denen er zunächst als eine Jahrmarktssensation hervorgetreten ist, dann ist für Arnheim die Zeit der Filmkunst eigentlich nur jene kurze Periode – nicht mehr als etwa 15 Jahre –, nachdem er von der Zirkusbühne geholt wurde und bevor der Tonfilm ihn erneut auf eine Bühne verbannt hat, nämlich diesmal auf diejenige des Theaters. Von jetzt an drängt sich das Wort in den Mittelpunkt und im Zuge dessen muss nun auch die visuelle Inszenierung technischen und nicht allein künstlerischen Ansprüchen genügen: Ein Gespräch kann erstens, wie Arnheim moniert, nur aus Großaufnahmen bestehen, weil das Mikrofon sich in der Nähe der sprechenden Darsteller befinden muss. Zweitens schließt es die Montage aus und muss daher in einer einzigen langen Einstellung präsentiert werden (vgl. Arnheim 2002 [1932], 215, 217). Allerdings stellt sich Arnheims Sündenregister des Tonfilms an dieser Stelle doch eindeutig als veraltet heraus, denn der Fortschritt der Aufnahmetechnik hat inzwischen die genannten Einschränkungen der Bild-Ton-Gestaltung aus dem Wege geräumt.

Es besteht kein Zweifel: Nach Arnheim wäre die Filmkunst wohl besser beraten, wenn sie vollkommen stumm bliebe. Da sich das Rad jedoch nicht zurückdrehen lässt, sollte der Ton wenigstens – wie es nun zähneknirschend heißt – so künstlerisch wie möglich zum Einsatz gebracht werden. In diesem Sinn unterscheidet Arnheim zwischen *Parallelismus* und *Kontrapunktik*: Ein Parallelismus liegt dann vor, wenn der Ton dem Bild nichts Neues hinzufügt, also z. B. die im Bild zu sehende Uhr zusätzlich auch noch zu hören ist: „[D]er Klang ist überall da überflüssig, wo er nichts bringt, als was nicht im Bild schon vorhanden wäre" (ebd., 235).

Man darf jedoch, wie Arnheim warnt, nicht ins andere Extrem verfallen und die ebenso „puristische" (ebd.) wie unmögliche Forderung stellen, auf Parallelismus grundsätzlich zu verzichten. Aus diesem Grund spricht er sich auch entschieden gegen eine beliebte Strategie früher Tonfilme aus, die – wie z. B. René

Clair in *Es lebe die Freiheit* (FR, 1931) – den Ton einfach nur dann wiedergeben, wenn man ihn wirklich benötigt. Ein solches Vorgehen steht nämlich im Widerspruch zum „wirklichkeitsnahen Charakter des Films" (ebd., 238). Arnheims Überlegungen laufen also darauf hinaus, dass der Tonfilm sich vor allem vor zwei Gefahren hüten muss: Einerseits soll er künstlerisch unmotivierte Töne weitgehend vermeiden, weil es nicht Überflüssiges und Sinnloses in einem Film geben darf (vgl. ebd.). Andererseits darf er aber auch nicht gegen die Wirklichkeit des Dargestellten verstoßen.

Die Lösung sieht Arnheim nun in einem Verhältnis zwischen Gesehenem und Gehörtem, das sich nicht durch *Parallelismus*, sondern vielmehr durch *Kontrapunktik* auszeichnet. Eine Kontrapunktik liegt dann vor, wenn der Ton das Bild nicht einfach wiederholt, sondern stattdessen ergänzt oder ihm sogar widerspricht. Wenn man sich die frühen Tonfilme ansieht, dann taucht eine solche Kontrapunktik vor allem in Fritz Langs Film *M* (D, 1931) auf: Die immer verzweifelteren Rufe der im Bild nicht zu sehenden Mutter sind kontrapunktisch mit Ansichten von Räumen wie dem Treppenhaus, dem Hinterhof oder dem Dachboden verbunden, in denen die gesuchte Tochter nirgends zu finden ist (vgl. auch ebd., 241). Ein weiteres, sehr einfaches und daher prägnantes Beispiel ist das Mädchen, welches aufgrund der schrillen Hupe eines Autos, das sich außerhalb des Bildrahmens befindet, wieder auf den Bürgersteig zurückspringt.

5.3 Ikonische Differenz und starke bewegte Bilder – Gottfried Boehm

Arnheims Position legt einen Vergleich mit Gottfried Boehm nahe, einem Kunst- und Bildtheoretiker der Gegenwart: Wenn die Terminologie auch deutlich voneinander abweicht, so gibt es doch der Sache nach erstaunliche Parallelen einerseits zwischen dem *Bildverständnis* und andererseits zwischen dem *ästhetischen Maßstab*, dem ‚starke' oder ‚kunstvolle' Bilder bei Boehm und Arnheim genügen sollen. Obwohl Boehms Bildtheorie ihrem Anspruch nach für alle, also auch für filmische Bilder gültig sein soll, finden sich bei ihm selbst keine Analysen von Filmbeispielen. Darüber hinaus macht Boehm explizit keine Angaben darüber, inwiefern Arnheims Kunsttheorie z. B. in *Kunst und Sehen* (1954) oder gar dessen Filmtheorie sein eigenes Denken beeinflusst haben. Nichtsdestotrotz gibt es hinsichtlich des Bildverständnisses zwischen beiden Autoren so viele Übereinstimmungen, dass Arnheims Filmtheorie als Antwort auf offene Fragen gelesen werden kann, die sich aus Boehms Bildtheorie ergeben: Gibt es eine ikonische Differenz auch beim Film? Ist der Film ebenfalls imstande, ‚starke Bilder' hervorzubringen? Lässt man einmal die chronologische Reihenfolge außer Acht, dann fängt Arnheim genau dort das Staffelholz auf, wo Boehm es fallen lässt.

Im Mittelpunkt von Boehms philosophischer Bilddefinition steht der Begriff der *ikonischen Differenz*. Gemeint ist damit die Differenz zwischen den materiellen Farbauftragungen und den eigentlichen Bildobjekten, also den Menschen, Tieren und Dingen, die im Bild zur Erscheinung kommen. Eine Fläche, die mit

5.3 Ikonische Differenz und starke bewegte Bilder – Gottfried Boehm

Farbe beschmiert wird, ruft in diesem Anwesenden etwas *Abwesendes* hervor (vgl. Boehm 2015 [2006], 211) und eröffnet, wie es weiter heißt, auf diese Weise einen „Zugang zu unerhörten sinnlichen und geistigen Einsichten" (Boehm 2006 [1995], 30 f.). Für Boehm ist diese vermeintliche Selbstverständlichkeit etwas, das völlig zu Recht Staunen und Verwunderung hervorrufen sollte: „Wie ist es überhaupt möglich, mit bloßem Stoff (Pigmenten und Pinsel) appliziert auf einen materiellen Träger (Holz, Putz, Leinwand, Blech usw.) die höchsten Geheimnisse der Religion, des Geistes, oder eines aesthetischen Entzückens zu repräsentieren" (Boehm 2006a [1995], 327).

In Boehms Position lässt sich nun der Sache nach unschwer ein Fortwirken der philosophischen Tradition der Bildtheorie entdecken (vgl. z. B. Husserl 1980 [1904/1905], 19 f.; Sartre 1994 [1940], 37, 296–299; Jonas 1997 [1961], 265–301, 274–276). Im Unterschied zu Edmund Husserl, Jean-Paul Sartre oder Hans Jonas gibt er jedoch seiner ikonischen Differenz eine ausgeprägte normative Wendung – und damit schleicht sich in seine Analysen eine Äquivokation hinein, die sich gerade mithilfe der bildtheoretischen Terminologie von Husserl und Jonas besonders deutlich markieren lässt: Solange es um die Frage geht, was ein Bild überhaupt ist, meint Boehm mit der ikonischen Differenz jenes Verhältnis, das – in Husserls Worten – zwischen dem Bild*träger* und dem Bild*objekt* bzw. – in Jonas' Worten – zwischen dem *Darstellenden* und der *Darstellung* besteht: Etwas ist dann ein Bild, wenn seine Materie einen Sinn hervorruft, d. h. wenn die Pinselstriche ein Objekt sehen lassen.

Sobald Boehm jedoch nicht einfach nur sagen will, was ein Bild überhaupt ist, sondern außerdem auch noch, was ein *gutes* Bild ist, dann bezieht sich seine ikonische Differenz von jetzt an auf – mit Husserl gesprochen – das Verhältnis zwischen Bild*objekt* und Bild*sujet* bzw. – mit Jonas gesprochen – das Verhältnis zwischen *Darstellung* und *Dargestellten*. Die ikonische Differenz meint im ersten Fall also das Vermögen der realen Materie, einen bildlichen Sinn zu erzeugen, im zweiten Fall die Nähe (schwache Bilder) oder Distanz (starke Bilder) dieses bildlichen Sinns zur Realität, auf die das Bild sich bezieht.

Dies soll im Folgenden genauer erläutert werden: Die ikonische Differenz ist einerseits ein *Grundcharakteristikum* aller Bilder, andererseits macht sie es möglich, *starke* von *schwachen* Bildern zu unterscheiden. Das jeweilige Bild kann entweder sein Gemachtsein, also seine Bildlichkeit selbst in den Vordergrund rücken, oder es kann ganz im Gegenteil zu einem getreuen Abbild der Realität werden, indem es sich als Bild verleugnet. In letzter Konsequenz ist das dann „erreicht […], wenn wir als Betrachter getäuscht werden, das Bild für das Dargestellte selbst halten, es als Bild gleichsam übersehen" (Boehm 2006 [1995], 34).

Während für Arnheim vom Panoptikumsideal, dem der Komplettfilm huldigt, die Gefahr für alle Filmkunst ausgeht, sieht Boehm ganz ähnlich die Schuld für den Niedergang der Bildlichkeit in der modernen Medienindustrie mit ihren vielfältigen Simulationstechniken. Diese ist, wie es heißt, im Kern bilderfeindlich, insofern die Suggestivität ihrer Bilder ihre Bildlichkeit verbirgt, um als Realitätsersatz auftreten zu können (vgl. ebd., 35). Boehms Medienbilder sind – ebenso wie Arnheims Komplettfilmbilder – schlichtweg *Abbilder*, d. h. solche Bilder, die

die Differenz zwischen Darstellung und Dargestellten tendenziell verdecken. Und solche Abbilder sind, wie Boehm fortfährt – und Arnheim würde ihm kaum widersprechen –, „zweifellos die verbreitetsten Bilder". Ihre Funktion erfüllen sie vor allem „im Fernsehen, in Photos, Reklamen, Katalogen etc." (ebd., 16).

Von solchen *schwachen Bildern*, die – wie Arnheim sagen würde – dem Panoptikumsideal der möglichst perfekten Naturkopie folgen, unterscheidet Boehm nun die *starken Bilder*, die die ikonische Differenz gerade nicht verringern, sondern vielmehr produktiv zu nutzen verstehen. In Übereinstimmung mit Arnheims Überlegungen zur Filmkunst erklärt Boehm nun, dass ein starkes Bild das Dargestellte nicht einfach nur imitiert, sondern seinen „ikonische[n] Eigenwert" (Boehm 2015a [2006], 257) einsetzt, um „Eingriffe, Einsichten, Deutungen" (ebd., 254) im Hinblick auf die dargestellte Realität zu ermöglichen. Arnheim und Boehm sind sich einig, dass gute Bilder die realen Objekte *interpretieren*, während schlechte Bilder sie einfach nur so realistisch wie möglich *kopieren*. Boehms starke Bilder und Arnheims Filmkunst setzen eine Distanz zwischen Realität und Bild voraus, dank der das reale Dargestellte in der bildlichen Darstellung verwandelt wird.

Es ist nicht zu übersehen, dass Boehm seine Überlegungen vor allem im Hinblick auf Gemälde und Tafelbilder entwickelt, aber seine Bildbestimmung erhebt aufgrund ihres universellen Charakters den Anspruch, gleichermaßen für fotografische und filmische Bilder gültig zu sein. So heißt es daher: Nicht nur eine ikonische Differenz, sondern ebenso starke Bilder sind auch hier zu finden, wie die „Geschichte der Photographie, des Films oder der beginnenden Videokunst […] zur Genüge bewiesen" (Boehm 2006 [1995], 35) habe. Eine genauere Auskunft, wie Boehm sich nun starke Bilder in Fotografie und Film vorstellt, erhält der Leser jedoch nicht. Wie bereits Arnheim bemerkt hat, besteht jedoch bei Fotografien und Filmen schon aufgrund ihres technischen Produktionsprozesses viel eher die Gefahr, dass sie zu einfachen Kopien der fotografierten oder gefilmten Realität, also eben zu bloßen schwachen Bildern werden.

Mit der Formgebung, die sich in der Darstellung vollzieht, kommt bei Boehm – wie auch zuvor schon bei Arnheim – ein ästhetischer Maßstab ins Spiel, der unvermeidlich in letzter Konsequenz gemalte gegenüber fotografierten und gefilmten Darstellungen privilegiert. Denn ein Foto oder Film ist bereits ‚von ganz allein' eine Kopie der Realität, während umgekehrt schon ein gewisses Vermögen des Malers vonnöten ist, damit ein Gemälde wie eine Verdopplung der Realität wirkt. Jedenfalls lässt sich kaum von der Hand weisen, dass Boehms allgemeines Bildverständnis die Einsicht nahelegt, dass fotografische und filmische Bilder im Verhältnis zu den gemalten Bildern doch a priori zweitrangige, also insgesamt schwächere Bilder sind. Selbst ausgesprochen starke filmische Bilder wären immer noch schwächer als halbwegs starke gemalte Bilder, weil die ikonische Differenz der filmischen Darstellung doch *in jedem Fall geringer* ist als jene der malerischen Darstellung. Boehm räumt zwar explizit ein, dass Filmbilder starke Bilder sein können, aber schließt sein allgemeines Bildverständnis diese Möglichkeit nicht von vornherein aus? Und legen nicht deshalb die großen Parallelen zwischen Boehm und Arnheim den Verdacht nahe, dass auch Arnheim, der sich ja gerade als Anwalt der Filmkunst sieht, mit dem von der bildenden Kunst entliehenen Maßstab der Formgebung aufs falsche Pferd gesetzt hat? Formgebung setzt das voraus, was Boehm die ikonische Differenz nennt – und der realistische Charakter des Films spricht doch dafür, dass seine ikonische Differenz nie so groß sein wird wie jene der Malerei. Folglich wird der Film nach dem Maßstab der Formgebung auch niemals so starke Bilder wie die Malerei hervorbringen.

Arnheim warnt davor, dass technische Fortschritte wie Ton- und Farbfilm jene ikonische Differenz einebnen und die weitere Entwicklung des Films dazu verurteilen, nur noch schwache Bilder hervorzubringen. Um den Film gegen den Vorwurf zu verteidigen, er sei ohnehin nur eine Reproduktion der Realität, will Arnheim zeigen, dass er gleichfalls – mit Boehm gesprochen – eine ikonische Differenz aufweist und aus diesem Grund ebenfalls imstande ist, die Realität nicht einfach nur zu kopieren, sondern vielmehr zu stilisieren, zu formen und zu interpretieren. Wie Boehm ist auch Arnheim der Überzeugung, dass gerade in der Spannung zwischen der Darstellung und dem Dargestellten die künstlerische Qualität eines Bildes liegt. Aber selbst wenn man Arnheims akribischen Analysen ganz und gar zustimmt, bleibt doch die Frage, ob selbst eine vom Naturkopie-Ideal weitgehend befreite Filmkunst jemals auch nur annähernd so starke Bilder hervorzubringen vermag wie die bildende Kunst der Malerei.

5.4 Von der geistigen Formgebung zur Kooperation zwischen Geist und Natur – der späte Arnheim

Ausgerechnet Arnheim, der innerhalb der Filmtheorie wohl als der konsequenteste Formalist gilt, entwickelt allerdings in seinem späteren Denken ein alternatives Verständnis von fotografischen und filmischen Bildern. Der späte Arnheim würdigt den Realismus und erklärt damit genau das zur Stärke des Bildes, was für Boehm und den frühen Arnheim selbst seine Schwäche ist. Sein Lob, dass fotografische und filmische Bilder „Selbstzeugnisse der realen Dinge" (Arnheim 2004a [1978], 42) sein können, stellt sozusagen eine Rehabilitierung derjenigen Bilder dar, die Boehm als schwach bezeichnen würde.

Dieser Sinneswandel bedeutet eine Akzentverschiebung, aber keineswegs einen radikalen Bruch mit der frühen Position: So mahnt Arnheim ja bereits in *Film als Kunst* mehrfach an, dem „wirklichkeitsnahen Charakter des Films" (Arnheim 2002 [1932], 238) Rechnung zu tragen und weist entschieden jeglichen Formalismus mit der Forderung zurück, die Form solle sich nicht verselbständigen, sondern prinzipiell in den Dienst einer Interpretation des Gegenstands gestellt werden. Mit diesem Zugeständnis an den Darstellungstrieb, das in der Forschungsliteratur zu Arnheim häufig unter den Tisch fällt (vgl. z. B. Elsaesser/Hagener 2007, 32), lässt sich seine Theorie immerhin in aller Deutlichkeit von solchen formalistischen Positionen abgrenzen, wie sie im 20. Jahrhundert etwa von Clement Greenberg vertreten werden: „Arnheim's rejection of imitation […] resembles aesthetic modernism, but the goal for him was always a sharper and clearer expression of meaning, not its questioning and dissolution" (Higgins 2011, 10).

Dennoch ist nicht in Abrede zu stellen, dass sich für Arnheim der Film an dem Prinzip der Formgebung als dem maßgeblichen Kunstkriterium aller darstellenden Künste orientieren soll. Nur unter dieser Bedingung sind filmische Kunstwerke möglich. Balázs' Forderung eines film*spezifischen* Kunstkriteriums (s. Abschn. 3.1) wird Arnheims Ansatz auf diese Weise jedoch keineswegs gerecht, denn es gelingt in *Film als Kunst* bestenfalls, dem Film die Weihe einer bildenden Kunst unter allen anderen zu verleihen. Infolgedessen ist der Film einerseits *keine eigenständige* Kunst und andererseits eine *minderwertige* Kunst: Insofern er im Vergleich etwa mit der Malerei oder der Plastik einen „wirklichkeitsnahen Charakter" (Arnheim 2002 [1932], 238) besitzt, kann er zwar formen, aber niemals in einem solchen Ausmaß, wie es die anderen bildenden Künste können: „Die auf mechanische Weise gewonnenen Bilder offenbaren klarer, als die von Hand hergestellten Bilder der Künstler es je vermochten, daß, wenn die Nachahmung der Natur wörtlich genommen wurde, sie den Erfordernissen der Kunst im üblichen Sinn nicht in vollem Umfang gerecht werden konnte" (Arnheim 2004b [1993], 57). Kurz, der Film wird zwar in die Familie der bildenden Künste aufgenommen, aber er bleibt ihr Schmuddelkind. Denn ohne Zweifel ist er die Kunst mit den schwächsten Bildern.

Während in *Film als Kunst* der Nachweis erbracht werden soll, dass die Filmkunst denselben Gesetzen wie alle anderen bildenden Künste folgt, verlagert sich im Unterschied dazu in späteren Schriften wie „Über das Wesen der Photographie" (Arnheim 2004c [1974], 20–35), „Die Fotografie – Sein und Aussage" (Arnheim 2004a [1978], 36–42), „Glanz und Elend des Photographen" (Arnheim 2004d [1979], 46–55) und „Die beiden Authentizitäten der photographischen Medien" (Arnheim 2004b [1993], 56–63) das Schwergewicht der kunst- und medientheoretischen Untersuchung auf die Frage nach der *Sonderstellung* von Fotografie und Film innerhalb der bildenden Künste.

Es geht also nicht mehr um die *Gemeinsamkeiten* zwischen dem Film und den anderen bildenden Künsten, sondern vielmehr um ihre *Unterschiede* – und diese Akzentverschiebung schließt eine Selbstkritik an der Position in *Film als Kunst* ein, welche – wie Arnheim offen zugibt – dem Einfluss von Siegfried Kracauer zu verdanken ist:

> „Ich beanspruchte die traditionellen Qualitäten für den Film. Dadurch vernachlässigte ich jedoch fast völlig die ‚dokumentarischen' Aspekte, die Kracauer betonte" (Arnheim 2004b [1993], 60).

Während Arnheims Aufmerksamkeit in *Film als Kunst* vor allem auf die Natur*ferne* des Films gerichtet ist, weil in ihnen seine Legitimierbarkeit als Kunstform verwurzelt ist, so konzentriert er sich in den genannten sehr viel späteren Aufsätzen ganz im Gegenteil auf die Natur*nähe* des Films, weil er sich genau dadurch von allen anderen bildenden Künsten unterscheidet. Dass der Film – ebenso wie die Fotografie – in einem viel engeren Kontakt mit der Realität steht, zeigt sich Arnheim zufolge schon beim Vergleich der jeweiligen Produktionsbedingungen: Der Maler kann in seinem Atelier bleiben und der Dichter zu Hause im Sessel

5.4 Von der geistigen Formgebung zur Kooperation zwischen Geist und Natur

Hymnen auf eine Revolution schreiben, wohingegen der Dokumentarfilmer – ebenso wie der Fotograf – „am Ort des Geschehens" (Arnheim 2004c [1974], 25) sein muss. Das Dargestellte muss – darin unterscheiden sich Film und Fotografie von allen anderen bildenden Künsten – real gegenwärtig gewesen sein. Aus diesem Grund kommen Fotograf und Filmemacher nicht umhin, ein Teil der Situation zu sein, die sie dokumentieren wollen:

> „Der Photograph ist ein Jäger, der stolz darauf ist, sich unbemerkt anpirschen und das Leben in seiner Spontaneität einfangen zu können. Reporter freuen sich diebisch, wenn sie eine Person des öffentlichen Lebens in einem Augenblick zeigen können, in dem sie ihre Erschöpfung oder Verlegenheit zu verbergen vergißt" (ebd., 24).

Aus diesem Grund geraten sie auch schneller in eine Situation, die ihnen eigentlich Solidarität und Mitgefühl abverlangt. Wer einen Ertrinkenden *malt*, hat anders als derjenige, der einen Ertrinkenden *fotografiert*, keine moralischen Vorwürfe zu erwarten (vgl. Arnheim 2004a [1978], 42). So fangen Fotograf und Filmemacher die *Realität selbst* ein, und wenn man ihre Produkte daher ausschließlich nach dem ästhetischen Maßstab der Formgebung beurteilt, werden sie immer schlechter abschneiden als die Produkte der Malerei. In einem Gemälde kann jeder Strich vom Maler gewollt und aussagekräftig sein, wohingegen in der Fotografie die Natur selbst zu Wort kommt und deshalb weitaus mehr Platz für den Zufall besteht: „Wenn wir Photographien mit den gleichen Erwartungen betrachten, die uns das genaue Studium manuell hergestellter Bilder eingegeben hat, so sind wir über das Werk der Kamera enttäuscht" (Arnheim 2004c [1974], 30).

Jedoch sind, wie Arnheim nun überraschend erklärt, die Erwartungen auch keineswegs dieselben wie bei einem Gemälde. Denn anders als in *Film als Kunst* wird von jetzt an neben der Formgebung noch ein weiteres ästhetisches Kriterium genannt, das ausschließlich für Fotografie und Film gültig sein soll: In beiden Fällen handelt es sich nämlich um ein „dokumentarisches Entdeckungsmittel" (Arnheim 2004a [1978], 37), das eine getreue Wiedergabe der Realität erlaubt. Das bedeutet, es gibt einerseits das Rohmaterial, das aus der Welt kommt, und andererseits nach wie vor die Formung, selbst wenn diese auch niemals so wirkungsmächtig wie in der Malerei sein kann.

Während der Maler also eine imaginäre Welt aus dem Nichts heraus *erschafft*, kommt die Formgebung des Fotografen strenggenommen immer schon zu spät, weil sie einem bereits existierenden naturgetreuen Material eine künstlerische Gestaltung *hinzufügt*. Es handelt sich hierbei um keine bloß geistige Formgebung einer Realität, sondern nach Arnheim vielmehr um „ein Aufeinandertreffen der physischen Realität mit dem schöpferischen Geist des Menschen". Der Film entsteht also in einem „Zwischenbereich, in dem beide Gestaltungskräfte, Mensch und Welt, als gleich starke Gegner oder Partner einander begegnen, wobei jeder seine spezifischen Fähigkeiten einbringt" (Arnheim 2004c [1974], 32). Darum sind, wie es heißt, schöne Objekte in der Malerei „Schöpfungen einer idealisierenden Imagination" (Arnheim 2004d [1979], 53), wohingegen schöne Objekte in Fotografie und Film im Unterschied dazu als „Verzauberung wirklicher Naturwesen" (Arnheim 2004d [1979], 54) zu verstehen sind.

Es ist die Natur selbst, die im letzteren Fall der Darstellung Grenzen auferlegt und hinter aller Formgebung den realen Körper sichtbar bleiben lässt. So ist, wie Arnheim hinzufügt, im Tanz und im Theater der Körper des Tänzers oder des Schauspielers „als eine Naturform vorgegeben, aus deren Bewegungsmöglichkeiten die Ausdruckscharaktere abzuleiten sind und die man nicht ungestraft vergewaltigt" (Arnheim 2004a [1978], 40 f.). Für den späten Arnheim sind der Film und die Fotografie also nicht einfach nur das Produkt einer geistigen Formgebung, weil sie vielmehr durch eine Kooperation zwischen Geist und Natur zustande kommen. Daher sind diese Kunstformen in der Lage, „Selbstzeugnisse der Dinge" (ebd., 42) hervorzubringen. In beiden Fällen handelt es sich also um *Sonderformen* der bildenden Kunst, weil sie einerseits zwar stilisieren, formen und interpretieren, andererseits aber auch reale Tatsachen realitätsgetreu wiedergeben (vgl. Arnheim 2004b [1993], 56). Es ist also schlichtweg falsch, wenn nach wie vor in der Arnheim-Forschung pauschal behauptet wird: „[F]or Arnheim documentary was not art" (Alter 2011, 81).

Arnheims Ausführungen provozieren jedoch die kritische Frage, ob denn nicht auch das Material der anderen Künste der Wirklichkeit entnommen ist und gegenüber der künstlerischen Formgebung eine vergleichbare Widerspenstigkeit an den Tag legt. Aus seiner Perspektive wäre hierauf zu antworten: Sicher ist der Schriftsteller, der sich der gewöhnlichen Sprache bedient, ihrer Gesetzmäßigkeit und Vieldeutigkeit unterworfen, so wie sich der Maler mit der Materialität der Farbe oder der Komponist sich mit derjenigen der Töne auseinandersetzen muss. Aber für den Filmemacher ist nicht nur die *Materie*, sondern auch das *Objekt* seiner Kunst – also nicht nur, *womit* gestaltet wird, sondern auch *was* gestaltet wird – der außerkünstlerischen Realität entnommen. Nicht nur das *Darstellende* – die Sprache des Dichters, die Farbe des Malers –, sondern die *Darstellung* selbst – die Erscheinung eines Objekts – verdankt sich beim Film der Realität. Selbst wenn der Maler wie im Tachismus oder dem Action Painting auf Komposition verzichtet, und, indem er einfach Farbe verspritzt oder verschüttet, das Ergebnis dem Zufall überlässt, beruht doch alles, was sich auf der Leinwand findet, ganz allein auf seiner eigenen Initiative. Von einer *Dokumentation* von Realität oder einer *Kooperation* mit ihr, die zu Selbstzeugnissen der Dinge (s. o.) führen würde, kann daher keine Rede sein. Allenfalls ließe sich sagen, dass hier zwar nicht mehr die Realität der Objekte, aber immerhin diejenige des Darstellungsmaterials – nämlich der Farbe – ins Spiel kommt. Das Darstellende als solches wird zum Objekt der Darstellung.

Wie zu Beginn dieses Abschnitts erwähnt worden ist, läuft Arnheims frühe Apologie eigentlich darauf hinaus, dass auf der Grundlage von *Film als Kunst* der Film zwar rehabilitiert werden kann, aber eben nur als die geringste unter den bildenden Künsten. Nun zeigt sich, dass Arnheims Lösung für dieses Problem darin besteht, dass er dasjenige, was die Kunstfremdheit des Films ausmacht, schlichtweg in ein zweites Kunstkriterium verwandelt. Die Sonderstellung des Films, die ihm den Status einer originellen und eigenständigen Kunst innerhalb der Reihe der anderen darstellenden Künste garantiert, beruht für den späten Arnheim nämlich ausgerechnet auf jener Realitätsnähe, die für den frühen Arnheim sowie für den

Kunsthistoriker Gottfried Boehm eine fortwährende Gefährdung des Kunststatus bedeutet. Insoweit die späteren Arbeiten eine größere Nähe zu Kracauers Realismus aufweisen, ist darin nicht einfach nur eine Kehrtwendung gegenüber dem Ansatz der 1930er Jahre zu sehen, sondern diese Fortentwicklung ist vielmehr ein Versuch, auf die offenen Fragen und konzeptionellen Probleme der frühen Theorie im Nachhinein eine Lösung zu finden. Wenn in der Gegenwart nun die digitalen Bilder der VR-Brille den Film tendenziell in Malerei verwandeln (vgl. hierzu Choi 2011, 137), dann verstoßen sie sowohl gegen das Kriterium der Formgebung wie auch gegen dasjenige des Dokumentarischen: Einerseits ermöglichen die digitalen Bilder keine Selbstzeugnisse der Dinge, weil der Natur schlichtweg überhaupt keinerlei Mitspracherecht bei der Bildproduktion mehr zukommt. Andererseits sind jene Bilder wiederum paradoxerweise so naturgetreu und lebensecht, dass sie auch keinerlei Platz mehr für Formgebung lassen.

Literatur

Alter, Nora M. (2011), „Screening out Sound: Arnheim and Cinema's Silence", in: Scott Higgins (ed.), *Arnheim for Film and Media Studies*, New York, 69–87.

Andrew, J. Dudley (1976), *The Major Film Theories*, London/Oxford/New York.

Aristoteles (1989), *Poetik* (ca. 335 v. Chr). Griechisch/Deutsch, Stuttgart.

Arnheim, Rudolf (2002), *Film als Kunst* (1932), Frankfurt am Main.

Arnheim, Rudolf (2003), „Interview mit Thomas Meder vom 10./11.03.1993, in: *Archives of the History of American Psychology*", zit. n. Beiküfner, Uta (2003), *Blick, Figuration und Gestalt. Elemente einer aisthesis materialis im Werk von Walter Benjamin, Siegfried Kracauer und Rudolf Arnheim*, Bielefeld, 261, Fußn. 175.

Arnheim, Rudolf (2004), „Die traurige Zukunft des Films" (1930), in: ders., *Die Seele in der Silberschicht. Medientheoretische Texte. Photographie – Film – Rundfunk*, Frankfurt am Main, 81–83.

Arnheim, Rudolf (2004a), „Die Fotografie – Sein und Aussage" (1978), in: ders., *Die Seele in der Silberschicht. Medientheoretische Texte. Photographie – Film – Rundfunk*, Frankfurt am Main, 36–42.

Arnheim, Rudolf (2004b), „Die beiden Authentizitäten der photographischen Medien" (1993), in: ders., *Die Seele in der Silberschicht. Medientheoretische Texte. Photographie – Film – Rundfunk*, Frankfurt am Main, 56–63.

Arnheim, Rudolf (2004c), „Über das Wesen der Photographie" (1974), in: ders., *Die Seele in der Silberschicht. Medientheoretische Texte. Photographie – Film – Rundfunk*, Frankfurt am Main, 20–35.

Arnheim, Rudolf (2004d), „Glanz und Elend des Photographen" (1979), in: ders., *Die Seele in der Silberschicht. Medientheoretische Texte. Photographie – Film – Rundfunk*, Frankfurt am Main, 46–55.

Balázs, Béla (2004), „Produktive und reproduktive Filmkunst" (1926), in: Helmut H. Diederichs (Hg.), *Geschichte der Filmtheorie. Kunsttheoretische Texte von Méliès bis Arnheim*, Frankfurt am Main, 242–245.

Bazin, André (2004), „Theater und Film" (1951), in: ders., *Was ist Film?*, Berlin, 162–216.

Beiküfner, Uta (2003), *Blick, Figuration und Gestalt. Elemente einer aisthesis materialis im Werk von Walter Benjamin, Siegfried Kracauer und Rudolf Arnheim*, Bielefeld.

Boehm, Gottfried (2006), „Die Wiederkehr der Bilder", in: ders. (Hg.), *Was ist ein Bild?*, München, 11–38.

Boehm, Gottfried (2006a), „Die Bilderfrage", in: ders. (Hg.), *Was ist ein Bild?*, München, 325–343.
Boehm, Gottfried (2015), „Unbestimmtheit. Zur Logik des Bildes" (2006), in: ders., *Wie Bilder Sinn erzeugen. Die Macht des Zeigens* (2007), Berlin, 199–212.
Boehm, Gottfried (2015a), „Zuwachs an Sein. Hermeneutische Reflexion und bildende Kunst" (1996), in: ders., *Wie Bilder Sinn erzeugen. Die Macht des Zeigens* (2007), Berlin, 243–267.
Bordwell, David (2011), „Rudolf Arnheim: clarity, simplicity, balance", in: Scott Higgins (ed.), *Arnheim for Film and Media Studies*, New York, 19–29.
Bordwell, David/Thompson, Kristin (2013), *Film Art. An Introduction* (1979), Wisconsin.
Carroll, Noël (1988), *Philosophical Problems of Classical Film Theory*, Princeton.
Carroll, Noël (2008), *The Philosophy of Motion Pictures*, Malden/Oxford/Carlton.
Carroll, Noël (2010), „Auf dem Weg zu einer Ontologie des bewegten Bildes" (1995), in: Dimitri Liebsch (Hg.), *Philosophie des Films. Grundlagentexte*, Paderborn, 155–174.
Choi, Jinhee (2011), „Perfecting the Complete Cinema: Rudolf Arnheim and the Digital Intermediate", in: Scott Higgins (ed.), *Arnheim for Film and Media Studies*, New York, 127–140.
Dhir, Meraj (2011), „A Gestalt Approach to Film Analysis", in: Scott Higgins (ed.), *Arnheim for Film and Media Studies*, New York, 89–106.
Elsaesser, Thomas/Hagener, Malte (2007), *Filmtheorie zur Einführung*, Hamburg.
Flusser, Vilém (1983), *Für eine Philosophie der Fotografie*, Göttingen.
Gaut, Berys (2010), *A Philosophy of Cinematic Art*, Cambridge.
Goethe, Johann Wolfgang von (1979), *Farbenlehre* (1810). Bd. 1 und 2, Stuttgart.
Higgins, Scott (2011), „Introduction", in: Scott Higgins (ed.), *Arnheim for Film and Media Studies*, New York 2011, 1–17.
Husserl, Edmund (1980), *Phantasie, Bildbewußtsein, Erinnerung. Zur Phänomenologie der anschaulichen Vergegenwärtigungen. Texte aus dem Nachlaß (1898–1925)*, Den Haag/Boston/London.
Jonas, Hans (1997), „Homo Pictor. Von der Freiheit des Bildens" (1961), in: ders., *Das Prinzip Leben. Aufsätze zu einer philosophischen Biologie*, Frankfurt am Main, 265–301.
Kant, Immanuel (1990), *Kritik der Urteilskraft* (1790), Hamburg.
Kirsten, Guido (2013), *Filmischer Realismus*, Marburg.
Koch, Gertrud (1992), „Rudolf Arnheim: der Materialist der ästhetischen Illusion – Gestalttheorie und kritische Praxis", in: Uli Jung/Walter Schatzberg (Hg.), *Filmkultur zur Zeit der Weimarer Republik. Beiträge zu einer internationalen Konferenz vom 15. bis 18. Juni 1989 in Luxemburg*, München/London/New York/Paris, 15–25.
Koebner, Thomas (2011), „Perspektive", in: ders. (Hg.), *Reclams Sachlexikon des Films* (2002), Stuttgart, 513–515.
Kracauer, Siegfried (2002), „Neue Filmbücher" (1933), Anhang in: Rudolf Arnheim, *Film als Kunst* (1932), Frankfurt am Main, 313–314.
Lessing, Gotthold Ephraim (1998), *Laokoon oder über die Grenzen der Malerei und Poesie* (1766), Stuttgart.
Liebsch, Dimitri (2004), „Das lange Ende des Stummfilms", in: Christian G. Allesch/Otto Neumaier (Hg.), *Rudolf Arnheim oder Die Kunst der Wahrnehmung. Ein interdisziplinäres Porträt*, Wien, 69–86.
Marschall, Susanne (2009), *Farbe im Kino* (2005), Marburg.
Merleau-Ponty, Maurice (1966), *Phänomenologie der Wahrnehmung* (1945), Berlin.
Nietzsche, Friedrich (1988), „Richard Wagner in Bayreuth" (1876), in: ders., *Unzeitgemäße Betrachtungen* (1873–76), München, 429–510.
Rodowick, David N. (2007), *The Virtual Life of Film*, Harvard.
Sartre, Jean-Paul (1994), *Das Imaginäre. Phänomenologische Psychologie der Einbildungskraft* (1940), Reinbek.
Scruton, Roger (1983), *The Aesthetic Understanding*, London.
Seel, Martin (2013), *Die Künste des Kinos*, Frankfurt am Main.

Turvey, Malcolm (2011), „Arnheim and Modernism", in: Scott Higgins (ed.), Arnheim for Film and Media Studies, New York, 31–49.
Ullrich, Wolfgang (2003), „Einleitung", in: ders./Juliane Vogel (Hg.), *Weiß*, Frankfurt am Main, 7–16.
Vertov, Dziga (2001), „Kinoki – Umsturz" (1923), in: Franz-Josef Albersmeier (Hg.), *Texte zur Theorie des Films*, Stuttgart, 36–50.

André Bazin (1918–1958) – die Rehabilitierung des Realismus 6

Als es Lemuel Gulliver, den Helden aus Jonathan Swifts Roman *Gullivers Reisen* (1726), nach Lagado, der Hauptstadt von Balnibarbi, verschlägt, trifft er dort auf einen Professor für Sprachen, der sich für die Abschaffung aller Wörter einsetzt. Diesem Experten zufolge führt das Sprechen zu einer Abnutzung und Verkleinerung unserer Lunge, und deshalb schlägt er eine alternative Kommunikation vor, die ebenso gesundheitsförderlich wie zeitsparend sein soll: Da die Wörter ohnehin immer nur Dinge bedeuten, sollte man lieber gleich jene Dinge selbst, über die man sich unterhalten will, in einem Rucksack mit sich tragen, um sie gegebenenfalls einem Gesprächspartner zeigen zu können. Man unterhält sich also nicht mehr durch die Vermittlung von *Wörtern* über die Dinge, sondern indem man diese *Dinge selbst* präsentiert (vgl. Swift 1974 [1726], 262 f.).

Wenn nun Andrej Tarkowskij, einer der höchstgeschätzten Regisseure der Filmgeschichte, in seinem Buch *Die versiegelte Zeit* (1984) eine Kritik der Semiotik vorlegt, dann findet gewissermaßen jener kuriose Experte aus *Gullivers Reisen* einen ebenso überraschenden wie sicher auch unbeabsichtigten Widerhall: Nach Tarkowskij mag die semiotische Vorgehensweise ihre Berechtigung für die Literatur haben, aber sie stößt beim Film an ihre Grenze, weil der Film für den russischen Filmregisseur und -theoretiker eigentlich genau das ist, was auch Swifts verrücktem Sprachforscher vorschwebt – eine Kommunikation, die es nicht mit *Zeichen,* sondern mit *der Realität selbst* zu tun hat. Gegen den semiotischen Zugriff gilt es nach Tarkowskij, in aller Schärfe auf die Differenz zwischen Literatur und Film hinzuweisen:

„Die Literatur beschreibt mit dem Wort ein Ereignis, jene innere und äußere Welt, die ein Schriftsteller reproduzieren will. Der Film aber operiert mit Materialien, die von der Natur selbst gegeben sind, die unmittelbar in Raum und Zeit auftauchen, die wir um uns herum beobachten können, in denen wir leben" (Tarkowskij [1984] 2012, 254).

Gerade deswegen sperrt sich der Film gegen den Versuch, ihn als Sprache oder als ein sonstiges Zeichensystem zu erfassen:

> „Der hauptsächliche Unterschied besteht vor allem darin, daß die Literatur die Welt mit Hilfe der Sprache beschreibt, der Film jedoch keine Sprache besitzt. Er ist unmittelbar, er führt uns sich selbst vor Augen" (Tarkowskij 2012a [1984], 91).

Nach Tarkowskij kann man den Film zwar als ein Zeichensystem behandeln – und er übt gerade deswegen Kritik an Sergej Eisenstein, dem Regisseur von *Panzerkreuzer Potemkin* –, aber ein solches Verfahren übersieht die Sonderstellung und damit die spezifischen Möglichkeiten des Films, weil sie ihn den Maßstäben der Literatur unterwirft (vgl. Tarkowskij [1984] 2012, 265). Das „tatsächliche poetische Wesen der Filmkunst" besteht vielmehr in dem Vermögen, „das Leben gleichsam ohne sichtliche, grobe Verletzung seines realen Ablaufs zu beobachten" (ebd., 276). Kurz, Tarkowskij will darauf hinaus, dass der Film „mit *Realität* operiert" (ebd., 255).

Mit dieser Auffassung steht der russische Filmregisseur allerdings keineswegs allein da. Denn seitdem man angefangen hat, über den Film nachzudenken, sind auch immer Stimmen laut geworden, für die der wahre Filmkünstler nicht erschafft und inszeniert, sondern vielmehr entdeckt, auswählt und den richtigen Moment erwischt. Eine solche realistische Filmtheorie der ersten Stunde findet sich z. B. bei Hermann Häfker, der in den 1910er Jahren Redakteur bei der Zeitschrift *Bild und Film* gewesen ist, dem zentralen Presseorgan der Kinoreformbewegung. Was den Film zu einer originellen und eigenständigen Kunstform macht, ist nach Häfker seine Fähigkeit, „die *Schönheit der natürlichen Bewegung*" (Häfker 2004 [1913], 92) zu dokumentieren: „Die Natur selber ist eine fertige Dichtung – es fehlte uns bisher nur das Handwerkszeug, sie unverfälscht nachzudrucken" (ebd., 95). Möglicherweise beeinflusst von Heinrich von Kleists Überlegungen zum Marionettentheater schätzt Häfker die Schönheit der unbewussten Naturbewegung deutlich höher ein als die bewusste Tanz- und Bühnenbewegung.

Ergreifend und schön ist der Rhythmus der Bewegungen in der Natur – das Dahinfluten des Meeres, der aufsteigende Nebel, aber auch die schlichte Amsel im Laub –, weil diese Vorgänge den Anschein des Lebendigen hervorrufen und mit seelischen Regungen korrespondieren, die wir in uns selbst vorfinden: „Ruhiges Dahinfluten und trotziges Sichaufbäumen, glückseliges Glasten im Sonnenlicht und felsenerschütterndes Aufflammen befreiter Massen – in alledem erblicken wir uns selber wieder. Es sind zuletzt dieselben Rhythmen, in denen Wogen und Herzen schlagen" (ebd.). Insofern der Film, wie Häfker fortfährt, das einzige Medium ist, das solche natürlichen Bewegungsphänomene einfangen und konservieren kann, ist seine originäre künstlerische Leistung nicht das Kinodrama bzw. der Spielfilm, sondern vielmehr das *Natur*drama.

Es lässt sich also feststellen, dass sich schon bei Häfker die Skizze einer Kunsttheorie des dokumentarischen Films findet, der in deutlicher Abgrenzung vom Spielfilm verstanden wird. Damit nimmt er bereits grundlegende Überlegungen von André Bazin und Siegfried Kracauer vorweg, den beiden wichtigsten und einflussreichsten Vertretern eines filmischen Realismus. Häfkers These, dass die Filmkunst nicht *erschafft,* sondern *entdeckt,* bildet bei Bazin und Kracauer das eigentliche Herzstück ihrer filmtheoretischen Positionen, wobei dieser Gedanke hier allerdings viel weiter ausbuchstabiert wird als bei dem frühen Kinoreformer.

Für Dudley Andrew ist André Bazin ohne Zweifel der bedeutendste realistische Filmtheoretiker, der zudem auch – anders als etwa Kracauer – auf jegliche Normativität verzichtet (vgl. Andrew 1976, 134, 142). Hätte dieser französische Filmkritiker und -theoretiker nun die Schriften von Häfker kennengelernt, welche bis dahin wohl nicht den Weg über den Rhein geschafft haben, oder jene von Tarkowskij, die erst in den 1980er Jahren veröffentlicht worden sind, so wäre er vorbehaltlos mit der These einverstanden gewesen, dass im Film die Realität selbst auftaucht. Im Mittelpunkt seiner Filmtheorie steht jedenfalls der Gedanke, dass es sich bei der filmischen Aufnahme in erster Linie um einen rein objektiven Vorgang handelt, für den jegliche schöpferische Subjektivität nebensächlich ist, weil das reale Ding einen Abdruck von sich selbst hinterlässt.

Bazins Werk besteht neben zwei schmalen Büchern über Orson Welles und Jean Renoir – Letzteres ist Fragment geblieben – aus einer Reihe von Aufsätzen, in denen die zentralen Thesen zumeist in einer luziden Stilanalyse von einzelnen Filmen entwickelt werden. Vor allem die beiden frühen viel diskutierten Arbeiten „Ontologie des photographischen Bildes" (Bazin 2004 [1945], 33–42) sowie „Der Mythos vom totalen Film" (Bazin 2004a [1946], 43–49) liefern einen Beitrag für ein allgemeines Verständnis des Filmbildes und enthalten darüber hinaus sogar in nuce eine Theorie der bildenden Kunst. Wie Münsterberg, Balázs, Eisenstein und Arnheim vor ihm und Kracauer nach ihm will Bazin ein intrinsisches Wesen des Kinos definieren, und ebenso wie die genannten Autoren gründet er, wie David Bordwell schreibt, „seine Werturteile über Filme und Filmemacher auf dem Maße, zu dem sie diesem Wesen gerecht werden". Und Bordwell fügt hinzu: „In dieser Hinsicht blieb er ein klassischer Filmtheoretiker" (Bordwell 2009, 110).

Das Schwergewicht von Bazins schriftstellerischer Tätigkeit, die aufgrund seines frühen Todes auf die 1940er und 1950er Jahre begrenzt ist, liegt allerdings auf jenen Beiträgen, mit denen er sich zum teilweise begeisterten, teilweise kritischen Weggefährten von bestimmten filmgeschichtlichen Strömungen macht. Hauptsächlich ist hier der italienische Neorealismus von Roberto Rossellini und Vittorio de Sica zu nennen, der Bazins eigenem Filmverständnis entgegenkommt, an dem es sich zugleich aber auch weiterentwickelt. Jene Texte begleiten zum einen die Gegenwart des Films, zum anderen ebnen sie aber auch seiner Zukunft den Weg: Bazin ist nicht nur der Freund und Mentor von François Truffaut, der sich dafür mit der posthumen Herausgabe seiner Schriften bedankt. Vielmehr bietet er auch als Chefredakteur der einflussreichen Filmzeitschrift *Cahiers du Cinéma* den späteren Regisseuren der *Nouvelle Vague* ein intellektuelles Forum für die Diskussion ihrer ambitionierten Ideen, bevor François Truffaut, Jean-Luc Godard, Claude Chabrol, Jacques Rivette und Eric Rohmer dann schließlich eigene filmische Projekte realisieren. Die Erfolge seiner Schüler in der Welt des Kinos hat Bazin, der bereits 1958 gestorben ist, jedoch nicht mehr miterleben können (siehe auch

Bickerton 2010, Kap. 1–2 sowie die ausführliche Bazin-Biografie: Andrew 1991; zur Stellung Bazin vor allem innerhalb der französischen Filmtheoriegeschichte: Elsaesser 2009).

6.1 Der Film und die Unsterblichkeit oder: Was schnappt der Schnappschuss?

Ganz genauso wie Arnheim beginnt Bazin seine Überlegungen zum Film mit einem Vergleich mit der bildenden Kunst, der bei ihm jedoch in eine völlig andere Richtung führt: Nimmt man sich, wie Bazin es in seinem programmatischen Essay „Ontologie des photographischen Bildes" (1945) vorschlägt, die Psychoanalyse zum Vorbild und befragt die bildende Kunst – als wäre sie ein Patient auf Freuds Couch – nach ihren verborgenen Motiven, so würde man auf etwas stoßen, das sich treffend als ein „,Mumienkomplex'" (Bazin 2004 [1945], 33) charakterisieren lässt. Während im alten Ägypten die Toten einbalsamiert werden, um den Körper vor dem Verfall zu bewahren, soll nach Bazin auch die bildende Kunst letztlich dem Wunsch entspringen, bestimmte reale Objekte dem Tod und der Vergänglichkeit zu entreißen (vgl. ebd.). Das Porträt des Königs ist nicht identisch mit dem realen Vorbild, aber es soll imstande sein, zwar nicht den *Körper selbst,* aber doch immerhin seine *Erscheinung* vor der Zeit und vor der Vergessenheit – „einem zweiten, geistigen Tod" (ebd., 34) – zu schützen.

Wenn die bildende Kunst also tatsächlich nicht nur ein *ästhetisches,* sondern auch ein solches *psychologisches* Motiv verfolgt, das eben darin besteht, Teile der Realität durch ihre bildliche Darstellung unsterblich zu machen, dann gelingt ihr dies natürlich umso besser, je größer die *Ähnlichkeit* zwischen der Darstellung und dem Dargestellten ist. An dieser Stelle wird bereits deutlich, dass Bazin und Arnheim, die einander wohl überhaupt nicht zur Kenntnis genommen haben, völlig entgegengesetzte Positionen vertreten. Indem Bazin nicht von einem *ästhetischen,* sondern von dem genannten *psychologischen* Motiv der Kunst ausgeht, entwickelt er sich konsequent zu einem Antipoden all jener Filmtheorien, die die Bildkomposition in den Mittelpunkt rücken.

Hinter dem, was Arnheim den Darstellungstrieb genannt hat, steckt nach Bazin nichts Geringeres als die Sehnsucht nach Unsterblichkeit. Im Vergleich dazu ist Arnheims Verhältnis zum Darstellungstrieb, wie sich gezeigt hat (s. Kap. 5), eher als ambivalent einzuschätzen: Einerseits handelt es sich dabei um eine Wurzel der Kunst selbst: „In dem Maße, wie die Künste darstellend waren, strebten sie nach einer getreuen Wiedergabe der wirklichen Tatsachen" (Arnheim 2004 [1993], 56). Andererseits ist das Bedürfnis nach Illusion für Arnheim eher primitiv und banausenhaft. Jedenfalls birgt der Darstellungstrieb für die bildende Kunst die ständige Gefahr, einem bloßen „Naturkopie-Ideal" (Arnheim 2002 [1932], 266) anheimzufallen. Darin sieht Bazin wiederum keinerlei Verirrung, sondern das grundlegende psychologische Motiv der bildenden Kunst, die eben aufgrund ihres Mumienkomplexes unentwegt auf der Suche nach einem immer größeren Maß an *Realismus* ist: „Ist also die Geschichte der bildenden Kunst nicht nur die

Geschichte ihrer Ästhetik, sondern zuerst die Geschichte ihrer Psychologie, dann ist sie wesentlich eine Geschichte der Ähnlichkeit oder, wenn man so will, des Realismus" (Bazin 2004 [1945], 34).

Während bei Arnheim eine jede bildende Kunst nur ein einziges Kriterium kennt, nämlich das ästhetische Motiv der Formgebung, ist die Unterstellung eines zusätzlichen psychologischen Motivs ein Schachzug, der es Bazin zu sagen erlaubt, dass auch die Malerei immer schon davon geträumt hat, realistischer zu sein als es ihr bisher möglich gewesen ist. Auch die Malerei begnügt sich nicht damit, imaginäre Welten zu schaffen, sondern ihr Mumienkomplex lässt in ihr zugleich den Wunsch aufkommen, die Realität außerhalb ihrer selbst zu dokumentieren. Solange jedoch ausschließlich von Formgebung die Rede ist, müssen die Apologeten des Films in einem Rückzugsgefecht den Nachweis erbringen, inwiefern der Film trotz seines Realismus – also trotz der Nähe zwischen Darstellung und Dargestelltem – immer noch *formt,* also immer noch Kunst sein kann.

Der Rettungsversuch von Arnheim erweist sich allerdings als ein Pyrrhussieg. Denn der Film kann zwar, wie in *Film als Kunst* zur Genüge gezeigt wird, gleichfalls dem Kriterium der Formgebung gerecht werden, aber er kann dies nie so gut wie Malerei und Plastik und schneidet darum im Vergleich mit diesen Kunstformen insgesamt doch schlechter ab. Diese Konsequenz mag Arnheim erkannt haben, wohlweislich macht er sie jedoch nirgends explizit – wenngleich er sie in späteren Jahren durch Konzessionen an eine realistische Filmtheorie zu mildern versucht (s. Abschn. 5.4). Aber selbst der Stummfilm der 1920er Jahre – für Arnheim die Krone der Filmkunst –, besitzt aufgrund seines Realismus weniger Gestaltungsmöglichkeiten als die übrigen bildenden Künste. Solange also die Formgebung das entscheidende Beurteilungskriterium bleibt, ist der Realismus die Achillesferse des Films.

Vor diesem Hintergrund kommt Bazins Einführung eines zweiten – psychologischen – Kunstkriteriums, wie spekulativ es auch immer sein mag, einem Befreiungsschlag gleich, mit dem das Verhältnis zwischen Malerei und Film geradezu auf den Kopf gestellt wird: Der Realismus, der bei Arnheim noch ein bloßes Manko des Films ist, wird nun zu einem Wunschtraum der Malerei, der sie von Anfang an begleitet. Bereits Zeuxis von Herakleia (5.–4. Jh. v. Chr.) wird von Plinius als ein großer Künstler gelobt, weil sogar die Vögel – jener berühmten Anekdote zufolge – auf seine gemalten Weintrauben hereinfallen und nach ihnen picken. Während bei Arnheim der Film auf der untersten Stufe im erlauchten Kreis der bildenden Künste steht, werden bei Bazin Fotografie und Film – und zwar gerade wegen ihres Realismus – zur „Vollendung" (ebd., 40) der abendländischen Malerei: „Photographie und Film […] sind Erfindungen, die das Verlangen nach Realismus ihrem Wesen nach endgültig befriedigen" (ebd., 36).

Dass es sich bei diesen Produkten um technische Reproduktionen handelt, ist darum nicht länger mehr jenes kardinale Problem, an dem noch Arnheim glaubte sich abarbeiten zu müssen. Bazin erblickt hierin einen Vorzug, der dem beschriebenen psychologischen Motiv genau entgegenkommt: Während das gemalte Bild vom Maler erschaffen wird, entsteht das fotografische Bild im Gegensatz dazu völlig automatisch (vgl. ebd.; siehe hierzu auch Andrew 1976,

140). Hier existiert keine vermittelnde Subjektivität, die sich zwischen Darstellung und Dargestelltem schiebt, sondern wir als Betrachter glauben, dass dieses Objekt wirklich vor der Kamera gewesen ist und sozusagen einen „Fingerabdruck" (Bazin 2004 [1945], 39) hinterlassen hat. Es hat eine „Wirklichkeitsübertragung vom Ding auf seine Reproduktion" (ebd., 37) stattgefunden, und darum ist die Darstellung selbst ein Teil der Existenz des Dargestellten, wodurch die bisherigen Grenzen zwischen dem Realen und dem Imaginären zum Verschwimmen gebracht werden (vgl. ebd., 39).

Die technische Reproduktion ist nach Bazin also realistischer als irgendein Produkt, das wir der Hand eines Malers verdanken, und besitzt darum eine größere „Überzeugungsmacht" (ebd., 37) auf den Betrachter. „Dadurch unterscheidet sich das analoge Filmbild vom Animationsbild und heute von der Technologie der digitalen und bildgebenden Verfahren" (Tröhler 2009, 67). Im Unterschied zur Computergrafik haben die Dinge selbst bei der Geburt eines Fotos ein Wort mitgeredet. Genauso wie Bazin spricht auch Martin Seel heutzutage von dem Versprechen der Fotografie, „der Aufweis einer vergangenen Gegenwart zu sein: einer Konstellation von Objekten, die zum Zeitpunkt der Bildentstehung an einem bestimmten Ort tatsächlich da gewesen sind" (Seel 2013, 70 f.). Natürlich kann dieses Versprechen, wie Seel hinzufügt, „offen oder insgeheim, ganz oder teilweise" (ebd., 71) gebrochen werden.

Während sich Arnheim also fortwährend fragt, wie denn der schöpferische Mensch in der technischen Reproduktion anwesend sein kann, ist Bazin der Auffassung: „Alle Künste gründen auf der Anwesenheit des Menschen; nur in der Photographie genießen wir seine Abwesenheit" (Bazin 2004 [1945], 37). Gerade weil die Fotografie „ihrem Wesen nach objektiv" (ebd., 36) ist und die künstlerische Subjektivität allenfalls noch bei der Wahl von Bildausschnitt und Perspektive eine Rolle spielt, wird auf diese Weise viel eher als in der Malerei unser „Hunger nach Illusion" (ebd.) befriedigt: Die Fotografie erschafft weniger ein Bildobjekt, als dass sie vielmehr ein reales Objekt entdeckt, seine Erscheinung durch die Aufnahme einbalsamiert und vor dem Verfall bewahrt (vgl. Elsaesser 2009, 25). Der Leidenschaftslosigkeit des Objektivs ist es zu verdanken, dass ich entweder ein unscheinbares Ding, das wir normalerweise übersehen, in den Blick bekomme, oder ein vertrautes Ding „von den Gewohnheiten, Vorurteilen, dem ganzen spirituellen Dunst befreit [wird], in den ihn meine Wahrnehmung hüllte" (Bazin 2004 [1945], 39). Bazin ist im Übrigen nicht der erste Autor innerhalb der Theoriegeschichte der Fotografie, der den Automatismus des Aufzeichnungsverfahrens und das Fehlen menschlicher Interventionen betont. William Henry Fox Talbot, einer der Erfinder der Fotografie, schreibt bereits 1839:

> „Das Bild macht *sich selbst*. Der Künstler muss lediglich den Apparat vor dem Objekt, dessen Bild er wünscht, positionieren, und überlässt ihn dann [...] sich selbst" (Brief an den Herausgeber der Literary Gazette vom 30. Januar 1839; zit. nach Geimer 2009, 61; siehe zur Fotografietheoriegeschichte auch die prägnante und aufschlussreiche Studie: Müller 2018).

6.1 Der Film und die Unsterblichkeit

Während die Fotografie nach Bazin gegenüber der Malerei einen Fortschritt bedeutet, weil ihre Darstellungen nicht durch eine schöpferische Subjektivität, sondern durch einen ‚Fingerabdruck' der Objekte selbst hervorgebracht werden, geht der Film nun noch einmal über die Fotografie hinaus, weil es dank ihm der bildenden Kunst zum ersten Mal möglich wird, auch die *Bewegungen* von Objekten einzubalsamieren und damit vor der Zeit zu bewahren. Ich sehe nun nicht mehr nur, wie jemand in einem bestimmten Alter ausgesehen hat, sondern ich sehe zudem, wie er sich damals bewegt hat. Der Film „ist gleichsam die Mumie der Veränderung" (Bazin 2004 [1945], 39). Dieses für Bazin so zentrale Motiv – der Film als Bollwerk gegen die Vergänglichkeit – geht nicht auf Bazin allein zurück, sondern es geistert schon zuvor immer mal wieder in der Theoriegeschichte des Films herum. So schreibt z. B. Felix Salten, der Autor des Kinderbuchs *Bambi*, bereits 1913 euphorisch über den Film:

> „Das Leben wird ins Hundertfache gesteigert durch diese Erfindung, wird gleichsam lebendiger durch sie, und der Tod kann es nicht mehr so vernichten, wie einst. Diese Erfindung wird alles, was sterblich an uns gewesen ist, erhalten und aufbewahren bis in ferne Tage" (Salten 1992 [1913], 50 f.).

Dass Bazin ganz und gar den dokumentarischen Charakter des Filmbilds in den Mittelpunkt rückt und dabei den Blick für seinen fiktionalen Charakter zu verlieren scheint, ist allerdings ein neuralgischer Punkt, auf den der neoformalistische Filmtheoretiker Noël Carroll zwar zuspitzend, aber nicht unzutreffend hingewiesen hat:

> „[W]hen confronted with fiction, Bazin's theory implies strange results by ontologically misplacing, so to speak, the focus of our attention. […] Films seem to become records of places and actors; their fictional referents dissolve. *M* is about Peter Lorre rather than about a psychopathic child killer. […] Films you thought were representations of castles, graveyards, and forests are really about studio sets" (Carroll 1988, 148 f.).

Noch weiterreichender wäre allerdings die Kritik, die sich aus der Position eines Medienphilosophen wie Vilém Flusser ergeben würde, der jegliche Objektivität von Fotografie und Filme vehement in Abrede stellt: Es ist nach Flusser keineswegs so, dass jene Bilder, die von Apparaten und nicht von Menschen gemacht werden – er nennt sie „Techno-Bilder" – von dem Objekt vor der Kamera selbst erzeugt werden (vgl. Flusser 1998 [1977], 137–139). Eine solche Auffassung, wie sie sich zweifellos bei Bazin findet, wäre für Flusser schlichtweg naiv, denn Techno-Bilder sind, wie es bei ihm heißt, „um nichts ‚objektiver' […] als traditionelle", es gelingt ihnen nur, „ihre ‚Subjektivität' (nämlich den Standpunkt, von dem aus sie projiziert werden) besser [zu] verhüllen" (ebd., 162). Entscheidend ist also nicht allein die jeweilige reale Szene, sondern ebenso die Absicht des Fotografen, vor allem aber der Apparat selbst:

> „Bei seiner Suche nach einem Standpunkt bewegt der Fotograf den Apparat in Funktion seines Suchens, aber er sucht in Funktion des Mechanismus des Apparates. Er benutzt den Apparat beim Treffen seiner Entscheidungen, aber er trifft diese Entscheidungen im Hinblick auf den Apparat" (ebd., 184).

Aus diesem Grund befindet sich der Fotograf

> „in einer komplexen Bewegung, in der es sinnlos wäre, zwischen ihm und dem Apparat unterscheiden zu wollen. Die bei dieser Bewegung getroffenen Entscheidungen sind weder ‚menschlich' noch ‚mechanisch', sondern Entscheidungen des Komplexes Apparat-Operator" (ebd., 184 f.).

Die Freiheit des Fotografen bedeutet letztendlich also nur, „in Funktion des Apparates zu entscheiden" (ebd., 185). Ebenso wie der Apparat vorweg bestimmt, welche Möglichkeiten der Fotograf realisieren kann, sehen wir Flusser zufolge auf einem Foto auch nicht – wie Bazin meint – die Dinge selbst, sondern nur die Dinge in den Grenzen, die der Apparat vorgibt. So berechtigt Flussers Hinweise auch sein mögen, es sind nichtsdestotrotz doch Zweifel angebracht, ob man hieraus die naheliegende Konsequenz ziehen dürfe, dass solche Techno-Bilder nichts dokumentieren, weil sie schließlich wie die traditionellen Bilder eben doch wieder nur Erzeugnisse sind – wenn auch keine Erzeugnisse der menschlichen Subjektivität, sondern eines technischen Apparateprogramms. Solange es vermieden wird, die Fotografie zu mythisieren – eine Gefahr, in die Bazin allerdings gelegentlich gerät –, bleibt der Automatismus, der die Quelle für Bazins filmtheoretischen Realismus ist, wie Peter Geimer schreibt, „ein legitimer Hinweis auf die partielle Unverfügbarkeit der Fotografie" (Geimer 2009, 69).

6.2 Neue Technik, alter Traum

Der Film ist für Bazin die Mumie der Veränderung, für deren Realisierung natürlich ein hoher technischer Standard erforderlich ist. Das Verhältnis zwischen dem Kino und jenen technischen Voraussetzungen stellt sich bei Bazin allerdings ganz anders dar als zuvor bei Balázs: Balázs folgt dem marxistischen Gedanken, dass die materielle Basis – der ökonomisch-technische Entwicklungsstand – den ideellen Überbau – das kulturelle Leben (Sitten und Gebräuche, Politik, Kunst, Religion, Philosophie usw.) – hervorbringt. Da die Geschichte demzufolge nicht auf dem Kopf, sondern auf den Füßen geht, ist auch für Balázs die Idee des Kinos ein Kind des technologisch-wissenschaftlichen Fortschritts: Das Ideelle – in diesem Fall: die *Idee* des Kinos – taucht genau dann auf, wenn die materiellen Voraussetzungen dafür gegeben sind.

Es ist nicht übertrieben zu sagen, dass Bazin im Verhältnis zu Balázs in seinem Aufsatz „Der Mythos vom totalen Film" (1946) geradezu die Gegenthese vertritt, wenn er alle materialistischen Ansätze zurückweist und das Kino als „ein idealistisches Phänomen" begreift: „Die Idee, die die Menschen sich davon machten, existierte fix und fertig in ihrem Gehirn, wie im platonischen Himmel" (Bazin 2004a [1946], 43). Die Idee des Kinos ist, wie es heißt, so alt wie die bildende Kunst selbst, weil ihr psychologisches Motiv – das Vergängliche vor dem zeitlichen Verfall zu schützen – die Künstler von Anfang an nach „eine[r] vollkomme[n] Illusion des Lebens" (ebd., 46) suchen lässt – und diese Illusion kann schließlich erst dem Film im 20. Jahrhundert gelingen.

6.2 Neue Technik, alter Traum

Mit anderen Worten, nach Bazin hat bereits der erste Höhlenmaler in grauer Vorzeit die Idee des Films gehabt, weil ihm klar war, dass dasjenige, wonach er in letzter Konsequenz sucht, erst dann verwirklicht ist, wenn sich auch noch die Bewegungen der Objekte darstellen ließen, die er auf die Höhlenwand malt. Der erste Höhlenmaler erschaute wie die platonischen Seelen nichts Geringeres als die Idee des Ton- und Farbfilms, insofern er tatsächlich vom Wunsch nach einer „totalen, allumfassenden Darstellung der Realität" (ebd.) umgetrieben wurde. Nach Bazin ist das Kino also eine konsequente Fortentwicklung der bildenden Kunst selbst und ihrem „Mythos eines allumfassenden Realismus, einer Wiedererschaffung der Welt nach ihrem eigenen Bild" (ebd., 47).

Aus dieser Sicht handelt es sich bei den Pionierleistungen der Erfinder und Bastler um die Stufen einer technischen Weiterentwicklung, die sich diesem Mythos Schritt für Schritt anzunähern versuchen:

> „Die Fanatiker, die Verrückten, die uneigennützigen Pioniere, die wie Bernhard Palissy imstande waren, für ein paar Sekunden flimmernder Bilder ihr Mobiliar zu verbrennen, sind weder Industrielle noch Gelehrte, sondern von den Bildern ihrer Phantasie Besessene. Und der Film wurde aus dem Zusammenfließen ihrer Besessenheiten geboren, das heißt aus einem Mythos, dem Mythos vom *totalen Film*" (ebd., 48).

Vergleichen lässt sich das Kino also mit dem Wunsch zu fliegen, der so alt ist wie die Beobachtung des Vogelflugs, aber auf die Erfindung des Verbrennungsmotors warten musste, um vom platonischen Himmel auf die Erde zu steigen. Während Arnheim den Nachweis erbringen will, dass der Film trotz seines Realismus zur Formgebung imstande ist und daher eine würdige, wenn auch kleinere Schwester der Malerei werden kann, dreht Bazin das Verhältnis um: Der Film kann nicht weniger, sondern *mehr* als die Malerei. Denn er verwirklicht nicht *trotz*, sondern *gerade aufgrund* seines Realismus auch solche Ziele, die für die Malerei unerreichbar waren, von denen sie aber dennoch fortwährend träumte. So hinterlassen nicht nur die realen Objekte selbst eine Spur auf dem Bild, sondern im Unterschied zur Fotografie gibt der Film auch noch die Bewegungen der Objekte wieder und bewahrt sie damit vor der Vergänglichkeit.

Bazins Argumentation steht und fällt natürlich mit den ebenso schwer zu widerlegenden wie zu beweisenden Voraussetzungen, dass erstens die Suche nach einer möglichst vollständigen Imitation dem Wesen der bildenden Kunst selbst immanent ist und zweitens der Film im ideellen Sinne eben kein Kind der Technik, sondern ein legitimer Erbe der bildenden Kunst ist. Unter diesen Voraussetzungen ist es auch nicht verwunderlich, wenn Bazin – anders als Arnheim – gar nicht erst in Versuchung gerät, im schwarzweißen Stummfilm der 1920er Jahre bereits die Vollendung der Filmkunst zu sehen. Vielmehr erscheint nämlich aus seinem Blickwinkel der Farb- und Tonfilm als der nächsthöhere Schritt, der auf den schwarzweißen Stummfilm folgt, um jenen Mythos des allumfassenden Realismus zu verwirklichen. Daher ist die Vermutung auch nicht allzu gewagt, dass Bazin den computergenerierten Bildern der Virtuellen Realität viel freundlicher als Arnheim gegenüberstehen würde. Denn die Virtuelle Realität wäre gemessen am Maßstab des Realismus sogar noch mehr Kino als der Farbfilm:

> „Alle Vervollkommnungen, zu denen der Film gelangt, können ihn paradoxerweise nur seinen Ursprüngen näherbringen. Das Kino ist noch nicht erfunden!" (ebd., 47).

Als ‚realistisch' bezeichnet Bazin all das, was „tendenziell mehr Wirklichkeit auf die Leinwand zu bringen sucht" (Bazin 2004b [1948], 308 f.). Es ist daher nicht verwunderlich, wenn Bazin neuere filmtechnische Entwicklungen keineswegs deswegen ablehnt, weil sie ein größeres Maß an Realismus ermöglichen: „Es wäre also wenig sinnvoll, grundsätzlich jede technische Neuerung abzulehnen, welche darauf zielt, den Realismus im Film zu verstärken: Ton, Farbe, 3-D" (ebd., 308).

6.3 Zwei gegensätzliche Strömungen der Filmkunst

Nun macht es Bazin seinen Lesern allerdings weniger leicht, als bisher zu vermuten ist, weil der zentrale Begriff des Realismus, der durch nahezu alle seine Schriften spukt, mindestens in drei Bedeutungen vorkommt. In den bisher berücksichtigten Aufsätzen „Ontologie des photographischen Bildes" und „Der Mythos vom totalen Film" ist von einem (medien-)ontologischen Realismus des Films *per se* die Rede. In den beiden Schriften, um die es nun gehen soll – „Die Entwicklung der Filmsprache" (Bazin 2004c [1951/1952/1955], 90–109) und „Schneiden verboten!" (Bazin 2004d [1953/1956], 75–89) – bezeichnet Realismus dagegen einen Stil und in eher film*kritischen* als film*theoretischen* Aufsätzen wie z. B. „Der filmische Realismus und die italienische Schule nach der Befreiung" (Bazin 2004b [1948], 295–326) oder „Ladri di Biciclette (Fahrraddiebe)" (Bazin 2004e [1949], 335–352) geht es schließlich um den besonderen Realismus einzelner Werke oder Werkgruppen (vgl. Kirsten 2013, 92 f.). In der ersten Bedeutung kann der Film gar nicht anders als real sein, in der zweiten Bedeutung muss er nicht real sein, aber er sollte es, und in der dritten Bedeutung kann er schließlich auf ganz unterschiedliche Weise real sein. Zur Veranschaulichung der letzteren Bedeutung ist ein Vergleich hilfreich: Orson Welles' *Citizen Kane* bewegt sich dank seiner Tiefenschärfe auf ein Mehr an Realismus zu, dem italienischen Neorealismus gelingt hingegen dieser Schritt, in dem er – ganz anders als Welles – auf Originalschauplätze, Außenaufnahmen, natürliches Licht und Laiendarsteller setzt (vgl. Bazin 2004b [1948], 309–312). Diese begriffliche Unklarheit beruht nach Stam schlichtweg auf einer Spannung im Denken Bazins zwischen einer „mimetic megalomania of the desire for a total simulacrum of life, and the quiet, self-affacing modesty of his stylistic preferences" (Stam 2000, 75).

Angesichts der Verwirrung, die ein solcher Zickzackkurs der Begriffsverwendung verständlicherweise auslöst, hat man daher in der Bazin-Forschung einerseits versucht, durch genauere terminologische Differenzierungen für klarere Verhältnisse zu sorgen und dementsprechend eine ganze Reihe von Bindestrich-Realismen vorgeschlagen (vgl. Tudor 1977 [1974], 70–74; Carroll 1988,

120–129; Hutchinson 2008, 182–185; Bertoncini 2009, 36). Um Bazin zu verteidigen, plädiert z. B. Daniel Morgan dafür, den Realismusbegriff vor allem als einen Stilbegriff zu interpretieren (Morgan 2010). Andererseits sucht Peter Wollen gegenüber solchen Differenzierungsversuchen umgekehrt nach einer Vereinheitlichung der Realismuskonzeption, indem er Bazins Position mithilfe der semiotischen Terminologie von Charles Sanders Peirce reformuliert, wodurch der Begriff des Realismus insgesamt schließlich durch den der Indexikalität ersetzt werden soll (Wollen 1972 [1968], 136). Eine solche Lesart läuft jedoch letztlich, wie Morgan wiederum wohl zu Recht kritisiert (vgl. Morgan 2010, 106 f.), auf eine Verkürzung hinaus, denn für Bazin ist das filmische Bild nicht einfach nur der *Index* einer Sache, die vor der Kamera gestanden haben muss. Behauptet wird ja viel mehr – nämlich nichts Geringeres als eine *Identität* zwischen Bild und Sache (s. Abschn. 6.1). Für einen semiotisch aufgeklärten Filmtheoretiker bedeutet der Begriff der Indexikalität zwar eine Urbanisierung eines überkommenen ontologischen Realismus. Zugleich wird damit jedoch der Realitätsbezug des Kinos, auf den Bazin doch das Schwergewicht seines Denkens legt, zu einer bloßen Binnendifferenzierung innerhalb eines sehr weiten Zeichenbegriffs abgeschwächt und verliert seine oppositionelle Stellung zum Zeichen, die er bei Bazin selbst besitzt (s. vor allem Abschn. 6.6)

Wie bereits angekündigt, ist in dem Aufsatz „Die Entwicklung der Filmsprache" mit Realismus nun nicht mehr ein Charakteristikum des gesamten filmischen Mediums gemeint, mit dem es sich gegenüber anderen Medien auszeichnet. Stattdessen bezieht sich der Begriff jetzt auf eine ästhetische Strömung *innerhalb* des filmischen Mediums, welche gegenüber anderen profiliert wird. Bazin stimmt mit Arnheim darin überein, dass die Kunst des Stummfilms etwa im Jahr 1928 ihren Höhepunkt erreicht hat und diese vielversprechende Fortentwicklung durch den Tonfilm brutal unterbrochen wird. Keineswegs würde er sich jedoch Arnheim rigoroser These vom Ende der Filmkunst anschließen. Bazin würde noch nicht einmal von einem neuen Kino oder einer neuen Filmkunst sprechen, die dann etwa mit dem Ton- und später dem Farbfilm aufgekommen wäre. Und wenn sich tatsächlich unterschiedliche Filmkunstkonzeptionen mit jeweils eigenen Stilen und Gesetzmäßigkeiten finden lassen, dann rührt dies Bazin zufolge nicht von den technischen Neuerungen, denn diese Zwiespältigkeit existiert bereits im Stummfilm selbst (vgl. Bazin 2004c [1951/1952/1955], 90).

Bazin unterscheidet für das Kino der Jahre 1920 bis 1940 zwei „große gegensätzliche Tendenzen": So gibt es einmal „Regisseure, die an das Bild", und zugleich „andere, die an die Realität glauben" (ebd., 91). Bei dieser Unterscheidung stellt sich natürlich die Frage, was Bazin denn unter dem Bild im Unterschied zur Realität versteht. Eine Antwort findet sich mit aller wünschenswerten Klarheit: „Unter ‚Bild' verstehe ich ganz allgemein alles, was die Darstellung auf der Leinwand dem dargestellten Gegenstand hinzufügen kann" (ebd.). Mit Gottfried Boehm gesprochen, wäre damit all das gemeint, was aus dem Bild eben ein *starkes* Bild macht (s. Absch. 5.3). Solche Regisseure verfolgen also in ihrer Praxis, was Arnheim als einziges Filmkunstkriterium in seiner Theorie fordert: Der gefilmte

Gegenstand interessiert hier nicht als solcher, sondern um mit filmspezifischen Möglichkeiten geformt, stilisiert und interpretiert zu werden.

Zu einer solchen Gestaltung gehört nach Bazin einerseits diejenige des einzelnen Bildes und andererseits die Montage, also die zeitliche Abfolge von verschiedenen Bildern: „Unter Bildgestaltung ist der Stil von Dekor und Maske zu verstehen, in gewissem Maß auch der des Spiels der Darsteller, hinzu kommen natürlich das Licht und schließlich die Wahl des Bildausschnitts, welcher die Komposition des Bildes vollendet" (ebd.). Damit räumt Bazin den filmtheoretischen Auffassungen von Eisenstein und Arnheim ein *relatives* Recht ein, denn alles, was sie behaupten, trifft tatsächlich zu.

Aber es trifft eben nur auf die eine Hälfte der Filmkunst, nämlich auf jene Regisseure zu, die an das *Bild* – und die Montage – glauben, also in erster Linie bestimmte Bildkompositionen entwerfen wollen. Natürlich sind alle Gegenstände, die in Eisensteins Filmen auftauchen, der Realität entnommen, aber ihre Bedeutung stammt gerade nicht aus der Realität, sondern aus der Komposition – also aus dem Verhältnis der Elemente in ein und demselben Bild oder aus dem Verhältnis verschiedener Bilder zueinander. Dass die streikenden Arbeiter am Ende von Eisensteins *Streik* wie Vieh abgeschlachtet werden, ist ein Gedanke, der durch die Montage entsteht. Bazin ist sich mit Arnheim und Eisenstein jedenfalls einig, dass der Film am Ende der Stummfilmära seine Verfahren der Bildgestaltung sowie der Montage vollständig entwickelt hat, um der Zuschauerin eine bestimmte Interpretation des filmischen Geschehens nahezulegen. Was das Kriterium der Formgebung betrifft, ist die Filmkunst dieser Zeit also vollständig und ein Hinzutreten neuer Faktoren bedeutet zunächst nur eine Gefahr für die Balance der verschiedenen Gestaltungsmöglichkeiten.

Wenn man nun Arnheim darin folgen würde, dass das Wesen der Filmkunst in Bildgestaltung und Montage liegt, dann lässt sich die Stummfilmkunst tatsächlich als eine vollkommene Filmkunst begreifen. Aber für Bazin wäre eine solche Sichtweise eine unzulässige Engführung, die die Augen vor der gegenläufigen Strömung der Filmkunst verschließt: Es gibt eben auch noch jene Regisseure, die sich primär für die *Realität* als solche und weniger für das interessieren, was die Bildgestaltung und die Montage dieser Realität hinzufügen können. Wie Bazin geltend macht, tritt bei Regisseuren wie etwa Erich von Stroheim, Friedrich Wilhelm Murnau und Robert Flaherty mit aller Deutlichkeit hervor, dass auch im Stummfilm die Realität als solche von Interesse ist.

Flaherty zeigt in seinem berühmten Dokumentarfilm *Nanook* (USA, 1922) das Leben der Inuit auf Grönland. Im Mittelpunkt steht also ein bestimmter ausgewählter Bereich der Realität, der so wirklichkeitsgetreu wie möglich zur Darstellung kommen soll. Zweifellos wäre es für Flaherty darum ein Fortschritt, wenn man außerdem auch noch das Knirschen des Schnees und das Heulen des Windes hören könnte, der über die Eiswüste fegt. Für ein solches Verständnis von Filmkunst ist der Stummfilm aber gerade nicht vollendet, sondern unvollständig, solange der Ton oder die Farbe fehlt. Das Bild zählt hier vor allem,

6.3 Zwei gegensätzliche Strömungen der Filmkunst

„weil es die Realität *enthüllt*, nicht weil es ihr etwas *hinzufügt*. Für diese Richtung war der Stummfilm tatsächlich verkrüppelt: die Wirklichkeit, der einer ihrer Bestandteile fehlte" (ebd., 94).

Was man also nach Bazin in Zweifel ziehen muss, ist „die ästhetische Einheit des Stummfilms" (ebd., 95). Arnheims Unkenrufe gehen aus Bazins Perspektive von einem einseitigen Verständnis der Filmkunst aus und treffen bestenfalls auf jene Regisseure zu, die sich allein an der *Formgebung* orientieren. Völlig anders verhält es sich jedoch mit jenen Regisseuren, die *Realitäten* präsentieren wollen und damit nach Bazin in der Tradition nicht des *ästhetischen,* sondern des *psychologischen* Motivs der bildenden Kunst stehen. Diese andere Hälfte der Filmkünstler profitiert ganz im Gegenteil von dem höheren Ausmaß an Realismus, das durch den Ton- und später den Farbfilm möglich wird. Deshalb bedeutet der Ton für diese Strömung innerhalb des Stummfilms keine *Krise,* sondern vielmehr ein *Fortschritt* der Filmkunst. Kurz gesagt, nicht *das* Kino schlechthin, wie Arnheim meint, sondern nur *ein* bestimmtes Kino geht an Ton und Farbe zugrunde.

Es ist keineswegs abwegig, dass Bazins viel diskutierte Differenz zwischen Regisseuren, die an das Bild, und Regisseuren, die an die Realität glauben, auf die Kenntnisnahme der Literaturtheorie von Jean-Paul Sartre zurückgeht, einem Philosophen, den Bazin sehr geschätzt hat (vgl. Truffaut 2004, 25). Bazins Aufsatz „Die Entwicklung der Filmsprache" ist eine Synthese aus drei Artikeln, die in den Jahren 1951, 1952 und 1955 entstanden sind, also nur wenige Jahre nach der Buchveröffentlichung von *Was ist Literatur?* aus dem Jahr 1948, in der Sartre Poesie und Prosa voneinander unterscheidet. Die Analogie, die möglicherweise auch auf einen direkten Einfluss zurückgeht, springt ins Auge: Innerhalb der literarischen Kunst kann man Sartre zufolge die Wörter verwenden, um entweder Prosa oder Poesie zu machen. Wer Prosa macht, richtet mithilfe der Sprache die Aufmerksamkeit auf einen Gegenstand oder Sachverhalt in der Realität (vgl. Sartre 1991 [1948], 24 f.). Der Poet verfährt dagegen mit den Wörtern wie der Maler mit der Farbe: Er wendet die Aufmerksamkeit von der Realität ab und richtet sie auf die Sprache selbst, um mit Wörtern ein imaginäres Objekt zu komponieren, das nur innerhalb der Sprache selbst existiert (vgl. ebd., 16 f.).

Sartres Poet mit seinen sprachlichen Kompositionen ähnelt Bazins Filmemacher, der die Realität nur filmt, um eindrucksvolle Bildkompositionen zu entwerfen; ebenso entspricht Sartres Prosaist, der über Realitäten aufklären will, Bazins Filmemacher, dem es gleichermaßen darauf ankommt, Realitäten zu dokumentieren. Der Vergleich zwischen Bazin und Sartre zeigt, dass sowohl die Sprache wie auch die fotografischen und filmischen Bilder auf zweierlei unterschiedliche Weise künstlerisch verwendet werden können und dass bei den jeweiligen Unterscheidungsmerkmalen eine auffällige Analogie festzustellen ist (siehe zum Verhältnis zwischen Sartre und Bazin auch Tröhler 2009; Bonnemann 2012).

6.4 Montage oder Tiefenschärfe?

Man könnte nun die Frage stellen, ob sich denn Eisenstein wirklich so einfach jenen Regisseuren zurechnen lässt, die vor allem Bilder komponieren wollen. Keineswegs ist ja zu leugnen, dass die einzelne Einstellung in seinen Montage-Filmen so realitätsnah wie möglich aufgenommen ist. Worauf es Eisenstein jedoch ankommt, ist der Sinn der Einstellung, der bei ihm das Ergebnis eines Zusammenwirkens zweier Einstellungen ist: So entsteht in Kuleschows Montageexperimenten der Eindruck von Zuneigung in Mosjoukines Gesicht, indem ein Bild seines Gesichts mit dem Bild einer Frau kombiniert wird (s. Abschn. 4.4). Dass Mosjoukine und die Frau sich überhaupt in demselben Raum befinden, wird ebenfalls nur durch die Montage nahegelegt, denn man sieht sie niemals zusammen in ein und derselben Einstellung. Der *räumliche* Zusammenhang entsteht also allein aus dem *zeitlichen* Zusammenhang der Einzelbilder.

Wie sich im vorangegangenen Abschnitt herausgestellt hat, liegt die Sympathie von Bazin bei jenem Filmtypus, der in erster Linie Realitäten präsentieren will – und hieraus ergibt sich nun in einem Aufsatz mit dem bezeichnenden Titel „Schneiden verboten!" (Bazin 2004d [1953/1956], 75–89) eine grundsätzliche Infragestellung von Eisensteins Filmverständnis. Bereits Arnheim zieht Eisensteins Privilegierung der Montage in Zweifel und begreift sie nurmehr als ein gleichwertiges Mittel filmischer Gestaltung neben anderen (s. Abschn. 5.1.5). Im Vergleich mit Arnheim fällt Bazins Eisenstein-Kritik jedoch noch um einiges schärfer aus, denn für ihn steht die Montage sogar der Filmkunst im Wege, weil es sich dabei um ein „literarische[s] und antifilmische[s] Verfahren schlechthin" (ebd., 81) handelt. Das „Spezifische des Kinos" beruht für Bazin auf dem Respekt vor der „Einheit des Ortes" (ebd.), den die Montage jedoch erschüttert, weil sie den Raum in Einzelteile zerlegt.

Das folgende Beispiel veranschaulicht sehr gut, worauf Bazin mit diesem Respekt vor der Einheit des Raumes hinauswill. Im Namen der Glaubwürdigkeit und Authentizität des Films sei es „unvorstellbar, daß die Szene der berühmten Robbenjagd in *Nanook* uns nicht den Jäger, das Eisloch und dann die Robbe in derselben Einstellung zeigte" (ebd., 85). Als Kriterien für eine solche Aufwertung des Raums gegenüber der Zeit werden der Realitätseindruck sowie die Glaubwürdigkeit und Authentizität des Films genannt. Was dem einzelnen Bild nun Realismus und Glaubwürdigkeit verleiht, ist weniger das zeitliche *Nacheinander,* also das Verhältnis zu anderen Bildern, sondern das räumliche *Nebeneinander* innerhalb ein und desselben Bildes. Bei dem folgenden Prinzip handelt es sich für Bazin deshalb um ein „ästhetisches Gesetz" des Films schlechthin:

> „Wenn das Wesentliche eines Ereignisses von der gleichzeitigen Anwesenheit zweier oder mehrerer Handlungsfaktoren abhängt, ist es verboten zu schneiden. Die Montage kommt jedes Mal dann wieder zu ihrem Recht, wenn der Sinn der Handlung nicht vom physischen Nebeneinander abhängt, selbst wenn es implizit vorausgesetzt wird" (ebd., 84).

Angesichts solcher Überlegungen hat Tudor in seiner Bazin-Interpretation zwei verschiedene Realismuskonzeptionen unterschieden. In dem Aufsatz „Ontologie

6.4 Montage oder Tiefenschärfe?

des photographischen Bildes" bedeutet Realismus noch schlichtweg die Identität zwischen Abbildung und Original, Darstellung und Dargestellten. In späteren Aufsätzen räumt Bazin im Widerspruch zu dieser Identitätsthese jedoch ein, „daß die Leinwand sich auf eine künstliche Welt öffnen kann" (Bazin 2004f, 195). Spätestens jetzt ist der Realismus nicht mehr unausweichlich, sondern normativ zu verstehen und läuft auf die Forderung nach einer Treue gegenüber der natürlichen Anordnung im Raum hinaus (vgl. Tudor 1977 [1974], 73 f.).

Dabei geht Bazin allerdings nicht so weit dafür zu plädieren, man solle völlig auf den Schnitt verzichten und die Handlung nur noch in Plansequenzen erzählen. Letztlich bleibt diese Frage nach dem Schnitt dem Stil des Regisseurs überlassen, aber ausschlaggebend ist die Einsicht, dass die Wirkung eines Films eben auf seinem Realitätseindruck und nicht auf der Montage beruht. Und dieser Realitätseindruck stellt sich – in Bazins erwähntem Beispiel aus *Nanook* – eben nur dann ein, wenn der räumliche Zusammenhang zwischen Jäger, Eisloch und Robbe innerhalb einer einzigen Einstellung zu sehen ist. Die genannten drei Bildelemente müssen also nicht nur *nacheinander*, sondern auch *nebeneinander* zu sehen sein.

Damit ist, wie bereits gesagt, gar nicht ausgeschlossen, dass die gesamte Sequenz zugleich in eine Vielzahl von Einstellungen aufgeteilt wird: „[E]ine einzige richtig gewählte Einstellung, die alle zuvor durch den Schnitt zerstreuten Elemente wieder versammelt, genügt, um die Handlung wieder authentisch wirken zu lassen" (Bazin 2004d [1953/1956], 85). Wenn z. B. der Löwe, der sich an ein spielendes Kind anschleicht, und das nichts ahnende Kind wenigstens ein einziges Mal innerhalb der ganzen Handlungssequenz zusammen in einer Einstellung zu sehen sind, dann wird „auf einen Schlag und rückwirkend die vorausgehende ganz gewöhnliche Parallelschnittsequenz" (ebd., 88 f.) beglaubigt.

An der Erzählung selbst ändert sich zwar ganz und gar nichts, wenn die Montage die „räumliche Dichte der Wirklichkeit" und den „räumlichen Fluß der Handlung" ständig unterbricht (ebd., 84) und in einzelne Segmente zerlegt. Aber dadurch hätte der Film „trotz des konkreten Charakters jedes Bildes, lediglich erzählerisch, nicht in der Wirklichkeit Gültigkeit" (ebd., 89). Während Eisenstein also die Einheit des Raumes erst aus der Zeit, d. h. der Montage hervorgehen lässt, verleiht Bazin zufolge umgekehrt erst der räumliche Überblick, den die Totale liefert, der Montage ihr Gewicht und ihre Glaubwürdigkeit. Insgesamt erfährt damit der räumliche Hintergrund des Einzelbildes eine Nobilitierung gegenüber seinem zeitlichen Hintergrund: „Der Realismus liegt hier in der Einheit des Raumes" (ebd., 89; vgl. Tröhler 2009, 59).

Wenn Eisenstein ganz und gar auf die Montage setzt, dann hängt diese Entscheidung mit der Absicht zusammen, den Filmzuschauern eine eindeutige Botschaft zu vermitteln. Insofern das Einzelbild seinen Sinn durch sein Verhältnis zu anderen Einzelbildern bekommt und dieser Sinn eindeutig sein soll, darf es nämlich nicht allzu viel Sinn schon in sich selbst enthalten. Vielmehr muss jedes Einzelbild leicht und schnell verständlich sein. „Ihrem Wesen nach setzt die Montage bei ihrer Realitätsanalyse einen eindeutigen Sinn des dramatischen Geschehens voraus [...]. Kurz, die Montage eignet sich grundsätzlich und gemäß ihrer Natur nicht dazu, Mehrdeutigkeit auszudrücken" (Bazin 2004c

[1951/1952/1955], 103 f.). So ist es, wie Bazin meint, gerade die Mehrdeutigkeit des Ausdrucks von Mosjoukine, welche die völlig verschiedenen, für sich jeweils aber eindeutigen Interpretationen ermöglicht, die erst durch die Montage entstehen (vgl. ebd., 104). Die Montage gibt damit vor, worauf es bei dem Einzelbild ankommt – selbst wenn in ihm selbst unabhängig von diesem zeitlichen Hintergrund noch mehr an Sinngehalt zu entdecken wäre.

Zieht man diese Überlegungen in Betracht, so ergibt sich folgerichtig, wie Bazin ausführt, aus der Entscheidung für die Montage, dass die jeweiligen Einzelbilder dann eher flächig sind, d. h. kaum eine Tiefenschärfe aufweisen, welche den räumlichen Hintergrund hervorheben würde:

> „Die Unschärfe im Bild" ist „geradezu die logische Konsequenz aus der Montage, ihre bildhafte Entsprechung [...]. Die Unschärfe des Hintergrunds verstärkt also die Wirkung der Montage, sie gehört nur bedingt zum Kamerastil, aber wesentlich zum Erzählstil" (ebd., 101).

Wenn man die formalen Kategorien des Kunsttheoretikers Heinrich Wölfflin von der Malerei auf den Film überträgt, dann lässt sich sagen, dass sich die Einzelbilder in Montagefilmen eher durch Flächen- als durch Tiefenkomposition auszeichnen (Wölfflin 2004 [1915], 93–95).

Bazins Ausführungen stellen Montage und Tiefenschärfe geradezu als Gegenpole der filmischen Inszenierung dar: Je mehr der Film die Montage zum Einsatz bringt, umso flächiger müssen seine Bilder sein. Und umgekehrt setzt die Inszenierung in die Bildtiefe den Respekt vor der Einheit des Ortes voraus (vgl. Bazin 2004c [1951/1952/1955], 102). Dasselbe gilt im Übrigen – wie sich ergänzen lässt – nicht nur für Montage-Filme, sondern natürlich auch für Filme mit schnellen Kamerafahrten: Hier bekommt der Rezipient einen rasanten Wechsel von Einzelbildern geboten, der zwar ohne Schnitt auskommt, aber zum Verständnis des Geschehens eben auch ein leicht verständliches und daher flächiges Bild erforderlich macht. Das ändert sich auch nicht, wenn die Kamera in die Tiefe des Raumes hineinfährt. Denn durch diese Bewegung verwandelt sie nur fortwährend die Tiefe in Nähe und würde nach wie vor dem Betrachter nicht die Zeit lassen, die für eine Tiefenkomposition erforderlich wäre. Während die Montage und – je nach ihrer Geschwindigkeit – die Kamerafahrt eindeutige und leicht verständliche Bilder verlangen, macht die Tiefenschärfe folglich ein höheres Maß an Realismus möglich, und vor allem – wie Bazin hervorhebt – erlaubt sie der Zuschauerin ein „Minimum an persönlicher Auswahl" (ebd., 103).

Insofern das Bild eine Tiefenkomposition aufweist, findet sich *in ihm selbst* nun ein Vordergrund-Hintergrund-Verhältnis – und zwar eins, das *räumlich* und nicht *zeitlich* ist. So spielen sich z. B. in Jean Renoirs Film *Die Spielregel* (FR, 1939) oft gleichzeitig verschiedene Ereignisse jeweils im Vordergrund und im Hintergrund ab, sodass der Zuschauer die Entscheidung treffen muss, auf welche Ebene des Bildes er sich augenblicklich konzentrieren will. Jean Renoir hat seine Vorgehensweise folgendermaßen kommentiert: „Je länger ich in meinem Beruf bin, desto mehr neige ich dazu, in die Tiefe der Leinwand hinein zu inszenieren; ich verzichte mehr und mehr auf die Gegenüberstellung von zwei Schauspielern, die ordentlich vor der Kamera aufgebaut sind wie beim Photographen" (zit. nach ebd., 101).

Aus der Aufwertung des *Nebeneinander* gegenüber dem *Nacheinander* ergibt sich also außerdem die Möglichkeit, das Nebeneinander in ein *Hintereinander* zu überführen. Bei Tiefenkompositionen liegt, wie wiederum Wölfflin bemerkt, „der Nerv in den Beziehungen der vorderen zu den rückwärtigen Teilen" (Wölfflin 2004 [1915], 94). Die einfachste Form einer solchen Gestaltung, die den Blick in die Tiefe zieht, wäre bei Zweifigurenszenen „die Umsetzung des Nebeneinander […] in ein schräges Hintereinander" (ebd., 95). Bazin will, wie sich festhalten lässt, mit seinen Überlegungen jedenfalls auf die folgende Gesetzmäßigkeit hinaus: Während die Montage insgesamt zu einer Privilegierung des zeitlichen Hintergrunds und daher zu flachen, eindeutigen Einzelbildern tendiert, bringt die Tiefenschärfe den räumlichen Hintergrund des Einzelbildes zur Erscheinung und tendiert – zumindest der Möglichkeit nach – zur Mehrdeutigkeit.

Unverkennbar liegen Bazins Sympathien bei dieser Gegenüberstellung auf der Seite der Tiefenschärfe, denn immer wieder spricht er von den Engführungen und Verzerrungen, die die Montage der Darstellung antut. So erlaubt es erst der Verzicht auf sie, „den Sinn hinter den Dingen und Lebewesen herauszuarbeiten […], ohne deren natürliche Einheit zu zerstören" (Bazin 2004c [1951/1952/1955], 106 f.). Nicht nur der räumliche Hintergrund des Einzelbildes wird auf diese Weise wiederentdeckt, sondern schließlich sogar die Zeit *innerhalb* dieses Einzelbildes, d. h. „die wirkliche Zeit der Dinge, die Dauer des Geschehens" (ebd., 108). Was nach Bazin respektiert werden soll, ist also nicht nur die Einheit des Ortes, sondern ebenso die Dauer des Geschehens – ein Gedanke, der augenscheinlich auf Bazins Studium der Philosophie Henri Bergsons zurückgeht (vgl. Bockow 1980, 15–17). Das Bild selbst besitzt eine eigene Zeit, welche von den Ereignissen abhängig ist, die in ihm zu sehen sind. Diese Eigenzeit kommt wiederum zur Erscheinung, sobald den Bildinhalten nicht mehr die – wie es heißt – „abstrakte Zeit der Montage" (Bazin 2004d [1953/1956], 87) aufgezwungen wird.

6.5 Der Film im Verhältnis zu Literatur und Theater

Während Balázs und Arnheim als Apologeten einer reinen Filmkunst auftreten und folgerichtig eine strikte Grenze zwischen Theater und Film ziehen, verteidigt Bazin ganz im Gegenteil in den beiden Essays „Theater und Film" (Bazin 2004f [1951], 162–216) sowie „Für ein unreines Kino" (Bazin 2004g [1952], 110–138) ein theatralisches bzw. literarisches, jedenfalls ein *unreines* Kino. Dudley Andrew hat darum empfohlen, zwischen einem essenzialistischen Bazin, der den Realismus des Kinos normativ geltend macht, und einem nicht-essenzialistischen Bazin zu unterscheiden, der für die Unreinheit des Kinos plädiert (Andrew 2009, 33–36): Von Anfang an knüpft der Film, wie es bei Bazin heißt, nicht nur an den Zirkus und das Varieté, sondern mit der Burleske auch an eine Theatertradition an (vgl. Bazin 2004g [1952], 114 f.). Daher liegt jene Frage nahe, die für Kinopuristen wie

Rudolf Arnheim so anstößig sein muss: Kann es überhaupt ein Kino ohne die fortwährende Inspiration durch Literatur und Theater geben (vgl. ebd., 112)?

Im Unterschied zu Balázs' und Arnheims Grenzziehung zwischen Film und Theater hebt Bazin also die Verwandtschaften beider Künste hervor und erklärt überraschenderweise, dass der Text zwar das Wesentliche des Theaters sei (vgl. Bazin 2004f [1951], 199), das Kino aber dennoch „bestimmte Elemente des Theaters weiterentwickelt [...], die ohne es nie zur Reife gelangt wären" (ebd., 166). Der Film ist also nicht nur die bessere *Malerei* (s. Abschn. 6.1), er hat auch das Zeug dazu, das bessere *Theater* zu sein – und dies gelingt dem Film, wenn er sich paradoxerweise den ästhetischen Gesetzmäßigkeiten einer anderen Kunst unterwirft (vgl. ebd., 203).

Misslungen wäre für Bazin eine Theaterverfilmung, welche die dramatische Handlung einfach nur mit filmspezifischen Elementen – z. B. realistische und häufig wechselnde pittoreske Schauplätze – anreichert (vgl. ebd., 173). Statt die theatralische *Form* lediglich mit filmischen *Inhalten* zu ergänzen, kommt es, wie Bazin fordert, vielmehr darauf an, die *theatralische* in eine *filmische* Form zu übersetzen. Aus diesem Grund ist Jean Cocteaus *Die schrecklichen Eltern* das Paradebeispiel für eine gelungene Theaterverfilmung, denn Cocteau weiß sehr genau, dass der Film nicht dafür da ist, das Bühnenbild „zu multiplizieren, sondern zu intensivieren" (ebd., 177). So ist schließlich, wie Bazin fortfährt, in der Verfilmung von *Die schrecklichen Eltern* jede einzelne Szene noch viel beklemmender als dieselbe Szene auf der Theaterbühne (vgl. ebd., 182, 208). Denn gerade die Dynamik der Kamera im Unterschied zur Statik der Theaterbühne erlaubt es, die Einheit von Ort und Zeit um ein Vielfaches zu intensivieren, um die klaustrophobische Stimmung des Theaterstücks auf die Spitze zu treiben (vgl. ebd., 177).

Der Film ist nach Bazin jedoch nicht nur in der Lage, *theatralische,* sondern auch *literarische* Qualitäten in seine eigene Sprache zu übersetzen. Allerdings ist es hierfür überhaupt erst einmal erforderlich, dass er ein entsprechend hohes Entwicklungsniveau seiner Gestaltungsmöglichkeiten erreicht – diese Stufe ist Bazin zufolge in den 1940er Jahren erreicht. So nutzt schließlich Orson Welles in *Citizen Kane* (USA, 1941) alle bis dahin zur Verfügung stehenden Mittel filmischer Inszenierung, um jene Erzähltechniken zur Anwendung zu bringen, die James Joyce oder John Dos Passos in ihren Bewusstseinsromanen entwickeln (vgl. Bazin 2004g [1952], 121). Außer Joyce und Dos Passos sind für Bazin ferner Ernest Hemingway und William Faulkner sowie die französischen Romanautoren Albert Camus und André Malraux jene Repräsentanten des modernen Romans, die für die Entwicklung des Films von erheblicher Relevanz gewesen sind (vgl. ebd.; Bazin 2004b, 313, 323).

Am Beispiel von Roberto Rossellinis neorealistischem Episodenfilm *Paisa* (I, 1946) kommt der französische Filmtheoretiker etwas genauer auf diese Übersetzungsleistung zu sprechen, auch wenn der Leser auf Detailanalysen verzichten muss, welche zweifellos für die Nachvollziehbarkeit der These doch von erheblichem Wert gewesen wären. Rossellini, so heißt es stattdessen lapidar, steht in *Paisa* der Literatur von Hemingway viel näher als der Regisseur Sam Wood, der einfach nur die Handlung von Hemingways Roman *Wem die Stunde schlägt* im traditionellen Hollywood-Erzählstil verfilmt hat. Worauf es ankommt, ist nicht der *Inhalt,* sondern die *Form* – und in dieser Hinsicht haben der moderne Roman und der Film etwas Wesentliches gemeinsam, durch das sie sich maßgeblich von Dichtung, Theater und Malerei unterscheiden: Beide Künste bestehen nämlich aus einer „Abfolge von Wirklichkeitsfragmenten" (Bazin 2004b [1948], 312), die einmal in Bildern und das andere Mal in der Sprache vermittelt werden. Wenn man daher vom Stil beim Film und beim Roman spricht, dann ist damit, wie Bazin fortfährt, vor allem eine Erzähltechnik, also die „zeitliche Anordnung von Wirklichkeitsfragmente[n]" (ebd., 313) gemeint. Aufgrund dieser Gemeinsamkeit soll sich die Erzählweise des modernen Romans ohne nennenswerte Verluste ins Filmische übersetzen lassen.

Insofern Bazin beim Vergleich zwischen Film und Roman vor allem auf die zeitliche Anordnung der filmischen Einstellungen setzt, erfährt im Widerspruch zum Aufsatz „Schneiden verboten!" (s. Abschn. 6.4) auf einmal die Montage wieder eine zwar implizite, aber umso bedeutsamere Aufwertung. Dies verwundert umso mehr, weil sich Bazin im Gegenzug wider Erwarten überhaupt nicht dafür interessiert, wie der moderne Roman die Formgebung innerhalb *ein und derselben* filmischen Einstellung beeinflusst. Um auf eins seiner Lieblingsbeispiele zurückzukommen: Wenn Orson Welles' *Citizen Kane* tatsächlich „ohne James Joyce und Dos Passos nie entstanden" (Bazin 2004g [1952], 121) wäre, inwiefern ist dann auch die Tiefenschärfe, die diesen Film doch so berühmt gemacht hat, als eine Reverenz auf diese literarischen Vorbilder zu verstehen? Eine Antwort auf diese Frage sucht man jedoch ausgerechnet bei Bazin – dem Lobredner der Tiefenschärfe – vergebens.

Die Ausführungen zum wechselseitigen Einfluss zwischen Film und modernen Roman bleiben, so wegweisend sie zu sein versprechen, doch insgesamt allzu ungenau. Worauf es Bazin in erster Linie ankommt, ist der Gedanke, dass nicht die *Handlung,* sondern der *Stil* übersetzt wird: Zwar sind Orson Welles und Roberto Rossellini vom modernen Roman beeinflusst, aber sie verfilmen eben keinen Roman von Dos Passos oder Faulkner, sondern sie *verfilmen* einen beliebigen Stoff so, wie Dos Passos oder Faulkner darüber *geschrieben* hätte (vgl. Bazin 2004b [1948], 313, 323). Durch die Art und Weise, wie Orson Welles die Wirklichkeitsfragmente in Citizen Kane aneinanderreiht, lässt er uns ahnen, „wie der amerikanische Roman auf der Leinwand aussehen könnte", und die Filmkunst Roberto Rossellinis ist schließlich „nichts anderes als das filmische Äquivalent zum amerikanischen Roman" (ebd.). So weit, so gut, so vage.

Wie Bazin fortfährt, holen sich Welles und Rossellini auf diese Weise vom modernen Roman nur zurück, was dieser sich zuvor vom Film genommen hat – und das tun sie mit großem Gewinn: Denn bis dahin hat Dos Passos das Potenzial des Films besser erkannt und für seine eigene Kunst verwendet als die Filmregisseure selbst es getan haben (vgl. Bazin 2004f [1951], 207). Dementsprechend wird nun der Film umso filmischer, je mehr er sich nicht vom *traditionellen,* sondern vom *filmischen* Roman inspirieren lässt. Bazins Verteidigung des literarischen Films, die auf solche Synergieeffekte verweist, um die vermeintliche Schwäche als Stärke geltend zu machen, ist bei all ihrer Schlichtheit doch einleuchtend: Warum sollte dem Film nicht erlaubt sein, was in der Literatur als Fortschritt gilt? Wenn man den Roman nicht ablehnt, weil er filmisch ist und z. B. Montagetechniken übernimmt, warum sollte man es dann dem Film zum Vorwurf machen, theatralisch oder literarisch zu sein (vgl. Bazin 2004g [1952], 118, 121)?

Bazin vertritt also die Auffassung, dass die Künste keineswegs voneinander isoliert sind. Aufgrund der Parallelität von Literatur und Film lässt sich vielmehr die formale Weiterentwicklung in der einen Kunst auch auf die andere anwenden. Mit anderen Worten, beide Künste können fortwährend voneinander lernen. Das Plädoyer für einen unreinen Film stützt sich auf den Gedanken, dass Film und Roman stilistisch ineinander übersetzt werden können. Bazins spärliche Auskünfte, die für eine solche Wechselseitigkeit sprechen, lassen sich allerdings eher als bloße *Hinweise* und keineswegs als hinreichende *Beweise* verstehen. Bestenfalls liefert Bazin richtungsweisende Impulse für daran anknüpfende vergleichende Film-Roman-Analysen, in denen sich die Plausibilität seiner These allerdings erst noch herausstellen müsste.

6.6 Das Tatsachen-Bild – Physikalismus oder Phänomenologie?

Wie sich gezeigt hat, ist der Automatismus bei der Produktion von Fotografie und Film für Bazin der Ausgangspunkt seines filmtheoretischen Realismus: „Ihre automatische Entstehung unterscheidet sie grundsätzlich von anderen Reproduktionstechniken" (Bazin 2004f [1951], 184). Am Anfang steht ein anonymer physikalischer Vorgang, bei dem die schöpferische Subjektivität eines Künstlers überhaupt noch keine Rolle spielt. Es liegt auf den ersten Blick daher nahe, Bazins Realismus mit einem Physikalismus gleichzusetzen. Denn was wir in einem Film sehen, bezeichnet Bazin als eine „Lichtgußform" (ebd.), d. h. es handelt sich weniger um das erschaffene *Bild* als vielmehr um die physische *Spur* einer Sache. Eine solche Präsenz verleiht dem Personalausweis oder dem Videobeweis beim Fußballspiel überhaupt erst ihre Geltung, weil sie eine völlig neue – gewissermaßen realitätsverbürgende – Zwischenstufe zwischen Abwesenheit und Anwesenheit darstellt.

Wenn man die technische Hervorbringung filmischer Bilder in Betracht zieht, liegt für Bazin auch die Antwort nahe, was denn in ästhetischer Hinsicht *gute* filmische Bilder sind. Unter der Hand verwischt sich damit jene Differenz zwischen dem *psychologischen* und dem *ästhetischen* Motiv der bildenden Kunst, die Bazin in seinem Aufsatz „Ontologie des photographischen Bildes" noch in Anspruch genommen hat (s. Abschn. 6.1). Die Tendenz, „dem Zuschauer eine möglichst perfekte Illusion der Wirklichkeit [zu] verschaffen" (Bazin 2004b [1948], 308), wird nun als eine ästhetische Gesetzmäßigkeit aus der realistischen Präsenz in Fotografie und Film hergeleitet. Aufgrund seiner technischen Bedingungen, die eine bisher nie da gewesene bildliche Präsenz hervorbringen, ist der Film dazu berufen, die Realität zu entdecken. Und keine Filmkunst hat nach Bazin diese Mission besser erfüllt als der italienische Neorealismus – dies ist zumindest seine Auffassung

6.6 Das Tatsachen-Bild – Physikalismus oder Phänomenologie?

in den 1940er Jahren. Dabei fällt auf, dass er an dieser Stelle einmal mehr den Schulterschluss mit dem modernen Roman sucht: Die Tendenz zum Realismus trennt den Film zum einen von Dichtung, Theater und Malerei, zum anderen verbindet sie ihn aber mit dem modernen Roman, welcher dasselbe Ziel einer möglichst umfassenden Wirklichkeitsdarstellung verfolgt.

Diese Nähe nimmt Bazin nun zum Anlass, die bereits angesprochene Parallelität zwischen Roman und Film noch einmal zu vertiefen, indem er in den Aufsätzen „Der filmische Realismus und die italienische Schule nach der Befreiung" sowie „Ladri de Biciclette (Fahrraddiebe)" den Hollywood-Film dem traditionellen Roman und den italienischen Neorealismus dem modernen Roman zuordnet. Die Verbindung zwischen Hollywood-Film und traditionellem Roman wird hierbei auf die folgende Weise gezogen: Wenn die filmische Formgebung die gefilmte Tatsache in eine Bedeutung für die Narration zu verwandeln versucht – was ihr allerdings nie vollständig gelingt –, so folgt sie damit der Erzählweise des traditionellen Romans. Dies lässt sich mit der Formel auf den Punkt bringen, dass es die Funktion ist, die hier die Form des Objekts bestimmt (vgl. ebd., 319). Ob eine solche Charakteristik den ‚traditionellen Romanen' von Charles Dickens, Leo Tolstoi oder Emile Zola tatsächlich gerecht wird, die weniger eine stringente Handlung als vielmehr epische Lebenswirklichkeit bieten wollen, darf allerdings doch sehr bezweifelt werden. Wenn bei Bazin die Grenze zwischen dem ‚traditionellen Roman' und dem Drama eigentlich hinfällig wird, so liegt das nicht nur daran, dass sein Verständnis des traditionellen Romans zu eng ist. Denn er begreift auch das Drama nur im aristotelischen Sinne – nämlich als die Nachahmung einer einzigen, linearen und vollständigen Handlung (Aristoteles 1989 [ca. 335v. Chr.], Kap. 7–8), womit z. B. das Theater von Shakespeare oder Brecht völlig ausgeblendet wird.

Abgesehen von solchen schematischen Verkürzungen macht es trotzdem Sinn, die Erzählweise des Hollywood-Films in die Nähe des traditionellen Romans zu rücken, um beide als Kontrastfolie zu verwenden, vor der sich die Gemeinsamkeiten zwischen dem neorealistischen Film und dem modernen Roman abheben. Der bekannte Romancier und Literaturtheoretiker Umberto Eco markiert jedenfalls den entscheidenden Unterschied zwischen traditionellem und modernem Roman auf eine ganz ähnliche Weise wie Bazin, wenn er schreibt:

> „Es ist nur natürlich, daß das Leben mehr dem *Ulysses* als den *Drei Musketieren* gleicht: dennoch sind wir alle eher geneigt, es in den Kategorien der *Drei Musketiere* zu denken als in denen des *Ulysses:* oder besser, ich kann das Leben nur erinnern und beurteilen, wenn ich es als traditionellen Roman denke" (Eco 1996 [1962], 206).

Auf dieselbe Weise bleiben auch die filmischen Ereignisse im Neorealismus in ihrer Komplexität unüberschaubar, während ihnen im Hollywood-Film zumeist eine eindeutige Bedeutung für die Handlung zukommt. So beschreitet Rossellini, wie Bazin erläutert, denselben Weg wie der moderne Roman von Joyce und Co., wenn er in *Paisa* eine Tatsache nicht als Zeichen, sondern als ein „Bruchstück der unbearbeiteten Wirklichkeit" sehen lässt, das „für sich genommen vielfältig und mehrdeutig" (Bazin 2004b [1948], 321) ist. Darum reduzieren sich beispielsweise die Nebenfiguren auch nicht auf ihre jeweilige Funktion für den weiteren Verlauf der Handlung, weil sie schlichtweg auch ihre eigenen Sorgen haben. Kurz, das Drama, das wir verfolgen, spielt sich inmitten von tausend anderen Dramen ab, von denen der Film uns zumindest eine Ahnung gibt (vgl. ebd., 320).

Aus demselben Grund gibt es auch in de Sicas *Fahrraddiebe* (I, 1948) Episoden, die nirgendwohin führen und für die eigentliche Handlung völlig überflüssig sind. Stattdessen wecken sie jedoch gerade aufgrund ihrer Widerspenstigkeit ein *realistisches* Interesse, das Bazin mit dem *romanhaften* Interesse gleichsetzt: Solche Elemente, die keine narrative Funktion erfüllen, lösen gewissermaßen einen Realitätseffekt aus (vgl. Kirsten 2013, 21). Im modernen Roman wie auch im neorealistischen Film gibt es einen Vorrang des Ereignisses vor der Handlung, und deswegen lässt sich der Zusammenhang zwischen den einzelnen Episoden nicht – wie beim Theater – adäquat mit einem ‚also‘, sondern vielmehr mit einem ‚und dann‘ auf den Punkt bringen (vgl. Bazin 2004e [1949], 349).

Allerdings will Bazin keineswegs darauf hinaus, dass Rossellini und de Sica alles dem Zufall überlassen würden. Denn auch sie wählen ihre Tatsachen aus, wobei sie ihnen allerdings – und darauf kommt es entscheidend an – ihren Status als *Tatsachen* lassen. Das bedeutet, sie präsentieren nicht *Zeichen,* sondern *Tatsachen-Bilder.* Was das „‚Tatsachen-Bild'" (Bazin 2004b [1948], 321) vom Zeichen unterscheidet, ist der Umstand, dass es die Dinge in ihrer „phänomenologischen Integrität" (Bazin 2004e [1949], 340) sehen lässt: Die Dinge bewahren ihr Gewicht, ihre Eigenart und ihre Mehrdeutigkeit – kurz, sie sind nicht nur ein Zeichen für etwas anderes (vgl. Elsaesser/Hagener 2007, 42 f.).

Während es zunächst den Anschein gehabt hat, als würde Bazin auf der Grundlage der mechanischen Reproduktionsbedingungen des Films einem *physikalischen* Realismus das Wort reden, so wird nun deutlich, dass sein Ansatz vielmehr auf einen, wie er selbst sagt, „*phänomenologischen*‛ Realismus" (Bazin 2004h [1957], 384 – Hervorh. J. B.) hinausläuft. Aus dem physikalischen Realismus der Herstellung folgt bei Bazin der ästhetische Anspruch eines phänomenologischen Realismus der Darstellung – eine Herleitung, die sich offenbar weniger einem schlüssigen Argument als vielmehr einer begrifflichen Äquivokation verdankt: Die *Wirklichkeit als physikalische Größe* verursacht den Film, und deswegen soll der Gegenstand des Films die *Wirklichkeit als Phänomen* sein, also schlichtweg alles Sichtbare und Hörbare. Was daher ohne jeden argumentativen Brückenschlag unterstellt wird, ist ein grundsätzlicher medienontologischer Realismus, der in einer teleologischen Entwicklung zu einem immer ausgeprägteren phänomenologischen Realismus führt (vgl. hierzu auch Kirsten 2013, 92).

So soll der italienische Neorealismus, als dessen theoretischer Weggefährte Bazin sich sieht, schließlich selbst nichts anderes als eine „Phänomenologie" (Bazin 2004i [1953], 357) sein, weil er nicht die *Funktion* der Dinge, sondern ihre *reine Erscheinung* in den Mittelpunkt rückt. Die phänomenologische Integrität der Menschen, Dinge und Ereignisse wird gewahrt, weil ihre Erscheinungsvielfalt weder einer dramatischen Handlung noch einer moralischen oder ideologischen Idee geopfert wird (vgl. Bazin 2004i [1953], 357). Darum lässt das Tatsachen-Bild

6.6 Das Tatsachen-Bild – Physikalismus oder Phänomenologie?

z. B. einer Tür auch solche Eigenschaften sehen, die für ihre Funktion eigentlich überflüssig sind – dies gilt zunächst für die *narrative* Funktion, die Bazin vor allem im Sinn hat.

Aber es lässt sich hierbei etwa auch an die *affektive* Funktion für die Gesamtstimmung denken. Im Unterschied zu einer solchen Inszenierung, die das phänomenale Eigengewicht der Dinge respektiert, haben z. B. die Dinge in Tim Burtons *Sleepy Hollow* (USA, 1998) ausschließlich solche Eigenschaften, die für die Etablierung der schaurigen Atmosphäre des Films dienlich sind: Wenn wir den Baum sehen, aus dem der kopflose Reiter herausgaloppiert, dann handelt es sich eben deshalb nicht um ein Tatsachen-Bild, man könnte mit Deleuze zutreffender von einem Affekt-Bild sprechen. Aus Bazins Perspektive lässt Burton in seinen Filmen jedenfalls keinerlei Luft für die Realität.

Hingegen sind bei Rossellini und bei de Sica die Objekte weder der dramatischen Handlung noch der Gesamtstimmung unterworfen, sondern beides wächst umgekehrt erst aus den präsentierten Tatsachen hervor. Der Regisseur *erfindet* weder die Handlung noch die Stimmung, deren Zeichen die gefilmten Dinge dann nur noch wären. Vielmehr *findet* er sie umgekehrt in den mehrdeutigen Tatsachen, die allerdings weder in der Handlung noch in der Stimmung ganz und gar aufgehen. Deshalb ist der Zusammenhang der Szenen im italienischen Neorealismus vergleichsweise lose, und ein Publikum, das an den klassischen Hollywood-Film gewöhnt ist, wird immer den roten Faden vermissen. Wenn es nun aber trotzdem auch bei de Sica eine Handlung gibt so lässt sie sich, wie Bazin ausführt, nicht wie eine vorab fertig abgeschlossene *Essenz* verstehen, sondern sie ergibt sich erst aus der *Existenz* des Erzählten: „Die größte Leistung De Sicas, die andere bisher nicht einmal annähernd erreicht haben, besteht darin, daß es ihm gelungen ist, eine filmische Dialektik zu entwickeln, welche in der Lage ist, den Widerspruch zwischen theatralischer Handlung und bloßem Ereignis zu überwinden" (Bazin 2004e [1949], 351).

Mit dem zentralen Gedanken, dass die Filmkunst nicht durch funktionale Zeichenhaftigkeit, sondern vielmehr durch phänomenologische Integrität der filmspezifischen Präsenz gerecht wird, befindet sich Bazin im Übrigen ganz in der Nähe des frühen Balázs in *Der sichtbare Mensch,* dessen Position er allerdings wohl nicht gekannt hat. Balázs sieht die Aufgabe des Films darin, die „latente Physiognomie der Dinge herauszustreichen" – hierzu ist er wie keine andere Kunst „berufen" (Balázs 2001 [1924], 59). Diese Physiognomie, der affektive Ausdruck der Dinge, ist Balázs zufolge eine „notwendige Kategorie unserer Wahrnehmung" (ebd., 70), die von der Kamera nicht erschaffen, sondern gefunden wird (s. Abschn. 3.6). Es handelt sich um ein wiederzuentdeckendes Phänomen. Daher liegt der Schluss nahe, dass auch für Balázs wie für Bazin der Film seiner ästhetischen Eigengesetzlichkeit nach ein phänomenologischer Realismus sein sollte. Was sich im Film zu sehen gibt, ist demzufolge auch bei Balázs kein Zeichen, sondern ein Tatsachen-Bild.

Diese Übereinstimmung zwischen den beiden Autoren trifft allerdings nur für *Der sichtbare Mensch* zu, denn in dem späteren Buch *Der Geist des Films* rückt Balázs dagegen die schöpferische Kamera in den Mittelpunkt. Mit diesem

Prioritätswechsel vom Realismus zur Formgebung schlägt sich der Theoretiker Balázs – mit Bazin gesprochen – auf die Seite derjenigen Regisseure, die nicht Realitäten entdecken, sondern Bilder gestalten wollen. Dass die Gefolgschaft nur vorübergehend ist, liegt daran, dass von Anfang an auch die Akzentuierung eine deutlich andere ist: Bazin geht es um das Eigengewicht der Dinge, jene phänomenologische Integrität, die überrascht und verwirrt und als solche *per se* gar nicht erschaffen sein kann. Im Zentrum von Balázs' Denken steht dagegen die Physiognomie, der mimische im Unterschied zum sprachlichen Ausdruck. Dabei handelt es sich zwar ebenfalls um eine phänomenale Qualität der Dinge, nämlich um ihre affektive Dimension, die aufgrund der Hegemonie der zeichenhaften Kommunikation aus dem Blick geraten ist und vom Film wiederentdeckt werden kann. Aber Bazin legt das Schwergewicht gerade auf die filmische Erfahrbarkeit der *Subjektunabhängigkeit,* während für Balázs von Anfang an überhaupt nichts dagegenspricht, dass jene phänomenalen Physiognomien auch von einer schöpferischen Subjektivität – einem Schauspieler, einem Regisseur oder einem Kameramann – erst hervorgebracht werden können. Für Bazin wäre das ausgeschlossen, weil er offenbar von der impliziten Voraussetzung ausgeht, dass alles Erschaffene aufhört, ein Phänomen zu sein und zum Zeichen wird. Wenn der frühe Balázs Realist ist, dann ist sein Realismus doch nur ein Mittel zum Zweck bei der Suche nach der verlorenen Affektivität der Welt, für Bazin handelt es sich dagegen um den eigentlichen Sinn der Filmkunst.

Literatur

Andrew, J. Dudley (1976), *The Major Film Theories*, London/Oxford/New York.
Andrew, J. Dudley (1991), *André Bazin* (1978), New York.
Andrew, J. Dudley (2009), „Bazin Phase 2: Die unreine Existenz des Kinos", in: montage/av 18 (1), 33–48.
Aristoteles (1989), *Poetik* (ca. 335 v. Chr). Griechisch/Deutsch, Stuttgart.
Arnheim, Rudolf (2002), *Film als Kunst* (1932), Frankfurt am Main.
Arnheim, Rudolf (2004), „Die beiden Authentizitäten der photographischen Medien" (1993), in: ders., *Die Seele in der Silberschicht. Medientheoretische Texte. Photographie – Film – Rundfunk*, Frankfurt am Main, 56–63.
Balázs, Béla (2001), *Der sichtbare Mensch oder die Kultur des Films* (1924), Frankfurt am Main.
Bazin, André (2004), „Ontologie des photographischen Bildes" (1945), in: ders., *Was ist Film?*, Berlin, 33–42.
Bazin, André (2004a), „Der Mythos vom totalen Film" (1946), in: ders., *Was ist Film?*, Berlin, 43–49.
Bazin, André (2004b), „Der filmische Realismus und die italienische Schule nach der Befreiung" (1948), in: ders., *Was ist Film?*, Berlin, 295–326.
Bazin, André (2004c), „Die Entwicklung der Filmsprache" (1951/1952/1955), in: ders., *Was ist Film?*, Berlin, 90–109.
Bazin, André (2004d), „Schneiden verboten!" (1953/1956), in: ders., *Was ist Film?*, Berlin, 75–89.
Bazin, André (2004e), „*Ladri di Biciclette* (Fahrraddiebe)" (1949), in: ders., *Was ist Film?*, Berlin, 335–352.
Bazin, André (2004f), „Theater und Film" (1951), in: ders., *Was ist Film?*, Berlin, 162–216.

Bazin, André (2004g), „Für ein unreines Kino. Plädoyer für die Literaturverfilmung" (1952), in: ders., *Was ist Film?*, Berlin, 110–138.

Bazin, André (2004h), „*Le Notti di Cabiria* (Die Nächte der Cabiria) oder die Reise ans Ende des Neorealismus" (1957), in: ders., *Was ist Film?*, Berlin, 380–390.

Bazin, André (2004i), „Vittoria de Sica, Regisseur" (1953), in: ders., *Was ist Film?*, Berlin, 353–374.

Bertoncini, Marco (2009), *Teorie del realism in André Bazin*, Mailand.

Bickerton, Emilie (2010), *Eine kurze Geschichte der Cahiers du cinéma* (2009), Zürich.

Bonnemann, Jens (2012), „Zwischen Wahrnehmung und Imagination. Jean-Paul Sartres (nie geschriebene) Phänomenologie des Films", in: Julian Hanich/Hans-Jürgen Wulff (Hg.), *Auslassen, Andeuten, Auffüllen. Der Film und die Imagination des Zuschauers*, Paderborn, 2012, 69–89.

Bordwell, David (2009), „Bazins Lektionen. Sechs Pfade zu einer Poetik", in: montage/av 18/1, 109–128.

Carroll, Noëll (1988), *Philosophical Problems of Classical Film Theory*, Princeton.

Eco, Umberto (1996), *Das offene Kunstwerk* (1962), Frankfurt am Main.

Elsaesser, Thomas/Hagener, Malte (2007), *Filmtheorie zur Einführung*, Hamburg.

Elsaesser, Thomas (2009), „Ein halbes Jahrhundert im Zeichen Bazins", in: montage/av 18/1, 11–31.

Flusser, Vilém (1998), *Kommunikologie* (1977), Frankfurt am Main.

Geimer, Peter (2009), *Theorien der Fotografie zur Einführung*, Hamburg.

Häfker, Hermann (2004), „Die Schönheit der natürlichen Bewegung" (1913), in: Helmut H. Diederichs (Hg.), *Geschichte der Filmtheorie. Kunsttheoretische Texte von Méliès bis Arnheim*, Frankfurt am Main, 91–101.

Hutchinson, Bruce (2008), „Wie man eine Figur versteht. Eine prozessorientierte Annäherung an den Realismus", in: Thomas Schick/Tobias Ebbrecht (Hg.), *Emotion – Emotion – Figur. Spielformen der Filmwahrnehmungen*, Berlin, 181–192.

Kirsten, Guido (2013), *Filmischer Realismus*, Marburg.

Morgan, Daniel (2010), „Rethinking Bazin. Ontology and Realist Aesthetics", in: Marc Furstenau (ed.), *The Film Theory Reader. Debates and Arguments*, London/New York, 104–130.

Müller, Silke (2018), *Verursachung und Bezugnahme im fotografischen Bild*, Berlin.

Salten, Felix (1992), „Die sprechenden Bilder. Vorführung des neuerfundenen Kinetophon" (1913), in: Jörg Schweinitz (Hg.), *Prolog vor dem Film. Nachdenken über ein neues Medium 1909–1914*, Leipzig, 46–51.

Sartre, Jean-Paul (1991), *Was ist Literatur?* (1948), Reinbek.

Seel, Martin (2013), *Die Künste des Films*, Frankfurt am Main.

Stam, Robert (2000), *Film Theory. An Introduction*, Malden/Oxford/Carlton.

Swift, Jonathan (1974), *Gullivers Reisen* (1726), Frankfurt am Main.

Tarkowskij, Andrej (2012), „Von der Verantwortung des Künstlers", in: ders., *Die versiegelte Zeit. Gedanken zur Kunst, zur Ästhetik und Poetik des Films* (1984), Berlin, 253–281.

Tarkowskij, Andrej (2012a), „Die versiegelte Zeit", in: ders., *Die versiegelte Zeit. Gedanken zur Kunst, zur Ästhetik und Poetik des Films* (1984), Berlin, 84–121.

Tröhler, Margrit (2009), „Film – Bewegung und die ansteckende Kraft von Analogien. Zu André Bazins Konzeption des Zuschauers", in: montage/av 18/1, 49–74.

Truffaut, François (2004), *Mr. Hitchcock, wie haben Sie das gemacht?* (1966), München.

Tudor, Andrew (1977), *Film-Theorien* (1974), Frankfurt am Main.

Wölfflin, Heinrich (2004), *Kunstgeschichtliche Grundbegriffe. Das Problem der Stilentwicklung in der neueren Kunst* (1915), Basel.

Wollen, Peter (1972), *Signs and Meaning in the Cinema*, Bloomington.

7
Siegfried Kracauer (1889–1966) – die Kamera ‚im Dickicht des materiellen Lebens'

Angesichts der Vielfalt an Möglichkeiten digitaler Bildbearbeitung im Computerzeitalter drängt sich unvermeidlich die Frage auf, ob der filmtheoretische Realismus, wie ihn André Bazin, aber auch Siegfried Kracauer – die Hauptperson in dem nun folgenden Kapitel – vertreten haben, nicht eine ebenso hoffnungslos naive wie veraltete Position darstellt. Fotografien und Filme können am Computer in ein Mosaik von Pixeln übersetzt werden, wodurch sich die Bildobjekte im Grunde unbegrenzt manipulieren lassen. Wo Bazin zuvor von Automatismus, Objektivität und der Abwesenheit des kreativen Subjekts gesprochen hat, kommt im Zuge der digitalen Bildbearbeitung nun doch wieder die Intervention eines manipulativen – oder auch künstlerischen – Subjekts ins Spiel.

Man könnte hier geradezu von einer späten Rache der Malerei sprechen: Wenn sich der *Real*film eigentlich kaum noch zuverlässig von einem *animierten* Film unterscheiden lässt, dann scheint die These, dass Filme Realitäten aufdecken könnten, jedenfalls völlig obsolet zu sein. Nichts garantiert mehr die Authentizität und Glaubwürdigkeit von Fotografie und Film, wenn sie prinzipiell immer lügen können. Die Großtante sieht an ihrem 60. Geburtstag längst nicht mehr so jung aus, wie uns das wohlwollende Familienmitglied mithilfe der geeigneten Fotosoftware glauben lassen will; und auf Befehl von Stalin wird der neben Lenin stehende Trotzki auf dem Foto durch das Einfügen einer zusätzlichen Bretterwand entfernt – übrigens ein Indiz dafür, dass die Echtheit von Fotos schon vor ihrer Digitalisierbarkeit fraglich gewesen ist.

Während Martin Seel feststellt: „Als was wir die Gegenstände auf dem Bild dabei wahrnehmen, ist Sache unserer Interpretation des Bildes, nicht Sache des Bildes" (Seel 1996, 91), würde ihm Günther Anders entschieden widersprechen. Denn seiner Ansicht nach geben z. B. schon beim Fernsehbild „Aussagen über die Ereignisse […] sich als die Ereignisse selbst" (Anders 1992 [1956], 163). Die „betrügerische Kraft" des Bildes liegt, wie Anders fortfährt, darin, dass es seinen Urteilscharakter versteckt und infolgedessen als „ein in Bildform auftretendes Vorurteil" (ebd.) in Erscheinung tritt. Der Bildrezipient nimmt das im Bild Gesehene daher als unmittelbare Erfahrung und glaubt, dass er selbst sich nun ein Urteil bildet: Die Großtante sieht immer noch jung aus; Trotzki ist an jenem denkwürdigen Tag der russischen Revolution überraschenderweise gar nicht dabei gewesen. Tatsächlich ist dieses Urteil aber schon im Bild selbst versteckt. Im Übrigen ist auch Siegfried Kracauer der Auffassung, dass Bilder lügen können – und zwar auch diejenigen eines Dokumentarfilms: Dies geschieht nach Kracauer schon dann, wenn die dokumentarischen Bilder „gewisse Aspekte einer gegebenen Situation auf Kosten anderer herausstreichen und dadurch unsere Einstellung zu ihr beeinflussen" (Kracauer 1993 [1960], 220). Es scheint so, als wäre die Lüge nicht nur in der Sprache möglich, weil es offensichtlich auch *visuelle* Lügen gibt, die vor allem im Fall von manipulativer Bildbearbeitung zum Streitfall journalistischer und politischer Ethik werden und rechtliche Regelungen erforderlich machen. Wenige Kenntnisse in Bildbearbeitung und Popkultur sind vonnöten und schon lächelt das Gesicht von Stalin unter einem Pilzkopf hervor neben dem von John Lennon, George Harrison und Ringo Starr. Dass eine solche Veröffentlichung möglicherweise eine Klage von Paul McCartney zur Folge hätte, scheint einmal mehr Anders' These zu bestätigen, dass Fotos auch eine Aussage einschließen.

Der Schluss liegt also nahe, dass spätestens im Zeitalter der Digitalisierung der Begriff der fotografischen oder filmischen Dokumentation hinfällig ist, weil wir niemals wissen, ob die Kamera denn wirklich objektiv ist und kein Subjekt manipulativ Einfluss genommen hat. Eine solche Auffassung findet sich in nicht mehr zu überbietender Zuspitzung vor allem bei Jean Baudrillard, der sogar von einem „Verschwinden des Realen" (Baudrillard 1978, 40) spricht, an dessen Stelle nun die „Hyperrealität der Medien" (Baudrillard 1991 [1976], 102) tritt. Insofern ist es nur konsequent, wenn Baudrillard schließlich im Golfkrieg und in den Terroranschlägen vom 11. September 2001 nicht mehr Realitäten, sondern nur noch *Medienereignisse* sieht: „Von daher sind alle Raubüberfälle, Flugzeugentführungen usw. von nun an in gewisser Weise simulierte Vergehen, und zwar insofern, als sie sich von vornherein in die rituelle Dechiffrierung und Orchestrierung der Massenmedien einschreiben und sie in ihrer Inszenierung und ihren möglichen Folgen vorweggenommen werden" (Baudrillard 1978, 38).

Selbst wenn jemand die Position von Baudrillard für maßlos überzogen hält, lässt sich immer noch die Frage stellen, ob man nicht doch zumindest die längst fällige Konsequenz ziehen sollte, den filmtheoretischen Realismus endgültig auf die Müllkippe der Filmtheoriegeschichte zu verbannen. Tatsächlich lässt sich ja feststellen, dass die Bedeutung von Bazin und Kracauer in den 1970er bis 1990er Jahren, also zur Hochblüte (post-)strukturalistischer und semiotischer Ansätze, in den Debatten zum Film deutlich ins Hintertreffen gerät und beide kaum noch ernsthaft diskutiert werden. Sind jene beiden Theoretiker also nur noch von historischem Wert, weil uns im Zeitalter der digitalen Bildbearbeitung endlich die Augen aufgegangen sind und wir – selbst wenn wir Baudrillard für überspannt halten – nun endgültig wissen, dass wir nicht an die Realität dessen glauben dürfen, was auf dem Foto und im Film zu sehen ist?

Trotz alledem glauben wir allerdings nach wie vor an ihren dokumentarischen Charakter – und hierfür lassen sich problemlos Beispiele finden. Der prominenteste

Fall, bei dem z. B. ein Amateurfilm vor Gericht als Beweismittel gedient hat, ist sicher der des afroamerikanischen US-Bürgers Rodney King, der nach einer Autoverfolgungsjagd am 3. März 1991 von vier Polizisten, bereits überwältigt und auf dem Boden liegend, weiterhin brutal mit Stockschlägen verprügelt wird. Als die zufällige Amateuraufnahme eines Anwohners ausgewertet wird, stellt sich heraus, dass die Polizisten etwa 50mal auf King eingeschlagen haben. Der Regisseur Spike Lee zeigt das sogenannte Rodney-King-Video im Vorspann seines Films *Malcolm X* (USA, 1992) – falls wir diesen Begriff überhaupt noch sinnvoll verwenden dürfen, haben wir es in diesem Fall sogar mit der Dokumentation einer Dokumentation zu tun.

Aber auch heutzutage, wo die digitale Manipulierbarkeit von Bildern ungeheure Fortschritte gemacht hat, berichtet eine Journalistin der *taz* in einem Artikel vom 03. April 2016 von einem Polizeieinsatz, bei dem ihrer Einschätzung nach die Beamten mit unverhältnismäßiger Gewalt vorgegangen sind. Als sie daraufhin aus einer gewissen Distanz die Situation mit ihrem Handy filmen will, wird ihr das von einem der Polizisten vehement untersagt (vgl. http://www.taz.de/!5289051/). Wenn ohnehin doch niemand mehr an die Beweiskraft von Fotos und Filmen glaubt, warum will erstens die Journalistin eine Aufnahme des Geschehens machen, und warum hält es die Polizei zweitens für nötig, ihr das zu verbieten?

Abgesehen von diesem Einzelfall lässt sich jedenfalls feststellen, dass mit der geradezu flächendeckenden Verbreitung von Smartphones und Tablet-PCs endgültig die Ära beendet ist, in der die Polizei ganz allein darüber verfügen konnte, welches Bildmaterial vor Gericht landet. Und obwohl alle doch wissen, dass heutzutage moderne Bild- und Videoverarbeitungsprogramme nahezu perfekte Manipulationen erlauben, die nicht einmal ein Experte noch entlarven kann, wird Bildmaterial nach wie vor gemäß § 86 der Strafprozessordnung (StPO) als Beweismittel in einem Strafverfahren – als „Objekt richterlichen Augenscheins" – vor Gericht verwendet.

Hierbei ist allerdings vorausgesetzt, dass sich die genauen Umstände dieses Bildmaterials rekonstruieren lassen. Über diese Umstände geben nun die sogenannten Metadaten Aufschluss, welche von nahezu allen auf dem Markt erhältlichen Geräten bei jeder Aufnahme automatisch und unbeeinflusst vom Nutzer erzeugt werden. Je nach Aufnahmegerät gehören zu diesen automatischen Zusatzinformationen: Aufnahmeort in Form der GPS-Geopositionsdaten, Aufnahmedatum und -zeit, Weißabgleich und Kameramodell (vgl. www.gesetze-im-internet.de/stpo/_86.html; https://www.datenschutzbeauftragter-info.de/smartphone-bilder-und-videos-als-beweismittel/).

Es ist auch hier – das ist bemerkenswert! – wieder ein Automatismus, der als Authentizitätsgarant dienen soll – und zwar diesmal nicht wie bei Bazin die automatisch hergestellte *Aufnahme,* sondern die automatisch hergestellten *Metadaten.* Es überrascht nicht, dass auch diese Metadaten problemlos geändert werden können. Aber wenn man auch zugibt, dass jederzeit eine Fälschung der Aufnahme – wie auch der Metadaten – vorgenommen werden kann, so macht dieser Verdacht doch nur deswegen einen Sinn, weil wir nach wie vor immer noch unterstellen, dass ein Film beansprucht, eine Wiedergabe von Realitäten zu sein. Es lässt sich jedenfalls feststellen: Dieser Anspruch ist geradezu ein konstitutives Moment unserer Rezeptionshaltung gegenüber Fotografien und Filmen. Umgekehrt wäre es ja völlig abwegig, einem Gemälde oder einem Gedicht vorzuwerfen, dass es einen fiktionalen Charakter habe.

Wie Noël Carroll bemerkt hat, kann ein Film aus Dias, d. h. aus *unbeweglichen* Bildern bestehen, aber trotzdem ist unsere Rezeptionshaltung ganz zu Recht so, dass wir uns auf *bewegte* Bilder einstellen (vgl. Carroll 2010, 162). Analog dazu lässt sich sagen: Natürlich kann ein Film die Wirklichkeit verzerren – vielleicht tut er das immer –, aber trotzdem ist unsere Rezeptionshaltung ganz zu Recht so, dass wir mit der Wiedergabe unverstellter Realität rechnen. Selbst die Existenz eines solchen Genres wie des *Mockumentary* partizipiert noch an der Tatsache, dass es auch Dokumentationen gibt – sonst würde dieses Genre völlig seinen Witz einbüßen. Nur weil wir davon ausgehen, dass Fotografie und Film einen Bezug zu realen Gegenständen herstellen, ist überhaupt erst ein Misstrauen angebracht, dass dieser Bezug möglicherweise entstellt sein könnte. Nur aufgrund einer solchen Realismusunterstellung macht der Vorwurf der Manipulation und der Lüge einen Sinn. All unsere Erfahrungen mit Bildmanipulation ändern nichts daran, dass der Realitätsbezug sozusagen der Originalmodus fotografischer und filmischer Bilderfahrung ist. Fotografie und Film *müssen* keinen dokumentarischen Anspruch erfüllen, aber sie *können* dies durchaus (vgl. hierzu auch die Diskussion bei Seel 2013, 144–154).

7.1 Die Realität um ihrer selbst willen

Für Siegfried Kracauer ist der Realitätsbezug ohne jeden Zweifel der Originalmodus fotografischer und filmischer Bilderfahrung, denn das fotografische Medium, dessen Nachzögling der Film ist, soll sich von allen anderen künstlerischen Medien wie Musik, Theater und Literatur dadurch unterscheiden, dass es unverstellte Realität wiedergeben kann. Kracauer ist bereits zur Zeit der Weimarer Republik ein bedeutender Filmkritiker, der zahllose Rezensionen zum Kino in der *Frankfurter Zeitung* verfasst, und neben frühen Aufsätzen wie „Kult der Zerstreuung" oder „Die kleinen Ladenmädchen gehen ins Kino" vor allem mit seiner Monografie *Von Caligari zu Hitler* (1947) auch zu einem Pionier der Filmsoziologie avanciert. In der genannten systematisch angelegten Studie geht Kracauer von der Voraussetzung aus, dass sich besonders an Filmen der Zeitgeist ablesen lässt, weil sie aufgrund ihrer hohen Kosten den Geschmack eines Massenpublikums treffen müssen. Aus diesem Blickwinkel verfolgt Kracauer in *Von Caligari zu Hitler* das Ziel, anhand der Entwicklung von bestimmten Schlüsselthemen im deutschen Stummfilm darzulegen, wie sich die Mentalität der deutschen Bevölkerung im Verlauf der 1920er Jahre immer weiter auf die nationalsozialistische Ideologie zubewegt. Dem Film wird hier sozusagen die Aufgabe einer mentalitätsgeschichtlichen Sonnenuhr übertragen (vgl. Kracauer 1993a [1947]; zum frühen – eher ideologiekritisch orientierten Kracauer immer noch lesenswert: Ebert 1977).

7.1 Die Realität um ihrer selbst willen

Wie zu erwarten, soll in diesem Kapitel allerdings nicht von dem Film*soziologen*, sondern von dem Film*theoretiker* Kracauer und seinem 1960 erschienenen Standardwerk *Theorie des Films* die Rede sein, „dem letzten großen Werk der schließlich als klassisch bezeichneten Filmtheorie" (Hesse/Keutzer/Mauer/Mohr 2016, 16). Miriam Hansen notiert hierzu:

> „This tradition is often taken to be primarily concerned with questions of ontology and medium specificity: What is the ‚essence' or ‚natur' of film? What can film do that other art forms cannot?" (Hansen 2012, 254).

Insofern wird deutlich, dass z. B. Heide Schlüpmann genau diese Differenz zwischen Film*theorie* und Film*soziologie* aus dem Blick verliert, wenn sie die Auffassung vertritt, dass die frühen Aufsätze der 1920er Jahre bereits die Summe von Kracauers späterer Filmtheorie enthalten (vgl. Schlüpmann 1998, 37 f.). ‚Was ist der Film?' ist eine andere Frage als ‚Was ist die gesellschaftliche Relevanz des Films?'. Ganz genau wie Arnheim, wenn auch mit geradezu entgegengesetzten Resultaten, fragt Kracauer in *Theorie des Films* was die Besonderheit des Films ausmacht, um hieraus ästhetische Leitlinien zu gewinnen. In diesem Punkt sind sich Arnheim und Kracauer jedenfalls einig: Wenn erst einmal die Frage geklärt ist, was der *Film überhaupt* ist, dann lässt sich auch angeben, was ein *guter Film* ist.

Um „Einblick in die besondere Natur des fotografischen Films" (Kracauer 1993 [1960], 9) zu bekommen, können Kracauer zufolge jene Fragen, die der Farbfilm, das Breitwandkino, der Zeichentrickfilm oder das Fernsehen aufwerfen, getrost vernachlässigt werden. Seiner Ansicht nach kommt man ohnehin nur auf Abwege, sobald man sich von diesen Sonderformen eine Auskunft über das Wesen des Films erhofft. Während Arnheim allerdings die Farbe ablehnt, weil sie die Möglichkeiten der Formgebung einschränkt und den Film zu realistisch macht, sieht Kracauer ganz im Gegenteil die Gefahr, dass Farben den Realismus der Schwarzweißfilme abschwächen (vgl. ebd., 10). Die jeweilige Ablehnung des Farbfilms beruht bei Arnheim und Kracauer also auf diametral entgegengesetzten Gründen. Allerdings ist die Geringschätzung, die Kracauer der Farbe im Film entgegenbringt, natürlich noch befremdlicher, weil sein Buch eben 1960 veröffentlicht wird – also fast dreißig Jahre und zahllose Farbfilme später als Arnheims *Film als Kunst* von 1932.

Die Einigkeit in der Ablehnung der Farbe als Gefahr für die Filmkunst, die völlig konträr begründet wird, legt im Übrigen bereits eine Vermutung nahe, die der Vergleich zwischen *Film als Kunst* und *Theorie des Films* von Grund auf bestätigt. Arnheim und Kracauer sind gewissermaßen zwei ‚feindliche Brüder', bei denen die eine Position geradezu die spiegelbildliche Umkehrung der jeweils anderen darstellt: Beide rücken die Frage in den Mittelpunkt, welche Bedingungen der Film erfüllen muss, um Kunst zu sein. Aber für Arnheim scheitert die Filmkunst an einem Zuviel an Realismus und einem Zuwenig an Formgebung, für Kracauer – wie sich nun zeigen wird – scheitert sie hingegen an einem Zuviel an Formgebung und einem Zuwenig an Realismus. Kurz, für Arnheim sind Filme erst dann ‚filmisch', wenn sie formen, für Kracauer sind sie wiederum genau dann ‚unfilmisch'.

Kracauer und Arnheim führen ab 1949 Gespräche über Wahrnehmung und Filmästhetik und stehen seitdem auch in regelmäßigem und ausgesprochen freundschaftlichem Briefkontakt. Einerseits ist also davon auszugehen, dass die Niederschrift von *Theorie des Films* von Anfang an von diesen Diskussionen mit Arnheim begleitet wird, der für Kracauer bei allen Differenzen doch ein „Wahlverwandter" (Später 2017, 482) ist, für dessen Anregungen er sich im Vorwort seines Filmbuchs ausdrücklich bedankt (vgl. Kracauer 1993 [1960], 15). Andererseits hat sich bereits im Arnheim-Kapitel herausgestellt (s. Abschn. 5.4), dass der späte Arnheim seinerseits einen großen Schritt macht in Richtung auf den filmtheoretischen Realismus, wobei er sich auf Einsichten beruft, die auf Kracauer zurückgehen (vgl. Arnheim 2004, 60; siehe zum Gedankenaustausch zwischen Arnheim und Kracauer ausführlich Später 2017, 481–483).

Während Arnheim, dessen Position zumindest in *Film als Kunst* noch als Formalismus charakterisiert werden kann, die Eigenart des filmischen Mediums analysiert, um von hier aus die filmspezifischen Verfahren der *Formgebung* zu ermitteln, untersucht zwar auch Kracauer die medialen Eigenschaften, aber dies tut er, um die mediengerechten *Inhalte* des Films in Erfahrung zu bringen: Jedes Medium soll sich, wie es heißt, vor allem den Dingen zuwenden, „die es allein darstellen kann" (Kracauer 1993 [1960], 11). Was in *Theorie des Films* entwickelt wird, ist also keine *formale,* sondern eine „*materiale* Ästhetik" (ebd., 11).

Eine Analyse der „Grundeigentümlichkeiten des Films" (ebd., 10) führt, wie sich vorwegnehmen lässt, zu der zentralen Einsicht, dass der Film dazu berufen ist, „vorübergleitendes materielles Leben festzuhalten" (ebd., 11). Während ‚unfilmische' Filme Objekte zeigen, die besser bei anderen Medien aufgehoben sind, präsentieren ‚filmische' oder ‚mediengerechte' Filme „Leben in seiner vergänglichsten Form. Straßenmengen, unbeabsichtigte Gebärden und andere flüchtige Eindrücke" (ebd., 11). Der Filmkünstler ist daher ein *Entdecker,* der von der sinnlichen Oberfläche der Dinge fasziniert ist, ohne sie als Zeichen für Handlungsverläufe, psychische Vorkommnisse, geistige Interessen oder Ideologien zu interpretieren (vgl. ebd., 13).

Hieraus folgt für Kracauer eine strikte Grenzziehung zwischen Film und Theater: Denn selbst wenn Theaterverfilmungen auch noch so herausragend inszeniert sein mögen, ist der Zweifel berechtigt, ob sie uns wirklich Dinge sehen lassen, „die nur das Kino mitzuteilen privilegiert ist" (ebd., 12). Anders als für Kracauer können zwar für Bazin Theaterverfilmungen einen Fortschritt des Kinos bedeuten, aber beide Filmtheoretiker halten doch an einer ausgesprochen strengen Opposition zwischen Film und Theater fest. Im Unterschied zu Balázs und Arnheim, die bei dieser Gegenüberstellung in erster Linie das *formale* Unterscheidungskriterium der Sprache im Blick haben, rücken Bazin und Kracauer jedoch eine *inhaltliche* Differenz in den Mittelpunkt. Da beide von demselben äußerst engen Theaterverständnis ausgehen, lässt ihrer Ansicht nach der Film einen größeren Spielraum für Individualität und Zufälligkeit: Während im Theaterstück jedes Element der dramatischen Handlung dienlich sein soll, wendet sich der Film – jedenfalls wenn er sich selbst treu bleibt – den zufälligen Erscheinungen zu, die sich keinem übergeordneten Sinnzusammenhang unterwerfen lassen. Die Straße als ein

„Sammelpunkt flüchtiger Eindrücke" (ebd., 98), ein Ort, an dem das Zufällige über das Geplante den Sieg davonträgt, ist darum ein besonders filmaffines Milieu. Mit anderen Worten, Fotografie und Film geben Realitäten „um ihrer selbst willen" (ebd., 13) wieder und verzehren diesen Rohstoff nicht im Dienst der Formgebung.

7.2 Formgebung und Realismus im Film

Fotografie und Film unterliegen nach Kracauer demselben „ästhetischen Grundprinzip" (Kracauer 1993 [1960], 38), wobei es sich um einen Anspruch handelt, der schlichtweg aus der Beschaffenheit des fotografischen Mediums folgt: Fotografie und Film sind nämlich umso gelungener, je mehr sie unverstellte Realität wiedergeben und enthüllen. Diese realistische Tendenz liegt der Fotografie wie auch im Film, der für Kracauer im Wesentlichen eine „Weiterentwicklung der Fotografie" (ebd., 11) ist, „unabänderlich" (ebd., 55) zugrunde. Bei der Wiedergabe von Realität gilt es nun, noch einmal genauer zwischen *registrierenden* und *enthüllenden* Funktionen zu unterscheiden: Jede einzelne Einstellung ist immer registrierend, aber nicht jede ist auch enthüllend. Enthüllend ist eine Einstellung dann, wenn sie Elemente der Realität präsentiert, die wir ohne die Kamera gar nicht zur Kenntnis nehmen würden (vgl. ebd., 71). Nach Kracauer ist nun ein Film, der im technischen Sinn äußerst virtuos inszeniert ist, dennoch misslungen, wenn er die realistische der formgebenden Tendenz unterordnet und damit gegen die Grundeigenschaft – also das ästhetische Grundprinzip – verstößt. Umgekehrt wird ein technisch unzulänglicher Film immer noch dem ästhetischen Grundprinzip gerecht, solange er nur Realitäten aufdeckt (vgl. ebd., 56).

Was die sichtbare Realität betrifft, um die es hier geht, so macht Kracauer nun noch einmal eine Einschränkung: Zwar gehört auch das Gemälde oder die Theateraufführung zum Bereich der sichtbaren Realität, aber Kracauer meint hiermit genauer „die wirklich existierende, physische Realität – die vergängliche Welt, in der wir leben" (ebd., 55). An dieser Stelle folgt dann eine verwirrende Aufzählung von Wirklichkeitsbegriffen, die wir für ihn wohl alle dasselbe bedeuten: „materielle Realität", „physische Existenz", „Wirklichkeit", „Natur", „Leben" oder auch „Kamera-Realität" (ebd., 55; vgl. hierzu Hansen 2012, 253).

So wie Bazin zwischen Regisseuren unterscheidet, die an das *Bild* glauben, und solchen, die an *Realitäten* glauben (s. Abschn. 6.3), so spricht auch Kracauer ganz genauso von zwei Haupttendenzen des Films – der *realistischen* und der *formgebenden* Tendenz –, die sich bis zu seinen Anfängen zurückverfolgen lassen. Diese beiden Tendenzen lassen sich sehr säuberlich schon den wegweisenden Pionieren aus der Gründerzeit des Kinos zuordnen: Während sich die Brüder Auguste und Louis Lumière auf die Wiedergabe von Realität konzentrieren, so steht umgekehrt Georges Méliès, der Erfinder des Spielfilms, für die formgebende Tendenz (vgl. ebd., 57).

Es ist zwar nicht zu bestreiten, dass auch die Lumières hier und da Geschichten erzählen – z. B. in *Der begossene Gärtner* (1895) –, aber in den weitaus meisten ihrer Filme wie etwa *Arbeiter verlassen die Lumière-Werke* (1895), *Abbruch einer Mauer* (1895) oder der berühmte *Die Ankunft eines Zuges auf dem Bahnhof in La Ciotat* (1895) liegt, wie Kracauer zuspitzend betont, das Schwergewicht auf unkontrollierbaren, zufälligen und flüchtigen Ereignissen in Straßenszenen und Alltagsleben. Insofern die Natur gewissermaßen auf frischer Tat ertappt werden soll, wird – Kracauer ist sich hier ganz sicher – auf Eingriffe in die gefilmten Tatsachen – also auf die *Mise en Scène* – weitgehend verzichtet (vgl. ebd., 58). Es verwundert an dieser Stelle allerdings, warum er nicht selbst daran zweifelt, dass die Lumières es dem glücklichen Zufall überlassen haben, ob die Arbeiter der Lumière-Werke tatsächlich alle ausnahmslos genau innerhalb einer Minute – eben der damals möglichen Filmlänge – das Fabriktor durchqueren.

Wie Kracauer mit seiner historischen Skizze der Kindheit des Films fortfährt, geht jedoch das anfängliche Interesse des Massenpublikums an den Dokumentationen der Lumières merklich zurück, bis Georges Méliès schließlich die Anziehungskraft des neuen Mediums wiederbelebt. Dies gelingt ihm, indem er den Film mit Fiktionen und Theaterillusionen, vor allem aber mit Spielhandlungen bereichert. Zwar handelt es sich um solche Fiktionen, die auf der Theater- und Zirkusbühne unmöglich durchzuführen wären – das bekannteste Beispiel hierfür ist sicher *Die Reise zum Mond* (FR, 1902) –, aber das ändert nichts an Kracauers strengem Urteil, dass Méliès schließlich doch nur „ein Theaterregisseur" bleibt, der die „Fotografie in einem vor-fotografischen Geiste" verwendet, nämlich „zur Reproduktion einer von Bühnentraditionen belebten Kulissenwelt" (ebd., 60).

Vor allem deswegen bleiben die Filme von Méliès innerhalb der Grenzen des Theaters, weil es in ihnen schlichtweg „keine echt filmischen Gegenstände" (ebd., 61) gibt. Mit dem Namen Méliès verbindet sich also der verhängnisvolle Sieg der Formgebung über den Realismus und die Geburt des theaterhaften Films, zu dem Kracauer sowohl den Kunstfilm wie auch den Hollywood-Unterhaltungsfilm rechnet. Denn so wie bei dem einen das Rohmaterial nur der Komposition von komplexen Bildern dient, so wird es bei dem anderen nur zur Darstellung einer Handlung verwendet (vgl. ebd., 64). Solche theaterhaften Filme erfreuen sich beim Publikum zwar äußerster Beliebtheit, aber für Kracauer sind sie doch schlichtweg „filmwidrig" sind, weil sie nur Erfahrungen bieten, die sich auch bei anderen Medien finden lassen (vgl. ebd., 65 f.). Insofern das genuine filmische Thema die ungestellte Realität ist, ist umgekehrt also „alles theaterhaft Gestellte unfilmisch" (ebd., 95).

Während sich Robert J. Flahertys *Nanuk, der Eskimo* (USA, 1922) oder Joris Ivens *Regen* (NDL, 1929) ganz und gar in den ausgewählten Realitätsausschnitt versenken, stellen dagegen ‚Kunstfilme' – Kunst im traditionellen Sinne von Formgebung – eine Entfremdung dar, weil sie nicht den Rohstoff der Realität selbst zu Wort kommen lassen, sondern der Zuschauerin nur zeigen, was der Regisseur in die Bilder hineingelegt hat (vgl. ebd., 257): „[S]ie verwenden sie nicht in deren eigenem Interesse, sondern in der Absicht ein sinnvolles Ganzes zu etablieren" (ebd., 391).

Bemerkenswert ist an dieser Stelle, dass zwei namhafte Regisseure wie Eric Rohmer und Wim Wenders ganz auf der Linie von Kracauer liegen, wenn sie völlig unabhängig voneinander kopfschüttelnd feststellen, dass eine cinephile Generation von Filmemachern herangewachsen sei, die ihre gesamte Weltsicht, Bildung und Kultur nur noch aus dem Kino bezieht.

> „[H]eute gibt es Leute", so erklärt Rohmer, „deren Bildung rein kinematographisch ist, die nur durchs Kino denken, und wenn sie Filme machen, machen sie Filme, deren Geschöpfe nur durchs Kino existieren. Sei's, daß sie an frühere Filme erinnerten, sei's, daß sie Leute zeigen, deren Beruf das Kino ist [...]. Ich finde, es gibt auf der Welt noch anderes als das Kino, und gerade das Kino muß zehren von den Dingen, die um es herum existieren" (zit. n. Murnau 1990, 103).

„Das Kino solle", so fügt auch Wenders hinzu, „etwas mit Leben und Erfahrung zu tun haben" (Wenders 2015, 60). Und daher kritisiert er jene Regisseure, die nichts anderes wollen, als Erzählungen, die sie bereits aus dem Kino kennen, noch besser zu erzählen: „Die haben aufgegeben, noch etwas zu erleben, zu erfahren – außerhalb des Kinos, und können in ihre Geschichten folglich auch nichts mehr davon hineintun" (ebd., 61). Von hier aus liegt aber auch die Vermutung nahe, dass es sich Kracauer mit seiner strikten Ausblendung des Zeichentrickfilms – „als einer Gattung außerhalb des fotografischen Films" – letztlich zu einfach macht (vgl. Kracauer 1993 [1960], 9, 251): Denkt man an Zeichentrickfilme wie z. B. *Die letzten Glühwürmchen* (J, 1988, R.: I. Takahata), so scheint es nicht abwegig zu sein, dass sie realistischer bzw. dokumentarischer sind als mancher Realfilm. Dies ist nämlich dann der Fall, wenn man ihnen ansieht, dass sie die Realität genau beobachtet und sich mit ihr gründlich auseinandergesetzt haben. Werden sie nicht eher dem ästhetischen Grundprinzip des fotografischen Mediums gerecht als jene Realfilme, die, wie Wenders moniert, sich nur an anderen Filmen orientieren, den Regeln eines bestimmten Genres folgen oder sie spielerisch weiterentwickeln?

7.3 Formgebung als Beitrag zur Realitätswiedergabe

Kracauers unübersehbare Privilegierung eines bestimmten – eben des realistischen – Filmtypus verfolgt das Ziel, dasjenige Vermögen in aller Schärfe herauszustellen, mit dem sich der Film von jeder anderen Kunstform unterscheidet. Wenn Kracauer also nicht müde wird, unentwegt zu betonen, dass ein Film erst dann „filmisch" ist, wenn er unverstellte Realität wiedergibt, so verfolgt er hierbei auch das Ziel, jegliche „Konfusion unter den Künsten" (ebd., 66 f.) zu vermeiden. Wie konsequent, wenn auch nicht immer überzeugend, er dabei vorgeht, wird aus dem folgenden Zitat ersichtlich:

> „Das schließt ein, daß selbst Filme ohne künstlerischen Ehrgeiz, wie Wochenschauen, wissenschaftliche Filme oder Lehrfilme, schlichte Dokumentarfilme usw. ästhetisch standhalten – vermutlich besser als Filme, die bei aller Kunstbeflissenheit der gegebenen Außenwelt nur geringe Beachtung schenken. Freilich genügen fotografische Reportagen, Wochenschauen und dergleichen immer nur der ästhetischen Mindestanforderung" (ebd., 67).

Es lohnt sich, die soeben zitierte Passage einmal genauer in den Blick zu nehmen: Wenn ein Film zugunsten des Realismus auf jegliche Formgebung verzichtet, dann genügt er – irritierenderweise sagt Kracauer „vermutlich" (s. o.) – der ästhetischen Mindestanforderung. In diesem Fall handelt es sich zwar um einen ‚filmischen' Film, der einem ‚unfilmischen' Film vorzuziehen ist, bei dem die Formgebung ein Übergewicht einnimmt. Allerdings legt Kracauers Wortwahl aber auch die Interpretation nahe, dass so ein ‚filmischer' Film nicht unbedingt auch schon ein wirklich ‚guter' Film sei. Denn was er erfüllt, wird ja nur als „ästhetische *Mindest*anforderung" (ebd., 67 – Hervorh. J. B.) bezeichnet.

Was Kracauer an dieser Stelle vorschwebt, ist ein „Gleichgewicht" (ebd., 67): Weder soll – wie im Hollywoodfilm und im Kunstfilm – die formgebende Tendenz die realistische unterwerfen, noch wird – wie man es auf den ersten Blick Kracauer unterstellen könnte – der umgekehrte Fall favorisiert. Vielmehr ist ausdrücklich die Rede davon, dass sich die Formgebung idealerweise dem Realismus „einordnet" (ebd., 67). Kracauer macht also erstens geltend, dass das ästhetische Grundprinzip des fotografischen Mediums *allein* der Realismus ist. Zweitens erklärt er, dass Filme *ohne* Formgebung – der völlige Verzicht hierauf ist natürlich nur annäherungsweise möglich – lediglich die *Mindest*anforderung erfüllen. Hieraus folgt aber, dass Filme *mit* einer Formgebung filmästhetisch hochwertiger sein können als solche *ohne* Formgebung – sofern sich jene Formgebung eben dem Realismus ‚einordnet'.

Und da es bei Kracauer nur ein einziges ästhetisches Grundprinzip gibt – die Wiedergabe von Realität –, kann ‚filmästhetisch hochwertiger' schlichtweg nur bedeuten: ‚realitätsenthüllender' bzw. ‚realistischer'. Daraus ergibt sich implizit der Schluss, dass realistische Spielfilme wie Roberto Rossellinis *Paisa* (I, 1946) oder – um ein neueres Beispiel anzuführen – Ken Loachs *Sweet Sixteen* (GB, 2002) gerade *aufgrund ihrer Formgebung* mehr von der Realität enthüllen als etwa die *Tagesschau*, die auf jegliche Inszenierung verzichtet. Aufgrund ihrer formgebenden Verfahren sind solche Filme also nicht nur unterhaltsamer und schöner, sondern sogar *realistischer* als schnörkellose Nachrichtensendungen. So spricht Kracauer von dem „für den Fotografen charakteristische[n] und wahrhaft formgebende[n] Bemühen [...], wichtige Aspekte physischer Realität darzustellen, ohne ihr dabei Gewalt anzutun – so daß das ins Blickfeld gerückte Rohmaterial sowohl intakt bleibt wie auch transparent gemacht wird" (ebd., 50). Es kommt also darauf an, die adäquate Kameraperspektive und den adäquaten Bildausschnitt zu wählen, um der Realität gewissermaßen zu ihrer eigenen Sprache zu verhelfen (vgl. ebd., 50).

Zwar ist Hansens Einschätzung recht zu geben, wenn sie über Kracauer schreibt: „He is undoubtedly one of the major theorists of nonnarrative aspects of cinema, a tradition that runs from the phenomenological and physiognomic, vitalist and surrealist approaches of the interwar period, often entwined with the notion of photogénie, through later work by writers as diverse as Gilles Deleuze and Tom Gunning" (Hansen 2012, 274). Es wäre jedoch eine Fehlinterpretation, wenn man Kracauer pauschal vorwerfen würde, dass er jeglicher filmischen Formgebung feindlich gegenübersteht: ‚Gute Filme', also diejenigen, die *mehr* als nur die ästhetische Mindestanforderung erfüllen, können sogar ein sehr hohes Maß an Formgebung bieten, solange diese im Dienst der Wiedergabe von Realität steht und sich nicht verselbstständigt (vgl. ebd., 41). Kracauer erwähnt eine ganze Reihe von Filmen, bei denen sich so ein ausbalanciertes Verhältnis finden lassen soll: „Man denke an *Potemkin,* die Stummfilmkomödien, *Greed (Gier),* mehrere Wildwest- und Gangsterfilme, *La Grande Illusion,* die Hauptwerke des italienischen Neorealismus, *Los Olvidados, Les Vacances De Monsieur Hulot, Pather Panchali*" (ebd., 391). Keineswegs lässt sich Kracauer also so interpretieren, als fordere er Fotografen und Filmregisseure dazu auf, völlig auf die formgebende zugunsten der realistischen Tendenz zu verzichten.

7.4 Der prekäre Status der Filmkunst

Ein Vergleich zwischen Kracauer, Arnheim und Bazin soll an dieser Stelle noch einmal genauer die Konturen der unterschiedlichen Auffassungen von Filmkunst hervortreten lassen. Wie sich gezeigt hat, unterwirft Arnheim die neue Kunstform des Films dem traditionellen Maßstab der bildenden Kunst: Nachdem er Kunst mit Formgebung gleichgesetzt hat, versucht er zu zeigen, dass auch der Film die Realität nicht einfach nur mechanisch reproduziert, sondern gleichfalls sein Material formt und damit deutet. Da der Film, wie Arnheim selbst einräumt, aber dennoch realistischer als die anderen bildenden Künste ist und der Realismus bei Arnheim im Gegensatz zur Formgebung steht, führt dieser Rettungsversuch zu dem zweischneidigen Ergebnis, dass der Film zwar eine Kunst ist, aber im Vergleich mit den anderen Künsten nur auf einer unteren Stufe rangiert.

Bazin nimmt nun eine bemerkenswerte Zwischenposition zwischen Arnheim und Kracauer ein, wenn er die These aufstellt, dass die bildende Kunst insgesamt sich nicht allein an der Formgebung orientiert, sondern seit ihren Anfängen danach strebt, Realität einzufangen. Indem der Mimesis-Gedanke auf diese Weise aufgewertet wird, hält Bazin die These für gerechtfertigt, dass der Film gewissermaßen auch die Krönung der bildenden Kunst darstellt, weil er den über Jahrhunderte gehegten Traum vom Realismus besser als jede andere Kunst erfüllen kann. Der Realismus, der bei Arnheim die eigentliche Schwäche des Films ist, wird bei Bazin also zu seinem höchsten Vorzug, der die anderen bildenden Künste auf die hinteren Plätze verweist.

Kracauer wiederum stimmt Arnheim zu, wenn er erklärt, dass traditionellerweise Kunst mit Formgebung gleichgesetzt wird. Aber anders als Arnheim weigert er sich schlichtweg, die neue Kunstform des Films diesem Maßstab zu unterwerfen. Während Arnheim und Bazin – auf sehr unterschiedliche Weise – bestrebt sind, den Film in die Tradition der bildenden Kunst einzuordnen, betont Kracauer den radikalen Traditionsbruch, der durch Fotografie und Film in die Wege geleitet wird. Wenn Walter Benjamin fragt, „ob nicht durch die Erfindung der Photographie der Gesamtcharakter der Kunst sich verändert habe" (Benjamin 1991 [1936], 486), so würde Kracauer diese Frage jedenfalls ohne Einschränkung und Vorbehalt bejahen. Fotografie und Film sind nach ihrem eigenen Maßstab zu beurteilen

– einem Maßstab, den es niemals zuvor gegeben hat. Damit wird der ästhetische Geltungsbereich der Formgebung in seine Grenzen verwiesen und das traditionelle Kunstverständnis obsolet: „Wenn der Film überhaupt eine Kunst ist, dann eine solche, die nicht mit den bestehenden Künsten verwechselt werden sollte" (Kracauer 1993 [1960], 69; vgl. auch Andrew 1976, 113).

Solange die Kunst sich als Formgebung versteht, unterwirft sie die Realität einer bestimmten künstlerischen Konzeption – und das gilt selbst dann, wenn sie sich wie der Dadaismus als radikale Abwendung von der traditionellen Kunst begreift: Denn auch der Dadaismus präsentiert nach Kracauer nicht die äußere Realität von Zeitungsfetzen, sondern verwendet sie als „Ausdruck einer ‚Ideen-Konzeption'" (ebd., 390; das Problem des Verhältnisses zwischen Formgebung und Realismus durchzieht auch Kracauers späte Geschichtsphilosophie: Kracauer 2009 [1969], z. B. 185 und passim). Mit der Erfindung einer neuen Kunst erfolgt für Kracauer also nicht weniger als eine *Historisierung* des Kunstbegriffs, denn was nach dem ästhetischen Grundprinzip des fotografischen Mediums legitim ist, ist nach demjenigen der traditionellen Kunst wertlos: „Der Begriff ‚Kunst' läßt sich seiner festgelegten Bedeutung halber nicht auf wirklich ‚filmische' Filme anwenden – das heißt Filme, die sich Aspekte der physischen Realität einverleiben, um sie uns erfahren zu lassen" (ebd., 69).

Anders gesagt: Wenn der Film eine Kunst sein soll, dann kommt man nicht umhin, den Kunstbegriff zu verändern. Der Filmkünstler ist anders als der Maler oder Dichter jemand, der „die Natur in sich eindringen läßt und sie durchdringt" (ebd., 69; vgl. ebd., 243–269). Darum ist er weniger ein *Künstler* im traditionellen Sinn, weder ein Bildkomponist oder ein Geschichtenerzähler als vielmehr ein *Entdecker* und *Leser* im Buch der Natur, der das Ungeformte, Zufällige und Flüchtige einfängt und es einer Formung nur deswegen unterzieht, um es noch deutlicher in seiner Eigenart hervortreten zu lassen (vgl. ebd., 250, 392). Von diesem Leser im Buch der Natur ist darum auch nicht Neutralität, sondern ganz im Gegenteil „Einfühlung" (ebd., 42) zu erwarten. Diese Einfühlung ist schon vonnöten, um die sogenannten filmaffinen Objekte aufzuspüren, um die es im nächsten Abschnitt geht.

7.5 Filmische Objekte

Wie bereits erwähnt, unterscheidet Kracauer bei der Wiedergabe unverstellter Realität noch einmal genauer zwischen *Registrierung* und *Enthüllung*. Jede einzelne Einstellung ist grundsätzlich registrierend, einfach deswegen, weil sie schlichtweg Realität wiedergibt. Sie wird darüber hinaus auch noch enthüllend, sobald sie etwas präsentiert, das für die gewöhnliche Wahrnehmung unbeachtet bleibt (vgl. ebd., 71). Auf der Grundlage dieser Unterscheidung kommt Kracauer nun auf *filmaffine* Objekte zu sprechen. Dazu zählen zum einen diejenigen Objekte, die sich der filmischen *Registrierung* geradezu anbieten, und zum anderen solche, die auf die filmische *Enthüllung* angewiesen sind, um überhaupt wahrgenommen zu werden.

7.5 Filmische Objekte

Zu den Ersteren gehören in erster Linie alle sichtbaren beweglichen Objekte, die schon deswegen filmaffin sind, weil allein der Film sie überhaupt wiedergeben kann. Als Paradebeispiel hierfür nennt Kracauer die Verfolgungsjagd. Daher würde die *The Fast And The Furious*-Filmreihe eher Kracauers Idealvorstellungen entsprechen als gedankenschwere Ingmar-Bergman-Dramen. Als besonders filmspezifisch sind weiterhin die Bewegungen unbelebter Dinge zu nennen: Während auf der Theaterbühne immer nur der Mensch im Mittelpunkt steht, kann der Film problemlos die außermenschliche Natur integrieren und Dinge wie Hüte und Stühle zu Hauptdarstellern machen, die die menschlichen Darsteller an die Wand spielen (vgl. ebd., 76 f.). Darum ist der Film, wie auch Benjamin in seinem Kunstwerk-Aufsatz schreibt, „das erste Kunstmittel, das in der Lage ist zu zeigen, wie die Materie dem Menschen mitspielt" (Benjamin 1991 [1936], 490). ‚Unfilmische' Filme soll man nach Kracauer nicht zuletzt daran erkennen, dass bei ihnen das Verhältnis zwischen Menschen und Dingen nicht anders ist als im Theater: „Filme, in denen die unbelebte Welt nur als Hintergrundkulisse für selbstgenügsamen Dialog und luftdicht abgeschlossene Spielhandlungen dient; sie sind von Grund auf unfilmisch" (ebd., 77).

In den bisherigen Beispielen ist von filmaffinen Objekten die Rede gewesen, welche *registriert* werden. Bei den filmaffinen Objekten, die die Kamera überhaupt erst einmal *enthüllen* muss, unterscheidet Kracauer nun erstens diejenigen, die normalerweise unsichtbar bleiben, weil sie zu klein, unscheinbar – z. B. Insekten –, flüchtig – z. B. Wolkenschatten, Blätter im Wind – oder auch zu groß und unübersichtlich sind – hierzu gehören etwa Landschaften oder Menschenmassen:

> „Massenbewegungen", schreibt auch schon Benjamin, „stellen sich im allgemeinen der Apparatur deutlicher dar als dem Blick. Kaders von Hunderttausenden lassen sich von der Vogelperspektive aus am besten erfassen" (Benjamin 1991 [1936], 506).

Zweitens nennt Kracauer diejenigen Objekte, die „das Bewusstsein überwältigen" – Naturkatastrophen, Krieg, Gewalt und Sexualität –, und drittens schließlich die „Sonderformen der Realität" (Kracauer 1993 [1960], 77). Gemeint sind mit diesen Sonderformen Situationen, die ganz und gar im Licht eines überwältigenden Gefühls wahrgenommen werden. Einschlägig für eine solche Darbietung der Welt, wie sie von Menschen in Extremsituationen erlebt wird, ist nach Kracauer die exaltierte Tanzszene aus Eisensteins *Oktober*, in der die Kamera alle Menschen und Dinge durcheinanderwirbeln lässt (vgl. ebd., 93). An dieser Stelle wäre natürlich auch die Schwindelszene aus Hitchcocks *Vertigo* als ein weiteres, sehr berühmtes Beispiel zu erwähnen.

Exemplarisch für die erste Gruppe der enthüllten filmaffinen Dinge ist eine Sequenz aus *Intoleranz* (USA, 916) von D. W. Griffith, die Kracauer ausführlich bespricht. Hier sieht der Zuschauer während einer Gerichtsszene die nervösen Hände der weiblichen Hauptfigur in der Großaufnahme. Wenn Eisenstein nun, wie Kracauer referiert, an der genannten Sequenz kritisiert, dass die Hände nur „um ihrer selbst willen" erscheinen und als reine „Selbstzwecke" (ebd., 79) über ihre Funktion für den Handlungsverlauf hinausgehen, so stimmt ihm Kracauer in jeder Hinsicht zu. Aber für ihn liegt darin anders als für Eisenstein kein Mangel, sondern er bewundert vielmehr die überaus filmische Qualität dieser Inszenierung. Denn der Film bietet an dieser Stelle „nicht nur wesentliche Bestandteile der Handlung, sondern auch Entdeckungen neuer Aspekte der physischen Realität" (ebd., 79). Weit davon entfernt, einfach nur eine Geschichte zu erzählen, dringt das Kino in solchen Momenten tief ins „Dickicht materiellen Lebens" (ebd., 79) ein.

Überhaupt ist jede Großaufnahme, wie es weiter heißt, von vornherein immer schon eine Enthüllung und nicht nur eine Registrierung, weil sie unweigerlich von den konventionellen Sichtweisen der Alltagswahrnehmung abweicht:

> „Jede Großaufnahme enthüllt neue und unerwartete Formationen der Materie [...]. Dergleichen Bilder erweitern unsere Umwelt in doppeltem Sinne: sie vergrößern sie buchstäblich; und eben dadurch sprengen sie das Gefängnis konventioneller Realität, Bezirke erschließend, die wir zuvor bestenfalls im Traum durchstreift haben" (ebd., 80).

Solche Dinge wie etwa die Hände in Griffith' Film, fügt Kracauer hinzu, sind „Bilder der künstlich verwandelten Realität" (ebd., 81), die jedoch nicht als frei erschaffene Bildobjekte, sondern als Enthüllungen einer verborgenen, aber dennoch realen Welt beeindrucken. Der Rohstoff der Realität interessiert hier als solcher und nicht – wie im Hollywood-Film – als Funktionseinheit der Handlung oder – wie im Kunstfilm – als „Formmuster" (ebd., 81). Wenn Kracauer immer wieder darauf hinweist, dass die Kameraperspektive uns vertraute Dinge auf neue Weise sehen lässt, dann macht er die wesentliche Voraussetzung einer Übereinstimmung zwischen gewöhnlicher Wahrnehmung und Filmwahrnehmung.

Wie Arnheim jedoch sehr genau gezeigt hat, ist hier Vorsicht geboten, insofern beim Film im Unterschied zur Alltagswahrnehmung z. B. die Größen- oder Formkonstanz weitgehend aufgehoben ist. So erscheint die Welt für mich immer noch gerade, wenn ich meinen Kopf schief halte, wohingegen die schiefe Kamera auch eine schiefe Welt präsentiert. Hieraus zu schließen, dass die Kamera die geheime Schiefheit einer nur vermeintlich geraden, verlässlichen Welt enthüllt, wäre schlichtweg absurd. Ebenso *enthüllt* die Untersicht auch keine verborgene Größe einer Person, sie *erschafft* sie vielmehr. Gerade aufgrund der Größen- und Formkonstanz würde dieselbe Person jedenfalls nicht annähernd so groß und pompös wirken, wenn ich in meiner Alltagswahrnehmung dieselbe Perspektive der Kamera einnehmen würde.

Kracauers Beschreibungen, so lässt sich gegen ihn einwenden, unterschlagen, dass die Kamera die Dinge zwar einerseits *genauer* sieht, andererseits aber auch *verändert*. Von hier aus ist einiges, was Kracauer für enthüllend hält, genau genommen formgebend und daher auch – in seinem Sinne – gar nicht filmisch, sondern ganz im Gegenteil unfilmisch. In solchen Fällen handelt es sich nicht um bisher unentdeckte reale Eigenschaften des Gegenstands, sondern um Eigenschaften, die dieser Gegenstand *ausschließlich im Film* hat – und zwar selbst dann, wenn der Filmemacher nichts anderes will, als die Realität wiederzugeben. Das heißt, die Kamera ist selbst dann formgebend, wenn weder die Konstitution einer Handlung noch die Komposition von Bildern im Mittelpunkt der Filmproduktion steht. Damit ist keineswegs grundsätzlich in Abrede gestellt, dass der Film die Realität enthüllen kann, es soll nur darauf hingewiesen werden, dass die Unterscheidung zwischen Formgebung und Realismus nicht so einfach ist, wie Kracauer offenbar glaubt.

Dies zeigt sich auch bei seinen Überlegungen zur enthüllenden Funktion des Zeitraffers und der Zeitlupe: Zeitlupe und Zeitraffer haben, wie Kracauer erklärt, enthüllende Funktionen, insofern die Zeitlupe Bewegungen für uns sichtbar macht, die für die gewöhnliche Wahrnehmung zu schnell sind, während der Zeitraffer umgekehrt Bewegungen für uns sichtbar macht, die für die gewöhnliche Wahrnehmung wiederum zu langsam sind (vgl. ebd., 85). Zeitlupe und Zeitraffer sind also filmisch, wenn sie enthüllen, und unfilmisch, wenn sie formen, d. h. den Rohstoff der Realität im Sinne einer Handlung oder Bildkomposition überwältigen (vgl. ebd., 86).

Im Folgenden soll ein konkreter Einzelfall erläutert werden, bei dem der Zeitraffer eine ganz entscheidende Rolle spielt und sich sehr schnell herausstellt, dass man einer Filmsequenz gar nicht so ohne weiteres ansehen kann, inwiefern die Formgebung hier der Entdeckung von Realität oder der Erschaffung von Bildern dient. In dem Film *Das Blumenwunder* (D, 1926, R.: M. Reichmann) sehen wir die Bewegungen u. a. von Kletterpflanzen, die suchend umhertasten, in die falsche Richtung gehen bis sie dann schließlich einen Halt finden, an dem sie hochwachsen. Der Film findet bei seiner Aufführung eine große Zuschauerzahl, darunter auch Max Scheler und Helmuth Plessner – zwei Philosophen, die sich ausführlich in ihren zeitgleich erscheinenden Büchern *Die Stellung des Menschen im Kosmos* (Scheler 1991 [1928]) und *Die Stufen des Organischen und der Mensch* (Plessner 1975 [1928]) mit der Pflanzenseele befasst haben. Voller Enthusiasmus schreibt Scheler in einem Brief an seine Frau:

> „Wunderbar war ein Pflanzenfilm, indem je 24 Stunden auf eine Sekunde zusammengezogen ist (war mit Wertheimer dort); man sieht die Pflanzen atmen, wachsen und sterben. Der natürliche Eindruck, die Pflanze sei unbeseelt, verschwindet vollständig. Man schaut die ganze Dramatik des Lebens – die unerhörten Anstrengungen. […] wenn die Ranke […] ‚verzweifelt' ins Leere greift, sucht und sucht […], bis sie sich nach Mißerfolgen umwendet […], das erschütterte mich so, daß ich mit Mühe die Tränen zurückhielt. O wie ist das ‚Leben' überall gleich süß, zuckend und schmerzhaft, Liebe und wie ist alles, alles Leben eins" (zit. n. Ingensiep 2014, 167; siehe hierzu auch Koch 2016, 20).

Dagegen ist Helmuth Plessner alles andere als davon überzeugt, dass durch die Formgebung des Zeitraffers an der Realität der Pflanze selbst etwas enthüllt wird (vgl. Plessner 1975 [1928], 224–226). Wenn er von einem „Verrat am Wesen der Pflanze" (ebd., 226) spricht, weil ihr damit Empfindungsfähigkeit unterstellt wird, dann sieht er den Zeitraffer ganz im Gegenteil – mit Kracauers Worten gesprochen – als eine Formgebung, die die Realität nicht um ihrer selbst willen zeigt, sondern sie einer Fiktion in Bildern unterwirft. Ganz ähnlich wie Plessner spricht übrigens auch Arnheim von der entstellenden Wirkung der Zeitlupe, wenn diese im Fall des Rodney-King-Videos eine brutale Schlägerei wie ein anmutiges Ballett aussehen lässt – eine suggestive Strategie, die offenbar die Verteidigung der angeklagten Polizisten vor Gericht verfolgt hat (vgl. Arnheim 2004, 56). So wäre für Scheler also – mit Kracauer gesprochen – *Das Blumenwunder* ein *filmischer*, für Plessner dagegen ein *unfilmischer* Film. Es ist aber bemerkenswert, dass beide Philosophen die filmischen Bilder übereinstimmend für ein Urteil über die Realität halten, auch wenn sie sich darüber uneins sind, ob dieses Urteil wahr oder falsch ist. Undenkbar wäre es wohl, dass dieselbe Meinungsverschiedenheit anlässlich eines Gedichts oder eines Zeichentrickfilms aufgekommen wäre.

Als Resümee lässt sich jedenfalls festhalten: Für Scheler ist die Formgebung des Zeitraffers wie ein Lichtstrahl, der aufdeckt, was im Dunkel der Realität verborgen liegt, für Plessner dagegen wie ein Irrlicht, das den Blick auf die Realität verfälscht. In Anlehnung an Bazins Unterscheidung zweier filmischer Hauptströmungen (s. Abschn. 6.3) ist es also keinesfalls so einfach zu sagen, ob nun Max Reichmann, der Regisseur von *Das Blumenwunder*, ein Filmemacher ist, der sich für Bilder interessiert oder vielmehr einer, der sich für die Realität interessiert. Selbst bei Dokumentarfilmen ist nicht so ohne weiteres zu entscheiden, wann man es mit Realismus und wann man es mit Formgebung zu tun hat. Sind die Großaufnahmen in *Mikrokosmos* (FR, 1996, R.: M. Pérennou/C. Nuridsany) *enthüllend*, weil sie z. B. einen Käfer so detailliert wie nie zuvor sehen lassen? Oder sind sie *formgebend*, weil sie aus diesem Käfer in der Großaufnahme ein riesenhaftes Ungetüm machen?

7.6 Vieldeutigkeit der Realität, Eindeutigkeit der Formgebung

In Übereinstimmung mit Bazin – aber wohl ohne ihn zu kennen – stellt nun auch Kracauer die Vieldeutigkeit der Realität der Eindeutigkeit einer implizit doch immer theaterorientierten Spielfilmhandlung gegenüber. Was Filme wiedergeben sollten, um mediengerecht zu sein, ist der „Rohstoff der Natur in seiner Vieldeutigkeit" (Kracauer 1993 [1960], 106). Daher kritisiert Kracauer die Art und Weise, wie Gegenstände und Situationen in Carl Theodor Dreyers *Vampyr* (D/FR, 1932) oder in Jean Epsteins *Der Untergang des Hauses Usher* (FR, 1928) auftreten. Die Zuschauerin, so lautet der Vorwurf, kann sich hier niemals in die Vieldeutigkeit der Naturphänomene „versenken", weil ihr in beiden Fällen durch die Inszenierung auferlegt wird, sie als „Zeichen des Übernatürlichen" (ebd., 132) zu begreifen. Jene Naturphänomene werden nur präsentiert, um den Beweis für die unheimlichen Mächte zu erbringen, die das Geschehen beherrschen.

So würde Kracauer wohl auch gegen die Filme des österreichischen Regisseurs Ulrich Seidl – zum Beispiel *Hundstage* (AUT, 2001) oder die *Paradies-Trilogie* (AUT, 2012/2013) – vorbringen, dass man Realismus nicht – wie es gelegentlich geschieht – einfach nur mit einer pessimistischen Grundhaltung gleichsetzen dürfe, die sich keinerlei Illusionen hingibt: So wie bei Dreyer oder Epstein allen Situationen die Aufgabe zukommt, auf das Übernatürliche zu verweisen, so nehmen bei Seidl die akribischen Darstellungen eines tristen Milieus den Charakter einer misanthropischen oder kulturkritischen Beweisführung an. Die Kamera lässt

7.6 Vieldeutigkeit der Realität, Eindeutigkeit der Formgebung

sich überhaupt nicht auf Realitäten ein; sie entdeckt nichts – geschweige denn Vieldeutigkeit –, weil ja alles nur dazu dienen soll, die von Anfang an feststehende düstere Weltsicht des Regisseurs zu repräsentieren. Diesen Filmen liegt also der Entschluss zugrunde, nichts zu sehen, was nicht zu dieser Weltsicht passt. Mit anderen Worten, sie zeigen keine *unverstellte* Realität.

Insofern Kracauer den Filmkünstler weniger als einen Schöpfer von Kunstschönheiten als vielmehr als einen gewissenhaften Leser im Buch der sichtbaren Realität begreift, so bewegt er sich – zumindest in dieser Hinsicht – in den Spuren eines der bedeutendsten Texte der philosophischen Ästhetik, nämlich Immanuel Kants *Kritik der Urteilskraft* (1790). Kant spricht dort im § 42 von der „Auslegung der Chiffreschrift […], wodurch die Natur in ihren schönen Formen figürlich zu uns spricht" (Kant 1990 [1790], 170). Und dies tut sie, wenn wir für ihre Schönheit empfänglich sind:

> „So scheint die weiße Farbe der Lilie das Gemüt zu Ideen der Unschuld […] zu stimmen. Der Gesang der Vögel verkündigt Fröhlichkeit und Zufriedenheit mit seiner Existenz. Wenigstens so deuten wir die Natur aus, es mag dergleichen ihre Absicht sein oder nicht" (ebd., 172).

Kracauers Filmkünstler ist genau so ein Ausdeuter der Natur im Sinne Kants – auch wenn er dabei weniger an Wälder und Blumen als vielmehr an die Straßen der Großstadt denkt. Der Regisseur, welcher mediengerecht die realistische Tendenz verfolgt, ist jemand, der die Chiffreschrift der sichtbaren Realität entziffern und in seinen Bildern zur Aussprache ihres eigenen Sinns bringen will. Wenn Kracauer von der Vieldeutigkeit der Realität spricht, so meint er in erster Linie die physischen Qualitäten, aber auch die Atmosphäre des Milieus, also das, was Balázs die Physiognomie der Welt genannt hat. Wie schon bei Kant schließt die ästhetische Erfahrung, um die es Kracauer geht, aber auch jene Gefühle und Gedanken ein, welche die jeweiligen Gegenstände im Betrachter hervorrufen (vgl. Kracauer 1993 [1960], 108 f.). Was der Film nämlich sichtbar machen kann, ist „die materielle Welt mit ihren psychophysischen Entsprechungen" (ebd., 389). Um Kants Beispiele noch einmal zu nennen: der Gedanke der Unschuld, den die weiße Lilie weckt, oder die Fröhlichkeit, die den Gesang der Vögel begleitet (s. o.). Filme können darum „eine umfassendere Wirklichkeit beschwören als jene, die sie faktisch abbilden" (ebd., 109). Genau diese phänomenale Unerschöpflichkeit ist es schließlich, die aus dem Film-Bild ein, wie Bazin es genannt hat, Tatsachen-Bild macht.

Obwohl die filmischen Objekte in erster Linie „um ihrer selbst willen" (ebd., 107) dargestellt werden sollen, geht Kracauer dennoch einen Schritt auf das ästhetische Kriterium der Formgebung zu und erklärt, dass nichts dagegenspricht, wenn sie zugleich auch einen Sinn für eine Spielfilmhandlung übernehmen (vgl. Andrew 1976, 123). So empfiehlt Kracauer für die Montage:

> „Ein Grundprinzip des Schnitts lässt sich daher so formulieren: Jede Filmerzählung sollte so geschnitten werden, daß sie sich nicht nur einfach darauf beschränkt, die Story zu verbildlichen, sondern sich von ihr auch abkehrt, den dargestellten Objekten zu, damit diese in ihrer suggestiven Unbestimmbarkeit erscheinen können" (ebd., 109).

Genau diese Ausgewogenheit zwischen Realismus und Handlung macht ja schon für Bazin die Ausnahmeposition von Vittorio de Sica aus: „Die größte Leistung De Sicas, die andere bisher nicht einmal annähernd erreicht haben, besteht darin, daß es ihm gelungen ist, eine filmische Dialektik zu entwickeln, welche in der Lage ist, den Widerspruch zwischen theatralischer Handlung und bloßem Ereignis zu überwinden" (Bazin 2004 [1949], 351).

Zweifel sind allerdings angebracht, ob Kracauers Gegenüberstellung von vieldeutiger Realität und eindeutiger Handlung überhaupt plausibel ist. Ist es nicht umgekehrt eher so, dass sich die vertraute lebensweltliche Realität im Allgemeinen durch Eindeutigkeit und Überschaubarkeit auszeichnet, während die Handlungsverläufe in Filmen und Romanen uns in eine vieldeutige und unberechenbare Welt hineinführen? Mit welchem Recht spricht Kracauer – aber auch Bazin – von einer „Unbestimmbarkeit von Naturobjekten" (Kracauer 1993 [1960], 106), die der Film zu bewahren oder auch erst zu entdecken hätte?

Im nächsten Abschnitt wird sich herausstellen, dass es darauf ankommt, zwei unterschiedliche Begriffe von Realität zu unterscheiden, die bei Kracauer allerdings hin und wieder durcheinander gehen: Gemeint ist zum einen die außerfilmische Realität, in der wir leben und unsere pragmatischen Interessen verfolgen. Diese alltägliche Realität ist keineswegs unverstellt, denn es sind Weltanschauungen und Nützlichkeitskriterien, die sich zwischen Subjekt und Realität schieben und dazu führen, dass die Dinge nur aus einer bestimmten Perspektive erscheinen und wir blind für ihre Vielfalt sind.

Wenn Kracauer immer wieder den Gedanken beschwört, dass die Funktionalität für die Handlung oder für die Bildkomposition die sichtbaren Dinge im Hollywood-Film oder im Kunstfilm verstellt, so ist darauf hinzuweisen, dass auch in der außerfilmischen Realität die Dinge durch unsere Ideologien und instrumentellen Handlungsinteressen einer solchen Formgebung unterworfen sind. Funktionalität ist demzufolge nicht nur in jenen Filmen vorherrschend, in denen die formgebende Tendenz überwiegt, sondern auch im gewöhnlichen Alltagsleben.

Die vieldeutige – unverstellte – Realität, von der Kracauer spricht, ist also von der gewöhnlichen lebensweltlichen – verstellten – Realität zu unterscheiden, die üblicherweise alles andere als ein Gegenstand der ästhetischen Versenkung, sondern vielmehr der pragmatischen Verfügbarkeit ist. Darum lässt sich auch die immer wieder beschworene Vieldeutigkeit, die der Film zur Darstellung bringen soll, nicht einfach nur *registrieren*. Insofern es um eine Dimension der Realität geht, die für gewöhnlich übersehen wird, ist sie ganz und gar auf die *enthüllende* Funktion des Films angewiesen. Erst der Film reißt den Schleier der Weltanschauung und der Funktionalität beiseite, der in der lebensweltlichen Realität allgegenwärtig ist, und präsentiert die unverstellte sichtbare Realität in ihrer ganzen Vieldeutigkeit. Die Welt im Film ist in dieser Hinsicht also paradoxerweise realistischer als unsere lebensweltliche Realität. Was es damit auf sich hat, soll nun genauer erläutert werden.

7.7 Die kulturkritische Mission des Films

Da der Film sich auf die sinnliche Oberfläche der Dinge konzentriert und weder Gedanken noch Gefühle für ihn eine vergleichbar bedeutende Rolle spielen, haben frühe Kritiker wie Paul Valéry befürchtet, dass der Film von den wichtigen geistigen Fragen des Lebens ablenkt und langfristig zu einer Oberflächlichkeit und Verflachung führen wird (vgl. ebd., 371). Kracauer dreht diese Frage nun um, indem er zu bedenken gibt, ob sich jene Fragen, von denen uns der Film ablenken könnte, überhaupt noch auf dieselbe Weise wie früher stellen (vgl. ebd., 372). Denn zwei entscheidende Entwicklungen sind es, die seiner Ansicht nach die geistige Landschaft der Gegenwart von Grund auf verändert haben: „der Verfall gemeinsamer Glaubensinhalte und das stetig wachsende Prestige der exakten Wissenschaften" (ebd., 373; zu Kracauers Moderne-Kritik vgl. auch Haenlein 1984). So liegt es nicht an der Verbreitung des Films, sondern in erster Linie an dem Bedeutungsverlust der Religion und dem Fortschritt der Naturwissenschaften, wenn die Außenwelt der sinnlichen Ereignisse heutzutage mehr Gewicht hat als die Innenwelt der Gedanken und Gefühle. Der wissenschaftlich-technologische Fortschritt vermehrt zwar die Möglichkeiten der Naturbeherrschung und der Lebensbewältigung, aber anders als die Religion kann er keinerlei Fragen nach dem Sinn des Lebens beantworten. Wie Kracauer betont, ist der moderne Mensch „ideologisch obdachlos" (ebd., 375), und seine unerfüllte Sehnsucht nach einem metaphysischen Zuhause macht ihn empfänglich für die Heilsversprechen aller möglichen Ersatzideologien wie dem Kommunismus, der Psychoanalyse, Religionen des fernen Orients usw.

Genau an dieser Stelle würde nun Dirk Rustemeyer einhaken, der in seiner voluminösen Studie mit dem Titel *Darstellung. Philosophie des Kinos* (2013) die gesellschaftliche Funktion des Films aus semiotischer und systemtheoretischer Perspektive analysiert. Der Grundgedanke von Rustemeyer lautet, dass der Film im 20. Jahrhundert die früheren Aufgaben der Religion übernimmt. Seiner Ansicht nach vollzieht sich die Identifikation mit einer bestimmten Lebensform, in der sich dann die kulturelle Identität eines Menschen herausbildet, heutzutage vor allem auf dem Wege der Filmrezeption:

> „Auf dem Komplexitätsniveau der modernen Gesellschaft lässt sich Stabilität nicht mehr organisieren, argumentativ-formal fundieren oder symbolisch normieren. Vielmehr bedarf sie kultureller Typisierungen, die individuelle Beobachtungen zulassen. Diese sozial- und mentalitätsgeschichtliche Leistung hat wesentlich das Kino ermöglicht" (Rustemeyer 2013, 50).

Was für Rustemeyer den Film von Literatur und Theater unterscheidet und ihn dazu privilegiert, besonders eindringliche Interpretationsangebote für „existentielle Herausforderungen menschlichen Lebens wie Geburt und Tod, Liebe und Verlust, Hoffnung und Trauer, Hass und Verzweiflung, Zärtlichkeit und Gewalt" (Rustemeyer 2013, 37) vorzulegen, ist gerade das, was Kracauer seine realistische

Tendenz genannt hat. Der Film profitiert nach Rustemeyer schlichtweg von der „Überzeugungskraft des Sichtbaren" (Rustemeyer 2013, 30), denn nur er allein ist imstande, „eine kohärente imaginäre Wirklichkeit zur Darstellung [zu] bringen" (ebd., 28).

Aufgrund dieses „höheren Wirklichkeitsindex" (ebd., 27) kann der Filmzuschauer schließlich nicht umhin, sein eigenes Leben mit dem Leben in der fiktiven Welt zu vergleichen. So finden schließlich, wie Rustemeyer hinzufügt,

> „[g]rundlegende Vorstellungen von Staat und Individuum, wie die abendländische Kultur sie pflegt, […] in den Bildern des Kinos Anschauungs- und Reflexionsformen. Wann ist der Mann ein Mann? Wie wird ein Mann ein Mensch? Wer darf töten? Was bedeutet Schuld? Sollen wir hoffen? Was wissen wir? Wodurch zeichnet sich ein guter Bürger aus? Welche Merkmale beschreiben einen guten Staat?" (Rustemeyer 2013, 15)

In Kracauers Worten wäre der Film nach Rustemeyer also ein Heilmittel gegen die ideologische Obdachlosigkeit des modernen Menschen. Dies würde für Kracauer jedoch einen Verrat an dem bedeuten, was für ihn – und im Übrigen auch für Rustemeyer – die Besonderheit des Films ausmacht. Denn um diese Aufgabe zu erfüllen, müssten Filme die Realität nicht um ihrer selbst willen, sondern als Vehikel weltanschaulicher Auseinandersetzungen präsentieren und damit gegen das ästhetische Grundprinzip des fotografischen Mediums verstoßen. Zwar ist der Film für Kracauer, wie sich im Folgenden zeigen wird, tatsächlich ein Heilmittel, aber keins gegen die ideologische Obdachlosigkeit, sondern vielmehr eins gegen die „Abstraktheit" (Kracauer 1993 [1960], 379) der Kultur, das zweite Grundcharakteristikum der gegenwärtigen Krisensituation. Die Flughöhe der Erwartungen, die Kracauer dem Kino zumutet, ist äußerst imposant, wie sich nun zeigen wird.

Zunächst erinnert die Rede von einer abstrakten Kultur an Balázs, der ebenfalls seiner Zeit einen solchen Vorwurf macht und dabei vor allem an die Verkümmerung von Sinnlichkeit und Leiblichkeit durch die Vorherrschaft der begrifflichen Kommunikation denkt (s. Abschn. 3.9). Kracauer sieht den Ursprung dieser Entwicklung jedoch nicht im Buchdruck, sondern in der Naturwissenschaft. Die Naturwissenschaft als Leitdisziplin der Gegenwart, so heißt es, reduziert die Welt auf das, was sich quantifizieren, messen und in eine technische Verfügbarkeit bringen lässt (vgl. ebd., 380). Unter dem Einfluss von Wissenschaft und Technologie breitet sich die „Mentalität des Technikers" (ebd., 380) schließlich auch im Alltagsleben aus, und im Zuge dessen werden die Dinge nur noch aus der Perspektive ihrer technischen Funktionalität wahrgenommen. Hier zeigt sich Kracauers gedankliche Nähe zur *Dialektik der Aufklärung* (1947) von Max Horkheimer und Theodor W. Adorno: Das Primat der instrumentellen Vernunft bestimmt das Denken und Handeln, und je effektiver die Natur beherrscht wird, umso fremder wird sie uns schließlich. Wie Kracauer hervorhebt, berührt der moderne Mensch die Realität nur noch „mit den Fingerspitzen" (ebd., 382).

Während die Klage über den Religionsverlust heutzutage eher ein alter Hut ist, hat die Abstraktheit, jenes zweite Charakteristikum der Gegenwart, sich noch viel weiter als zur Zeit von Kracauer ausgebreitet. Wenn heute jemand klagt, dass der

7.7 Die kulturkritische Mission des Films

Himmel immer leerer wird, so ist damit wohl keine metaphysische Obdachlosigkeit, sondern vielmehr das zunehmende Aussterben der Vogelarten gemeint. Im Unterschied dazu nimmt Kracauers Rede von einer abstrakten Kultur im Wesentlichen bereits die Diagnose von Thomas Fuchs vorweg, einem Philosophen und Psychologen der heutigen Gegenwart, der ganz ähnlich von einem Prozess der zunehmenden *„Entsinnlichung"* (Fuchs 2008a, b, 253) spricht. Es handelt sich hierbei um einen Prozess, in dem der leibliche Kontakt mit Menschen und Dingen zugunsten eines abstrakten und schemenhaften Weltverhältnisses immer weiter reduziert wird. An die Stelle einer aufwendigen und gelegentlich gefährlichen Konfrontation zwischen Leib und Welt tritt ein Umgang mit Bildschirm, Fernbedienung und Tastatur, der wenig mehr erfordert als ein Anklicken, Tippen und Scrollen. Fuchs kommt dabei zu folgendem Schluss:

> „Informations- und Medientechnologien koppeln unsere Erfahrungen immer mehr von der leibhaftigen, sinnlichen Wirklichkeit ab und versetzen uns in eine virtuelle Welt. Die Grenzen zwischen Fiktion und Realität, Bild und Original, manipulierter und authentischer Erfahrung verschwimmen; Bilder, Zeichen und Simulate treten an die Stelle lebendiger Kontakte. Damit verbunden ist der Verlust unmittelbarer, in leiblicher Resonanz erfahrener Kommunikation mit der Umwelt" (Fuchs 2008a, 262).

Insgesamt sind die Einflussmöglichkeiten auf die Wirklichkeit, wie Fuchs fortfährt, zwar geradezu immens gewachsen. Aber genau in dem Maße, in dem es immer weniger zu einer tatsächlichen Konfrontation mit der sinnlichen Wirklichkeit kommt, wird diese abstrakt, virtuell und damit schlichtweg unwirklich. So wie laut Balázs begriffliche Abstraktionen und laut Kracauer technologische und wissenschaftliche Abstraktionen sich vor die sichtbare Realität schieben, so sind es nun Bilder, Zeichen und Simulationen, die mehr und mehr zwischen uns und die sinnliche Wirklichkeit treten. Wenn Kracauer 1960 schreibt, dass der moderne Mensch die Realität schließlich nur noch „mit den Fingerspitzen" (Kracauer 1993 [1960], 382) berührt, dann kann er selbstverständlich noch nicht wissen, in welchem Ausmaß das Zeitalter der digitalen Kommunikation ihm Recht geben wird. In der digitalen Kommunikation sehe und höre ich beispielsweise denjenigen nicht mehr, mit dem ich mich verständige.

Eine solche Beschreibung der kulturellen Entwicklung als Verlustgeschichte legt nun den Gedanken nahe, dass heutzutage etwas verloren gegangen ist, dessen sich die Menschen in früheren Zeiten noch erfreut haben. Hier würde Kracauer allerdings widersprechen. Denn wenn er auch – wie später Fuchs – beklagt, dass wir zunehmend den Kontakt mit der sinnlichen Welt verlieren, will er keineswegs das Gegenbild einer harmonischen Vergangenheit beschwören, in der die Dinge noch um ihrer selbst willen betrachtet worden sind. So kennen zwar frühere Jahrhunderte noch keine wissenschaftlichen und technologischen Abstraktionen, aber dafür ist es die vorherrschende religiöse Weltsicht, die mit ihren Deutungen die sichtbare Welt verhüllt. Wenn für den heutigen Techniker die Dinge nur noch Mittel für pragmatische Zwecke sind, so interessiert sich, wie Kracauer bemerkt, auch der mittelalterliche Maler nicht für die Dinge in ihrer phänomenalen Vielheit, sondern nur insoweit sie Vorstellungen von Sünde und Erlösung widerspiegeln (ebd., 388).

In Kracauers äußerst grober kulturgeschichtlicher Skizze des menschlichen Weltverhältnisses wechseln sich immer nur die unterschiedlichen Schleier ab, die sich vor die sichtbare Welt schieben. Sobald die sinnlichen Erscheinungen mit dem Aufkommen des säkularen Zeitalters jenen Schleier verlieren, den die Religion gewoben hat, wird ihnen sogleich ein neuer Schleier übergeworfen, der sie nur noch als naturwissenschaftliche Erkenntnisobjekte sehen lässt. Die Vorurteile, die die Phänomene aus dem Blick geraten lassen, sind nun nicht mehr religiöser, sondern szientischer Provenienz, aber nach wie vor betrachten wir die physische Natur vorwiegend „aus der Perspektive konventioneller Meinungen und Zwecke" (ebd., 389).

Das Verhältnis zwischen deutender Weltanschauung oder abstrahierendem Funktionalismus auf der einen Seite und der Wahrnehmung auf der anderen Seite wird bei Kracauer nur sehr vage umrissen. Diese Lücke lässt sich aber schließen mit einem kurzen Seitenblick auf den phänomenologisch geschulten Soziologen Alfred Schütz: Der Wahrnehmende verfügt nach Schütz aufgrund seiner Sozialisation und seiner Lebensgeschichte über einen Wissensvorrat und relativ hierzu zeichnet sich seine Wahrnehmung durch Typisierungen wie z. B. ‚Hund', ‚Baum', ‚Regen', ‚Straßenverkehrsamt' usw. aus. Diese Wahrnehmungstypen machen es möglich, Situationen innerhalb bestimmter Grenzen vorhersehen und bewältigen zu können. Es handelt sich also, wie Kracauer sagen würde, um eine ebenso konventionelle wie auch abstrahierende Wahrnehmung, insofern der Typ „ein Bestimmungszusammenhang [...] [ist], in dem irrelevante Bestimmungsmöglichkeiten konkreter Erfahrungen *unterdrückt* werden. Jede konkrete Erfahrung muß folglich", wie Schütz hinzufügt, „‚a-typische' Elemente enthalten" (Schütz/Luckmann 1994 [1979], 286).

Wenn der Film nicht mehr nur *registriert*, sondern auch *enthüllt*, dann zeigt er genau jene, wie Schütz sagen würde, a-typischen Qualitäten des Wahrgenommenen. Das „Heilmittel gegen jene Abstraktheit", die Kracauer beschreibt, kann für ihn nur die „Erfahrung von Dingen in ihrer Konkretheit" (ebd., 384 f.) sein. Damit wird bereits klar, welche Rolle der Film hierbei spielen soll. Denn Kracauer zufolge sind konkrete Erfahrungen überhaupt nirgendwo sonst möglich als in der Fotografie und dem Film: „Cinema, like no other medium, can register material phenomena in their otherness, their opaque singularity" (Hansen 2012, 271). So wie die Realität hinter religiösen Weltdeutungen oder den Zwecken des Technikers verschwindet, so verschwindet sie auch hinter künstlerischen Kompositionen, solange Kunst mit Formgebung gleichgesetzt wird. In all diesen Fällen haben wir es niemals mit unverstellter Realität zu tun. Die Realität als solche um ihrer selbst willen zu registrieren und zu enthüllen, bleibt für Kracauer also eine ausschließlich „dem filmischen Medium vorbehaltene Chance" (ebd., 390; vgl. Haenlein 1984, 126; Schroer 2009, 187). Wenn Gertrud Koch die Position von Kracauer in seiner *Theorie des Films* als kryptotheologisch interpretiert (Koch 2012, 141–143), so wäre ihr daher zu widersprechen: Einen „Rohzustand der Schöpfung" (Koch 2012, 141) wahrzunehmen, wäre eben kein Rohzustand, sondern bereits wieder eine Interpretation, die verhindert, dass die Realität schlichtweg um ihrer selbst willen in den Blick kommt.

Was der Film ermöglicht, ist vielmehr, die sichtbare Welt ebenso wenig einer religiösen, wie einer wissenschaftlich-technologischen oder einer künstlerischen Konzeption zu unterwerfen. Vielmehr wird ihr auf diese Weise „zum ersten Mal" (Kracauer 1993 [1960], 389) zu ihrer eigenen Sprache verholfen. So bringt der Film den Menschen wie nie zuvor in Kontakt mit der Realität, weil er sie erstmals ganz ohne Schleier sehen lässt. Durch den Film wird, wie Kracauer emphatisch verkündigt, eine Welt freigelegt, „die niemals zuvor zu sehen war, eine Welt, die sich dem Blick so entzieht wie Poes gestohlener Brief, der nicht gefunden werden kann, weil er in jedermanns Reichweite liegt" (ebd., 388). Diese Entdeckung der phänomenalen Realität geht notwendig einher mit einem Fremdwerden der vertrauten begrifflich-pragmatischen Realität:

> „Je mehr sich dem Menschen die Wirklichkeit öffnet, umso fremder wird ihm die Durchschnittswelt mit ihren fratzenhaften Begriffsversteinerungen. Er erkennt, daß jedem Phänomen eine Fülle von Eigenschaften innewohnt" (Kracauer 1977 [1920], 220).

Alle Überlegungen in Kracauers filmtheoretischem Hauptwerk *Theorie des Films* kulminieren also schließlich in dem einen Gedanken, dass dem Kino die Aufgabe zukommt, „die Errettung physischer Realität zu fördern" (Kracauer 1993 [1960], 389).

7.8 Ist Kracauer ein wunderlicher Realist (Adorno)?

Im Vorwort von *Theorie des Films* erinnert sich Kracauer an seinen ersten Film, der den sperrigen Titel *Film als der Entdecker der Schönheiten des alltäglichen Lebens* gehabt haben soll. Angesichts der Ergriffenheit, mit der Kracauer im Nachhinein dieses allererste Kinoerlebnis beschreibt, liegt es nahe, hierin die Keimzelle seiner späteren Filmtheorie zu vermuten:

> „Was mich so tief bewegte, war eine gewöhnliche Vorstadtstraße, gefüllt mit Lichtern und Schatten, die sie transfigurierten. Einige Bäume standen umher, und im Vordergrund war eine Pfütze, in der sich unsichtbare Hausfassaden und ein Stück Himmel spiegelten. Dann störte eine Brise die Schatten auf, und die Fassaden mit dem Himmel darunter begannen zu schwanken. Die zitternde Oberwelt in der schmutzigen Pfütze – dieses Bild hat mich niemals verlassen" (Kracauer 1993 [1960], 14).

Hier geschieht genau das, was nach Kracauer nur der Film bieten kann: die Enthüllung von ephemeren beweglichen Dingen um ihrer selbst willen und jenseits von instrumentellen Handlungszwecken.

Der Philosoph Theodor W. Adorno, mit dem Kracauer eine mitunter recht schwierige Freundschaft verbindet, schreibt über seinen Weggefährten einen Essay mit dem bezeichnenden Titel „Der wunderliche Realist" (Adorno 1997, [1964], 388–408). Innerhalb der Filmwissenschaft ist die Kracauer-Rezeption der 1970er und 1980er Jahre ganz maßgeblich von Adornos Verdikt über dessen realistische Filmtheorie geprägt. Wenn dieser neben Jürgen Habermas wohl einflussreichste

Philosoph der Kritischen Theorie der Frankfurter Schule in dem genannten Essay behauptet, dass Kracauer die besten Ergebnisse zutage förderte, „[j]e blinder er an die Stoffe sich verlor" (ebd., 397), so scheint er bei diesem vergifteten Lob genau an solche Erfahrungen zu denken wie das Zittern der Wasseroberfläche einer Pfütze, in der sich Häuser und Himmel spiegeln. Insgesamt überwiegt bei Adorno zweifellos der kritische Tonfall (zum Verhältnis zwischen Adorno und Kracauer vgl. auch Schlüpmann 1998, 9–34).

Was Kracauer Adorno zufolge auszeichnet, ist ein ausgeprägtes „Bewußtsein von der Nichtidentität der Sache mit ihrem Begriff" (ebd., 394). Diese Parteinahme für die Dinge ist einerseits der Grund für seine entschiedene Ablehnung aller Versionen des Idealismus, in denen die konkreten Erfahrungen durch Begriffe ersetzt werden. Andererseits erklärt dies auch den „antisystematischen Zug" von Kracauers Denken, das „eigentlich mehr Anschauung als Denken" (ebd., 392) ist. Adorno schreckt auch vor persönlichen Äußerungen nicht zurück, wenn er etwa Mutmaßungen über das Motiv für Kracauers vorgebliche „Fixierung […] an die Gutartigkeit der Dinge" anstellt: „Einem Bewußtsein, das argwöhnt, es sei von den Menschen verlassen, sind die Dinge das Bessere" (ebd., 408). Wie Adorno dagegenhält, ist jede Erfahrung unvermeidlich sowohl begrifflich wie auch gesellschaftlich vermittelt und daher keineswegs so unschuldig wie Kracauer glaubt (vgl. ebd., 394 f.). Dessen Rechnung geht schließlich nicht auf, weil sein Realismus ebenso naiv wie wunderlich ist:

> „Das lateinische Wort für Ding heißt res. Davon ist Realismus abgeleitet. Kracauer hat seiner Filmtheorie den Untertitel ,The Redemption of Physical Reality' verliehen. Wahrhaft zu übersetzen wäre das: Die Rettung der physischen Realität. So wunderlich ist sein Realismus" (ebd., 408).

Was ist von dieser Kritik zu halten? Zunächst lässt sich sagen: Wenn man aus Adornos Einwänden schließen wollte, dass sein eigenes Denken sich in eine ganz andere Richtung bewegt und davon völlig abweichende Intentionen verfolgt, so befände man sich auf dem Holzweg. Wie bereits ein kursorischer Blick auf Adornos sogenannte Negative Dialektik deutlich macht, gibt es eigentlich mehr Übereinstimmungen als Differenzen zwischen ihm und Kracauer. Die Negative Dialektik versteht sich nämlich ebenfalls als eine Ablehnung des Idealismus, worunter – genau wie bei Kracauer – ein Denken verstanden wird, das die Sache mit dem Begriff identifiziert.

Wenn Adorno sich also über Kracauers „Fixierung […] an die Gutartigkeit der Dinge" (Adorno 1997a, b, c [1964], 408) mokiert, dann sollte jedenfalls nicht übersehen werden, dass er selbst von einem „Vorrang des Objekts" (Adorno 1997a [1966], 185) spricht und seine Philosophie darauf aus ist, die „eigene Identität der Sache gegen ihre Identifikationen [mit den Begriffen]" (ebd., 164) zu verteidigen. Einerseits will Adorno wohl die Wunderlichkeit von Kracauers Realismus herausstreichen, indem er über ihn schreibt: „Der Stand der Unschuld wäre der der bedürftigen Dinge, der schäbigen, verachteten, ihren Zwecken entfremdeten; sie allein verkörpern dem Bewußtsein Kracauers, was anders wäre als der universale

7.8 Ist Kracauer ein wunderlicher Realist (Adorno)?

Funktionszusammenhang, und ihnen ihr unkenntliches Leben zu entlocken, wäre seine Idee von Philosophie" (Adorno 1997a, b, c [1964], 408). Andererseits verteidigt aber auch Adorno die Nicht-Identität der Sache gegen den Verwertungszusammenhang der instrumentellen Vernunft und gibt den Hörern seiner Vorlesung ganz in diesem Sinne mit auf den Weg: „[D]as Beste, was Ihnen die Beschäftigung mit Philosophie für ihr Denken bringen könne, sei, Sie dazu zu veranlassen, wirklich der Sache sich zu überlassen und nicht dem ideologischen Bedürfnis" (Adorno 1973, 121; vgl. Raulet 2009, 127).

Gemeinsamkeiten finden sich gerade an dieser Stelle auch mit einem anderen Vertreter der Kritischen Theorie. Wenn der Film in der Lage ist, die sinnliche Welt befreit von allen zweckrationalen Zurichtungen zu präsentieren, so wäre er ein Wegbereiter für jene „neue Sensibilität" (Marcuse 1984 [1969], 261), von der Herbert Marcuse spricht. Ebenso wie für Kracauer ist auch für Marcuse die sinnliche Erfahrung von der vorherrschenden instrumentellen Vernunft verstümmelt. Was er sich daher von den 68er-Protestbewegungen erhofft, ist nicht weniger als eine „Revolution der Wahrnehmung" (ebd., 272): „[D]er schlechte Funktionalismus, der unsere Sinnlichkeit organisiert, muß zerschlagen werden" (ebd., 274). Die rebellierende Jugend stellt für Marcuse gewissermaßen die Avantgarde einer neuen Sensibilität dar, denn sie „wollen neue Dinge in einer neuen Weise sehen, hören und fühlen" (ebd., 272). Wie bei Kracauer und Adorno, wenn auch mit einer eigenen Akzentuierung ist damit eine Sinnlichkeit gemeint, die nicht innerhalb der Grenzen der Naturbeherrschung verbleibt, sondern sich vielmehr durch Rezeptivität und Passivität auszeichnet: „‚rezeptiv', ‚passiv' zu sein bedeutet die Fähigkeit, die Dinge in ihrem eigenen Recht zu sehen, die ihnen einbeschriebene Freude zu erfahren, die erotische Energie der Natur" (Marcuse 1987 [1972], 77).

Um nach diesem Marcuse-Exkurs auf den Vergleich zwischen Adorno und Kracauer zurückzukommen: Die große Kluft zwischen diesen beiden Theoretikern, die man nach Adornos teilweise süffisanter Kritik erwartet, schrumpft bei einem genaueren Hinsehen doch deutlich zusammen. Was Adorno mit seiner Philosophie erreichen will, das verspricht sich Kracauer von den Filmen mit einer realistischen Tendenz – nämlich einen Blick auf die Dinge jenseits ihrer funktionalen Verwertungen. Natürlich gerät eine solche Gegenüberstellung von Adornos Philosophie- und Kracauers Filmverständnis in den Verdacht, Äpfel mit Birnen zu vergleichen. Daher wäre ein kurzer Seitenblick auf Adornos Ästhetik an dieser Stelle wohl aufschlussreich. Wie verhält sich also Adornos Kunsttheorie zu Kracauers Filmtheorie?

Um hierfür einen sinnvollen Einstieg zu finden: Wie sich herausgestellt hat, verweist Kracauer das traditionelle Kunstkriterium der Formgebung in seine Schranken, weil für ihn die Wiedergabe unverstellter und ungeformter Realität das ästhetische Grundprinzip des Films ist. Daher lässt sich sagen, dass sein Ansatz eine Rehabilitierung des Naturschönen vorlegt, das seit dem 19. Jahrhundert innerhalb der philosophischen Ästhetik kaum noch beachtet worden ist (vgl. hierzu auch Schlüpmann 1998, 51 f.). Bemerkenswert ist nun, dass auch Adorno eine Wiederentdeckung des Naturschönen unternimmt.

So schlägt er selbst eine Brücke zwischen seiner *Negativen Dialektik* und seiner *Ästhetischen Theorie,* wenn er schreibt: „Das Naturschöne ist die Spur des Nichtidentischen an den Dingen im Bann universaler Identität" (Adorno 1997b [1970], 114). Das Naturschöne wird allerdings nur in solchen Momenten erfahren, in denen darauf verzichtet wird, die Natur als Ware oder als Mittel der technischen Verfügbarkeit zu benutzen (vgl. ebd., 107). Damit befinden sich das Naturschöne und die Naturbeherrschung also an entgegengesetzten Polen: Die Natur ist entweder schön oder nützlich bzw. bedrohlich (vgl. Adorno 2017, 44).

Adorno versteht die Kunst wiederum als eine „Nachahmung des Naturschönen" (Adorno 1997b [1970], 111); und was sie genau nachahmt, ist ein Ausdruck in der Natur, „der nicht eingelegte menschliche Intention wäre" (ebd., 121). Bemerkenswert ist, dass er damit einer jeden Kunstform die Aufgabe aufbürdet, welche nach Kracauer allein der Filmkunst zukommt: So heißt es bei Adorno, „daß es eigentlich keine Kunst gibt, der nicht als ein wesentliches Element innewohnt, dem zur Stimme zu verhelfen, was in dem Prozeß der fortschreitenden Naturbeherrschung zur Stummheit verhalten oder unterdrückt worden ist – gar nicht notwendig zerstört worden ist" (Adorno 2017, 89). Man glaubt Kracauer zu lesen, wenn Adorno hinzufügt, dass diese Stimme nicht durch Formgebung – also durch eine erneute Herrschaftsausübung – zu Wort kommen kann, weil es sich hierbei „um eine Artikulation [handelt], die aus der Sache selber – wenn Sie wollen, sogar aus der Logik des Materials selber – heraus erwächst" (ebd., 103).

Da die stumme Sprache der Natur aber dennoch bei Adorno auf die Kunst schlechthin, bei Kracauer nur auf die Filmkunst angewiesen ist, um zum Sprechen gebracht zu werden, wird von beiden Denkern eine übereinstimmende Konzeption des Künstlers in Rechnung gestellt. Der Künstler bei Adorno ist wie der Filmkünstler bei Kracauer jemand, der darauf verzichtet, die Natur als Rohstoff einer ästhetischen Formgebung zu unterwerfen. Vielmehr liest er sowohl bei dem einen wie beim anderen aufmerksam im Buch der Natur, um „mit menschlichen Mitteln das Sprechen des nicht Menschlichen [zu] realisieren" (Adorno 1997b [1970], 121).

Trotz aller Gemeinsamkeit bleibt jedoch Adornos Vorwurf, dass Kracauer nicht die Vermitteltheit der konkreten (Film-)Erfahrung berücksichtigt. So wäre dieser Filmtheoretiker für ihn das Paradebeispiel eines Materialfetischisten, der glaubt, man brauche nur – in diesem Fall – die Kamera zu positionieren und die „Natur selber werde dadurch bereits rein reden" (Adorno 2017, 120). Genau das ist sein Haupteinwand gegen Kracauer: Kracauer ist ein wunderlicher und naiver Realist, weil er glaubt, dass der Film uns unschuldige Augen geben und einen unvermittelten Blick auf die Realität gewähren kann (siehe ganz genauso z. B. Winter 1992, 17). Diese Auffassung ist für Adorno jedoch grundlegend falsch, weil die filmische Wahrnehmung genauso wie die alltägliche unvermeidlich mit allgemeinen Begriffen durchsetzt ist:

„Wahrnehmung ist nur möglich, insofern das Ding schon als bestimmtes, etwa als Fall einer Gattung wahrgenommen wird. Sie ist vermittelte Unmittelbarkeit" (Horkheimer/Adorno 1992 [1947], 203).

Trifft dann aber Adornos Kracauer-Kritik nicht genauso auf seine eigene Ästhetik zu? Denn wie soll es jetzt noch möglich sein, dass die Kunst die Natur selbst zum Sprechen bringt? Wenn sich der Mensch also dem „Sprechen des nicht Menschlichen" (Adorno 1997b [1970], 121) zuwendet, so scheint er letztendlich doch wieder nur seine eigene Stimme zu hören. Angesichts dieses naheliegenden Einwands würde Adorno allerdings auf die ästhetische Verfremdung verweisen, über die der Russische Formalismus geschrieben und mit dem sowohl Bertolt Brecht wie auch Samuel Beckett gearbeitet haben: Zwar ist eine Erfahrung der Natur jenseits aller Vermittlungen unmöglich. Aber die ästhetische Verfremdung überlagert gewissermaßen die vertrauten Vermittlungen und damit die konventionelle Sichtweise, wodurch nach Adorno zumindest eine Annäherung an die Natur möglich werden soll (vgl. Adorno 2017, 128).

7.9 Kein Realismus ohne Formgebung – Ablehnung des naiven Realismus

Trifft der Vorwurf, den Adorno erhebt, auf Kracauer also tatsächlich zu? Ist die Kamera für ihn ein unschuldiges Auge, und glaubt er darum wirklich, dass eine Wiederentdeckung der Realität jenseits aller Formgebungen möglich wäre? Wie sich bereits gezeigt hat, verlangt Kracauer keineswegs den Verzicht auf die formgebende zugunsten der realistischen Tendenz, da Filme ansonsten ja bestenfalls nur dem ästhetischen Minimalanspruch gerecht werden könnten. Jetzt geht es aber nicht darum, ob der Verzicht auf Formgebung *wünschenswert* ist, sondern vielmehr darum, ob er überhaupt *möglich* ist.

In seinem Filmbuch spricht Kracauer nun ebenfalls wie Adorno von einer ästhetischen Verfremdung, um auf diese Weise zu betonen, dass auch beim Kino in jedem Fall eine Formgebung ins Spiel kommt, weswegen eine reine und unschuldige Filmwahrnehmung ausgeschlossen ist. Genauso wie Adorno geltend macht, dass es keine begriffslose Erfahrung des Nichtbegrifflichen geben kann, so hält auch, wie sich zeigen lässt, Kracauer einen Realismus ohne jegliche Formgebung für unmöglich. Um diesen Gedanken zu veranschaulichen, bezieht er sich auf eine Passage aus Marcel Prousts *Die Welt der Guermantes* (1920/1921), dem dritten Teil seines Romanzyklus *Auf der Suche nach der verlorenen Zeit* (vgl. Kracauer 1993 [1960], 39 f.): Dort beschreibt der Ich-Erzähler, wie er nach langer Abwesenheit eines Tages den Salon seiner geliebten Großmutter betritt und dort eine alte Frau vorfindet, die schwerfällig, wirr und vulgär wirkt. Auf den zweiten Blick stellt er mit Erschrecken fest, dass es sich tatsächlich um seine Großmutter handelt. Der Ich-Erzähler liefert auch eine Erklärung für diese Verwirrung: Für einen kurzen Moment hat er die Großmutter nicht mit jenem liebevollen Blick gesehen, welcher blind für alle hässlichen Eigenschaften ist, sondern mit dem kalten und unbestechlichen Blick eines Fotografen, der die Realität so sieht, wie sie ist (vgl. hierzu auch Hansen 2012, 266 f.).

Wie Kracauer zustimmend erläutert, geht die Objektivität und Neutralität der realistischen Tendenz tatsächlich zunächst mit einer solchen Entfremdung der vertrauten Welt einher. So ist es zwar zutreffend, dass die Objekte des Fotografen mehr als jene des Malers ihre Unabhängigkeit bewahren und ihren Ursprung daher niemals der Intention einer schöpferischen Subjektivität verdanken (vgl. ebd., 41). Andererseits macht sich Kracauer aber auch jene Argumente zu eigen, die Arnheim gegen jene Film-Verächter ins Feld führt, für die der Film nichts weiter als eine mechanische Reproduktion ist.

So hält er Proust entgegen, dass eine reine Objektivität unmöglich bleibt, weil auch die Kamera der Natur nicht einfach nur einen Spiegel vorhält (vgl. ebd., 40 f.). Es gibt keinen Realismus ohne irgendeine Formgebung, denn der Fotograf verwandelt schon deswegen die Realität, die auf dem Foto zu sehen ist, weil er einen bestimmten Bildausschnitt, eine bestimmte Beleuchtung und Kameraperspektive auswählt. Anders als Proust und Bazin meinen, ist die Fotografie also kein reines Zeugnis der Abwesenheit des Subjekts. Wie bei Adorno ist es nicht die Unmittelbarkeit, sondern die filmische Verfremdung, die die Konventionalität der Wahrnehmung überwindet: Kracauer „links the possibility of seeing and experiencing life in its concreteness to its refraction through the cinematic apparatus" (Hansen 2012, 272). Mit diesem Hinweis auf die Unvermeidbarkeit der Formgebung unternimmt Kracauer den Versuch, sein eigenes Realismus-Verständnis von jeglichem *naiven* Realismus abzugrenzen: Wir sehen die Realität nicht so, wie sie *an sich* ist, sondern umgekehrt ist die Realität so, wie sie *für uns* erscheint. Es handelt sich also um einen *phänomenologischen* Realismus (vgl. ebd., 31; vgl. hierzu auch Später 2017, 487). Aus diesem Grund ist auch Tudors Realismus-Kritik unzutreffend, weil Kracauers These, die Kamera würde vom Subjekt unabhängige Realitäten enthüllen, überhaupt nicht im Widerspruch zu der Einsicht steht, dass die Realität immer relativ zum Subjekt erscheint (vgl. Tudor 1977 [1974], 63 f.).

Im Übrigen wäre auch Adornos Vorwurf ohnehin noch einmal genauer zu fassen: Es geht nicht darum, ob der Film die Realität, sondern ob er das lebensweltlich Wahrgenommene einfach nur reproduziert. Bei Arnheim ist – wie sich herausgestellt hat – dies nicht der Fall, weil das Filmbild eine *Formgebung* des Wahrgenommenen unternimmt. Auf Kracauer trifft dieser Verdacht ebenfalls nicht zu, denn das Filmbild gibt seiner Ansicht nach mehr zu sehen als die lebensweltliche Wahrnehmung, weil es nicht einfach nur reproduziert, sondern *enthüllt*. Insofern das Kino für Kracauer „eine Schule des Sehens" (Schroer 2009, 185) ist, würde er sich dem Diktum Maurice Merleau-Pontys anschließen: „Auf der einen Seite ist die Welt *das, was wir sehen,* und auf der anderen Seite müssen wir dennoch lernen, sie zu sehen" (Merleau-Ponty 1994 [1964], 18).

7.10 Unkonventionelle Wahrnehmung in Malerei und Film

So lässt sich Kracauer also gegen den Vorwurf in Schutz nehmen, einen wunderlichen und naiven Realismus zu vertreten: Es mag sein, dass sein Realismus wunderlich ist, aber er ist nicht so naiv, wie Adorno es unterstellt. Wenn der Film die Realität wiedergibt und enthüllt, ist diese Realität, wie Kracauer einräumt,

7.10 Unkonventionelle Wahrnehmung in Malerei und Film

immer auch einer Formgebung unterworfen. Damit stellt sich nun aber die Frage, ob sich die Malerei und der Film wirklich noch so trennscharf unterscheiden lassen, wie es in *Theorie des Films* fortwährend behauptet wird. Der Unterschied scheint nur noch graduell zu sein, wenn auch der Film das, was er wiedergibt, zugleich formt.

Um hinsichtlich dieses Problems für klarere Verhältnisse zu sorgen, erweist es sich als sehr hilfreich, den Kunsttheoretiker und -historiker Ernst Gombrich ins Spiel zu bringen. Gombrich weist darauf hin, dass wir sowohl in der Alltagswahrnehmung als auch in der Malerei ohne vorgegebene Kategorien und Schemata die Fülle der visuellen Erscheinungen nicht bewältigen können (vgl. Gombrich 2002 [1959], 76, 151). Die Schemata bei Gombrich entsprechen also in etwa dem, was Adorno unter Begriffen, Schütz unter Typen oder Arnheim unter Gestalten bzw. Formen versteht (vgl. ebd., 131; siehe hierzu Arnheim 1996 [1969], 37 f.). Wir sehen nach Gombrich Schemata – das bedeutet, wir sehen – in der Lebenswelt oder auf einem Gemälde – ein Haus, einen Berg, einen Baum usw. (vgl. Gombrich 1984 [1975], 200).

Wenn Kracauer auf die kulturkritische Mission des Films zu sprechen kommt, dann traut er ihm – im Unterschied zu allen anderen Künsten – tatsächlich zu, jene, wie Gombrich sagen würde, eingeschliffenen Schemata der lebensweltlichen Wahrnehmung durch einen alternativen Blick auf die sichtbare Welt zumindest temporär zu überwinden. Wie Gombrich an zahlreichen Beispielen erläutert, kann dies jedoch auch die bildende Kunst für sich in Anspruch nehmen. Denn Gombrich zufolge hält sich etwa der europäische Renaissancemaler bei seiner Suche nach einer naturgetreueren Darstellung nicht an das traditionelle Schema, sondern dieses wird auf der Grundlage von Naturbeobachtungen korrigiert und erneuert. Das Schema der Bildproduktion kann also durch eine genauere Betrachtung der Realität korrigiert werden, obwohl die Realität mithilfe desselben Schemas wahrgenommen wird. Möglich ist dies wohl deswegen, weil die Dinge gewissermaßen auch im Widerspruch zu ihrem Schema – wie Adorno sagen würde: in ihrer Nichtidentität, wie Schütz sagen würde: in ihren a-typischen Qualitäten – erfasst werden können. Der Künstler, der sich an der Natur orientiert, ist nach Gombrich also jemand, der ein traditionelles Schema durch ein neues ersetzt, das der Sache näherkommt. Ein Schema – Kracauer würde hier von Formgebung sprechen – wird durch ein anderes ersetzt, das es z. B. möglich macht, die ostenglische Tiefebene mit dem Schema holländischer Landschaftsbilder zu sehen (vgl. Gombrich 2002 [1959], 271).

Im Unterschied dazu präsentiert der Filmkünstler jedoch genau jenen dynamischen Vorgang *im Bild selbst,* der beim Renaissancekünstler der Bildproduktion *voraus*gegangen ist. In dem bereits erwähnten Dokumentarfilm *Mikrokosmos* sehen wir in der Großaufnahme ein unbestimmbares glitzerndes und majestätisches Wesen, das in Zeitlupe und begleitet von pathetischer Musik auf der Wasseroberfläche emportaucht und allmählich seine Flügel ausbreitet. Im letzten Moment der Einstellung fliegt es – jetzt in normaler Geschwindigkeit – aus dem Bild, und die Zuschauerin erkennt nun, vor allem an dem Geräusch beim Davonfliegen, dass es sich um eine ganz gewöhnliche Stechmücke handelt. Bis dahin hat der Zuschauer jedoch ganz ungewohnte Ansichten der sichtbaren Sache bekommen, und wenn am Ende der Einstellung klar wird, welches Schema das richtige ist, scheint es nicht mehr so ganz zu passen. Wir sehen also nicht anstelle der bisherigen Identität eine neue Identität, anstelle des vertrauten Schemas ein ungewohntes Schema. Vielmehr sehen wir, wie die Realität durch die Entscheidung für eine bestimmte Kameraperspektive, die Großaufnahme, Zeitlupe usw. selbst sich der Identität bzw. dem Schema widersetzt.

Anders als der bildende Künstler stellt der Filmkünstler das *lebensweltliche* Schema also nicht durch ein alternatives *künstlerisches* Schema infrage, sondern durch einen Blick auf die Natur selbst, der die Unzulänglichkeit des bisherigen Schemas zeigt. Während also in der Malerei eine neue, von der Nichtidentität der Sache korrigierte Identität zu sehen ist, konfrontiert der Film mit dem Augenblick, in dem die Natur selbst die Korrektur vornimmt und die Nichtidentität aus dem vertrauten Schema herausplatzt. Wenn Gombrich vom Verhältnis zwischen Schema und Korrektur spricht, dann lässt sich mit diesem Begriffspaar also genauer fassen, worin nach Kracauer der Unterschied zwischen Malerei und Film in ihrem jeweiligen Verhältnis zur konventionell-schematischen Wahrnehmung besteht: Die Malerei zeigt das *Ergebnis* der Korrektur des Schemas, der Film hingegen das *Ereignis* der Korrektur selbst.

Was immer man auch von Kracauers Position halten mag, seine filmtheoriegeschichtliche Bedeutung lässt sich nicht in Abrede stellen: Nach Münsterberg, Balázs, Eisenstein, Arnheim und Kracauer unternimmt er in einer bis dahin nur mit Arnheim vergleichbaren Breite noch einmal einen imposanten – manche mögen sagen: imposant misslungenen – Versuch, in einer ebenso umfassenden wie detaillierten Analyse der Möglichkeiten des Films normative Kriterien abzuleiten und damit den künstlerischen Anspruch des Films zu begründen. Mit Kracauer endet eine Ära, in der diejenigen, die über den Film nachgedacht haben, glauben, es sei die Aufgabe der Filmtheorie, der Filmkunst einen gleichwertigen Rang neben den anderen Künsten zu erkämpfen. Es handelt sich um eine Ära, in der Essenzialismus und Normativität ineinander greifen: „Die besten Filme tendierten demnach dazu, auch die ‚filmischsten' zu sein" (Bordwell 2009, 109). Als Kracauers Buch *Theorie des Films* 1960 erscheint, fällt das Echo bei Filmfreunden, Wissenschaftlern und Studierenden allerdings eher enttäuschend aus. So fasst der Kracauer-Biograf Jörg Später zusammen:

> „Wen interessiert das schon, ob ein Film dieses oder jenes kann, was die Malerei oder das Theater nicht können […]. [E]s zeichnete sich mehr und mehr ab, dass Kracauers Filmverständnis aus einer anderen Zeit stammte. Zumindest wurde es oft in die Flaherty-Schublade ‚phantasieloser Realismus' oder ‚naiver Realismus des 19. Jahrhunderts' gesteckt" (Später 2017, 539 f.).

Hansen gibt zwar einen Überblick über die kritische Rezeption (vgl. Hansen 2012, 254). Dennoch fällt ihre Gesamteinschätzung weitaus positiver aus: „Kracauer's book, like Bazin's writings, has to be considered as part of an international cineaste culture that inspired an supported new wave movements in France, Germany,

Italy, Eastern Europe, Japan, India, and other parts of the world" (ebd.). Dagegen kommt Später schlichtweg zu dem vernichtenden Schluss: „[M]it Kracauers Filmtheorie konnte die neue Generation nichts anfangen" (Später 2017, 540). Zumindest wird die Enttäuschung bei der jüngeren deutschen Generation verständlich. Während der frühe Kracauer in den 1920er Jahren noch die soziale und politische Realität vor Augen hat, ist davon in seiner späteren Filmtheorie kaum noch etwas zu bemerken. Während die Filmsemiotiker in den 1970er Jahren ihn schließlich als den „ayatollah of realism" (Stam 2000, 78) belächeln, stehen die jungen Intellektuellen in den 1960er Jahren dem Realismus zwar prinzipiell noch weitaus wohlwollender gegenüber. Aber hierbei denken sie in erster Linie an das Gewicht gesellschaftlicher Verhältnisse, an die Atombombe oder den Vietnamkrieg – und weniger an das Zittern der Wasseroberfläche einer Pfütze, in der sich ein Stück vom Himmel spiegelt. Für die jungen Wilden wäre das eher die Realität, nach der sich der bürgerliche Sonntagsspaziergänger sehnt.

Literatur

Adorno, Theodor W. (1973), *Philosophische Terminologie Bd. 1*, Frankfurt am Main.
Adorno, Theodor W. (1997), „Der wunderliche Realist" (1964), in: ders., *Noten zur Literatur. Gesammelte Schriften Bd. 11*, Frankfurt am Main, 388–408.
Adorno, Theodor W. (1997a), *Negative Dialektik* (1966), in: ders., *Negative Dialektik. Jargon der Eigentlichkeit. Gesammelte Schriften Bd. 6*, Frankfurt am Main, 7–412.
Adorno, Theodor W. (1997b), *Ästhetische Theorie* (1970). *Gesammelte Schriften Bd. 7*, Frankfurt am Main.
Adorno, Theodor W. (2017), *Ästhetik* (1958/1959), Frankfurt am Main.
Andrew, J. Dudley (1976), *The Major Film Theories*, London/Oxford/New York.
Anders, Günther (1992), *Die Antiquiertheit des Menschen 1. Über die Seele im Zeitalter der zweiten industriellen Revolution*, München.
Arnheim, Rudolf (1996), *Anschauliches Denken. Zur Einheit von Bild und Begriff* (1969), Köln.
Arnheim, Rudolf (2004), „Die beiden Authentizitäten der photographischen Medien" (1993), in: ders., *Die Seele in der Silberschicht. Medientheoretische Texte. Photographie – Film – Rundfunk*, Frankfurt am Main, 56–63.
Baudrillard, Jean (1978), *Die Agonie des Realen*, Berlin: Merve-Verlag 1978.
Baudrillard, Jean (1991), *Der symbolische Tausch und der Tod* (1976), München: Matthes und Seitz-Verlag.
Bazin, André (2004), „Ladri di Biciclette (Fahrraddiebe)" (1949), in: ders., *Was ist Film?*, Berlin, 335–352.
Benjamin, Walter (1991), „Das Kunstwerk im Zeitalter seiner technischen Reproduzierbarkeit. Dritte Fassung" (1936), in: ders., *Abhandlungen. Gesammelte Schriften Band I. 2*, Frankfurt am Main, 471–508.
Bordwell, David (2009), „Bazins Lektionen. Sechs Pfade zu einer Poetik", in: montage/av 18/1, 109–128.
Carroll, Noëll (2010), „Auf dem Weg zu einer Ontologie des bewegten Bildes" (1995), in: Dimitri Liebsch (Hg.), *Philosophie des Films. Grundlagentexte*, Paderborn, 155–174.
Ebert, Jürgen (1977), „Kracauers Abbildtheorie", in: *Filmkritik* 21 (4), 196–217.
Fuchs, Thomas (2008), „Was ist Erfahrung?" (2003), in: ders., *Leib und Lebenswelt. Neue philosophisch-psychiatrische Essays*, Kusterdingen, 241–259.

Fuchs, Thomas (2008a), „Wirklichkeit und Entfremdung. Derealisierungen in Psychopathologie und Kultur", in: ders., *Leib und Lebenswelt. Neue philosophisch-psychiatrische Essays*, Kusterdingen, 260–283.
Gombrich, Ernst Hans (1984), „Zwischen Landkarte und Spiegelbild. Das Verhältnis bildlicher Darstellung und Wahrnehmung" (1975), in: ders., *Bild und Auge. Neue Studien zur Psychologie der bildlichen Darstellung* (1982), Stuttgart, 169–211.
Gombrich, Ernst Hans (2002), *Kunst und Illusion. Zur Psychologie der bildlichen Darstellung* (1959), Berlin.
Haenlein, Leo (1984), *Der Denk-Gestus des aktiven Wartens im Sinn-Vakuum der Moderne. Zur Konstitution und Tragweite des Realitätskonzeptes Siegfried Kracauers*, Frankfurt am Main.
Hansen, Miriam (2012), *Cinema and Experience. Siegfried Kracauer, Walter Benjamin, and Theodor W. Adorno*, Berkeley.
Hesse, Christoph/Keutzer, Oliver/Mauer, Roman/Mohr, Gregory (2016) (Hg.), *Filmstile*, Wiesbaden.
Horkheimer, Max/Adorno, Theodor W. (1992), *Dialektik der Aufklärung. Philosophische Fragmente*, Frankfurt am Main.
Ingensiep, Hans-Werner (2014), „Psychobotanik und Pflanzenfilm im ersten Drittel des 20. Jahrhundert. Kontexte zur Rezeption des Blumenwunders", in: Ines Lindner (Hg.), *gehen blühen fließen. Naturverhältnisse in der Kunst*, Nürnberg????.
Kant, Immanuel (1990), *Kritik der Urteilskraft* (1790), Hamburg.
Koch, Gertrud (2012), *Siegfried Kracauer zur Einführung* (1996), Hamburg.
Koch, Gertrud (2016), *Die Wiederkehr der Illusion. Der Film und die Kunst der Gegenwart*, Frankfurt am Main.
Kracauer, Siegfried (1977), „Georg Simmel" (1920), in: ders., *Das Ornament der Masse. Essays*, Frankfurt am Main, 209–248.
Kracauer, Siegfried (1993), *Theorie des Films* (1960), Frankfurt am Main.
Kracauer, Siegfried (1993a), *Von Caligari zu Hitler. Eine psychologische Geschichte des deutschen Films* (1947), Frankfurt am Main.
Kracauer, Siegfried (2009), *Geschichte – Vor den letzten Dingen* [1969], in: ders., *Werke Bd. 4*, Frankfurt am Main.
Marcuse, Herbert (1984), „Versuch über die Befreiung" (1969), in: ders., *Schriften 8. Aufsätze und Vorlesungen 1948–1969. Versuch über die Befreiung*, Frankfurt am Main, 237–317.
Marcuse, Herbert (1987), „Konterrevolution und Revolte" (1972), in: ders., *Schriften 9. Konterrevolution und Revolte. Zeit-Messungen. Die Permanenz der Kunst*, Frankfurt am Main, 7–128.
Merleau-Ponty, Maurice (1994), *Das Sichtbare und das Unsichtbare* (1964), München.
Plessner, Helmuth (1975), *Die Stufen des Organischen und der Mensch* (1928), Berlin/New York.
Raulet, Gérad (2009), „Verfallenheit ans Objekt. Zur Auseinandersetzung mit einer Grundfigur dialektischen Denkens bei Adorno, Benjamin, Bloch und Kracauer", in: Frank Grunert/Dorothee Kimmich (Hg.), *Denken durch die Dinge. Siegfried Kracauer im Kontext*, Paderborn, 119–134.
Rohmer, Eric (1990), „Was denkt Eric Rohmer zu Murnau. Gespräch mit Frieda Grafe und Enno Patalas", in: Peter W. Jansen/Wolfram Schütte, *Friedrich Wilhelm Murnau. Reihe Film 43*, München/Wien, 71–106.
Rustemeyer, Dirk (2013), *Darstellung. Philosophie des Kinos*, Göttingen.
Scheler, Max (1991), *Die Stellung des Menschen im Kosmos* (1928), Bonn.
Schlüpmann, Heide (1998), *Ein Detektiv des Kinos. Studien zu Siegfried Kracauers Filmtheorie*, Basel.
Schroer, Markus (2009), „Unsichtbares sichtbar machen. Visualisierungsstrategien bei Siegfried Kracauer", in: Frank Grunert/Dorothee Kimmich (Hg.), *Denken durch die Dinge. Siegfried Kracauer im Kontext*, Paderborn, 169–188.
Schütz, Alfred/Luckmann, Thomas, *Strukturen der Lebenswelt. Bd. 1* (1979), Frankfurt am Main.

Seel, Martin (1996), „Fotografien sind wie Namen" (1995), in: ders., *Ethisch-ästhetische Studien*, Frankfurt am Main, 82–103.
Seel, Martin (2013), *Die Künste des Kinos*, Frankfurt am Main.
Später, Jörg (2017), *Siegfried Kracauer. Eine Biographie*, Suhrkamp.
Stam, Robert (2000), *Film Theory. An Introduction*, Malden/Oxford/Carlton.
Tudor, Andrew (1977), *Film-Theorien* (1974), Frankfurt am Main.
Wenders, Wim (2015), „Abschied von der dröhnenden Stimme des alten Kinos. Aus einem Gespräch mit Wolfram Schütte" (1982), in: ders., *Die Logik der Bilder. Essays und Gespräche* (1988), Darmstadt, 53–67.

Christian Metz (1931–1993) – die Semiotik des Films   8

Die bisher vorgestellten Filmtheorien sind sich zumindest darin einig, dass sie der gewichtigen Frage nachgehen, was der Film oder die Film*kunst* überhaupt ist, auch wenn sie hierbei zu völlig unterschiedlichen Antworten kommen. Die Filmsemiotik von Christian Metz, von der in diesem Kapitel die Rede sein soll, beschreitet dagegen einen von dieser Tradition abweichenden Weg und nimmt damit schon aktuelle Ansätze wie den Neoformalismus von David Bordwell und Kristin Thompson vorweg (s. Kap. 10). Denn während in der klassischen Filmtheorie von Münsterberg bis Kracauer immer wieder der Zusammenhang von Wesen und Normativität verhandelt wird, steht bei Metz hingegen schlichtweg die Frage im Mittelpunkt, auf welche Weise Filme Geschichten erzählen. Die Nähe zu Eisenstein springt ins Auge, insofern es Metz dabei nicht um die einzelnen Einstellungen, sondern vielmehr um ihre Syntax geht – also um die Verknüpfung mehrerer Einstellungen zu einer Einheit bzw. – wie Metz es nennt – zu einem *Syntagma*.

Dies soll an dem folgenden Beispiel veranschaulicht werden: In Peter Jacksons *Heavenly Creatures* (NZL, 1994) bekommen wir für die Dauer, in der Mario Lanza die *Donkey Serenade* singt, einen zusammenfassenden Überblick über die Freundschaft zwischen Pauline und Juliet. In einer Aufeinanderfolge von Einstellungen sehen wir die Mädchen basteln, miteinander lachen, durch den Garten toben, völlig verzaubert aus einem Kino stürmen und schließlich bei einer halsbrecherischen Fahrradtour. Weder dient die Montage hier lediglich der Spannungssteigerung, noch soll sie wie die intellektuelle Montage bei Eisenstein einen bestimmten Gedanken beim Publikum hervorrufen. Weit davon entfernt, *gedanklich* oder *metaphorisch* zu sein, handelt es sich aber ebenso wenig um eine gewöhnliche *narrative* Verknüpfung, denn in welcher chronologischen Reihenfolge all jene Ereignisse stattfinden, ist völlig irrelevant. Was hier vorliegt, wäre nach Metz eine rein *thematische* Verbindung, weil wir nur über das innige Verhältnis der beiden Freundinnen, die völlig aufeinander fixiert sind, unterrichtet werden sollen. Im Anschluss daran nimmt der Film die eigentliche Handlung wieder auf, welche gerade durch diese intensive Freundschaft in Gang gesetzt wird und konsequent auf eine mörderische Katastrophe zusteuert.

Insofern Metz die Frage stellt, wie der Film auch ganz ohne Worte solche Bedeutungen hervorbringen kann, liegt der Vergleich mit der Sprache auf der Hand. Es kommt daher auch nicht von ungefähr, wenn Metz zum Pionier – und schließlich sogar zum Wortführer – einer filmtheoretischen Strömung avanciert, die unter dem Etikett ‚Filmsemiotik' bekannt geworden ist. Zwar gibt es innerhalb dieser Strömung, zu deren wegweisenden Autoren neben Metz vor allem Umberto Eco (vgl. Eco 1994 [1968]), Pier Paolo Pasolini (vgl. Pasolini 1979 [1972]) und Jurij Lotman (vgl. Lotman 1977 [1973]) gezählt werden, keine unangefochtene und allgemein akzeptierte Position, dennoch wird immerhin diejenige von Metz weithin als „,Standardtheorie'" (Möller-Naß 1988 [1986], 88) anerkannt. Allgemein lässt sich über die Filmsemiotik sagen, dass sie den Film mit sprachwissenschaftlichen Methoden untersucht, die die strukturalistische Linguistik von Ferdinand de Saussure entwickelt hat. Diese Vorgehensweise dominiert – und zwar durchaus auf autoritäre Weise (vgl. Stam 2000, 6) – etwa von Anfang der 1960er Jahre bis weit in die 1980er Jahre die filmwissenschaftlichen Debatten.

Im Denken von Metz lassen sich nun grob drei Phasen unterscheiden: In der ersten – rein *semiotischen* – Phase, zu der die Bücher *Semiologie des Films* (1972a [1968]) und *Sprache und Film* (1973 [1971]) gehören, stellt er sich im Rückgriff auf die Linguistik die Frage, wie es einer Bilderfolge gelingen kann, eine Bedeutung zu konstituieren. Die zweite Phase mit dem Hauptwerk *Der imaginäre Signifikant* (2000 [1977]) erweitert die filmsemiotische in Richtung auf eine *psychoanalytische* Perspektive. Die Verwandtschaft zwischen Semiotik und Psychoanalyse wird darin gesehen, dass in beiden Fällen die Frage der Bedeutung im Mittelpunkt steht. So ist es nur konsequent, wenn Metz nun auch – inspiriert von Jacques Lacans Ausführungen zum Spiegelstadium – dem Code des Zuschauers auf die Spur kommen will (vgl. Elsaesser/Hagener 2007, 83 f.).

Nach Möller-Naß' Einschätzung ist diese Entwicklung durchaus repräsentativ für die Filmsemiotik insgesamt: „Die Mehrzahl derjenigen, die heute [Möller-Naß notiert diese Bemerkung bereits 1986 – Einf. J. B.] Filmsemiotik betreiben, hat das klassische Programm der Filmsemiotik längst aufgegeben zugunsten einer Neuorientierung an psychoanalytischen Theorien" (Möller-Naß 1988 [1986], XIV). Im Zuge dessen verbinden sich semiotische Verfahren mit Impulsen von Marx und Freud wie auch von Foucault und Althusser, und dieses nicht immer stimmige Theorie-Amalgam meldet sich dann in erster Linie als Ideologiekritik mit Vehemenz zu Wort. Hierzu gehört die Apparatus-Theorie von Jean-Louis Baudry oder Laura Mulveys These vom männlichen Blick der Kamera (vgl. Baudry 2004 [1975]; Mulvey 2001 [1975]). Filmwissenschaftler der *Cultural Studies,* die ebenfalls in dieser Tradition stehen, beenden die Untersuchung eines Films, sobald sie die zu erwartende sexuelle, soziale oder ethnische Diskriminierung aufgespürt haben. Mehr geben Filme aus der Perspektive dieser Entlarvungsstrategie nicht her.

In den 1980er Jahren vollzieht Metz dann noch einmal eine weitere Wende zu einer dritten *textpragmatischen* Phase, in der der Film als eine diskursive Aktivität oder – in Anlehnung an Émile Benveniste (vgl. Benveniste 1974 [1966]) – als eine ‚Enunziation' untersucht wird (vgl. Tröhler 2019). Nachdem sich Metz zuvor dafür interessiert hat, *wie* Filme sprechen, stellt er nun in seinem letzten Buch *Die unpersönliche Enunziation oder der Ort des Films* (1997 [1991]) die Frage, *wer* eigentlich spricht, wenn Filme sprechen. Welche Rückschlüsse erlaubt das *Enunziat* – das Geäußerte – auf die *Enunziation* – den Akt der Äußerung?

Innerhalb dieses Kapitels ist eine Beschränkung auf die erste Phase schon schlichtweg aus Platzgründen unvermeidlich. Metz hat auch in seinen späteren Phasen keinen radikalen Bruch vollzogen, sondern ist seinen filmsemiotischen Anfängen treu geblieben, in denen er von der Voraussetzung ausgeht, dass sich der Film nach dem Modell der Sprache begreifen lässt. Mit der Entscheidung, die Weiterentwicklung von Metz auszusparen, ist also die nicht unberechtigte Hoffnung verbunden, dass die umso ausführlichere Diskussion der ersten Phase auch einen leichteren Zugang zu seinem späteren Denken ermöglicht.

8.1 Filmsemiotik *avant la lettre*

Dass Filme aus einer semiotischen Perspektive untersucht werden, geschieht allerdings schon, bevor Metz seine eigene Position entwickelt. Die erste Monografie, die ein solches Vorhaben in Angriff nimmt, ist 1950 *De taal van de film* von Jan Marie Peters. Dieses Buch, das vor allem auf der Grundlage der Zeichentheorie von Charles William Morris argumentiert, ist in niederländischer Sprache verfasst und möglicherweise schon deshalb völlig unbeachtet geblieben. Im Übrigen findet sich die Analogie zwischen Film und Wortsprache bereits recht früh in der Filmtheorie und auch ganz unabhängig von dem späteren Aufkommen semiotischer Ansätze (vgl. Andrew 1976, 219). So verfolgt in den 1920er Jahren Eisenstein die Absicht, dem Film durch die Montage die Möglichkeiten der Literatur zu erschließen (s. Kap. 4), und Balázs erklärt, dass der Film die „Sprache der Mienen und Gebärden" (Balázs 2001, 17) spricht. Im Gegensatz zu Eisenstein kommt es Balázs allerdings insbesondere auf die *Unterschiede* zwischen der leiblichen Gebärdensprache des Films und der begrifflichen Wortsprache an (s. Kap. 3). Folglich wäre es für ihn ein gravierendes Missverständnis, wenn man den Film in einem *linguistischen* Sinn als Sprache bezeichnen wollte. Daher ist Möller-Naß zu widersprechen, der Balázs als einen Vorläufer der ‚eigentlichen' Semiotik interpretiert, womit gerade die entscheidende Differenz zwischen mimisch-leiblichem und sprachlichem Ausdruck ignoriert wird (vgl. Möller-Naß 1988 [1986], 9–19). Diese Differenz übersieht Möller-Naß im Übrigen auch bei Metz (s. u.).

Bevor ausführlich der Ansatz von Metz vorgestellt wird, soll zunächst auf zwei weitere Autoren ein kurzer Blick geworfen werden, welche bereits sehr früh den Film als eine Sprache interpretieren und – anders als Balázs und Eisenstein – in weitaus größerer Nähe zu sprachwissenschaftlichen Methoden stehen: Boris Ejchenbaum und Roman Jakobson werden neben Viktor Šklovskij und Jurij Tynjanow wohl zu den Hauptvertretern des sogenannten russischen Formalismus gezählt (s. hierzu Kap. 10). Wenn Ejchenbaum von der „Film-Sprache" (Ejchenbaum 2005a, [1927], 22) spricht, dann wird damit erstens – im Unterschied zu Balázs – kein Gegensatz zur Wortsprache behauptet und zweitens nicht nur ein metaphorischer Sinn in Anspruch genommen. Dass beim Stummfilm kein Wort zu hören ist, bedeutet für Ejchenbaum nur eine *Transformation* der Rolle des Wortes und keineswegs ihr *Verschwinden*. Wie es geheimnisvoll heißt, wird das Wort nämlich „in die Tiefe geführt", weswegen es nicht einfach gehört oder gelesen, sondern von der Zuschauerin „erraten" (Ejchenbaum 2005b [1926], 183) werden muss. Gemeint ist damit: Ein Film wird erst dadurch verständlich, dass es dem Zuschauer gelingt, die verschiedenen Einstellungen in einer, wie Ejchenbaum es nennt, ‚inneren Rede' zu verbinden:

> „Den Filmzuschauer obliegt demnach die schwierige Kopfarbeit der Verknüpfung der Einstellungen und des Erratens der Bedeutungsnuancen. Diese Arbeit nenne ich die ‚innere Rede' des Filmzuschauers" (ebd.).

Aus diesem Grund ist es grundsätzlich „falsch" (ebd., 182), den Film als eine vom Wort völlig getrennte Kunstform zu beschreiben. Ganz im Gegenteil: Für Ejchenbaum ist die Filmkunst sogar „eine ‚sprachliche' Kunst" (ebd.). Die Verwandtschaft zwischen Sprache und Film soll mithin auf eine rezeptionsästhetische Weise, nämlich durch die Konstitutionsleistungen der Zuschauerin, begründet werden, die für Ejchenbaum offensichtlich sprachlicher Natur sind. Die ‚innere Rede', auf die hin jeder Regisseur inszenieren muss, macht den Begriff der Filmsprache, wie es heißt, zu einer „völlig legitimen Analogie" (Ejchenbaum 2005a [1927], 37). So hat der Film schließlich „seine eigene Sprache, d. h. seine eigene Stilistik und seine eigenen phraseologischen Verfahren" (ebd.). Muss der Zuschauer aber wirklich in Gedanken einen Film unentwegt in Sprache übersetzen, um ihn zu verstehen? Oder was soll mit der geheimnisvollen ‚inneren Rede' gemeint sein? Wie auch immer, die Argumentation beruht bei Ejchenbaum viel zu sehr auf unbewiesenen Voraussetzungen, um auch nur halbwegs überzeugend zu sein.

In einem Interview aus den 1960er Jahren bekennt Roman Jakobson, der sich in seinem Denken ebenso wie Metz am Strukturalismus von Saussure orientiert: „[A]ls ich erkannt hatte, daß die Sprache nur eines der Zeichensysteme ist und daß die Sprachwissenschaft nur eine der Provinzen der Semiotik ist, begann der Film mich lebhaft als ein besonders wichtiges Zeichensystem zu interessieren" (Jakobson 1992 [1967], 275). Allerdings hat der Film Jakobson so „lebhaft" dann doch wieder nicht interessiert, denn in seinem Gesamtwerk finden sich nur wenige kurze Texte zu diesem Thema. Am aufschlussreichsten für die Vorgeschichte der Filmsemiotik ist wohl ein kurzer Essay mit dem Titel „Vom Stumm- zum Tonfilm: Verfall des Films?" (Jakobson 1992a [1933], 256–266), wobei die Überlegungen auch hier sehr skizzenhaft und vage bleiben. Für Jakobson ist der Film ein Thema der Semiotik, weil ohnehin von Anfang an feststeht, dass „das Material jeder Kunst das Zeichen" (ebd., 258) ist. Insofern stellt sich eigentlich nur noch die Frage, was für Zeichen wir im Film finden. Wenn es der Film als Kunst jedenfalls

8.1 Filmsemiotik *avant la lettre*

mit Zeichen zu tun hat, wie kann das, was wir auf der Leinwand sehen, zugleich ein Ding und ein Zeichen sein – oder anders gefragt:

> „Besteht ein Widerspruch zwischen diesen beiden Thesen: der Film operiert mit Sachen – der Film operiert mit Zeichen?" (ebd.).

Jakobson nimmt im Grunde die Frage für die Antwort, wenn er erklärt, dass die Besonderheit der Filmkunst eben gerade in der Verwandlung von Dingen in Zeichen besteht (vgl. ebd.). Was für ein Zeichen ein Objekt ist, hängt, wie es nun wenig überraschend heißt, von der Inszenierung ab, weswegen man aus ein und demselben Ding ganz unterschiedliche Zeichen machen kann:

> „Wir können von der gleichen Person sagen: ‚ein Buckliger', ‚ein Langnasiger' oder auch ein ‚langnasiger Buckliger'. Der Gegenstand unserer Aussage ist allen drei Fällen der gleiche, aber die Zeichen sind verschieden" (ebd.).

Der synekdochische Charakter des Films besteht darin, dass die Kamera uns immer nur einen Teilaspekt von etwas Ganzem sehen lässt, also in diesem Fall etwa den Buckel oder die Nase. Für Jakobson ist dies sogar „die Grundmethode des Films für die Verwandlung von Sachen in Zeichen" (ebd.). Im Anschluss geht er nun der Frage nach, auf welche Weise denn diese verschiedenen Teilaspekte in der Montage miteinander verbunden werden. Dies kann entweder nach dem Prinzip von *Kontiguität* oder nach dem Prinzip von *Ähnlichkeit und Kontrast* geschehen. Im ersten Fall hat man es mit einem *metonymischen*, im zweiten Fall mit einem *metaphorischen* Film zu tun. Metonymie und Metaphorik sind nach Jakobson „die zwei Grundarten des Filmaufbaus" (ebd., 259).

Insgesamt lässt sich im Blick auf jene beiden Pioniere der späteren Semiotik wohl das Resümee ziehen: Ejchenbaum und Jakobson nehmen zwar früh schon einige wichtige Gedanken der Filmsemiotik vorweg, ihre Ansätze bleiben jedoch zu kursorisch und unausgegoren, um wirklich entscheidende Impulse geben zu können. Wenn etwa Nessel erklärt, dass die Frage nach der Sprache des Films bereits vor Metz „ein Dauerbrenner" war, „ein Thema, das überstrapaziert worden war, ohne […] je theoretisch präzise gefaßt worden zu sein" (Nessel 2008, 52), so trifft dieses Urteil auch auf diese beiden Positionen zu. Da ein direkter Einfluss auf die Filmsemiotik – zumindest auf diejenige von Metz, bei Lotman liegt der Fall anders – nicht feststellbar ist, lässt sich bei Ejchenbaum und Jakobson jedenfalls kaum von Wegbereitern sprechen. Darüber hinaus wird die entscheidende Frage, inwiefern sich der Film als Sprache erfassen lässt, bei dem einen wie bei dem anderen nur äußerst spekulativ beantwortet, nämlich einmal mit der angeblich sprachlichen Verfasstheit der Filmrezeption und ein anderes Mal mit einem außerordentlich fragwürdigen Gesetz, demzufolge es jede Kunst mit Zeichen zu tun hat. Ob man bei Metz eine bessere Antwort findet, wird sich im Folgenden herausstellen.

8.2 Der Realitätseffekt des Films

Wie bereits erwähnt, ist die filmsemiotische Schule, als deren Hauptvertreter Christian Metz gilt, vor allem vom strukturalistischen Ansatz des Sprachwissenschaftlers Ferdinand de Saussure und interessanterweise weitaus weniger vom pragmatistischen Ansatz des Philosophen Charles Sanders Peirce inspiriert, der als der eigentliche Begründer einer allgemeinen Semiotik bzw. Zeichentheorie gilt. Insofern hierbei die Anwendung von Erkenntnissen und Methoden der Linguistik und einer allgemeinen Zeichentheorie im Vordergrund steht, stammen die wichtigsten Einflüsse gar nicht mehr aus der Filmtheorie selbst. Ganz im Gegenteil geht die Wende zur Filmsemiotik auch konsequent mit einem radikalen Bruch mit der traditionellen Filmtheorie einher, der in Metz' frühen Schriften noch nicht allzu sehr auffällt, aber im weiteren Verlauf seines intellektuellen Werdegangs kaum noch zu übersehen ist.

Dass sich die Filmwissenschaft als eine Disziplin in den 1970er Jahren zunächst in Frankreich, dann aber auch international überhaupt institutionalisiert, wird heutzutage nicht zuletzt als Verdienst der von Metz initiierten Perspektive gewürdigt (vgl. Tröhler 2019; zur Rezeptionsgeschichte siehe Kessler 2007, 120–122). Nach Bellour und Rodowick gewinnt durch ihn die Filmtheorie überhaupt erst den Charakter der Diskursivität (Bellour 1990, 16 f.; Rodowick 2014, 172) – womit im Gegenzug der klassischen Theorie des Films ein nur vorwissenschaftlicher Status zugebilligt wird. Metz' Antwort auf die traditionelle Filmtheorie bringt Andrew auf die folgende plakative Formel: „[T]he general should begin to make way for the precise" (Andrew 1976, 213). Wenn Metz tatsächlich nicht nur repräsentativ ist für eine Verwissenschaftlichung der Kinodebatten, sondern zudem auch für die Tendenz, den Film als Teilbereich einer allgemeinen strukturalistischen Semiotik zu etablieren, überrascht es allerdings, dass er in einem seiner ersten Aufsätze – „Zum Realitätseindruck im Kino" (Metz 1972a, [1965], 20–35) – scheinbar in eine völlig entgegengesetzte Richtung geht: Anders als zu erwarten, ist hier nämlich vom *Realismus* und gerade nicht von der *Zeichenhaftigkeit* des Films die Rede.

Im Nachhinein wird klar, dass Metz an dieser Stelle bereits seine spätere Kritik an der Auffassung des Films als ein konventionelles Zeichensystem vorbereitet (s. Abschn. 8.2). Zunächst glaubt der Leser jedoch, er habe sich in einen Text von Bazin verirrt, wenn anfangs behauptet wird, dass der Film mehr als das Theater, die Malerei oder der Roman seinen Rezipienten das Gefühl gibt, „direkt an einem gewissermaßen realen Ereignis teilzunehmen" (ebd., 21). Wie sich im weiteren Verlauf des Textes herausstellt, geht es allerdings weniger um Realität, denn Metz spricht genauer vom Realitäts*effekt* oder auch vom „,Schein der Realität'" (ebd., 22). Damit wird letztendlich deutlich, dass die Akzente bei Metz doch anders gesetzt werden als bei Bazin, für den der Film nicht der *Schein,* sondern die *Spur* der Realität ist (s. Abschn. 6.1).

Dennoch lässt sich nicht verkennen, dass Metz, der doch völlig neue Wege einschlagen will, sich im Grunde zunächst ganz traditionell auf dem Trampelpfad der

8.2 Der Realitätseffekt des Films

bisherigen Filmtheorie bewegt, wenn er wieder einmal das Realismus-Problem und daraufhin den schon obligatorischen Vergleich mit dem Theater diskutiert. Wenn die Massen begeistert ins Kino strömen, so ist nach Metz hierfür maßgeblich jener Schein der Realität verantwortlich, der auch fantastischen Filmen erst ihre Glaubwürdigkeit verleiht: „[D]ie Wirksamkeit des Irrealismus im Kino beruht darauf, daß das Irreale dort als realisiert erscheint und sich unter dem Schein eines sich tatsächlich vollziehenden Ereignisses und nicht in der Form einer plausiblen Illustration irgendwelcher außergewöhnlichen rein erfundenen Prozesse dem Beschauer bietet" (ebd., 23).

Als Inspirationsquelle für seine Argumentation bezieht er sich – wie auch sonst häufig – auf Roland Barthes, einem strukturalistischen Literatur- und Kulturwissenschaftler, den Metz seinen ‚einzigen wirklichen Lehrer' (Metz in Marie/Vernet 1990, 295 f.) nennt. Barthes, der sich wiederum damit bedankt, dass er Metz einen ‚einzigartigen Platz' in der Analyse des Kinematografischen (Barthes 2002, 795) zuweist, nimmt in seinem Artikel „Rhetorik des Bildes" (Barthes 2013a [1964], 28–46) den speziellen Realitätseffekt der Fotografie in den Blick: „Die Fotografie bewirkt", wie Barthes meint, „nicht mehr ein Bewußtsein des Daseins der Sache (das jede Kopie hervorrufen könnte), sondern ein Bewußtsein des Dagewesenseins" (ebd., 39). Das ‚Dagewesensein' des fotografischen Objekts bedeutet: Etwas, das *jetzt* auf der Fotografie zu sehen ist, muss auch wirklich einmal *früher* vor der Kamera *dagewesen* sein. Nach Barthes' Deutung unterscheidet sich die fotografische Wahrnehmung ganz erheblich von jeder anderen Wahrnehmungsform und verstößt offensichtlich sogar gegen die Gesetze der Logik: Denn bei dem, was ich auf einer Fotografie sehe, verbindet sich nicht wie sonst ein Hier mit einem *Jetzt,* sondern vielmehr ein Hier mit einem *Früher.* Was ich *hier* sehe, ist *früher* dagewesen (vgl. ebd., 39).

Metz' Aufsatz zum Realitätseffekt des Kinos, der an diese Überlegungen anknüpft, ist ein Jahr später als der von Barthes erschienen. Gefragt wird nun, warum der Film noch einmal so viel realistischer als die Fotografie wirkt. Metz' Antwort lautet lapidar: Der größere Realitätseffekt beruht schlichtweg auf der *Bewegung*, dem Hauptunterschied zwischen Film und Fotografie (vgl. Metz 1972a [1965], 25). Wie er selbst zugibt (vgl. ebd.), findet sich dieser Gedanke allerdings bereits in Edgar Morins Filmbuch *Der Mensch und das Kino* von 1956. Morin schreibt dort:

> „Die Bewegung stellt Körperlichkeit und Leben wieder her, die in der Photographie erstarrt waren. Sie bringt ein unwiderstehliches Realitätserlebnis [...]. Allgemeiner gesagt: weil die Bewegung den Dingen Leben zurückgibt, die Leben haben, schenkt sie es auch denen, die es nicht haben. Sie kann dem Unkörperlichen Körper, dem Unwirklichen Wirklichkeit, dem Unbelebten Leben schenken" (Morin 1958 [1956], 145 f.).

Anders als Kracauer, der nur eine graduelle Weiterentwicklung zwischen Film und Fotografie sieht – „[d]as Wesen der Fotografie lebt in dem des Films fort" (Kracauer 1993 [1960], 53) –, sind Barthes, Morin und Metz der Auffassung, dass hierbei von einem Wesensunterschied auszugehen ist, da die Fotografie einen vergangenen Augenblick konserviert, wohingegen der Film sich im Zeitmodus der Gegenwärtigkeit präsentiert (vgl. hierzu auch Seel 2013, 77, 135). Insofern die Bewegung auf der Leinwand oder dem Monitor als etwas aktuell Gegenwärtiges erlebt wird, wäre es nach Metz eher irreführend, wenn man den Film – wie Bazin es tut – die *Mumie* der Bewegung nennt (s. Abschn. 6.1). Denn was wir als Publikum zu sehen bekommen, ist ihre „wirkliche Präsenz" (Metz 1972a [1965], 28) und keineswegs eine bloße Reproduktion. Während für Bazin die filmische Bewegung die *Spur* einer vergangenen Bewegung ist, hält Metz es also für zutreffender, von ihrer *Wiederbelebung* oder *Wiederauferstehung* zu sprechen (vgl. ebd., 27). Was das Verhältnis zwischen Film und Fotografie betrifft, so wäre jedenfalls festzuhalten: Es ist die Bewegung, die den Bildobjekten des Films *Gegenwärtigkeit* verleiht, während die Bildobjekte auf den Fotos – wie Barthes feststellt – den Charakter des *Vergangenen* besitzen.

Nachdem Metz das Verhältnis zwischen Film und Fotografie hinsichtlich ihres jeweiligen Realitätseffekts in den Blick genommen hat, führt der sich hieran anschließende Vergleich zwischen Film und Theater dazu, den Unterschied zwischen dem Realitätseffekt einer künstlerischen Darstellung und dem realen Material dieser Darstellung in aller Schärfe deutlich zu machen. Verglichen mit dem Film ruft das Theater einen weitaus geringeren Realitätseffekt hervor, was nach Metz paradoxerweise daran liegen soll, dass es selbst schlichtweg zu real ist (vgl. ebd., 29). Während der Theaterzuschauerin reale Ereignisse auf der Bühne geboten werden, die sich direkt vor ihren Augen abspielen und in die sie sogar praktisch eingreifen könnte, sieht die Filmzuschauerin nichts als Bilder auf einer Leinwand. Aber gerade, weil sich die Ereignisse im Film in einer völlig entrückten Welt befinden, soll nach Metz die Trennung zwischen realer und imaginärer Welt beim Film schärfer sein als beim Theater, dem es nicht gelingt, sich gänzlich von der Realität zu emanzipieren.

Es bietet sich an dieser Stelle an, mit einer begrifflichen Differenzierung von Lambert Wiesing für klarere Verhältnisse zu sorgen. Mit Wiesing gesprochen, stellt für den Filmzuschauer ausschließlich die Leinwand eine *reale* Präsenz dar, und alles andere, das er sieht, obwohl es nicht da ist, ist nichts weiter als eine bloß *artifizielle* Präsenz (vgl. Wiesing 2005, 31 f.). Für den Theaterzuschauer ist dagegen nicht nur die Bühne tatsächlich anwesend – so wie für den Filmzuschauer die Leinwand –, sondern außerdem auch sämtliche Schauspieler und Dinge, die sich darauf befinden. Der Theaterschauspieler auf der Bühne – z. B. Lars Eidinger – bleibt eine *reale*, Hamlet dagegen nur eine *artifizielle* Präsenz. Wenn man sich dagegen den Film *Taxi Driver* (USA, 1976) von Martin Scorsese ansieht, dann ist auf der Leinwand sowohl die fiktive Figur Travis Bickle als auch der sie darstellende Schauspieler Robert de Niro eine solche artifizielle Präsenz.

Im Kino gehört das Darstellende also ebenso zum Bereich des Imaginären wie die Darstellung. Und das gilt nicht nur für die Schauspieler: Das Mikrofon, das am oberen Bildrand eines Films versehentlich sichtbar ist, zerstört zwar die Illusion der filmischen Welt, aber das ändert ganz und gar nichts daran, dass es ebenfalls ein imaginäres Objekt für die Filmzuschauer ist. So kann der genervte Zuschauer zwar Lars Eidinger mit Tomaten bewerfen, sobald er auf der Bühne den Hamlet

8.2 Der Realitätseffekt des Films

gibt, aber es wäre für ihn gänzlich unmöglich, einfach nur das störende Mikrofon aus der filmischen Einstellung zu entfernen.

Um begrifflich schärfer zu fassen, warum wir als Publikum doch eher der Fiktion des Films, als der des Theaters glauben, greift Metz selbst nun nicht auf die bildtheoretische Tradition von Husserl bis Sartre zurück – in der auch Wiesing steht –, sondern bringt stattdessen den Begriff der Diegese ins Spiel, den Étienne Souriau geprägt hat. In einem viel gelesenen Aufsatz – „Die Struktur des filmischen Universums und das Vokabular der Filmologie" (Souriau 1997 [1951], 140–157) – bezeichnet Souriau mit der Diegese das raumzeitliche Universum, das durch die Erzählung eines Romans oder eines Films hervorgebracht wird und von dem die Erzählung einen Ausschnitt präsentiert (vgl. ebd., 151 f.). Der französische Literaturwissenschaftler Gérard Genette, der sich um die Weiterentwicklung und Verbreitung dieses erzähltheoretischen Begriffs verdient gemacht hat, gibt die folgende pointierte Definition: „Die Diegese ist mithin nicht die Geschichte, sondern das Universum, in dem sie spielt" (Genette 1994 [1983], 201).

Worauf sich der Realitätseffekt bezieht, ist nun genau die „Realität der Diegese" (Metz 1972a [1965], 33) – und Metz kommt es gerade darauf an, strikt zu unterscheiden zwischen einerseits eben dieser *Realitätswirkung der Darstellung* und andererseits der *Realität des Materials,* das für den Zweck der Darstellung verwendet wird. So wirft er auch Rudolf Arnheim vor, genau diese Differenz übersehen zu haben, da er den Realitätseffekt des Theaters höher als den des Films einschätzt (vgl. ebd., 32; Metz bezieht sich hier wohl auf die folgende Passage: Arnheim 2002 [1932], 37–39). Das *Material* der theatralischen Darstellung ist zwar tatsächlich realistischer als dasjenige der filmischen Darstellung. Irrtümlicherweise hält Arnheim aber deswegen auch die *Diegese* des Theaters für realistischer. Hier widerspricht Metz entschieden: Denn seiner Auffassung nach wird der Realitätseffekt des Theaters geradezu blockiert durch das allzu reale Material, das der Zuschauerin im Theater geboten wird (vgl. Metz 1972a [1965], 33). Insofern das Theater nämlich „eine zu reale Darstellung einer Fiktion ohne Realität" (ebd., 34) ist, bleibt es ein *Reales, das Irreales imitiert,* während es dem Film umgekehrt gelingt, *Irreales zu realisieren.* Hier ist es gerade „die völlige Irrealität des filmischen Materials" (ebd., 33), die ein Höchstmaß an Realitätseffekt hervorzurufen vermag.

Auf der Grundlage dieses Sachverhalts lässt sich jedoch, wie Metz bemerkt, keineswegs die Regel aufstellen, dass der Realitätseffekt eines Mediums im diametral entgegengesetzten Verhältnis zur Realität seines Materials steht. Denn obwohl das Material einer Fotografie und erst recht das einer Zeichnung noch viel irrealer als das filmische Material ist, bleibt die Wirkung ihrer diegetischen Realität trotzdem schwächer als beim Film: „Wenn es stimmt, daß man nicht an die Realität des Geschehens auf der Bühne glaubt, weil das Theater *zu* real ist, so stimmt es auch, daß man nicht an die Realität des photographierten Objekts glaubt, weil das Rechteck aus Papier (gräulich, dünn und unbewegt) nicht *genügend* real ist" (ebd., 33 f.).

Es bleibt also schlichtweg festzuhalten: Um einen dem Film vergleichbar hohen Realitätseffekt zu erzielen, ist das Theatermaterial *zu real* und das fotografische oder zeichnerische Material *zu wenig real.* Genau wie das Theater und im Unterschied zu Fotografie und Malerei präsentiert der Film Bewegungen, aber wiederum anders als beim Theater handelt es sich hierbei um kein tatsächlich anwesendes, bewegtes Geschehen, sondern nur um die Bewegungen von Bildobjekten. Darum zeichnet sich der Film gegenüber dem Theater dadurch aus, dass der Höhenflug seiner Fiktion nicht durch die Erdschwere eines allzu realen Materials belastet wird.

8.3 Eine Sprache *(langage)* ohne Sprache *(langue)*

Metz' Aufsatz „Das Kino: ‚Langue' oder ‚Langage'?" (Metz 1972b [1968], 51–129) der in französischer Sprache erstmals 1964 in der Zeitschrift *Communications* veröffentlicht wird, gilt als einer der ersten und bedeutendsten Texte, welcher der Filmsemiotik international, vor allem aber in Frankreich zum Durchbruch verhilft (vgl. Nessel 2008, 52–54). Da Metz dem Film mit semiotisch-strukturalistischen Verfahren auf den Grund gehen will, liegt die Vermutung nahe, dass für ihn das Material des Films ähnlich wie beim literarischen Text aus Zeichen besteht. Wie bereits die Diskussion des Realitätseffekts gezeigt hat, verhält es sich bei Metz jedoch nicht so einfach, wie das Etikett ‚Filmsemiotik' erwarten lässt. Metz sieht sich nämlich geradezu in Opposition zu Eisensteins Annäherung des Films an die Sprachkunst, und so hält er entschieden fest: „[D]as Kino ist vollkommen anders als die verbale Sprache" (Metz 1972b [1968], 69).

Um sein Verhältnis zu Eisenstein und jenen Theoretikern genauer zu fassen, für die der Film ein der Sprache ähnliches Zeichensystem ist, greift Metz auf Saussures begriffliche Grenzziehungen zwischen *langage, langue* und *parole* zurück. Die *langage,* die mit ‚menschlicher Rede' oder ‚allgemeiner Sprechfähigkeit' zu übersetzen wäre, „ist vielförmig und ungleichartig; verschiedenen Gebieten zugehörig, zugleich physisch, psychisch und physiologisch" (Saussure [1916] 1967, 11). Man könnte sagen, bei der *langage* handelt es sich um „die Fähigkeit, eine Sprache zu schaffen" (ebd., 12) – und zwar eine Sprache im Sinne einer *langue,* d. h. einer Einzelsprache wie Französisch, Deutsch usw. Die Sprache als *langue* ist nach Saussure wiederum

> „der soziale Teil der menschlichen Rede und [...] unabhängig vom Einzelnen, welcher für sich allein sie weder schaffen noch umgestalten kann; sie besteht nur kraft einer Art Kontrakt zwischen den Gliedern einer Sprachgemeinschaft" (ebd., 17).

Die verbale Sprache ist für Saussure allerdings nur *ein,* wenn auch das *wichtigste* Zeichensystem. In Abgrenzung von der allgemeinen Sprachfähigkeit *(langage)* und der Sprache *(langue)* als einem auf Übereinkunft beruhenden „System von Zeichen" (ebd., 18; vgl. auch Metz 1972b [1968], 108) versteht Saussure schließlich das Sprechen *(parole)* als den konkreten Akt, in dem die Sprache *(langue)* aktualisiert wird:

8.3 Eine Sprache *(langage)* ohne Sprache *(langue)*

> „Das Sprechen ist [...] ein individueller Akt des Willens und der Intelligenz, bei welchem zu unterscheiden sind: 1. die Kombinationen, durch welche die sprechende Person den *code* der Sprache in der Absicht, ihr persönliches Denken auszudrücken, zur Anwendung bringt; 2. der psycho-physische Mechanismus, der ihr gestattet, diese Kombinationen zu äußern" (Saussure [1916], 16 f.).

In Metz' Verständnis folgt daraus, dass all das als *langage* anzusehen ist, „was zum Menschen vom Menschen spricht"; und es soll sogar eine „Sprache der Blumen, der Malerei, ja sogar der Stille" (Metz 1972b [1968], 95) geben. Von hier aus formuliert er nun seine zentrale These: Das Kino ist „eine Sprache [*langage*] ohne Sprache [*langue*]" (ebd.). Es ist also ein Sprach- bzw. Artikulationsvermögen, das ohne ein festgelegtes System von Zeichen auskommen muss. Weil es Sprachen ohne Sprachsystem gibt – neben dem Kino wäre hier die Musik, die Gestik oder die Bekleidung zu nennen –, ist die Linguistik nur ein Teil der Semiologie.

Obwohl der Film anders als die Sprache kein solches Regelwerk aufweist, ist er aber dennoch genauso wie die Sprache imstande, Bedeutungen hervorzubringen. Die Unterschiedlichkeit zwischen Film und Sprache *(langue)* zeigt sich für Metz auf den ersten Blick schon daran, dass ein Lexikon für jede *langue* verfasst werden kann, weil die Zahl der Wörter einer Sprache *endlich* ist. Da es hingegen *unendlich* viele filmische Einstellungen gibt, ist es demgegenüber ausgeschlossen, ein Lexikon aller möglichen Einstellungen zu schreiben (vgl. Metz 1972c [1968], 160).

Wenn Metz die Frage diskutiert, ob der Film eine Sprache im Sinne einer *langue* sei, orientiert er sich dabei an den Definitionskriterien des französischen Sprachwissenschaftlers André Martinets, für den jede natürliche Sprache zwei Gliederungsebenen – Morpheme und Phoneme – besitzt (vgl. Martinet 1949, 30–37; siehe hierzu kritisch Eco 1994 [1968], 231–35). Die eine Gliederungsebene sind die kleinsten bedeutungs*unterscheidenden*, aber selbst noch nicht bedeutungs*tragenden* Einheiten, die von den *Phonemen* in der gesprochenen und den *Graphemen* in der geschriebenen Sprache gebildet werden. Das Phonem ‚m' in dem Wort ‚mein' *unterscheidet* eine Bedeutung wie das Phonem ‚d' in dem Wort ‚dein', ohne selbst schon eine Bedeutung zu besitzen.

Gibt es hierfür ein Äquivalent beim Film? Genau das stellt Metz in Abrede, weil, wie er festhält, alles Sichtbare innerhalb einer einzelnen filmischen Einstellung immer schon bedeutungs*tragend* und niemals nur bedeutungs*unterscheidend* ist. Darum lässt sich der Film nicht wie eine Sprache auf kleinste, ausschließlich bedeutungsunterscheidende Einheiten reduzieren. Der Grund, warum es solche Einheiten, die selbst noch keine Bedeutung tragen, beim Film nicht gibt, liegt daran, dass er anders als die Sprache keine Distanz zwischen dem *Signifikanten* und dem *Signifikat* kennt (vgl. Metz 1972b [1968], 87).

Mit diesem Begriffspaar – Signifikant *(signifiant)* und Signifikat *(signifié)* – knüpft Metz einmal mehr an Saussure an: Für Saussure ist ein Zeichen eine konventionell regulierte Verbindung zwischen einem *Lautbild* – dem Signifikanten – und einer *Vorstellung* – dem Signifikat. Was das Lautbild also bezeichnet, ist nicht der reale Baum, sondern etwas Gedankliches, nämlich die

„Vorstellung ‚Baum'" (Saussure [1916], 78). Anders als innerhalb einer *langue* besteht die Verbindung zwischen Signifikant und Signifikat beim Film jedoch nicht *arbiträr* durch Übereinkunft, vielmehr ist sie *motiviert* – und zwar durch Ähnlichkeit: „Das *signifiant* ist ein Bild, das *signifié* ist das, was das Bild darstellt" (Metz 1972b [1968], 92 f.).

Während in der Sprache also eine grundsätzliche Distanz zwischen Signifikant und Signifikat vorliegt, weil das Lautbild ‚Hund' keinerlei Ähnlichkeit mit der Vorstellung ‚Hund' aufweist, erscheint der Signifikant im Film ganz im Gegenteil sogar als eine „Pseudo-Präsenz" (ebd., 109) des Signifikats: Wir sehen auf der Leinwand schlichtweg einen Hund, der einem realen Hund ähnlich sieht – und es ist genau diese geringe Distanz zwischen Signifikant und Signifikat, der das Kino auch seinen außerordentlichen Realitätseffekt verdankt (vgl. ebd., 93). So gilt nach Metz für den Film, was Barthes – und vor ihm schon Bazin – über die Fotografie bemerkt hat: Die Fotografie ist „ein mechanisches Analogon des Wirklichen" (Barthes 2013b, 14). Natürlich ist das fotografische Bild deswegen „nicht das Wirkliche: Aber es ist zumindest das perfekte Analogon davon" (ebd., 12 f.).

Wenn Signifikant und Signifikat in einer solchen Ähnlichkeitsbeziehung stehen, leuchtet jedenfalls ein, warum innerhalb eines Films nichts zu sehen ist, das nur bedeutungs*unterscheidend* ist, ohne zugleich bedeutungs*tragend* zu sein. Daraus folgt: Ein Äquivalent für die Phoneme in der Sprache lässt sich beim Film nicht ausfindig machen. Um das Kino als eine *langue* begreifen zu können, müssten nach Metz die Zeichenbeziehungen eben nicht auf *Ähnlichkeit*, sondern auf *Konvention* beruhen (vgl. Metz 1972b [1968], 109).

Bemerkenswert ist: Während Metz und Barthes an einer Zeichenbeziehung durch Ähnlichkeit festhalten, vertritt etwa zeitgleich Nelson Goodman eine weitaus radikalere Position, die von erheblichem Einfluss auf die Sprach- und Zeichenphilosophie der Gegenwart geworden ist. Goodman zufolge steht fest,

> „dass kein Grad von Ähnlichkeit hinreicht, um die erforderliche Beziehung der Bezugnahme herzustellen. Ähnlichkeit ist für Bezugnahme auch nicht notwendig, fast alles kann für fast alles andere stehen" (Goodman 1997 [1968], 17).

Das bedeutet für Goodman: Alle Zeichenverbindungen beruhen auf Konventionen. Wenn wir auf der Leinwand also einen Hund sehen, dann ist das nur aufgrund von gelernten Konventionen möglich und nicht aufgrund der sichtbaren Ähnlichkeit mit dem realen Tier.

Um auf die Kritik an der Gleichsetzung zwischen Film und Sprache zurückzukommen: Nicht nur der ersten Gliederungsebene nach Martinet – den Phonemen – entspricht nichts beim Film, dasselbe gilt auch für die zweite Gliederungsebene. Hierbei handelt es sich um die kleinsten bedeutungs*tragenden* Einheiten, die *Morpheme* und *Wörter*. Morpheme und Wörter können deckungsgleich sein, müssen es aber nicht: Das Wort ‚Fische' besteht aus zwei Morphemen, nämlich einmal aus dem Wortkern ‚Fisch' mit der Bedeutung ‚im Wasser lebende Wirbeltiere mit Kiemen' und außerdem dem Suffix ‚e', das die Funktion hat, den Plural des Wortes zu bedeuten.

Beim Film gibt es auch diese Ebene nicht, weil die einzelne Einstellung sich nicht auf einzelne Wörter oder Morpheme zurückführen lässt, sondern eher mit einer sprachlichen *Aussage* oder einer ganzen Reihe von solchen Aussagen zu vergleichen ist (vgl. Metz 1972b [1968], 95–97; siehe hierzu auch Andrew 1976, 220 f.; Kessler 2007, 109 f.). Die bedeutungstragenden Einheiten im Film lassen sich auf nichts zurückführen, das sich mit den Morphemen und Wörtern der Sprache vergleichen lässt, weil sie immer schon in einem größeren Zusammenhang auftreten:

> „Eine Großaufnahme eines Revolvers bedeutet nicht ‚Revolver' (rein potentielle, lexikalische Einheit), sondern […]: ‚Dies ist ein Revolver'. Sie hat bei sich so etwas wie ein *Dies ist*" (Metz 1972b [1968], 98).

Es lässt sich daher zusammenfassen: In der einzelnen Einstellung findet sich nichts, was der ersten oder der zweiten Gliederungsebene – den Wörtern und Morphemen oder den Phonemen – entsprechen würde. Der Film ist also nach den Kriterien von Martinet keine *langue,* weil er weder auf ein Äquivalent für kleinste bedeutungsunterscheidende, noch auf ein Äquivalent für kleinste bedeutungstragende Elemente reduziert werden kann, die denen der Sprache vergleichbar wären (vgl. Kessler 2007, 110). Vielmehr ist Metz davon überzeugt, dass die kleinste bedeutungstragende Einheit des Films – die einzelne Einstellung – einer sprachlichen Äußerung, einem Satz oder sogar mehreren Sätzen entspricht (vgl. Metz 1972c [1968], 161).

8.4 Kommunikation ohne Regeln?

Wenn Metz sich primär für die Bedeutungen interessiert, die im Film konstituiert werden, dann versteht er den Film ganz allgemein als ein Beispiel für eine *langage* ohne *langue,* die aber dennoch eine *parole* einschließt: Es handelt sich dann um ein Sprechen, das nicht auf ein festgelegtes System von Zeichen angewiesen ist. Wie betont wird, ist die filmische Einstellung „stets Rede [*parole*], niemals Einheit der Sprache [*langue*]" (Metz 1972b [1968], 98). Metz selbst räumt ein, dass beim Versuch, die Begriffe der Linguistik auf die Semiologie des Kinos zu übertragen, Vorsicht geboten ist (vgl. Metz 1972d [1968], 150). Und in der Tat kann er sich mit dem Gedanken einer *parole* ohne *langue* nicht mehr auf Saussure berufen, für den es sich hierbei um zwei untrennbare Seiten ein und derselben Münze handelt:

> „Die menschliche Rede hat eine individuelle und eine soziale Seite; man kann die eine nicht verstehen ohne die andere" (Saussure 1967 [1916], 10).

Das bedeutet, Saussure hält eine *parole* für ausgeschlossen, die nicht auf einen Code zurückgreifen kann, den ihr eine *langue* zur Verfügung stellt: „Die Sprache ist erforderlich, damit das Sprechen verständlich sei und seinen Zweck erfülle" (ebd., 22). Wie Barthes – hier einmal im Widerspruch zu Metz – pointiert zusammenfasst, liegt zwischen *langue* und *parole* ein dialektisches Verhältnis der wechselseitigen Bedingtheit vor: „keine Sprache ohne Sprechen, und kein Sprechen außerhalb der

Sprache" (Barthes 1979 [1964], 15). Metz müsste also überzeugende Gründe dafür anbieten, wie eine *parole* ohne *langue* überhaupt möglich sein soll.

Ganz allgemein manifestiert sich die *langage* nach Metz immer dann, „wenn etwas gesagt wird mit der Intention dieses zu sagen" (Metz 1972b [1968], 63). Kann aber etwas ohne Regeln – also ohne *langue* – gesagt werden? In der Forschung wird jedenfalls ernsthaft bezweifelt, dass Metz' These vom Film als einer *langage* ohne *langue* überhaupt Sinn macht. So sieht etwa Möller-Naß bereits an dieser Stelle das Vorhaben gescheitert, das Kino nach dem Modell der strukturalistischen Linguistik zu erschließen: „Metz gelingt es nicht, die definitorischen Merkmale der Begriffe ‚langage', ‚langue' und ‚parole' in einer Weise zu klären, die ihren Gebrauch sinnvoll macht" (Möller-Naß 1988 [1986], 124).

Tatsächlich ist dieser Einwand sehr gut nachzuvollziehen: Um den Film als eine Sprache beschreiben zu können – und sei es auch nur eine *langage* –, wäre es erforderlich, Gemeinsamkeiten zwischen Film und Sprache aufzuzeigen. Wenn die Wortsprache als Modell für eine Semiotik des Films genommen wird, so läuft das Ergebnis allerdings bis jetzt nur auf eine Aufzählung dessen hinaus, was der Film im Vergleich mit der Sprache alles nicht ist:

> „[E]r besitzt keine ‚doppelte Artikulation', keine ‚arbiträren Zeichen', kein ‚Lexikon', keine ‚Syntax'. Damit betreibt er [Metz – Hinzufügung J. B] eine Art negativer Linguistik des Films, die ihn von der Lautsprache unterschieden wissen will, ohne zu eigentlichen positiven Befunden zu gelangen" (ebd., 127).

Da niemals ganz geklärt wird, inwiefern der Film mit einer Sprache verglichen werden kann, manövriert sich Metz in eine „komparativistisch-metaphorische Argumentation" (ebd., 145) hinein, die schließlich zu einer ganzen Reihe von Scheinproblemen führt. So ist auch Metz' Hauptthese: ‚Der Film ist eine langage, aber keine langue' für Möller-Naß schlichtweg unsinnig, weil eine Kommunikation auf Regeln angewiesen ist und ohne sie nicht gelingen kann. Es stellt sich allerdings die Frage, ob eine solche Auffassung von Kommunikation, wie sie hier von Möller-Naß vertreten wird, nicht doch zu eng ist. Wie im Folgenden gezeigt werden soll, lässt sich Metz nämlich so interpretieren, dass die *parole* einer *langage* ohne *langue* eigentlich dem entspricht, was Balázs unter dem leiblich-mimischen Ausdruck bzw. der Physiognomie versteht. Eine solche Lesart bietet sich schon deswegen an, weil Metz selbst im Grunde auf dieselbe Weise zwischen *Expression* und *Bedeutung* unterscheidet wie Balázs zwischen leiblich-mimischem und sprachlichem Ausdruck.

8.5 Konventionelle Bedeutung und natürliche/ ästhetische Expressivität

Wie bereits ausführlich dargelegt, gibt es kein filmisches Äquivalent für die sprachlichen Phoneme, weil Signifikant und Signifikat im Kino in einer Ähnlichkeitsbeziehung stehen. Insofern eine Sequenz im Kino daher wie „ein alltägliches

8.5 Konventionelle Bedeutung und natürliche Expressivität

Ereignis" ihren Sinn in sich selbst trägt, wird eine saubere Trennung zwischen dem sinnlich *Gegebenen* und dem *Gemeinten,* zwischen Signifikant und Signifikat unmöglich. Es handelt sich also um Zeichen, die gerade nicht „arbiträr, konventionell und kodifiziert" (Metz 1972b [1968], 109; vgl. hierzu Saussure [1916] 1967, 76–82) sind; und weil der Strukturalismus an dieser Stelle an seine Grenzen stößt, fallen sie nach Metz in den Zuständigkeitsbereich einer „Phänomenologie des Sinns" (ebd., Metz 1972b [1968] 115).

Expressionen sind phänomenologisch beschreibbare Zeichen, die auf Ähnlichkeit beruhen, wohingegen *Bedeutungen* strukturalistisch analysierbare Zeichen sind, insofern sie auf Konventionalität beruhen. Es kommt also darauf an, das Eigenrecht der Expressionen zu behaupten, die das Forschungsfeld einer Phänomenologie des Sinnes sein sollen: „Expression liegt vor, wenn einer Sache in irgendeiner Weise ein ‚Sinn' innewohnt, wenn er aus ihr selbst kommt, mit ihrer eigenen Form verschmilzt" (ebd., 112). Das Signifikat der Bedeutung ist ein Begriff, wohingegen dasjenige der Expression ein Ding ist: „Ein Begriff bedeutet sich, ein Ding drückt sich aus" (ebd.).

Beispiele für einen solchen „‚natürlichen' Sinn der Dinge und Wesen" wären für Metz der Gesichtsausdruck oder die Stimmung einer Landschaft (vgl. ebd., 59, 113), die im Übrigen auch bei Balázs häufig genannt werden, um die Ausführungen zur Physiognomie zu veranschaulichen (s. Kap. 3). Wie für Balázs *bedeutet* auch für Metz das Gesicht nicht ‚Freundlichkeit', sondern es *ist* freundlich so wie das Gras grün ist. Wenn man also unbedingt weiterhin von einem Zeichenverhältnis sprechen wollte, müsste man auch konsequent sagen, dass das grüne Gras immer als ein Zeichen für ‚Grün' wahrgenommen wird. Aber wenn ich bei der Wahrnehmung von Gras nichts Grünes sehe, sondern ein Zeichen für Grün, was sehe ich dann eigentlich?

Nach Metz zeichnet sich das Geschehen auf der Leinwand allein deswegen bereits durch Expressivität aus, weil es ein reales Ereignis vor der Kamera reproduziert, „das immer schon einen Sinn hat" (Metz 1972e [1968], 271; vgl. auch Metz 1972b [1968], 109). Was wir auf der Leinwand sehen, ist etwa ein Haus, ein freundliches Gesicht, eine düstere Landschaft, und bei all dem handelt es sich um visuell-auditive Analogien von Objekten aus der außerfilmischen Realität. Reproduziert wird also nicht nur ein solches Objekt, sondern auch sein immanenter expressiver Sinngehalt – und insofern die Filmrezeption in der Wahrnehmung verwurzelt ist, nehme ich beides auch auf der Leinwand wahr (vgl. Metz 1972e [1968], 282).

Metz hebt zwar zunächst den *natürlichen Sinn* gegenüber den *konventionellen Bedeutungen* hervor (s. o.), aber gegen seine Grenzziehung zwischen Expression und Bedeutung spricht nicht das Zugeständnis, dass die Expression mit ihren ‚immanenten' Zeichenverhältnissen auch kulturellen Ursprungs sein kann. ‚Sinn' wird nicht nur reproduziert, sondern auch erschaffen. Und selbst eine solche kulturell geprägte oder künstlerisch erschaffene Expression bleibt nach Metz doch eine Expression, solange für ihr Verständnis kein Code erforderlich ist:

„Die Expressivität der Welt (eine Landschaft, ein Gesicht) und die Expressivität der Kunst (die Melancholie der Wagnerschen Oboe) gehorchen im wesentlichen dem gleichen semiologischen Mechanismus: der ‚Sinn' [sense] ergibt sich auf natürliche Weise aus der Gesamtheit der *signifiants*, ohne auf einen Code zurückzugreifen. Auf der Ebene des *signifiant*, und nur hier liegt der Unterschied: dort hat die Natur es geschaffen (Expressivität der Welt), hier der Mensch (Expressivität der Kunst)" (Metz 1972b [1968], 113).

Metz bezieht sich in diesem Zusammenhang kritisch auf den italienischen Filmregisseur Pier Paolo Pasolini, der selbst auch einige filmsemiotische Essays verfasst hat. Für Pasolini ist das Kino „nichts anderes als die geschriebene Sprache der Wirklichkeit" (Pasolini 1979 [1972], 219). Wie es heißt, kommt diese Sprache der Wirklichkeit uns aber erst dann zu Bewusstsein, wenn das Kino sie aufschreibt, wohingegen sie uns als natürliche fortwährend entgeht (vgl. ebd., 226). Genauso wie die verbalen Sprachen übersetzt das Kino also nur „die Zeichen der Sprache der Wirklichkeit" (ebd., 248) in die jeweils eigene Sprache. Im ersten Fall handelt es sich um „Übersetzungen durch Evokation", in zweitem Fall um „Übersetzungen durch Reproduktion" (ebd., 249).

Entscheidend ist, dass für Pasolini das Zeichenverhältnis so oder so auf einem Code beruht: „Der unausdrückliche und unbewußte Kode der Wirklichkeit, den ein jeder von uns in sich trägt und durch den wir die Wirklichkeit erkennen (zum Beispiel das, was ein im Vorübergehen wahrgenommenes Gesicht sagt), unterscheidet sich nicht von dem Kode, durch den wir die Wirklichkeit im Kino erkennen (dasselbe, nur ‚reproduzierte' Gesicht eines Passanten)" (ebd., 243). Abgesehen von dem Code der Filmrezeption gibt es für Pasolini im Unterschied zu Metz kleinste Einheiten innerhalb des Filmbildes: So besteht eine Einstellung aus einer Komposition von Gegenständen, die er *Kineme* nennt und mit den Phonemen der Wortsprache vergleicht (vgl. ebd., 220). Der Sache nach wären diese Kineme jedoch eher analog zu den Morphemen zu verstehen, also als kleinste bedeutungstragende Einheiten (vgl. hierzu auch Möller-Naß 1988 [1986], 23).

Um auf Metz' Pasolini-Kritik zu kommen, mit der er vor allem die Konturen seiner eigenen Position schärfer umreißt: Natürlich sagt auch Metz, dass wir die Dinge im Kino genauso erkennen wie die Dinge in der Realität. Allerdings liegt diesem Erkennen bei ihm anders als bei Pasolini im einen wie auch im anderen Fall eben kein Code zugrunde (vgl. Tröhler 2019, 6). Insofern liefert Pasolini für Metz geradezu das Paradebeispiel einer semiotischen Position, die konsequent das Kino wie auch die Realität selbst als eine *langue* versteht. Wenn die Realität selbst schon sprachlich verfasst ist, dann unterscheidet sich im Grunde auch die Tätigkeit des Filmemachers kaum noch von der des Literaten: In beiden Fällen wird eine *langue* als Material der künstlerischen Produktion verwendet – im einen Fall eine bereits bestehende verbale Sprache, im anderen Fall die Realität selbst.

Demgegenüber insistiert Metz: Auf der grundlegenden Ebene des Filmschaffens, die noch unterhalb der eigentlichen künstlerischen Gestaltung liegt, befindet sich kein Ensemble von Zeichen, sondern vielmehr eines von visuell-auditiven Analogien zu Wahrnehmungsobjekten: Wenn ich einen Hund auf der Leinwand sehe, verdanke ich das nicht den Konventionen einer *langue,* sondern nur der Ähnlichkeit dieses Bildobjekts mit einem realen Hund. Es kommt also darauf

8.5 Konventionelle Bedeutung und natürliche Expressivität

an, den Unterschied zwischen Film und Literatur zu berücksichtigen, der bei Pasolini zum Verschwinden gebracht wird. Das Kino verarbeitet als Material Momente der Realität mit ihrer natürlichen Expressivität und nicht wie die Literatur die konventionellen Bedeutungen einer codierten Sprache (vgl. Metz 1972b [1968], 111). Kurz, das Material des Kinos ist *expressiv,* das der Literatur *bedeutend* bzw. *signifizierend.*

Metz hält zwar an Saussures Zeichenkonzeption mit dem Begriffspaar Signifikant und Signifikat fest, aber er betont die Expressivität, weil der strukturalistische Zeichenbegriff offensichtlich außerstande ist, der Eigenart des filmischen Materials gerecht zu werden (vgl. ebd., 93). Wie bereits erwähnt, ist Metz' Opposition zwischen Expression und Bedeutung möglicherweise als ein Fortwirken von Balázs' Gegenüberstellung von leiblich-mimischem und sprachlichen Ausdruck zu verstehen. Gleichzeitig springen aber auch die Parallelen zum Verhältnis zwischen Poesie und Prosa in Jean-Paul Sartres Theorie des literarischen Engagements ins Auge (vgl. Sartre 1981 [1948], 13–18; Sartre 1982 [1952], 476 f.).

Wenn Sartre in *Was ist Literatur?* feststellt, dass der Maler kein *Zeichen* von einem Haus auf die Leinwand bringen will, sondern vielmehr ein *imaginäres Haus* (Sartre 1981 [1948], 15), so schlägt er in dieselbe Kerbe wie Metz, der statt von einem arbiträren Zeichenverweis vielmehr von der *Pseudo-Präsenz* der Dinge auf der Leinwand spricht. Obwohl beide Denker von völlig konträren Voraussetzungen ausgehen, sind sie sich doch zumindest darin einig, die wesentliche Differenz zwischen sprachlichen und nicht-sprachlichen Künsten zu behaupten. Zwar ist die Poesie bei Sartre eine sprachliche Kunst, aber ihre Besonderheit besteht eben darin, dass sie die Sprache verwendet, um – mit Metz gesprochen – nicht Bedeutungen, sondern Expressionen zu artikulieren. Aus dieser Perspektive ist die Poesie bei Sartre genauso wie das Kino bei Metz eine *langage* ohne *langue,* während ihr Gegenpol, die mit Bedeutungen kommunizierende Prosa, als eine *langue* zu verstehen ist.

Um auf die Kritik von Möller-Naß zurückzukommen, der zufolge es Metz nicht gelingt zu klären, was man sich unter einer *langage* ohne *langue,* also einer Kommunikation ohne Zeichensystem vorzustellen habe: Beispiele hierfür wären eben jene Expression, von der Metz, oder die Physiognomie, von der Balázs spricht, wobei der Sache nach in beiden Fällen im Grunde dasselbe gemeint ist. Es handelt sich jeweils um einen vor allem affektiven Ausdruck, den auch Sartre der Malerei und der Musik, aber ebenso der Poesie zuschreibt. In all diesen Fällen ist das Gemeinte nicht vom sinnlich Gegebenen zu trennen. In der Gegenwartsphilosophie wäre etwa Gernot Böhme als ein Philosoph zu erwähnen, für den die künstlich geschaffene Atmosphäre eines Gartens, eines Cafés oder einer Kirche Beispiele für die Konstitution eines affektiven Ausdrucks sind, welche weder auf eine Syntax noch auf ein Lexikon zurückgreifen kann (vgl. Böhme 1995; s. Abschn. 3.9).

Es lässt sich jedenfalls festhalten: Ob man Metz' Ausführungen zur Expressivität nun überzeugend findet oder nicht – zumindest finden sich bei ihm Ansatzpunkte dafür, wie man sich einen Ausdruck ohne Zeichensystem überhaupt vorstellen könnte. Darüber hinaus zeigt der Vergleich mit Balázs, Sartre und Böhme, dass er auch nicht der einzige ist, der eine solche Auffassung vertritt.

Wenn man Metz auf diese Weise gegen den Vorwurf von Möller-Naß verteidigen will, so ist damit allerdings vorausgesetzt, dass der Bereich der *langage* auch schon die Ebene der natürlichen – und erst recht der ästhetischen – Expressivität einschließt. Nur in diesem Fall wäre die expressive filmische Einstellung ein Beispiel für eine *langage* ohne *langue* und damit eine Antwort auf Möller-Naß' kritische Frage.

Dieser Gedanke liegt zwar nahe und wäre auf der Grundlage der bisherigen Argumentation auch schlüssig, aber dennoch scheitert letztlich der Rettungsversuch, weil Metz selbst explizit erklärt, dass die *langage* erst auf der Ebene der Komposition bzw. der Sequenz beginnt (vgl. Metz 1972b [1968], 87, 100). Von einer *langage* kann also erst dann gesprochen werden, wenn mindestens zwei Einstellungen miteinander kombiniert werden. Folglich fällt die Expressivität einer einzelnen Einstellung – auch wenn sie zugleich das Äquivalent einer ganzen Reihe von Aussagen und das Ergebnis einer komplexen Bildkomposition sein mag – unverständlicherweise aus dem Bereich der *langage* heraus. Es gibt also nicht nur eine *langage* ohne *langue*, sondern auch eine *Expression* ohne *langage*. Metz selbst hat die Richtung, die er mit seiner Unterscheidung zwischen Bedeutung und Expression eingeschlagen hat, nicht weiterverfolgt. Ganz im Gegenteil wird diese Differenz schon wenig später zumindest relativiert, wenn nicht sogar eingeebnet: Denn während Metz im Widerspruch zu Goodman zunächst noch an einer durch Ähnlichkeit motivierten Zeichenbeziehung festhält, rückt er – möglicherweise unter dem Einfluss von Eco (vgl. Eco 1994 [1968], 254–256) – bereits in dem Aufsatz „Probleme der Denotation im Film" (1968) von dieser Auffassung wieder ab. Von jetzt an begreift er die Wahrnehmung selbst als mehrfach kulturell codiert. Das Urteil über Ähnlichkeit und Analogie wäre demzufolge bereits einem soziokulturellen Code unterworfen (vgl. Metz 1972c [1968], 154–158; siehe hierzu auch Tröhler 2019; Andrew 1976, 215). Neben dem Strukturalismus der Bedeutung ist nun für eine Phänomenologie des Sinns kein Platz mehr.

8.6 Von der Expressivität zur Syntagmatik

Was zur Expressivität der jeweiligen filmischen Einstellung hinzukommen muss, damit der Film die Stufe einer *langage* erreicht, will Metz in aller Ausführlichkeit in seiner wohl meistgelesenen Schrift „Probleme der Denotation im Spielfilm" (Metz 1972c [1968], 151–198) beantworten, wobei er noch einmal bekräftigt, dass seine Bestimmung des Kinos nicht den Anspruch einer Wesensbeschreibung erheben will. So ist das Kino zwar eine *langage,* aber es ist so, dass wir uns ein Kino, das keine *langage* sei, ebenso wenig wie ein Dreieck mit einer anderen Winkelsumme als 180°, auch nur vorstellen können. Vielmehr gibt Metz zu, dass das Kino in seinen Anfängen überhaupt noch keine *langage* gewesen ist – auch wenn es sich aus einer inneren Logik heraus in diese Richtung entwickelt hat. In seiner Kindheitsphase ist der Film jedenfalls vorwiegend nur eine Reproduktion von Realität. Natürlich erzählt das Kino der Brüder Lumière und erst recht das

8.6 Von der Expressivität zur Syntagmatik

von Méliès bereits Geschichten. Aber es erzählt diese Geschichten, die zumeist in einer einzigen Einstellung ablaufen, genauso wie der Film Menschen und Dinge aus der Realität präsentiert, nämlich ausschließlich auf der Grundlage der perzeptiven Analogie: Die Geschichte auf der Leinwand wird verstanden, weil sie so erzählt wird, wie sie in der Realität ablaufen würde.

Genauso wie in der Fotografie beruht also auch im frühen Film das Signifikat der *Denotation* – also der Hauptbedeutung im Unterschied zur Nebenbedeutung, der *Konnotation* – lediglich auf einer mechanischen Reproduktion. So widerspricht Metz an dieser Stelle wieder seiner eigenen These von der mehrfachen Codierung der Wahrnehmung: „Die Denotation ist ein perzeptives Abbild, sie ist nicht kodifiziert, sie hat keine eigene Organisation" (Metz 1972d [1968], 138; vgl. dagegen Metz 1972c [1968], 157). Wie bereits ausführlich erörtert, ist das Verstehen eines solchen Zeichens nicht wie bei einer *langue* durch eine arbiträre und konventionelle *Übereinkunft,* sondern vielmehr allein durch die *Ähnlichkeit* zwischen Signifikant und Signifikat motiviert. Natürlich gibt es auch gravierende Unterschiede, denn ein Bild-Haus kann man nicht berühren, geschweige denn darin wohnen. Es genügt jedoch, wenn die Ähnlichkeit groß genug ist, um die Denotation zu gewährleisten (vgl. Metz 1972c [1968], 151 f.).

Da der Film in seinen ersten Jahren also im Grunde nicht anders als die Fotografie denotiert, kann nach Metz von einer spezifisch *kinematografischen* Sprache *(langage)* auch noch keine Rede sein (vgl. ebd., 163). Zwar werden im Laufe der Zeit genuin filmische Verfahren entwickelt, aber sie werden zunächst einfach nur als Stilmittel eingesetzt, ohne auch schon eine eigene Erzählfunktion zu übernehmen. Dies erläutert Metz am Beispiel der alternierenden Montage bzw. der Parallelmontage: Die Parallelmontage als erstes Stammeln des kinematografischen Codes soll die Erzählung zunächst einfach nur lebendiger, spannender und mitreißender erscheinen lassen. Ihre Aufgabe beschränkt sich also auf die Konnotation, d. h. sie lässt lediglich dasjenige wirkungsvoller aussehen, was durch die mechanische Reproduktion ohnehin schon denotiert wird.

Eine eigenständige Aufgabe der Denotation übernimmt die Parallelmontage nach Metz erst dann, wenn sie zu erkennen geben soll, dass die verschiedenen Handlungsfolgen, die nacheinander auf der Leinwand auftauchen, in der diegetischen Welt simultan stattfinden. Was die Parallelmontage also *denotiert,* ist kein Objekt und keine Handlung, sondern die *Simultaneität* mehrerer Handlungsstränge (vgl. ebd.). Mit der Entwicklung einer genuin kinematografischen Sprache vervielfachen sich nun die Möglichkeiten der filmischen Denotation, die sich auf diese Weise über die perzeptive Analogie und damit zugleich auch über die Fotografie hinausentwickelt (vgl. ebd., 164). Vor allem in den Jahren 1910–1915 formt sich das Kino, wie Metz erläutert, zu dem Geschichtenerzähler, den wir heute kennen. Seitdem lässt sich von einer „Priorität des narrativen Films" (Metz 1972d [1968], 135) sprechen, wobei alternative Formen wie z. B. der Dokumentarfilm eher zur Randprovinz des Kinos gehören (vgl. ebd., 132; Andrew 1976, 234).

Festzuhalten ist nach Metz: Das Kino ist durch die Entwicklung einer genuin kinematografischen Sprache zur *langage* geworden, also einfach nur deshalb, weil die Filme angefangen haben, komplexe und zusammenhängende Geschichten zu erzählen: „Nicht weil das Kino eine Sprache ist, kann es uns so schöne Geschichten erzählen, sondern weil es sie uns erzählt hat, ist es zu einer Sprache geworden" (Metz 1972b [1968], 73). Als Beispiele für frühe Elemente einer kinematografischen Sprache nennt Metz neben der bereits erwähnten Parallelmontage ferner die Großaufnahme und die Kamerafahrt. So wie für Münsterberg mit Griffith die Darstellung von Bewusstseinsformen und für Eisenstein die Montagekunst beginnt, so beginnt für Metz mit ihm auch die Entwicklung der kinematografischen Sprache: „Griffith gebührt das Verdienst, die Funktionen dieser verschiedenen Verfahren in bezug auf die filmische Erzählung präzisiert und festgelegt – wir würden sagen kodifiziert – und sie dadurch bis zu einem gewissen Grade zu einer kohärenten ‚Syntax' (es wäre besser zu sagen, einer Syntagmatik [...]) unifiziert zu haben" (Metz 1972d [1968], 134 f.).

Nach Metz muss darum jeder filmtheoretische Ansatz genau diesen wesentlichen Tatbestand, dass der Film immer eine Geschichte erzählt, aus dem Blick verlieren, wenn er sich damit begnügt, nur über den Status der bewegten Bilder als solche nachzudenken. Ins Kino zu gehen, heißt aber nichts anderes, als sich eine Geschichte ansehen zu wollen (vgl. Metz 1972b [1968], 70). So ist der Film auch nicht einfach nur eine Kunst der bewegten Bilder, denn sobald zwei solche Bilder aufeinanderfolgen, verblassen sie hinter der Geschichte, die der Film von nun an erzählt (vgl. ebd., 70 f.). Allerdings scheint Metz selbst zwischen zwei unterschiedlichen Auffassungen zu schwanken: *Erstens* will er augenscheinlich darauf hinaus, dass der Film geradezu *gezwungen* ist zu erzählen:

„Ein isoliertes Photo kann sicherlich nichts erzählen! Aber warum sind zwei nebeneinandergesetzte Photos durch ein unbekanntes Korrelat *gezwungen,* etwas zu erzählen? Von einem Bild zu zweien überzugehen bedeutet: vom Bild zur Sprache [*langage*] zu kommen" (ebd., 72 – Hervorh. J. B.).

Denn selbst ein Film wie Sebastian Schippers *Victoria* (D, 2015), der aus einer einzigen 140 minütigen Einstellung besteht, präsentiert etwa durch die Kamerabewegung aufeinanderfolgend ganz unterschiedliche Bildobjekte und Bildkompositionen. Obwohl es also keinen Schnitt gibt, findet doch eine ständig neue Rahmung – also eine Rekadrierung – statt, weil wir es fortwährend mit neuen Szenen zu tun bekommen. Mit anderen Worten, selbst dieser Film denotiert nicht allein über perzeptive Analogie, sondern ebenso über deren syntaktische Verbindung – und damit wäre auch er, wie es heißt, „gezwungen, etwas zu erzählen" (ebd.). *Zweitens* deutet Metz aber gelegentlich an, dass der Film auch ganz andere Wege hätte gehen können: „[D]as Kino, das so vielen Zwecken hätte dienen können, wird tatsächlich meistens dazu benutzt, *Geschichten zu erzählen*" (Metz 1972c [1968], 196).

Ist die Narration also unvermeidlich oder ist sie eher eine von vielen Möglichkeiten, die sich eben durchgesetzt hat? Wenn es wirklich so ist, dass eine Kombination von Einstellungen, also eine Syntax – Metz bevorzugt den Begriff Syntagmatik – geradezu notwendig ist, stellt sich eine Reihe von Fragen: Gibt es nur Spielfilme? Ist jeder Film also schon deswegen narrativ, weil er notwendig

8.6 Von der Expressivität zur Syntagmatik

über eine Syntagmatik verfügt, oder gibt es auch eine nicht-narrative Syntagmatik? Und wenn ja, was soll man sich darunter vorstellen? Antworten auf diese naheliegenden Fragen sucht man bei Metz jedoch vergeblich.

Während für Arnheim der Film Formgebung, für Kracauer und Bazin die Aufdeckung von Realitätsbereichen, für Balázs die Wiederentdeckung des visuellen Ausdrucks und für Münsterberg die Wiedergabe eines Bewusstseinsstroms darstellt, so lautet Metz' Auffassung schlichtweg: Der Film erzählt eine Geschichte – und genau dieser Frage, wie dem Film so etwas überhaupt gelingen kann, will Metz genauer auf den Grund gehen: „Was man zu verstehen suchen muß, ist die Tatsache, daß die Filme verstanden werden" (ebd., 197). Kessler fasst die Aufgabenstellung von Metz noch einmal genauer:

> „Metz plädiert für eine denotative Semiotik des Films: Zu untersuchen ist, wie spezifische Bedeutungen entstehen, wenn kinematographische Verfahren auf eine bestimmte Weise eingesetzt werden" (Kessler 2007, 111; siehe auch Andrew 1976, 217).

Es wird deutlich, dass unter diesem Blickwinkel filmästhetische oder stilistische Probleme eher unter den Tisch fallen (vgl. Tröhler 2019, 7). Denn die eigentliche kinematografische Sprache beginnt erst dann, wenn der Film zwei oder mehrere Einstellungen mit ihren perzeptiv-expressiven Analogien miteinander verknüpft. Diesen unterschiedlichen Möglichkeiten der Verknüpfung – nach Metz gibt es nur acht – will er nun in seiner sogenannten großen Syntagmatik, die den Film in einzelne Segmente zerschneidet, auf den Grund gehen (vgl. Metz 1972c [1968], 197).

Gegenüber den vorangegangenen Überlegungen fällt auf: Von einer ,Grammatik' oder einer ,Syntax' des Films zu sprechen, hält Metz anscheinend nun nicht mehr für völlig verfehlt, sondern eher für ungenau, weswegen er den Begriff des *Syntagmas* bevorzugt, genauso wie er lieber von *Codifizierung* statt von *Codierung* spricht. In Anbetracht dessen, dass der Unterschied zwischen Syntax und Syntagma, zwischen Codierung und Codifizierung nirgendwo geklärt wird (siehe hierzu ausführlich Möller-Naß 1988 [1986], 173–175), verrät sich damit einmal mehr Metz' Unschlüssigkeit hinsichtlich der zentralen Frage, inwiefern der Film denn nun eine Sprache ist und inwiefern nicht. Zumindest ein wenig soll er nämlich doch der *langue* ähneln, auch wenn unermüdlich beteuert wird, dass die kinematografische Sprache eine *langage* ohne *langue* ist.

So *spricht* zwar jeder Filmemacher mit seiner Abfolge von Einstellungen eine Sprache, aber weil er dabei auf kein fest etabliertes Zeichensystem zurückgreifen kann, *gebraucht* er diese Sprache nicht einfach so, wie er die verbale Umgangssprache gebraucht, sondern er muss *kreativ* sein:

> „[E]ine Sprache [langue] ,sprechen' heißt: sie benutzen; die kinematographische Sprache [langage] ,sprechen' bedeutet in gewisser Weise: sie erfinden" (Metz 1972d [1968], 142).

Filmkunst besteht für Metz eigentlich in nichts anderem als in der Entdeckung neuer Wege der filmspezifischen Denotation, was im Grunde nichts anderes bedeutet, als die kinematografische Sprache weiterzuentwickeln. Wenn geltend gemacht wird, dass der Filmkünstler die kinematografische Sprache nicht *gebraucht,* sondern stets neu *erfindet,* so spielt Metz damit offensichtlich die Tatsache herunter, dass hierfür auch fortwährend auf jene Verfahren zurückgegriffen wird, die in der filmgeschichtlichen Tradition *bereits erfunden* worden sind. Und was soll das anderes heißen, als eine kinematografische Sprache eben doch zu *gebrauchen?*

8.7 Möglichkeiten der Denotation im Spielfilm – acht Haupttypen der kinematografischen Syntagmatik

Um eine Anordnung von Einstellungen zu bezeichnen, bevorzugt Metz den Begriff des Syntagmas gegenüber dem der Syntax. Ein Syntagma lässt sich ganz allgemein als ein Sinnabschnitt verstehen. Die Untersuchung aller möglichen Anordnungen im Film heißt dann kinematografische Syntagmatik – und es ist wohl nicht übertrieben, hierin den wichtigsten Beitrag der klassischen Filmsemiotik zu sehen. Was Metz hier vorlegt, versteht sich im Grunde als eine Bedienungsanleitung für Filmschaffende. Mit dieser Festlegung von verständlichen Abfolgen von Einstellungen soll die Tiefenstruktur filmischer Narration und damit jeglicher Entscheidung aufgedeckt werden, vor der sich ein Filmemacher bei jeder einzelnen Sequenz seines Films gestellt sieht (vgl. Lohmeier 1996, 147).

Allerdings wird damit genau das hervorgehoben, was die kinematografische Sprache eben doch zu einem *Gebrauch* und nicht nur zu einer Erfindung macht – wobei Metz sogar den Anspruch auf Vollständigkeit erhebt: So soll es insgesamt nur die folgenden acht Haupttypen von filmischen Syntagmen geben, aus denen in jeder Phase eines Films eine Auswahl getroffen wird (vgl. Metz 1972c [1968], 187). Einerseits kommen manche Syntagmen grundsätzlich eher häufig oder selten vor, andererseits lässt sich in einzelnen Filmen die Verbreitung oder auch das völlige Fehlen von Syntagmen als Stil der Inszenierung charakterisieren (vgl. Metz 1972f [1968], 233).

Im Übrigen soll die Anwendbarkeit dieser Syntagmatik keineswegs auf den traditionellen handlungszentrierten Spielfilm beschränkt sein. Denn wie Metz insistiert, wird selbst im modernen Kino von Antonioni, Fellini, Godard und Tarkowskij immer noch – wenn auch auf komplexere Weise – eine Geschichte erzählt. Und gerade der hier vorgestellten Syntagmatik wird zugetraut, schärfer hervorheben zu können, inwiefern der moderne Film sich von der Erzählweise des traditionellen Films absetzt: „Wir dagegen glauben, daß es [das Kino – Hinzufüg. J. B.] heute eine größere und bessere Narrativität besitzt denn je und daß der wesentlichste Beitrag des neuen Kinos in der Bereicherung der filmischen Erzählung zu sehen ist" (Metz 1972e [1968], 267; vgl. auch Nessel 2008, 55).

Es liegt natürlich nahe, dass die verschiedenen syntagmatischen Typen durch die Montage entstehen. Aber diese Kombination kann nach Metz genauso gut durch die Tiefenschärfe wie z. B. in Jean Renoirs *Die Spielregel* (FR, 1939) oder durch Kamerafahrten vorgenommen werden, wie dies etwa in Schippers bereits

8.7 Möglichkeiten der Denotation im Spielfilm

erwähntem Film *Victoria* geschieht, der aus einer einzigen Plansequenz besteht (vgl. Metz 1972c [1968], 183 f.). Abgesehen von der Montage gibt es also auch „Formen einer *subtileren syntagmatischen Anordnung*" (ebd., 183). Wenn die Kombination allerdings durch Tiefenschärfe oder Kamerabewegung erfolgen soll, taucht ein nicht unerhebliches Problem auf: Was die Montage miteinander verbindet, sind Einstellungen, die sich problemlos voneinander abgrenzen und zählen lassen. Denn eine Einstellung ist das, was innerhalb eines Films zwischen zwei Schnitten zu sehen ist. Aber aus welchen Einheiten – wenn nicht aus solchen Einstellungen – besteht dann ein Syntagma, das durch Kamerabewegungen zusammengefügt wird?

Nimmt man einen der längsten und langsamsten Spielfilme der Filmgeschichte, *Sátántangó* (HUN, 1994) von Béla Tarr, der bei einer Länge von 450 Minuten mit etwa 150 Einstellungen auskommt, so würde es nicht verwundern, wenn hier nicht ein Syntagma mehrere Einstellungen, sondern umgekehrt eine Einstellung mitunter mehrere Syntagmen umfasst. Aber aus welchen Einheiten bestehen diese Syntagmen dann? Wenn ein Syntagma die Kombination von mehreren Einheiten ist, wie lassen sich dann jene Einheiten definieren, die nicht durch Schnitt und Montage, sondern allein durch die Kamera zu einem Syntagma kombiniert werden? Jedes Syntagma, das durch die Montage gebildet wird, hat eine letzte Einstellung, aber wie markiert die Kamera oder die Tiefenschärfe das Ende eines Syntagmas?

Wenn Metz im Folgenden nun seine acht Syntagmen beschreibt, so beginnt er mit einem Syntagma, das streng genommen eigentlich gar keines ist. Ein Syntagma ist eine Einheit, die aus einer Vielheit besteht, nämlich aus einer Vielheit von Einstellungen: Die *autonome Einstellung* ist jedoch ein Syntagma, das mit einer einzigen Einstellung zusammenfällt. Vergleichen lässt sich das mit dem Verhältnis zwischen dem Paragrafen und dem Satz in einem Gesetzbuch: Der Satz ist zweifellos eine kleinere Gliederungsstufe als der Paragraf, aber dennoch gibt es Paragrafen, in denen sich nichts weiter als ein einzelner Satz findet. Genauso kann auch ein Syntagma – nämlich die autonome Einstellung – nur aus einer Einstellung bestehen, unter der Voraussetzung, dass innerhalb dieser Einstellung eine vollständig abgeschlossene Handlung erzählt wird. In diesem Fall spricht man auch von einer Plansequenz. Beispiele hierfür finden sich jeweils am Anfang von Orson Welles' *Im Zeichen des Bösen* (USA, 1958) oder von John Carpenters *Halloween* (USA, 1978). Sicher lässt sich darüber streiten, ob man es hier wirklich mit einem Syntagma wie bei den sieben anderen Haupttypen zu tun hat, aber da die autonome Einstellung, wie Metz erläutert, nichtsdestotrotz zur Gesamtsyntagmatik des Films gehört, ist sie zumindest „ein syntagmatischer Typ" (ebd., 171).

Innerhalb der autonomen Einstellungen wird nun die *Einfügung* von der *Sequenz-Einstellung* unterschieden (vgl. ebd., 172). Nur die Sequenz-Einstellung stellt eine Handlungseinheit – also eine Plansequenz – dar, wohingegen die Einfügung eher als eine in sich abgeschlossene Sinneinheit zu verstehen ist, welche Dinge präsentiert, die eigentlich mit der aktuellen Handlungsphase nur indirekt zu tun haben. Für Metz gibt es nicht weniger als vier solcher Formen der Einfügung. Erstens ist in der *nicht-diegetischen* Einfügung etwas zu sehen, das einfach völlig außerhalb der Handlung liegt: Ein Beispiel wäre die anscheinend dokumentarische Aufnahme eines Marathonläufers am Anfang von John Schlesingers *Der Marathon-Mann* (USA, 1978), die zwar das Motiv des Laufens anklingen lässt, ansonsten aber überhaupt nichts mit der späteren Handlung zu tun hat. Zweitens zeigt die *subjektive* Einfügung dasjenige, woran sich die handelnde Figur im Augenblick erinnert oder welche Zukunftsszenarien sie antizipiert. Drittens ist eine *diegetisch versetzte* Einfügung wie eine Enklave in einem Syntagma: Wir sehen z. B. die Verfolger und zwischendurch in einer einzigen Einstellung die Verfolgten (vgl. ebd.). Die vierte Variante ist schließlich die *explikative* Einfügung, die vermittels der Großaufnahme ein Detail aus der augenblicklichen Situation herausreißt und in den Fokus rückt.

Metz kommt anschließend auf jene Syntagmen zu sprechen, die aus mehr als einer Einstellung bestehen, und nimmt hierbei eine Hauptunterscheidung zwischen *a-chronologischen* und *chronologischen* Syntagmen vor. Wie die Terminologie schon ahnen lässt, besteht bei den Einstellungen innerhalb chronologischer Syntagmen eine zeitliche Reihenfolge, die hingegen bei den Einstellungen innerhalb a-chronologischer Syntagmen fehlt (vgl. ebd., 172 f.). Zu den a-chronologischen Syntagmen gehören zwei Unterformen, nämlich das *parallele* Syntagma und das Syntagma der *zusammenfassenden Klammerung*. Bei einem parallelen Syntagma werden abwechselnd mehrere Motive gezeigt und hierdurch zusammengeführt: So sehen wir etwa repräsentative Szenen aus dem Leben der Reichen und der Armen, aus dem Stadt- und dem Landleben oder aus Friedens- und Kriegszeiten (vgl. ebd., 173).

Das parallele Syntagma hat unverkennbar eine gewisse Verwandtschaft mit der Parallelmontage. Der entscheidende Unterschied besteht aber darin, dass beim parallelen Syntagma die Reihenfolge der Einstellungen eben nicht *zeitlich,* sondern *thematisch* geordnet ist. So bekommen wir in Sylvester Stallones *Rocky III* (USA, 1982) zu sehen, wie Rocky Balboa sich seines Ruhmes als Weltmeister im Boxschwergewicht erfreut, isst und trinkt, feiert und sich feiern lässt, insgesamt also das für ihn ungewohnte High Society-Leben in vollen Zügen genießt. Parallel dazu werden Einstellungen präsentiert, in denen der spätere Herausforderer James ‚Clubber' Lang hart und verbissen trainiert, diszipliniert Diät hält und für nichts anderes als den künftigen Zweikampf lebt. Hier ist nicht entscheidend, ob Lang wirklich gleichzeitig Sit-ups macht, während Balboa mit Champagner anstößt, denn die Reihenfolge der Tätigkeiten der beiden Boxer erfolgt unter dramaturgischen statt unter chronologischen Gesichtspunkten. Entscheidend ist eben nur, dass die beiden Kontrahenten die Zeit vor ihrem Kampf völlig unterschiedlich nutzen. Genau deshalb lässt sich hier von einem parallelen Syntagma im Sinne von Metz sprechen.

Während das parallele Syntagma also eher kontrastierend vorgeht, präsentiert das Syntagma der zusammenfassenden Klammerung Ereignisse, die typisch für ein bestimmtes Motiv sind. Metz nennt als Beispiele, Situationen, in denen die moderne Liebe oder die Arbeit beim Fernsehen charakterisiert wird. Dieses Syntagma ist a-chronologisch, weil es völlig gleichgültig ist, ob diese Situationen zeitlich aufeinanderfolgen, vielmehr sollen sie alle nur gleichermaßen repräsentativ

8.7 Möglichkeiten der Denotation im Spielfilm

für das jeweilige Themenfeld sein. Ein Parade-Beispiel hierfür ist jene Sequenz aus Peter Jacksons *Heavenly Creatures,* von der bereits am Anfang dieses Kapitels die Rede gewesen ist. Wie dort erwähnt, kommt es nicht darauf an, dass die verschiedenen gemeinsamen Tätigkeiten der Mädchen in einer bestimmten zeitlichen Reihenfolge stattfinden. Diese Sequenz verfolgt nur das Ziel, das freundschaftliche Verhältnis zwischen Pauline und Juliet genauer zu charakterisieren. In Analogie zu *Rocky III,* einem Boxer-Film von und mit Sylvester Stallone, lässt sich noch ein weiteres Beispiel für ein Syntagma der zusammenfassenden Klammerung nennen: In *Million Dollar Baby* (USA, 2004), einem Boxer-Film von und mit Clint Eastwood, sieht man, wie Maggie, gespielt von Hilary Swank, ihr Trainingsprogramm absolviert, d. h. wie sie in einer Einstellung auf die Boxbirne einprügelt, in der nächsten seilspringt und in einer anderen energisch in die Handschuhe ihres Trainers boxt.

Die Syntagmen, die Metz von jetzt an in den Blick nimmt, sind allesamt *chronologisch,* d. h. das zeitliche Verhältnis der zugehörigen Einstellungen ist nun genau festgelegt. Allerdings kann dieses Verhältnis auch eines der Simultaneität sein. Dies ist der Fall bei der ersten Unterform der chronologischen Syntagmen: Das sogenannte *deskriptive* Syntagma zeigt z. B. verschiedene Ansichten eines Hauses, einer Stadt, einer Landschaft. Es lässt sich nicht vermeiden, dass hierbei eine zeitliche Reihenfolge eingehalten wird: Wir sehen erst die Vorderseite des Hauses, dann seine Rückseite, dann das Dach usw. Aber diese Sukzession von Einstellungen bedeutet eben keine diegetische Aufeinanderfolge, denn all das existiert gleichzeitig in der filmischen Welt. Mit anderen Worten, ein deskriptives Syntagma *erzählt* nicht, sondern – wie der Name schon verrät – es *beschreibt* (vgl. ebd., 175).

Abgesehen von der soeben erläuterten Unterform sind alle anderen chronologischen Syntagmen *narrative* Syntagmen: Das bedeutet, die filmischen Objekte werden in einer zeitlichen Reihenfolge zur Darstellung gebracht, die auch innerhalb der diegetischen Welt nicht simultan, sondern sukzessiv bzw. konsekutiv ist (vgl. ebd., 176). Bei den narrativen Syntagmen stellt Metz nun wiederum zwei Hauptformen einander gegenüber: Denn ein solches Syntagma kann sich entweder aus einer *einzigen* oder aus *mehreren* zeitlichen Abfolgen zusammensetzen. Dementsprechend gibt es erstens das *alternierte* narrative Syntagma und zweitens das *lineare* narrative Syntagma: Das alternierte narrative Syntagma lässt sich mit der Parallelmontage gleichsetzen: In einer Beziehung der zeitlichen Aufeinanderfolge zeigt es abwechselnd die Verfolger und die Verfolgten. Während die Einstellungen zeitlich aufeinander folgen, laufen die Ereignisse jedoch simultan ab. Im Unterschied zum deskriptiven Syntagma handelt es sich bei dieser Simultaneität allerdings nicht um das Fehlen jeglicher diegetischen Sukzession, sondern um die Simultaneität von zwei unterschiedlichen diegetischen Sukzessionen (vgl. ebd., 177).

Beim *linearen* narrativen Syntagma werden nun alle Aktionen innerhalb einer einzigen Zeitfolge miteinander verknüpft. Da dies nach Metz auf zweierlei Weise geschehen kann, nimmt er eine weitere Binnendifferenzierung vor: Während das *diskontinuierliche* lineare narrative Syntagma einen elliptischen Charakter hat, weil es zeitliche Momente überspringt, liegt beim *kontinuierlichen* linearen narrativen Syntagma eine Einheit der Handlung, des Ortes und vor allem der Zeit vor. Die erste Unterform wird als *Sequenz* bezeichnet, die zweite Unterform, in der die Zeit der Darstellung mit der dargestellten Zeit identisch ist, fällt wiederum mit dem zusammen, was man traditionellerweise eine *Szene* nennt (vgl. ebd., 180 f.). Hierunter fallen natürlich alle Gesprächsszenen.

Wie zu erwarten, kennt Metz auch bei der Sequenz zwei Unterformen: Denn die zeitliche Diskontinuität kann *unorganisiert* bleiben und sich damit begnügen, alle Momente, die für die Geschichte irrelevant sind, einfach zu überspringen. In diesem Fall spricht Metz von der *gewöhnlichen* Sequenz. Es ist jedoch ebenfalls möglich, dass diese zeitliche Diskontinuität *organisiert* wird, und zwar dahin gehend, dass sie allmähliche und in eine Richtung verlaufende Entwicklungen verkürzt darstellt. Dies nennt Metz eine Sequenz *durch Episoden,* und er bringt hierfür ein klassisches „Beispiel: in *Citizen Kane* (Orson Welles, 1941) ist es die Sequenz, die die zunehmende Verschlechterung der seelischen Beziehungen zwischen dem Helden und seiner ersten Frau darstellt durch eine chronologische Serie von kurzen Andeutungen der Mahlzeiten, die das Paar gemeinsam einnimmt und die in einer immer frostigeren Atmosphäre verlaufen" (ebd., 179 f.).

Dieses Syntagma weist unverkennbar gewisse Ähnlichkeiten mit dem Syntagma der zusammenfassenden Klammerung auf, aber dem Letzteren fehlt erstens die chronologische Reihenfolge und zweitens der Charakter der Steigerung. Wenn Lohmeier kritisch anmerkt, dass ein paralleles Syntagma und ein Syntagma der zusammenfassenden Klammerung ebenfalls narrativ sein können (vgl. Lohmeier 1996, 146), so wäre hierauf zu entgegnen, dass die Narrativität ein paralleles in ein alternierendes Syntagma und das Syntagma der zusammenfassenden Klammerung in eine Sequenz durch Episoden verwandeln würde.

Damit sind nach Metz alle möglichen Formen der Kombination von Einstellungen berücksichtigt worden. Mit diesen acht Haupttypen wird nicht weniger als der Anspruch auf Vollständigkeit erhoben (vgl. Metz 1972c [1968], 187), woraus also folgen müsste: Welche Einstellung auch immer wir in irgendeinem Film sehen: Es handelt sich entweder 1. um eine *Sequenz-Einstellung* bzw. Plansequenz oder 2. um eine *Einfügung*. Falls sie mit anderen Einstellungen zu einem Syntagma kombiniert ist, gehört sie entweder 3. zu einem *parallelen Syntagma,* 4. zu einem *Syntagma der zusammenfassenden Klammerung,* 5. zu einem *deskriptiven Syntagma,* 6. zu einer *Szene,* 7. zu einer *gewöhnlichen Sequenz,* oder schließlich 8. zu einer *Sequenz durch Episoden.*

Nicht zu übersehen ist, dass Metz in seiner Syntagmatik mit völlig unterschiedlichen Unterscheidungs- und Klassifikationskriterien arbeitet. So werden Syntagmen etwa dahin gehend unterschieden, ob sie aus einer oder aus mehreren Einstellungen bestehen, ob sie ein zeitlich definiertes oder undefiniertes Verhältnis zwischen ihren Einstellungen etablieren, ob das zeitlich definierte Verhältnis eines der Simultaneität oder der Sukzession ist usw. Hieraus ergibt sich folgerichtig, dass die logisch später klassifizierten Syntagmen sich durch mehr Merkmale auszeichnen als die früheren. Insgesamt ist jedenfalls festzustellen: Durch den ständigen Wechsel der Differenzierungskriterien – ein Vorwurf, der übrigens zur Standardkritik in der Rezeptionsgeschichte geworden ist (vgl. z. B. Kuchenbuch

1978, 42; Lohmeier 1996, 145) – gelangt Metz zu syntagmatischen Einheiten, bei denen fraglich ist, ob sie wirklich in einem Verhältnis der Opposition oder nicht eher der Überlappung und Inklusion stehen.

Das ist möglicherweise auch der Grund dafür, warum im jeweiligen Einzelfall gar nicht so einfach zu entscheiden ist, was denn nun genau für ein Syntagma vorliegt. So kann bereits ein eher konventionell erzählter älterer Science-Fiction-Film wie Robert Wises *Der Tag, an dem die Erde stillstand* (USA, 1951) die Anwendung der Syntagmen in Verlegenheit bringen. Nachdem der Roboter Gort weltweit – wie auch immer – die Elektrizität blockiert hat, wird uns in einer Abfolge von kurzen Einstellungen das Ergebnis präsentiert: Wie sich an den Gebäuden erkennen lässt, handelt es sich um ganz unterschiedliche Länder, in denen wir Autos, Züge, Maschinen in Fabriken, Wasch- und Melkmaschinen sehen, die plötzlich ihren Dienst versagen. Menschen stehen ratlos um die Geräte herum und versuchen vergebens sie wieder in Gang zu bringen. Ein Mann in seinem Boot auf einem See zieht hartnäckig immer wieder an der Strippe seines Motors, und eine Brücke ragt mit ihren beiden Teilen halb geöffnet steil in die Luft. Um was für ein Syntagma handelt es sich hier? Metz schließt keineswegs aus, dass die Handlungen von Menschen auch in einem *deskriptiven Syntagma* gezeigt werden können. Allerdings liegt es ebenfalls nahe, diese Folge von Einstellungen als ein *alternierendes Syntagma* oder als ein *Syntagma der zusammenfassenden Klammerung* zu klassifizieren. Darüber lässt sich jedenfalls streiten. Es liegt allerdings auch der Schluss nahe, dass sich hier die verschiedenen Differenzierungskriterien gegenseitig durchkreuzen und die eindeutige Zuordnung zu jeweils einem Syntagma eigentlich unmöglich machen.

Ein anderes Beispiel aus demselben Film stellt eine ähnliche Herausforderung dar: Wenn der Außerirdische Klaatu am Ende ein Plädoyer nicht nur für den internationalen, sondern auch für den interstellaren Frieden hält, dann sehen wir im Verlauf seiner Rede wechselnde Einstellungen von den Gesichtern seiner Zuhörer in Großaufnahme. Es liegt nahe, hier von einem deskriptiven Syntagma auszugehen. Das Problem ist nur, dass wir gleichzeitig ja den Fortschritt seiner Rede zu hören bekommen, wodurch dieses Syntagma eine zeitliche Sukzession erhält, die nach Metz eigentlich gegen das Vorliegen eines deskriptiven Syntagmas spricht. Dass die Syntagmatik gerade bei diesem Beispiel Schwierigkeiten bereitet, hat nicht zuletzt damit zu tun, dass sich Metz selbst ausschließlich auf die Bildspur konzentriert und die Relevanz des Tons – sieht man von einigen späteren, eher vagen Ausführungen ab (vgl. z. B. Metz 1973 [1971], 189) – für die Syntagmatik völlig unberücksichtigt lässt.

8.8 Kinematografische und außerkinematografische Codes

In seiner nächsten Monografie *Sprache und Film* (Metz 1973 [1971]) versucht Metz, die Position aus *Semiologie des Films* weiterzuentwickeln, wobei er sich vorrangig auf die Ausdifferenzierung einer filmsemiotischen Terminologie konzentriert, die allerdings mehr und mehr scholastische Züge gewinnt. Das Desiderat, auf das Metz' umständliche Ausführungen abzielen, ist eine Methodologie der semiotischen Filmanalyse, die mit einem hochdifferenzierten Begriffsinstrumentarium ausgerüstet ist. Hierfür werden zahlreiche strukturalistische und semiotische Ansätze hinsichtlich der Frage abgeklopft, ob und wie sich ihre Begrifflichkeit und ihre Vorgehensweisen für die Filmsemiotik verwenden lassen.

Genau dies zeichnet Metz' Argumentation in diesem Buch aus: Seine äußerst mühselig zu lesende Theorie stützt sich vorwiegend auf andere Theorien aus dem Umfeld der Zeichentheorie, während die Auseinandersetzung mit konkreten Filmbeispielen, welche von Münsterberg bis Kracauer noch eine unentbehrliche Rolle spielt, letztlich zu einer Nebensache wird. Wenn Metz ausnahmsweise einmal wirklich auf Filmbeispiele zu sprechen kommt, dann dienen sie entweder nur der Veranschaulichung und Legitimation der komplexen Terminologie, oder es werden Probleme diskutiert, die nur deswegen aufkommen, weil man sich eben für das semiotische Konzept als Ausgangspunkt der Filmanalyse entschieden hat. Insofern sich diese Theorie vor allem mit sich selbst beschäftigt, ist jedenfalls die Filmrezeption hinter der beeindruckend subtilen Methodendiskussion in weite Ferne gerückt.

Das Stadium filmsemiotischer Texte mit ihrem hermetischen Jargon und ihrer hochkomplexen, aber unzureichend geklärten Terminologie treibt jedenfalls auch Experten wie den angesehenen Filmhistoriker Kevin Brownslow – in einem allerdings recht polemischen Artikel – zu dem Geständnis:

„I am filmmaker and film historian, and I have worked in films for twenty-five years. I have to confess that I do not understand semiology" (zit. n. Möller-Naß 1988 [1986], 82).

In dieselbe Richtung geht auch der Hinweis von Monaco:

„Jeder, der Semiotik liest, sei gewarnt. Nur weil man es nicht verstehen kann, braucht es nicht unbedingt etwas zu bedeuten" (Monaco 2012 [2009], 500).

Dass sich die Filmsemiotik nicht nur bei Metz mehr und mehr einer psychoanalytischen Betrachtungsweise von Filmen zuwendet, ist für Möller-Naß ohnehin nur ein weiterer Hinweis dafür, dass sie mit ihrem Programm letztlich „gescheitert" (Möller-Naß 1988 [1986], XV) ist. Es soll an dieser Stelle genügen, einen kurzen Überblick über die verschlungene Gedankenführung von *Sprache und Film* zu bieten. Das gesamte Buch dreht sich um den Begriff des kinematografischen Codes, der in dem filmsemiotischen Erstlingswerk noch abgelehnt wird. Überhaupt scheint die Differenz zwischen Film und *langue* im Vergleich zum vorangegangenen Buch weiter eingezogen und kaum noch erwähnenswert zu sein, denn, wie es heißt, „[d]ie Semiologie des Films ist, ebenso wie die Semiologie irgendeines anderen Gegenstands, eine Untersuchung von Diskursen oder von ‚Texten'" (Metz 1973 [1971], 13). Dennoch lehnt Metz eine Gleichsetzung zwischen Film und *langue* nach wie vor ab. Die Bemerkungen hierzu erfolgen allerdings eher beiläufig und wirken geradezu halbherzig: „[I]m cinéma gibt es keine Sprache im Sinne von langue", weil sich hier „nicht dieselbe Kohäsion oder

8.8 Kinematografische und außerkinematografische Codes

dieselbe Genauigkeit" (ebd., 161 f., 309) findet. Es scheint sich nur noch um eine *quantitative* und nicht mehr um eine *qualitative* Differenz zu handeln.

Der Begriff des *cinéma* ist für Metz ein Synonym für die „kinematographische Sprache", die ihrerseits noch einmal genauer als „Komplex aller allgemeinen und besonderen kinematographischen Codes" (ebd., 75, 170; siehe hierzu genauer Andrew 1976, 229, sowie kritisch: Möller-Naß 1988 [1986], 294 f.) verstanden wird. Diese Codes, die nicht als empirische Realitäten, sondern zutreffender als „Untersuchungswerkzeuge" (Metz 1973 [1971], 154) anzusehen sind, gelten, wie es heißt, immer für mehrere Texte – in diesem Fall also: Filme (vgl. ebd., 82). Anders als der Filmkritiker, der immer einen *bestimmten Film* in den Blick nimmt, zeichnet sich nach Metz der Filmsemiotiker dadurch aus, dass er sich für das *cinéma* bzw. die *kinematografische Sprache* interessiert (vgl. ebd., 76, 78). Und das bedeutet konkret: Der Filmsemiotiker untersucht mehrere „Filmtexte [...], um aus ihnen die Textsysteme, Codes oder Sub-Codes herauszulösen" (ebd., 163). Darum geht es bei Metz auch weniger darum, einzelne Filme im Hinblick auf ihren Sinngehalt zu interpretieren, sondern eher „um das Offenlegen der pluralen Mechanismen filmischer Bedeutungsproduktion" (Kessler 2007, 117).

Was genau versteht Metz aber unter einem kinematografischen Code? Er nennt zunächst diejenigen, die allen Filmen gemeinsam sein sollen: Hierzu gehören die Montage, die Kameraeinstellung, die Beleuchtung, die Schauspielerei, die sich auch noch einmal in Sub-Codes unterteilen lassen. So gibt es z. B. mehrere Sub-Codes der Schauspielerei im Film (vgl. Metz 1973 [1971], 207) oder auch genrerespezifische Codes z. B. für den Western oder – noch differenzierter – für den Italowestern (vgl. ebd., 87; ferner auch Andrew 1976, 226).

Natürlich lässt sich einwenden, dass sich nicht in jedem Film Kamerafahrten finden. Aber ein Code ist nicht deswegen kinematografisch, weil er wirklich *ausnahmslos in allen Filmen* vorkommt, sondern deswegen, weil er eben *nur in Filmen* vorkommt. Um den Code der Montage und den der Beleuchtung kommt allerdings kein Filmemacher herum, denn jeder Film muss auf irgendeine Weise geschnitten und beleuchtet werden (vgl. Metz 1973 [1971], 155; siehe hierzu auch Andrew 1976, 225). Selbst wenn man sich so wie Sebastian Schipper dafür entscheidet, überhaupt nicht zu schneiden und einen Film in einer einzigen Einstellung zu drehen, hat man eine wichtige Entscheidung auf der Ebene des kinematografischen Codes der Montage getroffen. Und dasselbe gilt für die Dogma-Filme von Lars von Trier und Thomas Vinterberg, wenn sie sich ganz explizit dafür entscheiden, auf künstliches Licht zu verzichten.

Von hier aus bietet sich ein kurzer Vergleich mit der Tradition an: Wenn Eisenstein die Montage oder Kracauer den dokumentarischen Charakter des Films in den Mittelpunkt rücken, dann würde Metz ihnen erwidern, dass sie ohne irgendeinen ausreichend legitimen Grund jeweils immer einen einzigen kinematografischen Code gegenüber allen anderen verabsolutieren und zum alleinigen Maßstab der Filmkunst erklären. Jeder Film, der keine Realitäten enthüllt oder dem es nicht auf die Montage ankommt, wäre dann immer als unfilmisch zu verurteilen. Metz' Semiotik lehnt dagegen jegliche Normativität ab und beabsichtigt, streng deskriptiv vorzugehen (vgl. Metz 1973 [1971], 43).

Anders als bisher in der Filmtheorie üblich, verfolgt er ferner auch nicht mehr den Ehrgeiz, die Besonderheit der Filmkunst gegenüber allen anderen Kunstformen zu verteidigen. Sein Ansatz lässt sich immerhin dahin gehend würdigen, dass er zumindest den Anspruch erhebt zu zeigen, was vielmehr die Besonderheit eines *einzelnen* Films ausmacht: „Die einzelnen Filme sind ihrerseits textuelle Systeme, welche kinematographische und nicht-kinematographische Kodes auf eine jeweils eigene Art und Weise verarbeiten" (Kessler 2007, 116).

Zweifellos liegt zumindest hierin ein Fortschritt gegenüber den bisherigen filmtheoretischen Positionen. Ob man der Individualität von Filmen mit den Mitteln der Filmsemiotik allerdings wirklich gerecht werden kann, ist eine andere Frage. Denn, wie Metz selbst erklärt, interessiert sich der Film*semiotiker* im Unterschied zum Film*kritiker* nur für den kinematografischen Code und nicht für den einzelnen Film selbst. Insofern das begriffliche Instrumentarium der Filmsemiotik also ganz auf die Suche nach dem Allgemeinen im Einzelnen ausgerichtet ist, liegt der Verdacht nahe, dass ein solches Verfahren die Einzigartigkeit von Filmen eher reduktionistisch aus dem Blick verlieren muss.

Metz fährt mit dem Hinweis fort, dass sich in einem Film nicht nur die verschiedenen Codes der kinematografischen Sprache finden: „[E]s gibt tausend Dinge in einem Film, die nicht vom cinéma stammen" (Metz 1973 [1971], 78). So stellt jeder einzelne Film nicht nur eine Komposition von kinematografischen, sondern auch von *außer*kinematografischen Codes dar (vgl. ebd., 68, 116). Was ist nun unter einem außerkinematografischen Code zu verstehen? Hierfür bietet es sich an, noch einmal Schippers Film *Victoria* als Beispiel zu nehmen. Wir sehen in diesem Film, wie Jugendliche sich kleiden, wie sie ihre Nächte verbringen und miteinander umgehen, nicht zuletzt erfahren wir auch ganz allgemein etwas über das gegenwärtige Lebensgefühl von jungen Menschen in der Großstadt Berlin. Bei all dem – Geschlechterverhältnisse, Umgangsformen, Kleidung, Freizeitgestaltung, Lebensgefühl – handelt es sich nach Metz um *außerkinematografische* Codes, denn sie kommen zwar in diesem Film vor, aber sie können ebenfalls in Romanen, Zeitschriften oder soziologischen Studien zum Thema gemacht werden. Insofern im klassischen Western immer wieder dieselben Themen durchgespielt werden – die Eroberung des Westens, die Kämpfe mit den Indianern, der amerikanische Bürgerkrieg –, zeigt sich, dass es außerkinematografische Codes gibt, die ausgesprochen genrespezifisch sind. Nach Metz nimmt jeder Film solche außerkinematografischen Codes auf, und mitunter gibt er ihnen hierdurch sogar eine neue Bedeutung. Dies zeigt sich etwa daran, dass Menschen sich z. B. in ihren persönlichen Liebesverhältnissen an Modellen orientieren, die sie aus Vorabendserien oder Hollywood-Filmen kennen. In solchen Fällen wird also ein außerkinematografischer Code gewissermaßen ‚kinematografiert' (vgl. ebd., 107, 126).

Den wechselseitigen Einfluss zwischen kinematografischen und außerkinematografischen Codes erörtert Metz noch einmal genauer am Beispiel von David W. Griffith' Stummfilmklassiker *Intoleranz* (USA, 1916) (vgl. hierzu ebd., 116 ff.). In Griffith' Film sind vier verschiedene Handlungen in völlig unterschiedlichen historischen Epochen angesiedelt. Die Erzählungen spielen im alten Babylon, in Frankreich zur Zeit der Religionskriege, in Palästina zur Zeit der Kreuzigung Christi und schließlich in den Vereinigten Staaten der Gegenwart. So unterschiedlich die Schauplätze auch sein mögen, in allen vier Erzählungen stehen die Themen Intoleranz, Fanatismus und Verfolgung im Mittelpunkt.

Durch die Parallelmontage, für die der Film berühmt geworden ist, findet eine Verknüpfung der vier verschiedenen Handlungen statt, die im Verlauf des Films einem sich steigernden Rhythmus folgt. Hierdurch wird dem Zuschauer der Schluss nahegelegt, dass alle Erzählungen nur Variationen desselben Grundthemas sind. Und dieses Grundthema ist der Fanatismus, der im Verlauf der Menschheitsgeschichte immer derselbe bleibt, auch wenn er in jeder Epoche ein neues Gewand anlegt. Natürlich gehört dieser weltanschauliche Pessimismus zu einem außerkinematografischen Code, der etwa auch in einem philosophischen Traktat zum Ausdruck gebracht werden könnte. Griffith greift jedoch nicht auf sprachliche Formulierungen zurück, sondern er lässt einen bestimmten kinematografischen Code – die Parallelmontage – räumlich und zeitlich weit auseinander liegende historische Ereignisse miteinander verbinden, damit die Zuschauerin von alleine auf einen Gedanken stößt, der zu einem außerkinematografischen Code gehört.

Wie Metz geltend macht, stehen der kinematografische und der außerkinematografische Code fortwährend in einem Verhältnis des wechselseitigen Einflusses (vgl. ebd., 120). In dem hier erläuterten Fall ist damit wohl gemeint: Der außerkinematografische Code führt bei Griffith zur Weiterentwicklung des kinematografischen Codes der Montage bzw. der Parallelmontage, und umgekehrt lässt sich von einer Kinematografisierung eines außerkinematografischen Codes sprechen, insofern der Film dem außerfilmischen Thema eine eigene Deutung gibt, die die Meinung der Zuschauer maßgeblich beeinflussen kann.

Selbst wenn es einem Regisseur weniger um die Auseinandersetzung mit einem außerkinematografischen Thema geht, weil er es – wie Schippers – vorzieht, mit einem bestimmten kinematografischen Code zu experimentieren, so sind unvermeidlich damit auch Vorentscheidungen über das außerkinematografische Themenfeld getroffen. Denn sobald sich Schippers der Herausforderung stellt, einen Film in einer einzigen Plansequenz zu drehen, ist damit eigentlich von vornherein jede Story ausgeschlossen, die sich durch große Sprünge in Raum und Zeit auszeichnen würde. Hier zeigt sich einmal mehr die Wechselwirkung zwischen kinematografischen und außerkinematografischen Codes. Allerdings übersieht Metz, dass es auch eine Wechselwirkung zwischen unterschiedlichen kinematografischen Codes gibt: So führt die originelle Verwendung eines bestimmten kinematografischen Codes – ein Film in einer einzigen Einstellung – zu bisher ungewohnten Herausforderungen für andere kinematografische Codes wie vor allem die Filmschauspielerei und die Kameraführung.

Literatur

Andrew, J. Dudley (1976), *The Major Film Theories*, London/Oxford/New York.
Arnheim, Rudolf (2002), *Film als Kunst* (1932), Frankfurt am Main.
Balázs, Béla (2001), *Der sichtbare Mensch oder die Kultur des Films* (1924), Frankfurt am Main.
Barthes, Roland (1979), *Elemente der Semiologie* [1964], Frankfurt am Main.

Barthes, Roland (2002), „Apprendre et enseigner" (1975), in: ders., *Oeuvres completes. Bd. IV*, Paris, 793–795.
Barthes, Roland (2013a), „Rhetorik des Bildes" (1964), in: ders., *Der entgegenkommende und der stumpfe Sinn* (1982), Frankfurt am Main, 28–46.
Barthes, Roland (2013b), „Die Fotografie als Botschaft" (1961), in: ders., *Der entgegenkommende und der stumpfe Sinn* (1982), Frankfurt am Main, 11–27.
Baudry, Jean-Louis (2004), „Das Dispositiv: Metapsychologische Betrachtungen des Realitätseindrucks" (1975), in: Claus Pias/Joseph Vogl/Lorenz Engell/Oliver Fahle/Britta Neitzel (Hg.), *Kursbuch Medienkultur. Die maßgeblichen Theorien von Brecht bis Baudrillard*, Stuttgart, 381–404.
Bellour, Raymond (1990), „Le Cinéma et…,", in: *Iris* 10, 15–36.
Benveniste, Émile (1974), *Probleme der allgemeinen Sprachwissenschaft* (1966), München.
Böhme, Gernot (1995), *Atmosphäre. Essays zur neuen Ästhetik*, Frankfurt am Main.
Eco, Umberto (1994), *Einführung in die Semiotik* (1968), München.
Ejchenbaum, Boris (2005a), „Probleme der Filmstilistik" [1927], in: Wolfgang Beilenhoff (Hg.), *Poetika Kino. Theorie und Praxis des Films im russischen Formalismus*, Frankfurt am Main, 20–55.
Ejchenbaum, Boris (2005b), „Literatur und Film" [1926], in: Wolfgang Beilenhoff (Hg.), *Poetika Kino. Theorie und Praxis des Films im russischen Formalismus*, Frankfurt am Main, 179–185.
Elsaesser, Thomas/Hagener (2007), Malte, *Filmtheorie zur Einführung*, Hamburg.
Genette, Gérard (1994), „Neuer Diskurs der Erzählung" (1983), in: ders., *Die Erzählung*, München, 195–298.
Goodman, Nelson (1997), *Sprachen der Kunst. Entwurf einer Symboltheorie* (1968), Frankfurt am Main.
Jakobson, Roman (1992), „Vom Stumm- zum Tonfilm: Verfall des Films?" (1933), in: ders., *Semiotik. Ausgewählte Texte 1919–1982*, Frankfurt am Main, 256–266.
Jakobson, Roman (1992a), „Gespräch über den Film" (1967), in: ders., *Semiotik. Ausgewählte Texte 1919–1982*, Frankfurt am Main, 267–280.
Kessler, Frank (2007), „Filmsemiotik", in: Jürgen Felix (Hg.), *Moderne Film Theorie*, Mainz, 104–129.
Kracauer, Siegfried (1993), *Theorie des Films. Die Errettung der äußeren Wirklichkeit* (1960), Frankfurt am Main.
Kuchenbuch, Thomas (1978), *Filmanalyse. Theorien, Modelle, Kritik*, Köln.
Lohmeiner, Anke-Marie (1996), *Hermeneutische Theorie des Films*, Tübingen.
Lotman, Jurij M. (1977), *Probleme der Kinoästhetik. Einführung in die Semiotik des Films* (1973), Frankfurt am Main.
Marie, Michel/Vernet, Marc (1990), „Entretien avec Christian Metz", in: *Iris* 10, 271–297.
Martinet, André (1949), „La double articulation linguistique", in: *Travaux du Cercle Linguistique de Copenhague 5*, 30–37.
Metz, Christian (1972a), „Zum Realitätseindruck im Kino" (1965), in: ders., *Semiologie des Films* (1968), München, 20–35.
Metz, Christian (1972b), „Das Kino: ‚Langue' oder ‚Langage'?" (1964), in: ders., *Semiologie des Films* (1968), München, 51–129.
Metz, Christian (1972c), „Probleme der Denotation im Spielfilm" (1966), in: ders., *Semiologie des Films* (1968), München, 151–198.
Metz, Christian (1972d), „Einige Gedanken zur Semiologie des Kinos" (1966), in: ders., *Semiologie des Films* (1968), München, 130–150.
Metz, Christian (1972e), „Das moderne Kino und das Narrative" (1966), in: ders., *Semiologie des Films* (1968), München, 238–289.
Metz, Christian (1972f), „Syntagmatische Analyse des Films *Adieu Philippine* von Jacques Rozier" (1967), in: ders., *Semiologie des Films* (1968), München, 232–237.
Metz, Christian (1973), *Sprache und Film* (1971), Frankfurt am Main.

Metz, Christian (1997), *Die unpersönliche Enunziation oder der Ort des Films* (1991), Münster.
Metz, Christian (2000), *Der imaginäre Signifikant. Psychoanalyse und Kino* (1977), Münster.
Möller-Naß, Karl Dietmar (1988), *Filmsprache. Eine kritische Theoriegeschichte* (1986), Münster.
Monaco, James (2012), *Film verstehen. Kunst, Technik, Sprache, Geschichte und Theorie des Films und der neuen Medien*, Reinbek bei Hamburg.
Morin, Edgar (1958), *Der Mensch und das Kino* (1956), Stuttgart.
Mulvey, Laura (2001), „Visuelle Lust und narratives Kino" (1975), in: Franz-Josef Albersmeier (Hg.), *Texte zur Theorie des Films*, Stuttgart, 389–408.
Nessel, Sabine (2008), *Kino und Ereignis. Das Kinematografische zwischen Text und Körper*, Berlin.
Pasolini, Pier Paolo (1979), *Ketzererfahrungen. Schriften zu Sprache, Literatur und Film* (1972), München/Wien.
Peters, Jan Marie Lambert (1950), *De taal van de film. En linguistisch-psychologisch onderzoek naar de aard en den betekenis van den expressiemiddel film*, Den Haag.
Rodowick, David N. (2014), „A Care For The Claims Of Theory", in: ders., *Elegy for theory*, Cambridge, Mass./London, 168–199.
Sartre, Jean-Paul (1981), *Was ist Literatur?* (1947), Reinbek bei Hamburg.
Sartre, Jean-Paul (1982), *Saint Genet, Komödiant und Märtyrer* (1982), Reinbek bei Hamburg.
Saussure, Ferdinand de (1967), *Grundfragen der allgemeinen Sprachwissenschaft* (1916), Berlin.
Seel, Martin (2013), *Die Künste des Films*, Frankfurt am Main.
Souriau, Étienne (1997), „Die Struktur des filmischen Universums und das Vokabular der Filmologie", in: montage/av 6/2, 140–157.
Stam, Robert (2000), *Film Theory. An Introduction*, Malden/Oxford/Carlton.
Tröhler, Margit (2019), „Film als Sprache. Semiotik des Films und Strukturalismus", in: Bernhard Groß/Thomas Morsch (Hg.), *Handbuch Filmtheorie*, Düsseldorf.
Wiesing, Lambert (2005), *Artifizielle Präsenz. Studien zur Philosophie des Bildes*, Frankfurt am Main.

Gilles Deleuze (1925–1995) – das Kino à la Bergson

9

In Arthur Penns *Die heiße Spur* (*Night Moves,* USA, 1975) antwortet der Privatdetektiv Harry Moseby auf die Frage seiner Frau, ob er sich mit ihr einen Film von Eric Rohmer im Kino ansehen wolle, er habe schon einmal einen gesehen und es sei so, als würde man einer Farbe beim Trocknen zusehen. Gemeint ist damit wohl, dass man es hier einfach nur mit einem Verfließen von Zeit zu tun habe, weil weder actionreiche Bewegungen noch Spannung erzeugende Handlungen diese Zeit ausfüllen. Was bleibt, wenn sich nichts mehr tut, ist wie trocknende Farbe, die zu allem Überfluss auch noch für Kunst gehalten werden soll. Dieser bissige Seitenhieb auf den europäischen Autorenfilm erfährt natürlich schon deswegen eine ironische Brechung, weil er einem grobschlächtig und orientierungslos wirkenden Sturkopf in den Mund gelegt wird, dem jegliches Interesse und erst recht jeder Sachverstand für den Bereich der Kunst wohl eher fremd ist.

Aber wie oberflächlich dieser Kommentar auf den ersten Blick auch scheinen mag, so trifft er nichtsdestotrotz sehr pointiert den Hauptgedanken von Gilles Deleuze, wenn dieser eigentlich genau so das *Zeit*-Bild des europäischen Kinos vom *Bewegungs*-Bild des Hollywoodkinos abgrenzt. Die Bewegung unterwirft sich der Zeit, sobald die Handlung in den Hintergrund tritt – in diesem Punkt sind sich der fiktive Privatdetektiv Moseby und der reale Philosoph Deleuze jedenfalls einig, wobei Letzterer es allerdings nicht bei einem Witz belässt, sondern diesen Gedanken so ausführlich ausbuchstabiert, dass es für eine zweibändige Filmtheorie ausreicht.

Nach einem viel zitierten Wort des Philosophen G. W. F. Hegel, einem der Hauptvertreter des Deutschen Idealismus, beginnt „die Eule der Minerva […] erst mit der einbrechenden Dämmerung ihren Flug" (Hegel 1986 [1821], 28), d. h. die Erkenntnis folgt erst wesentlich später den historischen Entwicklungen innerhalb der Wirklichkeit, die sie zu begreifen versucht. Hierfür wäre auch Deleuzes Position ein Beispiel, denn seine Filmtheorie aus den 1980er Jahren steht für den konsequenten Versuch, einem radikalen Bruch in der Filmgeschichte auf den Grund zu gehen, der sich bereits in den 1960er und 1970er Jahren ereignet hat. Es gibt nach Deleuze eine innovative Generation von Filmemachern, zu denen eben auch der von Moseby verspottete Eric Rohmer gehört, aber ebenfalls Jean-Luc Godard, Alain Resnais, Federico Fellini, Michelangelo Antonioni, Wim Wenders oder Werner Herzog. All diese Regisseure sind sich Deleuze zufolge darin einig, das traditionelle filmische Erzählen, wie es vor allem der klassische Hollywood-film perfektioniert und Christian Metz' Filmsemiotik analysiert hat (s. Kap. 8), als grundsätzlich fragwürdig und unzeitgemäß abzulehnen. Dass die Filme der genannten Regisseure sich daher auch immer als Reflexion auf die filmgeschichtliche Tradition begreifen lassen, motiviert Deleuze dazu, diese Filme nicht nur als Gegenstand, sondern auch als Diskussionspartner ernst zu nehmen, die auf ihre Weise einen gewichtigen Beitrag zu filmtheoretischen, aber – hier würde ein aktueller Philosoph und Filmtheoretiker wie Martin Seel zustimmen (Seel 2013, 231) – auch philosophischen Auseinandersetzungen leisten (vgl. Deleuze 1997a, b [1983], 11; siehe hierzu auch Stam 2000, 258 f.). Ob er die Äußerung des fiktiven Detektivs aus Penns *Die heiße Spur* so verstehen würde, ist allerdings eine andere Frage.

Gilles Deleuze hat seine voluminöse Filmtheorie 1983 und 1985 in zwei Bänden vorgelegt, die den Titel *Das Bewegungs-Bild* und *Das Zeit-Bild* tragen. Auf den ersten Blick scheint er dasselbe Ziel wie Metz zu verfolgen, denn gleich auf der ersten Seite des ersten Bandes *Das Bewegungs-Bild* wird erklärt, es gehe darum, eine „Taxinomie", einen „Klassifizierungsversuch" der „Bilder und Zeichen" (Deleuze 1997a, b [1983], 11) im Kino vorzunehmen. So viel ist immerhin richtig, dass beide Filmtheoretiker Bilder und Zeichen des Films klassifizieren wollen. Aber für Metz unterscheidet sich der Film durch seine *Narrativität* von der Fotografie, für Deleuze hingegen durch seine *Bewegung*. Deswegen gilt im Grunde fast alles, was Metz über den Film sagt, genauso gut für den Foto-Roman, der aus einer Abfolge von *unbewegten* Bildern besteht. Insofern das Kino nach Metz narrativ geworden ist, lässt es sich wie eine Sprache – eine *langage* – untersuchen. Es ist dann nicht mehr verwunderlich, wenn sich aus dieser Perspektive die Abfolge von filmischen Einstellungen einer gesprochenen Aussage zumindest annähert.

Deleuze hält nun sämtliche Versuche einer Anwendung der Linguistik auf den Film für „katastrophal" (Deleuze 2014a, b [1983], 80). Denn eine solche heuristische Angleichung des Bildes an die sprachliche Aussage führt letztlich nur dazu, die Bewegung des Bildes – „das Charakteristischste seiner sichtbaren Eigenschaft" (Deleuze 1997a [1985], 43) – aus dem Blick zu verlieren. Infolgedessen reduziert sich der Film auf einen Text, die einzelne Einstellung auf die Darstellung von Objekten, und die Theorie befasst sich eigentlich nicht mehr mit Bewegungs-Bildern, sondern nur noch mit stillgestellten Bildern, deren Bewegung lediglich in ihrer Aufeinanderfolge liegt (vgl. ebd., 44). Im Unterschied dazu versteht Deleuze den Film konsequent von der Bewegung her und beschreibt ihn daher als eine ständige „Modulation" von Gegenständen, aber auch von Bewegungen, Tönen und Lichtern (vgl. ebd., 44; Deleuze 2014a, b [1983], 80).

Gleich zu Anfang nennt Deleuze mit Charles Sanders Peirce und Henri Bergson nun die Hauptreferenzautoren der eigenen Position. Während Metz sich bekanntlich vorwiegend an Saussure orientiert, nimmt Deleuze hingegen Peirce zum Vorbild, weil jener amerikanische Philosoph, wie es heißt, die bisher „vollständigste und vielgestaltigste" (Deleuze 1997a, b [1983], 11; vgl. hierzu Vandenbunder 1997) Klassifizierung von Zeichen vorgenommen hat. Der Einfluss von Peirce bleibt insgesamt eher untergründig, wohingegen die Auseinandersetzung mit Bergson weitaus deutlicher für die beiden Kino-Bücher prägend ist. Denn dieser französische Philosoph soll im ersten Kapitel seiner Schrift *Materie und Gedächtnis* (1896) genau dasjenige überhaupt erst einmal entdeckt haben, was Deleuze das Bewegungs-Bild nennt (vgl. Deleuze 1997a, b [1983], 11). Was Filme überhaupt sind, lässt sich nach Deleuze nur vor dem Hintergrund von Bergsons Philosophie verstehen: Kurz, das Kino ist Bergsonianisch.

9.1 Die kinematografische Illusion in Philosophie und Kinematografie

Wenn Deleuze das Bewegungs-Bild in den Mittelpunkt seiner Filmtheorie rückt, dann versucht er zunächst, das Grundprinzip der filmischen Darstellung *mit* und zugleich *gegen* Bergson zu verteidigen. Es handelt sich hierbei um ein philosophiegeschichtliches Vorprogramm zur eigentlichen Filmtheorie, das aber gerade deren systematische Grundlagen entwickeln will. Der Vorwurf von Bergson, auf den Deleuze eine Antwort geben will, lautet, dass die technische Erfindung des Films in einer philosophischen Tradition steht, welche außerstande ist, die Zeit, die Bewegung und das Werden gedanklich zu fassen. Was das Kino betrifft, so bezieht sich Bergson hauptsächlich auf die Art und Weise, wie Filme Bewegungen zur Erscheinung bringen. Es handelt sich dabei nämlich eigentlich um eine *Illusion,* und die wird bei der Zuschauerin durch eine Reihe von unbewegten Einzelbildern – also Fotografien – hervorgerufen, welche in einer schnellen Aufeinanderfolge vorgeführt werden. Dieser sogenannte Stroboskopeffekt beruht im Kino seit Jahrzehnten üblicherweise auf 24 Bildern pro Sekunde, davor waren es 18 Bilder pro Sekunde, neuere Kino- und 3D-Filme verwenden 48, Computerspiele kommen heutzutage sogar auf 60–240 Bilder pro Sekunde. Die wahrgenommene Bewegung ist deswegen eine Täuschung, weil ja ‚in Wirklichkeit' nur eine Abfolge von *unbewegten* Einheiten zu sehen ist, „die so ausgewählt werden, daß ein Eindruck von Kontinuität entsteht" (ebd., 18).

Für Bergson ist das Kino, wie er in seinem Buch *Schöpferische Evolution* (1907) betont, im Grunde der technische Höhepunkt eines jahrtausendealten philosophischen Irrtums, d. h. die kinematografische Illusion ist also weitaus älter als die Kinematografie (vgl. Bergson 2013 [1907], 345 f.). Insofern der Film nämlich Bewegung durch eine Addition von unbeweglichen Einheiten konstruiert, folgt er eigentlich der Hauptströmung des philosophischen Denkens ebenso wie der modernen Wissenschaft – und eigentlich schon der alltäglichen Wahrnehmung: Immer geht es darum, innerhalb von Veränderung und Bewegung feste, unveränderliche und unbewegliche Formen zu finden, die als primär gesetzt werden, um dann im Anschluss Veränderung und Bewegung als etwas Sekundäres hieraus abzuleiten (vgl. Fihman 1997, 74 f.).

So verfährt auch schon Platons Philosophie, wenn sie auf der Suche nach zuverlässiger und sicherer Erkenntnis schließlich beim Unveränderlichen, Unbewegten und Ewigen – nämlich den Ideen – einen Halt findet: „Das bedeutet, daß man bei der Philosophie der Ideen ankommt, wenn man den kinematographischen Mechanismus der Intelligenz bei der Analyse der Wirklichkeit anwendet" (Bergson 2013 [1907], 356). Wenn Platon die veränderliche Welt der sinnlichen Dinge auf die unveränderliche Ideenwelt zurückführt, so handelt es sich hierbei Bergson zufolge schlichtweg um das konsequente Ergebnis der „kinematographische[n] Tendenz der Wahrnehmung und des Denkens" (ebd., 368). So bestätigt auch die kinematografische Illusion des Kinos im 20. Jahrhundert nur, was Platon und andere Philosophen wie Parmenides oder Zenon mehr als 2000 Jahre zuvor ohnehin schon gedacht haben: Bewegung ist nur eine Illusion, eigentlich ein Nichts.

Die Schwierigkeit, gegen die kinematografische Illusion anzukämpfen, unterschätzt Bergson allerdings keineswegs,

> „weil unser Gedächtnis die Gewohnheit hat, die von ihm Zug um Zug wahrgenommenen Elemente in einem gedanklichen Raum aufzureihen, weil es sich das *vergangene* Nacheinander immer in Form des Nebeneinander vorstellt […]. Und da nun das künftige Nacheinander schlußendlich zu einem vergangenen Nacheinander wird, reden wir uns ein, daß die künftige Dauer dieselbe Behandlung zulasse wie die vergangene Dauer, daß sie schon jetzt abrollbar sei und daß die Zukunft bereits da sei, als aufgerollte, schon auf die Leinwand gemalte" (ebd., 384).

Um überhaupt zu verstehen, was eine Bewegung ist, kommt es also zunächst darauf an, sie in scharfer Abgrenzung zum Raum zu begreifen.

9.2 Das reine Bewegungs-Bild und die Metaphysik des Films

Deleuze versucht nun im Folgenden den Film gegen Bergsons Vorwurf, dass er einem falschen Konzept von Bewegung unterworfen sei, zu verteidigen. Hierbei argumentiert er mit dem Bergson von *Materie und Gedächtnis* (1896) gegen den Bergson der *Schöpferischen Evolution* (1907). Wie Deleuze erklärt, hat Bergson im ersten Kapitel seines Buchs *Materie und Gedächtnis* nämlich ausführlich das Bewegungs-Bild beschrieben – auch wenn er dabei überhaupt nicht an den Film denkt. Obwohl der Begriff des Bewegungs-Bildes ebenso wie der des Zeit-Bildes „ganz und gar eine Erfindung von Deleuze ist" (Fihman 1997, 80), so gebührt der Sache nach dennoch Bergson das Verdienst, mit dem Bewegungs-Bild zugleich auch das wesentliche Charakteristikum des Films entdeckt zu haben. Und insofern der Film selbst sich aus solchen Bewegungs-Bildern zusammensetzt, widerspricht er selbst gerade jenem reduktionistischen Verständnis von Bewegung und Zeit, das ihm Bergson elf Jahre später fälschlicherweise zum Vorwurf macht.

Zweifellos setzt sich in technischer Hinsicht der Film aus Momentbildern zusammen, aber – und an dieser Stelle argumentiert Deleuze ausnahmsweise ein-

9.2 Das reine Bewegungs-Bild und die Metaphysik des Films

mal phänomenologisch – die filmische Bewegung ist dennoch im Bild *unmittelbar* – also gleichzeitig mit seinem Erscheinen für den Zuschauer – gegeben: „Kurz, der Film gibt uns kein Bild, das er dann zusätzlich in Bewegung brächte – er gibt uns unmittelbar ein Bewegungs-Bild" (Deleuze 1997a, b [1983], 15). So besteht der Film nicht aus *unbeweglichen,* sondern aus *beweglichen* Schnitten, denn wir sehen ja nicht zunächst Unbewegtes, das erst im Nachhinein in Bewegung versetzt wird. Was wir sehen, sind vielmehr Bewegungs-Bilder und keine Abfolge von bewegungslosen Bildern bzw. Fotografien.

Wie Deleuze allerdings einräumt, entspricht der Film in seinen Anfangsjahren – Bergson formuliert seine Kritik 1907 und kennt deshalb natürlich auch nur diese Anfangsjahre (zu Bergsons Kinoerfahrung vgl. Fihman 1997, 76) – noch gar nicht solchen Bewegungs-Bildern, weil der Standort der Kamera fixiert ist und die Einstellung dementsprechend *unbeweglich* und ausschließlich *räumlich* (vgl. Deleuze 1997a, b [1983], 15 f.). Insofern die Bewegung sich deshalb niemals von den Personen und Dingen lösen kann, gibt es *Bewegung im Film*, aber keine *Bewegung des Films*. Letzteres wird erst möglich, sobald die Montage und die bewegliche Kamera die Bilder selbst in Bewegung versetzen. Von nun an bewegt sich der Film als Ganzes (vgl. ebd., 44; siehe auch Schaub 2003 [2006], 90–93).

Im Unterschied zum Theater ist der filmische Raum dann nicht mehr statisch, sondern – hierauf hat der Kunsthistoriker Erwin Panofsky hingewiesen – es lässt sich von einer „*Dynamisierung des Raumes*" und einer entsprechenden „*Verräumlichung der Zeit*" (Panofsky 1993 [1947], 22) sprechen: Natürlich hat die Kinozuschauerin einen festen Platz genauso wie die Theaterzuschauerin, aber als „Subjekt der ästhetischen Erfahrung" ist sie fortwährend in Bewegung:

> „Ästhetisch ist er in ständiger Bewegung, indem sich sein Auge mit der Linse der Kamera identifiziert, die ihre Blickweite und -richtung ständig ändert. Ebenso beweglich wie der Zuschauer ist aus demselben Grund der vor ihm erscheinende Raum. Es bewegen sich nicht nur Körper im Raum, der Raum selbst bewegt sich, nähert sich, weicht zurück, dreht sich, zerfließt und nimmt wieder Gestalt an – so erscheint es durch wohlüberlegte Bewegung und Schärfenänderung der Kamera, durch Schnitt und Montage der verschiedenen Einstellungen – nicht zu reden von Spezialeffekten wie Erscheinungen, Verwandlungen, Unsichtbarwerden, Zeitlupen-, Zeitraffer-, Negativ- und Trickfilmaufnahmen. Eine Welt von Möglichkeiten öffnet sich, von denen das Theater niemals träumen kann" (ebd., 22 f.).

Um den Faden von Deleuzes Bergson-Interpretation wieder aufzunehmen: Was ist mit der Behauptung gemeint, Bergson beschreibe Bewegungs-Bilder und zeige damit unbeabsichtigt die Besonderheit des Films auf? Ein kurzer Blick auf das erste Kapitel von *Materie und Gedächtnis* soll Aufschluss über die Grundgedanken geben, die für Deleuzes Filmtheorie wichtig geworden sind: Wenn Bergson dem Verhältnis zwischen Körper und Geist auf den Grund gehen will, dann sucht er nach einem dritten Weg zwischen Idealismus und Materialismus.

Während der Idealismus von *Vorstellungen* spricht, weil er die Objekte nur im Verhältnis zum Subjekt untersucht, und der Materialismus dagegen von *Dingen*, weil auch das Subjekt für ihn nur ein Ding wie alle anderen ist, hält Bergson eine Alternative zur gängigen Terminologie für unvermeidlich:

> „Für uns ist die Materie eine Gesamtheit von ‚Bildern'. Und unter ‚Bild' verstehen wir eine Art der Existenz, die mehr ist als was der Idealist ‚Vorstellung' nennt, aber weniger als was der Realist ‚Ding' nennt – eine Existenz, die halbwegs zwischen dem ‚Ding' und der ‚Vorstellung' liegt" (Bergson 1991 [1896], I).

Subjekt und Objekt werden also zunächst gleichermaßen als Bilder aufgefasst; und Bilder befinden sich genauso wie Vorstellungen in einer fortwährenden Aufeinanderfolge, also in einem Fluss der Bewegungen, aber genauso wie Dinge existieren sie nicht nur im Bewusstsein eines Subjekts. Hier findet Deleuze nun die wesentliche Gleichsetzung zwischen Bild und Bewegung, die seiner Ansicht nach geradezu notwendig zum Verständnis des Kinos ist. Denn in Bergsons Ausführungen werden die Bilder mit ihren Wirkungen aufeinander, mit ihren Aktionen und Reaktionen, identifiziert (vgl. ebd., 3; Deleuze 1997a, b [1983], 85). Alles ist daher fortwährend in Bewegung und verändert sich. In einer so verstandenen Welt herrscht eine „absolute Identität von Bild und Bewegung" und damit auch „die Identität von Bewegungs-Bild und Materie" (ebd., 87). Indem Bergson von Bildern spricht, setzt er ein Primat der Bewegung vor den Körpern – eine Auffassung, der Deleuze sich grundsätzlich anschließt: „Im Bewegungsbild gibt es noch keine Körper" (ebd., 89). Die festen Körper – jene „unbewegliche[n] Momentschnitte" (ebd., 88) – sind für Bergson nur nachträgliche provisorische und vor allem pragmatische Einheiten, die dem Zweck des Überlebenskampfes dienen:

> „In Wirklichkeit verändert sich jeder dieser Körper in jedem Augenblick. Zunächst löst er sich in eine Gruppe von Qualitäten auf, und jede Qualität, so sagten wir, besteht aus einer Abfolge elementarer Bewegungen" (Bergson 2013 [1907], 342).

Deleuze interpretiert das Universum, so wie Bergson es beschreibt, als einen „Materiestrom, in dem kein Verankerungs- oder Bezugszentrum angebbar wäre" (Deleuze 1997a, b [1983], 86). Es handelt sich daher um eine *qualitative* und keine *quantitative* Mannigfaltigkeit. Das bedeutet, die einzelnen Elemente sind nicht räumlich voneinander getrennt, sodass sie als eine Summe gezählt werden können. Vielmehr durchdringen sie sich wie etwa die Gedanken und Gefühle im menschlichen Bewusstsein und bilden eine Ganzheit. Die kleinste Einheit ist hier kein *unbeweglicher* Schnitt, also kein räumlicher Körper, sondern eben ein *beweglicher* Schnitt, das heißt ein Bewegungs-Bild mit einem „Raum-Zeit-Block" (ebd., 88), der noch diesseits der natürlichen Dingwahrnehmung liegt.

Die filmtheoretische Relevanz von Deleuzes Bergson-Interpretation zeichnet sich ab, wenn die Gesamtheit von Bewegungs-Bildern, jene von Bergson heraufbeschworene kosmische Ursuppe, nun als „Film an sich", als „Meta-Film" (ebd., 88; vgl. Schaub 2006 [2003], 94) charakterisiert wird. Aus dem Blickwinkel von Deleuze kehrt die technische Erfindung des Films im Grunde schließlich zu genau dieser ursprünglichen Welt der reinen Bewegungs-Bilder ohne Subjekt und Objekt zurück (vgl. Deleuze 1997a, b [1983], 94). So heißt es kurz und bündig, dass „mit

9.2 Das reine Bewegungs-Bild und die Metaphysik des Films

dem Film [...] die Welt ihr eigenes Bild" (ebd., 85) wird. Wenn der Film nämlich aus einem Dahinfließen von Bewegungs-Bildern besteht, so korrespondiert er nach Deleuze schlichtweg mit der Wirklichkeit selbst und nicht nur wie bei Münsterberg mit dem menschlichen Bewusstseinsstrom (s. Kap. 2).

Deleuze bringt an dieser Stelle Bergson nun gegen die Phänomenologie in Stellung: Denn anders als die Phänomenologie meint, soll sich der Film nicht nach dem Vorbild der subjektiven Wahrnehmung verstehen lassen. Deleuze bezieht sich mit seiner Kritik wohl implizit auf jenen Aufsatz von Maurice Merleau-Ponty mit dem Titel „Das Kino und die neue Psychologie" (1948), in dem es nach einleitenden Worten über die Fortschritte von Phänomenologie und Gestaltpsychologie programmatisch heißt:

> „Wenn wir nun den Film als ein Objekt der Wahrnehmung betrachten, können wir all das, was eben über die Wahrnehmung gesagt wurde, auf die Wahrnehmung des Films anwenden. Und man wird sehen, daß die Eigenart und die Bedeutung des Films unter diesem Gesichtspunkt klarwerden" (Merleau-Ponty 2000 [1948], 73).

Kurz, es ist „die Wahrnehmung, die uns die Bedeutung des Kinos verstehen läßt" (Merleau-Ponty 2000 [1948], 79). Nach Deleuze geht der Film aber ganz im Gegenteil hinter die Wahrnehmung zurück in eine Welt, in der es die Wahrnehmung von einem Zentrum in der Welt aus noch gar nicht gibt. Da Filme durch Kamerabewegungen und Montage fortwährend den Rahmen ihres Bildausschnitts – also die Kadrierung – verändern, führen sie „zu einer Wiederherstellung von ausgedehnten Zonen ohne Zentrum, ohne Bildfeldbegrenzungen" (Deleuze 1997a, b [1983], 94). Von einer Wahrnehmung ohne Zentrum kann nach Deleuze deswegen gesprochen werden, weil die Kamera keinen fixierten Standort wie im frühen Stummfilm hat, sondern fortwährend von Einstellung zu Einstellung und sogar innerhalb einer Einstellung die Perspektive wechselt. Auf diese Weise wird dann vor Augen geführt, wie sich die Wahrnehmung in jenem Ursprung der Welt abspielen würde, in dem der Leib des Subjekts und die Dinge der Welt noch ganz und gar in dem genannten Materiestrom eingeschmolzen sind.

Aus dem ständigen *Wechsel* des Zentrums bzw. des Standorts der Kamera innerhalb eines Films wird also auf das *Fehlen* eines Zentrums geschlossen. Wenn diese Überlegungen kritisch gegen die Phänomenologie gewendet werden, dann ignoriert Deleuze absichtlich die Beweglichkeit der leiblich-natürlichen Wahrnehmung, die ohne jeden Zweifel eine *Veränderlichkeit* des Standorts einschließt. Und umgekehrt wird ignoriert, dass doch auch die filmische Wahrnehmung – selbst, wenn sie sich fortwährend verändert – mit jeder Veränderung unvermeidlich wieder einen *Standort* einnimmt, wenn auch jedes Mal einen neuen. Und dies gilt nicht nur für Anfang und Ziel, sondern gleichermaßen für den gesamten *Verlauf* der Bewegung.

Eine Wahrnehmung mit *ständig wechselndem* Standort ist also noch lange keine Wahrnehmung *ohne* Standort. Im Übrigen wäre eine solche standortlose Wahrnehmung, die die Welt von nirgendwoher erfassen würde, nicht einmal in der Fantasie vorstellbar. So schreibt der Phänomenologe Jean-Paul Sartre:

„Für mich ist dieses Glas links von der Karaffe, etwas dahinter; für Pierre ist es rechts, etwas davor. Es ist nicht einmal denkbar, daß ein Bewußtsein so über der Welt schweben könnte, daß ihm das Glas gleichzeitig rechts und links der Karaffe, davor und dahinter gegeben wäre" (Sartre 1994 [1943], 544 f.).

Anders als Deleuze, der eine Wahrnehmung diesseits von Leib und Ding beschwört, hält auch Merleau-Ponty genau wie Sartre eine Wahrnehmung ohne leibliches Zentrum für ausgeschlossen: „Bewußtsein ist Sein beim Ding durch das Mittel des Leibes" (Merleau-Ponty 1966 [1945], 167 f.). Abgesehen davon, stellt sich natürlich auch die Frage, was denn eine solche Wahrnehmung in einer Welt zu sehen bekäme, in der es ja noch gar keine unbeweglichen Momentschnitte, also noch gar keine Körper gäbe (vgl. Deleuze 1997a, b [1983], 88)? Es bleibt nur die eine mögliche Antwort: Bewegungen ohne Bewegtes. Dies wird natürlich auch im Film bestenfalls annäherungsweise erreicht. Um ein sehr frühes Filmbeispiel zu nennen: In den impressionistischen Sequenzen einer Schneeballschlacht von Abel Gances *Napoleon* (FR, 1928) löst die entfesselte Kamera die anfangs zu sehenden Menschen und Dinge in eine Reihe von verschwommenen visuellen Eindrücken auf.

Deleuze verspricht sich also im Grunde vom Kino einen Einblick in das Wesen der Wirklichkeit, weil es uns das unablässige Fließen der Bewegungs-Bilder vor Augen führt. So interpretiert er Samuel Becketts Film mit dem schönen Titel *Film* (USA, 1965) als konsequenten Versuch, der Frage auf den Grund zu gehen, was Bilder vor dem Auftreten des Menschen sein könnten (vgl. ebd., 99). Deleuzes Beschreibungen von einzelnen Szenen, die dies belegen sollen, sind zwar sehr detailliert und scharfsinnig, aber dennoch wird aus ihnen eigentlich nicht deutlich, inwiefern Becketts *Film* reine Bewegungs-Bilder präsentiert und damit veranschaulicht, wie das Kino grundsätzlich zum ‚Ursprung der Welt' jenseits aller Zurichtung durch die kinematografische Illusion zurückzukehren vermag (vgl. ebd., 97–99; siehe hierzu ausführlich Schaub 2006 [2003], 97–109).

Als Zwischenbilanz lässt sich jedenfalls festhalten: Um die Bewegung – gerade auch diejenige des Films – zu verstehen und die kinematografische Illusion mit aller erforderlichen Konsequenz zu vermeiden, muss man sich nach Bergson und Deleuze jenseits der Dinge in die reine Bewegung zurückversetzen bis zu dem Moment, in dem die Bewegungs-Bilder zu Wahrnehmungsobjekten gerinnen. Wenn Bewegung und Veränderung in ihrer Eigenart – unverstellt durch die kinematografische Illusion – in den Blick kommen, dann wird nach Deleuze auch erstmals ein adäquates Verständnis des Kinos möglich, weil das Kino gerade aus diesem Zusammenfallen von Bewegungen und Bildern besteht. Hierfür ist es allerdings erforderlich, die Bewegung nicht von den festen Körpern, den unbeweglichen Schnitten, aus zu rekonstruieren, sondern umgekehrt die festen Körper von der Bewegung aus. Denn nur dann lässt sich die absurde Konsequenz vermeiden, dass sich die Bewegungen aus Unbewegtheiten zusammensetzen – allerdings um den Preis, dass sich dafür nun umgekehrt die Unbewegtheiten aus Bewegungen zusammensetzen.

9.3 Von den Bewegungs-Bildern zu den Wahrnehmungs-, Aktions- und Affekt-Bildern

Wie sich herausgestellt hat, folgt Deleuze – anders als eine phänomenologisch inspirierte Filmtheorie – nicht den Spuren der leiblichen Wahrnehmung, sondern er geht im Rückgriff auf Bergson dahinter zurück auf die Ebene eines diffusen Materiestroms, in dem es Bewegungsbilder, aber noch keinen Leib und daher auch keine leiblich zentrierte Wahrnehmung gibt. Gerechtfertigt soll dieses Vorgehen deswegen sein, weil Filme selbst zunächst aus nichts weiter als aus Bewegungs-Bildern bestehen. Diese Bewegungs-Bilder differenzieren sich aber innerhalb eines jeden Films nun noch einmal genauer aus, und um diese Ausdifferenzierung zu begreifen, wendet sich Deleuze erneut dem von ihm so hochgeschätzten ersten Kapitel von Bergsons *Materie und Gedächtnis* zu.

Denn Bergson selbst stellt sich nun die Frage, wie sich aus dem unaufhörlichen Fließen der Bewegungs-Bilder so etwas wie Bewusstsein, Leib und Dinge herausbildet. Mit anderen Worten, er unternimmt nun den der kinematografischen Illusion entgegengesetzten Versuch, Körper aus dem Fließen der Bewegungs-Bilder bzw. den Raum aus der Zeit abzuleiten. Ausschlaggebend hierfür sollen die lebenden Bilder sein, also die Lebewesen. Lebewesen werden als *Indeterminationszentren* in einem nichtzentrierten Universum der Bewegungs-Bilder bezeichnet (vgl. Bergson 1991 [1896], 16 f.).

Grundsätzlich verhält es sich nach Bergson so, dass jedes einzelne Atom alles erfährt und auf alles reagiert, weil zumindest im Grenzfall das ganze Universum darauf einwirkt. Im Unterschied dazu treffen Lebewesen jedoch eine *Auswahl* aus allen möglichen Bewegungen. So nehmen sie auch schlichtweg nur das wahr, was für die eigenen Lebensbedürfnisse von Relevanz ist: Wahrnehmung „resultiert, wenn wir alles eliminieren, was für unsere Bedürfnisse oder allgemeiner: unsere Funktionen ohne Interesse ist" (ebd., 23; vgl. Deleuze 1997a, b [1983], 91). Auf diese Weise denkt sich Bergson also den Übergang vom Bewegungs-Bild zum *Wahrnehmungs-Bild:* Sobald ein Bewegungs-Bild – gleich welcher Art auch immer – auf ein *lebendiges* Bewegungs-Bild stößt, das zwischen relevanten und irrelevanten Bewegungen und Wirkungen auf es selbst unterscheiden kann, verwandelt es sich in ein *Wahrnehmungs*-Bild. Deleuze beschreibt dieses Wahrnehmungs-Bild als ein „Sichtbarwerden der Bildeinwirkung" (ebd., Deleuze 1997a, b [1983], 92).

Auswahl und Abstand finden sich aber nicht nur bei den *Reizen,* die auf das Subjekt einwirken, sondern auch bei den *Reaktionen,* mit denen das Subjekt nun umgekehrt auf die Welt einwirkt. Denn es besteht nach Bergson – und Deleuze wird ihm hierin folgen – ein fest verknüpfter sensomotorischer Zusammenhang zwischen Wahrnehmung und Handlung, insofern die Wahrnehmung ohnehin nur die für das Lebewesen nützlichen Aspekte der Dinge erfasst und sich von hier aus geradezu unmerklich in Handlungen fortsetzt. Jede Wahrnehmung ist somit „eine elementare Frage an meine motorische Tätigkeit" (Bergson 1991 [1896], 30) oder – oder wie es pointiert in *Schöpferische Evolution* heißt:

"[D]ie klaren Konturen, die wir einem Gegenstand zuschreiben [...], sind nichts als die Skizze einer bestimmten Art von *Einfluß*, den wir an einem bestimmten Punkt im Raum ausüben könnten: Es ist der Plan unserer möglichen Handlungen, der unserem Auge wie durch einen Spiegel zurückgeworfen wird" (Bergson 2013 [1907], 22).

Handlungen sind also genau jene Bewegungen des Lebewesens, mit denen es nach eigenem Ermessen auf diejenigen Bewegungen reagiert, denen es vonseiten der Welt ausgesetzt ist (vgl. Deleuze 1997a, b [1983], 95). Solche zeigen sich nun in *Aktions*-Bildern. Aber außer den Wahrnehmungs- und den Aktions-Bildern existiert nach Bergson noch eine dritte Metamorphose des Bewegungs-Bildes, nämlich das *Affekt*-Bild, das zwischen Wahrnehmung und Handlung liegt und sich auf die Art und Weise bezieht, wie das Subjekt sich selbst wahrnimmt und spürt. Bergson denkt hierbei vor allem an die leibliche Selbstwahrnehmung:

"Ich finde also in der Gesamtheit der Bilder ein vor den andern bevorzugtes Bild, das in seiner Tiefe und nicht nur an seiner Oberfläche wahrgenommen wird, Sitz von Empfindungen und zugleich Quelle von Tätigkeit ist: dieses besondere Bild mache ich zum Mittelpunkt meines Universums und zur physischen Grundlage meiner Persönlichkeit" (Bergson 1991 [1896], 49).

In Deleuzes Interpretation taucht der Affekt in dem Intervall „zwischen einer in gewisser Hinsicht verwirrenden Wahrnehmung und einer verzögerten Handlung" (Deleuze 1997a, b [1983], 96) auf. Insgesamt lässt sich jedenfalls zusammenfassen: Beim Aufprall auf ein lebendiges Bild differenzieren sich die Bewegungs-Bilder in insgesamt drei Sonderformen: Wahrnehmungs-, Affekt- und Aktions-Bilder.

Wie sich herausgestellt hat, kritisiert Bergson nun einerseits die kinematografische Tendenz von Wahrnehmung und Denken, die alle Bewegung auf unbewegte räumliche Einheiten zurückzuführen versucht, andererseits schlägt er den umgekehrten Weg ein und leitet alle unbewegten räumlichen Einheiten aus einem ursprünglichen chaotischen Fließen von Bewegungen ab. Auf diese Weise versucht er schließlich auch den Nachweis zu erbringen, inwiefern die kinematografische Tendenz im Dienst handfester lebenspraktischer Bedürfnisse steht – auch wenn sie sich wie bei Platon in die höchsten Höhen der Ideenwelt aufschwingt.

Nachdem Bergson in seiner Erstlingsschrift *Zeit und Freiheit* (1889) mit sehr viel Überzeugungskraft die Nichtreduzierbarkeit der Dauer – also der erlebten Zeit – auf den Raum nachgewiesen hat, hätte er es allerdings auch dabei bewenden lassen können. Wer wollte bestreiten, dass die Übertragung des zeitlichen Nacheinanders in ein räumliches Nebeneinander hilfreich ist, um die Zeit zu messen, aber keinesfalls der Art und Weise entspricht, wie wir ursprünglich die Zeit erleben? Aber in *Materie und Gedächtnis* sowie in *Schöpferische Evolution* stürzt Bergson sich nun mitten hinein in die Prioritätsstreitigkeiten einseitiger Erklärungsmodelle und dreht den Spieß einfach um.

So wie Bergsons Antipoden in der modernen Wissenschaft – jene Opfer und Komplizen der kinematografischen Illusion – sich nicht damit begnügen, das *pragmatische Eigenrecht der messbaren Zeit* zu behaupten, sondern von hier aus zu allem Überfluss auch noch das *metaphysische Vorrecht des Raums* vor der Zeit schlechthin geltend machen, schlägt Bergson im Gegenzug wiederum denselben Weg in die entgegengesetzte Richtung ein: Er begnügt sich nicht mit dem *phänomenalen Eigenrecht der erlebten gegenüber der messbaren Zeit*, sondern, in die Offensive gehend, behauptet er außerdem noch das *metaphysische Vorrecht der Zeit* gegenüber dem Raum im Allgemeinen.

Was Deleuze betrifft, so wird nicht ganz klar, ob es sich hierbei nun um Dekonstruktion oder postmoderne Spielfreude handelt, aber es drängt sich insgesamt doch der Schluss auf, dass er sich der Auffassung Bergsons anschließt. Deleuze nimmt Bergsons metaphysische Spekulationen über das Wesen der Wirklichkeit und die Genesis von Wahrnehmung, Affekt und Aktion aus dem Fließen der Bewegungs-Bilder auf und überträgt sie auf den Film. Jeder einzelne Film soll zunächst eine spezifische Komposition aus diesen drei Bildtypen sein: So entspricht die Totale dem Wahrnehmungs-Bild, die Halbnahaufnahme dem Aktions-Bild und die Großaufnahme dem Affektbild (vgl. Deleuze 1997a, b [1983], 101 f.).

9.4 Das Bewegungs-Bild innerhalb eines sensomotorischen Schemas

Wie bereits erwähnt, ist Deleuzes Filmtheorie in zwei Bänden aufgeteilt, wobei der erste Band den Titel *Das Bewegungs-Bild* und der zweite Band den Titel *Das Zeit-Bild* trägt. So wie alle anderen bisher vorgestellten Ansätze behandelt auch Deleuze in diesen beiden Bänden nicht einfach nur ein spezielles Werk oder Genre, sondern er erhebt den Anspruch, den Film in seiner Gesamtheit zu thematisieren. Selbst wenn dieser mit allen Wassern des Poststrukturalismus und der Postmoderne gewaschene Denker einen solchen Begriff aus der philosophischen Tradition – der ihm gelegentlich sogar selbst unterläuft (vgl. ebd., 16) – mit Schaudern zurückweisen würde, so geht es doch nicht zuletzt um dasjenige, was man auch das ‚Wesen' des Films nennen könnte (vgl. Colman 2011, 200). Im Unterschied zu Eisenstein, Arnheim oder Kracauer, die ebenfalls nach dem Wesen des Films gesucht haben, verzichtet Deleuze jedoch auf jegliche Form der Bewertung:

> „Es versteht sich von selbst, daß jeder neu eingeführte Regisseur durch sich selbst bewertet wird: Das Kino ist nichts anderes als die von den bedeutenden Regisseuren erfundene Kunst" (Bellour 1997, 48).

Wie bereits aus den Titeln der beiden Bände ersichtlich wird, ist nun die Hauptunterscheidung innerhalb von Deleuzes Klassifikation eben diejenige zwischen *Bewegungs-* und *Zeit*-Bildern. Da es sich bei dieser Zweiteilung, die für jeden beliebigen Film anwendbar sein soll, um eine Unterscheidung innerhalb der begrifflich übergeordneten Kategorie des Bildes handelt, lautet die naheliegendste Frage natürlich schlichtweg: Was versteht Deleuze denn überhaupt unter einem Bild, insbesondere unter einem filmischen Bild? In der Forschung ist man sich jedoch weitgehend darüber einig, dass man hier vergeblich nach einer solchen eindeutigen Bestimmung des Bildbegriffs sucht. Aus der Art und Weise, wie der Bildbegriff verwendet wird, lässt sich immerhin schließen, dass er in etwa der filmischen Einstellung entspricht. Aber hier wie auch sonst arbeitet Deleuze mit Begriffen, die er nirgendwo genauer bestimmt. Damit hängt wohl auch zusammen, dass ein Überblick über die umfangreiche Literatur zu seiner Filmtheorie zu einer bemerkenswert zwiespältigen Einschätzung führt: Einerseits gibt es kaum einen Autor, der einen größeren Einfluss auf die filmtheoretischen Diskussionen der Gegenwart ausgeübt hat, wobei gerade auch jene zentrale Gegenüberstellung von Bewegungs-Bild und Zeit-Bild maßgeblich prägend gewesen ist. Andererseits gilt aber ausgerechnet dieses Begriffspaar – wie ebenfalls in der neueren Forschung zu lesen ist – immer noch als dunkel und rätselhaft (vgl. z. B. Schaub 2006 [2003], 11; Schmidt 2005, 107; Rushton 2012, 3–6; siehe zu dieser Zweiteilung auch Bellour 1990).

Unstrittig ist zumindest, dass das erste Buch – *Das Bewegungs-Bild* – den traditionellen, narrativen Film thematisiert, in dem eine Handlung im Mittelpunkt steht. Das zweite Buch – *Das Zeit-Bild* – rückt demgegenüber den modernen, vor allem europäischen Film ins Zentrum, für den folglich das Zeit-Bild charakteristisch sein soll. Diese Gleichsetzung ist idealtypisch und soll keineswegs in Abrede stellen, dass im klassischen Film auch schon Zeit-Bilder und im modernen Film immer noch Bewegungs-Bilder zu finden sind (vgl. Fahle 2002, 97 f.). Was genau unter einem Zeit-Bild zu verstehen ist, erschließt sich jedoch nicht so einfach. Charakterisiert wird damit offensichtlich ein Kino, für das das Geschichtenerzählen und das Handeln der Protagonisten nicht mehr selbstverständlich sind.

Wie sich im vorangegangenen Abschnitt herausgestellt hat, differenziert sich das Bewegungs-Bild weiter in das Wahrnehmungs-, das Affekt- und das Aktions-Bild. Wenn nach Deleuze die Beziehung zwischen unterschiedlichen Bildern im Kino einem sensomotorischen Schema unterworfen ist, das die Wahrnehmung einer Situation mit einer Handlung verknüpft, dann realisiert sich durch den Zusammenhang der Bilder eine Erzählung (vgl. Deleuze 2014a, 77; Deleuze 2014a, b, 88; siehe hierzu auch Schmidt 2005, 98). Aus dieser Perspektive ist der narrative Charakter des Films, auf den sich Christian Metz hauptsächlich konzentriert (s. Kap. 8), also nur die Konsequenz einer bestimmten Zusammensetzung von Bewegungs-Bildern und ihrer Spezifizierung in Wahrnehmungs-, Affekt- und Aktions-Bildern:

> „Die Erzählhandlung ist niemals eine sichtbare Gegebenheit der Bilder oder die Wirkung einer ihnen zugrunde liegenden Struktur; vielmehr ist sie eine Konsequenz der selbst sichtbaren und von sich aus wahrnehmbaren Bilder" (Deleuze 1997a [1985], 43).

Noch einmal genauer lässt sich der sensomotorische Zusammenhang dieser Bilder auf die folgende Weise beschreiben: Personen befinden sich in Situationen, die wahrgenommen werden, bestimmte Affekte auslösen, und diese wiederum motivieren die Personen zu Handlungen, welche ihrerseits wieder auf die anfängliche Situation zurückwirken.

9.4 Das Bewegungs-Bild innerhalb eines sensomotorischen Schemas 217

> „Das Aktionsbild inspiriert ein Kino des Verhaltens, denn das Verhalten ist eine Handlung, die von einer Situation zu einer anderen führt; es antwortet auf eine Situation, die es zu modifizieren oder gänzlich zu erneuern versucht" (ebd., 211).

Es ist nicht überraschend, dass für Deleuze das *Aktions*-Bild die vorherrschende Form des Bewegungs-Bildes ist, denn was die jeweilige Einstellung überhaupt erst zu einem Bewegungs-Bild macht, ist ihre Zugehörigkeit zu einem Handlungsgeschehen (vgl. auch Schaub 2006 [2003], 95 f.; Colman 2011, 89–100). Ein klassisches Beispiel für ein *Wahrnehmungs*-Bild wäre die Kameraperspektive einer Totalen, welche einen Blick auf eine Landschaft bietet, die der Zuschauerin die Kulisse, aber auch den objektiven Anlass des Handelns erschließt (vgl. Deleuze 1997a, b [1983], 101; siehe hierzu auch Colman 2011, 65–78). Ein *Affekt*-Bild führt dem Publikum wiederum vor Augen, welche emotionalen Wirkungen jene objektive Situation auf den Filmhelden ausüben, die sich dann in Handlungen entladen (vgl. Deleuze 1997a, b [1983], 193):

> „Der Schauspieler kommt nie zur Ruhe: das ist das Mindeste, was sich sagen läßt. Wenn er nicht explodiert, lädt er sich auf, nie hält er still" (ebd., 212; vgl. Colman 2011, 87 f.; zur Korrekturbedürftigkeit der Übersetzung von ‚image-affection' mit ‚Affekt-Bild' ausführlich: Ott 2015).

An dieser Stelle bietet sich zum Vergleich ein kurzer Rückblick auf Béla Balázs an. Denn für Balázs steht nicht die Aktion, sondern der Affekt im Mittelpunkt, und wenn der Film uns Wahrnehmungen und Handlungen präsentiert, dann hängt deren künstlerische Qualität primär davon ab, inwiefern sie einen Beitrag zur Symphonie des sichtbaren emotionalen Ausdrucks leisten. Nach Balázs wäre also das, was Deleuze das Affekt-Bild nennt, der künstlerische Höhepunkt des Filmschaffens. Im Gegensatz zu Balázs ist für Deleuze die Aktion kein Wegbereiter für den Ausdruck, sondern umgekehrt der Ausdruck Wegbereiter für die Aktion. Aber immerhin würde er dem frühen ungarischen Filmtheoretiker so viel zugestehen, dass nicht nur das Spiel der Mienen und Gesten eines Schauspielers affektiv ist. Vielmehr ist grundsätzlich alles, was in einer Großaufnahme zu sehen ist, ein Affekt-Bild, weil die Großaufnahme, wie es heißt, aus allem einen Gesichtsausdruck macht: Was den Affekt ausdrückt, „ist ein Gesicht, das Äquivalent eines Gesichts (ein in ein Gesicht verwandeltes Objekt)" (Deleuze 1997a, b [1983], 136). Beispiele für solche Affekt-Bilder findet Deleuze in Georg W. Pabsts Film *Die Büchse der Pandora* (1929): „[D]a ist auch das gleißende Licht auf dem Messer, des Messers Schneide im Licht, das Entsetzen und die Schicksalsergebenheit Jacks, die Rührung Lulus" (ebd., 143).

Es lässt sich zusammenfassen: Wenn Deleuze das Gewicht des sensomotorischen Schemas für die Bewegungs-Bilder betont, dann will er darauf hinaus, dass alle drei Bildtypen in einem Verhältnis der wechselseitigen Bedingtheit stehen, dem Aktions-Bild hierbei aber die größte Bedeutung zukommt. Der narrative und realistische Film präsentiert entweder erstens Handeln in Aktions-Bildern, oder er stellt zweitens eine äußere Situation in Wahrnehmungs-Bildern dar, in der sich im nächsten Moment die Handlung abspielt, oder er zeigt drittens Leidenschaften in Affekt-Bildern, die eine Handlung motivieren. Das sensomotorische Schema der Bewegungs-Bilder artikuliert also einen dichten Zusammenhang von Wahrnehmungen, Emotionen und Handlungen, welche auf eine bestimmte Situation antworten und sie gegebenenfalls verändern – und man könnte sagen, je dichter dieser Zusammenhang ist, umso spannender ist der Film.

Umgekehrt bedeutet das aber auch: Wenn Wahrnehmungs- oder Affekt-Bilder nicht mehr in ein Handlungsgeschehen eingebettet sind, weil sie nicht mehr Aktions-Bilder motivieren, dann löst sich das sensomotorische Schema auf. Dies hat zur Konsequenz, dass das jeweilige Wahrnehmungs- oder Affekt-Bild aufhört, ein Bewegungs-Bild zu sein, und sich in ein Zeit-Bild verwandelt. Vorwegnehmend lässt sich sagen: Deleuze zufolge wird aus einem Wahrnehmungs-Bild, das nicht mehr zu einem Aktions-Bild überleitet, ein reines „Opto- und Sono-Zeichen" (Deleuze 1997a [1985], 26) – und das ist bereits eine Sonderform des Zeit-Bildes.

9.5 Die Äquivokation des Begriffs des Bewegungs-Bildes

Es lässt sich nicht übersehen, dass der Begriff des Bewegungs-Bilds bei Deleuze im Verlauf des ersten Bandes seiner Filmtheorie eine deutliche Äquivokation aufweist, denn es lassen sich zwei verschiedene Bedeutungen trennscharf einander gegenüberstellen: Erstens haben die vorangegangenen Abschnitte deutlich gemacht, dass es nach Bergson und Deleuze undifferenzierte Bewegungs-Bilder gibt, *bevor* sie zu Wahrnehmungs-, Affekt- und Aktions-Bildern gerinnen. Wenn Deleuze aber nun im Folgenden das Bewegungs-Bild als Gegenpol zum Zeit-Bild versteht, dann setzt er es mit der Handlung und der Erzählung gleich. Er verwendet diesen Begriff also nicht mehr für jenes ebenso chaotische wie rätselhafte Fließen der Bilder, aus dem sich Wahrnehmungen, Affekte und Aktionen erst im Nachhinein herauskristallisieren, sondern er meint den festgefügten sensomotorischen Zusammenhang, in dem Wahrnehmungs-, Affekt- und Aktions-Bilder eine Geschichte erzählen. Kurz, in der ersten Bedeutung ist das Bewegungs-Bild jener Materiestrom, jenes Vorbeirauschen von Bildern, das der Unterscheidung von Subjekten und Objekten vorausgeht; die zweite Bedeutung identifiziert das Bewegungs-Bild hingegen mit der Erzählung sowie der Handlung, womit selbstverständlich Subjekte und Objekte dieser Handlung vorausgesetzt werden, um von ihnen erzählen zu können.

Wenn sich aber zwei unterschiedliche Begriffe des Bewegungs-Bildes voneinander unterscheiden lassen, dann ist die Frage unvermeidlich, zu welchem dieser beiden Bewegungs-Bilder das Zeit-Bild denn nun den Gegenpol darstellen soll. An dieser Stelle soll für eine Interpretation argumentiert werden, nach der das Zeit-Bild im Gegensatz zum *zweiten* Begriff des Bewegungs-Bildes steht – d. h. zur Handlung und Narration und nicht zum Materiestrom. Hieran anknüpfend wäre das Zeit-Bild weniger als *Opposition,* sondern vielmehr als *Derivat* des Bewegungs-Bildes im *ersten* Sinne zu begreifen.

Dass das Bewegungs-Bild eigentlich die umfassendere Kategorie ist, zu deren Unterkategorien einerseits die Wahrnehmungs-, Affekt- und Aktions-Bilder aber andererseits gleichfalls auch die Zeit-Bilder gehören, erschließt sich allerdings nur, wenn man hierfür Deleuzes Bergson-Interpretation in Betracht zieht (s. 8.1.–3). Wenn der Strom der Bewegungs-Bilder – also das Bewegungs-Bild im ersten Sinne – in ein sensomotorisches Schema fließt, dann staut er sich in Wahrnehmungs-, Affekt- und Aktions-Bildern. Mit anderen Worten, es entsteht eine Handlung und eine Erzählung – eben Bewegungs-Bilder im zweiten Sinne. Wenn dieses sensomotorische Schema nun zerbricht, werden aus den Bewegungs-Bildern jedoch Zeit-Bilder.

Hier wäre dann zu fragen, ob das Zeit-Bild nicht einfach nur die Rückkehr zum Bewegungs-Bild im ersten Sinne ist. Tauchen also die Bilder, die von keiner Handlung mehr erzählen, einfach wieder in den Materiestrom ein? Oder lässt sich die Uhr nicht mehr zurückdrehen, weil der Film *nach* der Erzählung doch immer noch ein völlig anderer ist als der Film *vor* der Erzählung? Für die letztere Interpretation spricht die folgende Betrachtung: Das Wahrnehmungs-Bild unterscheidet sich vom Bewegungs-Bild im ersten Sinne dadurch, dass es kein chaotisches Fließen von Bildern, sondern ein identifizierbares und begrenztes Objekt zu sehen gibt. Vom Zeit-Bild unterscheidet sich das Wahrnehmungs-Bild wiederum dadurch, dass dieses Objekt nicht mehr in ein Handlungsgeschehen eingegliedert ist.

Der Übergang vom Bewegungs-Bild im zweiten Sinne zum Zeit-Bild bedeutet nach Deleuze zwar die Auflösung des sensomotorischen Schemas, aber nicht die Auflösung der festen Konturen der Dinge. In Begründungsnot kommt Deleuze aber dennoch, weil er sich grundsätzlich auf Bergsons Philosophie stützt und für Bergson das eine ohne das andere nicht zu haben ist. Mit anderen Worten, ohne sensomotorisches Band gibt es auch keine Dinge mehr zu sehen. Und umgekehrt folgt daraus: Solange es im Film noch Dinge zu sehen gibt, ist das sensomotorische Band auch noch nicht zerrissen. Nach Bergson gäbe es also für das Bewegungs-Bild im zweiten Sinn nur den *Rück*lauf zum Bewegungs-Bild im ersten Sinne, aber niemals den *Vor*lauf zum Zeit-Bild. Kurz, ohne Handlung und Erzählung plumpst das Bild einfach zurück in den Materiestrom.

9.6 Die kulturelle Krise der menschlichen Handlungsfähigkeit und die filmische Krise des Bewegungs-Bildes

Wie stellt sich Deleuze nun genauer den Übergang vom Bewegungs- zum Zeit-Bild vor? Im Verlauf der Filmgeschichte kommt es zu einer Krise des Aktions-Bildes, deren weitreichende Wurzeln wiederum in einer grundsätzlichen und über den Film hinausgehenden Krise von Handlung und Narration liegen. Wie soeben dargelegt worden ist, bereitet im traditionellen Film der Bewegungs-Bilder die Wahrnehmung die Handlung vor. Wenn die Situation, in der sich die Filmhelden befinden, sich jedoch dadurch auszeichnet, dass sie keinerlei angemessene Handlung mehr zulässt, mit der diese Situation sinnvoll beantwortet werden könnte, dann taucht ein Wahrnehmungs-Bild auf, das in kein Aktions-Bild mehr einmündet (vgl. Deleuze 2014a, 77; siehe auch Schaub 2006 [2003], 114–116).

Deleuze veranschaulicht dieses Hauptmerkmal der Krise des filmischen Erzählens am Beispiel von Roberto Rossellini, einem der Hauptvertreter des italienischen Neorealismus. In seinem Film *Deutschland im Jahre Null* (I, 1948) stirbt der 12-jährige Edmund buchstäblich an dem, was er sieht. Er erträgt die zerstörte und feindselige Welt um sich herum nicht mehr und stürzt sich vom Dach einer Ruine zu Tode; und in *Stromboli* (I, 1950), einem anderen Film von Rossellini, ist die Hauptfigur Karin ebenfalls überwältigt von dem, was sie sieht – die archaische Brutalität eines Thunfischfangs oder die Naturgewalt eines Vulkanausbruchs –, weil es zu schrecklich oder zu schön ist (vgl. Deleuze 1997a [1985], 12).

Für die jeweilige Hauptfigur aus den genannten Filmen Rossellinis gilt:

„Sie bewegt sich vergebens, rennt vergebens und hetzt sich vergebens ab, insofern die Situation, in der sie sich befindet, in jeder Hinsicht ihre motorischen Fähigkeiten übersteigt und sie dasjenige sehen und verstehen läßt, was nicht mehr von einer Antwort oder Handlung abhängt. Kaum zur Reaktion fähig, registriert sie nur noch" (ebd., 13).

Jegliche Handlung läuft ins Leere oder bleibt im Ansatz stecken, weil die Situation, die den Figuren zugemutet wird, ihre Handlungsmöglichkeiten schlichtweg überfordert. Die Protagonisten sind „nicht mehr in einer sensomotorischen Situation" (Deleuze 2014a, 77), weil es keine adäquate Reaktion mehr gibt, welche diese Situation zu ihren Gunsten verändern könnte. Damit zeichnet sich bei Rossellini ein historischer Wendepunkt ab, der nach Deleuze das Wesen des Films von Grund auf verändern wird: „Wir haben es nunmehr mit einem Kino des Sehenden und nicht mehr mit einem Kino der Aktion zu tun" (Deleuze 1997a [1985], 13; siehe hierzu auch Schaub 2006 [2003], 118).

Diese Krise des Aktions-Bildes und damit der filmischen Narration steht wiederum, wie bereits angedeutet, in einem übergeordneten außerfilmischen und kulturgeschichtlichen Zusammenhang, in dem sich nicht weniger als eine fundamentale Erschütterung des menschlichen Selbstverständnisses ereignet, für die Deleuze eine Reihe von historischen Ursachen nennt:

„Einige davon waren sozialer wirtschaftlicher, politischer und ethischer Natur, andere betrafen unmittelbar die Kunst, die Literatur und besonders den Film. In loser Reihenfolge wären anzuführen: der Krieg mit seinen Folgen, der in jeder Hinsicht ins Wanken geratene ‚amerikanische Traum', das neue Selbstverständnis der Minoritäten, die Bilderflut und die Bilderinflation sowohl in der Außenwelt wie auch in den Köpfen der Leute, das Einwirken neuer experimenteller Erzählweisen in der Literatur auf den Film, die Krise Hollywoods und der alten Filmgattungen […]. Es ist kaum noch glaubhaft, daß eine globale Situation eine Aktion, die Veränderungen bewirkt, auslösen könnte, und ebensowenig ist es noch vorstellbar, daß eine Aktion eine Situation veranlassen könnte, sich, und sei es nur teilweise, zu enthüllen. So sind die ‚gesündesten' Illusionen hinfällig geworden" (Deleuze 1997a, b [1983], 276).

An dieser Stelle wünscht sich der Leser, dass Deleuze nicht allzu kursorisch über diese Zeitdiagnose hinweggehen würde, die er eher – fast unwillig – mit einigen

9.6 Die kulturelle Krise der menschlichen Handlungsfähigkeit

groben Strichen skizziert, als dass er sie tatsächlich im Detail ausführt. Natürlich ist all das nicht neu, was Deleuze allerdings auch gar nicht behauptet. So ist Lorenz Engell und Oliver Fahle zuzustimmen, wenn sie den Bogen zur postmodernen Zeitdiagnose schlagen und Deleuze folgendermaßen zusammenfassen: „[D]ie ‚großen Erzählungen', um mit Jean-François Lyotard zu sprechen, sind nicht mehr glaubhaft" (Engell/Fahle 2007, 233). Neu ist wohl eher die These – zumindest innerhalb der Filmtheoriegeschichte *vor* Deleuze –, dass sich diese kulturellen Umbrüche nicht nur in der Story, sondern auch in ganz formalen Qualitäten filmischer Bildkompositionen widerspiegeln. Nichts Geringeres wird hierdurch, wie es heißt, hervorgerufen als eine „Erneuerung des kinematografischen Bildes" (Deleuze 1997a, b [1983], 283). Die Veränderung des Films, die Verwandlung vom Bewegungs-Bild zum Zeit-Bild, ist insgesamt also der Kollateralschaden eines tief greifenden Wandels des menschlichen Selbstverständnisses. Natürlich ist sich Deleuze darüber im Klaren, dass nach wie vor bis in die heutige Gegenwart Filme gedreht werden, die in erster Linie ein Handlungsgeschehen in Bewegungs-Bildern erzählen. Solche Filme erzielen den größten kommerziellen Erfolg, aber – wie Deleuze betont – „die Seele des Films" (ebd., 276) ist hier nicht mehr zu finden. Dem Lebensgefühl des heutigen Menschen entspricht eher das Zeit-Bild als das Bewegungs-Bild, auch wenn er sich nach wie vor lieber an Bewegungs-Bildern erfreut.

Der Zusammenhang zwischen Kultur und Film, so wie Deleuze ihn an dieser Stelle beschreibt, ist zumindest ungewöhnlich für einen Philosophen, der üblicherweise dem Umfeld der Postmoderne und des Poststrukturalismus zugerechnet und damit in die Nähe eines Autors wie Jean Baudrillard gerückt wird. Denn es lässt sich zumindest in einer Hinsicht ein deutlicher Unterschied hervorheben, der darin besteht, dass es bei Deleuze – anders als bei Baudrillard – umgekehrt auch die Geschichte ist, die die Medien – in diesem Fall den Film – verändert. Baudrillard macht geltend, dass die Medien – also z. B. sprachliche, aber auch filmische Repräsentationen – dasjenige konstituieren, was wir als die ‚Wirklichkeit' ansehen. Bei Baudrillard ist in diesem Zusammenhang die Rede von einem „Verschwinden des Realen" (Baudrillard 1978, 40), an dessen Stelle nun die „Hyperrealität der Medien" (Baudrillard 1991, 102) getreten ist. Wenn, wie es heißt, „jegliche Realität […] von der Hyperrealität des Codes und der Simulation aufgesogen" wird, dann lässt sich sagen: „Das TV ist […] und schafft die Wahrheit" (Baudrillard 1978, 46). Es wundert deshalb auch kaum noch, dass Baudrillard schließlich im Golfkrieg und in den Terroranschlägen vom 11. September 2001 in erster Linie nur noch Medienereignisse und keinerlei Realitäten sehen will.

Deleuze würde an dieser Stelle vielleicht nicht allzu vehement widersprechen, allerdings wendet er den Blick eben auch in die umgekehrte Richtung. Wenn kulturelle und historische Veränderungen zu einer Revolution des Filmbildes führen, dann lässt sich gleichermaßen die Frage aufwerfen: Ist es nicht auch so, dass die Wucht der historischen Ereignisse umgekehrt auch die Medien – also z. B. Film und Fernsehen – radikal verändern kann? Wenn sich das Verhältnis des Menschen zur Welt verändert, dann muss sich folgerichtig auch jede Kunst verändern, die das Verhältnis zwischen Mensch und Welt zum Thema macht. Insofern also der *Inhalt* des Films historisch ist, dann ist unvermeidlich auch seine *Form* historisch, weil die Form sich eben mit dem Inhalt auseinandersetzen muss. In einer solchen Dialektik von Form und Inhalt der einzelnen Werke ist die Bearbeitung formaler Probleme im Inneren der jeweiligen Werke in eins eine Reaktion auf gesellschaftliche Probleme.

Der Gedanke, dass die Form der jeweiligen Kunstgattung unter dem Einfluss gesellschaftlicher Entwicklungen einer Veränderung unterworfen ist, spricht dafür, Deleuze in die Nähe der Traditionslinie von Georg Lukács, Walter Benjamin und Theodor W. Adorno zu rücken (vgl. hierzu vor allem Lukács 1988, Benjamin 1991a, b, c, d, Adorno 1997a, b). Denn bei jenen Philosophen kommt es zu einer Verschränkung von ästhetischer Theorie und sozialer Gegenwartsdiagnostik: Deleuze vertritt damit wie Adorno und Benjamin die Auffassung, dass nicht allein die Form die Realität konstituiert, sondern die Form gleichermaßen auch von der Realität einer grundlegenden historischen Veränderung unterzogen werden kann. Für die genannten Autoren wäre damit eine jede Phänomenologie ausgeschlossen, welche den Anspruch erhebt, eine Wesensbeschreibung des Epischen oder auch des Filmischen vorzulegen. Das Wesen oder die Form einer Kunstgattung ist nichts Invariantes und Ewiges, sondern es unterliegt einem geschichtlichen Wandel.

Beim Dualismus von Bewegungs-Bild und Zeit-Bild handelt es sich dementsprechend nicht einfach nur um Gegensätze, sondern vielmehr um historische Entwicklungsschritte innerhalb der Filmgeschichte, die zugleich Ausdruck eines gravierenden außerästhetischen Wandels sind (vgl. Rushton 2012, 8 f.). Allerdings sind hier auch Bedenken angebracht: Denn die historischen Probleme, die nach Deleuze für das Aufkommen des Zeit-Bildes verantwortlich sein sollen, sind nicht nur älter als das Zeit-Bild. Sie sind vor allem auch noch sehr viel älter als das Bewegungs-Bild, und deshalb stellt sich doch die Frage, warum denn der Film überhaupt mit Bewegungs-Bildern anfängt, wenn das Lebensgefühl seiner Zuschauer schon zu Beginn der Filmgeschichte eigentlich nur in Zeit-Bildern einen Ausdruck finden konnte. Warum hat der Film also den Umweg über die Phase der Bewegungs-Bilder genommen?

Der entscheidende historische Einschnitt findet jedenfalls Deleuze zufolge in den 1940er Jahren statt. Allerdings gibt es, wie er bemerkt, im amerikanischen Film, der vor allem durch das klassische Hollywood-Kino geprägt ist, zunächst keine nennenswerten Veränderungen. So entstehen zwar Parodien der einzelnen Genres und Filme, die mit den Handlungsklischees einen komödiantischen Umgang pflegen, aber auch diese Filme verbleiben selbst noch innerhalb der jeweiligen Genres: „Die großen Gattungen dieses Films, der psychosoziale Film, die Schwarze Serie, der Western und die amerikanische Komödie sind zwar zusammengebrochen, aber ihr leerer Rahmen steht noch immer" (Deleuze 1997a, b [1983], 282). Eine fundamentale Innovation findet sich allerdings zunächst auch noch nicht im französischen Kino – und hierauf glaubt Deleuze eine Antwort zu wissen, die wiederum mit dem kulturellen und politischen Klima dieses Landes zu tun hat: Aufgrund ihrer Résistance-Erfahrungen verstehen sich die Franzosen als Sieger des Zweiten Weltkriegs, und deswegen bewahren sie sich ihren Handlungsoptimismus. Die Welt und das Selbstverständnis der Franzosen sind also einstweilen noch in Ordnung, und dies sind „wenig günstige Voraussetzungen für eine Erneuerung des kinematografischen Bildes: Im Dienste eines spezifisch französischen ‚Traumes' verblieb es im Rahmen des herkömmlichen Aktionsbildes" (ebd., 283).

Ganz anders soll es nun in Italien aussehen: Die Erfahrungen des Zweiten Weltkriegs haben das vertraute Weltbild von Grund auf erschüttert, was sich Deleuze zufolge nun gravierend auf die Bilder auswirkt, die im italienischen Kino zu sehen sind. Das ist die Geburtsstunde des italienischen Neorealismus, in dem die sensomotorische Kontinuität aufgebrochen wird, die das Wesen des Aktions-Bildes und damit des Bewegungs-Bildes ausmacht:

> „In Italien geriet das Aktionsbild zuerst in die große Krise; mehr oder weniger gilt dafür die folgende Periodisierung: Italien um 1948, Frankreich um 1958, Deutschland um 1968" (ebd., 282).

Anders als diese Zusammenfassung vermuten lässt, will Deleuze jedoch nicht darauf hinaus, dass es sich bei dem Zeit-Bild ausschließlich um eine Besonderheit des europäischen Kinos handelt. Denn wenn er im zweiten Band seiner Filmtheorie den unterschiedlichen Spielarten des Zeit-Bildes auf die Spur geht, so erfährt auch das asiatische Kino – vor allem des japanischen Regisseurs Yasujiro Ozu – eine ausführliche Berücksichtigung (vgl. Deleuze 1997a [1985], 26–31). Überhaupt sollte man Deleuze hier nicht so genau beim Wort nehmen: So soll es zwar einerseits Zeit-Bilder in Frankreich erst ab 1958 geben (s. o.), andererseits aber auch schon 1939 in Jean Renoirs *Die Spielregel* (vgl. ebd., 116). Einerseits gibt es diese „kinematographische Mutation" (ebd., 189) in den USA scheinbar überhaupt nicht (vgl. Deleuze 1997a, b [1983], 282), andererseits ist Orson Welles nach Deleuze „der erste, der bis zum unmittelbaren Zeit-Bild vordrang" (Deleuze 1997a [1985], 182). Wenn Deleuze Zeit-Bilder analysiert, dann liegt zweifellos das Schwergewicht auf dem europäischen Film, aber er hat – anders als es ihm gelegentlich vorgeworfen wird (vgl. z. B. Elsaesser 2009, 29; siehe hierzu 8. 11.) – keineswegs übersehen, dass sich auch im neueren amerikanischen Film eine Auflösung des sensomotorischen Schemas vollzogen hat, wie etwa seine Erläuterungen zum New Hollywood-Kino von Robert Altman, John Cassavetes, Sidney Lumet oder Martin Scorsese zeigen (vgl. Deleuze 1997a, b [1983], 277–282; Deleuze 1997a [1985], 248 f.).

9.7 Jenseits des sensomotorischen Schemas – die Äquivokation der Zeit-Bilder

In Deleuze Erläuterungen taucht das Zeit-Bild mit dem Scheitern der menschlichen Handlungsfähigkeit auf, also sobald sich die menschliche Situation nicht mehr in einem festgefügten sensomotorischen Zusammenhang von Aktions-Bildern artikulieren lässt. Wie bereits deutlich geworden ist, finden sich Zeit-Bilder im italienischen Neorealismus der 1940er Jahre, sie finden sich nach Deleuze aber ebenfalls in der französischen Nouvelle Vague der 1950er und 1960er Jahre, also etwa bei Godard oder Truffaut.

Wenn man nun Deleuzes Analysen zu den jeweiligen Zeit-Bildern dieser beiden, doch deutlich voneinander abweichenden filmgeschichtlichen Strömungen miteinander vergleicht, dann drängt sich ein irritierender Schluss auf: Die Differenz zwischen den beiden historischen Phasen des Zeit-Bildes ist untereinander weitaus größer als jeweils diejenige zu den Bewegungs-Bildern des klassischen Hollywood-Kinos. Nichtsdestotrotz sollen sie aber nach Deleuze gemeinsam zu derselben Kategorie, eben derjenigen des Zeit-Bildes gehören. Wenn diese Beispiele sich aber in einem solchen Ausmaß voneinander unterscheiden, dann liegt der Verdacht auf der Hand, dass es sich beim Zeit-Bild nur um eine Sammelkategorie handelt, unter die schlichtweg jedes Filmbild fällt, das sich nicht so einfach als Bewegungs-Bild, also als Beitrag zu einem Handlungszusammenhang, verstehen lässt.

Die zweite Generation unterscheidet sich von der ersten Generation der Zeit-Bilder nach Deleuze deshalb so gravierend, weil der italienische Neorealismus auf einem emotionalen und intuitiven Weg zu einer ungewöhnlichen Form des Bildes findet, während die französische Nouvelle Vague sich jene neuen filmischen Möglichkeiten „eher durch ein reflexives, theoretisches Bewußtsein" (Deleuze 1997a, b [1983], 285) aneignet. Bei Truffaut, vor allem aber bei Godard sind die Filmhelden nicht mehr überwältigt von den Ereignissen, sondern ganz im Gegenteil allzu weit von ihnen entfernt und betrachten sie ebenso reflektiert wie ironisch aus der Distanz (vgl. ebd.).

Während Deleuze zuvor betont, dass die Handlung im italienischen Neorealismus *unmöglich* wird, so liegt das Problem in der französischen Nouvelle Vague – als Beispiele bieten sich hier insbesondere Godards Filme *À bout de souffle* (FR, 1960) *Pierrot le fou* (FR 1965) oder *Weekend* (FR, 1967) an – vielmehr darin, dass die Handlung nun *unglaubwürdig* wird. Es kommt zu einer „Infragestellung des Aktionsbildes, des Wahrnehmungs- und des Affektbildes, und zwar um den Preis, überall ‚Klischees' zu entdecken" (ebd., 288). Diesmal scheitert das Handeln also nicht deshalb, weil die Protagonisten überwältigt von den Ereignissen sind, sondern weil sie das Handeln selbst als stereotyp und klischeehaft durchschauen.

Wieder einmal greift Deleuze auf Bergson zurück, wenn er das Klischee genauer als ein „sensomotorisches Bild von der Sache" (Deleuze 1997a [1985], 35) bestimmt:

> „Nach Bergson nehmen wir die Sache oder das Bild nie vollständig wahr; wir nehmen immer weniger wahr, nämlich nur das, was wir – aus wirtschaftlichen Interessen, ideologischen Glaubenshaltungen und psychologischen Bedürfnissen – wahrzunehmen bereit sind" (ebd.).

Ein Klischee nehmen wir also genau dann wahr, wenn wir eine Sache nur in Relation zu Handlungsinteressen in den Blick nehmen – und genau dies geschieht im Alltag wie auch im Kino der Bewegungs-Bilder. Damit überhaupt ein „wirkliches Bild" (Deleuze 1997a, b [1983], 281) von einer Sache gewonnen werden kann, muss das sensomotorische Schema – und in eins damit auch die Narration – blockiert werden.

Überraschenderweise begegnet ausgerechnet bei einem augenscheinlich so abgeklärten Denker wie Deleuze einmal mehr jenes messianisch-eschatologische Motiv, das sich bei so vielen Filmtheoretikern mit dem unterschiedlichsten Theoriehintergrund immer wieder findet. Ob es sich um Balázs oder Bazin, um Kracauer und schließlich auch um Deleuze handelt: Der Film erhält ein kulturkritisches, ja sogar kulturerlösendes Mandat, denn ihm wird nichts Geringeres zugetraut als die Augen der Zuschauerin zu öffnen, um jenseits aller Verzerrungen, die auf Sprache, Ideologie oder schlichtweg die gewöhnliche nutzenorientierte und typisierende Wahrnehmung zurückgehen, die Dinge in ihrer spezifischen Eigenart sehen zu lernen.

Wenn nun vor allem Godard und andere französische Filmregisseure sich die Frage vorlegen, wie „der Film die dunkle Organisation der Klischees anprangern [könnte], wo er doch selbst in demselben Maße wie Zeitschriften und Fernsehen zu ihrer Herstellung und Verbreitung beiträgt" (ebd.), dann besteht die Antwort darin, essayistische Filme zu machen, die auf parodistische Weise die Möglichkeiten des filmischen Mediums reflektieren. Das einzige, was jetzt also noch möglich scheint, ist also „ein Kino der Parodie und Verachtung" (ebd., 287; siehe hierzu auch Kiefer 2010, 6).

Während der italienische Neorealismus Filme machen will, die den Anspruch erheben, gar keine Filme, sondern *Realität* zu sein, geht Godard stattdessen in die entgegen gesetzte Richtung, wenn er „der Medialität/Materialität filmischer Bilder eine eminente Bedeutung zukommen" (Heller 2006, 269) lässt und damit gerade die *Künstlichkeit* des Films in aller Schärfe hervorhebt: Die Jump Cuts in *Außer Atem* oder das scheinbar völlig willkürliche Spiel mit Licht und Farben in *Pierrot le fou* sind filmische Reflexionen auf den inszenatorischen Charakter des Films, der im *Continuity Editing* des Hollywood-Kinos zwar effektiv eingesetzt, aber als solcher zugunsten der Narration unbemerkt bleiben soll. So macht Godard Filme, die sich als „filmische Reflexion über Film" (Rauscher 2010, 69) verstehen – oder wie er selbst schreibt: „Kunst und gleichzeitig Theorie der Kunst. Die Schönheit und gleichzeitig das Geheimnis der Schönheit. Das Kino und gleichzeitig die Erklärung des Kinos" (Godard 1971, 70; zu Godards Werdegang vom Kritiker zum Regisseur bzw. ‚kritischen' Regisseur vgl. Frisch 2007, Kap. 4 und 5).

9.8 Filme als (Medien-)Philosophen?

Dass Filme selbst gewissermaßen Beiträge zu einer Filmtheorie entwerfen können, ist ein Gedanke, den Deleuze wahrscheinlich von Godard übernommen hat (vgl. hierzu Bellour 1997, 45). Gleich auf der ersten Seite von *Das Bewegungs-Bild* findet sich jedenfalls eine nahezu beiläufige Bemerkung, die wegweisend für die Medienphilosophie zu Beginn des 21. Jahrhunderts geworden ist. So erklärt Deleuze dort, dass die Autoren eines Films eben auch Philosophen seien, die zwar nicht in Begriffen, aber dafür in Bewegungs-Bildern und Zeit-Bildern denken (vgl. Deleuze 1997a, b [1983], 11). In letzter Konsequenz wäre dann das Medium der Philosophie nicht mehr nur die Sprache, sondern auch der Film. Etwa zeitgleich hat dieselbe Ansicht für die Fotografie auch der Medienphilosoph Vilém Flusser vertreten: „Seitdem die Fotografie erfunden wurde, ist es möglich geworden, nicht bloß im Medium der Wörter, sondern auch der Fotografien zu philosophieren" (Flusser 1991, 106).

In der gegenwärtigen Medienphilosophie plädiert z. B. Lorenz Engell unter Berufung auf Denker wie Deleuze dafür, „den Medien wirklich eine eigene philosophische Tätigkeit außerhalb aller Philosophen-Philosophie zuzubilligen" (Engell 2003, 54). Von Philosophie kann nach Engell immer dann gesprochen werden, wenn ein Medium auf seine eigenen Möglichkeiten und Voraussetzungen reflektiert (vgl. ebd., 69). Sein Beispiel ist die Fernsehübertragung der Mondlandung: „Der Möglichkeitsraum des Fernsehens (oder Fernsehen als Medium) wird im Mondflug als Form des Fernsehens reflexiv. Die fernsehgenerierte Welt als Welt schaut sich selbst beim Zuschauen zu und erfährt ihre eigene Medialität" (ebd., 61). Bei einem so großzügigen Philosophieverständnis liegt die Frage auf der Hand, ob dann der bloße Blick in den Spiegel, in dem der Blickende durch die Spiegelfläche ja auch seine eigene Medialität erfährt, nicht ebenfalls schon Philosophie genannt werden müsste – wobei dann eigentlich der Spiegel selbst der Philosophierende wäre. Bei Deleuze, Flusser und Engell wird Philosophie der Medien jedenfalls nicht mehr nur als ein *genitivus objecivus,* sondern als ein *genitivus subjecivus* verstanden.

In einem Aufsatz, den Engell zusammen mit Oliver Fahle verfasst hat, wird Deleuze theoretisches Selbstverständnis dahin gehend charakterisiert, dass er „eine außerhalb des Films liegende Reflexionsebene nicht in Anspruch nehmen will" (Engell/Fahle 2007, 222). Selbst wenn man aber einmal zugesteht, dass Filme über die Welt oder auch über andere Filme nachdenken können, dann ist der Lesart von Engell und Fahle dennoch aus zweierlei Gründen zu widersprechen: Deleuze nimmt unvermeidlich eben doch eine außerhalb des Films liegende Reflexionsebene ein, weil er erstens nicht *wie die Filme* über die Welt oder über andere Filme nachdenkt, sondern vielmehr *über jene Filme* nachdenkt, die über die Welt oder über andere Filme nachdenken. Und außerdem wechselt er zweitens die Reflexionsebene, weil er über diese Filme eben nicht wie sie selbst in *Bildern,* sondern – wie jeder andere Autor von theoretischen Schriften – in *Begriffen* nachdenkt. Kurz, wenn Deleuze mit seinen Gedanken, die er sich über einen Film macht, nicht falschliegt, dann bringt er auf den Begriff, was dieser Film selbst mit Bildern denkt. Um ein bekanntes Wort Hegels zu variieren: Deleuzes Philosophie ist nicht die Zeit in Gedanken gefasst, sondern die Gedanken der Filme in Begriffe gefasst.

Die eigentliche Tätigkeit des Medienphilosophen sieht Engell in einer Dolmetschertätigkeit, die die Philosophie des Fernsehens, der Fotografie oder des Films aus dem ihm „‚Eigenen' […] ins ihm ‚Fremde' – das Philosophisch-Schriftliche – zu übertragen" (Engell 2003, 53) versucht. Während Engell und andere Denker, die die Medienphilosophie in einem radikalen Sinne verstehen, hierdurch die Grenzen zwischen der Medienphilosophie und ihrem Gegenstand verwischen wollen, lässt sich zumindest Deleuze doch mit einer weniger spektakulären, aber dafür vielleicht überzeugenderen Lesart in die Nähe von Theodor W. Adornos Konzeption einer philosophischen Ästhetik rücken.

Für Adorno handelt es sich bei Philosophie und Kunst – anders als für Medienphilosophien wie Engell – um zwei voneinander säuberlich getrennte Bereiche, die aber dennoch auf fundamentale Weise miteinander verknüpft sind. So ist die Philosophie auf die Kunst angewiesen, weil erst sie nach Adornos Auffassung einen Blick auf die Dinge jenseits ideologischer Verblendungen eröffnet, während umgekehrt die Kunst die Philosophie benötigt, um ihre *impliziten* Gehalte in Sprache und Begriff *explizit* zu machen. Es ist also nicht übertrieben zu sagen, dass sich die Kunst erst in der Philosophie verwirklicht, obwohl sie hierdurch keineswegs auch schon selbst zur Philosophie wird. Die Grenzen bleiben gewahrt: „Jedes Kunstwerk bedarf, um ganz erfahren werden zu können, des Gedankens und damit der Philosophie, die nichts anderes ist als der Gedanke, der sich nicht abbremsen läßt" (Adorno 1997a, 391). Insofern der Wahrheitsgehalt eines Kunstwerks „allein durch philosophische Reflexion zu gewinnen" ist, warten, wie Adorno fortfährt, „[d]ie Werke, vollends die oberster Dignität, [...] auf ihre Interpretation" (ebd., 193). So lässt sich plakativ zusammenfassen: „[G]enuine ästhetische Erfahrung muß Philosophie werden oder sie ist überhaupt nicht" (ebd., 197).

Deleuze äußert sich leider nicht so ausführlich über seine Auffassung der philosophierenden Filme, wie man sich dies wünschen würde, weswegen jede Interpretation, die ihn eindeutig festlegen will, einen spekulativen Charakter annimmt. Wenn er jedoch in den letzten Worten seines filmtheoretischen Hauptwerks noch einmal auf das Verhältnis zwischen Film und Theorie zu sprechen kommt, dann betont er ganz im Sinne von Adorno ihre wechselseitige Abhängigkeit, ohne jedoch deswegen wie Engell ihre Grenze einreißen zu wollen. Vielmehr wird die Theorie des Kinos zur Aufgabe der Philosophie erklärt:

„Die Begriffe des Kinos sind nicht im Kino ‚gegeben'. Und dennoch sind es die Begriffe des Kinos und nicht Theorien über das Kino [...]. Das Kino ist eine neue Praxis der Bilder und Zeichen, und es ist Sache der Philosophie, zu dieser Praxis die Theorie (im Sinne begrifflicher Praxis) zu liefern" (Deleuze 1997a [1985], 358 f.; vgl. Bellour 1997, 42).

9.9 Die beiden Hälften des Zeit-Bildes und die Romankonzeption bei Walter Benjamin und Michail Bachtin

Im vorletzten Abschnitt ist bereits ausführlich die Unterschiedlichkeit zwischen den Zeit-Bildern des Neorealismus und der Nouvelle Vague hervorgehoben worden. Anders als in den essayistischen Filmen der Nouvelle Vague, deren Protagonisten ein spielerisches und reflektierendes Verhältnis zu ihrer Welt einnehmen, ereignet sich im italienischen Neorealismus eine Überforderung der Protagonisten, die außerstande sind, angemessen mit ihren Handlungen auf die Herausforderungen der Situationen zu reagieren, denen sie ausgesetzt sind. Es lässt sich also festhalten: Filmbilder werden zu Zeit-Bildern, weil sie entweder *realistischer* oder *reflektierter* als Bewegungs-Bilder sind. Im Unterschied dazu besitzt der Held im klassischen Hollywood-Film der Bewegungs-Bilder gerade so viel Distanz zum Geschehen, dass er – anders als der Antiheld des Neorealismus – immer noch handeln *kann* und – anders als der Antiheld der Nouvelle Vague – immer noch handeln *will.*

An dieser Stelle bietet sich ein Vergleich mit den Erzähltheorien von Walter Benjamin und Michail Bachtin an. Wenn man von diesen beiden Autoren erfahren will, was die Eigenart des Romans von anderen Formen des Epischen unterscheidet, dann bekommt man jeweils eine der beiden Bestimmungen angeboten, durch die sich bei Deleuze das Zeit-Bild auszeichnet. Der Vergleich zwischen diesen beiden Romantheorien und Deleuzes Filmtheorie fördert jedenfalls eine überraschende Strukturaffinität zutage: Benjamin erläutert die Differenz zwischen Erzählung und Roman analog zu Deleuzes Differenz zwischen Bewegungs-Bild und Zeit-Bild des italienischen Neorealismus; Bachtin hingegen erläutert die Differenz zwischen Epos und Roman analog zu Deleuzes Differenz zwischen Bewegungs-Bild und Zeit-Bild der französischen Nouvelle Vague.

Wenn zunächst erst einmal ein Blick auf Benjamins Vergleich zwischen Erzählung und Roman in dem Essay „Der Erzähler" (Benjamin 1991a, b, c, d [1936/1937], 438–465) geworfen wird, dann stellen sich jedenfalls recht schnell auffällige Parallelen zwischen Deleuze und Benjamin heraus. Zu Beginn seiner Ausführungen erklärt Benjamin, dass heutzutage kein Mensch mehr seine Erfahrungen einem anderen erzählen kann: „Die Erfahrung ist im Kurse gefallen" (ebd., 439). Die Erfahrungen scheitern nach Benjamin, weil sie nicht mehr mitteilbar sind; und sie sind nicht mehr mitteilbar, weil sie sich nicht mehr in einen sinnvollen Zusammenhang, also eben in eine Erzählung integrieren lassen.

Für diese Krise des Erzählens ist Benjamin zufolge – und die Parallele zu Deleuze ist an dieser Stelle unübersehbar – eine Reihe von historischen Ursachen verantwortlich. Genannt werden in erster Linie die Schrecken des Ersten Weltkriegs, die wirtschaftliche Inflation und schließlich die Verwerflichkeit der politischen Regierungen:

> „Mit dem Weltkrieg begann ein Vorgang offenkundig zu werden, der seither nicht zum Stillstand gekommen ist. Hatte man nicht bei Kriegsende bemerkt, daß die Leute verstummt aus dem Felde kamen? nicht reicher – ärmer an mitteilbarer Erfahrung. Was sich dann zehn Jahre später in der Flut der Kriegstagebücher ergossen hatte, war alles andere als Erfahrung gewesen, die von Mund zum Mund geht. Und das war nicht merkwürdig. Denn nie sind Erfahrungen gründlicher Lügen gestraft worden, als die strategischen durch den Stellungskrieg, die wirtschaftlichen durch die Inflation, die körperlichen durch die Materialschlacht, die sittlichen durch die Machthaber" (ebd.).

Nach Benjamin zeichnet sich ein Erzähler nun grundsätzlich dadurch aus, dass er „dem Hörer Rat weiß" (ebd., 442), d. h. er ist jemand, der aus seinen Erfahrungen eine Lehre, eine Lebensregel, eine Moral oder schlichtweg eine Weisheit – jene „epische Seite der Wahrheit" (ebd.) – ziehen konnte. Heutzutage ist dies jedoch, wie Benjamin meint, nicht mehr möglich – und genau deshalb kommt die Kunst des Erzählens an ihr Ende. In diesem historischen Moment wird die Erzählung

9.9 Die beiden Hälften des Zeit-Bildes

vom Roman abgelöst, denn der Romanschriftsteller ist für Benjamin gerade ein Mensch, der nicht mehr imstande ist, aus seinen Erfahrungen noch irgendwelche Weisheiten und Ratschläge für die Lebensführung herzuleiten. Kurz, weil der Romancier „selbst unberaten" ist, kann er auch „keinen Rat geben" (ebd., 443).

Wenn Benjamin das Aufkommen der Romankunst mit den Erfahrungen des Ersten Weltkriegs in Verbindung bringt, dann stellt er nicht die – natürlich völlig haltlose – Behauptung auf, es habe vor diesem historischen Ereignis keine Romane gegeben. Er will wohl eher darauf hinaus, dass der Erste Weltkrieg jene Erfahrungen in einer bisher nicht gekannten Schärfe hervortreten lässt, die auch schon in den Jahrhunderten zuvor für die Genese des Romans verantwortlich gewesen sind. Sinneswahrnehmungen, die sich in einen überschaubaren Zusammenhang, eine sinnvolle Ordnung – und damit auch in eine Erzählung – bringen lassen, bezeichnet Benjamin als *Erfahrungen*. Demgegenüber stehen nun die *Erlebnisse,* worunter Benjamin augenblickshafte, diskontinuierliche, ja sogar schockartige Sinneswahrnehmungen versteht. Das Kino der Bewegungs-Bilder wäre ein Kino der Erfahrungen und der narrativen Integration, von dem sich das Kino der Zeit-Bilder als ein Kino der Erlebnisse und des affektiven Pathos abgrenzen lässt (vgl. Benjamin 1991b [1974], 611, 615, 632, 643, 652 f.). Nach Benjamin hat das Kino insgesamt allerdings eine Tendenz zum Schock als formalem Gestaltungsprinzip, woraus sich schließen lässt, dass das klassische Kino der Bewegungs-Bilder für ihn dann eher eine Phase wäre, die dem Wesen des Kinos eigentlich zuwiderläuft (vgl. Benjamin 1991c [1974], 503–505; Benjamin 1991b [1974], 631)

Die Parallele zwischen Benjamin und Deleuze springt jedenfalls ins Auge: Der Roman entsteht ähnlich wie das Zeit-Bild genau dann, wenn die Erfahrungen, die ein Mensch macht, sich nicht mehr in ein sensomotorisches Schema des Handelns und des Erzählens übersetzen lassen. Mit anderen Worten, der Roman und das Zeit-Bild des Neorealismus sind Ausdruck eines Verhältnisses zwischen Mensch und Welt, in dem der Mensch sich in der Welt nicht mehr zurechtfindet und keine Weisheit mehr darüber unterrichten kann, welches Handeln in einer bestimmten Situation das richtige ist. Kurz, wenn das Subjekt ratlos ist, dann wird die Erzählung zum Roman und das Bewegungs-Bild zum Zeit-Bild. Benjamins Gegenüberstellung von Erzählung und Roman lässt sich also analog zu Deleuzes Gegenüberstellung von Bewegungs-Bild und Zeit-Bild des italienischen Neorealismus begreifen.

Die Zeit-Bilder des italienischen Neorealismus sind also romanhaft im Sinn von Benjamin, wohingegen – wie sich nun herausstellen wird – die Zeit-Bilder der französischen Nouvelle Vague zwar ebenfalls romanhaft sind, aber auf eine deutlich andere Weise: Ihre Abweichung vom Bewegungs-Bild lässt sich eher vergleichen mit dem Unterschied zwischen Roman und Epos, wie ihn der russische Literaturtheoretiker Michail Bachtin in seiner Schrift *Das Wort im Roman* (Bachtin 1979 [1934/1935], 154–301) beschrieben hat.

Dieser Rückgriff auf Bachtins Romanverständnisverständnis im Blick auf die Zeit-Bilder der *Nouvelle Vague* erfährt noch einmal dadurch eine zusätzliche Bestätigung, dass Deleuze selbst – wenn auch wieder einmal sehr vage – andeutet,

Godard habe die Qualitäten des Romans, wie sie Bachtin beschrieben habe, auf den Film übertragen. Was den Roman vom Epos unterscheidet, das ist nach Bachtin die Reflexivität und die Pluralität der Sprachen sowie der Weltanschauungen, die hier ins Spiel kommen – und hierin sieht Deleuze auch die Originalität von Godard:

> „Mit Godard setzt sich der ‚romaneske' Zug des Kinos durch, nachdem es aufgehört hat, narrativ zu sein [...]. Bachtin bestimmte den Roman in Entgegensetzung zum Epos und zur Tragödie, insofern er nicht mehr die kollektive oder distributive Einheit besitzt, vermittels deren die Personen ein und dieselbe Sprache sprechen [...]. Godard überträgt die spezifischen Mächte des Romans auf den Film" (Deleuze 1997a [1985], 243).

Wie Bachtin glaubt, erfolgt ein historischer Wandel vom Epos zum Roman, wenn der selbstverständliche und unhinterfragte Zusammenhang von Sprache und Welt aufbricht, der im mythischen Leben vorherrschend ist: „Das Romanwort ist [...] vom poetischen Wort von Grund auf verschieden", denn seine Grundlage ist die „soziale Zerspaltung der Sprache im Verlauf ihrer Geschichte" (Bachtin 1979 [1934/1935], 279). In diesem Moment der Geschichte taucht das Bewusstsein auf, dass es eine Vielzahl von möglichen und voneinander verschiedenen Lebensformen gibt (vgl. ebd., 253). Insofern es keine einheitliche Sprache mehr gibt, die geradezu auf eine organische Weise mit einer Welt des Mythos und der traditionellen Überlieferung verwachsen wäre, kommt es unweigerlich zu einer Relativierung und Dezentralisierung der bisher vorherrschenden Weltanschauung: Damit wird „die Sprache [...] von einer unanfechtbaren und einzigen Verkörperung von Sinn und Wahrheit zu einer von mehreren möglichen Hypothesen des Sinns" (ebd., 255).

Im Unterschied zum epischen Helden ist das Handeln des Romanhelden aus diesem Grund „nicht allgemeingültig und unumstritten und [vollzieht] sich auch nicht in der allgemeingültigen und unstrittigen epischen Welt" (ebd., 222). Der Roman ist nach Bachtin ein Krisenphänomen, insofern er genau diese Orientierungslosigkeit und Sinnsuche des Menschen in einer kontingenten und entzauberten Welt artikuliert – und er tut dies, indem er eine Pluralität von Personenperspektiven und Weltanschauungen integriert: „[S]o geht auch in der Neuzeit die Entfaltung des Romans mit dem Zerfall stabiler verbal-ideologischer Systeme und, als Gegengewicht, mit der Verstärkung und Intentionalisierung der sprachlichen Vielfältigkeit der Rede sowohl innerhalb des literarischen Dialekts selbst als auch außerhalb seiner einher" (ebd., 255).

So wie Benjamin von der Ratlosigkeit der Romanhelden spricht, so ist bei Bachtin ganz ähnlich nun das „Nichtverstehen" (ebd., 282) das eigentliche Thema des Romans. Wenn Benjamins Romanverständnis dem Zeit-Bild bei Rossellini entspricht, so entspricht Bachtins Romanverständnis wiederum dem Zeit-Bild bei Godard. Das Subjekt ist hier nicht ratlos, weil es keinen Sinn gibt, sondern weil die Vielfalt an möglichem Sinn verwirrend ist. Es ist dann also weniger der Druck der Verhältnisse, sondern ihre Undurchschaubarkeit – allerdings paradoxerweise mitunter gerade auch ihre Durchschaubarkeit –, die der Handlung entgegensteht. Die Filme von Godard sind wie die Romane aus der Sicht von Bachtin eine

Reflexion auf die Kontingenz von institutionalisierten Praktiken und Lebensformen. So scheinen sich die Protagonisten in *Pierrot le fou* unentwegt zu fragen, ob sie sich gerade in einem Gangsterfilm, in einem Musical oder in einem gesellschaftskritischen Drama befinden: Sollen wir uns verlieben, sollen wir einfach aus heiterem Himmel völlig grundlos anfangen zu singen und zu tanzen, sollen wir philosophische und soziale Probleme diskutieren oder einfach mal ‚einen umlegen'?

Inwiefern beide Formen des Zeit-Bildes ein Zurückweichen von der Narration darstellen können, lässt sich mit Benjamin und Bachtin genauer fassen, da beide Autoren auf unterschiedliche Weise den Roman als Gegenpol der Erzählung und des Epos begreifen. Das Romanhafte bei Benjamin ist Ausdruck eines *erschütterten* Subjekts, während das Romanhafte bei Bachtin Ausdruck eines *reflektierten* Subjekts ist. Nimmt man nun die wesentlichen Eigenschaften zusammen, die Benjamin und Bachtin dem Roman zuschreiben und überträgt sie auf den Film, dann kommt man zum Zeit-Bild in der ganzen Bandbreite seiner wesentlichen Eigenschaften. Die Welt ist entweder zu erdrückend oder zu beliebig; die Reaktion der Protagonisten auf die historischen Umbrüche ist entweder emotional und hilflos oder intellektuell reflektierend. Der Verdacht bestätigt sich also, dass eine Definition des Zeit-Bildes nur negativ sein kann. Ein Zeit-Bild ist schlichtweg jedes Film-Bild, das kein Bewegungs-Bild ist. Der gemeinsame Nenner aller Zeit-Bilder besteht schlichtweg darin, dass in ihnen nicht gehandelt und nicht – zumindest nicht im herkömmlichen Sinne – erzählt wird.

Aber ein Blick auf Benjamin und Bachtin zeigt, dass es der Romantheorie hier nicht viel besser geht: Ähnlich wie das Zeit-Bild lässt sich auch der Roman eigentlich nur negativ bestimmen, nämlich in Abgrenzung zur epischen Erzählung. Wenn die Gründe für den Übergang vom Epos zum Roman dieselben sind wie diejenigen für den Übergang vom Bewegungs-Bild zum Zeit-Bild, dann scheint es gerade so, als würde der Film versuchen, in seiner hundert Jahre währenden Geschichte die mehrere tausend Jahre umfassende Entwicklungsgeschichte der Literatur im Zeitraffer nachzuholen.

9.10 Spielarten des Zeit-Bildes

Nach Bergsons Auffassung kommt es in der Praxis nur auf diejenigen Elemente des Gedächtnisses an, die zur Verwirklichung der augenblicklichen Handlungszwecke nützlich sind. Das bedeutet umgekehrt, eine handlungsentlastete Wahrnehmung, die das Gedächtnis nicht länger nach dem Maßstab von Nützlichkeit und Effizienz diszipliniert, wird mehr und mehr zu einer *träumenden* Wahrnehmung (vgl. Bergson 1991 [1896], 164 f.). Erneut kommt der Einfluss Bergsons zum Tragen, wenn Deleuze erklärt, dass beim Wechsel vom Bewegungs-Bild zum Zeit-Bild die „pragmatische Blickrichtung" auf die Dinge durch „eine rein optische, vertikale oder vielmehr in die Tiefe gehende Sicht [vision] ersetzt" (Deleuze 1997a [1985], 134 f.) wird.

Gemeint ist damit: Wenn das aktuelle Bild nicht mehr in einem sensomotorischen Zusammenhang steht und demzufolge auch nicht mehr zum Aktions-Bild tendiert, dann schlägt es in ein virtuelles Bild um. Das bedeutet, es lädt zum Erinnern, Träumen oder Denken ein (vgl. Deleuze 2014a, b, 78; siehe auch Schaub 2006 [2003], 120–123; Schmidt 2005, 98). Anders als in den Erinnerungs-Bildern bzw. Rückblenden des Bewegungs-Bild-Kinos, die immer noch in ein sensomotorisches Schema eingefügt sind, vollzieht sich nun eine unauflösliche „Vermengung von Realem und Imaginärem" (Deleuze 1997a [1985], 96), die nun als „Kristallbild" bezeichnet wird (vgl. ebd.). Deleuze kommt für seine Verhältnisse einer Definition schon verdächtig nahe, wenn er schreibt: Die „Irreduzibilität" des Kristall-Bildes „besteht in der unteilbaren Einheit eines aktuellen und ‚seines' virtuellen Bildes" (ebd., 108). Um ein Beispiel zu bringen: Wenn die Personen in Alain Resnais' *Das Leben ist ein Chanson* (1997a, b) den Mund öffnen, dann sind nicht ihre Stimmen, sondern alte Chansons von Édith Piaf, Gilbert Bécaud, Jacques Dutronc u. a. zu hören:

> „Die Personen aktualisieren bestimmte Gefühle, denen ein virtueller – aus der Vergangenheit kommender – Chanson korrespondiert [...]. Natürlich sind Marc [eine der Hauptfiguren des Films – Anm. J. B.] und Jacques Dutronc verschiedene Figuren, doch wenn Marc mit der Stimme von Dutronc ‚J'aime les filles...' singt, dann verbindet sich die aktuelle Situation, in der sich Marc befindet, mit der Situation, die Dutronc in seinem Chanson evoziert" (Fahle 2002, 111).

Das einfachste Beispiel für ein Kristall-Bild, also für ein solches Ineinander von Aktualität und Virtualität, ist für Deleuze ein reales Objekt – die Aktualität – mit seinem Spiegelbild – der Virtualität. Deswegen erfreut er sich auch so an Orson Welles' *Die Lady aus Shanghai* (USA, 1947), weil beim berühmten Finale im Spiegelkabinett nicht mehr zu erkennen ist, was ein Mensch aus Fleisch und Blut und was nur ein Spiegelbild ist. Die Akteure sind sich also schlichtweg nicht sicher, worauf sie schießen sollen. Der Schluss von Welles' Film ist für Deleuze darum ein „perfektes Kristallbild" (Deleuze 1997a [1985], 97).

Welchen kategorialen Status hat nun aber dieses Kristall-Bild, das Deleuze hier terminologisch einführt? Ist das Zeit-Bild das *genus proximum* und das Kristall-Bild die *differentia specifica?* In diesem Fall wäre das Kristall-Bild eine Sonderform des Zeit-Bildes, und es stellte sich dann aber die Frage, welche anderen Sonderformen es neben dem Kristall-Bild außerdem noch gibt. Gegen diese Deutung spricht aber jene Passage bei Deleuze, in der er zwei Formen der Anordnung von Bildern unterscheidet, nämlich die organische und die kristalline (vgl. ebd., 168; siehe auch Colman 2011, 144–146). Die *organische* Anordnung konstituiert sensomotorische Situationen, und deswegen, so darf hieraus gefolgert werden, gehört diese Form der Anordnung zu den Bewegungs-Bildern. Hingegen präsentieren *kristalline* Anordnungen optische und akustische Situationen ohne motorische Fortsetzungen, also „ein Kino des Sehenden, nicht des Agierenden" (ebd., 169). Wie hinzugefügt wird, handelt es sich dann zwar immer noch um eine Erzählung, aber nicht mehr um eine organische, sondern eben um eine kristalline Erzählung (vgl. ebd., 171).

9.10 Spielarten des Zeit-Bildes

Deleuze strapaziert auch an dieser Stelle wieder die Geduld seiner wissbegierigen Leser, weil er nirgends eindeutig wird. Aber immerhin legen doch seine Ausführungen die Deutung nahe, dass schlichtweg *jedes* Zeit-Bild auch immer ein Kristall-Bild ist. Wenn es also unterschiedliche Formen des Zeit-Bildes gibt, dann wäre nicht nach *nicht-kristallinen* Zeit-Bildern, sondern nach *unterschiedlich kristallinen* Zeit-Bildern zu suchen. So gibt es „verschiedene Kristallzustände […] gemäß den Vorgängen seiner Entstehung und gemäß den sichtbaren kristallinen Figuren" (ebd., 112).

Jedenfalls lässt sich als Zwischenbilanz festhalten: Jedes Zeit-Bild ist immer auch ein Kristall-Bild – und umgekehrt. Deswegen trifft für das Zeit-Bild auch alles zu, was über das Kristall-Bild gesagt werden kann: Es handelt sich um ein filmisches Bild, das nicht mehr in einem Zusammenhang der *Aktion*, sondern der *Virtualität* eingeordnet ist. Die unterschiedlichen Arten von Zeit-Bildern stellen demzufolge unterschiedliche Formen der Kristallisierung von Aktuellem und Virtuellem dar. Mit *Virtualität* im Unterschied zur Aktualität meint Deleuze ganz allgemein den Bereich der Imagination, der Erinnerung und des Denkens. Es handelt sich insgesamt um Bewusstseinsformen, in denen das Subjekt sich von der Realität und der Praxis – also der Auseinandersetzung mit dieser Realität – distanziert.

Wenn jedes Zeit-Bild immer auch ein Kristall-Bild ist, dann wäre allerdings zu fragen, ob denn die hilflosen Personen im italienischen Neorealismus wirklich noch mit Virtualität zu tun haben? Legen denn nicht Deleuzes eigene Beschreibungen den Schluss nahe, dass ihre Realität bzw. Aktualität so erdrückend ist, dass sie überhaupt keinerlei Platz mehr lässt für Träume, Erinnerungen und Gedankenspiele? Wenn es entweder nur *organische* oder *kristalline* Anordnungen der Bilder gibt (s. o.), dann fällt der Neorealismus völlig aus dem kategorialen Rahmen dieser Taxinomie, weil die Realität hier weder Luft für Aktionen noch für Virtualität lässt.

Wenn Deleuze nun im Folgenden zwei Hauptformen des Zeit-Bildes bzw. des Kristall-Bildes unterscheidet, dann nimmt er eine an zeitlichen Bestimmungen orientierte Engführung des Bereichs der Virtualität vor, die durch die Route seiner bisherigen Gedanken keineswegs zwingend ist. Wenn von jetzt an von ‚Virtualität' die Rede ist, dann ist damit jedenfalls hauptsächlich die *Erinnerung* gemeint, das *Denken* dient eigentlich nur noch zur Suche nach Antworten auf Fragen, die die Erinnerung stellt, während die *Fantasie* als solche für Deleuze kaum noch eine Rolle spielt.

Die Differenz zwischen zwei Hauptformen beruht darauf, dass die Zeit sich – auch hierin folgt Deleuze Bergson – in jedem Augenblick in eine vorübergehende Gegenwart und in eine sich bewahrende Vergangenheit aufspaltet. Wenn man wie Bergson und Deleuze von der dritten Dimension der Zeit, also der Zukunft, völlig absieht, dann kann man in der Tat die Auffassung vertreten, dass die Zeit eben nichts anderes als genau jene unaufhörliche Spaltung ist, die wir, wie Deleuze meint, in einem Kristall sehen: „Der Kristall enthüllt den verborgenen Grund der Zeit, das heißt ihre Differenzierung in zwei Strahlen, den der vorübergehenden Gegenwarten und den der sich bewahrenden Vergangenheiten" (ebd., 132). Aus dieser zwiefachen Differenzierung des Kristalls soll nun folgen, dass es insgesamt zwei mögliche Zeit-Bilder gibt: entweder ein Zeit-Bild der vorübergehenden Gegenwarten oder ein Zeit-Bild der sich bewahrenden Vergangenheiten (vgl. ebd.).

So enthüllen Zeit-Bilder der sich bewahrenden Vergangenheit sedimentierte Schichten eines Lebens – meine Kindheit, meine Jugend usw. –, die aus dem Blickwinkel der aktuellen Gegenwart nicht aufeinander folgen, sondern koexistieren. Federico Fellini schreibt hierzu ganz im Sinne von Deleuze: „Was wir geworden sind, sind wir im Gedächtnis, wir sind *gleichzeitig* Kindheit, Jugend, Alter und Reife" (zit. nach ebd., 133; vgl. Schmidt 2005, 101). Wenn man hierfür ein passendes Beispiel aus der jüngeren Zeit sucht, so wäre an Christopher Nolans *Memento* (USA, 2000) zu denken, bei dem der Protagonist den Mörder seiner Frau sucht und sich die bisherigen Ergebnisse seiner Suche ebenso wie die jeweils nächsten Handlungsschritte auf die Haut tätowiert, da er an einem besonders extremen Verlust seines Kurzzeitgedächtnisses leidet.

Deleuze selbst erläutert diese Spielart des Zeit-Bildes an dem Klassiker der Filmgeschichte schlechthin, nämlich an Orson Welles' *Citizen Kane* (USA, 1941). Der hochbetagte Zeitungsmogul, Milliardär und Machtmensch Charles Foster Kane – aus der Perspektive von Bergsons Zeitphilosophie also geradezu abgefüllt mit Ereignissen eines vergangenen, äußerst erfolgreichen und turbulenten Lebens – murmelt im Augenblick seines einsamen Todes nur den Namen des Schlittens, auf dem er als kleiner Junge gefahren ist. Nachdem in der aktuellen Gegenwart des Films Kane gestorben ist, werden nun zahlreiche Zeugen befragt, die jeweils für verschiedene Vergangenheitsschichten Kanes stehen. Aber niemand weiß, dass mit ‚Rosebud' jener Holzschlitten, also ein Kinderspielzeug, gemeint ist, das am Ende des Films schließlich beiläufig mit anderem Gerümpel verbrannt wird. Deleuze spricht ausführlich über diesen Film, der die Ordnung der Koexistenz von Vergangenheitsschichten darstellt und darum so überaus repräsentativ für jene Variante des Zeit-Bildes sein soll. Allerdings verliert er sich hierbei auch im Detail und schweift mehrfach ab, sodass längst nicht alle seine Ausführungen dazu dienen, diesen Zusammenhang einleuchtend darzulegen (vgl. Deleuze 1997a [1985], 141–154).

Hiervon unterscheidet sich nun die zweite Variante des Zeit-Bildes. Das Thema ist jetzt nicht mehr die „Koexistenz der Vergangenheitsschichten", sondern die „Simultaneität der Gegenwartsspitzen" (ebd., 136). Der Film, der hierbei am konsequentesten vorgeht, ist für Deleuze Alain Resnais' *Letztes Jahr in Marienbad* (FR, 1961), denn hier prallen die Gegenwart der *Gegenwart,* die Gegenwart der *Vergangenheit* und die Gegenwart der *Zukunft* aufeinander und relativieren sich gegenseitig (vgl. ebd., 155–167; siehe hierzu Schaub 2006 [2003], 171–181; Schmidt 2005, 112 f.).

Ein Mann versucht eine Frau davon zu überzeugen, dass beide miteinander im vergangenen Jahr eine Affäre hatten, was die Frau in Abrede stellt. Irrt sich der Mann oder lügt er oder handelt es sich um einen ausgesprochen seltsamen Annäherungsversuch? Oder lügt die Frau oder kann sie sich nicht erinnern? Der Mann sieht in der Gegenwart der Vergangenheit – also in einer koexistierenden Vergangenheit –, was die Frau nach Deleuze in der Gegenwart der Zukunft sieht: Denn sie streitet ab, dass der Mann eine zutreffende Einschätzung über die Vergangenheit abgibt. Vielmehr handelt es sich ihrer Ansicht nach um den Wunsch und um die Vorbereitungen des Mannes für die Gegenwart einer gemeinsamen Zukunft. Jede dieser simultanen Gegenwarten ist also für sich möglich, aber jede schließt die andere aus (vgl. Deleuze 1997a [1985], 136).

Wie abschließend festgestellt werden kann, handelt es sich bei den beiden Zeit-Bildern der *Koexistenz der Vergangenheit* und der *Simultaneität von Gegenwartsspitzen* eigentlich im Grunde nur um zwei Seiten ein und derselben Medaille: Die erste Spielart des Zeit-Bildes konzentriert sich darauf, dass das Vergangene nicht verschwunden, sondern in gewisser Weise immer noch präsent ist und die Gegenwart heimsucht. Wir sind als Erwachsene gewissermaßen immer noch das Kind, das wir einmal waren. Es handelt sich also eigentlich nur um eine Akzentverschiebung, wenn die zweite Spielart des Zeit-Bildes nun die Relativierung der Gegenwart thematisiert, die sich genau daraus ergibt. Denn wenn die Vergangenheit mit der Gegenwart koexistiert, wenn es also eine Gegenwart der *Vergangenheit* gibt, dann ist die Gegenwart der *Gegenwart* eben nicht mehr die einzige Gegenwart. Die Blickrichtung kehrt sich insofern bei der zweiten Variante des Zeit-Bildes um, als von jetzt an die Gegenwart aus der Perspektive der Vergangenheit und nicht mehr die Vergangenheit aus der Perspektive der Gegenwart betrachtet wird.

Obwohl Deleuze wie Bergson zu Beginn doch jegliche Verräumlichung der Zeit vermeiden will, scheint es am Ende eines langen Weges so zu sein, als würde die Zeit stillstehen, weil alles in Gegenwart erstarrt. Nachdem zuvor mit viel Emphase der Gedanke abgewehrt werden sollte, dass die Bewegung sich auf eine Reihe unbeweglicher, also simultaner Punkte im Raum zurückführen lässt, versteht Deleuze nun die Zeit im Reinzustand als koexistierende Schichten, die sich simultan übereinanderstapeln. Wenn aber die Vergangenheit zeitgleich koexistiert, was unterscheidet sie dann noch von der Gegenwart? Kommt eine solche Simultaneität von Vergangenheit und Gegenwart nicht doch wieder einer Verräumlichung gleich? Hat nicht der Raum das letzte Wort, wenn die Vergangenheit zur Aktualität gehört wie die Narben in einem Gesicht oder die Jahresringe an einem Baum?

9.11 Deleuze in der aktuellen Filmwissenschaft – Thomas Elsaesser und Oliver Fahle

Deleuze gehört zweifellos zu den meistdiskutierten und einflussreichsten Filmtheoretikern der Gegenwart: „In der Filmwissenschaft ist die Auseinandersetzung mit Deleuzes Filmbildtaxonomie, aber auch mit anderen seiner Begriffe heute selbstverständlich geworden, weshalb mit ihnen auch ohne namentliche Kennzeichnung filmtheoretisch gearbeitet wird" (Ott 2019, 2). Auf welche Weise sein Denken innerhalb der Film- und Medienwissenschaft verarbeitet worden ist, soll abschließend an zwei namhaften Autoren exemplarisch vorgeführt werden, nämlich an Thomas Elsaesser und Oliver Fahle. Wenn Thomas Elsaesser in seiner Monografie *Hollywood heute* (2009) die Einflüsse des klassischen und modernen Kinos auf den Hollywoodfilm der Gegenwart analysieren will, dann beruft er sich explizit auf Deleuzes Klassifikationsschema von Bewegungs-Bild und Zeit-Bild, mit dem üblicherweise der Unterschied zwischen amerikanischem Hollywoodkino und europäischem Kunstkino kenntlich gemacht wird. Allerdings wird in Elsaessers Deutung der Unterschied zwischen klassischem und modernem Kino bei Deleuze vergröbert und – mitunter psychoanalytisch – verkürzt, insofern es hierbei ausschließlich auf die Handlungsmacht oder -ohnmacht der Hauptfigur ankommen soll. Je traumatisierter der Protagonist ist, um so zeit-bildlicher ist dann der jeweilige Film.

Während der amerikanische Filmwissenschaftler Richard Rushton am Beispiel von Regisseuren wie Lars von Trier, Wong Kar-Wai und Abbas Kiarostami zeigen will, inwiefern Zeit-Bilder nach wie vor für das europäische Kunst-Kino prägend sind (vgl. Rushton 2012, 139–156), lautet Elsaessers zentrale These in *Hollywood heute*, dass es spätestens in den 1980er Jahren nun auch eine „Prävalenz des Zeitbildes" (Elsaesser 2009, 30) im Hollywoodfilm gibt. Ausführlich erörtert wird diese These an Filmen wie u. a. *Chinatown* (USA, 1974, R.: R. Polanski), *Stirb langsam* (*Die Hard*, USA, 1988, R.: J. McTiernan), *Das Schweigen der Lämmer* (USA, 1991, R.: J. Demme), *Dracula* (USA, 1992, R.: F. F. Coppola). Da es der Zuschauer hier immer mit gebrochenen Heldinnen und Helden zu tun hat, ließe sich, wie Elsaesser folgert, „Deleuze' Zeitbild also auf das heutige Hollywoodkino ausweiten" (ebd., 31). Allerdings sind grundsätzlich doch Bedenken angebracht, ob die psychische Verfassung der Filmhelden allein schon ausschlaggebend für das Vorliegen von Zeit-Bildern sein kann, nämlich genau dann, wenn – wie eben in *Stirb langsam*, *Das Schweigen der Lämmer* oder *Dracula* – doch immer noch eine stringent ablaufende Handlung im Mittelpunkt steht. Der Vampir bei Coppola mag zwar ein leidender und traumatisierter Held sein, aber seine Handlungsmacht ist dennoch ausgesprochen imposant, jedenfalls übersteigt sie bei weitem immer noch das menschliche Maß. Davon, dass das sensomotorische Band zwischen Wahrnehmung, Affekt und Aktion auseinanderfällt, kann hier jedenfalls keine Rede sein – und ebenso wenig bei den Protagonisten, die den Vampir schließlich zur Strecke bringen.

Um die Originalität der eigenen These hervorzuheben, wird nun im Gegenzug Deleuze vorgehalten, einem „Ausschluss des amerikanischen Kinos nach 1960" (ebd., 29) das Wort zu reden. Wie Elsaesser meint, ist Deleuze der Auffassung, dass der amerikanische Film – und erst recht das Hollywoodkino – niemals wie der europäische und asiatische Film den Entwicklungsschritt zum Zeit-Bild gewagt hat. Wenn Deleuze hier so interpretiert wird, als würde er das amerikanische Kino *nach* 1960 unterschätzen, dann wäre einerseits mit dem Hinweis auf jene bereits angeführten Passagen seiner Kinobücher zu widersprechen, in denen er selbst die Krise des Aktions-Bildes diagnostiziert und Beispiele für ein Zeit-Bild-Kino in der Ära des New-Hollywood erläutert (vgl. Deleuze 1997a, b [1983], 277–282; Deleuze 1997a [1985], 248 f.).

Andererseits lässt sich fragen, ob Elsaesser nicht seinerseits umgekehrt das amerikanische Kino *vor* 1960 unterschätzt. Denn zweifellos findet sich bereits hier eine ganze Reihe von Filmen, die mit ausgesprochen hinfälligen Helden aufwarten kann: Federführend ist dabei das Genre des *film noir*, in dem wie auch immer angeschlagene, wenn nicht sogar traumatisierte Charaktere geradezu an der Tagesordnung sind. Als Beispiele seien angeführt: Billy Wilder, *Das verlorene Wochenende* (USA, 1945), Carol Reed, *Ausgestoßen* (*Odd Man Out*, USA, 1946), Robert Siodmak, *Rächer der Unterwelt* (*The Killers*, USA, 1946), Raoul Walsh, *Sprung in den Tod* (*White Heat*, USA; 1949), Otto Preminger, *Der Mann mit dem goldenen Arm* (USA, 1955). Abseits vom *film noir* wären als weitere Beispiele zu nennen: Nicholas Ray, *...denn sie wissen nicht, was sie tun* (*Rebel Without A Cause*, USA, 1954), *Eine Handvoll Hoffnung* (*Larger Than Life*, USA, 1955), Delbert Mann, *Marty* (USA, 1955).

Umgekehrt mag man dem von Bruce Willis dargestellten John McLane aus *Stirb langsam* zwar bereits die kulturelle Krise der Männlichkeit anmerken. Es handelt sich trotzdem immer noch um einen handlungsmächtigen Charakter, der ganz allein erfolgreich gegen eine Gruppe schwerbewaffneter Verbrecher kämpft. Jedenfalls entspricht er eher der Vorstellung des unverwüstlichen Helden aus einem klassischen Hollywoodfilm mit Aktions-Bildern als der verbiesterte und brüchige Charakter aus John Fords *Der schwarze Falke* (*The Searchers*, USA, 1956), der ausgerechnet vom Vorzeige-Westernhelden John Wayne gespielt wird. Wenn die Unterscheidung zwischen klassischem und modernem Kino tatsächlich – wie es Elsaessers Deleuze-Deutung nahelegt – von der Brüchigkeit des Helden abhängt, wäre dann *Der schwarze Falke* nicht ein viel modernerer Film als *Stirb langsam?*

Allerdings ist diese Gleichsetzung des Zeit-Bild-Kinos mit einem Kino der kaputten oder passiven Anti-Helden ohnehin fragwürdig, weil sie zu holzschnittartigen und völlig überzogenen Interpretationen verführt. So ist für Elsaesser Hannibal Lecter schon deswegen eine Deleuzesche Figur, weil er im Gefängnis sitzt und seine Handlungsfähigkeit eingeschränkt ist (ebd., 158). Darf man daraus schließen, dass Gefängnisfilme eine grundsätzliche Tendenz zum Zeit-Bild haben und Alfred Hitchcocks *Das Fenster zum Hof* (*Rear Window*, USA, 1954) vor allem deshalb ein moderner Film ist, weil die Hauptfigur im Rollstuhl sitzt? Wenn ein traumatisierter Held, wie er z. B. in den Filmen von Hitchcock wahrhaft keine Seltenheit ist, schon ausreicht, um den betreffenden Film dem modernen Kino mit seinen Zeit-Bildern zurechnen zu können, stellt sich die Frage, was dann eigentlich noch übrig bleibt vom klassischen Hollywood-Kino. Dass solche zuspitzenden Interpretationen sich auf Deleuze berufen können, ist allerdings auch dem französischen Philosophen selbst zur Last zu legen, weil seine Kategorien nicht eindeutiger bestimmt werden und deshalb schlichtweg zu weit und grob bleiben.

Oliver Fahle entwirft in seinem Buch *Bilder der zweiten Moderne* (2005) eine filmgeschichtliche Epochenbildung, für die er explizit von Deleuzes Ansatz ausgeht. Zugleich führt er diesen aber weiter und versucht die schematische Zweiteilung in klassische und moderne Filme im Blick auf neuere Entwicklungen zu überwinden. Genau wie bei Elsaesser findet sich auch hier der Grundgedanke, dass die Zeit-Bilder längst den Sprung ins Unterhaltungskino geschafft haben. Unübersehbar wird die Differenz zwischen Klassik und Moderne zunächst ganz im Sinne von Deleuze verstanden – wobei anders als in Elsaessers vergröbernder Lesart nach Fahle nicht die *Handlungsohnmacht* der Protagonisten, sondern die

Selbstreflexivität für das Zeit-Bild ausschlaggebend ist: „Der klassische Film agierte vorrangig im Modus der filmischen Narration, der moderne Film dagegen produzierte Zustände filmischer Selbstreflexivität, die als Zeitbilder bezeichnet werden können" (Fahle 2005, 11). Wie gravierend diese Differenz zunächst einmal zu fassen ist, zeigt sich darin, dass es wohl aussichtslos ist, Filme von Godard oder Antonioni mit dem analytischen Rüstzeug von Christian Metz entschlüsseln zu wollen.

Von Deleuze herkommend versucht Fahle nun das Kino der *Postmoderne* und ein sich daran zeitlich anschließendes Kino zu begreifen, das er als *Zweite Moderne* charakterisiert. Der postmoderne Film erreicht, wie es heißt, seinen Höhepunkt um 1990 und verliert schließlich ab Mitte der 1990er Jahre an Relevanz. Während die Moderne sich durch den permanenten Versuch definiert, einen Bruch mit der Tradition zu vollziehen und völlig neue Wege zu gehen, zeichnet sich die Postmoderne im Film wie auch sonst wo dadurch aus, dass sie eine eher ironische Haltung und einen spielerischen Umgang mit dem Fundus des bereits Erworbenen pflegt. Was diese filmgeschichtliche Epoche auszeichnet, die Fahle exemplarisch anhand von Jim Jarmuschs *Stranger than Paradise* (USA, 1984) und John Woos *Im Körper des Feindes* (*Face/Off,* USA, 1996) analysiert (vgl. ebd., 52–74), ist vielmehr die „Wiederaufnahme, Zitation und Verfremdung von filmischen Genres, Stilen und Ausdrucksformen" (ebd., 19).

Die Selbstreflexion des modernen Films steigert sich, wie es weiter heißt, im postmodernen Film schließlich bis zur Selbstreferenz. Und nicht selten führt diese Selbstreferentialität dazu, „das filmische Bild in seinen Möglichkeiten zu überdehnen und auszuweiten" (ebd.). Eine solche „Reduktion von Bedeutung durch Überladung des Sichtbaren" (ebd., 65) wird z. B. sehr eindrucksvoll in Jean-Jacques Beineix' *Diva* (FR, 1981) oder in David Lynchs *Wild At Heart* (USA, 1990) vorgeführt. Diese „Tendenz zum visuellen Exzess" (ebd., 19) hindert den postmodernen Film jedoch keineswegs daran, in Abgrenzung zum modernen Film die Narration als solche zu rehabilitieren – und auch hierfür sind *Diva* und *Wild At Heart* sehr gute Beispiele. Nach Fahle lässt sich die filmische Postmoderne im Wesentlichen also als Versuch begreifen, die Aktions-Bilder des klassischen Films mit den Zeit-Bildern des modernen Films zusammenzuführen (vgl. ebd., 11, 19). Von jetzt an finden sich Narration und Selbstreflexion in ein und denselben Filmen, aber – wie moniert wird – sie bleiben dort „merkwürdig unverbunden" (ebd., 22).

Während jene einander entgegengesetzten Charakteristiken der Klassik und der Moderne in der Postmoderne schlichtweg „in ästhetischer Leichtigkeit" (ebd.) nebeneinandergestellt werden, versteht Fahle nun die Zweite Moderne als den konsequenten Versuch, Aktions- und Zeit-Bilder „miteinander zu verschachteln", um „ihre Unvereinbarkeit gleichsam zu bezwingen" (ebd., 114): „Das Aktionsbild, das nach wie vor den amerikanischen Film dominiert, thematisiert seine eigenen Grenzen, indem es die vom Zeitbild motivierten epistemischen Bedingungen reflektiert, ohne den Modus des Aktionsbildes zu verlassen" (ebd., 22). An Beispielen wie Robert Altmans *The Player* (USA, 1992), Clint Eastwoods *Erbarmungslos* (USA, 1993), David Lynchs *The Straight Story* (USA, 1999), Olivier Assayas *Irma Vep* (FR, 1996) und schließlich François Ozons *Swimming-Pool*

9.11 Deleuze in der aktuellen Filmwissenschaft

(FR, 2003) gelingt es Fahle einleuchtend nachzuweisen, inwiefern durch die akribisch durchdachte Verknüpfung sowohl eine Neubestimmung des Aktions-Bildes als auch des Zeit-Bildes vollzogen wird (vgl. ebd., 23).

Wie sich zeigt, geht Fahle mit Deleuze über Deleuze hinaus, wenn er für die These argumentiert, dass die Postmoderne, die sich in den Jahren nach der Veröffentlichung von *Das Bewegungs-Bild* und *Das Zeit-Bild* (1983 und 1985) ausbreitet, bereits den Gegensatz von klassischem und modernem Film überwindet, indem sie Aktions- und Zeit-Bilder einfach wieder unverfroren nebeneinanderstellt. Die Zweite Moderne, die nach Fahle etwa in der Mitte der 1990er Jahre beginnt, nimmt diesen Gegensatz wiederum ernster, insofern sie ihn in den Filmen selbst austrägt und auf diese Weise neue Aktions- und Zeit-Bilder entwickelt. Wenn man bedenkt, dass Postmoderne und Zweite Moderne nach diesem Entwicklungsschema nur durch die Irritationen möglich geworden sind, die die Erste Moderne mit ihren Zeit-Bildern ausgelöst hat, dann drängt sich die folgende Frage auf: Was können wir nach der Zweiten Moderne vom Kino noch erwarten, wenn es nur die Aktions-Bilder und Zeit-Bilder, ihren Gegensatz, ihre spielerische Unverbundenheit und ihre Verschachtelung gibt? Wenn Aktions-Bilder und Zeit-Bilder also in denselben Filmen vorkommen, dann kann man nur entweder mit diesem Gegensatz etwas konzeptlos spielen wie in der Postmoderne oder diesen Gegensatz versöhnen und weiterentwickeln wie in der Zweiten Moderne. Ist die Zukunft des Kinos also nur noch eine endlos in die Länge gezogene Zweite Moderne? Oder vielleicht ein permanenter Wechsel zwischen einem solchen ‚zweitmodernen' und einem postmodernen Umgang mit jenem Gegensatz? Wohl unbeabsichtigt weckt Fahle insgesamt die Befürchtung, dass die Filmgeschichte in gewisser Hinsicht an ihr Ende gekommen ist. Seit der Ersten Moderne stehen jedenfalls alle möglichen Spielsteine auf dem Brett, und die Zweite Moderne macht nur andere Züge als zuvor die Postmoderne, aber immer noch mit denselben Steinen.

Die Befürchtung, dass die Filmgeschichte zum Stillstand gekommen ist, ist aber vielleicht gar nicht ihr selbst, sondern vielmehr Deleuzes Filmtheorie mit ihrer dualistischen Begrifflichkeit zur Last zu legen. Wie sich bereits herausgestellt hat (s. Abschn. 9.8), fassen die einander entgegengesetzten Begriffe des Aktions-Bildes und des Zeit-Bildes – eher Hegelianisch als postmodern – ausgesprochen unterschiedliche Phänomene zusammen und bringen sie terminologisch auf einen Nenner. Während Deleuze etwa die begrifflichen Spielarten des Zeit-Bildes noch in Auseinandersetzung mit den Filmen selbst erst entwickelt, wird von seinen Schülern eine von jetzt an feststehende Begrifflichkeit nurmehr angewendet und in den Filmen ‚wiederentdeckt'. Die damit verbundene Gefahr einer Sklerose der Theorie ist natürlich umso größer, weil ohnehin nur zwei einander entgegengesetzte Begriffe – Aktions-Bild oder Zeit-Bild – für jeden möglichen Film und jede mögliche Einstellung vorgesehen sind. Es ist daher sehr gut möglich, dass sich im Schatten dieser dualistischen Begrifflichkeit filmische Fortentwicklungen ereignen, für die Deleuze gerade nicht das Auge des Filmwissenschaftlers und -theoretikers geschärft hat.

Literatur

Adorno, Theodor W. (1997), *Philosophie der neuen Musik* (1949). *Gesammelte Schriften 12*, Frankfurt am Main.
Adorno, Theodor W. (1997a), *Ästhetische Theorie* (1970). *Gesammelte Schriften 7*, Frankfurt am Main.
Bachtin, Michail M. (1979), *Das Wort im Roman* (1934/1935), in: ders., *Die Ästhetik des Wortes*, Frankfurt am Main, 154–301.
Baudrillard, Jean (1978), *Die Agonie des Realen*, Berlin.
Baudrillard, Jean (1991), *Der symbolische Tausch und der Tod* (1976), München.
Bellour, Raymond (1990), *L'Entre image: Cinéma, Photo, Vidéo*. Paris 1990.
Bellour, Raymond (1997), „Denken, erzählen. Das Kino von Gilles Deleuze", in: Oliver Fahle/ Lorenz Engell (Hg.), *Der Film bei Deleuze/Le cinéma selon Deleuze*, Weimar, 41–60.
Benjamin, Walter (1991), „Der Erzähler. Betrachtungen zum Werk Nikolai Lesskows" (1936/1937), in: ders., *Aufsätze, Essays, Vorträge. Gesammelte Schriften Band II. 2* (1974), Frankfurt am Main, 438–465.
Benjamin, Walter (1991a), *Der Begriff der Kunstkritik in der deutschen Romantik* (1920), in: ders., *Abhandlungen. Gesammelte Schriften Bd. I. 1* (1974), Frankfurt am Main, 7–122.
Benjamin, Walter (1991b), „Über einige Motive bei Baudelaire" (1939), in: ders., *Abhandlungen. Gesammelte Schriften Bd. I. 2* (1974), Frankfurt am Main, 605–653.
Benjamin, Walter (1991c), „Das Kunstwerk im Zeitalter seiner technischen Reproduzierbarkeit. Dritte Fassung" (1936), in: ders., *Abhandlungen. Gesammelte Schriften Bd. I. 2* (1974), Frankfurt am Main, 471–508.
Bergson, Henri (1991), *Materie und Gedächtnis. Eine Abhandlung über die Beziehung zwischen Körper und Geist* (1896), Hamburg.
Bergson, Henri (2013), *Schöpferische Evolution* (1907), Hamburg.
Colman, Felicity (2011), *Deleuze und Cinema. The Film Concepts*, Oxford/New York.
Deleuze, Gilles (1997), *Das Bewegungs-Bild. Kino 1* (1983), Frankfurt am Main.
Deleuze, Gilles (1997a), *Das Zeit-Bild. Kino 2* (1985), Frankfurt am Main.
Deleuze, Gilles (2014), „Über *Das Bewegungs-Bild*" (1983), in: ders., *Unterhandlungen 1972–1990* (1993), Frankfurt am Main, 70–85.
Deleuze, Gilles (2014a), „Über *Das Zeit-Bild*" (1985), in: ders., *Unterhandlungen 1972–1990* (1993), Frankfurt am Main, 86–91.
Elsaesser, Thomas (2009), *Hollywood heute. Geschichte, Gender und Nation im postklassischen Kino*, Berlin.
Engell, Lorenz (2003), „Tasten, Wählen, Denken. Genese und Funktion einer philosophischen Apparatur", in: Stefan Münker/Alexander Roesler/Mike Sandbothe (Hg.), *Medienphilosophie. Beiträge zur Klärung eines Begriffs*, Frankfurt am Main, 53–77.
Engell, Lorenz/Oliver Fahle (2007), „Film-Philosophie", in: Jürgen Felix (Hg.), *Moderne Film Theorie* (2002), Mainz, 222–245.
Fahle, Oliver (2002), ‚Zeitspaltungen: Gedächtnis und Erinnerung bei Gilles Deleuze', in: Montage AV 11/1, 97–112.
Fahle, Oliver (2005), *Bilder der Zweiten Moderne*, Weimar.
Fihman, Guy (1997), „Bergson, Deleuze und das Kino", in: Oliver Fahle/Lorenz Engell (Hg.), *Der Film bei Deleuze/Le cinéma selon Deleuze*, Weimar, 74–85.
Flusser, Vilém (1991), *Gesten. Versuch einer Phänomenologie*, Frankfurt am Main.
Frisch, Simon (2007), *Mythos Nouvelle Vague. Wie das Kino in Frankreich neu erfunden wurde*, Marburg.
Godard, Jean-Luc (1971), „Jean Renoir", in: ders.: *Kritiker. Ausgewählte Kritiken und Aufsätze über Film* (1950–1970), München, 68–71.
Hegel, Georg W. F. (1986), *Grundlinien der Philosophie des Rechts* (1821). *Werke 7*, Frankfurt am Main.

Heller, Heinz-B. (2006), „Zur Bildtheorie von Gilles Deleuze und Jean-Luc Godard. Beobachtungen und Anmerkungen zu Godards *Hélas pour moi*", in: Thomas Koebner/Thomas Meder (Hg.), *Bildtheorie und Film*, München, 268–281.

Kiefer, Bernd (2010), „Die Moderne filmen: Jean-Luc Godard", in: Thomas Koebner/Fabienne Liptay (Hg.): *Jean-Luc Godard. Film Konzepte 20*. München, 3–8.

Lukács, Georg (1988), *Die Theorie des Romans. Ein geschichtsphilosophischer Versuch über die Form der großen Epik*, Frankfurt am Main.

Merleau-Ponty, Maurice (2000), „Das Kino und die neue Psychologie", in: ders., *Sinn und Nicht-Sinn* (1948), München, 65–82.

Ott, Michaela (2015), *Dividuationen. Theorien der Teilhabe*, Berlin.

Ott, Michaela (2019), „Deleuzianische Filmtheorie", Bernhard Groß/Thomas Morsch (Hg.), *Handbuch Filmtheorie*, Düsseldorf, 1–17.

Panofsky, Erwin (1993), „Stil und Medium im Film" (1947), in: ders., *Die ideologischen Vorläufer des Rolls-Royce-Kühlers & Stil und Medium im Film*, Darmstadt, 17–48.

Rauscher, Josef (2010), „Auto-Reflexion. Godard – ein kritischer Filmphilosoph in der Maske eines bildverliebten Sophisten", in: Thomas Koebner/Fabienne Liptay (Hg.), *Jean-Luc Godard. Film Konzepte 20*, München, 62–77.

Rushton, Richard (2012), *Cinema after Deleuze*, London/New York.

Schaub, Mirjam (2006), *Gilles Deleuze im Kino: Das Sichtbare und das Sagbare* (2003), München.

Schmidt, Stefanie (2005), *Film und Erinnerung. Das Kristall-Bild von Gilles Deleuze als Verschränkung von Sagbarem und Sichtbarem oder Psychoanalyse und Zeitphilosophie*. Berlin.

Seel, Martin (2013), *Die Künste des Kinos*, Frankfurt am Main.

Stam, Robert (2000), *Film Theory. An Introduction*, Malden/Oxford/Carlton.

Vandenbunder, André (1997), „Die Begegnung Deleuze und Peirce", in: Oliver Fahle/Lorenz Engell (Hg.), *Der Film bei Deleuze/Le cinéma selon Deleuze*, Weimar, 99–112.

10

David Bordwell (*1947) und Kristin Thompson (*1950) – eine Frage des Stils

In *Hard Candy* (USA 2005, R.: David Slade) trifft sich eine 14-Jährige in einem Coffeeshop mit einem 32-jährigen Fotografen, den sie beim Chatten im Internet kennengelernt hat. Wenig später sitzen die beiden lachend und flirtend mit hochprozentigen Getränken in der luxuriösen Wohnung des zwielichtigen Mannes. Auf den ersten Blick scheint sich das zierliche Mädchen mit ihren provozierenden Scherzen völlig naiv und arglos einer Situation auszuliefern, die aus der Sicht der zuschauenden Person von Anfang an nichts Gutes ahnen lässt. Von einer Sekunde zur nächsten erhält die Szene jedoch eine ganz andere Qualität. Denn wir bekommen plötzlich einen scharfen und kalten Blick des Mädchens mit, der ganz und gar nicht zu ihrem sonstigen albern-koketten Verhalten passt und mit dem sie offenbar genauestens prüft, ob das Glas ihres Gesprächspartners sich schnell genug leert. Wir sehen diesen aufmerksamen Blick in einer Einstellung, in der sie hinter dem Mann steht, der ihr Gesicht größtenteils verdeckt, und in der der Kamerafokus alles außer diesem einen Auge unscharf lässt. Mit dieser auffälligen Bildkomposition gibt der Film dem Zuschauer einen Hinweis, der zur Interpretation einlädt.

Von jetzt an haben wir jedenfalls den Verdacht, dass jene – vermeintlich? – 14-Jährige nicht ist, was sie zu sein vorgibt, irgendwelche Hintergedanken hat und möglicherweise einen Plan verfolgt. Tatsächlich hat sie, wie sich kurz darauf herausstellt, K.-O.-Tropfen in das Getränk des Fotografen gemischt. Dass dieses Mädchen nicht einmal annähernd so hilflos ist, wie es anfangs scheint, bestätigt sich auch im weiteren Verlauf des Films: So erweist sie sich als intellektuell überlegen und körperlich äußerst wehrhaft, und am Ende des Films treibt dieser zerbrechlich wirkende Racheengel den Fotografen, auf dessen Konto offenbar die Ermordung einer Frau geht, schließlich sogar in den Suizid.

Es ist jene geschickt komponierte Einstellung mit dem aufmerksam prüfenden Blick des Mädchens, die am Anfang des Films die Karten innerhalb der Szene noch einmal neu mischt. Sie involviert die Zuschauerin stärker in das filmische Geschehen, indem sie sie dazu motiviert, sich die Frage vorzulegen:

Was sehe ich, und was bedeutet es? Genau diese doppelte Fragestellung steht im Zentrum des filmtheoretischen Ansatzes, der in diesem Kapitel diskutiert werden soll. Anders als für Metz oder Deleuze ist das Gesehene und Gehörte im Film für David Bordwell und Kristin Thompson, den beiden Hauptvertretern des sogenannten Neoformalismus, kein Zeichen, aber es beschränkt sich auch nicht auf die bloße wahrgenommene Präsenz. Vielmehr handelt es sich um einen *cue* – einen Hinweis –, der zum Verständnis des filmischen Geschehens führen kann – aber manchmal auch in die Irre.

10.1 Von der Ästhetik über die Taxonomie zur Poetik

Die Theorie des Films von Münsterberg bis Kracauer verbindet die Frage nach dem Wesen des Films mit einer ausgeprägten Neigung zur Normativität. Ob einzelne Filme als filmisch oder unfilmisch bzw. als gelungen oder misslungen anzusehen sind, hängt davon ab, inwieweit sie dem Wesen des Films schlechthin gerecht werden, das jeder dieser Ansätze wiederum auf ganz unterschiedliche Weise versteht. Selbst bei Deleuze, der auf jegliches Werturteil verzichtet, finden sich zumindest implizit immer noch solche essenzialistischen Züge, die festlegen, dass jede Einstellung entweder nur ein Bewegungs- oder ein Zeit-Bild sein kann. Dagegen will der sogenannte Neoformalismus – zumindest seinem Selbstverständnis nach – eine völlig andere Richtung einschlagen: David Bordwell, der prominenteste Vertreter dieser Schule, fragt nicht mehr, was der Film überhaupt ist oder woran sich ein guter Film erkennen lässt, sondern vielmehr: Wie erzählen Filme? Wie spielt sich das Filmverstehen ab? Was zeichnet den Stil eines Films aus? Auf die Frage, was der Film sei, gibt der Neoformalismus also ebenso wenig eine Antwort wie auf die Frage, was der Film sein solle. An die Stelle einer *Wesensbeschreibung* rückt damit, wie es heißt, eine *Poetik* des Films, d. h. „eine systematische Untersuchung der Materialien, Formen und Konstruktionsprinzipien des Filmemachens" (Bordwell 2009, 111).

Damit sieht sich Bordwell in der Tradition der Literaturkritiker des russischen Formalismus, die sich bereits 1927 in der Anthologie *Poetika Kino* (Beilenhoff 2005) zusammengetan haben, um die Prinzipien des Stils, der Plotgestaltung und des Filmverstehens zu erforschen (vgl. Bordwell 2009, 111). Erstmals beruft sich der einflussreiche Filmwissenschaftler in *Narration in the Fiction Film* (1985) ausdrücklich auf den russischen Formalismus (vgl. Prokić 2017, 44). Insgesamt legt sich die neoformalistische Analyse jedoch nicht auf eine einzige Methode fest, sondern greift je nach Fragestellung und Gegenstand auf ganz unterschiedliche Analyseverfahren zurück. So gehören zu den zahlreichen Positionen, die diese Schule im Verlauf ihrer Entwicklung verarbeitet und weiterentwickelt, u. a. auch der Prager Strukturalismus von Roman Jakobson und Jan Mukařovský, die Forschungen von Tzevetan Todorov, Gérard Genettes und – zumindest – des frühen Roland Barthes, des israelischen Poetologen Meir Sternberg wie auch des Kunsttheoretikers Ernst H. Gombrich. In den Stilanalysen zeigt sich schließlich zudem der Einfluss André Bazins, Sergej Eisenstein sowie des amerikanischen Filmwissenschaftlers Noël Burchs (vgl. Hartmann/Wulff 2007, 195).

Die neoformalistische Filmanalyse gehört heutzutage in den USA zum Kernbestand der universitären Ausbildung in der Filmwissenschaft, was sich schon daran zeigt, dass das von Bordwell und Kristin Thompson 1979 erstmals gemeinsam veröffentlichte Buch *Film Art* 2016 in der elften Auflage erschienen ist. Der Boom des Neoformalismus ist nicht zuletzt dieser „meistverkauften und auflagenstärksten Einführung in den Film geschuldet" (Prokić 2017, 42), die ein gründlich ausgearbeitetes Handwerkszeug für eine Filmanalyse – genauer: für eine Film*stil*analyse – bietet (vgl. Hartmann/Wulff 2007, 194). Das Ehepaar Bordwell und Thompson unterrichtet am *Communication Arts Departement* an der Universität von Wisconsin in Madison, wo Bordwell die *Jacques Ledoux*-Professur für Filmwissenschaft innehat und Thompson *Honorary Fellow* am Fachbereich ist.

Wie Hartmann und Wulff bemerken, beginnt die deutsche Rezeption allerdings wesentlich später, nämlich im Jahr 1992, als erstmals die Übersetzung eines Bordwell-Textes in der Zeitschrift *montage/av* erscheint (zu den Anfängen der deutschen Rezeption vgl. Lowry 1992; Wulff 1991). Dass die Rezeption hier insgesamt auch weitaus zurückhaltender geblieben ist, lässt sich schon daran erkennen, dass bisher nicht eine der zahlreichen Monografien von Bordwell oder Thompson ins Deutsche übersetzt worden ist. Bei der einzigen deutschsprachigen Monografie, deren Autor Bordwell ist, handelt es sich um die Übersetzung einer Vorlesungsreihe, die er 1999 im Münchener Arri-Kino gehalten hat (vgl. Bordwell 2006a [2001]).

Die Etikettierung als ‚Neoformalismus' ist anfänglich pejorativ gemeint und geht auf eine frühe kritische Rezension von *Film Art* zurück, die Jerry L. Salvaggio verfasst hat (Salvaggio 1981; siehe hierzu Hartmann/Wulff 2007, 193). Ganz ähnlich beruht ja bereits der Schulbegriff ‚russischer Formalismus' auf einer Polemik der marxistischen Kritiker, während die betreffenden Literaturkritiker aus den 1910er und 1920er Jahren, die inspirierend auf Bordwell und Thompson gewirkt haben, sich ihrerseits lieber als Morphologen oder Spezifizierer bezeichnen (vgl. Erlich 1964 [1955], 189; Hartmann/Wulff 2007, 192 f.). Inzwischen wird jene Klassifizierung als ‚Neoformalismus' jedoch sowohl von Bordwell wie auch von Thompson zur Selbstbeschreibung akzeptiert: „Kristin Thompson *Eisenstein's ‚Ivan the Terrible': A Neoformalistic Analysis* (1985) führte als Erste den Begriff ‚Neoformalismus' ein und erprobte gleichzeitig die neoformalistische Methode" (Prokić 2017, 43; vgl. Hartmann/Wulff 2011, 269).

In einem engen Sinne beschränkt sich das neoformalistische Projekt auf die Studien von Bordwell und Thompson. Wenn man darunter jedoch ein filmwissenschaftliches Paradigma verstehen will, dann gehören hierzu eine ganze Reihe von unterschiedlichen Studien, die der Poetik des Films gewidmet sind: „Diesem Projekt wären dann auch die Arbeiten etwa von Edward Branigan, Noël Carroll, Rick Altman, Lea Jacobs, Vance Kepley Jr. und Richard Maltby zuzurechnen sowie eine Reihe von Studien jüngerer Filmwissenschaftler wie etwa von Rupert Neupert, Murray Smith, Carl Plantinga und Greg Smith, unter denen sich einige Bordwell-Schüler befinden" (Hartmann/Wulff 2007, 193). Inspiriert von Bordwells

Argumenten für den Kognitivismus in Filmwissenschaft und Filmtheorie haben auch Autoren, die sich strenggenommen nicht dem neoformalistischen Paradigma zuordnen lassen, die Rezeptionsprozesse narrativer Filme in den Mittelpunkt ihrer Forschungen gerückt und dabei – anders als Bordwell und Thompson selbst – auch in kognitionstheoretischer Hinsicht die Frage der Empathie berücksichtigen wollen (vgl. z. B. Smith 1995, 2008; Brinckmann 1999; Platinga 2004 [1999], Wulff 2002, 2003; Eder 2002, Giovanelli 2009; Koszloff 2013).

Trotz mancher Bedenken ist man sich dennoch vielfach einig, dass sich kaum ein anderer filmwissenschaftlicher Ansatz mit der Konsistenz und Plausibilität des neoformalistisch-kognitivistischen Projekts vergleichen lässt: Geliefert wird hier „ein solides und übertragbares, hochadaptives Instrumentarium, um die Abweichungen in Narration und Filmstyle bloßzulegen" (Prokić 2017, 61). Die eigentliche Leistung liegt gerade in dieser Begriffsarbeit, mit deren Hilfe sich der Blick für narrative und stilistische Phänomene im Film schärfen lässt – Mise en scène, Kamera, Montage, Sound und vor allem Storytelling (vgl. Kirsten 2019). Beides – Stil und Narration – fällt bei Bordwell und Thompson zusammen, denn *Style* in ihrem Sinne schließt zumeist narrative Funktionen ein und ist weniger eine Frage der äußerlichen Bildgestaltung. Erprobt haben Bordwell und Thompson ihre Methode bisher an Regisseuren wie Eisenstein (Thompson 1981; Bordwell 1993), Dreyer (Bordwell 1981) oder Ozu (Bordwell 1988), hauptsächlich jedoch am klassischen und neuen Hollywood-Film, auf dem unverkennbar das Schwergewicht ihrer Forschungen liegt (vgl. Staiger/Bordwell/Thompson 1985; Thompson 1999; Bordwell 2006b; Bordwell 2017).

10.2 Das neoformalistische Programm

Für die Verbreitung der neoformalistischen Schule sind neben der Einführung und den bereits genannten Monografien zu einzelnen Regisseuren vor allem Bordwells *Narration in the Fiction Film* (Bordwell 1985) sowie *Making Meaning* (Bordwell 1989) und von Thompson ein Sammelband mit Filmanalysen verantwortlich, der unter dem Titel *Breaking the Glass Armor* (Thompson 1988) veröffentlicht worden ist. Ihren eigenen Ansatz stellt Thompson in dem Einleitungskapitel dieses Buchs vor, das als Aufsatz in deutscher Übersetzung mit dem Titel „Neoformalistische Filmanalyse" zunächst in *montage/av* (1995) und als Wiederabdruck in der Neuauflage der von Franz-Josef Albersmeier herausgegebenen Anthologie *Texte zur Theorie des Films* erschienen ist (Albersmeier 2001 [1998]). Dieser Aufsatz bietet einen sehr guten ersten Einblick in die Grundgedanken des Neoformalismus.

Die Unterschiede zwischen Bordwell und Thompson fallen in der Rezeption häufig unter den Tisch, aber bei genauerem Hinsehen zeigt sich, dass Thompson keineswegs so entschieden wie Bordwell auf jegliche allgemeine Konzeption des Films verzichten will. So erklärt sie etwa, dass keine Film*analyse* ohne eine Film*theorie* auskommt, weil sie immer schon – wenn nicht explizit, so doch implizit – bestimmte Grundüberzeugungen über den formalen Aufbau von Filmen, das

10.2 Das neoformalistische Programm

Verhältnis zum Zuschauer und die eigentlichen Ziele der Filmanalyse voraussetzt: Ein ästhetischer Ansatz bezieht sich, wie Thompson erklärt,

> „auf eine Reihe von Annahmen bezüglich der Gemeinsamkeiten zwischen verschiedenen Kunstwerken, bezüglich der Abläufe, mittels derer die Zuschauer Kunstwerke verstehen, und bezüglich der Beziehungen zwischen Kunst und Gesellschaft. Diese Annahmen lassen sich verallgemeinern, und insofern skizzieren sie zumindest in Umrissen eine allgemeine Kunsttheorie" (Thompson 2001 [1988], 409).

Es besteht daher, wie Thompson hinzufügt, eine fortwährende Wechselwirkung zwischen Film*analyse* und Film*theorie,* insofern die Filmanalyse nicht nur zu Erkenntnissen über einen einzelnen Film verhilft, sondern zugleich auch die Möglichkeiten des Films schlechthin aufdeckt (vgl. ebd., 410). Hier und da mögen solche Unterschiede im Detail vorkommen – so schließt sich beispielsweise Thompson Roland Barthes' Konzeption der Handlungsfiguren an (vgl. ebd., 440), die Bordwell wiederum als reduktionistisch zurückweist (vgl. Bordwell 1992, 13 f.) –, entscheidend ist jedoch, dass Übereinstimmung hinsichtlich derjenigen Grundüberzeugungen besteht, die es erlauben, die Position der beiden Filmwissenschaftler als ‚formalistisch' bzw. ‚neoformalistisch' zu charakterisieren. Denn die traditionelle Gegenüberstellung von Form und Inhalt wird sowohl bei Bordwell als auch bei Thompson so aufgelöst, dass der Inhalt im Grunde nichts anderes ist als die bloße „Manifestation der formalen Gestaltetheit des Werks" (Hartmann/Wulff 2011, 269). Genauer bedeutet das:

> „A filmmaker designs an experience for an audience by shaping the film's form, the overall pattern of parts. Things are normally considered content – subject matter, or abstract ideas – take on particular functions within the overall form. Our experience as viewers is shaped by the filmmaker's formal choices" (Bordwell/Thompson 2013, 70).

Programmatisch lässt sich also zusammenfassen: „What we might call the content is governed by the film's formal context" (ebd., 54). Der Inhalt wird damit also zu einer Wirkung der Form, die das Repräsentationssystem des Films darstellt. *Wie* repräsentiert wird, ist das Thema der neoformalistischen Analyse, während demgegenüber der Inhalt, also dasjenige, *was* repräsentiert wird, nurmehr nebensächlich ist.

Wenn Bordwell und Thompson nach der Art und Weise der Repräsentation fragen, dann nehmen sie jene narrativen und stilistischen Verfahren (‚devices') in den Blick, mit denen die Zuschauerin so in das Filmgeschehen involviert wird, dass für sie eine Erzählung, eine räumliche Gliederung sowie ein zeitliches Verhältnis der Ereignisse erkennbar wird. Ein besonders beliebtes Verfahren im sogenannten *continuity system* des klassischen Hollywood-Kinos ist z. B. der *eyeline match:* Hierbei sehen wir in einer Einstellung, dass eine Filmfigur den Blick wendet, und nach dem Schnitt wird uns in der darauffolgenden Einstellung gezeigt, was diese Filmfigur zu sehen bekommt.

Dass der Inhalt eine Wirkung der formalen Gestaltung ist, heißt konkret, dass die Bedeutungen, die in einem Film auftauchen, auf Verfahren beruhen, die von

Film zu Film ganz unterschiedlich sein können. Ein solches Verfahren kann grundsätzlich etwa eine Kamerabewegung, ein wiederholtes Wort, ein Kostüm sein (vgl. Thompson 2001 [1988], 416) – oder das Husten des Darstellers von Freddy Mercury in *Bohemian Rhapsody* (USA/GB 2018, R.: B. Singer). Wenn verschiedene Verfahren dieselbe Funktion erfüllen, dann lässt sich von funktionalen Äquivalenten sprechen (vgl. ebd., 417). Obwohl sie sich leicht verfestigen und einem Prozess der Automatisierung unterliegen, sollte man sich nach Thompson jedoch keineswegs darauf verlassen, dass solche Verfahren in jedem Film auch immer wieder dieselbe Funktion einnehmen. So symbolisieren beispielsweise gitterähnliche Schatten keineswegs in jedem Fall die Gefangenschaft eines Charakters (vgl. ebd.). Im Unterschied zur werkimmanenten Interpretation der deutschen Literaturwissenschaft (Wolfgang Kayser, Emil Staiger u. a.) oder des amerikanischen *New Criticism* (John Crowe Ransom, I. A. Richards u. a.) beschränkt sich der Neoformalismus im Übrigen auch nicht auf die Analyse eines einzelnen Werks, sondern er beabsichtigt, an einem Einzelfall bestimmte *allgemeine* filmische Techniken und Verfahren zu beleuchten.

Wie sich herausgestellt hat, ist für die neoformalistische Filmkonzeption jeder Film in erster Linie eine Summe von stilistischen Verfahren, die jeweils eine bestimmte narrative Funktion übernehmen. Unter einer Poetik des Films verstehen Bordwell und Thompson zunächst genau eine solche Beschreibung dieser stilistischen Verfahren (vgl. Prokić 2017, 50) bzw. ihrer materiellen Kehrseite, womit die kinematografischen Techniken gemeint sind:

„The pattern of technical choices we call style. Style is what creates a movie's look and feel'" (Bordwell/Thompson 2013, 111).

Stil ist der wiederholte und systematische Gebrauch von Verfahren (vgl. Bordwell 1985, 50; Thompson 2001 [1988], 442); und die kinematografischen Techniken mit denen solche Verfahren realisiert werden, lassen sich wiederum in vier Grundkategorien einteilen – nämlich mise-en-scene, Kameraführung, Montage und Sound: „mise-en-scene, or the arrangement of people, places, and objects to be filmed; cinematography, the uses of cameras and other machines to record images and sounds; editing, the piecing together of individual shots; and sound, the voices, effects, and music that blend on a film's audio track" (Bordwell/Thompson 2013, 3).

Um den Stil überhaupt zu bemerken, empfehlen nun Bordwell und Thompson ihren Lesern zu versuchen, wie ein Filmemacher zu denken, der an irgendeiner Stelle der künstlerischen Produktion eine Auswahl zwischen stilistischen Alternativen treffen und sich damit auf ein bestimmtes Verfahren festlegen muss. Ob der Filmemacher sich etwa für die Montage, die Kamerafahrt oder die Tiefenschärfe entscheidet, hängt davon ab, welche narrativen und inhaltlichen, räumlichen und zeitlichen Verbindungen er innerhalb des Films hervorbringen will – und welche Wirkung damit schließlich auf die Zuschauer ausgeübt werden soll: „By focusing on effects and imagining alternatives to the technical choices that were made, the analyst can gain a sharp sense of the particular functions of style in the given film" (ebd., 314, vgl. auch ebd., 320).

Wenn nach Salvaggio, einem Neoformalismus-Kritiker der ersten Stunde, der Ansatz von Bordwell und Thompson sich im Grunde auf die Formel ‚Eat the Rind – Throw the Watermelon Away' (vgl. Salvaggio 1982) zuspitzen lässt, so würden beide Autoren wohl entgegnen, dass die Gegenüberstellung von Form und Inhalt keineswegs nach dem Vorbild eines Container-Modells mit derjenigen zwischen Außen und Innen zusammenfällt. Mit der Form ist vielmehr alles von der Zuschauerin in der Filmrezeption Wahrgenommene gemeint, von dem aus sie die Erzählung sowie die räumliche und zeitliche Ordnung des Films erfasst. Weit davon entfernt, sich hinter der Form zu verbergen, wie es Salvaggio mit seinem Wassermelonen-Beispiel unterstellt, ist der Inhalt vielmehr nichts anderes als die ästhetische Wirkung der Form auf den Rezipienten und entsprechend ist die Form eines Films die Art und Weise, wie die oben erwähnten kinematografischen Techniken „work together to create specific effects" (Bordwell/Thompson 2013, 3).

Insofern die Form dem Zuschauer also *cues* gibt, um den Inhalt des Films zu erschließen, wendet sich das neoformalistische Projekt nach der formalen Analyse der stilistischen Verfahren der Interaktion zwischen Film und Zuschauerin zu, die größtenteils nach dem Modell einer Textverarbeitung aufgefasst wird. Im Anschluss an erstens die *Beschreibung* der Verfahren steht also zweitens ihre *Wirkung* auf den Zuschauer auf dem Programm der neoformalistischen Forschung. Schließlich bekommt drittens die Poetik des Films bei Bordwell und Thompson zusätzlich noch eine *historische* Dimension durch die Frage nach der Evolution und den historischen Bedingungen der filmischen Verfahren.

Trotz aller Kritik, die Bordwell und Thompson an der Position von Christian Metz geübt haben (s. Abschn. 10.2), teilen sie doch seinen Ausgangspunkt: „Was man zu verstehen suchen muß, ist die Tatsache, daß die Filme verstanden werden" (Metz 1972, 197; vgl. Bordwell 1992, 5 f.). Wenn Bordwell Metz' Konzeption kritisiert, so bezieht er sich daher bezeichnenderweise auch eher auf jene spätere Phase des Filmsemiotikers, in der der Begriff der Enunziation im Mittelpunkt steht (vgl. Bordwell 1985, 22 f.). Wie sich soeben gezeigt hat, empfehlen die beiden Neoformalisten einen dreistufigen Aufbau der Filmwissenschaft, um der von Metz gestellten Frage auf den Grund zu gehen: Das neoformalistische Projekt gliedert sich also in eine Untersuchung 1. der stilistischen Verfahren, 2. der Filmrezeption und 3. der Stilgeschichte des Films. Nach der Einschätzung von Hartmann und Wulff (vgl. Hartmann/Wulff 2011, 270) ist bisher dieser dritte Forschungsbereich am erfolgreichsten bearbeitet worden. Der Schwerpunkt liegt hier noch einmal genauer auf dem Stilsystem Hollywoods und den stilistischen Normen, die insbesondere der industrielle Produktionsapparat auferlegt (vgl. Bordwell/Staiger/Thompson 1985; Thompson 1985).

10.3 Die vierfache Motivation der Verfahren

Das Vorkommen eines bestimmten Verfahrens kann nach Bordwell und Thompson nun auf vier verschiedene Weisen motiviert sein – nämlich kompositionell, realistisch, transtextuell oder künstlerisch: „If Marlene Dietrich sings a cabaret song, we could justify it compositionally (it's here that the hero meets her), realistically (she plays a cabaret singer), and transtextually (Marlene sings such songs in many of her films; it's one aspect of her star persona" (Bordwell 1985, 36). Eine *kompositionelle* Motivation rechtfertigt die Verwendung eines Verfahrens, insofern es der narrativen Kausalität, der Konstruktion von Raum oder Zeit dient (Thompson 2001 [1988], 418). Ein Verfahren, das kompositionell motiviert ist, erfüllt also ganz allgemein eine Funktion für den Verlauf und das Verständnis der Handlung. Als John Ford gefragt wird, warum die Indianer in *Ringo* (*Stagecoach*, USA 1939) bei der Verfolgungsjagd nicht einfach auf die Pferde der Postkutsche schießen, gibt er lapidar zurück: Weil dann der Film zu Ende wäre. In Bordwells und Thomspons Worten beruft er sich damit auf eine kompositionelle Motivation. Dass der gefährlichste Bösewicht bei dem finalen Schusswechsel in einem Western oder einem Gangster-Film fast immer erst als Letzter von der Kugel des Helden getroffen wird, ist ebenfalls kompositionell motiviert, denn bis zum Schluss soll für die Zuschauerin schlichtweg die Spannung aufrechterhalten werden.

Die *realistische* Motivation orientiert sich wiederum an dem Maßstab der Plausibilität; sie appelliert an das Alltagsverständnis des Zuschauers sowie an seine Vorstellungen von Realität, die allerdings nicht ein für alle Mal feststehen: Um auf die John-Ford-Anekdote zurückzukommen: Hätte der berühmte Western-Regisseur stattdessen geantwortet, dass die historischen Indianer damals bei ihren Angriffen in erster Linie die Pferde ihrer Opfer in Besitz bringen wollten, dann hätte er eine realistische Motivation angegeben. Ein anderes Beispiel aus einem Hitchcock-Film: Wenn die weibliche Hauptfigur Lisa in *Das Fenster zum Hof* (*Rear Window*, USA 1954) vermutet, die Frau des Nachbarn könnte tatsächlich ermordet worden sein, weil ihre Handtasche immer noch in der Wohnung liegt und keine Frau – zumindest keine, die etwas auf sich hält! – ohne Handtasche aus dem Haus gehen würde, dann reagieren nicht nur Zuschauerinnen heutzutage eher amüsiert auf solche Spekulationen. Jedenfalls zeigt sich an diesem Beispiel, dass die realistische Motivation – in diesem Fall die ‚realistische' Vorstellung, was Frauen typischerweise tun oder nicht tun – sich nicht selten als kulturell und historisch variabel herausstellt (vgl. Bordwell 1985, 42).

Die *transtextuelle* Motivation bezieht sich nun auf Kenntnisse anderer Filme, auf filmische Konventionen und Genreregesetze:

„Beispielsweise ist in Sergio Leones *Il Buono, Il Brutto, Il Cattivo* (Italien/Spanien 1967) das lange Hinführen zum *shoot-out* weder besonders realistisch, noch ist es für die Erzählung unerläßlich (ein schneller Schußwechsel würde das Problem innerhalb von Sekunden lösen), aber da der Zuschauer bereits unzählige Western gesehen hat, weiß er, daß der *shoot-out* zu einem Ritual des Genres geworden ist, und genauso wird er auch von Leone verwendet. Ebenso vermag ein bekannter Star Assoziationen wachzurufen, die der Film nutzen kann. Wenn Chance (gespielt von John Wayne) das erste Mal in *Rio Bravo* (USA 1959, Howard Hawks) erscheint, ist es nicht notwendig, ihn als Protagonisten einzuführen; er kann sich ohne eine erklärende Exposition in die Handlung stürzen, denn sein Verhalten stimmt mit unserem Bild von anderen John-Wayne-Charakteren überein" (Thompson 2001 [1988], 19).

Bordwell und Thompson vermeiden in den zitierten Passagen eine explizite Hierarchisierung der Motivationen, aber es ist wohl nicht in Abrede zu stellen, dass zumindest im Hollywood-Film üblicherweise die realistischen Motivationen auf jeweils genrespezifische Weise von transtextuellen Motivationen übertrumpft werden. Hier fallen also die Gesetze des Filmgenres mehr ins Gewicht als jene der Realität: So ist anders als im realen Leben das gelegentliche Husten der Hauptfigur im Genre des Filmdramas, des Melodramas oder der Tragikomödie nicht selten bereits ein *cue* für eine tödliche Krankheit. Jedenfalls ist in den genannten Genres ein solcher Husten selten harmlos und eigentlich besorgniserregender, als wenn James Bond mit einem Motorrad von einer Klippe stürzt und in der Luft versucht, in ein Flugzeug-Cockpit zu springen (vgl. *Goldeneye,* GB/USA, 1995, R.: M. Campbell). Wenn man also die Wahl hätte, sollte man lieber in der Realität husten als im Filmdrama, aber dafür lieber im Action-Film als in der Realität von einer Klippe in ein fliegendes Flugzeug springen.

Um ein weiteres Beispiel zu nehmen: Wird in einem Liebesfilm die männliche Hauptfigur von einer Frau angelächelt, kann man – anders als in der Realität – sich nahezu sicher sein, dass sie sich in ihn verlieben wird. Passiert dasselbe aber in einem *film noir,* zu dessen klassischem Rollenrepertoire die *femme fatale* gehört, sollte der Held lieber schleunigst Reißaus nehmen. Natürlich kann ein Film hinsichtlich der transtextuellen Motivation auch ganz gezielt gegen solche Konventionen und Erwartungen verstoßen, wenn etwa ein Genre parodiert oder ein Schauspieler – wie z. B. Rambo-Darsteller Sylvester Stallone in James Mangolds *Cop Land* (USA, 1997) – gegen seinen vertrauten Rollentyp besetzt wird (vgl. ebd., 19 f.). Filmemacher sind nach Bordwell praktische Psychologen, die um die Bedeutung von solchen Standardannahmen wissen und mit diesen Erwartungen spielen (vgl. Bordwell 1992, 16). Festzuhalten ist jedenfalls – und hierin kann man Bordwell und Thompson wohl zweifellos zustimmen –, dass unsere Filmrezeption immer von Erwartungen abhängig ist, die erstens vom jeweiligen Film selbst, zweitens von unseren Erfahrungen mit der Realität und drittens von unseren Kenntnissen anderer Filme geweckt werden.

Was nun die vierte und letzte Grundform der *künstlerischen* Motivation betrifft, so kommt sie nach Thompson und Bordwell nur dann ins Spiel, wenn die drei anderen keine Rolle mehr spielen. Steht die künstlerische Motivation im Vordergrund, dann gehen jedenfalls Stil und Erzählung erstmals getrennte Wege, und was wir zu sehen und zu hören bekommen, übernimmt keinerlei narrative Funktion mehr (vgl. Bordwell 1985, 280, 420). ‚Künstlerisch' ist hier also nicht als eine wertende Kategorie gemeint. Es heißt nicht etwa, dass alle anderen drei Motivationen besonders dicht oder virtuos zusammenspielen. Vielmehr ist das jeweilige Verfahren eigentlich nur noch verwendet worden, weil es schön oder schlichtweg eindrucksvoll aussieht – ansonsten ist es durch gar nichts motiviert. Jene filmischen Momente, die Bordwell künstlerisch motiviert nennt, würde Arnheim jedenfalls ablehnen, weil wir es in diesen Fällen seiner Auffassung nach nur noch mit einem kunstgewerblichen leeren Formenspiel zu tun haben (vgl. Arnheim 2002 [1932], 53 f, 64). Ein Beispiel für einen Film mit ausschließlich künstlerischer Motivation wäre z. B. Hans Richters *Rhythmus 23* (D, 1923/1924), in dem nichts weiter zu sehen ist als ein Tanz von weißen, grauen und schwarzen Flächen. Insgesamt haben Bordwell und Thompson zur künstlerischen Motivation allerdings nicht viel zu sagen: „Artistic motivation is a residual category and remains distinct from the others" (Bordwell 1985, 36).

10.4 Ablehnung der deduktiven *Grand Theories*: Psychoanalyse, (Post-)Strukturalismus und marxistische Ideologiekritik

Das akademisch so erfolgreiche Projekt des Neoformalismus formiert sich im Verlauf der 1970er und 1980er Jahre in entschiedener Abgrenzung von semiotischen, poststrukturalistischen, psychoanalytischen und marxistischen Positionen (vgl. Hartmann/Wulff 2007, 192, 209; Prokić 2017, 42; Kirsten 2019). Bordwell und Thompson verwenden in diesem Zusammenhang gerne die Bezeichnung ‚SLAB' – ein Wort, das auf Englisch ‚Totenbank' heißt und zugleich ein Akronym der Nachnamen jener vier Autoren ist, die als Wegbereiter der Gegenposition deklariert werden: Ferdinand de *S*aussure, Jacques *L*acan, Louis *A*lthusser und Roland *B*arthes.

Insbesondere zielt die Kritik von Bordwell und Thompson auf die von Metz geprägte Filmsemiotik und eine auteuristisch orientierte Kritik, die – in Frankreich von Alexandre Astruc und François Truffaut entwickelt, in den USA von Andrew Sarris popularisiert – in Filmen vor allem den persönlichen Blick eines Filmemachers sucht. Nicht zuletzt nehmen sie damit aber auch eine Gegenposition zu den bis heute äußerst einflussreichen *cultural studies* ein (vgl. Prokić 2017, 42). Denn aus neoformalistischer Perspektive wird in all diesen filmwissenschaftlichen Strömungen immer nur über den Inhalt von Filmen spekuliert, ohne ihre Form zu berücksichtigen. Am ausführlichsten findet jene Auseinandersetzung mit den filmtheoretischen Antipoden in dem von Bordwell und Noël Carroll gemeinsam veröffentlichten Sammelband *Post Theory* (1996) statt. In diesem Buch wird rigoros und nicht selten polemisch für eine Abkehr von den sogenannten *Grand Theories* plädiert, denen insgesamt ein doktrinärer Gestus und ein empiriefeindliches, rein deduktives Vorgehen zum Vorwurf gemacht wird.

Deduktiv gehen Poststrukturalismus und Ideologiekritik vor, insofern sie, wie Bordwell moniert, Filme ausschließlich als Produkte gesellschaftlicher Diskurse begreifen. Daran ändert sich auch prinzipiell nichts, wenn die neuere Ideologiekritik in den *cultural studies* sich nicht mehr wie die ältere Version nur an der *class,* sondern auch an *race* und *gender* orientiert. Zwar wollte auch der russische Formalismus bereits den sozialgeschichtlichen Kontext berücksichtigen, aber dennoch steht hier immer noch die Analyse des jeweiligen Werks im Mittelpunkt der Untersuchung. Dass die formale Gestaltung als wesentliche Bedingung der Bedeutungsproduktion keineswegs vernachlässigt werden darf, ist jedenfalls eine Grundüberzeugung, die der amerikanische Neoformalismus vom russischen Formalismus übernimmt. Anders als jene Ansätze, die unter

‚SLAB' zusammengefasst werden, wollen sie also den einzelnen Filmen nicht einfach allgemeine Modelle überstülpen.

Insbesondere wehrt sich Bordwell damit gegen solche filmwissenschaftlichen Untersuchungen, die sich am Modell der Sprache orientieren: Der Filmwissenschaftler sollte sich seiner Auffassung nach nichts von dem Vergleich zwischen Sprache und Film versprechen, weil erstens linguistische Modelle nicht erforderlich sind, um filmische Narration zu analysieren (vgl. Bordwell 1985, 23), und zweitens die Filmrezeption ebenso wenig wie das menschliche Verständnis im Allgemeinen auf einer Anwendung von Codes beruht: Wir brauchen weder einen Code zum Reifenwechseln noch um die Konventionen von bestimmten Filmgenres zu erkennen (vgl. Bordwell 1992, 6 f.).

Streng genommen liefert Bordwell jedoch kein Gegenargument, um die fragliche Orientierung an Codes zu widerlegen, sondern belässt es stattdessen bei einer Verlautbarung, die einer Grundsatzerklärung gleichkommt: „It will come as no surprise that I do not treat the spectator's operations as necessarily modeled upon linguistic activities" (Bordwell 1985, 30; vgl. Bordwell 1992, 5 f.). Wenn man jedenfalls nach einer Argumentation sucht, bleibt Bordwell eher vage: So soll es vor allem die hochabstrakte und allgemeine Begrifflichkeit von Semiotik und Strukturalismus sein, die einer ausreichend empirischen Nähe zu den Filmen im Wege steht. Hier wäre es nach Bordwell dringend angebracht, sich schlichtweg an wissenschaftstheoretischen Kriterien wie innerer Kohärenz und empirischer Breite zu orientieren (vgl. Bordwell 1985, XIII). Wie immer wieder betont wird, bleiben die Resultate der Antipoden des Neoformalismus schon deswegen unverbindlich und beliebig, weil hier keine *Analysen* der formalen Gestaltung stattfinden, sondern lediglich *Interpretationen (readings)* aus einem allgemeinen Modell abgeleitet und auf den jeweiligen Film übertragen werden (vgl. Hartmann/Wulff 2007, 211).

Aus der bisher geäußerten Kritik ergibt sich folgerichtig ein weiterer Vorwurf. Denn Psychoanalyse, Ideologiekritik und Poststrukturalismus verkürzen die Filmrezeption auf einen völlig passiven und unbewussten Vorgang, der keinerlei Platz für bewusste Leistungen lässt. „Der Zuschauer wird", wie Thompson erklärt, „zum passiven Empfänger textueller Strukturen" (Thompson 2001 [1988], 427), weil man sich begnügt zu fragen, was der Film – oder die Gesellschaft vermittels des Films – seinen Rezipienten antut (vgl. Bordwell 1992, 5). Und genauso wie Psychoanalyse und Marxismus hat auch die strukturalistische Erzählforschung

> „little to say about the spectator, except that he or she is relatively passive [...]. Diegetic theories, for all their apparent concern with narrational effects, also tend to downplay the viewer's role" (Bordwell 1985, 29).

Wie Thompson feststellt, entdeckt die psychoanalytische Filmwissenschaft – gleichgültig, um welchen Film es sich handelt – immer wieder mit monotoner Vorhersagbarkeit den Kastrationskomplex. Und sollte der Filmwissenschaftler auf den Spuren von Jacques Lacan wandeln, dann wiederholt sich bei jeder Filmzuschauerin stets von Neuem der Eintritt ins Imaginäre des Spiegelstadiums (vgl. Thompson 2001 [1988], 427 f.).

Die Psychoanalyse konzentriert sich ferner ausschließlich auf die unbewusste Ebene der Filmrezeption, die die neoformalistische Rezeptionsästhetik wiederum für „ein weitgehend unnötiges Konstrukt" (ebd., 427) hält. Wofür sie sich stattdessen interessiert, sind ganz im Gegenteil die bewussten und ausgesprochen rationalen Verstehensleistungen des Zuschauers (vgl. ebd., 426). Fasst man all diese Einwände nun zusammen, dann wundert es nicht mehr, wenn Bordwell und Thompson letztendlich zu dem Schluss kommen, dass der Neoformalismus „mit den Setzungen des Saussureschen-Lacanschen-Althusserschen Paradigmas inkommensurabel" (ebd., 428) ist. Gerade in dieser Abgrenzung gewinnt der eigene Ansatz Konturen: Denn die methodologische Vermeidung „unangebrachte[r] Begriffe von Codes oder tückische[r] Analogien zwischen Film und Sprache", soll es ermöglichen, „einer eng aufgefaßten Semiotik eine weitreichende, theoretisch begründete historische Poetik des Kinos entgegenzusetzen" (Bordwell 1992, 23).

10.5 Der implizite Zuschauer – die neoformalistische Wirkungsästhetik

Die Kritik an der psychoanalytischen und ideologiekritischen Position legt bereits nahe, dass aus der neoformalistischen Perspektive die Zuschauerin nicht einfach nur ein neurotisch gestörtes oder ideologisch verblendetes Opfer ist, das durch den Film, die Filmindustrie oder ‚die Gesellschaft' manipuliert wird. Vielmehr gehen Bordwell und Thompson von einem alles andere als passiven Subjekt aus, das im Zuge der Filmrezeption zu kreativen Tätigkeiten imstande ist, die dem Maßstab der Rationalität folgen: „In our culture, the perceiver of a narrative film comes armed and active to the task" (Bordwell 1985, 38 f.). Damit sieht sich der Neoformalismus auch in Opposition zu all denjenigen Ansätzen, die die Kunstrezeption als Kontemplation verstehen (vgl. Thompson 2001 [1988], 411 f.). So gehen Bordwell und Thompson von einem aktiven und rastlos suchenden Zuschauer aus, der das, was er im Film zu sehen bekommt, nach Kategorien ordnet, die auf sein Vorwissen zurückgehen, provisorische Schlüsse zieht und Hypothesen darüber aufstellt, welchen Verlauf die Handlung wohl als Nächstes nehmen wird. All diese ausgesprochen aktiven und rationalen Verstehensleistungen, die Bordwell als „‚Kognizieren'" (Bordwell 1992, 7) bezeichnet, zielen darauf ab, den narrativen, chronologischen und räumlichen Zusammenhang des Films zu erschließen.

Der Begriff des Kognizierens wird hierbei ausgesprochen weit gefasst, denn die Zuschauerin soll, wie es heißt, selbst die Dreidimensionalität der diegetischen Welt des Films nur deswegen wahrnehmen können, weil sie *cues* auf Tiefenverhältnisse kognitiv verarbeitet und hierfür bereits über ein Schema aus der gewöhnlichen Alltagswahrnehmung verfügt (vgl. ebd., 9). Folglich sind aus dieser Perspektive Wahrnehmen und Denken untrennbar, insofern beides – Bordwell beruft sich an dieser Stelle ausdrücklich auf den Philosophen Karl R. Popper (vgl. Bordwell 1985, 31, 37) – im Wesentlichen auf dem Aufstellen und Verifizieren von Hypothesen beruht, bei der vertraute Schemata ins Spiel kommen, die der Zuschauer in der Auseinandersetzung mit seinem Alltagsleben oder mit anderen kulturellen Produkten erworben hat: „The film presents cues, patterns and gaps that shape the viewer's application of schemata and the testing of hypotheses" (ebd., 33).

Wie Thompson bemerkt, ist der Rezipient sowohl in perzeptiver, kognitiver wie auch emotionaler Hinsicht ständig gefordert (vgl. Thompson 2001 [1988], 412): So wie der Film der Zuschauerin *cues* für die Tiefendimension anbietet, so leitet ein narrativer Film sie dazu an, auf der Grundlage solcher *cues* „an intelligible story" (Bordwell 1985, 39) zu konstituieren. Bordwell zufolge besteht die Filmrezeption nicht zuletzt in dem fortwährenden Versuch, Erzähl-, Wahrnehmungs- und Denkschemata miteinander in Einklang zu bringen: „[T]he perceiver applies narrative schemata which define narrative events and unify them by principles of causality, time, and space" (ebd., 39; vgl. auch ebd., 31, 38). Komplexe Filme wie Resnais' *Letztes Jahr in Marienbad* stellen wiederum eine besondere Herausforderung an die Aufgabe einer solchen „construction of a more or less intelligible story" (ebd., 33) dar, weil sie den Zuschauer – solange er gewillt ist, das Spiel mitzuspielen – zu einer ständigen Korrektur seiner Hypothesenbildung veranlassen (vgl. Thompson 2001 [1988], 431).

Abgesehen davon, dass in Abgrenzung zu den ‚SLAB'-Positionen immer wieder von Aktivität und Rationalität innerhalb der Filmrezeption die Rede ist, wird dennoch an keiner Stelle wirklich deutlich, was genau unter dem Rezipienten bei Bordwell und Thompson eigentlich zu verstehen ist. Gemeint ist nämlich nicht die *empirische* Zuschauerin, also keine konkrete Person mit ihrer jeweiligen sozialgeschichtlichen Dimension. Ebenso wenig denken sie hierbei an eine *ideale* Zuschauerin, deren konstitutive Vermögen geradezu perfekt allen Bedeutungsimplikationen eines Films entsprechen würden. Insgesamt bleibt der Status des Zuschauers jedenfalls rätselhaft, wenn es ausgesprochen lapidar bei Bordwell heißt: „I adopt the term ‚viewer' or ‚spectator' to name a hypothetical entity executing the operations relevant to constructing a story out of the film's representation" (Bordwell 1985, 30; vgl. auch Thompson 2001 [1988], 424).

Wenn im Neoformalismus von der Rezeption die Rede ist, dann geht es jedenfalls nicht um die kulturelle Differenz zwischen Zuschauern aus völlig unterschiedlichen Ländern der Erde oder um die historische Differenz zwischen Zuschauern in der Mitte oder am Ende des zwanzigsten Jahrhunderts. Vielmehr interessieren sich Bordwell und Thompson für die *Form* des Films, insofern sie *cue* für irgendeine Zuschauerin ist, die in der Rezeption aktualisiert, was im Film potenziell angelegt ist. Da selbst in der neoformalistischen *Rezeptions*analyse immer noch die Verfahren im Mittelpunkt stehen – wenn auch nun nicht mehr mit ihrer formalen Eigenart, sondern mit ihrem Wirkungspotenzial –, liegt die Interpretation nahe, dass es sich bei Bordwells und Thompsons Zuschauer in erster Linie um eine implizite Struktur des Films selbst handelt (vgl. hierzu auch Hartmann/Wulff 2007, 204).

Für eine solche Interpretation spricht auch, dass die Ausführungen zu den vom Film geforderten Verstehensleistungen ohne Umschweife zu der korrelativ angelegten Frage überleiten, „wie Filme derart gestaltet werden, daß sie diejenigen Handlungen des ‚Kognizierens' hervorrufen, die zum Verstehen führen" (Bordwell 1992, 7). Aufschlussreich ist an dieser Stelle ein Vergleich mit der Wirkungsästhetik von Wolfgang Iser. Denn Iser ist ein anglistischer Literaturtheoretiker, dem in seinem Hauptwerk *Der Akt des Lesens* (1976) im Grunde viel besser über den Romanleser zu sagen *gelingt,* was Bordwell über die Filmzuschauerin zu sagen *versucht.* Der Sache nach kommt man jedenfalls an dieser Stelle gerade mit einem solchen Umweg weiter, weil sich mit Iser genauer fassen lässt, worauf Bordwell eigentlich hinauswill und dieser Vergleich eine Auslegung stützt, die der neoformalistischen Rezeptionsästhetik schärfere Konturen verleiht.

Zweifellos ist das Bedenken ernst zu nehmen, dass Bordwell ja über den Film und Iser hingegen über den Roman spricht und daher die Gefahr besteht, die Besonderheit des jeweiligen Mediums aus dem Blick zu verlieren. Bordwells Filmtheorie wird damit jedoch keine Gewalt angetan, denn auch bei ihm wird die Interaktion zwischen Film und Zuschauer im Wesentlichen nach einem Textmodell konzipiert. Dies wird besonders deutlich, wenn es etwa heißt, die Erfahrung der Filmzuschauerin sei durchweg „cued by the text" (Bordwell 1985, 30; vgl. auch Thompson 2001 [1918], 424). Dass Bordwell selbst Iser gelegentlich erwähnt (vgl. z. B. Bordwell 1985, 345, Anm. 16), bestätigt einmal mehr, dass seine eigene Konzeption in ihren Grundzügen ohnehin mehr von der Literatur- als der Filmtheorie beeinflusst ist.

Iser ist sich mit Bordwell und Thompson jedenfalls darin einig, dass die Rezeption für den Text bzw. den Film konstitutiv ist und ihm nicht wie ein äußerliches und kontingentes Ereignis zustößt. Allerdings ist Iser hier wiederum weitaus konsequenter als Bordwell, für den in der Abfolge der Untersuchungsschritte erst im Nachhinein die Analyse der Wirkung auf diejenige der Form folgt (s. Abschn. 10.2). Hier stellt sich dann nämlich das Problem, dass ja auch die formale Analyse aus einer Rezeptionsarbeit hervorgegangen sein muss. Wenn aber der neoformalistische Poetologe, der die Verfahren zunächst ohne ihre Wirkung auf den Rezipienten analysieren will, selbst nichts anderes als ein Rezipient sein kann, dann lässt sich die Frage, wie ein Verfahren gestaltet ist, kaum von der Frage lösen, wie dieses Verfahren dem Rezipienten gegeben ist bzw. auf ihn wirkt. Hieraus folgt, dass das Verhältnis der ersten beiden Stufen der dreistufigen historischen Poetik des Kinos in der Version, wie sie Bordwell und Thompson bisher vorgelegt haben, ausgesprochen klärungsbedürftig bleibt.

Dieses Problem stellt sich für Iser nicht, weil er von Anfang an aus einer phänomenologischen Perspektive den Text ausschließlich als Erfahrungsgegebenheit eines Rezipienten analysiert. Damit unterscheidet sich seine phänomenologische *Wirkungs*ästhetik im Übrigen auch von der hermeneutischen *Rezeptions*ästhetik des Romanisten Hans Robert Jauß, der wiederum die Antwort eines historischen Publikums mit seinen kollektiven Erwartungen auf literarische Werke in den Mittelpunkt rückt: „Eine Wirkungsästhetik ist im Text verankert – eine Rezeptionstheorie in den historischen Urteilen der Leser" (Iser 1994 [1976], 8). Damit wird deutlich, dass aus Isers Blickwinkel Bordwells und Thompsons Konzeption des Filmzuschauers aufgrund ihrer Aufgabenstellung eher der Wirkungs- als

10.5 Der implizite Zuschauer – die neoformalistische Wirkungsästhetik

der Rezeptionsästhetik zuzuordnen ist. Ferner leuchtet aber auch ein, dass sowohl eine Wirkungs- wie auch eine Rezeptionsästhetik auf jeweils ihre Weise versuchen muss, den nahe liegenden Vorwurf des Subjektivismus und Psychologismus zu entkräften, demzufolge in solchen Ansätzen ein literarisches Werk sich auf die subjektiven Reaktionen der Rezipienten reduziert: Während Isers Phänomenologie des Leseaktes in die Psychologie zurückzufallen droht, läuft Jauß' historisch orientierte Rezeptionsästhetik Gefahr, zu einer bloßen Soziologie des Geschmacks herabzusinken.

Um jenen Subjektivismus-Verdacht zu entkräften, entwickelt Iser nun die Konzeption des impliziten Lesers, womit kein konkreter oder abstrakter Leser, sondern eine Appellstruktur des Textes selbst gemeint ist. Es handelt sich daher um ein „Idealkonstrukt ohne reale Existenz" (Zima 1995, 253), das nach Iser die „Gesamtheit der Vororientierungen" umfasst, „die ein fiktionaler Text seinen möglichen Lesern als Rezeptionsbedingungen anbietet" (Iser 1994 [1976], 60). Der Vorwurf des Subjektivismus soll also auf die Wirkungsästhetik genau deshalb nicht zutreffen, weil Iser sich gerade für die im Text selbst angelegte Leserrolle interessiert, nämlich für jene Bedingungen des Textes – Bordwell und Thompson würden hier von *cues* sprechen –, unter deren Anleitung es in der Lektüre zu einer Sinngebung kommt. Darum ist die Lektüre zwar ein subjektives Schaffen, aber – wie Sartre sagen würde – eben ein „gesteuertes Schaffen" (Sartre 1990 [1948], 40). In jeder konkreten Lektüre füllt dann ein Leser aus Fleisch und Blut die intratextuelle Konstruktion des impliziten Lesers aus, indem er die Strukturebene des Textes in seine eigene Erfahrungsebene übersetzt (vgl. Ricœur 1991 [1985], 276).

Um von hier aus wieder auf Bordwell und Thompson zurückzukommen: Wenn im Neoformalismus die Wirkung von Filmen auf die Zuschauerin analysiert werden soll, dann ist damit der Sache nach eigentlich – wie sich mit Iser sagen lässt – genau jene in den Filmen selbst angelegte Appellstruktur gemeint, die in jedem einzelnen Rezeptionsvorgang auf unterschiedliche Weise verwirklicht wird. Analog zu Isers impliziten *Leser* bietet es sich also an, bei Bordwell und Thompson von einem ‚impliziten *Zuschauer*' zu sprechen. Auf diese Weise wird überhaupt erst verständlich, warum die beiden Filmwissenschaftler selbst dann immer noch über den jeweiligen Film sprechen, wenn die Analyse bereits von der Form zur Wirkung übergegangen ist. Die Rede ist eben nicht von der aktuellen Wirkung *auf irgendeine Zuschauerin,* sondern von dem, was *beim Film selbst* potenziell auf eine jeweilige Wirkung angelegt ist.

Dass Bordwells und Thompsons Zuschauerkonzeption ausgesprochen abstrakt und formal bleibt, hat immer wieder den Widerspruch vieler Kritiker hervorgerufen, die demgegenüber insistieren, dass bereits die elementare Ebene der Verstehensprozesse durch Kultur, Geschlecht und sexuelle Orientierung geprägt ist (vgl. z. B. das Resümee von Hartmann/Wulff 2007, 210; Kirsten 2019, 11). Aber selbst wenn man wesentliche Voraussetzungen des Neoformalismus teilen würde, dann ergibt sich immer noch die Frage, ob für die Rezeption nicht von Anfang an schon deswegen unvermeidlich auch eine soziale Dimension in Rechnung zu stellen ist, weil – wie Bordwell und Thompson selbst immer wieder betonen – die Hypothesenbildung der Zuschauerin auf Schemata zurückgreift, welche ihren

Ursprung in der Lebenswelt haben, die eben sowohl kulturell wie auch historisch verschieden ist? Um einmal ein Fernsehbeispiel zu nehmen: Für die meisten Zuschauer aus Duisburg ist der Rechtsmediziner Professor Boerne aus dem Münsteraner Tatort möglicherweise ein unerträglich arroganter Snob; ein Zuschauer aus Düsseldorf mag das völlig anders sehen. Solche Fragen führen letztlich wohl zu empirischen Aussagen, die daher auch empirisch – z. B. mit den Methoden der Medienwirkungsforschung – begründet werden müssten.

10.6 Von der Rezeption zur Interpretation

Nachdem Christian Metz für das Forschungsziel plädiert, mithilfe der semiotischen Methode zu verstehen, wie Filme verstanden werden (vgl. Metz 1972, 197), unternimmt der Neoformalismus im Grunde eine Neuformulierung dieser Aufgabenstellung: Bordwell und Thompson wollen jene formalen Qualitäten bzw. Stilmittel erforschen, mit denen Filme *cues* geben, die das Wahrnehmen und Denken der Zuschauerin in eine bestimmte Richtung lenken (vgl. Bordwell/Thompson 2013, 72). Zunächst rekonstruiert daher eine rein *cue*-orientierte Filmanalyse die vom Film geforderten fundamentalen Verstehensleistungen des Rezipienten. Erst im Nachhinein erfolgt dann die *Interpretation,* die immer über die anfängliche Rezeption hinausgeht (vgl. Bordwell 1993, 95; Hartmann/Wulff 2007, 209). So schwingt sich ein Zuschauer etwa dann zur Stufe der Interpretation auf, wenn er nicht mehr nur die narrative, chronologische und räumliche Anordnung des Filmgeschehens konstituiert, sondern über die Frage nachdenkt, ob mit dem Schlitten ‚Rosebud' aus *Citizen Kane* vielleicht mehr als nur ein Schlitten gemeint ist – also z. B. die Unschuld der Kindheit (vgl. Prokić 2017, 50).

Diese Stufenfolge spiegelt sich auch in Bordwells Buchpublikationen wider: So beschreibt er in *Narration in the Fiction Film* (1985) zunächst die Rezeption als eine textbasierte und rationale Arbeit am jeweiligen Film; und von hier aus erfolgt dann in dem Buch *Making Meaning* (1989) die Auseinandersetzung mit der akademischen Filminterpretation, die als *reading* bezeichnet wird. Es ist hierbei nicht zu übersehen, dass Bordwell den Begriff des *readings* bzw. der Interpretation vor allem in einem pejorativen Sinn verwendet, denn für ihn kommt damit ein Umgang mit Filmen zum Ausdruck, der – genau wie es jene ‚SLAB'-Theorien tun – die formale Gestaltung weitgehend ignoriert (vgl. Stam 2000, 196 f; Hartmann/Wulff 2007, 194; Kirsten 2019, 8).

Auf den ersten Blick macht Bordwell also ein gegensätzliches Verhältnis zwischen Rezeption und Interpretation geltend. Deshalb sieht zunächst alles so aus, als könne sich keine Interpretation jemals auf die Rezeption berufen, und folglich – der Schluss liegt auf der Hand – sollte eine gewissenhafte Rezeption auch so konsequent sein, gleich ganz auf den Überschwang der Interpretation Verzicht zu leisten. Der Gedanke, dass Rezeption und Interpretation auch einmal Hand in Hand gehen und gerade auf der Grundlage der Rezeption bestimmte Interpretationen legitim – wenn nicht sogar unvermeidlich – sein können, scheint weder Bordwell noch Thompson in den Sinn zu kommen.

10.6 Von der Rezeption zur Interpretation

Es ist vor allem der polemische Ton in *Making Meaning,* der solche Schlussfolgerungen nahelegt. Hier wie auch an vielen anderen Stellen reißen Bordwell und Thompson einen tiefen Graben zwischen Filmstilanalyse und Interpretation auf, um sich möglichst scharf von den psychoanalytischen und ideologiekritischen Positionen innerhalb der Filmwissenschaft abzugrenzen. Bei einem genaueren Blick wird allerdings deutlich, dass auf der Grundlage der neoformalistischen Poetik noch einmal eine Differenzierung innerhalb des Bereichs der Interpretationen möglich wird, um sozusagen die ‚formal gerechtfertigten' den ‚formvergessenen' Versionen gegenüberzustellen.

Auf welche Weise das geschehen kann, soll im Folgenden dargelegt werden: Wie sich herausgestellt hat, verstehen Bordwell und Thompson die formalen Verfahren zugleich als *cues* für eine Bedeutungsproduktion, die der Filmzuschauerin anheimgestellt ist. Jene Bedeutungen, die die Rezeption konstituiert, lassen sich nun unterscheiden in 1. referenzielle, 2. explizite, 3. implizite und 4. symptomatische (vgl. Bordwell/Thompson 2013, 58–60). *Referentielle* Bedeutungen liegen dann vor, wenn der Zuschauer Aspekte der Wirklichkeit wiedererkennt, die auch außerhalb des Films existieren oder existiert haben: Hierzu gehören Aufnahmen des modernen Großstadtlebens, aber auch das Erscheinen von historischen Persönlichkeiten wie Iwan, der Schreckliche in Eisensteins gleichnamigem Film (UdSSR, 1945/1946) oder Winston Churchill in Joe Wrights *Die dunkelste Stunde* (USA, 2017). Eine referenzielle Bedeutung liegt auch dann vor, wenn z. B. in David Finchers *The Social Network* (USA, 2010) die Entstehungsgeschichte von Facebook vorgeführt wird.

Nach Bordwells Auffassung geht die Wahrnehmung bereits mit einer Hypothesenbildung einher (s. o.), und deswegen wäre auch die *cue*-geleitete Wahrnehmung von Tiefenverhältnissen im Film bereits die Produktion einer referenziellen Bedeutung. Daraus kann aber nur gefolgert werden, dass für Bordwell und Thompson die referenzielle Bedeutung noch zur grundlegenden Stufe der Rezeption gehört. Dasselbe gilt nun auch für die *expliziten* Bedeutungen: Solche expliziten Bedeutungen tauchen z. B. dann auf, wenn abstrakte Gedanken offen im Film artikuliert werden. So wird etwa in Jean Renoirs *Die große Illusion* (FR, 1937) die Vermutung geäußert, dass die Offiziersklasse mit ihrem elitären Ehrenkodex weltweit dem Untergang geweiht ist (vgl. Thompson 2001 [1988], 414 f.). Wenn man die theoretischen Voraussetzungen von Bordwell und Thompson teilt, dann macht es keinen Sinn die referenziellen – z. B. die Wahrnehmung von Hunden und Straßenschildern im Film – oder expliziten Bedeutungen – die Äußerungen von Filmfiguren oder den ausdrücklich dargestellten Verlauf der Handlung – bereits der Interpretation zuzuschlagen. Vielmehr gehören solche Bedeutungsproduktionen noch der zugrunde liegenden Rezeption an, auf die sich die Interpretation dann schließlich aufschichtet.

Es lässt sich zeigen, dass der Aufstieg von der Rezeption zur eigentlichen Interpretationsarbeit erst mit der Suche nach impliziten und symptomatischen Bedeutungen beginnt. Wenn Thompson in ihrem bereits zitierten Aufsatz „Neoformalistische Filmanalyse" am Beispiel von Michelangelo Antonionis *Liebe 1962 (L'eclisse,* I, 1962) alle vier Bedeutungsformen veranschaulicht, dann wird besonders gut deutlich, worin der eigentliche Übergang zur Interpretation besteht (vgl. ebd., 415). So sehen wir am Ende des Films Straßen, Plätze und Passanten – eben Gegebenheiten, die die Zuschauerin aus ihrem eigenen Alltagsleben kennt. Hierbei handelt es sich also um *referentielle* Bedeutungen. Die beiden Hauptfiguren haben sich an diesem Ort zu einem Rendez-vous verabredet, überraschenderweise erscheint jedoch weder Vittoria noch Piero – und damit liegt nun eine *explizite* Bedeutung vor.

Aber keine referenzielle oder explizite Bedeutung hilft an dieser Stelle zu verstehen, warum Antonioni uns sieben Minuten lang leere Straßen zeigt. Was der Film uns ausdrücklich zu sehen und zu hören gibt, genügt also nicht mehr, um zu begreifen, was es mit der Handlung auf sich hat. Nun liegt es nahe, dass der Zuschauer zur Ebene der eigentlichen Interpretation übergeht und sich etwa die folgenden Fragen stellt: Warum kommt weder Vittoria noch Piero zu dieser Verabredung, obwohl sie doch anscheinend ineinander verliebt sind? Liegt es daran, dass das Leben der beiden Hauptfiguren, in das wir im Verlauf des Films einen Einblick gewonnen haben, völlig steril, gleichgültig und oberflächlich geworden ist? Wer solche Fragen stellt, fragt Thompson zufolge nach den *impliziten* Bedeutungen eines Films (vgl. ebd.). Um auf das anfängliche Beispiel für die Differenz zwischen Rezeption und Interpretation zurückzukommen: Wenn die Zuschauerin den Schlitten in *Citizen Kane* als Symbol für die verlorene Unschuld interpretiert, dann produziert sie ebenfalls eine implizite Bedeutung.

Wie Thompson ausführt, unterscheidet sich nun die *symptomatische* von der impliziten Bedeutung, insofern sie sich nicht auf den Film selbst beschränkt. Vielmehr geht sie noch einen Schritt weiter und fragt, ob *Liebe 1962* eine Auskunft über einen gesellschaftlichen Wandel der modernen Liebesverhältnisse geben will (vgl. ebd.). Festzuhalten ist hier: Eine symptomatische Bedeutung interpretiert den Film, um den es geht, als Symptom für die kulturelle Mentalität einer Epoche – z. B. die Liebe im Jahr 1962 – oder auch für die Persönlichkeit eines Filmemachers – z. B. die Weltanschauung oder die neurotischen Störungen von Michelangelo Antonioni (vgl. hierzu auch Bordwell 1992, 22 f.). Ein Paradebeispiel für eine solche symptomatische Bedeutungssuche ist natürlich Kracauers Buch *Von Caligari zu Hitler* (vgl. Thompson 2001 [1988], 415 f.; siehe hierzu auch Hartmann/Wulff 2007, 201).

Wie sich herausgestellt hat, bleibt die Produktion von referenziellen oder expliziten Bedeutungen auf der Stufe der fundamentalen Verstehensleistungen der Rezeption und liegt daher noch diesseits der Stufe der Interpretation. Der Interpretation im eigentlichen Sinn lässt sich also nur die Produktion von impliziten und symptomatischen Bedeutungen zurechnen, und streng genommen wird nur die Letztere von Bordwell und Thompson eher abschätzig beurteilt. Während die Suche nach der impliziten Bedeutung aus neoformalistischer Perspektive immerhin noch ein vergleichsweise legitimes Verfahren der Filmwissenschaft ist, weil hierbei nach wie vor *cues* verarbeitet werden, die im Film selbst angesiedelt sind (vgl. Bordwell 1992, 22), schießt die symptomatische Bedeutung über den Film hinaus und schenkt seiner formalen Gestaltung keinerlei Beachtung mehr.

Wenn Bordwell und Thompson also die Interpretation als zentrale Vorgehensweise konkurrierender filmwissenschaftlicher Ansätze kritisieren, dann wenden sie sich damit nicht gegen die *implizite,* sondern gegen die *symptomatische* Bedeutung. Eine offene Frage, die völlig nahe liegt, aber den beiden Neoformalisten offenbar selbst nicht in den Sinn kommt, betrifft das Verhältnis der symptomatischen zur referenziellen Bedeutung: Wenn die Narration Elemente aus der historischen Lebenswelt (z. B. politische Konflikte oder soziale Bewegungen) – also referenzielle Bedeutungen – in einem bestimmten Licht erscheinen lässt, ist der Film dann nicht berechtigterweise als Kommentar zur außerfilmischen Realität zu verstehen? Führen demzufolge bestimmte referenzielle Bedeutungen nicht konsequent zu einer Suche nach der symptomatischen Bedeutung, die in solchen Fällen überhaupt nicht von außen herangetragen, sondern vielmehr vom Film selbst geradezu gefordert wird? Es wäre also nicht abwegig, im Geist der neoformalistischen Poetik, aber gegen den Buchstaben von Bordwell und Thompson für eine Rehabilitierung der symptomatischen Bedeutung zu argumentieren.

10.7 Vom Sehen des Plots über *cues* zum Verstehen der Story

Diejenige Verstehensleistung des Rezipienten, die Bordwell und Thompson wohl am ausführlichsten erläutern, ist die Hervorbringung der Story aus dem Plot, wobei jene Unterscheidung zwischen Plot und Story bzw. Sujet und Fabel wiederum dem Einfluss des russischen Formalismus, vor allem Jurij Tynjanows, zu verdanken ist (vgl. Tynjanow 2005a [1927], 75–80; Tynjanow 2005b [1926], 235–237). Gemeint ist mit dem Plot oder dem Sujet die Art und Weise, wie im Film aufeinanderfolgende Ereignisse präsentiert werden: „the arrangement of material in the film as it stands" (Bordwell/Thompson 2013, 76). Im Unterschied zu dieser erzählerischen Verknüpfung im Film ist die Story oder die Fabel die ‚tatsächliche' kausale wie auch chronologische Anordnung derselben fiktiven Ereignisse.

An keiner Stelle erwähnen die Neoformalisten in diesem Zusammenhang übrigens den berühmten Romancier und einflussreichen Erzähltheoretiker E. M. Forster, der sachlich zwar völlig dieselbe Unterscheidung trifft, aber die Terminologie genau andersherum verwendet als Bordwell und Thompson bzw. die englischen Übersetzer des russischen Formalismus. So heißt es bei Forster mit spiegelbildlich umgekehrter Begrifflichkeit:

> „'The king died and then the queen died' is a story. ‚The king died, and then the queen died of grief' is a plot" (Forster 1964, 93 f.).

Im Folgenden soll jedoch der Begriffsverwendung gefolgt werden, wie sie sich bei Bordwell findet. Das heißt, als Zuschauer sehe ich immer nur den Plot, und auf die Story stoße ich, weil ich dem, was ich sehe, eine Bedeutung geben will (vgl. Bordwell 1985, 42). Genau genommen ist die Story daher ein imaginäres Produkt, das die Zuschauerin mithilfe der *cues* entwickelt, die der Plot ihr im Verlauf des

Films bietet: „We create the story in our minds, thanks to cues in the plot" (Bordwell/Thompson 2013, 76; vgl. Hartmann/Wulff 2007, 199). Da dieser Weg vom *Sehen* des Plots zum *Verstehen* der Story eben vom Film kontrolliert wird, ist die Story zwar ein imaginäres Produkt des Zuschauers, aber dennoch nicht seiner subjektiven Willkür überlassen. Denn auf der Grundlage der *cues* stellt die Zuschauerin ihre Hypothesen auf, und an ihnen müssen sie sich auch unentwegt bewähren: Für Bordwell steht fest, „that our schematizising and hypothesizing activities are guided by the syuzhet's cues about causality, time, and space" (Bordwell 1985, 51). Die Erfahrung von Raum, Zeit und narrativer Logik wird vom Plot – also dem „syuzhet" (s. o.) – durch bestimmte stilistische Entscheidungen über die Mise en scéne, die Kameraeinstellung, die Montage und den Ton gesteuert und hierdurch beim Zuschauer Neugierde, Spannung oder sogar Angst hervorgerufen (vgl. ebd., 52, 61). Es lässt sich daher sagen, dass der Plot die dramaturgische und der Stil die technische Seite derselben Münze ist (vgl. ebd., 50). Insgesamt ist der Plot wohl das wichtigste Moment des *impliziten Zuschauers,* weil auf dieser Ebene überhaupt erst die Entscheidung der Filmemacher fällt, *was* erscheint, *wie* es erscheint und was an der Story verschwiegen bleibt: „All of these procedures function to cue and guide the spectator's narrative activity" (ebd., 57). Natürlich kann der Plot daher einerseits die Genese der Story erleichtern, andererseits auch erschweren, indem er vieles offenlässt oder falsche Fährten legt.

Es lässt sich also sagen, dass der Filmemacher mit dem Plot die Partitur liefert, während die Rezeption die Aufführung ist, die die Story hervorbringt: „The filmmakers have built the plot from the story, but viewers build the story from the plot" (Bordwell/Thompson 2013, 75). Zumeist gibt das Drehbuch nur die Story vor, und der Filmregisseur übernimmt das Arrangement des Plots. Von einem ‚eisernen Drehbuch' spricht Tynjanov, wenn bereits hier auch schon der Plot festgelegt werden soll (vgl. Tynjanov 2005b [1927], 81 f.). Die Macher der Mystery-Fernsehserie *Lost* (USA, 2004–2010) haben offensichtlich vorab überhaupt keine Story gehabt, sondern nur gehofft, dass sich aus den verschiedenen *cues,* die sie völlig planlos im Verlauf von mehreren Staffeln auf der Plot-Ebene verstreut haben, vielleicht irgendwann einmal eine Story ergeben könnte. Die Existenz des Plots sollte der Essenz der Story vorausgehen – eine Hoffnung, die sich in diesem Fall wohl nicht erfüllt hat.

Wie zusammenfassend festgehalten werden kann, ist die Story dasjenige, *was* erzählt wird, und der Plot die Art und Weise, *wie* diese Story erzählt wird. Daher kann natürlich auch ein und dieselbe Story in völlig verschiedenen Plots erzählt werden. Und es ist ebenfalls schon deutlich geworden, dass die Ereignisse im Plot keineswegs einer chronologischen Reihenfolge gehorchen müssen: In Quentin Tarrantinos *Pulp Fiction* (USA, 1994) verhält es sich beispielsweise so, dass der Plot mit dem Schluss der Story beginnt. Dieser Film fällt sozusagen mit seinem eigenen Ende ins Haus. Wenn wir jemanden von einem Film erzählen, den wir kürzlich gesehen haben, dann können wir also entweder versuchen, den Plot oder die Story zu rekapitulieren (vgl. Bordwell/Thompson 2013, 76).

Einmal mehr fällt auf, dass Bordwell und Thompson das Schwergewicht auf den narrativen Film legen, wobei ihnen völlig klar ist, dass erstens längst nicht alle

Filme narrativ sind und es sich zweitens bei der Narration noch nicht einmal um eine filmspezifische Kategorie handelt (vgl. Bordwell 1985, 49). Während Deleuze mit dem Zeit-Bild oder Kracauer mit der Wiedergabe unverstellter Realität gerade die nicht-narrativen Momente des Films hervorheben wollen, gibt Bordwell zu, dass er sich eigentlich nur für dasjenige am Film interessiert, was sich kompositionell, realistisch oder transtextuell verstehen lässt, also innerhalb einer filmischen Narration eine Funktion erfüllt. Eine reine Präsenz, die keinerlei Aufgabe für Stil und Narration erfüllt und von Thompson als Exzess bezeichnet wird, fällt natürlich aus einem so eng gesteckten Rahmen heraus (vgl. Thompson 1981, 287–295; Bordwell 1985, 53).

10.8 Historische Poetik des Films – die Evolution stilistischer Verfahren

Auf der dritten Stufe der Historischen Poetik, die auf die Analyse der Form und der Wirkung folgt, steht nun die historische Evolution sowohl der filmischen Verfahren wie auch der Rezeptionsleistungen im Zentrum, und damit wird im Grunde versucht, auch die geschichtliche Dimension in das neoformalistische Forschungsprogramm zu integrieren (vgl. Kirsten 2019, 3). Aus der Perspektive von Wolfgang Iser erfolgt damit ein Brückenschlag von der phänomenologischen Wirkungsästhetik zur hermeneutischen Rezeptionsästhetik (s. Abschn. 10.5). Für Bordwell und Thompson führt die psychoanalytische, ideologiekritische und strukturalistische Filmwissenschaft auch deswegen in die Irre, weil sie sogleich mit der Interpretation beginnt und damit Filme und Filmrezeptionen aus ganz unterschiedlichen Kulturen und Epochen in ein und dasselbe Bedeutungsmuster presst. Im Unterschied dazu verfolgt der Neoformalismus das Ziel, die Motivationen und Funktionen der Verfahren ebenso wie ihre Aufnahme durch das Publikum in eine Geschichte der filmischen Poetik einzuordnen (vgl. Thompson 2001 [1988], 422). Das neoformalistische Hauptwerk dieser Historischen Poetik ist die 500seitige Studie *The Classical Hollywood Cinema* (1985) von David Bordwell, Janet Staiger und Kristin Thompson. Das Hollywood-System wird hier verstanden als eine Summe von Normen, die einerseits die Produktionsentscheidungen regulieren und andererseits den Erwartungshorizont der Zuschauerin formen.

Der Ursprung der historischen Evolution filmischer Verfahren liegt, wie Thompson erläutert, schlichtweg darin, dass Filme – ganz genau wie andere künstlerische Produkte – von ihren Zuschauern eine ästhetische – und das heißt in erster Linie: nicht-praktische – Art der Wahrnehmung fordern (vgl. Thompson 2001 [1988], 433). Hierbei greift sie auf das Konzept der Verfremdung zurück, das im russischen Formalismus entwickelt worden ist. Ganz ähnlich wie später Balázs (s. Abschn. 3.6) und noch später Kracauer (s. Abschn. 7.7) geht bereits Viktor Sklovskij davon aus, dass die automatisierte Wahrnehmung des Alltags die Dinge ausschließlich in ihrer pragmatischen Funktion erfasst. Seiner Auffassung nach gibt es hier eigentlich nur noch ein Wiedererkennen und kein Wahrnehmen mehr:

„So kommt das Leben abhanden und verwandelt sich in nichts. Die Automatisierung frißt die Dinge, die Kleidung, die Möbel, die Frau und den Schrecken des Krieges" (Sklovskij 1994a [1916], 15)

In der Kunst kommt es nun nach Sklovskij darauf an, durch Verfremdung *(ostranenie)* diesen Automatismus zu durchbrechen, um eine Wahrnehmung der Dinge wieder möglich zu machen: „[D]as Verfahren der Kunst ist das Verfahren der ‚Verfremdung' der Dinge und das Verfahren der erschwerten Form, ein Verfahren, das die Schwierigkeit und Länge der Wahrnehmung steigert, denn der Wahrnehmungsprozeß ist in der Kunst Selbstzweck und muß verlängert werden" (ebd.).

Thompson knüpft direkt an Sklovskij an, wenn sie behauptet, dass auch das Kino durch solche Verfremdungen die pragmatische Alltagsorientierung unterläuft und damit „unser Wahrnehmen, Fühlen und Denken" (Thompson 2001 [1988], 412) verändern kann. Insofern Filme jedoch immer wieder dieselben Mittel der Verfremdung verwenden, erfolgt unvermeidlich früher oder später eine Automatisierung ausgerechnet derjenigen Verfahren, die dafür vorgesehen sind, die Automatisierung der Alltagswahrnehmung zu durchbrechen. Sind Filme tatsächlich, wie Thompson im Anschluss an Sklovskij meint, vor allem durch ihre Verfremdung wirksam, dann müssen sie also permanent darauf aus sein, „konventionelle Verfahren des Erzählens, der Ideologie, des Stils und des Genres zu verfremden" (ebd., 434 f.). Das Thema der Historischen Poetik des Films ist nichts anderes als genau diese historische Evolution der Verfahren, die sich aus dem unaufhörlichen Wechselspiel zwischen Automatisierung, Traditionsbruch und Suche nach neuen Mitteln der Verfremdung ergibt (vgl. ebd., 413 f; siehe hierzu bereits Tynjanov 1994 [1927]; Tynjanov 2005b [1927], 66–68).

Unter dem vorherrschenden Gesichtspunkt einer permanenten Evolution der Verfahren ist Thompson zufolge auch der filmische Realismus nichts anderes als eine historische – und damit variable – Sehnorm (vgl. Thompson 2001 [1988], 433). Dieser Gedanke, den sie nicht ausführlich verfolgt, wird genauer bei Roman Jakobson entwickelt, der damit direkt an Sklovskijs Konzept der Verfremdung anknüpft: Wenn Neuerer in der Literatur nach einer realistischeren Schreibweise suchen, dann greifen sie auf eine ungewohnte Darstellung zurück, die bisher schlichtweg als ungeeignet betrachtet wurde. Wie Jakobson bemerkt, glauben jene Neuerer durch solche Verstöße gegen die konventionellen Schreibweisen mehr Realitätstreue zu erreichen, während die Verteidiger der literarischen Tradition ganz im Gegenteil in dieser Alternative nur eine Verzerrung der Realität sehen können. Daraus schließt Jakobson auf die Relativität des Realismusbegriffs (vgl. Jakobson 1994 [1921], 377–383).

Anders als Bordwell, für den die Verfremdung keine große Rolle spielt (vgl. hierzu auch Hartmann/Wulff 2007, 199), glaubt Thompson in der Nachfolge von Sklovskij damit offenbar nichts Geringeres als das Grundprinzip der Filmkunst schlechthin erfasst zu haben. Diese These steht jedoch auf wackligen Beinen, denn sie tut sich schon schwer mit dem Sachverhalt, dass ausgerechnet das vom Neoformalismus so hochgeschätzte Hollywood-Kino mit seinem *continuity editing* die alltägliche Wahrnehmung überhaupt nicht verfremdet, sondern ganz im Gegenteil

10.8 Historische Poetik des Films

möglichst bruchlos in die filmischen Verfahren zu übersetzen versucht. Von einem absichtlichen Verstoß gegen die Automatismen der Alltagswahrnehmung, um die Dinge wieder sehen zu lernen, kann hier jedenfalls keine Rede sein.

Insgesamt sind also doch Zweifel angebracht, ob die Verfremdung wirklich – wie Thompson glaubt – der Motor der Evolution ist oder nicht eher nur ein Faktor unter anderen. Dass jedoch die filmischen Verfahren grundsätzlich einer solchen Evolution unterworfen sind und deshalb die Frage sinnvoll ist, inwiefern jeder einzelne Film von der bisherigen Tradition abweicht oder ihr verpflichtet bleibt, ist wohl kaum in Abrede zu stellen. Ebenso leuchtet ein, dass nicht nur der einzelne Film, sondern auch die Filmrezeption in einem historischen Kontext steht: Nach Bordwell und Thompson versteht die Zuschauerin jeden Film, den sie sich ansieht, vor dem Hintergrund ihrer bisherigen Filmrezeption, in der sie gelernt hat, wie erzählt wird, welche Regeln in einem bestimmten Genre vorherrschend sind usw. (vgl. Thompson 2001 [1988], 421). Da Filme heutzutage anders erzählen als vor fünfzig Jahren, ist auch das Hintergrundwissen des gegenwärtigen Filmzuschauers ein anderes als in früherer Zeit. Infolgedessen wird natürlich ein und derselbe Film von einem anderen historischen Publikum auch anders wahrgenommen. Während etwa *Goldfinger* (GB 1964, R.: Guy Hamilton) für die damaligen Zuschauer ein rasanter Actionfilm gewesen ist, wirkt dieser Film auf einen aktuellen Zuschauer eher behäbig, weil man aus diesem Genre heutzutage eine ganz andere Geschwindigkeit gewohnt ist.

Es ist nicht zu übersehen, dass der innerfilmische Evolutionsprozess aus neoformalistischer Perspektive völlig abgekoppelt vom Verlauf der außerfilmischen Geschichte stattfindet. Und auch hierfür steht der russische Formalismus Pate, denn bereits Sklovskij schreibt: „Eine neue Form entsteht nicht, um einen neuen Inhalt auszudrücken, sondern um eine alte Form abzulösen, die ihren Charakter als künstlerische Form bereits verloren hat" (Sklovskij 1994b [1916], 51). So betonen Bordwell, Staiger und Thompson in *The Classical Hollywood Cinema* zwar, dass die Evolution der filmischen Verfahren nicht nur rein künstlerischen Gesichtspunkten unterworfen ist: Vielmehr spielen auch technische Neuerungen wie Farbe, Ton, Breitwandformate oder 3-D-Verfahren eine ganz entscheidende Rolle, aber ebenso ökonomische Veränderungen wie Marktanpassung oder Medienkonkurrenz und schließlich institutionelle Einflüsse wie z. B. die Zensurbestimmungen in Hollywoods ‚production code'. Das ändert jedoch nichts daran, dass die genannten kunstfremden Faktoren allesamt immer noch zum Bereich der Filmproduktion gehören und auch nur insoweit eine Wirkung ausüben können.

Neue filmische Formen entstehen also nicht etwa, weil sie durch neue historische Inhalte herausgefordert werden, denn der Einfluss jener technischen, ökonomischen und institutionellen Bedingungen besteht lediglich darin, dass sie den Möglichkeitsspielraum der Formen erweitern oder beschränken, die der Film entwickelt, indem er sich keineswegs mit der Welt, sondern ausschließlich mit sich selbst auseinandersetzt. Kurz, beim Film handelt es sich um ein Stilsystem, das sich ganz und gar um sich selbst dreht.

Daher ist wohl auch jene Kritik nicht von der Hand zu weisen, die Bill Nichols, ein amerikanischer Filmkritiker und Dokumentarfilmtheoretiker, gegen die als bahnbrechend gefeierte Hollywood-Studie vorgebracht hat: Bordwell und Co, so heißt es hier, übertreiben letztlich die Autonomie des Stilistischen, denn in ihrem Ansatz führt das filmische Stilsystem ein völlig isoliertes Eigenleben und bleibt immun gegenüber den Wechselfällen der Geschichte (vgl. Nichols 1989, 500; siehe hierzu auch Stam 2000, 199).

Damit unterscheidet sich die neoformalistische Konzeption der Filmgeschichte auf grundlegende Weise von derjenigen, die im letzten Kapitel am Beispiel von Benjamin und Deleuze zu Wort gekommen ist (s. Abschn. 9.6). Jene beiden so unterschiedlichen Denker sind sich nämlich zumindest darin einig, dass sie eine Wechselwirkung zwischen Literatur und Geschichte bzw. Film und Geschichte behaupten. Gemeint ist damit bei Benjamin wie auch bei Deleuze: Die künstlerische Evolution beschränkt sich nicht lediglich auf eine permanente Flucht vor der eigenen Routine, sondern sie geschieht auch dadurch, dass die jeweilige Kunst auf außerkünstlerische Entwicklungen antwortet, die sich in der sozialen Realität abspielen.

So wie für Benjamin die Entstehung des modernen Romans damit zusammenhängt, dass die Menschen in der Moderne ihre Erfahrungen nicht mehr in einen übergeordneten Sinnzusammenhang integrieren können, so versteht auch Deleuze die Krise des Bewegungs-Bildes und die Verbreitung des Zeit-Bildes vor dem Hintergrund eines Mentalitätswandels, in dem der optimistische Glaube an die Möglichkeiten des menschlichen Handelns dahinschwindet. Hier wie da verändern sich also die formalen Verfahren – der literarischen wie auch der filmischen Gestaltung – auf der Grundlage eines weitreichenden kulturgeschichtlichen Wandels, während im Neoformalismus hingegen außerfilmische Faktoren für die filmische Entwicklung kaum eine Rolle spielen.

10.9 Das abstrakte Erkenntnissubjekt der neoformalistischen Filmrezeption

Selbst wenn man einmal vom Thema der historischen und kulturellen Verankerung der Filme und Zuschauer absieht, das heutzutage innerhalb der *cultural studies* vielleicht schon zu sehr strapaziert wird, bleibt die neoformalistische Rezeptionstheorie schon deswegen unterkomplex, weil sie auch die emotionalen und körperlich-somatischen Aspekte der Filmwahrnehmung unberücksichtigt lässt (vgl. Morsch 2011, 107 f.). Bordwell hält es sich jedenfalls als eine „nützliche methodologische Idealisierung" (Bordwell 1992, 22) zugute, die Emotionen in seiner Rezeptionsästhetik völlig ausgeklammert zu haben. Ohnehin beruhen nach seiner Auffassung Emotionen nur auf zugrunde liegenden kognitiven Urteilen, und man kann deshalb auch „einen Film verstehen, ohne eine erkennbare emotionale Reaktion darauf zu haben" (ebd., 22).

Da es vorwiegend darauf ankommt, die Narration zu verfolgen und die Story aus dem Plot herauszudestillieren, können andere Formen der Zuschauerbeteiligung also unbeachtet bleiben. Was übrig bleibt, ist ein vorwiegend rationaler Verstehensprozess, der sich im Grunde in dem Suchen und Verknüpfen von *cues*

10.9 Das Erkenntnissubjekt der neoformalistischen Filmrezeption

erschöpft. Insgesamt ist die Filmrezeption bei Bordwell ungefähr so aufregend wie das Lösen von Kreuzworträtseln:

> „I am concerned with the aspects of viewing that lead to constructing the story and its world. I am assuming that a spectator's comprehension of the films' narrative is theoretically separable from his or her emotional responses" (Bordwell 1985, 30).

Aber ist es nicht so, dass wir uns Sorgen um die Hauptfigur eines Films machen, dass wir uns freuen, mitfiebern, Angst und Mitleid empfinden? Gehören solche Gefühle nicht maßgeblich zum Rezeptionsprozess dazu, und sind sie nicht zumindest aufmerksamkeitslenkend? Bordwell und Thompson würden sicher nicht bezweifeln, dass die Filmrezeption eine solche emotionale Ebene einschließt, aber ihre Bedeutung unterschätzen sie doch ganz erheblich. Gehe ich den *cues* nach, weil der Film Spannung erzeugt oder weil ich eine Denksportaufgabe lösen will? In mancher Hinsicht scheint es sich beim Neoformalismus um eine intellektuelle Trotzreaktion auf die langjährige Hegemonie der sogenannten ‚SLAB'-Theorien zu handeln, die nun ins genau entgegen gesetzte Extrem fällt.

Der Neoformalismus begreift die Filmrezeption als einen Vorgang, bei dem eigentlich nur der Verstand der Zuschauerin gefragt ist. Letztlich sollen auch Emotionen nur das Ergebnis von kognitiven Urteilen sein. Wenn die Filmzuschauerin tatsächlich in erster Linie ein rein theoretisches Erkenntnisinteresse verfolgen würde, dann würde das filmische Geschehen jener leblosen Welt entsprechen, die der Philosoph William James in einem Gedankenexperiment beschrieben hat:

> „Stellen Sie sich vor, wenn es ihnen möglich ist, Sie seien plötzlich aller ihrer Gefühle entkleidet, die ihre gegenwärtige Welt in Ihnen auslöst, und versuchen Sie sich vorzustellen, wie diese Welt nun ganz für sich allein existiert, ohne Ihre positive oder negative, zuversichtliche oder besorgte Deutung. Es wird Ihnen kaum möglich sein, sich einen derartigen Zustand von Negativität und Totsein realistisch vorzustellen. Kein Teil des Universums wäre dann wichtiger als ein anderer, und die ganze Ansammlung seiner Dinge und die gesamte Folge seiner Ereignisse wäre ohne Bedeutung, ohne Eigenheit, Ausdruck oder Perspektive" (James 1997 [1902], 173).

Gegenüber einer rationalen Engführung der Rezeption, die allenfalls noch die Frage spannend findet, ob denn die eigenen Hypothesen bestätigt werden (vgl. Bordwell 1985, 39), empfiehlt es, an ihre affektive und evaluative Qualität zu erinnern, wie z. B. Jean-Paul Sartre es am Beispiel der Lektüre literarischer Texte tut:

> „[D]as Warten von Raskolnikow ist *mein* Warten, das ich ihm leihe; ohne diese Ungeduld des Lesers bleiben nur matte Zeichen; sein Haß auf den Untersuchungsrichter, der ihn verhört, ist mein Haß, angestachelt, aufgefangen durch die Zeichen, und selbst der Untersuchungsrichter existierte nicht ohne den Haß, den ich ihm über Raskolnikow entgegenbringe; dieser Haß erweckt ihn zum Leben, er ist sein Fleisch" (Sartre 1990 [1948], 40 f.).

Anders als Bordwell offenbar glaubt, appelliert weder der Schriftsteller noch der Filmemacher an „irgendeine abstrakte und begriffliche Freiheit [...]: Durchaus mit Gefühlen schafft man den ästhetischen Gegenstand neu; wenn er rührend ist, erscheint er nur über unsere Tränen; wenn er komisch ist, wird er am Lachen erkannt" (ebd., 43).

Für den Fall, dass mir eine fiktive ungerechte Welt präsentiert wird, soll ich sie daher „nicht mit Kälte betrachten, sondern sie mit meiner Entrüstung beleben" (ebd., 52). So verlangt also der Schriftsteller – und man kann hinzufügen: auch der Filmemacher – vom Rezipienten „nicht die Anwendung einer abstrakten Freiheit, sondern das Geschenk seiner ganzen Person mit ihren Leidenschaften, ihren Vorurteilen, ihren Sympathien, ihrem sexuellen Temperament, ihrer Werteskala" (ebd., 44; siehe zu den Gefühlen gegenüber fiktiven Personen und Objekten ausführlich Sartre 1994 [1940], 215–235). Mit Sartre lässt sich also an Bordwell die Frage richten, ob der Zuschauer, so wie er ihn sich vorstellt, überhaupt den entscheidenden Unterschied zwischen einer Komödie, einem Liebes- oder einem Horrorfilm erfassen würde. Können wir solche Filme verstehen, ohne, wie Bordwell behauptet (vgl. Bordwell 1992, 22) eine emotionale Reaktion darauf zu haben? Verdanken wir kognitiven Urteilen die Einsicht, dass eine Situation lustig, bezaubernd oder unheimlich ist oder erkennen wir das an unserem Lachen, unserer Freude oder unserer Angst?

Im Unterschied zu einer solchen Geringschätzung des Gefühls, wie sie sich im Neoformalismus findet, haben Phänomenologen wie Sartre, Max Scheler oder Maurice Merleau-Ponty immer wieder darauf hingewiesen, dass erstens unser primäres Weltverhältnis keineswegs bloß rational ist und dass zweitens den Gefühlen eine eigenständige Erkenntnisleistung zugesprochen werden kann. Gemeint ist damit: Bestimmte Aspekte der Welt – und das gilt auch für die filmische Welt – können wir nur erfahren, weil wir emotionale, aber eben auch leibliche Subjekte sind. Unsere Leiblichkeit und Emotionalität ist also alles andere als blind, denn sie erschließt eine Dimension der filmischen und außerfilmischen Welt, die für ein bloß rationales Erkennen unerreichbar bleiben würde. So erklärt Scheler: „Daß jemand mir freundlich oder feindlich gesinnt ist, erfasse ich in der Ausdruckseinheit des ‚Blickes‘, lange bevor ich etwa die Farbe, die Größe der ‚Augen‘ anzugeben vermag" (Scheler 1985 [1922], 238). Die Gefühle sind also keineswegs auf die Verstandeserkenntnis angewiesen, sondern sie gehen ihr ganz im Gegenteil sogar voraus: Das bedeutet für Scheler,

> „daß ‚Ausdruck‘ sogar das Allererste ist, was der Mensch an außer ihm befindlichen Dasein erfaßt [...], und das, was wir Entwicklung durch ‚Lernen‘ nennen, ist nicht eine nachträgliche Hinzufügung von psychischen Komponenten zu einer vorher schon gegebenen ‚toten‘, dinglich gegliederten Körperwelt, sondern eine fortgesetzte Enttäuschung darüber, daß sich nur einige sinnliche Erscheinungen als Darstellungsfunktionen von Ausdruck bewähren – andere aber nicht. ‚Lernen‘ ist in diesem Sinne zunehmende *Ent*-seelung – nicht aber *Be*-seelung" (ebd., 233).

Dass wir eine Situation angenehm oder unangenehm, verlockend oder gefährlich, sexuell aufreizend oder unheimlich, schlichtweg schön oder hässlich finden, dass kurz gesagt, die Personen und Dinge im Film – wie bereits die Zentralthese von Balázs lautet (s. Kap. 3) – eine Ausdrucksdimension besitzen, verdanken wir eben nicht rein kognitiven Urteilen, sondern der Intentionalität des Gefühls.

Kurzum, die Emotionen der Zuschauenden sind nicht einfach nur ein Effekt der filmischen Dramaturgie, weil sie vielmehr, wie Martin Seel bündig zusammenfasst, auch „die Gestalt und den Gehalt eines Films" (Seel 2013, 214) erschließen.

Ebenso spielt auch unser Leib von Anfang an eine konstitutive Rolle bei der Filmrezeption: Ein Buffet auf der Leinwand weckt unseren Appetit; wir finden es mitreißend, wie Spiderman, verfolgt von der Kamera, sich an seinem Faden durch die Häuserschluchten schwingt; bei Kampfszenen in schwindelerregender Höhe auf einem abschüssigen Dach klammern wir uns mit feuchten Händen am Sitz fest; uns wird schwindelig bei einer halsbrecherischen Autojagd; und wir bremsen nicht nur dann unwillkürlich mit dem Fuß, sondern auch, wenn der Held einen steilen Abhang herunterkullert – all diese Beispiele sprechen dafür, dass hierbei unser ganzer Körper *mit*zusieht und die Filmrezeption daher nicht bloß eine Sache von Auge und Verstand ist.

Im Vergleich dazu ist jedoch die Zuschauerin bei den Neoformalisten eigentlich nur ein punktförmiges reines Erkenntnissubjekt, das Hinweise aufspürt, entziffert und kombiniert. Keineswegs soll an dieser Stelle jedoch ein Prioritätsstreit vom Zaun gebrochen werden: Es geht um das *Eigen*recht und nicht um das *Vor*recht der Emotionalität beim Sehen eines Films. So ist der Zuschauer nicht in jedem Moment der Filmrezeption emotional aufgewühlt – aber er ist auch ebenso wenig immer von seinem Verstand geleitet. Im nächsten Kapitel wird in Abgrenzung zu Bordwell und Thompson jedenfalls ausführlich dargelegt, in welchem Ausmaß die Filmrezeption buchstäblich Leib und Seele in Anspruch nimmt. Dass die Emotionalität im Neoformalismus unberücksichtigt bleibt, beruht sicher nicht auf Naivität, sondern vielmehr auf einem bestimmten – allerdings recht engen – Wissenschaftsverständnis. Demgegenüber soll in dem nun folgenden letzten Kapitel auch der Nachweis erbracht werden, inwiefern es gerade die Phänomenologie auf wissenschaftlich anspruchsvolle Weise ermöglicht, die Relevanz der Gefühle für die Filmtheorie zu erschließen. Mit Blick auf die Monotonie der von William James beschriebenen emotionslosen Welt bleibt es jedenfalls Bordwell und Thompson abschließend zu wünschen, dass ihre eigene tatsächliche Filmrezeption nicht der Theorie entspricht, die sie davon entworfen haben.

Literatur

Albersmeier, Franz-Josef (2001), *Texte zur Theorie des Films* (1998), Stuttgart.
Arnheim, Rudolf (2002), *Film als Kunst* (1932), Frankfurt am Main.
Beilenhoff, Wolfgang (2005), *Poetika Kino. Theorie und Praxis des Films im russischen Formalismus*, Frankfurt am Main.
Bordwell, David (1981), *The Films of Carl Theodor Dreyer*, Berkeley (California).
Bordwell, David (1985), *Narration in the Fiction Film*, Wisconsin.
Bordwell, David (1988), *Ozu and the Poetics of Cinema*, Princeton (New Jersey).
Bordwell, David (1989), *Making Meaning. Inference and Rhetoric in the Interpretation of Cinema*, Cambridge, Mass.
Bordwell, David (1992), „Kognition und Verstehen. Sehen und Vergessen in Mildred Pierce", *montage/av* 1/1, 5–24.
Bordwell, David (1993), *The Cinema of Eisenstein*, Cambridge, Mass./London.

Bordwell, David (2006a), *Visual Style in Cinema. Vier Kapitel Filmgeschichte* (2001), Frankfurt am Main.
Bordwell, David (2006b), *The Way Hollywood Tells It: Story and Style in Modern Movies*, Berkeley (California).
Bordwell, David (2009), „Bazins Lektionen: Sechs Pfade zu einer Poetik", in: *montage/av* 18/1, 109–128.
Bordwell, David (2017), *Reinventing Hollywood: How 1940s Filmmakers Changed Movie Storytelling*, Chicago.
Bordwell, David/Staiger, Janet/Thompson, Kristin (1985), *The Classical Hollywood Cinema: Film Style and Mode of Production to 1960*, New York.
Bordwell, David/Thompson, Kristin (2013), *Film Art. An Introduction* (1979), Wisconsin.
Brinckmann, Christine (1999), „Somatische Empathie bei Hitchcock: Eine Skizze", in: Heinz B. Heller/Karl Prümm/Birgit Peulings (Hg.), *Der Körper im Bild: Schauspielen – Darstellen – Erscheinen*, Marburg, 111–120.
Eder, Jens (2002), „‚Noch einmal mit Gefühl!' Zu Figur und Affekt im Spielfilm", in: Jan Sellmer/Hans Jürgen Wulff (Hg.), *Film und Psychologie – nach der kognitiven Phase?*, Marburg, 93–107.
Erlich, Victor (1964), *Russischer Formalismus* (1955), Frankfurt am Main.
Forster, Edward Morgan (1964), *Aspect of the Novel* (1927), Harmondsworth 1964.
Giovanelli, Alessandro (2009), „In Sympathy with Narrative Characters", in: *The Journal of Aesthetics and Art Criticism* 67/1, 8–23.
Hartmann, Britta/Wulff, Hans Jürgen (2007), „Neoformalismus, Kognitivismus, Historische Poetik des Kinos", in: Jürgen Felix (Hg.), *Moderne Film Theorie* (2002), Mainz, 191–216.
Hartmann, Britta/Wulff, Hans Jürgen (2011), „Formalismus/Neoformalismus", in: Thomas Koebner (Hg.), *Reclams Sachlexikon des Films* (2002), Stuttgart, 268–270.
Iser, Wolfgang (1994), *Der Akt des Lesens* (1976), München.
Jakobson, Roman (1994), „Über den Realismus in der Kunst (1921)", in: Jurij Striedter (Hg.), *Russischer Formalismus* (1969), München, 373–391.
James, William (1997), *Die Vielfalt der religiösen Erfahrung* (1902), Berlin.
Kirsten, Guido (2019), „Neoformalismus und Kognitive Filmtheorie", in: Bernhard Groß/Thomas Morsch (Hg.), *Handbuch Filmtheorie*, Düsseldorf.
Kozloff, Sarah (2013), „Empathy and the Cinema of Engagement: Reevaluation the politics of film", in: *Projections* 7/2, 1–40.
Lowry, Stephen (1992), „Film – Wahrnehmung – Subjekt. Theorien des Filmzuschauers", in: *montage/av* 1/1, 113–128.
Metz, Christian (1972), „Probleme der Denotation im Spielfilm" (1966), in: ders., *Semiologie des Films* (1968), München, 151–198.
Morsch, Thomas (2011), *Medienästhetik des Films. Verkörperte Wahrnehmung und ästhetische Erfahrung im Kino*, München.
Nichols, Bill (1989), „From Wars: The Political Unconscious of Formalist Theory", in: *South Atlantic Quarterly* 88/2, 487–515.
Platinga, Carl (2004), „Die Szene der Empathie und das menschliche Gesicht im Film (1999", in: *montage/av* 13/2, 6–27.
Prokić, Tanja (2017), „De-constructing Rosebud – oder über die Grenzen einer allzu amerikanischen Theorie", in: Tanja Prokić/Oliver Jahraus (Hg.), *Orson Welles' ‚Citizen Kane' und die Filmtheorie*, Stuttgart, 41–64.
Ricœur, Paul (1991), Zeit und Erzählung. Bd. 3: Die erzählte Zeit (1985), München.
Salvaggio, Jerry L. (1981), „The Emergence of a New School of Criticism: Neoformalism", in: *Journal of the University Film and Video Association* 33/4, 45–52.
Salvaggio, Jerry L. (1982), „‚Eat the Rind – Throw the Watermelon Away': A Neo-Formalist Tenet", in: *Journal of the University Film and Video Association* 34/2, 29–31.
Sartre, Jean-Paul (1990), *Was ist Literatur* (1948), Reinbek bei Hamburg.

Sartre, Jean-Paul (1994), Das Imaginäre. Phänomenologische Psychologie der Einbildungskraft (1940), Reinbek bei Hamburg.
Scheler, Max (1985), *Wesen und Formen der Sympathie* (1922), Bonn.
Seel, Martin (2013), *Die Künste des Kinos*, Frankfurt am Main.
Sklovskij, Viktor (1994a), „Die Kunst als Verfahren (1916)", in: Jurij Striedter (Hg.), *Russischer Formalismus* (1969), München, 3–35.
Sklovskij, Viktor (1994b), „Der Zusammenhang zwischen den Verfahren der Sujetfügung und den allgemeinen Stilverfahren (1916)", in: Jurij Striedter (Hg.), *Russischer Formalismus* (1969), München, 37–121.
Smith, Murray (1995), Engaging characters. Fiction, Emotion, and the Cinema, Oxford.
Smith, Murray (2008), „Empathie und das erweiterte Denken", in: Thomas Schick/Tobias Ebbrecht (Hg.), *Emotion – Empathie – Figur: Spielformen der Wahrnehmung*, Berlin, 13–28.
Stam, Robert (2000), *Film Theory. An Introduction*, Malden/Oxford/Carlton.
Thompson, Kristin (1981), *Eisenstein's* Ivan the Terrible: *A Neo-Formalist Analysis*, Princeton (New Jersey).
Thompson, Kristin (1985), Exporting Entertainment: America in the World Film Market, 1907–1934, London.
Thompson, Kristin (1988), *Breaking the Glass Armor: Neoformalist Film Analyst*, Princeton (New Jersey).
Thompson, Kristin (1999), Storytelling in the New Hollywood. Understanding Classical Narrative Technique, Cambridge, Mass./London.
Thompson, Kristin (2001), „Neoformalistische Filmanalyse" (1988), in: Franz-Josef Albersmeier *Texte zur Theorie des Films* (1998), Stuttgart, 409–446.
Tynjanow, Jurij (1994), „Über die literarische Evolution (1927)", in: Jurij Striedter (Hg.), *Russischer Formalismus* (1969), München, 433–461.
Tynjanow, Jurij (2005a), „Über die Grundlagen des Films (1927)", in: Wolfgang Beilenhoff (Hg.), *Poetika Kino. Theorie und Praxis des Films im russischen Formalismus*, Frankfurt am Main, 56–85.
Tynjanow, Jurij (2005b), „Über Sujet und Fabel im Film", in: Wolfgang Beilenhoff (Hg.), *Poetika Kino. Theorie und Praxis des Films im russischen Formalismus*, Frankfurt am Main, 235–237.
Wulff, Hans Jürgen (1991), „Das Wisconsin-Projekt: David Bordwells Entwurf einer kognitiven Theorie des Films", in: *Rundfunk und Fernsehen* 39/3, 393–405.
Wulff, Hans Jürgen (2002), „Das empathische Feld", in: Jan Sellmer/Hans Jürgen Wulff (Hg.), *Film und Psychologie – nach der kognitiven Phase?*, Marburg:, 109–121.
Wulff, Hans Jürgen (2003), „Empathie als Dimension des Filmverstehens: Ein Thesenpapier", in: *montage/av* 12/1, 136–161.
Zima, Peter V. (1995), Literarische Ästhetik. Methoden und Modelle der Literaturwissenschaft (1991), München.

Vivian Sobchack (*1940) – das leibliche Widerfahrnis der Filmrezeption

11

Seit Kurzem gibt es in einigen Kinos die sogenannten D-Box-Sitze, die es möglich machen, die Bewegungen auf der Leinwand – die Stärke je nach persönlichem Geschmack auf dem Controller reguliert – buchstäblich am eigenen Leib zu erfahren. So folgen diese Sitze den Kamerabewegungen; sie rütteln bei Explosionen und schaukeln bei Tanzszenen. Lässt sich hierbei von einem Fortschritt des Kinos sprechen, weil das Geschehen auf der Leinwand unsere Körperlichkeit nun stärker in Anspruch nimmt? Genau in dieselbe Richtung geht ja bereits die VR-Brille; und auch das *Odorama*, also das Geruchskino, war insgesamt ein Versuch, die Sinnlichkeit des Publikums in einem größeren Ausmaß zu involvieren – ein gelegentlich wiederholter Versuch, der fast so alt ist wie das Kino selbst (vgl. z. B. Zechner 2013, 118–120).

Wenn Vivian Sobchack, die letzte Filmtheoretikerin, die in diesem Buch diskutiert wird, gerade die Leiblichkeit und Sinnlichkeit in den Mittelpunkt rücken will, so müsste es – zumindest auf den ersten Blick – aus ihrer Perspektive eigentlich konsequent sein, die Verbreitung der D-Box-Sitze oder des *Odoramas* als eine willkommene Erweiterung des Sinnesspektrums der Filmrezeption zu begrüßen. Mit anderen Worten, das Kino sollte nicht nur visuell und akustisch, sondern auch haptisch und olfaktorisch sein. Wäre also ein synästhetisches Ganzkörperkino, wie es Aldous Huxley in seinem Roman *Schöne neue Welt* (vgl. Huxley 1996 [1932], 168–171) oder John Landis in seinem Film *Kentucky Fried Movie* (USA, 1977) vorführen, dann tatsächlich der Höhepunkt des Filmerlebens? In diesem Film steht ein Kinomitarbeiter hinter einem Zuschauer und versorgt ihn mit den taktilen Erfahrungen, die auf der Leinwand gerade zu sehen sind, d. h. er tätschelt ihm den Kopf, gibt ihm einen Kuss, pustet ihm Zigarettenrauch ins Gesicht, setzt ihm ein Messer an die Kehle usw. Sind Filme nicht berührender, wenn sie uns tatsächlich berühren und wir am eigenen Leib die Freuden und Leiden unserer Leinwandhelden mitfühlen ‚dürfen'? Begreifen wir nicht umso mehr, wenn das Leinwandgeschehen tatsächlich nach uns greift?

Wenn das Kino Kirmes war, bevor es zur Kunst wurde, so bedeutet das haptische Kino eigentlich eine Rückkehr zu den Rummelplatz-Anfängen der Filmgeschichte, insofern es gewissermaßen versucht, die Filmrezeption zu einem ‚Event' zu machen, das vergleichbar ist mit dem Bungeespringen, dem Paragliding und der Achterbahnfahrt oder vielleicht auch nur mit dem Körpergefühl beim Planschen im Wasser oder bei irgendwelchen Wellness-Aktivitäten. Wäre das nun ein Gewinn, weil das Kino hierdurch sinnlicher, leiblicher, eben ‚sensationeller' würde, oder wäre das Ganzkörperkino nicht gleichzeitig auch ein Verlust, weil sich die Erfahrungen unserer eigenen Leiblichkeit so sehr in den Vordergrund drängen würden, dass uns jeder Sinn für all die anderen Aspekte des Films abhanden käme? Welche Rolle spielte dann noch die bildliche Komposition der filmischen Einstellung (Arnheim), die Möglichkeit, die Augen für neue Realitäten zu öffnen (Bazin, Kracauer), der Gedanke, den uns eine Montage nahe legen kann (Eisenstein), das ausdrucksvolle Spiel der Schauspieler und die Atmosphäre von Szenerien (Balázs)? Und ganz banal: Können – oder wollen – wir dann überhaupt noch der Geschichte folgen, die uns der Film erzählen will (Metz, Bordwell)?

Was wird also schlichtweg aus all den filmischen Erfahrungen, die gerade nicht primär mit unserem eigenen Körper zu tun haben? Wenn wir uns in erster Linie an unseren eigenen leiblichen Erfahrungen – also letztlich an uns selbst – erfreuen, gäbe es dann eigentlich noch einen wesentlichen Unterschied zwischen der Filmrezeption und dem Weintrinken oder einer Fußmassage? Abgesehen von dieser – zugegebenermaßen – polemischen Auswahl an vorwiegend betulichen Beispielen, in denen das Publikum eingelullt wird, wäre es natürlich aus pädagogischer Perspektive auch eine Überlegung wert, ob nicht umgekehrt die Simulation etwa von körperlich hochgradig belastenden Erfahrungen in Kriegssituationen vielleicht sogar eine heilsame und aufklärerische Wirkung haben könnte.

Wie dieses Beispiel bereits deutlich macht, muss längst nicht jede Ganzkörperkinorezeption ein angenehmes Erlebnis sein. So ist die Prognose wohl nicht gewagt, sondern ganz im Gegenteil sogar trivial, dass die meisten Filmzuschauer insgesamt wohl eher glücklich darüber sind, bei Großaufnahmen nichts riechen zu müssen. Abgesehen davon würde bei einem gefühlsaktiven Kino ohnehin immer die Frage im Raum stehen, ob man anlässlich der zwischenmenschlichen Aktivitäten auf der Leinwand nun das Tun oder das Erleiden zu spüren bekommt. Hier bietet es sich zur Veranschaulichung noch einmal an, auf die bereits beschriebene Szene aus *Kentucky Fried Movie* zurückzukommen: Als im zweiten Teil der Kinovorführung überraschenderweise der Pornofilm *Deep Throat* (USA 1972, R.: G. Damiano) angekündigt wird, flieht der malträtierte Zuschauer schließlich entsetzt schreiend und würgend.

Abgesehen davon, dass wir längst nicht immer alles fühlen wollen, was es im Kino zu sehen gibt, stellt sich auch die Frage, was aus der eskapistischen Möglichkeit wird, wenigstens für eine kurze Zeit der Realität zu entkommen, wenn sich permanent leibliche Erfahrungen in den Vordergrund drängen. Kann ich mich auf eine imaginäre Welt konzentrieren, wenn mich etwa VR-Handschuhe unentwegt mit Tasterfahrungen eindecken, ich dabei vom *Odorama* in eine Duftwolke eingehüllt werde, während der D-Box-Sitz gleichzeitig meinen ganzen Körper kräftig durchschüttelt? Falls sich dieses ‚Entertainment der vierten Dimension', mit dem wohl noch einmal die Sonderstellung des Kinos gegenüber den *Streaming Media* behauptet werden soll, flächendeckend durchsetzt, so wären künftig Kinobesuche der Normalfall, bei denen wir so von den Ereignissen geschüttelt werden, dass wir kaum noch von der Handlung gerührt sein können. Während das Publikum bei Bordwell eigentlich nur infrage kommt, insofern es denkt, kommt es beim Ganzkörperkino nur infrage, insofern es sich an seinen körperlichen Erlebnissen erfreut. Der Verdacht ist jedenfalls nicht abwegig, dass das Ganzkörperkino eher für ein solches Publikum geeignet ist, das vom Film eigentlich nicht besonders viel erwartet.

11.1 Medien- und Kulturkritik – der Verlust der Leiblichkeit

Im Zuge einer ausführlichen Diskussion von Sobchacks Leibphänomenologie der Filmwahrnehmung wird noch einmal genauer auf jene sinnliche Erweiterung zurückzukommen sein, die durch das Ganzkörperkino ermöglicht wird. Denn gerade der Vergleich zwischen gewöhnlichem Kinoerlebnis und Ganzkörperkinoerlebnis macht sehr gut deutlich, an welcher Stelle Sobchacks zunächst berechtigte Aufwertung der Leiblichkeit einer grundlegenden – ausgerechnet leibphänomenologischen – Fehleinschätzung unterlegen ist. Bevor die Position dieser Filmtheoretikerin jedoch ausführlich diskutiert wird, zunächst ein paar Worte zu ihrem Werdegang: Sobchack, eine gebürtige New Yorkerin, unterrichtet zunächst an der University of Vermont wie auch an der University of California, Santa Cruz, bevor sie an der University of California, Los Angeles, Professorin am *Department of Film, Television,* and *Digital Media* wird. Sie hat zahlreiche filmwissenschaftliche Schriften z. B. zum Science-Fiction-Film, zum Filmfeminismus und zum digitalen Morphing vorgelegt. Sobchacks im engeren Sinne filmtheoretischer Ansatz findet sich in jenen Arbeiten, welche später gesammelt in dem Aufsatzband *Carnal Thoughts* (2004) veröffentlicht werden, vor allem aber in der Monografie *The Address of the Eye* (1992), die eine systematische Weiterentwicklung ihrer Dissertation darstellt und sich weitgehend auf den Spuren des französischen Phänomenologen Maurice Merleau-Ponty bewegt.

Insgesamt lässt sich Sobchacks Position wohl als der bisher profilierteste Versuch verstehen, der Phänomenologie innerhalb der internationalen Filmtheorie Gehör zu verschaffen. Sieht man einmal von Maurice Merleau-Ponty und seinem bereits mehrfach erwähnten Aufsatz „Das Kino und die neue Psychologie" (vgl. Merleau-Ponty 2000 [1947], 65–82) ab, dann ist grundsätzlich festzustellen, dass die bedeutendsten Phänomenologen wie Edmund Husserl, Martin Heidegger und Max Scheler es wohl für unter ihrer Würde halten, sich mit dem Thema des Films zu befassen (zum Verhältnis Husserls zum Kino: Därmann 2012, Heideggers zum Kino: https://sezession.de/uploads/Sez_64_LichtmeszHeidegger.pdf).

Insbesondere bei einem begeisterten Kinogänger wie Jean-Paul Sartre ist das eigentlich verwunderlich. So finden sich bei ihm zwar eine Handvoll filmkritischer

Essays, aber in seiner ausführlichen Studie über die Einbildungskraft spricht Sartre über die einzelnen Künste, ohne dabei ein einziges Wort über den Film zu verlieren (zum Verhältnis Sartres zum Kino: Bonnemann 2012). Wenn man von einer explizit phänomenologischen Tradition der Filmtheorie überhaupt sprechen kann, so handelt es sich um eine überschaubare Reihe von verstreuten und zumeist skizzenhaften Entwürfen von heutzutage eher unbekannten Autoren (vgl. z. B. Ingarden 1962 [1947], 319–341; Hamburger 1987 [1957], 195–206; Winkler 1985), unter denen insbesondere das Buch von Allan Casebier mit dem Titel *Film and Phenomenology* (Casebier 2009 [1991]) hervorsticht. Auf der Grundlage von Husserls Phänomenologie einerseits und der japanischen Filmkunst andererseits wendet sich Casebier gegen semiotische Ansätze vom Schlage eines Nelson Goodman, die er als idealistisch-nominalistisch verwirft, und argumentiert für ein realistisches Filmverständnis, nach dem filmische Objekte keine „imaginary signifiers", sondern „independently existing objects" (Casebier 2009 [1991], 119) sind und das Publikum folglich ein Entdecker ist und kein Konstrukteur oder Dekodierer von Zeichen (ebd., 62). Sobchack selbst nennt neben Casebier und Jean Mitry auch André Bazin, Henri Agel, Roger Munier und N. Patrick Peritore als phänomenologische Vorläufer ihres eigenen Projekts (vgl. Sobchack 1992, 29).

Ihre eigene Vorgehensweise bezeichnet Sobchack, für die jede Filmtheorie in Philosophie gründen sollte (vgl. ebd., 57), in *The Address of the Eye* entsprechend der phänomenologischen Schule als eine „interrogation and description of the experiential phenomenon of sensing, enworlded bodies that can see and be seen" (ebd., 1992, XVII). Sie betrachtet Filme aus diesem Grund weniger als Bildkompositionen (Arnheim), Realitätsenthüllungen (Bazin, Kracauer) oder Erzählungen (Metz, Bordwell). Und während sie zwar ausführlich über Kamerabewegungen spricht, schenkt sie dem Potenzial der Montage (Eisenstein) kaum eine nennenswerte Aufmerksamkeit (zum auffälligen Fehlen der Montage bei Sobchack vgl. Liebsch 2013, 145; Robnik 2007, 248). Man tut Sobchack wohl nicht unrecht, wenn man ihre Position so zusammenfasst, dass Filme für sie in erster Linie leibliche Erlebnisse der Filmzuschauenden sind, die sich phänomenologisch untersuchen lassen. Ihre zentrale Frage lautet daher schlicht und einfach: Wie wirken Filme auf den Körper der Zuschauenden?

Jene Schriften, in denen sich ihre eigene Theorie des Films finden lässt, veröffentlicht Sobchack ab den 1990er Jahren, wobei es auffällt, dass ihr Ansatz von Anfang an ebenso wie bei Balázs und Kracauer grundlegend mit einer kulturkritischen Diagnose verknüpft ist. Die Vergleichbarkeit reicht noch weiter, denn genauso wie jene beiden Klassiker der Filmtheorie beklagt auch Sobchack einen Verlust an Sinnlichkeit in der modernen Gesellschaft und versteht den Film als ein Refugium leiblicher (Selbst-)Erfahrung. Wenn Balázs etwa ausführt, wie verhängnisvoll sich der Wechsel zum Leitmedium des Buches – und damit von der Oralität zur Literalität – auf das menschliche Dasein auswirkt, so macht er dieselbe Voraussetzung wie Sobchack etwa 70 Jahre später: Leitmedien und Technologien – darin sind sich beide einig – werden nicht einfach nur benutzt, sondern auch *inkorporiert*. D. h., sie gehen uns in Fleisch und Blut über und beeinflussen damit auf fundamentale Weise das menschliche Selbstverständnis. Wenn wir nach

11.1 Medien- und Kulturkritik – der Verlust der Leiblichkeit

Balázs also z. B. die Schriftsprache verwenden, dann ist sie mehr als nur ein harmloses Mittel zum Zweck der Kommunikation, weil sie darüber hinaus das gesamte leibliche Ausdrucksvermögen ebenso wie unser Denken und Fühlen in Mitleidenschaft zieht.

Dass die Technik, die wir verwenden, auch uns selbst verändert, ist eine Überzeugung, die nun auch Sobchack teilt, wenn sie in ihrem Aufsatz „The Scene of the Screen: Envisioning Photographic, Cinematic, and Electronic ‚Presence'" (Sobchack 2004, 135–162) den chronologischen Verlauf der technischen Bildmedien von der Fotografie über den Film bis hin zum Computer rekonstruiert: Umgeben wir uns mit solchen – wie Flusser sagen würde – Techno-Bildern, dann wird aus der Sicht auf das Technische früher oder später auch eine technische Sicht. Es handelt sich hierbei um eine Einsicht, zu der Bertolt Brecht allerdings auch schon in den dreißiger Jahren gekommen ist:

> „Die alten Formen der Übermittlung nämlich bleiben durch neu auftauchende nicht unverändert und nicht neben ihnen bestehen. Der Filmesehende liest Erzählungen anders. Aber auch der Erzählungen schreibt, ist seinerseits ein Filmesehender. Die Technifizierung der literarischen Produktion ist nicht mehr rückgängig zu machen" (Brecht 1967 [1933], 156).

Nach Sobchack führen wir im Zuge dessen gewissermaßen ein Leben, das auch in solchen Momenten von der Fotografie, dem Kino oder dem Computer geprägt ist, in denen wir einmal nicht mit diesen Medien selbst zu tun haben (vgl. Sochack 2004, 136). Insofern nicht nur unser Wahrnehmen und Handeln, sondern auch unser Selbstverständnis von solchen Bildtechnologien beeinflusst wird, beschreiben wir z. B. unser aufmerksames Wahrnehmen als ‚Scannen', unser Erinnern als ‚Speichern', unseren Körper als ‚Hardware' und unser Gehirn als ‚Festplatte' (vgl. ebd., 137, 139).

Wie Sobchack zusammenfasst, sind Fotografie, Film und Computer „*subjectively incorporated*" – und das bedeutet, dass sich mit ihnen jeweils „a new and discrete perceptual mode of existential and embodied presence" (ebd., 139) herausbildet. Aus diesem Grund ist auch die Frage alles andere als weithergeholt, auf welche Weise sich das Selbstverhältnis verändert, wenn das menschliche Leben nicht mehr primär in den Bildern des Kinos, sondern in denen des Computers zum Ausdruck gebracht wird. Diese Frage hat umso mehr Gewicht, sobald man – wie Sobchack es im Anschluss an Merleau-Pontys Leibphänomenologie tut – davon ausgeht, dass der Mensch kein distanziertes Bewusstsein ist, das sein Selbstverhältnis von Anfang an in aller Klarheit besitzt, sondern vielmehr ein Leben führt, das sich in bestimmten Situationen vorfindet und sich aus diesem Weltverhältnis heraus selbst zu verstehen versucht.

Was geschieht nun mit uns selbst, wenn wir unser Leben nicht mehr nur in Begriffen beschreiben, welche in alltagsweltlichen oder filmischen Erfahrungen verwurzelt sind, sondern mehr und mehr in solchen, die im virtuellen Raum des Computers stattfinden? Sowohl die Fotografie als auch der Film und schließlich der Computer sollen jeweils auf ihre Weise, wie es heißt, zu einer „*perceptual revolution*" (ebd., 140) geführt haben. Während Sobchack allerdings den

Übergang von der Fotografie zum Film als einen Fortschritt würdigt, sieht sie hingegen im Übergang zum Computer eine Gefahr für das menschliche Selbst- und Körperverhältnis. Verhängnisvoll soll die Wirkung des Computers deswegen sein, weil er massiv zu einer ohnehin schon sich ausbreitenden Leibvergessenheit beiträgt, die sich auch außerhalb der digitalen Welt bemerkbar macht. Dem scheint, wie Sobchack einräumt, zunächst der Eindruck zu widersprechen, dass heutzutage der Körper als ein zentrales Thema geradezu dauerpräsent ist – und dies gilt für den Zeitgeist sowohl innerhalb wie auch außerhalb der Wissenschaft. Jedoch sind, so heißt es weiter, gerade die *cultural studies* repräsentativ und symptomatisch für das vorherrschende defizitäre Körperverständnis, weil sie zwar einerseits dem Körper eine zentrale Bedeutung zubilligen, ihn aber andererseits ausschließlich als ein Objekt in den Blick nehmen – „most often like a text and sometimes like a machine" (Sobchack 2004a, 3).

Hieraus ergibt sich für Sobchack der folgende, ausgesprochen paradoxe Befund: Obwohl wir gegenwärtig – diese These wird in den beiden Aufsätzen „Beating the Meat: Surviving the Text, or How to Get Out of the Century Alive" (Sobchack 2004b, 165–178) und „Is Any Body Home? Embodied Imagination and Visible Evictions" (Sobchack 2004c, 179–204) vertreten – unaufhörlich über den Körper reden, haben wir trotzdem den Kontakt zu ihm weitgehend verloren, weil wir ihn nur noch als Ressource und zu bearbeitende Materie begreifen (vgl. Sobchack 2004c, 181 f.). Wie es genauer heißt, ist nämlich unser Verhältnis zum Körper hauptsächlich epistemisch und zweckorientiert: Wir erkennen und optimieren den Körper, wobei wir uns an vorherrschenden Körperbildern orientieren. Dementsprechend wird er bearbeitet, geschmückt und geschminkt, gebräunt, trainiert und operiert, wobei pharmakologische, chirurgische und – wenn es nach den Gedankenspielen des sogenannten Transhumanismus ginge – künftig zunehmend auch technologische oder eugenische Methoden zum Einsatz kommen.

Zur gängigen Praxis lassen sich jedenfalls körperliche Eingriffe wie das Piercing oder die Tätowierung rechnen, die sich sogar einer noch wachsenden modischen Konjunktur in den Jahren nach dem Erscheinen von Sobchacks Artikeln erfreuen. Zu denken ist ferner auch an jene extremen, allerdings weniger massenkompatiblen Varianten der sogenannten *Body Modification* wie das Implantieren von *Bagelheads, Grills* oder *JewelEyes*. Immerhin spricht für Sobchacks kulturkritische Diagnose, dass in all diesen Beispielen der Körper tatsächlich als eine Art von Text begriffen und behandelt wird, in den – ganz ähnlich wie in Franz Kafkas Erzählung „In der Strafkolonie" – zusätzliche Bedeutungen eingeschrieben werden, die eine Auskunft über Identität, Weltanschauung und kulturelle Zugehörigkeit des Körperinhabers geben sollen.

Angesichts einer solchen Leibvergessenheit, welche die Kehrseite der Körperversessenheit ist, gilt es nach Sobchack daran zu erinnern, dass wir nicht nur *„social objects of vision"*, sondern eben auch *„personal subjects of vision"* (ebd., 181) sind. In ihrer leibphänomenologisch orientierten Filmtheorie setzt sich Sobchack nun explizit das Ziel, gerade jene vergessene Dimension in Erinnerung zu rufen und für eine Verlagerung der Aufmerksamkeit „from the body to the embodiment" (Sobchack 2004a, 4) zu argumentieren.

11.2 Film und Fotografie – Gesehenes oder gesehenes Sehen

Dieses Ziel einer körperorientierten Rezeptionstheorie wird auch dann in Angriff genommen, wenn Sobchack Fotografie und Film miteinander vergleicht. Sowohl die Fotografie als auch der Film präsentieren zunächst einmal *Gesehenes* – also einen „viewed view"' (vgl. Sobchack 2004, 150) –, das beim Film allerdings zusätzlich in seiner Bewegung berücksichtigt wird. Die eigentliche Originalität des Films besteht für Sobchack jedoch darin, dass er das erste Bildmedium ist, mit dem es möglich wird, ein *Sehen selbst* – also einen „viewing view"' (vgl. ebd.) – als einen fortlaufenden Prozess zur Schau zu stellen. Da der Film im Unterschied zur Fotografie sich bewegt und handelt, kommen bei der Filmrezeption zwei völlig unterschiedliche Subjekte des Sehens ins Spiel: Sehende sind einmal die Zuschauerinnen, die das filmische Geschehen verfolgen. Gleichzeitig gibt es aber noch ein zweites Subjekt des Sehens – und das ist eben der Film selbst.

Was das Filmpublikum zu sehen bekommt, ist also ein fremdes Sehen, das sich abwechselnd verschiedenen Objekten zuwendet (vgl. Sobchack 1992, 62 f.): „[T]he cinematic brings the *existential activity* of vision into visibility in what is phenomenologically experienced as an *intentional stream* of moving images" (Sobchack 2004, 147). Insofern wir im Film einem Sehen zusehen, das sich bewegt, seinen Standort wechselt, neugierig hierhin und dorthin schweift und dessen Orientierung an bestimmten Zielen und Interessen hierbei sogar deutlich werden kann, hält Sobchack den Schluss für gerechtfertigt, dass die Filmkamera – anders als die Fotokamera – „embodied" (ebd., 151) sein muss.

Auf diese Weise veranschaulicht das Kino in aller Deutlichkeit die phänomenologische Einsicht, dass der Sehende leiblich verankert sein muss: „that we are at once both intentional subjects and material objects in the world, both the seer and the seen" (ebd., 160; vgl. Sobchack 1992, 134). Indem der Ursprung des Sehens „shares a material equivalence with that which appears to it in the world it presents" (Sobchack 1992, 133), führt jeder Film auf seine Weise buchstäblich die Verknüpfung zwischen Subjektivität und Objektivität, zwischen Sehen und Sichtbarkeit vor Augen: „In sum, the cinema provided – quite literally – objective insight into the subjective structure of vision and thus into oneself and others as always both viewing subjects and visible objects" (Sobchack 2004, 149).

Genau wie schon Münsterberg, einer der ersten Theoretiker des Films (s. Kap. 2), betont damit auch Sobchack, dass das Kino in der Lage ist, subjektives Erleben selbst sichtbar zu machen, also nicht nur Wahrgenommenes, Imaginiertes und Erinnertes, sondern auch die Akte des Wahrnehmens, Imaginierens und Erinnerns selbst öffentlich zur Erscheinung zu bringen. Während Münsterberg allerdings die leibliche Verankerung weitgehend außer Acht lässt, rückt Sobchack gerade diesen Aspekt der Rezeption in den Mittelpunkt ihrer Filmtheorie:

> „Der Film schaut und wird selber im Kino angeschaut. Sichtbar sind für den Zuschauer beide Seiten: Der Blick des Films – der sich im ‚Wie' der Darstellung, in der Form, im Stil, kurz: in der Weise des leiblich-wahrnehmenden Verhaltens niederschlägt – und das Gesehene" (Morsch 2011, 178).

11.3 Film und Computersimulation – Virtualisierung oder Spüren des Leibes

Dass die Filmrezeption gewissermaßen einem fremden Sehen ausgeliefert ist, zeigt sich schon daran, dass das Publikum keinen Einfluss darauf hat, welchen Verlauf dieses Sehen nimmt und wie lange es jeweils bei den gesehenen Objekten verweilt. Wenn nun spätestens mit dem Videorekorder vor- und zurückgespult oder mit der Pausentaste angehalten werden kann, dann läuten nach Sobchacks Meinung diese Möglichkeiten bereits die Ära des ‚elektronischen' Zeitalters ein (vgl. Sobchack 2004, 148 f.), dem sie neben dem Videofilm, natürlich erst recht die DVD und den Computer, aber überraschenderweise auch das Fernsehen zuordnet (vgl. ebd., 153).

Bei allen Bedenken, die Sobchack gegenüber dem Computer vorbringt, für den der Film geradezu das Gegengewicht darstellen soll, ist es zunächst einmal zweifelhaft, warum der DVD-Film ihrer Ansicht nach eher auf der Seite der Computerspiele als auf derjenigen des Kino-Films steht. Wenn das Sehen eines Sehens in einem Kino-Film unsere eigene Leiblichkeit erschließt, warum soll das für denselben Film nicht mehr gültig sein, wenn wir ihn auf einer DVD ansehen? Anscheinend sieht Sobchack in der Möglichkeit des Eingriffs, die beim Computerspiel natürlich notwendig – sogar in der Form des Interagierens – dazugehört und beim DVD-Player zumindest permanent offensteht, den wesentlichen Unterschied zum Kino, der letztlich dann auch negative Konsequenzen für unser Leibverständnis haben soll.

Sicher kann ich den Kinofilm nicht beliebig anhalten, aber das kann ich ebenso wenig beim Fernsehfilm. Zwar lässt sich das Fernsehen ausschalten oder ein anderes Programm wählen, aber genauso gut steht es mir frei, den Kinosaal zu verlassen oder mich in den daneben liegenden zu schleichen. Für Sobchack sind das allerdings wohl keine ernsthaften Gegenargumente gegen ihre strikten Grenzziehungen, denn entscheidend soll hier ein völlig neues Zeiterleben sein:

> „Unlike photography or cinematic temporality, the primary value of electronic temporality is the discrete temporal bit of *instant present* – that (thanks to television, videotape, digital disc, and computer memory and software) can be selected, combined, and instantly replayed and rerun by the spectator/user to such a degree that the previously irreversible direction and stream of objective time seems not only overcome but also recast as the creation of a *recursive temporal network*" (ebd., 155).

Insgesamt läuft jener Vergleich zwischen Film und Computer vor allem darauf hinaus, dem Elektronischen, das unverhältnismäßig scharf vom Kinematischen getrennt wird, „eine Krise des Realen, der Erfahrung und des Körpers" (Liebsch 2013, 127) zur Last zu legen. Die Bilder in der digitalen Welt führen, wie es heißt, zu Erfahrungen, die als „quasi-disembodied" (Sobchack 2004, 153) charakterisiert werden müssen, weil die elektronische Präsenz von Objekten, die wir in einem Computerprogramm zu sehen bekommen, ganz anders als die filmischen Objekte kaum noch unseren realen menschlichen Leib als Wahrnehmungszentrum in Anspruch nimmt. Thomas Fuchs spricht ganz ähnlich wie Sobchack vom Prozess einer zunehmenden „Entsinnlichung" (Fuchs 2008 [2003], 253), der durch die Informationstechnologie eingeleitet und beschleunigt wird.

Wie Sobchack fortfährt, verwandelt der Computer unseren Körper in einen Cyborg. Weniger dramatisch ausgedrückt, ist damit gemeint: Er wird in eine Simulation umgerechnet, um möglichst effektiv mit dem elektronischen Netzwerk interagieren zu können. Auf diese Weise splittet sich der Nutzer schließlich in eine Vielzahl von simulierten Körpern auf, durch die er gleichzeitig völlig verschiedene Zeiten und Räume bewohnen kann: „All surface, electronic space cannot be inhabited by any body that is not also an electronic body" (Sobchack 2004, 159). Natürlich können wir den filmischen Raum ebenso wenig wie den simulierten Raum tatsächlich betreten. Aber während der Film durch die eindrucksvolle Verknüpfung von Sehen und Sichtbarkeit unsere eigene Situation in der Welt veranschaulicht und damit in phänomenologischer Hinsicht sogar eine Aufklärung unserer Leiblichkeit in die Wege leitet, führt die Computersimulation ganz im Gegenteil nur dazu, „to marginalize or trivialize the human body" (ebd., 161).

Kurz, beim Film spüren wir besonders intensiv unsere Leiblichkeit, beim Computer verlieren wir sie aus dem Auge. Es scheint, als könne der Film ein ursprüngliches Welt- und Leibverhältnis restituieren, das durch die moderne Kultur und Wissenschaft aus den Fugen geraten ist. Wie Robnik hierzu spöttisch bemerkt, scheint bei Sobchack „eine (Kino-)Kultur des Sich-selber-wieder-so-richtig-spüren-Wollens, der Vergewisserung über intakte Genußfähigkeit und leibliche Ganzheit ihre theoretischen Weihen" (Robnik 2007, 261) zu erhalten. Abgesehen davon ist die Frage natürlich ganz und gar berechtigt, warum in jenen Momenten, in denen wir uns fasziniert dem fremden Sehen der Filmkamerafahrten überlassen, nicht ebenfalls von einer Leibvergessenheit die Rede sein kann (vgl. Liebsch 2013, 144). Selbst wenn eine solche Vergessenheit nicht ausschließt, dass mein Leib dennoch beim Erleben dieser Kamerafahrten eine notwendige Rolle spielt, wird jedenfalls die unverhältnismäßig scharfe Grenze, die hier zwischen Computersimulation und Filmfiktion gezogen wird, nicht einsichtig, denn zweifellos ist ja auch mein Leib bei der Interaktion mit dem Computer dabei.

11.4 Die Antiquiertheit des Leibes?

Wenn Sobchack darauf hinauswill, dass unser real existierender Leib oft sogar als minderwertig und dringend verbesserungsbedürftig eingeschätzt wird, dann macht sie auf eine allgemeine Tendenz in den modernen Industriegesellschaften aufmerksam, die der Philosoph Günther Anders bereits über dreißig Jahre zuvor als ‚prometheische Scham' charakterisiert. Diese prometheische Scham beruht nach Anders darauf, dass der menschliche Körper anders als die technischen Geräte nicht grenzenlos weiterentwickelt und optimiert werden kann. Infolgedessen fühlt sich der Mensch im Vergleich mit den Produkten, die er selbst konstruiert hat, körperlich unzulänglich und wird zum „Hofzwerg seines eigenen Maschinenparks" (Anders 1992 [1956], 25).

Während es in Anders' auf den ersten Blick eher harmlos wirkenden Beispielen noch darum geht, dass menschliche Körperteile nicht so perfekt reproduzierbar sind wie schlichte Glühbirnen (vgl. ebd., 51–56), denkt Sobchack daran, dass dem realen Leib – „contemptuously called ‚meat' or ‚wetware'" (Sobchack 2004, 161) – der unverwüstliche simulierte Körper vorgezogen wird, der als Avatar in virtuelle Welten eintreten kann. Effektiver als der Leib, den wir tatsächlich haben, wäre demzufolge ein Leib, der als Bildobjekt oder als Informationseinheit gelebt werden könnte: „For, within the dominant cultural and techno-logic of the electronic there are those out there who prefer the simulated body and a virtual world" (ebd.).

In Jean Baudrillard sieht Sobchack nun den Hauptvertreter einer solchen kulturwissenschaftlichen Tendenz, die den Körper nur noch als Objekt manipulativer – sei es symbolischer oder technologischer – Zurichtung sieht. Ganz ähnlich wie die neoformalistische Filmtheorie wirft sie der Semiotik, der Psychoanalyse und dem Poststrukturalismus vor, die Subjektivität des Filmrezipienten zugunsten seiner Manipulierbarkeit aus dem Blick zu verlieren. Während Bordwell und Thompson hierbei allerdings an ein *rationales* Subjekt des Film*verstehens* denken, hebt Sobchack das *leibliche* Subjekt der Film*wahrnehmung* hervor. Aber selbst wenn das eine Mal das rationale *Bewusstsein* und das andere Mal der wahrnehmende *Leib* im Mittelpunkt steht, geht es doch in beiden Fällen darum, das Subjekt als Quelle von Sinngebungen innerhalb der Filmrezeption zu rehabilitieren.

Sobchacks Haupteinwand gegen die Reduktion des Körpers auf eine Simulation oder einen lesbaren Text beruht darauf, an die pathische Dimension der Leiblichkeit zu erinnern. Damit sind bei ihr der Sache nach all jene Erfahrungen gemeint, die der Phänomenologe Hermann Schmitz ‚eigenleibliches Spüren' genannt hat. Dieser Philosoph, den Sobchack allerdings nicht zu kennen scheint, unterscheidet zwischen dem *Körper,* der ein Objekt ist, das ich sehen oder tasten kann, und dem *Leib,* der ausschließlich in einem solchen eigenleiblichen Spüren gegeben ist. Schmitz denkt hierbei neben der Engung und Weitung beim Atmen oder dem Gefühl, das körperliche Bewegung begleitet (Propriozeption), vor allem an „Schreck, Schmerz, Angst, Hunger, Durst, Jucken, Kitzel, Ekel, Behagen, Wollust, Müdigkeit, Frische, Mattigkeit" (Schmitz 2011, 4).

Sobchacks zentrales Beispiel ist der Schmerz – und es klingt fast so, als wolle sie Baudrillard höchstpersönlich zu solchen Erfahrungen verhelfen: „I wish Baudrillard a little pain – maybe a lot – to bring him to his senses" (Sobchack 2004b, 178). Denn bereits eine kleine Verletzung, die natürlich real, „not imagined or written" (Sobchack 2004b, 167) sein müsste, wäre ihrer Auffassung nach schon ausreichend, um Baudrillard vor Augen zu führen, wie abwegig im Grunde „the romanticism and fantasies of technosexual transcendence" (ebd.) sind. Solche Fantasien übersehen eben schlichtweg, dass auch „technology springs from the very human condition of embodiment" (Sobchack 2004, 161).

Alle Diskurse, die den Leib digitalisieren, indem sie ihn in virtuelle Zeichen oder Informationseinheiten auflösen, werden nach Sobchack gerade durch solche Erfahrungen in ihre Schranken verwiesen, die Schmitz eigenleibliches Spüren

11.4 Die Antiquiertheit des Leibes?

genannt hat. Denn Schmerz, Ekel oder auch Hunger erinnern uns in aller Schärfe daran, dass wir ein *Leib sind* und nicht nur einen *Körper haben,* der problemlos in einen Avatar innerhalb einer virtuellen Welt verwandelt werden kann. Wenn ich nur einen Körper hätte und dieser Körper nicht zugleich auch mein Leib wäre, dann könnte ich glauben, mein Bewusstsein würde *diesseits* der Welt einen Körper *innerhalb* dieser Welt steuern, den es auch jederzeit durch einen anderen ersetzen könnte. Wie Sobchack befürchtet, scheint die Computersimulation gerade eine solche Fehleinschätzung zu fördern, für die das Subjekt nichts als ein cartesianischer Geist in der Maschine wäre.

Sie würde deshalb auch Gernot Böhme zustimmen, für den solche Missverständnisse nicht einfach nur unverbindliche Irrtümer bleiben, sondern zu einer falschen Lebensführung führen, in der „wir über unseren Leib in der Regel hinwegleben, ihn instrumentalisieren und ihn zum Körper objektivieren" (Böhme 2003, 75). Die Folge einer solchen Entfremdung zwischen einem Subjekt, das seine Autonomie überschätzt, und einem Körper, der im Gegenzug auf ein bloßes Werkzeug des Handelns zusammenschrumpft, besteht nach Böhme schließlich in einer „schrankenlosen Technisierung des Menschen" (Böhme 2008, 177).

Dies hat wohl auch Sobchack vor Augen, wenn sie angesichts der Leibvergessenheit der Gegenwartskultur geradezu apokalyptische Töne anschlägt und mit allem Nachdruck auf die Verletzlichkeit und Hinfälligkeit des Menschen hinweist, weil sich insbesondere in solchen Erfahrungen seine unüberwindliche leibliche Verankerung manifestiert. Der Leib steht eben nicht wie ein souveränes Bewusstsein der Welt gegenüber, sondern er ist „ein Fleisch, das leidet" (Merleau-Ponty 1994 [1964], 180). So heißt es schließlich in einem geradezu prophetischen Ton: „It is only by embracing the lived body in all its vulnerability and imperfection, by valuing the limitations as well as the possibilities of our flesh, and by accepting the mortality that gives us gravity and grace that we will get out of this – or any – century alive" (Sobchack 2004b, 178).

Zusammenfassend lässt sich feststellen: Während das leiblich verankerte Sehen als Aktivität in der Fotografie noch fehlt und in der digitalen Welt bereits virtualisiert wird, führt allein der Film die Verknüpfung von Leib und Welt vor, indem er in eins das Gesehene zeigt, wie es sich dem Sehen darbietet und zugleich jenes Sehen selbst, in dem sich das Gesehene darbietet (vgl. Sobchack 2004d, 74). Ebenso wie in der Phänomenologie geht es, wie Merleau-Ponty erklärt, auch im Kino darum, „das Band zwischen Subjekt und Welt, zwischen Subjekt und den Anderen *sehen* zu lassen" (Merleau-Ponty 2000 [1947], 80 f.). Was Sobchack und Merleau-Ponty im Film zu finden hoffen, entspricht im Grunde jenem sensomotorischen Zusammenhang zwischen Wahrnehmung, Handlung und Situation, den Deleuze im zweiten Teil seiner Filmtheorie für endgültig zerrissen erklärt hat.

Sobchack und Deleuze erweisen sich in dieser Hinsicht als Gegenpole: Denn im Mittelpunkt von Sobchacks Filmtheorie steht die *Aufdeckung* des Bandes zwischen Leib und Welt, während das Zeit-Bild bei Deleuze ganz im Gegenteil die *Zerrissenheit* dieses Bandes manifestiert. Es ist allerdings bemerkenswert, dass auch Deleuze selbst schließlich jenem Ursprungsdenken anheimfällt, das er der Phänomenologie so vehement zum Vorwurf macht (vgl. z. B. Deleuze/Guattari

2018 [1991], 174 f.). So geht er sogar noch hinter das von Sobchack beanspruchte ursprüngliche Band zwischen Leib und Welt zurück, wenn er behauptet, der Film sei imstande, „die Welt vor dem Auftreten des Menschen, vor unserer eigenen Dämmerung wiederzufinden" (Deleuze 1997 [1983], 99). Deleuzes Ursprung liegt also sogar noch vor dem Anfang der Menschheit (s. auch Abschn. 9.2).

11.5 Körpertheorien des Kinos

Genauso wie Bordwell, Thompson und der Neoformalismus sieht sich auch Sobchack in Frontstellung zu jenem Konglomerat aus Semiotik, (Post-)Strukturalismus, Psychoanalyse und Neomarxismus, das ab den 1960er Jahren bis weit in die 1980er Jahre hinein die Filmwissenschaft dominiert und auch heute noch einen beachtlichen Raum einnimmt. Sobchack zufolge wird dieses schillernde Theoriegebäude, dem es mit seiner Konzentration auf die anonymen Gesetzmäßigkeiten der Sprache gelingt, sowohl psychoanalytische *Subjekt-* (Lacan) wie auch marxistische *Gesellschafts*theorie (Althusser) zu integrieren, von ihrer eigenen Generation zunächst als eine Befreiung einerseits von einer unwissenschaftlich-subjektiven Filmkritik, andererseits von einer ausgeprägt patriarchalisch-elitären Kunstauffassung begrüßt (vgl. Sobchack 2004d, 56, Fußn. 19).

Allerdings hat sich das Schwergewicht innerhalb der filmtheoretischen Debatten bereits deutlich zugunsten des Neoformalismus verschoben, als Sobchack Anfang der 1990er Jahre ihren eigenen Ansatz entwickelt. Daher ist es verwunderlich, dass sie sich zwar immer noch an der semiotisch-poststrukturalistischen ‚Elterngeneration' abarbeitet, Bordwell, Thompson und Co. aber so gut wie gar nicht erwähnt. Eine ausführliche Diskussion, die Phänomenologie und Neoformalismus in einem kritischen Vergleich einander gegenüberstellen würde, wäre jedenfalls aufschlussreich, aber man sucht sie bei Sobchack vergebens. Bei ihrem eigenen Vorhaben, die Filmrezeption phänomenologisch zu befragen, sieht sie sich nun ausdrücklich in der Tradition Merleau-Pontys und nicht Husserls, was in erster Linie bedeutet, dass bei ihr nicht das *Bewusstsein,* sondern vielmehr der *Leib* der Ausgangspunkt ihrer Forschungen ist (vgl. Sobchack 1992, 41). Die Wichtigkeit des Leibes für die Filmrezeption, so heißt es ausdrücklich, „cannot be overemphasized" (ebd., 76).

Das Thema des Körpers – sei es derjenige der Zuschauerinnen oder derjenige der Filmpersonen – hat seit einigen Jahren Konjunktur, findet sich aber sporadisch immer mal wieder in der Filmtheoriegeschichte. So schreibt bereits ein Franz Förster, über den man sonst nicht mehr viel weiß, in einem Artikel mit dem Titel „Das Kinoproblem und die Arbeiter" aus dem Jahr 1913:

> „Denn das Geschehnis, die bewegte Handlung ist ja die ureigenste Domäne des Kinos. Durch die rhythmischen Körperbewegungen, deren Wirkung durch keine Sprache abgelenkt werden, löst es in uns starke Reflexbewegungen aus, die uns schließlich fortreißen" (Förster 1992 [1913], 135 f.).

Sobchack selbst nennt als Vorläufer Klassiker wie Sergej M. Eisenstein, Walter Benjamin und Siegfried Kracauer, beruft sich aber auch auf zeitgenössische Konzeptionen von Jennifer Barker, Elena del Rio, Laura Marks, Steven Shaviro und Linda Williams (vgl. Sobchack 2004d, 54–56). Mit Eisenstein, Benjamin und Kracauer, aber genauso mit Deleuze verbindet Sobchack jedenfalls, was sie von Metz und Bordwell ganz grundsätzlich unterscheidet: ein ausgeprägtes Interesse für die nicht-narrativen Aspekte des Kinos. Im Mittelpunkt stehen dann jeweils Präsenzeffekte, die weit über die Repräsentationsfunktion des Gesehenen hinausgehen: „Präsenz bezeichnet in dieser Hinsicht das Ereignis einer Sichtbarkeit (aber ebenso: Hörbarkeit, Fühlbarkeit), das nicht auf ein Dargestelltes hin gelesen, sondern in seiner Gegenwärtigkeit und sinnlichen Insistenz wahrgenommen werden will" (Morsch 2011, 85).

Wenn Sobchack die Frage aufwirft, „how it is that movies ‚move' and ‚touch' us bodily" (Sobchack 2004d, 59), so trifft sie sich mit Eisenstein, der von der Attraktionsmontage sogar fordert, sie solle wie ein „Schlagbolzen" (Eisenstein 2006, 15) wirken und den Körper des Zuschauers von Grund auf erschüttern. Dementsprechend lässt sich seine Theorie der Montage der Filmattraktionen, wie er selbst zugibt, als eine „‚Theorie der künstlerischen Reizerreger'" (Eisenstein 1974, 194) verstehen (s. Abschn. 4.5–4.6).

Ausgesprochen körperlich ist die filmische Erfahrung auch bei Benjamin: Anders als in der traditionellen auratischen Kunst, die von ihren Rezipienten geistige Kontemplation und Versenkung fordert, haben wir es Benjamin zufolge im Kino mit einer „*taktilen Rezeption*" (Benjamin 1991 [1936], 505) zu tun, der sogar eine „*physische Chockwirkung*" (ebd., 503) zugetraut wird. Ein Fortwirken von Eisenstein und Benjamin mit ihrer Charakterisierung der Filmrezeption als Attraktion und Schockwirkung findet sich zweifellos in Tom Gunnings Leitgedanken vom ‚Kino der Attraktionen', der nicht nur die Anfänge des Kinos neu bewerten, sondern vor allem einen Kontrapunkt zum Erzählkino, aber auch zur intellektuellen Kino-Avantgarde setzen will (vgl. Gunning 1996 [1986]). Abgesehen von der Frage, ob Gunnings strikte Opposition zwischen einem Kino der Attraktion und einem Kino der Erzählung überhaupt stichhaltig ist (vgl. hierzu Seel 2013, 105), wird in seinem Verständnis vom Kino als einer Maschine des Spektakels und der Effekte schließlich der Körper des Zuschauenden „das primäre Angriffsziel der filmästhetischen und filmtechnischen Kalküle" (Morsch 2011, 19; vgl. hierzu auch Robnik 2007, 253 f.).

Wenn es bei Sobchack ferner heißt, dass Filme leiblich in uns widerhallen, bevor sie gedanklich begriffen werden – der Körper der Filmzuschauerin „makes meaning before it makes conscious, reflective thought" (Sobchack 2004d, 59) –, so scheint die folgende Äußerung von Kracauer bereits auf denselben Sachverhalt hinweisen zu wollen: „Ich gehe von der Annahme aus, daß Filmbilder ungleich anderen Arten von Bildern vorwiegend die Sinne des Zuschauers affizieren und ihn so zunächst physiologisch beanspruchen, bevor er in der Lage ist, seinen Intellekt einzusetzen" (Kracauer 1993 [1960], 216).

In der jüngeren Zeit hat Linda Williams den Begriff ‚Körper-Genres' geprägt, womit Melodramen, Horror- und Pornofilme gemeint sind (vgl. Williams 2009 [1991]). Üblicherweise werden solche Genres als ästhetisch minderwertig angesehen und rangieren auf der unteren Stufe kultureller Wertschätzung. Dies liegt daran, dass sie es an ästhetischer Distanz fehlen lassen und stattdessen die Reaktionen der Körper im Film direkt auf die Reaktionen der wahrnehmenden Körper übergreifen. Hier rufen sie eine unfreiwillige Mimikry hervor und bringen ganz unterschiedliche Körpersäfte – Tränen, Angstschweiß, Sperma – zum Fließen.

Der Erfolg der Körper-Genres, bei denen exzessive Emotionen ein Übergewicht über die regelhafte Ordnung der traditionellen Narration gewinnen (vgl. Elsaesser/ Hagener 2007, 154), bemisst sich dann auch an den jeweiligen Körperreaktionen des Publikums, die sich – wie Williams erläutert – sogar messen lassen:

„Beispiele für solche Messungen sind leicht zu finden: in den Peter-Meter-Zeichen, die den Rezensionen des Hustler-Magazins angefügt sind, und welche die Stärke eines Pornos an den Erektionen kleiner Comic-Penisse messen; für den Horrorfilm wird der Erfolg an den Schreien des Publikums gemessen, an der Ohnmacht oder den Herzattacken von ZuschauerInnen [...]; und in der seit langem bestehenden Tradition der Einteilung des Melodrams in Ein-, Zwei- oder Drei-Taschentücher-Filme" (Williams 2009 [1991], 14).

Steven Shaviros Monografie *The Cinematic Body* (1993) stellt gewissermaßen einen Gegenentwurf zu Sobchacks Theorie dar, der ähnlich breit angelegt und systematisch ausgeführt ist. Was bei Williams nur für bestimmte Genres gilt, wird bei Shaviro nun zu einem allgemeinen Befund der Erfahrung mit Filmen radikalisiert. Denn das Kino ruft, wie es heißt, in erster Linie somatische Effekte hervor, wohingegen das kognitive Vermögen des Publikums nur eine randständige Rolle spielt: „I have already been touched and altered by these sensations, even before I have had the chance to become conscious of them" (Shaviro 1993, 46). Statt von einer *Distanz* zwischen Film und Rezipient wäre es ganz im Gegenteil also viel zutreffender, von einer *Kontinuität* zwischen den Ereignissen auf der Leinwand und den affektiven und physiologischen Reaktionen der Zuschauerin zu sprechen. Die Filmwahrnehmung ist bei Shaviro jedenfalls

„radically passive, the suffering of a violence perpetrated against the eye. Images themselves are immaterial but their effect is all the more physical and corporal" (ebd., 51; vgl. die kritische Diskussion bei Robnik 2007, 255–257; Stiglegger 2017, 187).

Laura Marks entwickelt in *The Skin Of The Film* (2000) das Konzept einer haptischen Visualität, womit sie sich auf die Suche nach einer Ordnung des Spürbaren als eigenem Artikulationsraum des Körpers begibt. Die mimetisch-haptische und die objektivierend-optische Visualität sollen hierbei in einem Verhältnis der wechselseitigen Ergänzung stehen: „[O]bviously we need both kinds of visuality: it is hard to look closely at a lover's skin with optical vision; it is hard to drive a car with haptic vision" (Marks 2000, 163). Im weiteren Verlauf gibt Marks diesen Überlegungen eine zusätzliche kulturtheoretische Wendung hin zu einem Kino der Diaspora und der Minoritäten, in dem offenbar gerade solche Erfahrungen zu einem authentischen Ausdruck kommen sollen, welche sich innerhalb der vorherrschenden diskursiven Formen nur entstellt wiedergeben lassen.

Während bei Marks die Haut im Mittelpunkt steht, finden in Anknüpfung hieran schließlich in Jennifer M. Barkers *The Tactile Eye* (2009) auch die Muskulatur und die Eingeweide eine ausführliche Berücksichtigung. Auf den Einfluss von Marks und Sobchack geht es wohl zurück, wenn in der gegenwärtigen Filmwissenschaft vom haptischem Sinn die Rede ist, womit dann vor allem taktile, kinästhetische, interozeptive und propriozeptive Erfahrungen gemeint sind – also die Wahrnehmung von Gewicht, Druck, Gleichgewicht, Temperatur, Vibration und Präsenz, außerdem der Lage des eigenen Körpers im Raum sowie viszeraler Vorgänge (vgl. Morsch 2011, 73).

In ihrem Buch *Der Leihkörper* (2013) schließt Christiane Voss ebenfalls an Sobchacks Position an, verleiht ihr jedoch eigene Akzente. Nach Voss verdankt der zweidimensionale audiovisuelle Film erst dem Körper, den der Rezipient ihm temporär ausleiht, eine dritte – spürende – Dimension: „Dieses cinästhetische Subjekt ist ja tatsächlich ein Raum – ein somatischer Bedeutungsraum nämlich –, der dem zweidimensionalen Leinwandgeschehen dadurch eine dritte Dimension verleiht, indem sich das Filmgeschehen darin sensitiv-affektiv einlagern kann" (Voss 2013, 117 f.).

11.6 Bewusster Sinn, objektiver Zwang, leiblicher Dialog

Alle jene hier kurz skizzierten Ansätze zeichnen sich einerseits durch eine Ausblendung, wenn nicht Geringschätzung der Narration und andererseits durch die Herausstellung der Körperlichkeit der Filmrezeption aus. Aber ein wichtiger Unterschied zu Sobchack und Merleau-Ponty ist nicht zu übersehen: Sieht man einmal von Marks, Barker und Voss ab, dann geht es ihnen gerade nicht um die Entdeckung einer *verkörperten Subjektivität*, sondern ganz im Gegenteil um die *Negation der Subjektivität*. Immer wieder ist die Rede von körperlichen Reaktionen, die die Kontrolle über ein völlig passives Publikum übernehmen, dessen geistige Vermögen entweder immer zu spät kommen oder gleich ganz ausgeschaltet sind. Die Schlussfolgerung, die sich unvermeidlich aus diesen so verschiedenen Theorieentwürfen übereinstimmend ergibt, ist ein – mal mehr, mal weniger starker – Zwangscharakter der Filmrezeption: So ist die Filmrezeption für Eisenstein eine Reizerregung, für Benjamin ein physisches Geschockt-werden, für Kracauer eine Affektion der Sinne, für Shaviro ein somatischer Effekt, für Williams besteht sie in physischen Reaktionen wie Tränen, Angstschweiß und Erektionen, und schließlich wird die filmische Erfahrung bei Gunning zu einem Spektakel, das den zuschauenden Körper ganz und gar überwältigt.

Insofern alle diese Autoren dem Mensch-Maschine-Modell von Julien Offray de La Mettrie verpflichtet bleiben und Körperlichkeit ohne Umschweife mit Passivität gleichsetzen (vgl. La Mettrie 2001 [1749]), wird auf diese Weise die Filmwahrnehmung zu einem physiologischen Prozess, dessen Analyse man konsequent gleich ganz den Methoden der Naturwissenschaft überlassen sollte. Aus der Einsicht in die Körperlichkeit der Filmzuschauer folgt jedenfalls in allen Fällen, dass er nichts weiter als ein Objekt ist, das den Film völlig passiv erleidet und von ihm bearbeitet und geformt wird. Aus dieser Perspektive zeichnet sich die Rezeption eines Films schlichtweg durch Kontrollverlust, Überwältigung und „Unterwerfung unter die Macht des Bildes" (Morsch 2011, 46) aus. Wie weit diese Negation der Subjektivität geht, variiert im Einzelnen, einig sind sich aber alle in diesem Punkt: Insofern die Kinorezeption körperlich ist, ist sie passiv und darum als Zwang des Films auf das wahrnehmende Subjekt zu begreifen.

Im Unterschied zu einem solchen materialistischen Körperverständnis, wie es in diesen – im Übrigen allesamt nicht-phänomenologischen – Theorieentwürfen herumspukt, spricht Sobchack in Anlehnung an Merleau-Ponty vom *Leib*. Dieser Leib, der mir in meinem unmittelbaren Erleben zugänglich ist, unterscheidet sich von meinem *Körper*, den ich wie ein Ding sehen und betasten kann. Der Leib befindet sich diesseits der Alternative zwischen Bewusstsein und Ding, da er sich weder auf meinen *Körper* noch auf mein Leib*bewusstsein* reduzieren lässt. In der bewusstseinsphilosophischen Tradition, die auf Descartes zurückgeht, ist dasjenige, das von mir ausgeht, ein freier Akt und darum unterschieden von kausal-determinierten Vorgängen, die in der Natur ablaufen. Wenn Merleau-Ponty nun vom Leib als einer dritten Seinsweise spricht, dann will er dem phänomenologischen Sachverhalt gerecht werden, dass in der Wahrnehmung eine Sinngebung von mir ausgeht, deren Quelle aber nicht mein Bewusstsein ist und die sich deshalb zugleich meiner Verfügung entzieht (vgl. Merleau-Ponty 1966 [1945], 253 f., 401).

Die Position, die Sobchack einnimmt, lässt sich daher als ein Mittelweg zwischen einem Subjektivismus des Bewusstseins und einem Objektivismus verstehen, für den die Bedeutungen aus anonymen Strukturen – wie etwa der Sprache, den Diskursen, institutionellen Praktiken, gesellschaftlichen Verhältnissen usw. – herauswachsen. Weder will sie also darauf hinaus, dass das Bewusstsein in der Filmrezeption souverän eine Sinnstiftung vornimmt, noch schließt sie sich der Gegenposition an, die innerhalb der Filmtheorie z. B. von den aufgeführten körperorientierten Ansätzen, aber wohl am radikalsten zuvor schon von Jean-Louis Baudry in seinem einflussreichen Aufsatz „Das Dispositiv: Metapsychologische Betrachtungen des Realitätseindrucks" (Baudry 2004 [1975], 381–404) vertreten wird. Im Grunde lässt sich z. B. Shaviros Denken in weiten Teilen als eine körpertheoretische Variante von Baudrys Theorie interpretieren.

Wie in den paranoiden Science-Fiction-Filmen der 1950er Jahre ist für Baudry das Bewusstsein im Allgemeinen, das des Filmpublikums im Besonderen von geheimnisvollen dunklen Mächten ideologisch infiltriert und gesteuert (vgl. Sobchack 1992, 297). Ganz einseitig und ohne jeglichen ‚Reibungsverlust' geht hier nämlich der Sinn vom Film bzw. von einem sogenannten ‚Apparatus' aus. Mit diesem Apparatus sind die technologischen Rezeptionsbedingungen des Kinos gemeint, die die Position wie auch die motorische Lähmung des Zuschauerkörpers festlegen und ihn damit angeblich in einen regressiven Trancezustand versetzen, in dem er nicht mehr zwischen Realität und Projektion unterscheiden kann (vgl. Baudry 2004 [1975], 387). Wie Sobchack moniert, ist der Film bei Baudry im Grunde nichts weiter als eine „form of transcendental tyranny" (Sobchack 1992, 269) und dementsprechend der Filmzuschauer völlig passiv, d. h. nur „an abject subject of the cinematic apparatus and the film's intentionality" (ebd., 260; vgl. hierzu auch Stiglegger 2017, 189).

Es lassen sich also zwei spiegelbildlich entgegengesetzte Verkürzungen unterscheiden, die es beide gleichermaßen zu vermeiden gilt: Der Annahme einer völlig souveränen Filmrezeption, bei der alles von der Einstellung der Zuschauerin abhängt, welche die Bedeutung des Films konstituiert – eine eher idealtypische Position, die tatsächlich wohl in dieser Reinform kein Filmtheoretiker vertritt –, steht der konträre Ansatz einer völlig passiven Filmrezeption gegenüber, der die Bedeutung von einem monströsen Apparatus – einer „allmächtigen Überwältigungsmaschine" (Elsaesser/Hagener 2007, 89) – aufgezwungen wird.

In Abgrenzung hierzu erlaubt es nach Sobchack eine Phänomenologie der leiblichen Wahrnehmung, die Filmrezeption als einen visuell-leiblichen *Dialog* zwischen Film und Filmzuschauerin zu begreifen (vgl. Sobchack 1992, 271). Aufgrund dieser „dialogic nature of the film experience" (ebd., 276) verfüge ich als Zuschauer zwar nicht souverän über jede Bedeutung, aber ich bin auch keineswegs so passiv wie Baudry glaubt: „My vision is as active as the film's" (ebd., 271). Zweifellos ist meine Sicht von derjenigen des Films gelenkt, aber das bedeutet für Sobchack keineswegs, dass ich nur noch beherrscht und manipuliert werde (vgl. ebd., 278). Mit der Betonung der Dialogstruktur widersetzt sich Sobchack also entschieden „dem poststrukturalistischen Erklärungsmodul, wonach der Zuschauer passiv bleibt, nur visuell rezipiert und wehrlos einem technischen Apparat ausgesetzt ist" (Liebsch 2013, 135).

Jene These einer dialogischen Interaktionsstruktur zwischen Subjekt und Film liegt zunächst ganz auf der Linie von Rezeptionstheorien, wie sie sich bei Bordwell oder bei Iser finden. Ein wichtiger Unterschied besteht jedoch darin, dass Sobchack gewissermaßen ‚tiefer' ansetzt, weil bei ihr nicht das Bewusstsein, sondern der Leib die zentrale Instanz einer Filmrezeption ist, einer Filmrezeption, die zudem – weniger intellektualistisch als bei Bordwell – als *Wahrnehmung* und nicht als *Kognition* ausgewiesen wird. Darum kommt es zu Bedeutungen, die zwar nicht vom Film, sondern von mir ausgehen, aber – anders als das Lösen einer Rechenaufgabe oder die von Bordwell beschriebene Konstitution der Story aus dem Plot – dennoch nicht auf der Grundlage bewusster Denkvollzüge stattfinden. Sobchack zufolge sollte das Bewusstsein eher verdutzt darüber sein, wie sinnvoll der Leib in der Wahrnehmung bereits alles eingerichtet hat, bevor das Bewusstsein selbst über den Film nachdenkt und Bordwells *cues* zu entschlüsseln versucht. Solche leiblichen Sinngebungen müssen im Übrigen nicht unbewusst ablaufen; das Bewusstsein mag ihr *Zeuge* sein, aber – darauf kommt es Merleau-Ponty und Sobchack wohl an – es ist eben nicht ihr *Ursprung*.

11.7 Der Leib des Films

Die Filmrezeption begreift Sobchack genauer als einen Dialog zwischen zwei leiblichen Existenzen, denn auch der Film selbst – dies ist auf den ersten Blick ausgesprochen verwirrend und kontraintuitiv – soll nicht nur einen *materiellen* Körper aus beispielsweise Zelluloid, sondern auch einen *gelebten* Leib besitzen. Aus dieser leiblichen Kommunikation gehen dann schließlich Sinnzusammenhänge hervor, welche, wie es heißt, ursprünglicher sind als diejenigen der regelgeleiteten Zeichensysteme, die das Thema der Semiotik sind. Da Sobchack die Semiotik nicht gänzlich verwirft, sondern vielmehr tiefer ansetzen will, um ihr ein phänomenologisches Fundament zu unterlegen (vgl. Sobchack 2004d, 61), bezeichnet sie ihre eigene Vorgehensweise auch als „semiotic phenomenology" (Sobchack 1992, 6, 49 f.).

Voraussetzung für das Auftauchen einer jeden filmischen Signifikation soll die Reversibilität von Wahrnehmung und Expressivität sein, die auf dem Wahrnehmungsverständnis beruht, das Sobchack von Merleau-Ponty übernimmt (vgl. ebd., 70). Gemeint ist damit: Da der Sehende nicht nur bewusst, sondern ebenfalls leiblich ist, ist auch sein Sehen ein leiblicher Vorgang, der für andere Menschen sichtbar ist und infolgedessen einen Ausdruck besitzt. Kurz, um *sehen* zu können, muss ich *sichtbar* sein. In einem für andere sichtbaren Verhältnis zur Welt zu leben, bedeutet darum, selbst semiotisch analysiert und hermeneutisch interpretiert werden zu können (vgl. ebd., 128). Versteht man den Körper als Zeichenträger, so würde die Semiotik fragen, wie er Bedeutungen generiert, und die Hermeneutik, was für Bedeutungen das sind.

Wenn ich einem anderen Menschen begegne, dann ist er zweifellos das Objekt meiner Wahrnehmung. Denn ich sehe seinen Körper, seine Bewegungen, seine Kleidung usw. Aber ich bin außerstande, seine eigenen Wahrnehmungen und Gedanken erkennen zu können, weil ein fremdes Bewusstsein für mich grundsätzlich unzugänglich ist. Die Innenperspektive der Wahrnehmung eines Menschen ist für andere verschlossen, aber sie kann zumindest bemerkt werden, insofern sie sich in einem leiblichen Ausdruck manifestiert (vgl. ebd., 212). Wenn jemand also Aufschluss über die Wahrnehmungen, Gedanken und Gefühle eines anderen Menschen bekommen will, dann bleibt ihm jedenfalls als Orientierung – sieht man einmal von der sprachlichen Verständigung ab – nur der Blick auf das leibliche Verhalten, also vor allem auf Gestik und Mimik.

Es ist bemerkenswert, dass es sich beim Film aber nun genau anders herum verhält: So sehen wir im Film sichtbare Objekte, aber zugleich erweist sich der Film auch selbst als eine visuelle Aktivität (vgl. ebd., 171). Wie Sobchack immer wieder betont, ist er nämlich nicht nur ein „object for perception and expression", sondern vor allem auch ein „subject of perception and expression" (ebd., 167). Um den gravierenden Unterschied zwischen dem Sehen eines Films und dem Sehen eines anderen Menschen deutlicher hervorzuheben als Sobchack selbst es tut: Bei der *Fremd*wahrnehmung sehen wir den Körper des anderen, aber nicht sein Bewusstsein. Bei der *Film*wahrnehmung sehen wir das Bewusstsein – also die visuellen Akte einer Wahrnehmung, die nicht unsere eigene ist –, aber dafür nicht

11.7 Der Leib des Films

den zugehörigen Körper. Im ersten Fall wird das Bewusstsein durch den Körper, im zweiten Fall der Körper durch das Bewusstsein bestenfalls *angezeigt,* aber niemals selbst *gezeigt.*

Wenn es keine Wahrnehmung ohne Leib gibt, dann muss auch die Wahrnehmung des Films einen solchen Leib besitzen, den ich als Zuschauer so erfasse, wie jeder Wahrnehmende implizit gleichzeitig eine indirekte Auskunft über den Standort und die Verfassung seines Leibes erhält: „I cannot see except against the ground of my human lived-body" (ebd., 183). Folge ich nun als Zuschauer den Wahrnehmungen des Films, dann werde ich nach Sobchack auch implizit über den Standort des filmischen Leibes unterrichtet:

> „The film, therefore, is more than ‚pure' vision. Its existence as a ‚viewing-view/viewed view' implicates a ‚body'" (ebd., 133).

Filmzuschauende spüren also nicht nur ihren eigenen Leib, sondern auch den Leib des Films, dessen Sehen sie auf der Leinwand sehen. Dies ist so, weil alles, was im Film zu sehen ist, im Verhältnis zu einem Mittelpunkt steht, den – in technischer Hinsicht – die unsichtbare Kamera einnimmt. Alles ist deshalb innerhalb des Bildes nah oder fern, rechts oder links, vorn oder hinten, oben oder unten. Sobchacks Ausführungen machen natürlich nur dann Sinn, wenn mit dem ‚Film-Körper' selbst kein sichtbares Ding gemeint ist, sondern ein unsichtbares Bezugszentrum, auf das hin alle sichtbaren Dinge im Film angeordnet sind.

Mit diesem Grundcharakteristikum der leiblichen Verankerung, dem Sobchack in ihrem späteren Denken im Rückgriff auf Emmanuel Lévinas sogar eine ethische Dimension verleihen will (vgl. Sobchack 2017 [2011]), unterscheidet sich allerdings die filmische Welt überhaupt nicht von der gewöhnlichen wahrgenommenen Welt, in der der Körper des Wahrnehmenden, wie Sartre schreibt, „das totale Bezugszentrum ist, das die Dinge anzeigen" (Sartre 1994 [1943], 566 f.). Auf den Film-Körper trifft demnach zu, was sich über jeden wahrnehmenden Körper sagen lässt. Wenn man in dem folgenden Sartre-Zitat ‚mein Körper' durch ‚die Filmkamera' oder ‚der Körper des Films' ersetzt, dann wird noch einmal umso deutlicher, dass Sobchack – ganz anders als Arnheim – immer wieder auf die *Gemeinsamkeit* und weniger auf die Differenz zwischen Filmwahrnehmung und gewöhnlicher Wahrnehmung hinauswill:

> „[M]ein Körper [ist] überall auf der Welt: er ist ebenso drüben in der Tatsache, daß die Straßenlaterne den Strauch auf dem Gehweg verdeckt, wie in der Tatsache, daß die Mansarde dort oben über den Fenstern des sechsten Stockwerks liegt oder daß das vorbeifahrende Auto sich von rechts nach links bewegt, hinter dem Lastwagen, oder daß die Frau, die über die Straße geht, kleiner erscheint als der Mann, der auf der Terrasse des Cafés sitzt. Mein Körper ist koextensiv zur Welt, ganz über die Dinge gebreitet, und zugleich in diesem einzigen Punkt gesammelt, den sie alle anzeigen und der ich bin, ohne ihn erkennen zu können" (ebd., 564).

Nach Henri Bergson reicht der Leib deshalb sogar „bis zu den Sternen" (Bergson 1992 [1932], 201).

11.8 Das Sehen eines Sehens

Genau wie mein eigener Körper wird also auch der Körper des Films ausgehend von der Welt, die er sieht, *„erkannt und objektiv definiert, aber in Leerform"* (Sartre 1994 [1943], 573). Wenn ich in der Realität auf einen Berg klettere, dann zeigt der Blick ins tiefe Tal die Höhe des Standorts meines Körpers auf dem Bergplateau ‚in Leerform' an; und in Yasujiro Ozus *Tokyo Story* (J, 1953) zeigt entsprechend die ungewöhnliche Höhe der Kameraperspektive ‚in Leerform' einen Menschen an, der auf einer japanischen Tatami-Matte sitzt. Das würde nach Sobchack also heißen, der Film-Körper selbst scheint in diesem Augenblick auf einer solchen Tatami-Matte zu sitzen. Er ist zumindest auf diese Weise lateral skizziert.

Während mein eigener Körper in der Wahrnehmung jedoch ein „Gesichtspunkt [ist], dem gegenüber ich keinen Gesichtspunkt einnehmen kann" (Sartre 1994 [1943], 582), gilt dasselbe keineswegs für den Körper des Films. Hier haben wir es nämlich mit einem *doppelten* Gesichtspunkt zu tun: Wenn ich als Zuschauer sehe, was der Film sieht, dann zeigt mir die filmische Welt eine körperliche Position an, die gerade nicht mit meiner eigenen auf dem Kino- oder Wohnzimmersessel identisch ist – und sie wäre es nicht einmal dann, wenn ich keinerlei Abstand zur Projektion hätte und direkt an der Leinwand kleben würde. In diesem Fall würde nämlich der filmische Raum schlichtweg verschwinden.

Nur beim Film gibt es also einen *Gesichtspunkt gegenüber dem Gesichtspunkt,* von dem aus gesehen wird. Deshalb fällt das Sehen der Zuschauerinnen selbst dann nicht mit dem Sehen des Films zusammen, wenn sie völlig gefesselt und selbstvergessen dem Leinwandgeschehen folgen. Darauf hat auch Sobchack hingewiesen: „[T]his visual conduct is contained *in* my own vision, but it is not *by* my vision" (Sobchack 1992, 139). Und sie fügt ausführlicher hinzu: „It is also perceived by the viewer as a ‚There, where I am not', as the space consciously and bodily inhabited and lived by an ‚other' whose experience of being-in-the-world, however anonymous, is not precisely congruent with the viewer's own" (ebd., 10).

Es handelt sich also um ein Sehen, das zwar für mich, dem Zuschauer, sichtbar ist, aber mir schon deswegen fremd bleibt, weil es einen anderen Stil des In-der-Welt-seins verkörpert. Wie Sobchack hinzufügt, bleibt dieser Stil den Filmzuschauern zwar fremd, aber er kann ihnen dennoch Möglichkeiten ihres eigenen Lebens und ihrer eigenen Welt erschließen (vgl. ebd., 136, 162 f.). Dabei stellt sich natürlich die Frage, ob diese Fremdheit des Stils auch noch auf solche filmischen Standardproduktionen zutrifft, die sich möglichst lückenlos dem Massengeschmack und damit auch der Seh- und Sichtweise ihres potenziellen Publikums angleichen wollen.

Mit dem Stil des In-der-Welt-seins ist bei Sobchack nun noch einmal genauer das Folgende gemeint: Der Film entwickelt sich, er bewegt und verhält sich, gleitet langsam und unschlüssig suchend dahin oder jagt mit hektischen Kamerafahrten durch die Räume, die er erkundet. Damit breitet er seine eigene Wahrnehmung und sein eigenes intentionales Leben vor den Augen des Publikums aus: „In our presence the film's perception is lived as a visual, kinetic, and gestural discourse" (ebd., 216). Es lässt sich also sagen, dass sich in diesem Sehen zugleich

11.8 Das Sehen eines Sehens

auch ein bestimmtes Verhalten und nicht zuletzt ein bestimmter Verhaltens*stil* des Film-Körpers manifestiert:

> „I see the film's seeing as it exists in relation to a world and other. I see the film's *visual behavior* as it inscribes as visible a *postural schema* and an *intentional style*" (ebd., 138).

Mehr noch: In diesem Verhalten des Films, in der Art und Weise, wie er Objekte wahrnimmt und durch Bewegungen miteinander in Verbindung bringt, kommt nach Sobchack ein Welt*verhältnis*, ja sogar eine Welt*anschauung* zum Ausdruck (vgl. ebd., 67). Aufgrund dieses nicht nur leiblichen, sondern auch weltanschaulichen Standorts des Film-Körpers lässt sich ein Film genauso wie ein Text interpretieren. Er wird zum Gegenstand hermeneutischen Verstehens, weil seiner sichtbaren Welt eine sehende Subjektivität mit bestimmten Interessen und Überzeugungen zugrunde liegt (vgl. ebd., 195 f.). Ganz ähnlich charakterisiert im Übrigen bereits Balázs die Kamera als eine „Persönlichkeit", und zwar eine solche, „die nur durch ihre Art zu sehen sichtbar wird" (Balázs 2001 [1924], 78). Selbst wenn der Mann mit der Kamera in Vertovs gleichnamigen Film zwar niemals zu sehen ist, wird er als Persönlichkeit durch die Art und Weise seines Sehens lateral angezeigt: „[A]lles, was er sieht, zeigt ihn" (ebd., 78).

Wenn man Laura Mulvey glauben will, dann ist – das behauptet sie jedenfalls in ihrem berühmten Aufsatz „Visuelle Lust und narratives Kino" – dieses Sehen des Films bzw. seine Kameraführung zumeist phallozentrisch, zudringlich und voyeuristisch (vgl. Mulvey 2001 [1975], 389–408). Als eines von vielen möglichen Gegenbeispielen wäre eine Szene am Ende von Ken Loachs *Carla's Song* (GB, 1996) zu nennen, in der der Film ganz im Gegenteil sogar äußerst dezent und taktvoll ‚sieht'. Als Carla ihren Freund, der von den Contras in Nicaragua gefoltert und zum Krüppel geschlagen worden ist, endlich wiederfindet, bleibt die Kamera schräg hinter ihm. Sie zeigt ihn nur im Halbprofil, und auch die Beleuchtung lässt die Szene im Halbdunkel. Die Zuschauenden, die diesen Mann, nach dem Carla so lange gesucht hat, nun zum ersten Mal zu sehen bekommen, werden also auf Abstand gehalten und bekommen nur einen sehr flüchtigen Eindruck von den schrecklichen Narben, die die Schläge und die Säure in seinem Gesicht hinterlassen haben.

Es scheint sogar so, als würde auch das Wiedersehen der Liebenden die Zuschauer eigentlich nichts angehen, obwohl sie den ganzen Film hindurch darauf gewartet haben. Mit Sobchack gesprochen, lässt sich das Sehen des Film-Körpers in *Carla's Song* als rücksichtsvoll und diskret gegenüber den fiktiven Filmpersonen interpretieren, denn es bietet gerade keine effekthascherische und aufwühlende Großaufnahme des entstellten Gesichts, auf die ein brachialer Regisseur wie z. B. Oliver Stone sicher nicht verzichtet hätte. Ohne Zweifel ist Ken Loach auch in diesem Film parteiisch, aber die Inszenierung des Wiedersehens ist alles andere als suggestiv und plakativ, wie es seinen Filmen gerne unterstellt wird.

Nimmt man den Gedanken des Dialogs zwischen Zuschauerin und Film allerdings ernst, dann ist der Film auf der anfänglichen Ebene der Filmrezeption eben ein Dialogpartner und kein Untersuchungsgegenstand, den ich z. B. als phallozentrisch, zudringlich oder taktvoll – oder auch als ‚brillant inszeniert' – beurteile. Solange dieses grundlegende Dialogverhältnis besteht, folge ich der Art und Weise, wie der Film Objekte präsentiert, aber ich mache diese Art und Weise der Präsentation noch nicht selbst zu einem Objekt der Kritik oder auch der Bewunderung. Der Film hat hier eher den Status eines *Vertrauten,* und erst wenn ich eine kritisch-objektivierende Einstellung ihm gegenüber einnehme, wird aus dem Vertrauten gewissermaßen eine *vertrauliche Mitteilung,* zu der ich dann Stellung beziehe (vgl. Sartre 1994 [1943], 615).

Die anfängliche empathische Einstellung, die Sobchack als dialogische Beziehung charakterisiert, wird etwa dann durchbrochen, wenn mir der Stil des filmischen In-der-Welt-seins Respekt einflößt oder ganz im Gegenteil sein Voyeurismus abstoßend wirkt. So wäre mein eigenes Sehen vielleicht nicht so taktvoll wie das des Filmkörpers in *Carla's Song,* und umgekehrt fällt mir als Zuschauer auf, wie die Kamera in Paul Verhoevens *Black Book* (NL, 2006) die Demütigung der Hauptfigur Rachel detailverliebt studiert und damit gewissermaßen noch das Werk ihrer Peiniger fortsetzt, das der Film vordergründig abzulehnen vorgibt. Durch solche moralischen Irritationen, aber auch durch die positive oder negative Qualität der Inszenierung oder schlichtweg durch pure Langeweile bringt der Film mich in Distanz zu sich. Hierdurch werde ich dann aus dem ursprünglich dialogischen Verhältnis herausgerissen, und erst dann mache ich eigentlich explizit mit einer urteilenden Haltung Gebrauch von meinem eigenen Gesichtspunkt *gegenüber* dem Gesichtspunkt des Films.

Aber allen Versuchen, einen Film zu verstehen, liegt nach Sobchack eben zunächst jene dialogische Verknüpfung zwischen dem leiblichen Sehen der Filmzuschauer und dem leiblichen Sehen des Films zugrunde. Einen Film zu verstehen, bedeutet also zunächst, ihn in meinem eigenen Leib zu spüren, indem ich seinem Sehverlauf folge: „Cinematic visions, then, is never monocular, is always doubled, is always the vision of two viewing subjects materially and consciously inhabiting, signifying, and sharing a world that is mutually visible but hermeneutically negotiable" (Sobchack 1992, 24, vgl. auch ebd., 129). Sobchack macht fortwährend wie in einer Grundsatzerklärung den Dialogcharakter der Filmrezeption geltend. Es wäre allerdings wünschenswert, wenn dieser Dialog nicht nur im Mittelpunkt von Bekenntnissen oder Beschwörungen, sondern viel häufiger auch von phänomenologischen Beschreibungen stehen würde. Im Allgemeinen fallen diese bei Sobchack jedoch nicht so detailliert und ausführlich aus, wie es zum Verständnis ihrer teilweise doch gewagten Thesen eigentlich wünschenswert wäre.

11.9 Der ganze Leib geht ins Kino

Wie hat man sich nun diesen leiblichen Dialog genauer vorzustellen? Was bedeutet es, dass wir einen Film mit unserem Leib spüren, noch bevor jene rationalen Leistungen zum Einsatz kommen, die Bordwell in den Mittelpunkt der Filmrezeption rückt? Wichtig ist für Sobchack an dieser Stelle, dass das Sehen nicht

11.9 Der ganze Leib geht ins Kino

nur eine *visuelle* Aktivität ist, weil vielmehr der ganze Leib und darum auch alle anderen Sinne hieran beteiligt sind:

> „[W]e do not experience any movie only through our eyes. We see and comprehend and feel films with our entire bodily being" (Sobchack 2004d, 63; vgl. hierzu auch Liebsch 2013, 130).

Es ist nach Sobchack also keineswegs so, dass allein Augen, Ohren und Verstand im Kino gefragt sind, während der Rest unseres Körpers einstweilen auf Eis liegt: „When we watch a film, all our senses are mobilized" (Sobchack 2004d, 80). So ‚verstehen' unsere Haut, unsere Finger, unsere Lippen und unser Magen, was der Film uns zu sehen gibt (vgl. ebd., 84). Weichheit, Rauigkeit, Kälte und Appetitlichkeit können zwar nicht von denjenigen Sinnen tatsächlich erfahren werden, die hierfür eigentlich zuständig wären, aber sie werden dafür von den Augen ‚*mitgesehen*':

> „My sight is never only sight – it sees what my ear can hear, my hand can touch, my nose can smell, and my tongue can taste. My entire bodily existence is implicated in my vision" (Sobchack 1992, 78).

Es ist wohl nicht falsch zu sagen, dass Weichheit und Appetitlichkeit eben auch visuelle Eigenschaften sind, die allerdings erst taktil bzw. gustatorisch zu ihrer ganzen phänomenalen Entfaltung gebracht werden. Da der Leib der Filmzuschauerin „a synoptically lived whole" (ebd., 95) ist, sind also die Objekte im Film, obwohl sie nur gesehen werden, *nicht einfach nur als sichtbar gesehen*, sondern besitzen „texture and solidity" (ebd., 133). Denn womit wir es zu tun haben, ist eine Gesamtfiguration, in der taktile, olfaktorische, gustatorische und nicht nur visuelle und akustische Qualitäten miteinander verwoben sind. Deswegen sieht ein wolliges Rot auch anders aus als ein glattes Rot. Auf denselben phänomenologischen Sachverhalt, der sich bei allen wahrgenommenen Dingen findet, hat im Übrigen auch schon Sartre hingewiesen:

> „Das Saure der Zitrone ist gelb, das Gelb der Zitrone ist sauer; man ißt die Farbe eines Kuchens [...]. Die Flüssigkeit, die Lauheit, die bläuliche Farbe, die Wellenbewegung des Wassers eines Schwimmbeckens sind immer gleichzeitig das eine durch das andere gegeben, und diese totale Durchdringung heißt das *Dieses*" (Sartre 1994 [1943], 347 f.).

Es lässt sich also festhalten: Das gesehene Ding im Film besitzt strenggenommen nicht nur rein sichtbare Qualitäten, sondern auch solche wie Appetitlichkeit, Rauheit, Kälte, auch wenn ich diese Qualitäten letztlich nicht auf die ihnen adäquate Weise erfahren kann – und häufig auch gar nicht möchte. So kann ich zwar nicht *tasten*, wie weich ein Ding ist, aber ich kann es trotzdem *sehen*. Wie sich herausstellt, ist für Sobchack die Filmwahrnehmung insgesamt also ein ebenso synoptisches wie synästhetisches Ereignis (vgl. Sobchack 2004d, 60, 67, 70; siehe hierzu auch Robnik 2007, 251 f.).

Ein Wort zur Klärung ist hier allerdings erforderlich: Wenn die amerikanische Filmphänomenologin ganz allgemein von ‚Synästhesie' spricht, dann ist damit nicht die eher seltene *hetero-modale* Wahrnehmung, sondern vielmehr die ganz gewöhnliche *ko-modale* Wahrnehmung gemeint (zu dieser Unterscheidung vgl. Waldenfels 1999, 58; zur Gesamtthematik vgl. Simner/Hubbard 2013). Als *hetero-modale* Synästhesien lassen sich jene außergewöhnlichen Erfahrungen bezeichnen, in denen Töne gesehen und Farben gehört werden, Buchstaben einen Duft verströmen, und z. B. das Bellen eines Hundes die Lichtverhältnisse in einem Raum durcheinanderbringt. Ganz im Gegenteil sind *ko-modale* Synästhesien jedoch der Normalfall der Wahrnehmung: So sehen und hören wir die Härte des Metalls wie die Zerbrechlichkeit des Glases; und es ist auch keineswegs abwegig zu sagen, dass das Auge wirklich mitisst. Wie geläufig solche Alltagssynästhesien sind, wird schon daran deutlich, dass sich jeder etwas unter warmen oder kalten, weichen oder stechenden Farben und Tönen vorstellen kann.

Um den phänomenologischen Sachverhalt, um den Sobchacks Überlegungen zum Film kreisen, besser zu verstehen, ist es an dieser Stelle hilfreich, Merleau-Pontys Unterscheidung zwischen dem *aktuellen* und dem *habituellen* Leib ins Spiel zu bringen (vgl. Merleau-Ponty 1966 [1945], 107). Das folgende Beispiel, das bei Merleau-Ponty selbst allerdings nicht vorkommt, soll veranschaulichen, worum es hierbei geht: Insofern ich ein *habitueller* Leib bin, kann ich sehen, wie ideal sich ein Berghang zum Skifahren eignet, obwohl mein *aktueller* Leib diese Erfahrung selbst augenblicklich nicht machen kann, weil mein Bein gerade in Gips liegt.

Übertragen auf die Filmrezeption kann somit gesagt werden: Es ist mein habitueller Leib, der die Rauheit, Kälte, Appetitlichkeit der Dinge sieht, auch wenn mein aktueller Leib im Kino- oder Wohnzimmersessel – wie es Noël Carroll zutreffend hervorgehoben hat (Carroll 2010 [1995], 159 f.; vgl. Liebsch 2013, 141 f.) – in keinem realen Verhältnis zur filmischen Welt steht und daher nichts von dem, was der Film ihm präsentiert, tasten, spüren, riechen oder schmecken kann. Der Blick des Filmzuschauers ist für Carroll völlig körperlos, für Sobchack im Gegenteil ganz und gar verkörpert. Carroll ist zumindest dahin gehend Recht zu geben, dass ich tatsächlich nur sehen und hören kann. Aber er unterschätzt, in welchem Ausmaß mein Leib – zwar nicht als aktueller, aber immerhin als habitueller – immer noch seinen Einfluss bei der Filmrezeption geltend macht. Wenn Martin Seel sich in seinem Buch *Die Künste des Kinos* für eine strikte Unterscheidung zwischen dem leiblichen Subjekt auf dem Kinosessel und dem Subjekt der ästhetischen Erfahrung ausspricht (vgl. Seel 2013, 89), so wäre ihm aus der Perspektive einer leibphänomenologischen Filmrezeptionstheorie jedenfalls dahingehend zu widersprechen, dass auch das Subjekt der ästhetischen Erfahrung leiblich verfasst ist. Gegen Carroll und Seel ist also die leibliche Dimension der Filmwahrnehmung zu betonen, wobei wiederum gegen Sobchack zu beachten ist, dass es sich hierbei – abgesehen vom Sehen und Hören – eben nur um den habituellen Leib handelt.

11.10 Kluge Finger

Dass meine Augen sehen, was meine Finger tasten können, leuchtet ja noch ein. Aber reicht die synoptische und synästhetische Qualität der Wahrnehmung so weit, dass meine Finger mitunter – schon – verstehen, was meine Augen – noch – nicht

11.10 Kluge Finger

verstehen, obwohl sie es sehen? Können ausgerechnet die Finger also die genuine Aufgabe der Augen übernehmen und einen Gegenstand entziffern, den ich zwar sehe, aber überhaupt nicht berühre? Das klingt zunächst absurd, dennoch bejaht Sobchack genau diese Frage ganz entschieden in ihrem wohl meistgelesenen Aufsatz „What My Fingers Knew: The Cinesthetic Subject, or Vision in the Flesh" (Sobchack 2004d, 53–84) und bezieht sich hierfür auf ihre eigenen Seherfahrungen mit der ersten Einstellung von Jane Campions *Das Piano* (AUS/NZL/FR, 1993).

In den ersten Sekunden dieses Films wird die Sicht von verschwommenen und riesigen Objekten direkt vor der Kamera verdeckt. Nach und nach stellt sich dann heraus, dass es sich hierbei um Finger in einer Großaufnahme handelt. Wenn man allerdings Sobchack Glauben schenken darf, dann haben ihre eigenen Finger viel früher als ihre Augen jene seltsamen Objekte auf der Leinwand als Finger identifiziert. Der Leib soll also durchschaut haben, was für das Bewusstsein zunächst einmal ein Rätsel geblieben ist:

> „Despite my ‚almost blindness', the ‚unrecognizable blur', and resistance of the image to my eyes, *my fingers knew what I was looking at* – and this *before* the objective reverse shot that followed to put those fingers in their proper place [...], my fingers *comprehended* that image, *grasped* it with a nearly imperceptible tingle of attention and anticipation and, offscreen, ‚felt themselves' as a potentiality in the subjective and fleshy situation figures onscreen. And this *before* I refigured my carnal comprehension into the conscious thought, ‚Ah, those are fingers I am looking at.'" (ebd., 63).

Abgesehen davon, dass man sich als Leser irritiert die Frage stellen kann, ob die eigenen Finger auch nur annähernd so klug wie diejenigen von Sobchack sind, ist es natürlich naheliegend, eine solche Behauptung grundsätzlich in Zweifel zu ziehen. Denn Filme beliefern ausschließlich zwei Sinnesfelder – nämlich Sehen und Hören –, dem Tastsinn als solchem geben sie gar nichts direkt ‚zu beißen'. Für die Dauer der Filmrezeption gehört der Tastsinn deshalb auch nur zum habituellen und nicht zum aktuellen Leib. Zwar bilden meine Finger maßgeblich den taktilen Horizont meiner visuell-auditiven Filmwahrnehmung und sind darum im Wesentlichen mitverantwortlich dafür, dass ich *Berührbares* sehe. Keineswegs ist mein Leib jedoch imstande, Filmobjekte auch *wirklich berühren zu können*. Nun behauptet Sobchack das auch gar nicht. Aber im Grunde geht sie sogar noch einen Schritt weiter, denn sie legt immerhin nahe, dass ihre Finger eigentlich *sehen* können – und zumindest manchmal auch besser als ihre Augen. Auf den ersten Blick ist das schlichtweg abwegig, denn der Tastsinn ist allenfalls ein Trittbrettfahrer der Filmrezeption, weswegen ihm keineswegs zuzutrauen ist, das Steuer – wenn auch vorübergehend – an sich reißen zu können.

Dieses strittige Finger-Beispiel wird zwar nicht plausibler, aber zumindest doch um einiges verständlicher, wenn man es mit Merleau-Pontys Beschreibungen zur Wahrnehmung eines anderen Menschen in Verbindung bringt, die insgesamt wohl einen kaum zu überschätzenden Einfluss auf Sobchacks Phänomenologie der Filmwahrnehmung ausgeübt haben. Nach Merleau-Ponty verstehe ich den Leib eines anderen Menschen – also z. B. auch den einer Filmfigur – auf der Grundlage meines eigenen Leibes. Einen anderen Menschen zu verstehen, soll jedenfalls so sein, „als wohnten seine Intentionen meinem Leibe inne und die meinigen seinem Leibe" (Merleau-Ponty 1966 [1945], 219). Warum leibliches Handeln in seiner ganzen Vielfalt aus diesem Grund sogar ganz „unmittelbar eine intersubjektive Bedeutung" (ebd., 403), besitzt, veranschaulicht der französische Philosoph an dem folgenden Beispiel:

> „Nehme ich im Spiel die Finger eines fünfzehnmonatigen Kindes zwischen die Zähne und beiße ein wenig, so öffnet es den Mund. Und doch hat es schwerlich je sein Gesicht im Spiegel gesehen und ähneln seine Zähne nicht den meinen. Aber sein eigener Mund und seine Zähne sind für das Kind, so wie es sie von innen fühlt, unmittelbar Beißwerkzeuge, und mein Kiefer, so wie es ihn von außen sieht, unmittelbar mit der gleichen Intention begabt" (ebd.).

Das rätselhafte leibliche Verstehen der Finger, das dem visuellen Erkennen des Bewusstseins bei Sobchack vorausgehen soll, lässt sich nun ganz analog begreifen: Ebenso wie ich das Beißen oder Lächeln des anderen Menschen als solches ‚von außen' wahrnehmen kann, weil ich schon erlebt habe, wie sich mein eigenes Beißen oder Lächeln ‚von innen' anfühlt, so nehme ich auch die Finger der Filmperson ‚von außen' als Finger wahr, weil ich meine eigenen Finger ‚von innen' eigenleiblich spüre. Diese leibliche Wechselseitigkeit tritt besonders dann in aller Deutlichkeit zutage, wenn ich beim Sehen eines lächelnden Menschen den Impuls verspüre, ebenfalls zu lächeln, oder beim Sehen von Fingern auf der Leinwand intuitiv mit meinen eigenen Fingern deren Haltungen und Bewegungen mitvollziehe.

Von hier aus lässt sich der Bogen zu Sobchacks Finger-Beispiel schlagen: Während sich Sobchack also die Anfangssequenz von *Das Piano* ansieht, spürt sie dementsprechend ‚von innen' ihre Finger unmittelbar als Tastwerkzeuge, und jene rätselhaften Dinge auf der Leinwand – so wie sie ‚von außen' wahrgenommen werden – sind für sie ebenso unmittelbar mit derselben Intention des Tastens ausgestattet. Mit den Worten Merleau-Pontys gibt es hier eine „wechselseitige Entsprechung meiner Intentionen und der Gebärden des Anderen, meiner Gebärden und der im Verhalten des Anderen sich bekundenden Intentionen" (ebd., 219). Noch weitaus emphatischer spricht Sobchack sogar von einer „reversible structure of empathy and sympathy between our own subjective embodiment and other body-objects" (Sobchack 2004e, 311). Eine solche wechselseitige leibliche Entsprechung zwischen Sobchacks eigenen Fingern und den Fingern auf der Leinwand soll demzufolge selbst dann möglich sein, wenn Letztere in einer Großaufnahme erscheinen und daher völlig aus ihrem leiblichen Zusammenhang herausgerissen sind.

Wie Sobchack weiter ausführt, ist jene leibliche Wechselseitigkeit auch der Grund, warum Liebesszenen auf der Leinwand von der Zuschauerin nicht nur gesehen und gehört, sondern sogar auch eigenleiblich gespürt werden. Wenn etwa Bain in *Das Piano* seine geliebte Ada berührt und umarmt, dann kommt es zu einem leiblichen Dialog bzw. Trialog zwischen der Filmzuschauerin und den beiden Filmfiguren. Im Zuge dessen ist dann schließlich auch die Haut der Zuschauerin in dem Maße in das Filmgeschehen verstrickt, als auf ihr selbst Bains

Liebkosungen von Adas Haut zu spüren sind (vgl. Sobchack 2004d, 66). Es ist also die eigene Haut der Zuschauenden, die ihnen nun eine Auskunft erteilt über die Sanftheit oder Grobheit einer fiktiven Filmperson.

Es ist dieser immer wieder von Sobchacks betonte leibliche Dialogcharakter der Filmwahrnehmung, der ihre Rezeptionsästhetik von derjenigen unterscheidet, die Bordwell und Thompson entwickeln. Aufschlussreich zum Verständnis ist hierfür auch die folgende Passage aus Adornos Ästhetik-Vorlesungen, in der ebenfalls die Wechselseitigkeit zwischen Werk und Betrachterin geltend gemacht wird: „Es käme weniger darauf an, was einem das Kunstwerk ‚gibt', als darauf, was man dem Kunstwerk gebe, das heißt, ob man in einer bestimmten Art von aktiver Passivität oder von angestrengtem Sich-Überlassen an die Sache, ihr das gibt, was sie von sich aus eigentlich erwartet" (Adorno 2017, 190). Mit anderen Worten, einen Film zu verstehen, d. h. seine Bedeutungen zu ergründen und zu bestimmen, schließt eben nicht nur rationale Überlegungen wie bei Bordwell und Thompson ein, sondern auch die Bereitschaft, sich von ihm hinsichtlich leiblicher Erfahrungen und Emotionen bestimmen zu lassen. Die Rezipierenden, so schreibt Martin Seel ganz ähnlich in seiner Filmtheorie, „bestimmen sich *aktiv* auf ein passives Bestimmtwerden hin" (Seel 2013, 238). Wie Seel ganz im Sinne von Sobchack hinzufügt, ist alle Aktivität des Verstehens, wie sie die Wahrnehmung von Objekten der Kunst verlangt, im Kino „in einer gesteigerten Passivität fundiert" (Seel 2017, 39 f.). Kurz, „[i]m Kino feiern wir die passive Seite unserer Existenz" (Seel 2013, 16).

Immer wieder laufen Sobchacks Ausführungen auf die Einsicht hinaus, dass zur Filmrezeption eben nicht allein kognitive Leistungen gehören, sondern gleichfalls leibliche Widerfahrnisse, die anscheinend ebenso *real wie auch irreal* sein sollen (vgl. Sobchack 2004d, 72 f., 76, 82). Da Sobchack jedoch dem aktuellen Leib zuspricht, was sich eigentlich nur über den habituellen Leib sagen lässt, verringert sich bei ihr gravierend die Differenz zwischen Wahrnehmung und Filmwahrnehmung. Hierdurch rückt ihre filmtheoretische Position in die Nähe eines ästhetischen Illusionismus, für den die Faszination des Filmzuschauers darauf beruht, dass er zumindest partiell an das bildliche Geschehen glaubt, d. h. es so auffasst, *als ob* es real wäre (vgl. hierzu die Beiträge in dem Sammelband Koch/ Voss 2006).

Im Gegenzug würde für den Illusionismus darum eine jegliche Aufmerksamkeit auf die Art und Weise der Inszenierung die Intensität des ästhetischen Erlebens reduzieren. Eine solche Auffassung, die ästhetische Faszination mit „Darstellungsvergessenheit" (Seel 2013, 177) gleichsetzt, ist jedoch wenig überzeugend, wenn man berücksichtigt, bei wie vielen Filmen die Begeisterung ganz im Gegenteil – siehe z. B. Quentin Tarantinos *Pulp Fiction* (USA, 1994) oder Michael Hanekes *Caché* (FR/AUT/D/I, 2005) – geradezu auf einem sehr aufmerksamen Verfolgen der Finessen der filmischen Inszenierung beruht.

Mit Merleau-Pontys Gegenüberstellung zwischen aktuellem und habituellem Leib lässt sich nun insbesondere genauer zeigen, an welcher Stelle Sobchack mit ihrer leibphänomenologischen Rezeptionsästhetik übers Ziel hinausschießt. Denn im Grunde wären für diese amerikanische Filmtheoretikerin die D-Box-Sitze, das

Odorama und der übergriffige Kinomitarbeiter in *Kentucky Fried Movie* schlichtweg überflüssig, weil ihrer Auffassung nach *jedes* Kinoerlebnis ohnehin schon ein *Ganzkörperkino*erlebnis ist. Ihr Ansatz behandelt die gewöhnliche audiovisuelle Filmrezeption jedenfalls so, dass die Differenz zum Ganzkörperkino weitgehend eingeebnet wird.

Insgesamt muss man daher wohl zu dem Schluss kommen, dass Sobchacks Position teilweise verwirrend, teilweise schlichtweg unzutreffend ist. Dennoch bieten ihre Überlegungen fruchtbare Impulse, die allerdings einer Präzisierung bedürfen. So würde eine Leibphänomenologie der Filmwahrnehmung immerhin schon dadurch erheblich an Plausibilität gewinnen, wenn man jene Erfahrungen, die Sobchack im Blick hat, nicht – wie sie selbst es tut – dem *aktuellen,* sondern vielmehr dem *habituellen* Leib zuschreibt. Mit dem Begriffspaar des aktuellen und habituellen Leibes lässt sich jedenfalls die eigentümliche Ambiguität der Filmrezeption genauer und zutreffender herausstellen als es in Sobchacks Ansatz geschieht: Die Erfahrungen des aktuellen Leibes, der im Fall der Filmwahrnehmung ausschließlich sehen und hören kann, sind eingebettet in den Horizont des habituellen Leibes, in dem auch die aktuell nicht möglichen Sinneserfahrungen anklingen. Da mein aktuelles Sehen zu einem Leib gehört, der habituell imstande ist zu tasten, sehe ich jedenfalls nicht nur Sichtbares, sondern auch Tastbares. Da mein Leib zwar aktuell nicht verletzt wird, aber habituell verletzlich ist, sehe ich die Gefährlichkeit eines Feuers, einer tiefen Felsenschlucht oder einer schlichten Glasscherbe.

Literatur

Adorno, Theodor W. (2017), *Ästhetik* (1958/1959) (2009), Frankfurt am Main.

Anders, Günther (1992), *Die Antiquiertheit des Menschen 1. Über die Seele im Zeitalter der zweiten industriellen Revolution* (1956), München.

Balázs, Béla (2001), *Der sichtbare Mensch und die Kultur des Films* (1924), Frankfurt am Main.

Barker, Jennifer M. (2009), *The Tactile Eye. Touch and the Cinematic Experience*, Berkeley/London/Los Angeles.

Baudry, Jean-Louis (2004), „Das Dispositiv: Metapsychologische Betrachtungen des Realitätseindrucks" (1975), in: Claus Pias/Joseph Vogl/Lorenz Engell/Oliver Fahle/Britta Neitzel (Hg.), *Kursbuch Medienkultur. Die maßgeblichen Theorien von Brecht bis Baudrillard*, Stuttgart, 381–404.

Benjamin, Walter (1991), „Das Kunstwerk im Zeitalter seiner technischen Reproduzierbarkeit. Dritte Fassung" (1936), in: ders., *Abhandlungen. Gesammelte Schriften Band I. 2*, Frankfurt am Main, 471–508.

Bergson, Henri (1992), *Die beiden Quellen der Moral und der Religion* (1932), Frankfurt am Main.

Böhme, Gernot (2003), *Leibsein als Aufgabe. Leibphilosophie in pragmatischer Hinsicht*, Kusterdingen.

Böhme, Gernot (2008), *Ethik leiblicher Existenz. Über unseren moralischen Umgang mit der eigenen Natur*, Frankfurt am Main.

Bonnemann, Jens (2012), „Zwischen Wahrnehmung und Imagination. Jean-Paul Sartres (nie geschriebene) Phänomenologie des Films", in: Julian Hanich/Hans Jürgen Wulff (Hg.), *Auslassen, Andeuten, Auffüllen. Der Film und die Imagination des Zuschauers*, München, 69–89.

Brecht, Bertolt (1967), „Der Dreigroschenprozeß" (1933), in: ders., *Gesammelte Werke 18. Schriften zur Literatur und Kunst 1*, Frankfurt am Main, 139–209.
Carroll, Noël (2010), „Auf dem Weg zu einer Ontologie des bewegten Bildes" (1995), in: Dimitri Liebsch (Hg.), *Philosophie des Films. Grundlagentexte*, Paderborn, 155–174.
Casebier, Allan (1991), *Film and Phenomenology. Toward a Realistic Theory of Cinematic Representation*, Cambridge/New York.
Därmann, Iris (2012), „Der entgegenkommende Sinn der Kinematografie. Husserls eidetische Variation und der Trickfilm", in: Nikolaj Plotnikov/Meike Siegfried/Jens Bonnemann (Hg.), *Zwischen den Lebenswelten. Interkulturelle Profile der Phänomenologie*, Berlin, 17–28.
Deleuze, Gilles (1997), *Das Bewegungs-Bild. Kino 1* (1983), Frankfurt am Main.
Deleuze, Gilles/Guattari, Félix (2018), *Was ist Philosophie?* (1991), Frankfurt am Main.
Eisenstein, Sergej M. (1974), „Wie ich Regisseur wurde" (1960), in: Hans-Joachim Schlegel (Hg.), *Sergej M. Eisenstein. Schriften 1/Streik*, München, 185–195.
Eisenstein, Sergej M. (2006), „Montage der Filmattraktionen" (1923), in: ders., *Jenseits der Einstellung. Schriften zur Filmtheorie*, Frankfurt am Main, 15–40.
Elsaesser, Thomas/Hagener, Malte (2007), *Filmtheorie zur Einführung*, Hamburg.
Förster, Franz (1992), „Das Kinoproblem und die Arbeiter" (1913), in: Jörg Schweinitz (Hg.), *Prolog vor dem Film. Nachdenken über ein neues Medium 1909–1914*, Leipzig, 131–137.
Fuchs, Thomas (2008), „Was ist Erfahrung?" (2003), in: ders., *Leib und Lebenswelt. Neue philosophisch-psychiatrische Essays*, Kusterdingen, 241–259.
Gunning, Tom (1996), „Das Kino der Attraktionen. Der frühe Film, seine Zuschauer und die Avantgarde (1986)", in: Meteor, Nr. 4, 25–34.
Hamburger, Käte (1987), *Die Logik der Dichtung* (1957), München.
Huxley, Aldous (1996), *Schöne neue Welt* (1932), Frankfurt am Main.
Ingarden, Roman (1962), „Der Film" (1947), in: ders., *Untersuchungen zur Ontologie der Kunst. Musikwerk – Bild – Architektur – Film*, Tübingen, 319–341.
Gertrud Koch/Christiane Voss (2006) (Hg.), *…kraft der Illusion*, München.
Kracauer, Siegfried (1993), *Theorie des Films. Die Errettung der äußeren Wirklichkeit* (1960), Frankfurt am Main.
La Mettrie, Julien Offray de (2001), *Der Mensch eine Maschine* (1749), Stuttgart.
Liebsch, Dimitri (2013), „Wahrnehmung, Motorik, Affekt. Zum Problem des Körpers in der phänomenologischen und analytischen Filmphilosophie", in: Image 17 (1/2013), 125–149.
Marks, Laura (2000), *The Skin of the Film. Intercultural Cinema, Embodiment, and the Senses*, Durham/London.
Merleau-Ponty, Maurice (1966), *Phänomenologie der Wahrnehmung* (1945), Berlin.
Merleau-Ponty, Maurice (1994), *Das Sichtbare und das Unsichtbare* (1964), München.
Merleau-Ponty, Maurice (2000), „Das Kino und die neue Psychologie" (1947), in: ders., *Sinn und Nicht-Sinn*, München, 65–82.
Morsch, Thomas (2011), *Medienästhetik des Films. Verkörperte Wahrnehmung und ästhetische Erfahrung im Kino*, München.
Mulvey, Laura (2001), „Visuelle Lust und narratives Kino" (1975), in: Franz-Josef Albersmeier (Hg.), *Texte zur Theorie des Films*, Stuttgart, 389–408.
Robnik, Drehli (2007), „Körper-Erfahrung und Film-Phänomenologie", in: Jürgen Felix (Hg.), *Moderne Film Theorie* (2002), Mainz, 246–280.
Sartre, Jean-Paul (1994), *Das Sein und das Nichts. Versuch einer phänomenologischen Ontologie* (1943), Reinbek.
Schmitz, Hermann (2011), *Der Leib*, Berlin/Boston.
Seel, Martin (2013), *Die Künste des Kinos*, Frankfurt am Main.
Seel, Martin (2017), „Kino-Anthropologie", in: ders., *‚Hollywood' ignorieren. Vom Kino*, Frankfurt am Main, 27–45.
Shaviro, Steven (1993), *The Cinematic Body*, Minneapolis/London.
Simner, Julia/Edward M. Hubbard, Edward M. (2013) (Hg.): *The Oxford Handbook of Synesthesia*, Oxford.

Sobchack, Vivian (1992), *The Address of the Eye. A Phenomenology of Film Experience*, Princeton (NJ).
Sobchack, Vivian (2004), „The Scene of the Screen: Envisioning Photographic, Cinematic, and Electronic ‚Presence'", in: dies., *Carnal Thoughts. Embodiment and Moving Image Culture*, Berkeley/Los Angeles/London, 135–162.
Sobchack, Vivian (2004a), „Introduction", in: dies., *Carnal Thoughts. Embodiment and Moving Image Culture*, Berkeley/Los Angeles/London, 1–9.
Sobchack, Vivian (2004b), „Beating the Meat/Surviving the Text, or How to Get Out of the Century Alive", in: dies., *Carnal Thoughts. Embodiment and Moving Image Culture*, Berkeley/Los Angeles/London, 165–178.
Sobchack, Vivian (2004c), „Is Any Body Home? Embodied Imagination and Visible Evictions", in: dies., *Carnal Thoughts. Embodiment and Moving Image Culture*, Berkeley/Los Angeles/London, 179–204.
Sobchack, Vivian (2004d), „What My Fingers Knew", in: dies., *Carnal Thoughts. Embodiment and Moving Image Culture*, Berkeley/Los Angeles/London, 53–84.
Sobchack, Vivian (2004e), „The Passion of the Material: Toward a Phenomenology of Interobjectivity", in: dies., *Carnal Thoughts. Embodiment and Moving Image Culture*, Berkeley/Los Angeles/London, 286–318.
Sobchack, Vivian (2017), Von Angesicht zu Angesicht. Die Herstellung von Subjektivität in Delmer Daves' *Dark Passage*, in: Malte Hagener/Ingrid Vendrell Ferran (Hg.), *Empathie im Film. Perspektiven der Ästhetischen Theorie, Phänomenologie und Analytischen Philosophie*, Bielefeld, 109–132.
Stiglegger, Marcus (2017), Körpertheorie. Die Inszenierung des mythischen Körpers in *Citizen Kane*, in: Tanja Prokić/Oliver Jahraus (Hg.), *Orson Welles' ‚Citizen Kane' und die Filmtheorie. 16 Modellanalysen*, Stuttgart, 186–204.
Voss, Christiane (2013), *Der Leihkörper. Erkenntnis und Ästhetik der Illusion*, München.
Waldenfels, Bernhard (1999), *Sinnesschwellen. Studien zur Phänomenologie des Fremden 3*, Frankfurt am Main.
Williams, Linda (2009), „Filmkörper: Gender, Genre und Exzess (1991)", in: montage/av 18/2, 9–30.
Winkler, Mathias (1985), *Filmerfahrung. Ansätze einer phänomenologischen Konstitutionsanalyse*, Frankfurt am Main/Bern/New York.
Zechner, Anke (2013), *Die Sinne im Kino. Eine Theorie der Filmwahrnehmung*, Frankfurt am Main/Basel.

12 Schlussbemerkungen – Perspektiven einer Phänomenologie des Films

Eines der wesentlichen Ziele dieses Buchs besteht darin, jene filmtheoretischen Positionen, die aufgrund ihrer sowohl historischen wie auch systematischen Bedeutung ausgewählt worden sind, als ernst zu nehmende Beiträge für eine philosophische Ästhetik zu würdigen und zu diskutieren. Insgesamt ist festzustellen, dass sich der Schwerpunkt innerhalb der Filmtheoriegeschichte von *werk*ästhetischen zu *wirkungs*ästhetischen Problemstellungen verlagert, d. h. von der Frage, ob und wie Filme Kunst sein können, zu der Frage, wie Filme semiotisch decodiert, kognitiv verstanden oder leiblich erlebt werden. Bei der ersten Hälfte der Filmtheoriegeschichte handelt es sich also weitgehend um eine Werkästhetik, in der man sich an der Problematik des Kunstbegriffs abarbeitet, wobei die jeweiligen Positionen weitaus aktueller erscheinen, wenn man schlichtweg den Begriff ‚künstlerisch' durch den Begriff ‚mediengerecht' ersetzt. Unter dieser Voraussetzung lassen sich die Theorien von Münsterberg bis Kracauer als eine Suche nach derjenigen medienspezifischen Eigenart zusammenfassen, die aus einem Film einen ‚filmischen' bzw. einen guten Film macht.

12.1 Von der Werkästhetik zur Wirkungsästhetik

Auf der Grundlage der vorangegangenen Theoriediskussionen bietet sich allerdings hinsichtlich der Suche nach dem Kunstkriterium noch einmal eine genauere Differenzierung an: So wollen Münsterberg und Balázs, Bazin und Kracauer die Eigenständigkeit und Autonomie des Films begründen, indem sie nach einer Eigenschaft suchen, durch die sich der Film grundsätzlich von *jedem anderen* künstlerischen Medium unterscheidet. Ob Kracauer in diese Reihe gehört, mag zunächst zweifelhaft sein, denn der Film teilt nach seiner Auffassung diese maßgebliche medienspezifische Eigenschaft mit der Fotografie. Aber der Zweifel ist unbegründet, weil für Kracauer die Fotografie überhaupt keine andere Kunst als der Film ist, insofern beide als Sonderformen zur Kunst des fotografischen

Mediums gehören. Die Filmkunst wäre daher nicht die Tochter, sondern die Schwester – wenn auch die kleinere – der fotografischen Kunst.

Von der Antwort auf die Frage, wozu ausschließlich der Film und keineswegs die Literatur oder das Theater, die Musik oder die Malerei imstande sind, versprechen sich die genannten Filmtheoretiker den letztlich entscheidenden Maßstab, an dem sich eine mediengerechte Produktionsweise erkennen lässt. Wenn ich sagen kann, was den Film vom Theater, von der Malerei usw. unterscheidet, dann kann ich auch sagen, an welchen Bedingungen sich ein Film orientieren muss, um als ein *guter* Film eingeschätzt werden zu können. Trotz dieser formalen Gemeinsamkeit finden sich am Ende jedoch nur wenig Übereinstimmungen darüber, was schließlich die Sonderstellung des Films ausmachen soll: So ist der Film bei Münsterberg eine sichtbare Nachahmung des menschlichen Bewusstseins und seiner verschiedenen Vermögen, bei Balázs die Darstellung affektiver Physiognomie von Menschen, Tieren, Pflanzen, Dingen und Situationen in ihrem Bewegungsverlauf, für Bazin die Mumie der Bewegung – woraus sich auch normative Konsequenzen für den filmischen Stil ergeben –, und für Kracauer schließlich die Enthüllung ideologisch, pragmatisch und begrifflich unverstellter Realität, der sich eine jegliche Formgebung unterordnen soll.

Im Unterschied zu jenen vier Theoretikern beruht das Filmkunstkriterium bei Arnheim und Eisenstein keineswegs auf einer Mediengerechtigkeit, die *ausschließlich* dem Film zu eigen wäre. Wenn Arnheim akribisch nachweist, dass der Film genauso wie die Malerei zur Formgebung in der Lage ist, und Eisenstein emphatisch die Montage zum Grundprinzip – nicht nur – der Filmkunst erhebt, dann bewegen sie sich anders als Münsterberg und Balázs, Bazin und Kracauer streng genommen nicht mehr innerhalb der engen Grenzen einer film*spezifischen* Gattungsästhetik.

Für Arnheim steigt der Film nämlich zur Kunstform auf, wenn er – nach dem Vorbild der Malerei – Bildobjekte nicht einfach nur technisch reproduziert, sondern auch kreativ interpretiert. Der Film ist also nicht deswegen Kunst, weil er etwas *anderes,* sondern weil er *dasselbe* wie die Malerei tun kann. Worum es hierbei hauptsächlich geht, ist die Verteidigung gegen den Vorwurf, der Film könne prinzipiell nichts anderes sein als eine technische Reproduktion der Realität. Aus Arnheims Argumentation ergibt sich allerdings der folgende Pferdefuß: Zwar gelingt der Nachweis, dass auch der Film formgebend ist, aber weil die Formgebung das alleinige Kunstkriterium bleibt, kommt dem Film im Vergleich zur Malerei ein künstlerisch viel geringerer Rang zu, denn das Material, das er zu formen versucht, ist eben weitaus realer und damit widerspenstiger als das der anderen bildenden Künste.

Genau umgekehrt liegt der Fall nun bei Eisenstein: Das Kunstkriterium ist hier das Montageprinzip, und es ist genauso wie die Formgebung bei Arnheim überhaupt nicht filmspezifisch, weil es sich auch in der Malerei und der Literatur finden soll. Während der Film sich jedoch – folgerichtig, wenn auch unbeabsichtigt – in Arnheims Argumentation nur den Platz der ‚schwächsten' aller bildenden Künste erobern kann, treibt er Eisenstein zufolge die Montage erst zu ihrer Vollendung und steht damit nicht am Fußende, sondern vielmehr auf dem Gipfel der künstlerischen Hierarchie.

Vergleicht man den Formalisten Arnheim nun mit den Realisten Bazin und Kracauer, so zeigt sich, dass hier ein völlig anderes Kunstverständnis in Anspruch genommen wird: Nach der Auffassung von Bazin beruht der Kunstcharakter keineswegs auf einer schroffen Zurückweisung der Realität, und die bildende Kunst orientiert sich auch nicht wie bei Arnheim ausschließlich am Prinzip der Formgebung. Bazin stellt vielmehr die These auf, dass die Kunst seit ihren allerersten Anfängen fortwährend den Versuch unternimmt, ein Höchstmaß an Realität einzufangen und zu konservieren. Aufgrund dieser Aufwertung des Mimesis-Gedankens avanciert der Film schließlich – diametral entgegengesetzt zu den Konsequenzen, die sich aus Arnheims Apologie des Films ergeben – sogar zu einem Höhepunkt der bildenden Kunst, weil keine andere unter diesen Kunstformen dem uralten Menschheitstraum einer möglichst perfekten Mimesis der Realität auch nur auf vergleichbare Weise nahezukommen vermag. So kann allein der Film reale Bewegungen festhalten und für die ‚Ewigkeit' bewahren. Während der Realismus des Films bei Arnheim also sein größtes Manko bleibt, ist er bei Bazin genau umgekehrt ein außerordentlicher Vorzug, der den Film an die Spitze der bildenden Künste stellt.

Anders als Bazin scheint sich Kracauer zunächst Arnheim anzuschließen, wenn er das traditionelle Kunstverständnis wieder ausschließlich mit Formgebung gleichsetzt. Allerdings vollzieht er in seinem nächsten Schritt eine entscheidende Wende, indem er grundsätzlich in Abrede stellt, dass sich neue Kunstformen wie Film und Fotografie überhaupt diesem althergebrachten Maßstab unterwerfen lassen. Während Arnheim und Bazin sich bei aller Differenz also immerhin in dem Versuch einig sind, den Film in die Tradition der bildenden Kunst einzuordnen, bedeutet er für Kracauer ganz im Gegenteil etwas radikal Neues, durch das sich sogar – wie bereits Benjamin bemerkt – der „Gesamtcharakter der Kunst [...] verändert" (Benjamin 1991 [1936], 486).

Aus diesem Grund ist es nur konsequent, wenn der Film den traditionellen ästhetischen Maßstab der Formgebung obsolet werden lässt und verlangt, nach seinem eigenen Maßstab – nämlich den der unverstellten Wiedergabe von Realität – beurteilt zu werden. Was die Erfindung der fotografischen Medien nach Kracauer mit sich bringt, ist folglich der Anspruch auf eine grundsätzliche *Historisierung* des bisherigen Kunstbegriffs und seiner normativen Kriterien. Kurz, für Arnheim ist der Film – nach dem Maßstab der Formgebung – die *geringste*, für Bazin – nach dem Maßstab der Wiedergabe von Realität – die *höchste* unter den bildenden Künsten, für Kracauer hingegen – nach demselben Maßstab der Wiedergabe von Realität – eine von allen anderen Künsten *völlig verschiedene* Kunst. Der späte Arnheim ist schließlich selbst – nicht zuletzt unter dem Einfluss von Kracauer – zu einer ganz ähnlichen Einsicht gekommen, wenn er das Verhältnis zwischen den Filmschaffenden und ihrem Material nicht mehr als *Formgebung,* sondern als einen *Dialog* mit der Natur beschreibt, in dem das Ästhetische durch die *Verzauberung eines Realen* und nicht durch die *Erschaffung eines Imaginären* entsteht.

Abgesehen von der Suche nach dem Kunstcharakter des Films lässt sich insgesamt die folgende Übereinstimmung in der Vorgehensweise der klassischen Filmtheorie finden: Alle diese verschiedenen Ansätze beginnen mit einer deskriptiven Werkästhetik, welche die Mediengerechtigkeit zum wesentlichen Maßstab erhebt und auf diese Weise in eine mehr oder weniger normative Poetik des Films umschlägt. Im Zuge dessen wird ferner auch das Verhältnis zwischen Filmkunst und Gesellschaft zum Thema gemacht: Vor allem bei Balázs, Eisenstein, Arnheim und Kracauer, in Ansätzen aber auch bei Münsterberg und Bazin setzt man auf die Hoffnung, dass der Film gerade dann, wenn er seinen eigenen medienspezifischen Maßstäben folgt, eine kulturtherapeutische Wirkung entfaltet und das gesellschaftliche Leben zum Besseren verändern kann.

Ab den 1960er Jahren vollzieht sich nun innerhalb der Filmtheoriegeschichte eine entscheidende Wende: Denn für Metz und Deleuze und ebenso für Bordwell und Sobchack ist jene zentrale Frage der klassischen Filmtheorien von Münsterberg bis Kracauer – ob und wie der Film Kunst sein kann – längst obsolet geworden. Sieht man sich jene zweite Hälfte der Filmtheoriegeschichte an – zumindest insofern sie in diesem Buch berücksichtigt worden ist –, so nimmt Deleuze eher eine Sonderstellung ein, wohingegen Metz, Bordwell und Sobchack bei allen Differenzen doch an vergleichbaren Fragestellungen arbeiten. Wenn es darum geht, überhaupt zu verstehen, was Deleuze sagen will, so macht es dieser Philosoph seinen Leserinnen und Lesern nicht gerade leicht. Denn Deleuze gehört – im Übrigen genauso wie der späte Metz – zu jenen tendenziell eher nebulösen Denkern, die in der Auseinandersetzung mit ihren Themen – metaphorisch gesprochen – nicht auf ein Mikroskop oder ein Teleskop, sondern vielmehr auf ein Kaleidoskop zurückzugreifen scheinen.

Trotz aller Verwirrungen und Unklarheiten, die auch Deleuzes Überlegungen zum Film hervorrufen, lässt sich immerhin so viel sagen, dass der Film für ihn im Wesentlichen eine Präsentation sichtbarer Bewegungen in und von Bildern darstellt, die durch eine Handlungskontinuität zusammengehalten werden können (Bewegungs-Bilder), aber keineswegs müssen (Zeit-Bilder). Was Deleuze in seiner Filmtheorie vorlegt, ist in erster Linie eine Differenzierung und Klassifikation der zahlreichen Bilder, die im Verlauf der Filmgeschichte aufgetreten sind, wobei er sich weniger für die Frage interessiert, wie jene Bilder vom Publikum verstanden und erlebt werden.

Gerade diese Frage der Rezeption ist aber in den anderen Ansätzen der zweiten Hälfte der Filmtheoriegeschichte von erheblicher Relevanz: Wenn Metz erklärt, es sei die wichtigste zentrale Aufgabe der Filmsemiotik, begriflich zu machen, wie Filme Bedeutungen hervorbringen und diese im Anschluss vom Publikum verstanden werden, dann leitet er bereits eine entscheidende Wende von *werk*ästhetischen zu *wirkungs*ästhetischen Fragestellungen ein, die in Bordwells Neoformalismus und Sobchacks Leibphänomenologie auf jeweils unterschiedliche Weise deutlich vorangetrieben wird. Metz selbst bleibt allerdings hinter dem Niveau seiner eigenen Fragestellung zurück: So analysiert er den Film eigentlich nur als eine spezifische Zeichenstruktur bzw. als eine Aufeinanderfolge von Syntagmen. Und wenn er sich in späteren Werken dann doch einmal für die rezipierenden Subjekte interessiert, welche sich um ein Filmverständnis bemühen, dann betrachtet er sie hauptsächlich unter psychoanalytischen Gesichtspunkten, wodurch die genannten Verstehensprozesse – sowohl der Sache nach als auch im Hinblick auf die Begriffsverwendung – vorwiegend im Dunkel verbleiben. Im Vergleich hierzu stellt die Vorgehensweise von Bordwell und Sobchack aufgrund ihrer – trotz aller Gegensätze – doch gemeinsamen Tendenz einen bedeutenden Fortschritt dar: Denn in beiden Fällen beruht die Filmrezeption auf einer Interaktion zwischen Film und Publikum, wobei sich diese Interaktion bei Bordwell rational-entziffernd und bei Sobchack wiederum leiblich-erlebend vollzieht.

Vivian Sobchack, die Filmtheoretikerin, die im letzten Kapitel dieses Buchs vorgestellt wird, siedelt ihr eigenes Denken ausdrücklich in der Tradition der phänomenologischen Bewegung von Edmund Husserl, Martin Heidegger, Jean-Paul Sartre und Maurice Merleau-Ponty an. Sieht man einmal von ihrer eigenen dezidiert phänomenologischen Position ab, dann fällt jedoch auf, dass nicht gerade wenige der Filmtheoretiker, die auf den vorangegangenen Seiten diskutiert worden sind, ebenfalls – zumindest implizit – den Weg der phänomenologischen Beschreibung einschlagen – und zwar vor allem dann, wenn sie die Originalität filmischer *Präsenz* von begrifflicher oder narrativer *Repräsentation* abgrenzen wollen.

Wie sich gezeigt hat, unterscheidet Balázs den phänomenalen Ausdruck im Film von den zeichenhaften Bedeutungen, die in der Sprache, der Literatur und dem Theater vorherrschend sind; und ebenso liegt für Münsterberg der filmische Ausdruck nicht ‚hinter' einem sinnlich manifesten Zeichenkörper, sondern ‚in' der Art und Weise, wie die Dinge selbst erscheinen. Was wir im Film sehen, *bedeutet* darum nicht Freude, sondern alles Gesehene *erscheint* vielmehr im Licht einer solchen Freude: „Ein Mädchen in seiner glücklichen ersten Liebe sieht die ganze Welt in neuem Glanz und in neuer strahlender Schönheit" (Münsterberg 1996 [1915], 111). Die Literatur spricht – wie Münsterberg näher ausführt – jene Gefühle aus, aber das Kino ist sogar imstande, das Mädchen „in dieser neuen jubilierenden Welt [zu] zeigen" (ebd.).

Wenn Balázs außerdem glaubt, der Film entdecke die ‚wahre' Welt der Wahrnehmung hinter dem „Schleier unserer konventionellen und abstrakten Betrachtungsweise" (Balázs 2001 [1924], 59), dann liegt hierin eine offensichtliche Verwandtschaft mit der phänomenologischen Reduktion von Husserl, die alle Begriffszuweisungen, pragmatischen Interessen und wissenschaftlichen Theorien ausblendet, um die Welt zunächst einmal so zu beschreiben, wie sie einem wahrnehmenden Subjekt erscheint. Die Objektivität der Kameratechnik, auf die Bazin so viel Wert legt, erfüllt hier jedenfalls eine ganz ähnliche – eben abstrahierende – Aufgabe wie die phänomenologische Reduktion.

Die Parallele zwischen phänomenologischer und filmischer Wahrnehmung besteht in Balázs' Überlegungen natürlich vor allem darin, dass der Film sich nicht einfach darin erschöpft, Fiktionen zu erschaffen. Was wir ihm verdanken, soll vielmehr sogar eine *Entdeckung* bzw. *Wieder*entdeckung der Ausdrucksdimension oder – wie es zumeist heißt – der *Physiognomie* der Welt als einer „notwendige[n] Kategorie unserer Wahrnehmung" (ebd., 70) sein. So ist nach Balázs nur der Film dazu in der Lage, ein Loch in das Gespinst der Abstraktionen zu reißen, mit denen die begriffliche Sprache und die ‚Entzauberungen' einer nützlichkeitsorientierten Kultur die sinnliche Welt umhüllen. Allein dem Film gelingt es, diesseits dieser Verzerrungen die „latente Physiognomie der Dinge [...] herauszustreichen, zu betonen und für alle deutlich zu machen" (ebd., 59).

Während die Grundgedanken der Filmkonzeption bei Münsterberg und Balázs eine deutliche Nähe zur Phänomenologie aufweisen – auch wenn dieser Begriff dort nirgends fällt –, charakterisiert Bazin, der die Phänomenologie wohl vor allem aus den Schriften Sartres kennt, sein eigenes Nachdenken über den Film sogar explizit als einen „‚phänomenologischen' Realismus" (Bazin 2004 [1957], 384 – Hervorh. J. B.). Nach seinem Filmverständnis ist es auch nur konsequent, wenn er darüber hinaus erklärt, dass sogar der Film selbst – ganz ähnlich wie bei Balázs – zur Phänomenologie wird, sobald er sich auf jene Möglichkeiten besinnt, die ihm allein und keiner anderen Kunst offenstehen. Für Bazin gehören beispielsweise auch die Werke des italienischen Neorealismus zur „Phänomenologie" (Bazin 2004a [1953], 357), weil sie die realen Dinge, die die Kamera aufnimmt, nicht auf ihre pragmatischen Funktionen, ihre zeichenhaften oder narrativen Bedeutungen reduzieren, sondern vielmehr deren besondere Erscheinungsweise in den Mittelpunkt der filmischen Darstellung rücken. Hierbei handelt es sich um einen bemerkenswerten Gedanken, der im Fall des italienischen Neorealismus sogar ausgesprochen einleuchtend ist, zugleich aber auch die endlose Diskussion über die Grenzen zwischen Theorie und Kunst provoziert.

Wodurch sich die neorealistischen Filme auszeichnen, ist jedenfalls das „‚Tatsachen-Bild'" (Bazin 2004b [1948], 321); und von einem solchen Tatsachen-Bild spricht Bazin genau dann, wenn dasjenige, was auf der Leinwand oder dem Monitor erscheint, nicht einfach nur auf den weiteren Verlauf der Handlung verweist, sondern vielmehr in seiner „phänomenologischen Integrität" (Bazin 2004c [1949], 340) berücksichtigt werden soll. Wie bei Balázs und Münsterberg dient der Film also auch bei Bazin dazu, alltägliche Dinge und Situationen in der bunten Vielfalt ihrer Phänomenalität zu enthüllen – und genau das heißt dann ‚phänomenologisch'. Ob ein Denker wie Husserl, der auf der Suche nach einer Philosophie als strenger Wissenschaft ist, sich mit diesem ‚großzügigen' Phänomenologieverständnis hätte anfreunden können, ist natürlich eine ganz andere Frage.

Kracauer ist häufig der Vorwurf gemacht worden, er würde einen naiven Realismus vertreten, und zweifellos ist bei ihm das ästhetische Grundprinzip des Films die Wiedergabe unverstellter Realität. Trotzdem trifft Kracauer diese Kritik nicht: Denn insofern er – wie sich herausgestellt hat – die Formgebung und damit die *Subjektrelativität* der filmischen Wahrnehmung für unvermeidlich hält, kann es sich hierbei nicht um die Wiedergabe unverstellter Realität *an sich*, sondern nur um die Wiedergabe unverstellter Realität *für mich* handeln. Also geht es hier – ganz genauso wie in Bazins phänomenologischem Realismus – zwar um die Realität, aber um die Realität, wie sie *aus der Perspektive einer bestimmten Subjektivität* wahrgenommen und erlebt wird. Aus diesem Grund steht auch Kracauers Position eher der Phänomenologie als einem naiven Realismus nahe, nach dem die Dinge sich schlichtweg ohne jegliche Formung im Bewusstsein eines passiven Subjekts abbilden würden.

12.1 Von der Werkästhetik zur Wirkungsästhetik

Im Widerspruch zu diesem unzulänglichen Realismusbegriff ist sich Kracauer also voll und ganz bewusst, dass die Realität immer *relativ* zu einem wahrgenommenen Subjekt erscheint. Umgekehrt folgt daraus für ihn aber gerade nicht – darauf kommt es maßgeblich an –, dass die Realität sich wie ein Konstrukt oder wie ein Objekt in der Malerei auf die Formgebung des erkennenden oder filmschaffenden Subjekts *reduziert*. Zutreffender wäre die Formgebung daher als ein Licht zu verstehen, das von dem überrascht werden kann, was es beleuchtet (vgl. Kracauer 1993 [1960], 31). Genau wie bei Balázs führt insgesamt auch bei Kracauer die Ausblendung begrifflicher oder pragmatischer Zurichtungen schließlich dazu, dass die Natur im Film gegebenenfalls sogar reichhaltiger und vollständiger sein kann als die üblicherweise wahrgenommene Natur unseres Alltags: Filme können, wie es heißt, „eine umfassendere Wirklichkeit beschwören als jene, die sie faktisch abbilden" (ebd., 109).

Was phänomenologisch inspirierte Argumentationen und Bildbeschreibungen betrifft, so finden sich ferner ausgerechnet bei Metz, von dem man als dem Hauptvertreter der Zeichentheorie eigentlich eine Gegenposition zur Filmphänomenologie erwarten würde, ganz überraschende Parallelen zu Münsterberg, Balázs, Bazin oder Kracauer. Es ist wahrscheinlich, dass Metz hierbei direkt durch die Lektüre von Balázs beeinflusst ist. Jedenfalls entspricht seine Unterscheidung zwischen Signifikation und Expression, welche er in dem Aufsatz „Das Kino: ‚Langue' oder ‚Langage'?" (1964; Metz 1972 [1968], 51–129) entwickelt, ganz und gar der Gegenüberstellung von sprachlichem und leiblich-mimischem Ausdruck, die sich bereits vierzig Jahre zuvor in *Der sichtbare Mensch* findet. Metz macht mit der *Expression* wie Balázs mit dem *leiblich-mimischen Ausdruck* eine Variante der Sinnerfahrung geltend, die sich einerseits von derjenigen der Sprache gravierend unterscheiden, andererseits gerade beim Film bzw. bei der Filmwahrnehmung eine entscheidende Rolle spielen soll.

Von einem sprachlichen Code der Filmwahrnehmung kann nach Metz schon deswegen nicht die Rede sein, weil auch die gewöhnliche Wahrnehmung keinerlei Codierung einschließt: Sehen wir etwa im Film eine schnurrende Katze oder ein fröhliches Gesicht, dann verstehen wir das Gesehene auf eine ganz andere Weise als die Bedeutungen von Wörtern und Sätzen. Das Verstehen innerhalb einer Filmwahrnehmung beruht nämlich nicht – hier würde Metz z. B. Nelson Goodman widersprechen – auf einer *Konvention*, sondern vielmehr auf einer *Ähnlichkeit* bzw. einer visuell-auditiven Analogie zwischen dem Filmbildobjekt und dem von der Kamera aufgenommenen Objekt in der außerfilmischen Welt.

Das Gesicht im Film ist weder ein Zeichen des realen Gesichts eines Schauspielers noch ein Zeichen der Fröhlichkeit, die es zum Ausdruck bringt. Im Fall des fröhlichen Gesichts oder einer unheimlichen Schlossruine – seien diese Qualitäten nun von der Kamera reproduziert oder produziert – ist das sinnlich Gegebene mit dem jeweiligen Sinngehalt der Fröhlichkeit oder Unheimlichkeit so innig verschmolzen, dass die strukturalistische Unterscheidung zwischen Signifikant und Signifikat letztendlich in die Irre führen muss: Der Signifikant ‚Schlossruine' bedeutet das Signifikat Schlossruine, aber das wahrgenommene Gemäuer verhält sich zur Unheimlichkeit gerade nicht wie ein Zeichenkörper – also ein Signifikant – zu einer geistigen Vorstellung – eben einem Signifikat. Es gibt hier keine geistige Tiefe eines Signifikats hinter der sinnlichen Oberfläche eines Signifikanten.

Daher insistiert Metz, dass der *expressive Sinn der Phänomene* unbedingt trennscharf von den *konventionellen Bedeutungen der Sprache* zu unterscheiden ist: „Ein Begriff bedeutet sich, ein Ding drückt sich aus" (Metz 1972 [1968], 112). Insofern der expressive Sinngehalt also zum sinnlich Gegebenen gehört wie irgendeine Wahrnehmungsqualität zu einem Wahrnehmungsobjekt – z. B. die Farbe eines Balls zum Ball selbst –, ist der Film kein *Zeichen mit einer Bedeutung*, sondern ein *Wahrgenommenes mit einem Ausdruck*. Damit stößt die strukturalistische Semiotik an ihre Grenzen, und Metz kommt zu der Einsicht, stattdessen auf eine „Phänomenologie des Sinns" (ebd., 115) zu setzen. Eine Einsicht, die allerdings nur von kurzer Dauer ist, denn bereits wenig später gibt er die Unterscheidung zwischen Expression und Signifikation in dem Aufsatz „Probleme der Denotation" (1966; Metz 1972a [1968], 151–198) wieder auf, weil er seine Auffassung inzwischen grundlegend geändert hat und nun davon ausgeht, dass die Wahrnehmung selbst sprachlichen Konventionen unterworfen und sogar mehrfach codiert ist. Von jetzt an gehört im Denken von Metz jeder mögliche Sinngehalt zur Signifikation, und folglich verliert die Phänomenologie innerhalb der Filmsemiotik endgültig ihre Aufenthaltsgenehmigung.

12.2 Perspektiven der Wirkungsästhetik als Phänomenologie des Films

Wie sich zeigen lässt, leisten also Münsterberg, Balázs, Bazin, Kracauer und Metz einen jeweils mehr oder weniger großen Beitrag zu einer Phänomenologie der Filmwahrnehmung, wenn sie das filmische Geschehen so beschreiben, wie es von einem rezipierenden Subjekt erlebt wird. Wenn man beachtet, in welchem Ausmaß dieses Erleben von der leiblichen Verfassung dieses Subjekts abhängig ist, dann ist es von hier aus nur noch ein kleiner Schritt zu einer leibphänomenologischen Wirkungsästhetik des Films, wie sie von Sobchack vorgelegt wird. Es soll an dieser Stelle allerdings nicht verschwiegen werden, dass von prominenter Seite gewichtige Bedenken vorgebracht werden, die eindeutig gegen die Körperlichkeit der Filmwahrnehmung sprechen. So führen erstens nach Arnheim die Grenzen des Bildrahmens dazu, dass der Filmzuschauer keine körperliche Position innerhalb der Filmwelt einnehmen kann. Es findet hier also eine Entkörperlichung statt, die allerdings paradoxerweise körperliche Folgen – wie etwa Schwindelgefühle bei hektischen Kamerafahrten – mit sich bringen kann (vgl. Arnheim 2002 [1932], 31 f., 42).

Wie zweitens Deleuze – im Kielwasser der Metaphysik Bergsons segelnd – feststellt, folgen wir als Filmzuschauende einer Wahrnehmung, die kein Zentrum kennt, weil sie fortwährend in Bewegung ist. Äußerst eilfertig und wenig überzeugend wird aus dem ständigen *Wechsel* der Kameraperspektive sogleich auf das *Fehlen* eines körperlichen Standorts geschlossen (vgl. Deleuze 1997 [1983], 84 f.). Wäre meine eigene Wahrnehmung also ebenfalls leiblos, weil ich meine

Wahrnehmungsperspektive wechseln kann – oder ist meine Leiblichkeit nicht umgekehrt gerade eine notwendige Bedingung dafür? Die Kritik, die Deleuze gegen eine Phänomenologie der Filmwahrnehmung vorbringt, ist jedenfalls kaum einleuchtend.

Ganz anders verhält es sich nun mit dem Einwand, den Noël Carroll, der dritte im Bunde der Verfechter einer ‚körperlosen' Filmwahrnehmung, formuliert. Für Carroll ist ein Film wiederum ein „entkörperlichter Anblick" (Carroll 2010 [1995], 159), weil ich als Zuschauer niemals feststellen kann, in welchem räumlichen Verhältnis die filmischen Objekte zu meinem eigenen Körper stehen: Der Raum des Films ist, wie es heißt, „phänomenologisch von dem Raum abgetrennt, in dem ich lebe" (ebd.). Es lässt sich – im Hinblick auf Carrolls zutreffende Beobachtung – nicht von der Hand weisen, dass die Filmrezeption eine solche Entkörperlichung einschließt: Mein Körper kommt schlichtweg nicht in der Welt des Films vor; die Ereignisse, die ich auf der Leinwand oder dem Bildschirm verfolge, sind nicht rechts oder links von mir, sie sind nicht 10 oder 300 m von mir entfernt. Kein Stein, der in der filmischen Welt geworfen wird, kann meinen Kopf treffen, und niemals werde ich, wenn ich mir zum wiederholten Male Alfred Hitchcocks *Psycho* (USA, 1960) ansehe, Marion Crane davon abhalten können, in dem abseits gelegenen Motel von Norman Bates ein Zimmer zu buchen. Wie mit Carroll und Lambert Wiesing völlig zu Recht hervorzuheben ist, bleibt mein lebensweltlicher Raum der realen Präsenzen für immer von dem filmischen Raum der artifiziellen Präsenzen getrennt.

Wenn Arnheim allerdings jene Schwindelgefühle anspricht, die ich als Zuschauer erleide, ‚als ob' ich wirklich in dem dahinrasenden Auto wäre oder in den steilen Abgrund hinabblicken würde, dann sprechen diese Hinweise dafür, dass mithilfe der Kameraperspektive meine *reale Entkörperlichung* im Verhältnis zur Filmwelt gewissermaßen in eine *artifizielle Wiederverkörperung* überführt wird. Ich nehme durch das, was die Kamera mir zeigt, einen artifiziellen körperlichen Standort in einer artifiziellen Welt ein. Selbst wenn die artifizielle Präsenz also eine *reale* Partizipation unmöglich macht, so schließt sie doch keineswegs eine *artifizielle* Partizipation aus. Einerseits leihe ich – wie Christiane Voss in ihrer Monografie *Der Leihkörper* (Voss 2013) bemerkt hat – dem Film meinen Körper, andererseits leiht mir aber auch der Film seinerseits einen Körper, denn die Kamera gibt meiner Wahrnehmung eine Perspektive, sie nimmt mich mit ihren Bewegungen mit und ermöglicht mir einen – real unmöglichen – Standort innerhalb einer filmischen Welt. Wie bereits Balázs über ein solches Mitgerissen-werden schreibt: „Ich gehe in der Menge mit, ich fliege, ich tauche, ich reite mit" (Balázs 2001a [1930], 15).

Wenn man auf der Grundlage dieser Überlegungen noch einmal einen Blick auf die Konzeption von Vivian Sobchack wirft, so ist – abgesehen von den bereits aufgedeckten Schwächen dieses Ansatzes – festzustellen, dass hier längst nicht all jene Fragen gestellt werden, die von einer leibphänomenologischen Filmtheorie eigentlich zu erwarten sind. Im Folgenden soll daher abschließend eine Perspektive für eine leibphänomenologische Wirkungsästhetik des Films entwickelt werden, die die Probleme von Sobchacks Position vermeidet und neuere

Erkenntnisse der bildtheoretischen Forschungen mitberücksichtigt. Obwohl Sobchack immer wieder versichert, die existenzielle Dimension der Filmrezeption aufdecken zu wollen, so lässt sich doch bezweifeln, ob sie in ihren phänomenologischen Beschreibungen tatsächlich alle wesentlichen Facetten jener komplexen Rolle zu ihrem Recht kommen lässt, die der ‚gelebte Leib' des Filmzuschauers spielt. Immer wieder bestätigt sich, dass Sobchack sich ohnehin weniger für die Gedanken und Gefühle interessiert, die die filmische *Narration* auslöst. Vielmehr bietet sich die phänomenologische Vorgehensweise für Sobchacks Fragestellung schon deswegen an, weil sie Filme in erster Linie als *Wahrnehmungserlebnisse* versteht, die Zuschauerinnen mit Leib und Seele in Anspruch nehmen. In ihren konkreten Beispielen konzentriert sie sich dabei hauptsächlich auf das *taktile Miterleben*, mit dem in der Rezeption die Wahrnehmungen der Filmfiguren oder des Films selbst verfolgt werden.

Es ist vor allem die Haptik, für die Sobchack sich interessiert, wohingegen die Affekte und die Motorik überraschenderweise ausgespart bleiben (vgl. auch Liebsch 2013, 143). So gelingt es ihr mehr oder weniger überzeugend zu zeigen, inwiefern nicht nur Auge, Ohr und Verstand, sondern z. B. auch die Finger oder die Haut als empfindsame Körperoberfläche an der Filmwahrnehmung beteiligt sind. Um die undeutlich wahrgenommenen Finger zu erkennen, leisten mir meine eigenen Finger wertvolle Hilfe, und ich spüre auf meiner eigenen Haut die Zärtlichkeiten, die die Personen auf der Leinwand untereinander austauschen.

Weitaus weniger richtet Sobchack ihr Augenmerk allerdings auf die Tatsache, dass die Welt des Films gerade auch deswegen ‚existenziell' zu nennen ist, weil sie sich dem Publikum als eine große Skizze möglicher Handlungen und Widerfahrnisse präsentiert. Der Leib der Zuschauenden selbst liegt außerhalb der Reichweite all dieser möglichen Handlungen und Widerfahrnisse, aber das ändert nichts daran, dass sie gesehen und gehört werden können und der filmischen Welt Gewicht verleihen. Der Gesichtspunkt des Films, dem das Publikum folgt, ist nicht allein das von Sobchack untersuchte *sinnliche Bezugszentrum*, auf das alle sichtbaren Dinge verweisen, ohne dass es selbst jemals sichtbar würde. Zugleich ist dieser Gesichtspunkt nämlich auch ein *Handlungs*zentrum, für das alle sichtbaren Objekte sich im Licht eines Handlungsinteresses präsentieren.

Besonders deutlich wird dies natürlich in Situationen, in denen es um Leben und Tod geht: In *Schatten der Wahrheit* (*What Lies Beneath*, USA 2000, R.: R. Zemeckis) liegt Claire in einer sich langsam mit Wasser füllenden Badewanne und kann sich kaum bewegen, weil sie unter Drogen gesetzt wurde. Nun sehen wir, wie sie ganz kraftlos versucht, mit den Zehen an der Kette vom Ablaufstöpsel zu ziehen. Der Stöpsel – völlig zu Recht dargeboten in einer Einstellung, die Deleuze wohl als Affekt-Bild bezeichnen würde – ist hier wirklich ein äußerst praktisches und wahrhaft existenzielles Objekt, von dem das Überleben der Heldin abhängt. Ebenso erhalten auch andere harmlose Alltagsgegenstände in Filmen häufig ein unerwartet bedeutsames Handlungspotenzial und werden – wie ein Föhn in *Goldfinger* (GB 1964, R.: G. Hamilton) und in *Die nackte Kanone 2½* (USA 1991, R.: D. Zucker) oder ein Kleiderbügel in *Halloween* (USA 1978, R.: J. Carpenter) – zu einer Waffe, die der Hauptfigur das Leben rettet. Endlos ist im Übrigen die Reihe an Beispielen für jene Filmsituation, in der eine auf dem Rücken liegende Person, der ein Mörder gerade den Hals zudrückt, mit den Händen panisch und schon halb besinnungslos nach irgendetwas auf dem Boden sucht, das sich als Waffe verwenden ließe. Diese verzweifelten Tastbewegungen werden begleitet von den teilnehmenden Blicken der Zuschauer, die dieser Frau oder diesem Mann zurufen möchten, dass z. B. etwas weiter nach links in Reichweite der Hände wenigstens ein Schuh liegt.

Was Sartre also über das Objekt der gewöhnlichen Wahrnehmung schreibt, gilt prinzipiell auch für dasjenige der Filmwahrnehmung: Es „ist verheißungsvoll und verführerisch; und jede der Eigenschaften, die es mir zu enthüllen verheißt, jede stillschweigend zugestandene Preisgabe, jeder Bedeutungsverweis auf andere Objekte engagiert die Zukunft" (Sartre 1994 [1943], 570). Während ein Gemälde oder eine Fotografie statisch bleibt und bestenfalls für immer und ewig ankündigt, was in der nächsten Sekunde passieren wird – aber niemals passieren kann –, stellen Filme mit ihren Bewegungs-Bildern ein dynamisches Geschehen dar, in dem bis zur letzten Einstellung das Zukünftige zur anschaulichen Gegenwart werden kann. Die Entwicklungen der filmischen Welt laufen dann nach ihren eigenen Gesetzmäßigkeiten ab, die mehr oder weniger auch von denen der realen Welt abweichen können. So geschieht z. B. in Clint Eastwoods *Mystic River* (USA, 2003) den Personen immer dann kurz darauf etwas Schreckliches, wenn sie – von wem auch immer und in welcher Situation auch immer – dazu aufgefordert werden, in ein Auto zu steigen.

Existentiell und dennoch *irreal* ist die Welt des Films für die Zuschauenden, weil sie ihnen einen Reichtum an Handlungsmöglichkeiten und potenziellen Gefahren darbietet, die völlig außerhalb ihrer eigenen realen Welt liegen. Letztlich bleibt die filmische Welt doch nur Licht, Schatten und Schall, denn ich kann sie sehen und hören, aber nur vage ahnen, welche Annehmlichkeiten und Unannehmlichkeiten jene Personen erleben, die in dieser fiktiven Welt zu Hause sind. Um diesen Sachverhalt genauer zu klären, ist es hilfreich, noch einmal an die Unterscheidung zwischen dem *aktuellen* und dem *habituellen* Leib zu erinnern (s. Abschn. 11.9): Während mein aktueller Leib einen Film sieht und hört, steht ihm mein habitueller Leib mit seinen verschiedenen Vermögen, Bedürfnissen und Verletzlichkeiten zur Seite. Insofern ich also, wie Voss sagen würde, dem Film für die Dauer der Rezeption meinen Körper leihe (vgl. Voss 2013), zucke ich immerhin zusammen oder drücke meine Füße krampfhaft gegen den Boden, wenn der rückwärts laufende Tramp Charlie in *Moderne Zeiten* (USA 1936, R.: Ch. Chaplin) sich ahnungslos dem Schacht nähert, der sich abwechselnd öffnet und wieder schließt.

Insofern eine solche Tiefe schlichtweg halsbrecherisch und lebensbedrohlich ist, wird der tiefe Schacht selbst für mich als Zuschauer, der gemütlich auf der Couch sitzt, zum Objekt einer pathischen Wahrnehmung. Dies ist natürlich deswegen so, weil ein Sturz in diese Tiefe in der Realität auch für meinen eigenen Körper gefährlich wäre. Würde hingegen ausschließlich mein *aktueller* Leib den Film sehen, dann hätte etwa ein Stein im Film eine bestimmte Form, Farbe, Distanz und – hierauf würde Balázs wohl bestehen – zusätzlich eine Ausdrucksdimension,

d. h. er würde z. B. schroff oder auch anheimelnd aussehen. Da jedoch mein habitueller Leib *mit sieht,* erscheint der Stein in *praktischer* Hinsicht für mich als ein hilfreiches Wurfgeschoss, in *pathischer* Hinsicht als ein Ding, dessen Härte und Schwere mir Schmerzen und Verletzungen zufügen könnten.

Obwohl die Dinge im Film also nicht real widerfahren und ebenso wenig Objekte eines realen Handelns sein können, erscheinen sie den Zuschauenden trotz ihres entrückten fiktionalen Status als nützlich, hilfreich, hinderlich, angenehm, unangenehm, lecker, eklig, schmerzhaft, behaglich, halsbrecherisch und lebensgefährlich. Weil mein *aktueller* Leib – wie Carroll natürlich zu Recht bemerkt – sich jenseits der filmischen Welt befindet, ist das Brennende und Schmerzzufügende streng genommen jetzt und hier nicht brennend und schmerzzufügend *für mich;* weil mein *habitueller* Leib jedoch meine Filmwahrnehmung begleitet, erfahre ich es immerhin als brennend und schmerzzufügend *an sich* (zum pathischen Charakter der Wahrnehmung vgl. Bonnemann 2016).

Gerade im Vergleich mit dem Ganzkörperkino, dem Anfangsbeispiel des letzten Kapitels, lassen sich nun noch einmal umso schärfer die Konturen der audiovisuellen leiblichen Kinowahrnehmung ziehen. Denn das Ganzkörperkino strebt danach, nicht nur das Sehen und Hören, sondern auch das Spüren und Riechen zu einer *aktuellen* Erfahrung in der Filmrezeption werden zu lassen. In einem solchen Fall ist es dann so, als würde die filmische Welt – wenn auch eher indirekt durch technische Vorrichtungen – tatsächlich über mich hereinbrechen. Wenn mir in der Filmrezeption also tatsächlich Angenehmes oder Unangenehmes widerfahren kann, dann scheint der Film gewissermaßen auf meine Welt überzugreifen und in dem Maße seinen fiktionalen Charakter einzubüßen.

In der gewöhnlichen audiovisuellen Filmwahrnehmung besteht hingegen die Fiktionalität des Films darin, dass ich jene praktische und pathische Dimension der filmischen Welt zwar *sehen,* aber ebenso wenig *spüren* und *erleiden* kann wie ich imstande bin, mich aktiv in das Geschehen einzumischen. Der interaktive Film ist kein Gegenargument, denn hier habe ich als Zuschauer an verschiedenen Stellen des Films nur die Wahl zwischen mehreren Alternativen, die natürlich längst fertig abgedreht sind, bevor ich den Filme sehe (vgl. hierzu Rauscher 2019).

Insofern ich die praktische und pathische Dimension nicht spüren und erleiden, aber immerhin *mitsehen* kann, ist die filmische Welt existenziell bedeutsam und fesselnd. Würde der Film wiederum keinerlei Handlungs- und Widerfahrnismöglichkeiten bieten, könnte er mich zwar wie abstrakte Filme durch sein Spiel der Formen, Farben und Lichtverhältnisse faszinieren, aber in einer solchen Rezeption würde der Leib der Zuschauer wohl eine vergleichsweise geringe Rolle spielen. Nach Sobchack wären solche Vorführungen deswegen wohl auch weniger fesselnd. In den gewöhnlichen Spielfilmen, an die Sobchack vor allem denkt, sehe und höre ich zwar nur, aber ich sehe und höre immerhin doch Gefährliches, Verlockendes, Leckeres, Ekelhaftes, Angenehmes und Unangenehmes.

Den Widerhall all dieser angenehmen oder unangenehmen Möglichkeiten, die sich gewissermaßen fortwährend ankündigen, ohne jemals wirklich zustoßen zu können, spüre ich dann in meinem habituellen Leib: Die Verletzungen eines Menschen auf der Leinwand laufen mir eiskalt den Rücken herunter, mir wird

12.2 Perspektiven der Wirkungsästhetik als Phänomenologie des Films

schwindelig bei waghalsigen Kletterpartien über einem Abgrund, mir läuft das Wasser im Mund zusammen bei einem Vier-Gänge-Menü – und natürlich gibt es noch all jene körperlichen Reaktionen, die Linda Williams' Body-Genres hervorrufen.

Wenn das Ganzkörperkino nun darauf abzielt, dass Berührbares nicht *nur gesehen*, sondern tatsächlich *auch berührend* wird, zeichnet es sich eigentlich durch die Tendenz aus, die Grenzen zwischen Wahrnehmung und Filmwahrnehmung, zwischen Realität und Fiktion weitestgehend zum Verschwimmen zu bringen. Das Berührbare wird genau dann zu einer realen Qualität, wenn es *aktuell* gesehen *und* gespürt und nicht nur aktuell gesehen und *habituell gespürt* wird. In diesem Fall nehme ich dann eigentlich keinen fiktiven Film mehr wahr, sondern ich befinde mich innerhalb der immersiven Welt – z. B. einer VR-Brille –, in der die ästhetische Erfahrung zur Illusion wird.

Der Unterschied zwischen der gewöhnlichen *phänomenalen* und der *immersiven virtuellen* Realität besteht darin, dass in Letzterer nicht das Ding, das ich auch sehen kann, die Ursache für bestimmte Tasterfahrungen meines Leibes ist. Vielmehr ist es hier die Digitaltechnik, die – ganz ähnlich wie Gott in der philosophischen Lehre des Okkasionalismus von Nicolas Malebranche – einerseits bestimmte visuelle Erfahrungen und andererseits dazu passende Tasterfahrungen kausal hervorbringt. Das gemeinsame Auftreten von Sehen und Tasten ist in der virtuellen Realität also ein *computertechnologisches,* bei Malebranche wiederum ein *göttliches* Arrangement. ‚Passend' ist das Verhältnis zwischen Sehen und Tasten einmal nach ‚Gottes weisem Ratschluss', das andere Mal orientiert sich dieses Verhältnis – meistens, aber keineswegs zwingend – an der gewöhnlichen Wahrnehmung, um einen maximalen Realitätseffekt zu erzielen.

Während das Ganzkörperkino im Grunde die Kinoerfahrung den gewöhnlichen Erfahrungen im realen Leben annähern will, fällt der Bildtheoretiker und Phänomenologe Lambert Wiesing ins entgegengesetzte Extrem, indem er die Bildobjekte im Allgemeinen – und folglich die *Film*bildobjekte im Besonderen – als reine Sichtbarkeitsgebilde bezeichnet:

> „Das Bildobjekt, so heißt es hier, ‚ist ausschließlich sichtbar. Die spezifische ontologische Eigenschaft eines Bildobjekts ist, auf eine einzige sinnliche Eigenschaft reduziert zu sein. Der Käse auf einem Foto läßt sich nicht berühren oder riechen; er kann ausschließlich gesehen werden'" (Wiesing 2009, 202).

Wie Wiesing hinzufügt, fallen solche Objekte, die ausschließlich sichtbar sind, aus der realen Welt heraus, und deswegen ist für die Dauer der Bildwahrnehmung auch das gewöhnliche Weltverhältnis des Wahrnehmenden unterbrochen. Aus diesem Grund ist die Bildwahrnehmung eine „Partizipationspause", denn dem Bildbetrachter oder dem Filmzuschauer „widerfährt" nicht das, „was ihm seine Wahrnehmung ansonsten zumutet: die leibliche Teilnahme am wahrgenommenen Geschehen" (ebd., 199).

Nimmt man Wiesings Rede von der „Nursichtbarkeit des Bildobjekts" (ebd., 224) jedenfalls beim Wort, dann kann ich auch nur rein Sichtbares sehen und rein

Hörbares hören, aber keineswegs Berührbares sehen und hören. Die visuelle Filmwahrnehmung wäre keineswegs in den Horizont der anderen Sinne eingebettet, und Qualitäten wie Hartes oder Weiches, Nachgiebiges oder Starres, Nasses oder Trockenes, Appetitliches oder Ekelhaftes, Heißes oder Kaltes, Schweres oder Leichtes könnten in einem Film überhaupt gar nicht auftauchen. Abgesehen von ihrer Dramaturgie wäre die Welt des Films dann eine sterile Welt ohne sinnliche Versprechungen oder Bedrohungen – eben ohne leibliche Partizipation des Publikums. Wenn dies zutrifft, dann handelt es sich jedenfalls bei der filmischen Einstellung lediglich um eine neutrale diskret-unverbindliche Oberfläche, die allenfalls mit ästhetischen, aber keineswegs mit existenziellen Reizen aufwarten kann.

Natürlich lässt sich der Käse, von dem Wiesing spricht, in einem Film weder riechen noch berühren. Aber die Filmwahrnehmung ist doch insoweit synoptisch und synästhetisch als ich trotzdem dem Käse ansehe, wie er sich anfühlt und wie er riecht. Natürlich flüchtet niemand, wenn im Kino ein Tiger auf ihn zu gerannt kommt. Dennoch ist das Gesehene spannend, wir zucken zusammen, halten uns die Augen zu, uns läuft ein Schauer über den Rücken, und wir drücken die Füße, so fest es nur geht, auf den Boden usw. Selbst wenn die Filmerfahrungen auch nicht illudierend und immersiv sind, partizipiere ich doch leiblich und die nur gesehenen Verletzungen gehen mir spürbar durch Mark und Bein. Kurz, trotz ihrer Fiktionalität behalten Filme eine existenzielle Dimension. Die Behauptung, dass es in der Filmerfahrung keinerlei leibliche Teilnahme gibt, geht jedenfalls zu weit. Ganz im Gegenteil sprechen die genannten körperlichen Reaktionen sogar dafür, dass eine Partizipationspause von der realen Welt umso besser möglich ist, je mehr mich das filmische Geschehen fesselt und leiblich partizipieren lässt. Artifizielle Partizipation am Filmgeschehen und Partizipationspause von der realen Welt erweisen sich als zwei Seiten derselben Münze.

Während das Ganzkörperkino mir keinerlei Partizipationspause mehr gönnen will und damit die Grenze zwischen Realität und Fiktion einebnet, spricht Wiesing der Bildwahrnehmung umgekehrt jegliche leibliche Partizipation ab, wodurch die Situationen im Film zu blutleeren und leichenblassen reinen Sichtbarkeitsgebilden verkümmern. Im Unterschied zum Ganzkörperkino *sehe* ich in der eigentlichen Kinoerfahrung Berührbares nur; gegenüber Wiesing ist umgekehrt daran zu erinnern, dass ich eben *auch Berührbares* und nicht nur reine Sichtbarkeitsgebilde sehe. Was ich sehe, sind potenziell pathische Qualitäten, deren Geschmack ich auf meiner Zunge und deren Berührungen ich auf meiner Haut spüren kann. Wenn es hingegen stimmen würde, was Wiesing über Bildwahrnehmungen sagt, dann müssten auch die Filmbilder so irreal, schemenhaft und gewichtslos sein, dass fesselnde Kinoerlebnisse eigentlich unverständlich wären. Im Gegensatz dazu verschwindet wiederum der Film im Ganzkörperkino völlig hinter einem tatsächlich erlebten synästhetischen Spektakel.

Vivian Sobchack ist – ohne es zu wissen – eigentlich eine Filmtheoretikerin des Ganzkörperkinos, denn ihrer Auffassung nach *berühren* wir in der Filmrezeption *Berührbares,* während wir Wiesing zufolge ausschließlich *Sichtbares sehen* können. Gegenüber beiden Alternativen ist jedoch festzuhalten: Es gibt zwar Berührbares in der Filmrezeption, aber – anders als Sobchack meint – wird es nur gesehen und nicht berührt; ich kann in der Filmrezeption zwar nur sehen und hören, aber – anders als Wiesing meint – sehe und höre ich eben auch Berührbares. Obwohl wir also nicht *Berührbares berühren* können, beschränkt sich die Filmwahrnehmung nicht darauf, einfach nur *Sichtbares* zu *sehen,* weil wir eben – auf der Grundlage unseres habituellen Leibes – imstande sind, auch *Berührbares* zu *sehen.*

Wir sehen auf der Leinwand, was uns verletzen kann, und deswegen ist die Filmrezeption einerseits ‚realer' als Wiesing denkt, andererseits ‚irrealer' als Sobchacks Erfahrungen, welche eher auf das Ganzkörperkinoerlebnis als auf das gewöhnliche visuell-auditive Kinoerlebnis zutreffen. Während die Filmobjekte bei Wiesing irreal sind, weil sie nur sichtbar sind, spricht doch einiges dafür, ihre Irrealität vielmehr darin zu sehen, dass sie zwar gespürt werden, aber – anders als Sobchack denkt – eben nicht aktuell, sondern nur *habituell.* Auf diese Weise würde sich eine Filmphänomenologie des habituellen Leibes gerade von einer illusionistischen Ästhetik unterscheiden. Während es nach Sobchack keineswegs metaphorisch gemeint ist, wenn wir davon sprechen, einen Film zu fühlen, wäre es doch zutreffender zu sagen, dass dieses Fühlen eher eine leibliche *Phantasie* als eine leibliche *Wahrnehmung* darstellt. Zwischen der Reizüberflutung des Ganzkörperkinos und der Teilnahmslosigkeit der Partizipationspause liegen also die leiblichen Fantasien, d. h. jene des habituellen Leibes. In den kreativen Möglichkeiten, nicht nur die *intellektuelle* und *emotionale,* sondern auch die *artifiziell-leibliche* Partizipation zu gestalten, liegt die Zukunft des Films – wobei die Erfahrung lehrt, dass die jeweiligen Extremformen schnell dazu tendieren, langweilig zu werden.

Literatur

Arnheim, Rudolf (2002), *Film als Kunst* (1932), Frankfurt am Main.
Balázs, Béla (2001), *Der sichtbare Mensch oder die Kultur des Films* (1924), Frankfurt am Main.
Balázs, Béla (2001a), *Der Geist des Films* (1930), Frankfurt am Main.
Bazin, André (2004), „*Le Notti di Cabiria* (Die Nächte der Cabiria) oder die Reise ans Ende des Neorealismus" (1957), in: ders., *Was ist Film?*, Berlin, 380–390.
Bazin, André (2004a), „Vittoria de Sica, Regisseur" (1953), in: ders., *Was ist Film?*, Berlin, 353–374.
Bazin, André (2004b), „Der filmische Realismus und die italienische Schule nach der Befreiung" (1948), in: ders., *Was ist Film?*, Berlin, 295–326.
Bazin, André (2004c), „*Ladri di Biciclette* (Fahrraddiebe)" (1949), in: ders., *Was ist Film?*, Berlin, 335–352.
Benjamin, Walter (1991), „Das Kunstwerk im Zeitalter seiner technischen Reproduzierbarkeit. Dritte Fassung" (1936), in: ders., *Abhandlungen. Gesammelte Schriften Bd. I. 2* (1974), Frankfurt am Main, 471–508.
Bonnemann, Jens (2016), *Das leibliche Widerfahrnis der Wahrnehmung. Eine Phänomenologie des Leib-Welt-Verhältnisses*, Münster.
Carroll, Noël (2010), „Auf dem Weg zu einer Ontologie des bewegten Bildes" (1995), in: Dimitri Liebsch (Hg.), *Philosophie des Films. Grundlagentexte* (2005), Paderborn, 155–175.
Deleuze, Gilles (1997), *Das Bewegungs-Bild. Kino 1* (1983), Frankfurt am Main.

Kracauer, Siegfried (1993), *Theorie des Films. Die Errettung der äußeren Wirklichkeit* (1960), Frankfurt am Main.

Liebsch, Dimitri (2013), „Wahrnehmung, Motorik, Affekt. Zum Problem des Körpers in der phänomenologischen und analytischen Filmphilosophie", in: Image 17 (1/2013), 125–149.

Metz, Christian (1972), „Das Kino: ‚Langue' oder ‚Langage'?" (1964), in: ders., *Semiologie des Films* (1968), München, 51–129.

Metz, Christian (1972a), „Probleme der Denotation im Spielfilm" (1966), in: ders., *Semiologie des Films* (1968), München, 151–198.

Münsterberg, Hugo (1996), „Warum wir ins Kino gehen [1915]", in: ders., *Das Lichtspiel. Eine psychologische Studie* [1916], herausgegeben von Jörg Schweinitz, Wien, 107–114.

Rauscher, Andreas (2019), „Interaktiver Film/Was soll er jetzt tun?", in: epd film 4/19 (36. Jg.), 20–21.

Sartre, Jean-Paul (1994), *Das Sein und das Nichts. Versuch einer phänomenologischen Ontologie* (1943), Reinbek.

Voss, Christiane (2013), *Der Leihkörper. Erkenntnis und Ästhetik der Illusion*, München.

Wiesing, Lambert (2009), *Das Mich der Wahrnehmung. Eine Autopsie*, Frankfurt am Main.

Literatur

Arnheim, Rudolf (2002), *Film als Kunst* (1932), Frankfurt am Main.
Arnheim, Rudolf (2004a), „Über das Wesen der Photographie" (1974), in: ders., *Die Seele in der Silberschicht. Medientheoretische Texte. Photographie – Film – Rundfunk*, Frankfurt am Main, 20–35.
Arnheim, Rudolf (2004b), „Die Fotografie – Sein und Aussage" (1978), in: ders., *Die Seele in der Silberschicht. Medientheoretische Texte. Photographie – Film – Rundfunk*, Frankfurt am Main, 36–42.
Arnheim, Rudolf (2004c), „Glanz und Elend des Photographen" (1979), in: ders., *Die Seele in der Silberschicht. Medientheoretische Texte. Photographie – Film – Rundfunk*, Frankfurt am Main, 46–55.
Arnheim, Rudolf (2004d), „Die beiden Authentizitäten der photographischen Medien" (1993), in: ders., *Die Seele in der Silberschicht. Medientheoretische Texte. Photographie – Film – Rundfunk*, Frankfurt am Main, 56–63.
Balázs, Béla (2001a), *Der sichtbare Mensch oder die Kultur des Films* (1924), Frankfurt am Main.
Balázs, Béla (2001b), *Der Geist des Films* (1930), Frankfurt am Main.
Balázs, Béla (2004), „Produktive und reproduktive Filmkunst" (1926), in: Helmut H. Diederichs (Hg.), *Geschichte der Filmtheorie. Kunsttheoretische Texte von Méliès bis Arnheim*, Frankfurt am Main, 242–245.
Bazin, André (2004a), „Ontologie des photographischen Bildes" (1945), in: ders., *Was ist Film?*, Berlin, 33–42.
Bazin, André (2004b), „Der Mythos vom totalen Film" (1946), in: ders., *Was ist Film?*, Berlin, 43–49.
Bazin, André (2004c), „Schneiden verboten!" (1953/56), in: ders., *Was ist Film?*, Berlin, 75–89.
Bazin, André (2004d), „Die Entwicklung der Filmsprache" (1951/52/55), in: ders., *Was ist Film?*, Berlin, 90–109.
Bazin, André (2004e), „Für ein unreines Kino. Plädoyer für die Literaturverfilmung" (1952), in: ders., *Was ist Film?*, Berlin, 110–138.
Bazin, André (2004f), „Theater und Film" (1951), in: ders., *Was ist Film?*, Berlin, 162–216.
Bazin, André (2004g), „Der filmische Realismus und die italienische Schule nach der Befreiung" (1948), in: ders., *Was ist Film?*, Berlin, 295–326.
Bordwell, David (1985), *Narration in the Fiction Film*, Wisconsin.
Bordwell, David (2006a), *Visual Style in Cinema. Vier Kapitel Filmgeschichte* (2001), Frankfurt am Main.
Bordwell, David (2006b), *The Way Hollywood Tells It: Story and Style in Modern Movies*, Berkeley (California).
Bordwell, David/Staiger, Janet/Thompson, Kristin (1985), *The Classical Hollywood Cinema: Film Style and Mode of Production to 1960*, New York.
Bordwell, David/Thompson, Kristin (2013), *Film Art. An Introduction* (1979), Wisconsin.

Deleuze, Gilles (1997a), *Das Bewegungs-Bild. Kino 1* (1983), Frankfurt am Main.
Deleuze, Gilles (1997b), *Das Zeit-Bild. Kino 2* (1985), Frankfurt am Main.
Deleuze, Gilles (2014a), „Über *Das Bewegungs-Bild*" (1983), in: ders., *Unterhandlungen 1972–1990* (1993), Frankfurt am Main, 70–85.
Deleuze, Gilles (2014b), „Über *Das Zeit-Bild*" (1985), in: ders., *Unterhandlungen 1972–1990* (1993), Frankfurt am Main, 86–91.
Eisenstein, Sergej M. (2006a), „Montage der Filmattraktionen" (1924), in: ders., *Jenseits der Einstellung. Schriften zur Filmtheorie*, Frankfurt am Main, 15–40.
Eisenstein, Sergej M. (2006b), „Béla vergißt die Schere" (1926), in: ders., *Jenseits der Einstellung. Schriften zur Filmtheorie*, Frankfurt am Main, 50–57.
Eisenstein, Sergej M. (2006c), „Jenseits der Einstellung" (1929), in: ders., *Jenseits der Einstellung. Schriften zur Filmtheorie*, Frankfurt am Main, 58–74.
Eisenstein, Sergej M. (2006d), „Montage 1938" (1938), in: ders., *Jenseits der Einstellung. Schriften zur Filmtheorie*, Frankfurt am Main, 158–201.
Eisenstein, Sergej M. (2006e), „Dickens, Griffith und wir" (1942), in: ders., *Jenseits der Einstellung. Schriften zur Filmtheorie*, Frankfurt am Main, 301–366.
Kracauer, Siegfried (1993), *Theorie des Films* (1960), Frankfurt am Main.
Metz, Christian (1972a), „Zum Realitätseindruck im Kino" (1965), in: ders., *Semiologie des Films* (1968), München, 20–35.
Metz, Christian (1972b), „Das Kino: ‚Langue' oder ‚Langage'?" (1964), in: ders., *Semiologie des Films* (1968), München, 51–129.
Metz, Christian (1972c), „Probleme der Denotation im Spielfilm" (1966), in: ders., *Semiologie des Films* (1968), München, 151–198.
Münsterberg, Hugo (1996), *Das Lichtspiel. Eine psychologische Studie* (1916), in: ders., *Das Lichtspiel. Eine psychologische Studie* [1916], herausgegeben von Jörg Schweinitz, Wien, 27–103.
Sobchack, Vivian (1992), *The Address of the Eye. A Phenomenology of Film Experience*, Princeton (NJ).
Sobchack, Vivian (2004a), „What My Fingers Knew", in: dies., *Carnal Thoughts. Embodiment and Moving Image Culture*, Berkeley/Los Angeles/London, 53–84.
Sobchack, Vivian (2004b), „The Scene of the Screen: Envisioning Photographic, Cinematic, and Electronic ‚Presence'", in: dies., *Carnal Thoughts. Embodiment and Moving Image Culture*, Berkeley/Los Angeles/London, 135–162.

Personenregister

A
Adorno, Theodor W., 9, 156, 159–165, 222, 227, 299
Agel, Henri, 5, 276
Albersmeier, Franz-Josef, 6, 246
Althusser, Louis, 172, 252
Altman, Rick, 245
Altman, Robert, 223, 238
Anders, Günther, 137, 138, 281
Andrew, Dudley, 4–6, 36, 113, 127
Andrew, Tudor, 176
Antonioni, Michelangelo, 192, 206, 238, 259, 260
Aristarco, Guido, 5
Aristoteles, 27
Arnheim, Rudolf, 6–8, 18, 20, 25, 28, 36, 42, 45, 61, 81, 82, 84–86, 88–106, 113–116, 119, 121, 122, 124, 128, 141, 142, 147, 150, 151, 164–166, 179, 191, 215, 251, 274, 276, 304–306, 311
Assaya, Olivier, 238
Astruc, Alexandre, 252

B
Bachtin, Michail, 227–230
Baeumler, Alfred, 19
Balázs, Béla, 5–9, 18, 20, 23, 35–54, 58–62, 65, 66, 75, 82, 85, 98, 104, 113, 118, 127, 133, 134, 142, 153, 156, 157, 166, 173, 184, 185, 187, 191, 217, 225, 263, 268, 274, 276, 293, 303, 304, 306–311
Balzac, Honoré de, 30
Barbaro, Umberto, 4
Bargy, Charles le, 16
Barker, Jennifer M., 285, 287
Barthes, Roland, 177, 182, 183, 244, 247, 252
Baudrillard, Jean, 138, 221, 282
Baudry, Jean-Louis, 172, 288

Bazin, André, 5–10, 31, 60, 111–134, 137, 138, 142, 143, 147, 152, 153, 164, 176, 178, 191, 225, 245, 274, 276, 303–305, 307–310
Beaton, Welford, 18
Bécaud, Gilbert, 232
Beckett, Samuel, 163, 212
Beineix, Jean-Jacques, 238
Bellour, Raymond, 176
Benjamin, Walter, 48, 59, 147, 149, 222, 227–230, 266, 285, 287, 305
Benveniste, Émile, 172
Bergman, Ingmar, 94, 149
Bergson, Henri, 127, 206–215, 218, 219, 224, 231, 233–235, 291, 310
Boehm, Gottfried, 9, 100–103, 107, 121
Böhme, Gernot, 9, 41, 51–54, 187, 283
Bordwell, David, 6, 8, 10, 26, 91, 113, 171, 244–249, 251–267, 269, 274–276, 282, 284, 285, 289, 294, 299, 306
Branigan, Edward, 245
Brecht, Bertolt, 48, 131, 163, 277
Brownslow, Kevin, 198
Buñuel, Luis, 23
Burch, Noël, 245
Burton, Tim, 133
Bush, George W., 58

C
Calmettes, André, 16
Campion, Jane, 297
Camus, Albert, 128
Canudo, Ricciotto, 16
Carpenter, John, 193, 312
Carroll, Noël, 6, 26, 84, 95, 96, 117, 140, 245, 252, 296, 311, 314
Carus, Carl Gustav, 42
Casebier, Allan, 276

Cassavetes, John, 94, 223
Cassirer, Ernst, 46
Cavell, Stanley, 9
Chabrol, Claude, 4, 113
Chandler, Raymond, 13
Chaplin, Charlie, 49, 74, 87, 313
Cheney, Dick, 58
Chiarini, Luigi, 4
Chrichton, Charles, 95
Churchill, Winston, 259
Clair, René, 99
Cocteau, Jean, 128
Coppola, Francis Ford, 2, 236
Crane, Marion, 311
Curtiz, Michael, 76

D

Damiano, Gerard, 274
Daumier, Honoré, 61
da Vinci, Leonardo, 61
Deleuze, Gilles, 6–8, 146, 205, 206, 208–215, 217–226, 228, 229, 231–237, 239, 244, 266, 283, 285, 306, 310
Delluc, Louis, 4
Demme, Jonathan, 67, 236
Dickens, Charles, 30, 61, 131
Diderot, Denis, 61
Diederichs, Helmut H., 6
Dietrich, Marlene, 249
Döblin, Alfred, 29
Dos Passos, John, 29, 31, 128, 129
Dreyer, Carl Theodor, 152, 246
Dujardin, Eduard, 29
Dulac, Germaine, 4
Dutronc, Jacques, 232

E

Eagleton, Terry, 3
Eastwood, Clint, 195, 238, 313
Eco, Umberto, 131, 172
Eichendorff, Joseph von, 48
Eidinger, Lars, 178
Eisenstein, Sergej Michailowitsch, 4, 5, 8–10, 18, 42, 46, 57–59, 61–64, 66–72, 74–76, 82, 85, 89, 92, 96, 97, 112, 113, 122, 124, 125, 149, 166, 171, 173, 199, 215, 245, 246, 259, 274, 276, 285, 287, 304, 306
Eisner, Lotte, 49
Ejchenbaum, Boris, 173–175
Elsaesser, Thomas, 7, 8, 235–237

Elster, Alexander, 20, 37
Engell, Lorenz, 221, 226
Epstein, Jean, 4, 47, 152
Ewers, Hanns Heinz, 16

F

Fahle, Oliver, 221, 226, 235, 237–239
Faulkner, William, 29, 128, 129
Felix, Jürgen, 6, 7
Fellini, Federico, 23, 192, 206, 234
Fichte, Johann Gottlieb, 18
Fiedler, Konrad, 75
Fincher, David, 259
Flaherty, Robert J., 122, 144, 166
Flaubert, Gustave, 19, 61
Flusser, Vilém, 92, 117, 226, 277
Ford, John, 237, 250
Forster, Edward Morgan, 261
Förster, Franz, 284
Foucault, Michel, 172
Freud, Sigmund, 29, 114, 172
Fuchs, Thomas, 157, 280
Furstenau, Marc, 6

G

Gadamer, Hans-Georg, 53
Gall, Franz Joseph, 42
Gance, Abel, 212
Geimer, Peter, 118
Genette, Gérard, 179, 244
Gish, Lilian, 42, 63
Godard, Jean-Luc, 4, 93, 97, 113, 192, 206, 223–225, 230, 238
Goethe, Johann Wolfgang von, 42, 91
Gombrich, Ernst H., 165, 166, 244
Goodman, Nelson, 54, 182, 188, 276, 309
Greenberg, Clement, 103
Griffith, David W., 16, 42, 63, 72, 149, 190, 200, 201
Guido, Aristarco, 23
Gulliver, Lemuel, 111
Gunning, Tom, 146, 285

H

Habermas, Jürgen, 159
Häfker, Hermann, 19–21, 27, 112
Hagener, Malte, 7, 8
Hamilton, Guy, 265, 312
Hanaway-Oakley, Cleo, 31
Haneke, Michael, 299

Hansen, Miriam, 141, 146, 166
Harms, Rudolf, 9
Harrison, George, 138
Hartmann, Britta, 245, 249
Hawks, Howard, 250
Hegel, Georg Wilhelm Friedrich, 27, 44, 205, 226
Heidegger, Martin, 275, 307
Hemingway, Ernest, 128
Herder, Johann Gottfried, 41
Herzog, Werner, 206
Hitchcock, Alfred, 51, 65, 67, 93, 149, 237, 250, 311
Horkheimer, Max, 156
Husserl, Edmund, 10, 26, 29, 94, 101, 179, 275, 284, 307, 308
Huxley, Aldous, 273

I

Iser, Wolfgang, 256, 257, 263, 289
Iven, Joris, 144

J

Jackson, Peter, 82, 90, 171, 195
Jacobs, Lea, 245
Jahnn, Hans Henny, 29
Jakobson, Roman, 173–175, 244, 264
James, Henry, 29
James, William, 29, 70, 267, 269
Jarmusch, Jim, 94, 238
Jauß, Hans Robert, 256, 257
Jonas, Hans, 101
Joyce, James, 29–31, 128, 129, 131

K

Kafka, Franz, 278
Kane, Charles Foster, 234
Kanehl, Oskar, 20, 37
Kant, Immanuel, 27, 91, 153
Kar-Wai, Wong, 236
Kayser, Wolfgang, 248
Kazanskij, Boris, 41
Keighley, William, 76
Kepley, Vance Jr., 245
Kiarostami, Abbas, 236
Kiéslowskis, Krzysztof, 93
King, Rodney, 139, 151
Kleist, Heinrich von, 112
Koch, Gertrud, 158
Köhler, Wolfgang, 85

Kracauer, Siegfried, 5, 6, 8–10, 17, 20, 25, 27, 36, 42, 61, 76, 84, 85, 104, 107, 112, 137, 138, 140–166, 171, 177, 191, 198, 199, 215, 225, 244, 260, 263, 274, 276, 285, 287, 303–305, 308–310
Kubrick, Stanley, 74
Kuleschow, Lew, 65, 66, 73, 124
Kurtz, Rudolf, 48

L

Lacan, Jacques, 172, 252, 253, 284
La Mettrie, Julien Offray de, 287
Landis, John, 273
Lang, Fritz, 76, 87, 100
Lange, Konrad, 19, 20
Lanza, Mario, 171
Lavater, Johann Caspar, 42
Ledoux, Jacques, 245
Lee, Spike, 139
Léger, Fernand, 4
Lenin, Wladimir Iljitsch, 137
Lennon, John, 138
Leone, Sergio, 250
Lessing, Gotthold Ephraim, 85
Levinas, Emmanuel, 291
Lévy-Bruhl, Lucien, 46
Lewin, Kurt, 85
Lichtenberg, Georg Christoph, 42
Liebsch, Dimitri, 6
Lindsay, Vachel, 16
Loach, Ken, 146, 293
Lohmeier, Anke-Marie, 196
Lorre, Peter, 117
Lotman, Jurij, 172, 175
Lucas, George, 2
Lukács, Georg, 222
Lumet, Sidney, 223
Lumière, Auguste, 143, 188
Lumière, Louis, 143, 188
Lynch, David, 238
Lyotard, Jean-François, 221

M

Malebranche, Nicolas, 315
Malraux, André, 128
Maltby, Richard, 245
Mamoulian, Rouben, 47
Mangold, James, 251
Mann, Delbert, 237
Mann, Michael, 76
Marcuse, Herbert, 161

Marinetti, Filippo Tommaso, 59
Marks, Laura, 285–287
Marlowe, Philipp, 14
Martinet, André, 181–183
Marx, Karl, 64, 73, 172, 252, 253, 284
McCartney, Paul, 138
McGregor, Ewan, 95
McKellen, Ian, 90
McTiernan, John, 236
Méliès, Georges, 6, 143, 188
Mercury, Freddy, 248
Merleau-Ponty, Maurice, 10, 26, 94, 164, 211, 212, 268, 275, 277, 283, 284, 287–289, 296–299, 307
Metz, Christian, 5, 6, 8, 54, 171–201, 206, 216, 238, 244, 249, 252, 258, 274, 276, 285, 306, 309, 310
Meyerhold, Wsewolod, 70, 71
Milton, John, 61
Mitry, Jean, 9, 276
Möller-Naß, Karl Dietmar, 172, 173, 184, 187, 198
Monaco, James, 2–4
Montgomery, Robert, 13, 14
Morgan, Daniel, 121
Morin, Edgar, 47, 177
Moritz, Karl Philipp, 27
Morris, Charles William, 173
Mosjoukine, Iwan, 65, 66, 73, 124, 126
Mukařovský, Jan, 244
Mulvey, Laura, 6, 172, 293
Munier, Roger, 276
Münsterberg, Hugo, 5, 7–9, 13, 15–18, 20–28, 30, 31, 36, 82, 113, 166, 171, 198, 211, 244, 279, 303, 304, 306–310
Murnau, Friedrich Wilhelm, 50, 122
Myrick, Daniel, 51

N
Negri, Pola, 43
Nessel, Sabine, 175
Neupert, Rupert, 245
Nichols, Bill, 265
Nicholson, Jack, 40
Nicodemus, Katja, 13
Nietzsche, Friedrich, 74, 91
Nike von Samothrake, 59
Niro, Robert de, 178
Noé, Gaspar, 14, 95
Nolan, Christopher, 234
Novalis (Georg Philipp Friedrich von Hardenberg), 48

O
Oesterheld, Erich, 19
Ossietzky, Carl von, 82
Ozon, François, 238
Ozu, Yasujiro, 223, 246, 292

P
Pabst, Georg W., 217
Paech, Joachim, 6, 30
Palissy, Bernhard, 119
Palma, Brian de, 97
Panofsky, Erwin, 209
Pasolini, Pier Paolo, 172, 186
Pastrone, Giovanni, 16
Pawlow, Iwan, 68
Peckinpah, Sam, 97
Peirce, Charles Sanders, 121, 176, 206
Penn, Arthur, 205, 206
Peritore, N. Patrick, 276
Peters, Jan Marie, 173
Piaf, Édith, 232
Piscator, Erwin, 68
Plantinga, Carl, 245
Platon, 208
Plessner, Helmuth, 66, 151, 152
Plinius, 115
Poe, Edgar Allan, 159
Polanski, Roman, 23, 95, 236
Popper, Karl R., 254
Porter, Edwin S., 63
Preminger, Otto, 237
Proust, Marcel, 163, 164
Pudowkin, Wsewolod, 4, 64, 65, 75, 96, 97

R
Ramsay, Lynne, 13
Ransom, John Crowe, 248
Ray, Nicholas, 237
Reed, Carol, 237
Reichmann, Max, 152
Reimann, Hans, 82
Reiner, Rob, 40
Renoir, Jean, 113, 126, 192, 223, 259
Resnais, Alain, 206, 232, 234
Richards, Ivor Armstrong, 248
Richardson, Dorothy, 29
Richter, Hans, 251
Rio, Elena del, 285
Rivette, Jacques, 113
Robnik, Drehli, 281
Rodowick, David N., 176

Rohmer, Eric, 4, 113, 144, 205
Rossellini, Roberto, 4, 113, 128, 129, 131, 146, 220, 230
Rossini, Gioachino, 74
Rushton, Richard, 236
Rustemeyer, Dirk, 155, 156

S

Salten, Felix, 117
Salvaggio, Jerry L., 245, 249
Sánchez, Eduardo, 51
Sarris, Andrew, 252
Sartre, Jean-Paul, 9, 10, 26, 53, 101, 123, 179, 187, 211, 257, 267, 268, 275, 291, 307, 308, 313
Saussure, Ferdinand de, 172, 174, 176, 180, 183, 206, 252, 254
Scheler, Max, 46, 151, 152, 268, 275
Schipper, Sebastian, 190, 192, 199–201
Schlesinger, John, 194
Schmitz, Hermann, 282
Schnitzler, Arthur, 29
Schopenhauer, Arthur, 27
Schütz, Alfred, 158, 165
Schweinitz, Jörg, 6, 25
Scorsese, Martin, 2, 178, 223
Scruton, Roger, 84
Seel, Martin, 82, 137, 206, 296, 299
Seidl, Ulrich, 152
Shakespeare, William, 17, 131
Shaviro, Steven, 285–288
Sica, Vittorio de, 4, 113, 132, 133, 154
Simmel, Georg, 28, 40
Siodmak, Robert, 237
Sklovskij, Viktor, 173, 263–265
Slade, David, 243
Smith, Greg, 245
Smith, Murray, 245
Sobchack, Vivian, 6, 8–10, 24, 26, 51, 273, 275–283, 285, 287–294, 296–300, 306, 310–312, 314, 316, 317
Souday, Paul, 19–21
Souriau, Étienne, 179
Später, Jörg, 166
Spitz, René, 47
Spitzer, Manfred, 167
Staiger, Emil, 248
Staiger, Janet, 263, 265
Stalin, Josef, 5, 137, 138
Stallone, Sylvester, 194, 195, 251
Stam, Robert, 6–8
Stanislawski, Konstantin, 70, 71

Starr, Ringo, 138
Sternberg, Meir, 244
Stewart, James, 65
Stone, Oliver, 293
Stroheim, Erich von, 122
Stümcke, Heinrich, 19
Swank, Hilary, 195
Swift, Jonathan, 111

T

Talbot, William Henry Fox, 116
Tarantino, Quentin, 299
Tarkowskij, Andrej, 60, 75–77, 111–113, 192
Tarr, Béla, 193
Tarrantino, Quentin, 262
Thompson, Kristin, 6, 171, 244–249, 251–265, 267, 269, 282, 284, 299
Todorov, Tzevetan, 244
Tolkien, J. R. R., 90
Tolstoi, Leo, 131
Trier, Lars von, 199, 236
Tröhler, Margrit, 6
Trotzki, Leo, 137, 138
Truffaut, François, 4, 65, 113, 223, 224, 252
Tudor, Andrew, 2–6, 124, 164
Tynjanow, Jurij Nikolajewitsch, 173, 261, 262

U

Ullrich, Wolfgang, 92

V

Valéry, Paul, 155
Verhoeven, Paul, 93, 294
Vertov, Dziga, 4, 51, 75, 86, 97
Vinterberg, Thomas, 199
Voss, Christiane, 287, 311, 313

W

Wagner, Wilhelm Richard, 61, 186
Walsh, Raoul, 237
Wayne, John, 250
Welles, Orson, 113, 120, 128, 129, 193, 196, 223, 232, 234
Wenders, Wim, 144, 145, 206
Wertheimer, Max, 85
Wiene, Robert, 49
Wiesing, Lambert, 9, 178, 311, 315, 316
Wilder, Billy, 237
Williams, Linda, 285–287, 315

Willis, Bruce, 237
Wise, Robert, 197
Wölfflin, Heinrich, 71, 126, 127
Wollen, Peter, 121
Woo, John, 238
Wood, Elija, 90
Wood, Sam, 128
Woolf, Virginia, 29
Wright, Joe, 259

Wulff, Hans Jürgen, 245, 249
Wuss, Peter, 3, 5, 8

Z

Zeuxis von Herakleia, 115
Zinnemann, Fred, 88
Zola, Emile, 131

GPSR Compliance

The European Union's (EU) General Product Safety Regulation (GPSR) is a set of rules that requires consumer products to be safe and our obligations to ensure this.

If you have any concerns about our products, you can contact us on ProductSafety@springernature.com

In case Publisher is established outside the EU, the EU authorized representative is:

Springer Nature Customer Service Center GmbH
Europaplatz 3
69115 Heidelberg, Germany

Batch number: 09539379

Printed by Printforce, the Netherlands